# Hüttentouren 1, Ostalpen

32 Mehrtagestouren von Hütte zu Hütte

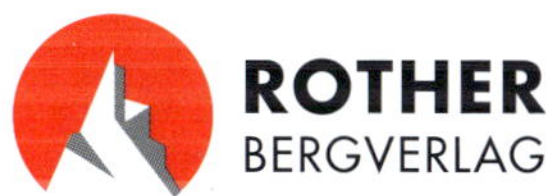

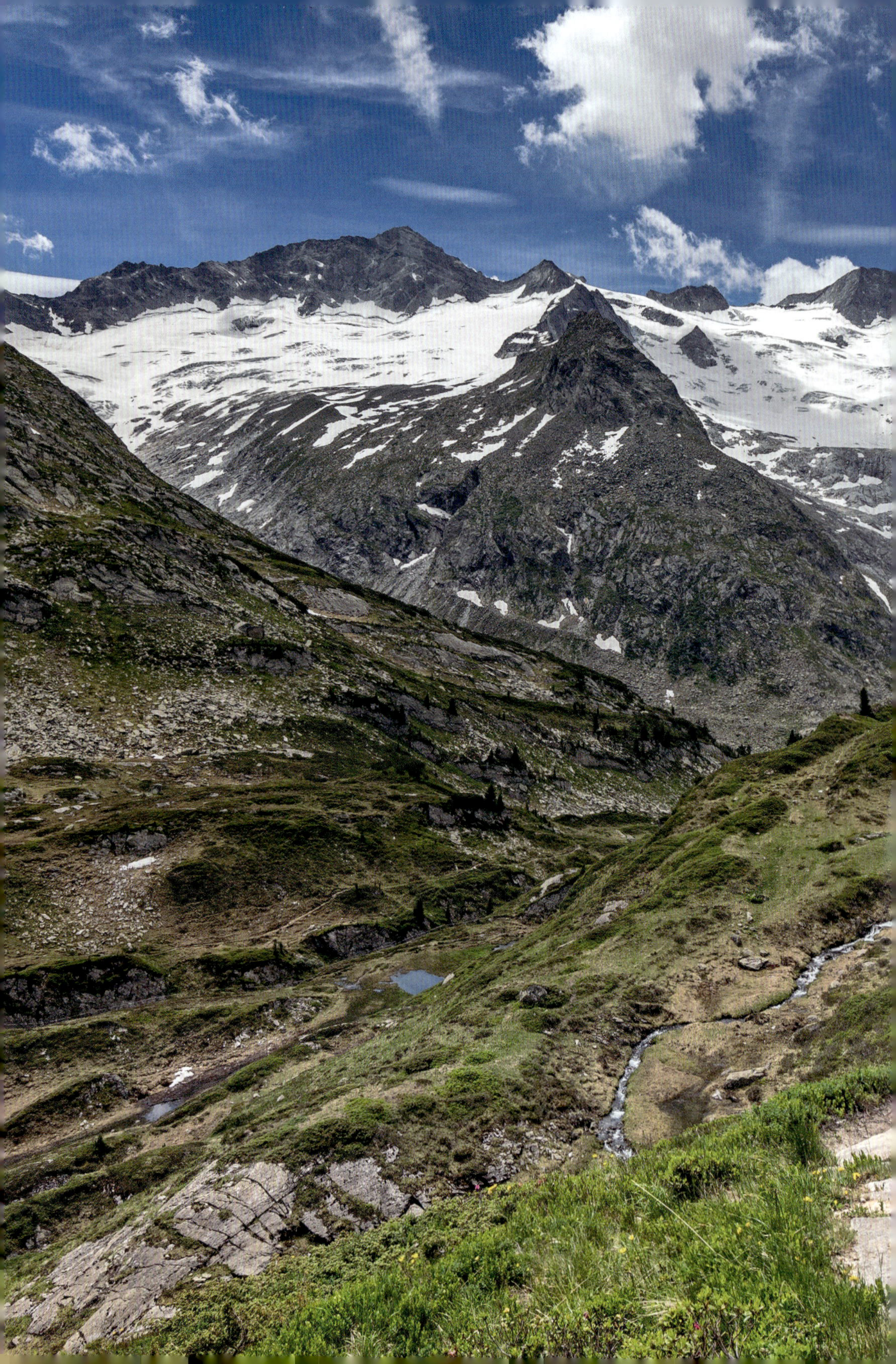

Ralf Gantzhorn · Andreas Seeger
Dirk Steuerwald · Sebastian Baur · Stephan Baur

# Hüttentouren
## Band 1
# Ostalpen

32 Mehrtagestouren von Hütte zu Hütte

ROTHER BERGVERLAG • MÜNCHEN

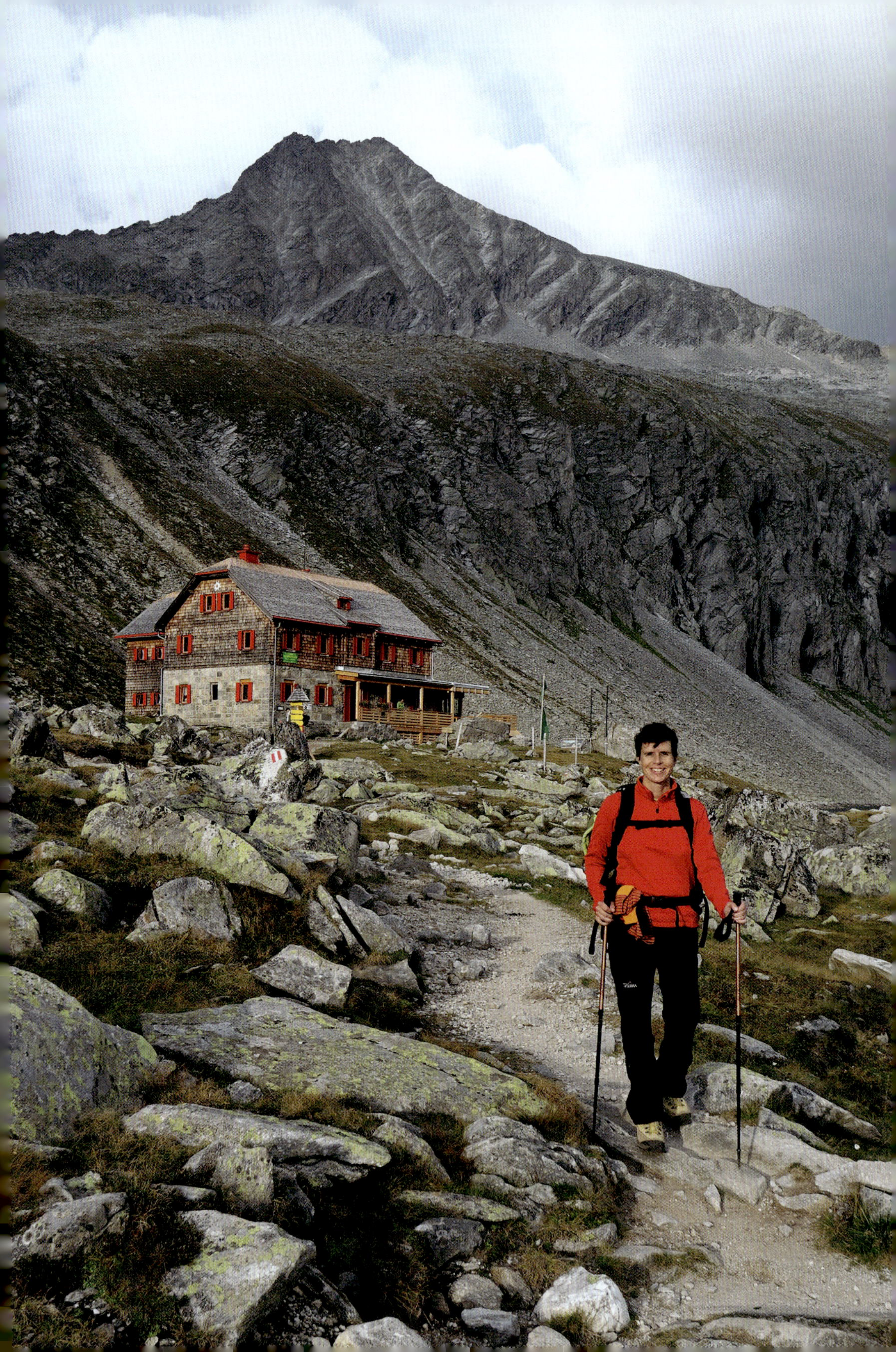

# VORWORT

»Der Weg ist das Ziel«, heißt es. Wo könnte das mehr gelten als beim Hüttentrekking? Als vor über fünfzehn Jahren ein norddeutscher Buchhändler auf uns zukam und uns fragte, ob wir nicht einen Nachfolger für den legendären Klassiker von Walter Pause »Von Hütte zu Hütte« verfassen wollten, waren wir schnell Feuer und Flamme. Denn, obwohl wir beide auch leidenschaftlich gerne zum Klettern in die Berge gehen, Klettern alleine ist auf Dauer langweilig. Die Berge sind viel zu schön, als dass man sie ausschließlich aus der konzentrierten Perspektive im senkrechten Fels betrachten sollte. Hüttentrekking ist dazu die perfekte Ergänzung, die ideale Form, die Landschaft in sich aufzunehmen und gleichzeitig Entspannung und Ruhe zu finden. Ohne großes Gepäck scheint man geradezu mühelos über Berg und Tal zu schweben. Dass dies trotzdem nicht ohne einen gewissen sportlichen Ehrgeiz geschieht, dafür sorgen die rund 100.000 Höhenmeter, die bei Durchführung aller hier vorgeschlagenen Touren zu bewältigen sind.
Ein Wort möchten wir an dieser Stelle noch zu der von uns vorgenommenen Einteilung der Routen nach Schwierigkeit verlieren: Die hier in einer dreistufigen Skala vorgenommene Bewertung unterscheidet sich zum Teil wesentlich von der der örtlichen Fremdenverkehrsvereine. Im Normalfall liegen wir mit unserer Bewertung deutlich unter der offiziellen. Das bedeutet, dass die beschriebenen Anforderungen aufmersam zu lesen sind und entsprechende Hinweise beachtet werden müssen.
Unterwegs zu sein auf hohen Wegen im Gebirge ist ein Privileg. Dabei wünschen wir Ihnen viel Freude und stets eine gute und gesunde Rückkehr ins Tal.

Ralf Gantzhorn/Andreas Seeger

Geehrt und mit Respekt führen wir als Autoren des Rother Bergverlags dieses Buch von Ralf Gantzhorn und Andreas Seeger weiter. Ralf Gantzhorn hat dieses Buch ursprünglich erstellt und ist im Jahr 2020 bei einem Abseilmanöver auf tragische Weise tödlich verunglückt.
Für Kritik, Verbesserungsvorschläge und Hinweise sind wir sehr dankbar und laden Sie hiermit herzlich ein, solche an den Verlag und damit an uns zu schicken.
Wir wünschen allen Lesern unvergessliche und traumhafte Momente bei den beschriebenen Touren. Genießen Sie die Tage im Gebirge!

Dirk Steuerwald, Sebastian Baur und Stephan Baur

# INHALT

# TOURENAUSWAHL

Wandern boomt und Wandern macht glücklich. Gerade in der simplen Abfolge eines Schrittes nach dem anderen liegt der Schlüssel zum Erfolg. Es gibt kaum eine andere Freizeitbeschäftigung, die ein so tiefes Gefühl der Befriedigung bei so wenig Aufwand hinterlässt (und die Sehnsucht, zurückzukehren zu einem einfacheren Leben). Wer abends erschöpft und voll von landschaftlichen Eindrücken ein Bier auf der Hüttenterrasse trinkt, weiß, wovon wir sprechen.

Die in diesem Buch versammelten Touren spiegeln die Vielfalt des Wandererlebnisses von Hütte zu Hütte, weit weg vom Lärm des Tals, wider. Dabei reicht die Palette von kurzen Ausflügen über das Wochenende bis zur knapp zweiwöchigen Trekkingtour. Der Schwerpunkt liegt jedoch bei vier- bis fünftägigen Wanderungen, für die im Normalfall etwa eine Woche eingeplant werden sollte. Gipfelbesteigungen, genussvolles Herumhängen an einem See oder schlechtes Wetter sorgen fast immer für eine Verlängerung der theoretisch notwendigen Gehzeit. Und außerdem ist nach einer Woche auf Hütten die Freude auf eine Dusche und ein richtiges Bett normalerweise recht groß. Regional ist dieser Band auf die Ostalpen beschränkt. Dabei ging unser Bestreben dahin, aus jeder großen und bedeutenden Gebirgsgruppe die schönste und repräsentativste Tour aufzunehmen. Wie weit uns das gelungen ist, wird sich zeigen.

## Die einfachen »Spaziergänge«

Wer noch nie von Hütte zu Hütte unterwegs war oder die Alpen nicht kennt, sollte sich für den Anfang eine der einfachen Touren aussuchen. Trittsicherheit ist eine durch Erfahrung erlernbare Fähigkeit, die man – neben einem wunderbaren Einblick in die Faszination des Hüttentrekkings – auf diesen Touren erwerben und trainieren kann. Zu den einfachen Touren zählen als

▼ *Begegnung am Passensee (Pfunderer Berge, Tour 13).*

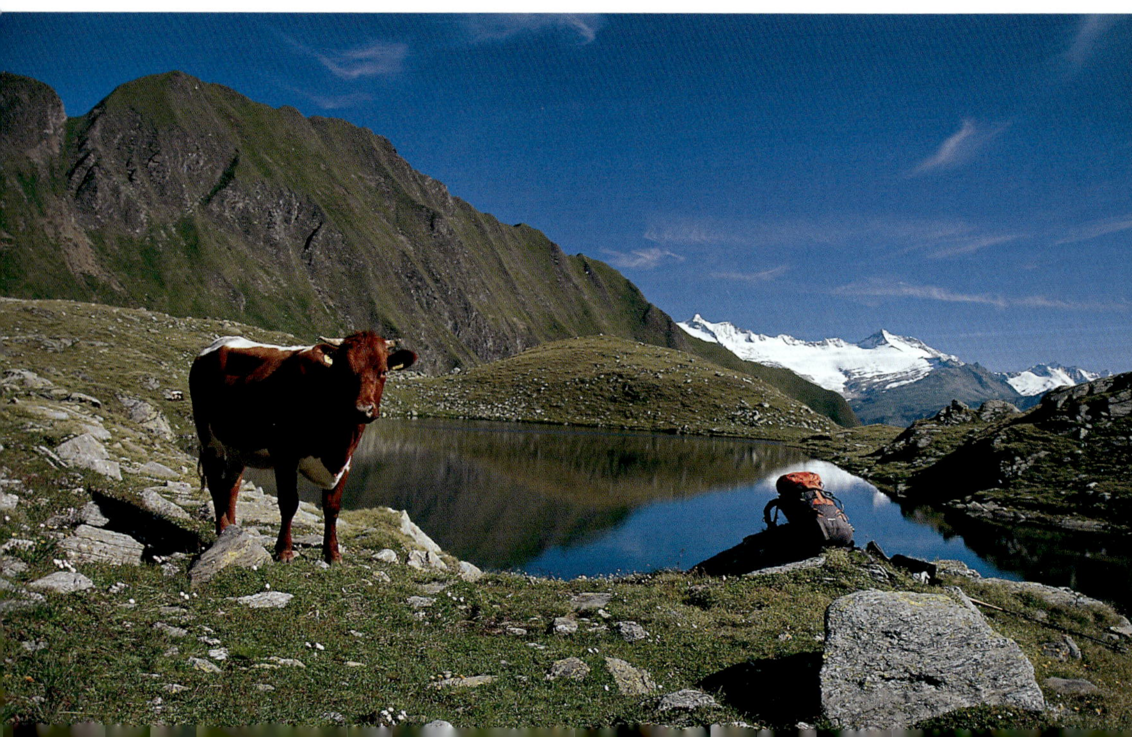

Schnupperkurs über das Wochenende die Touren »Rund um den Königssee« (Nr. 7), die Rosengarten-Runde (Nr. 24) und die Tour im Naturpark Puez-Geisler (Nr. 25). Etwas länger und geeignet als Startschuss für eine Karriere als Hüttentrekking-Junkie ist die Durchquerung des Karwendels (Nr. 5) und der Karnische Höhenweg (Nr. 28). All diesen Touren gemeinsam ist ein exquisiter landschaftlicher Hochgenuss bei moderaten Schwierigkeiten.

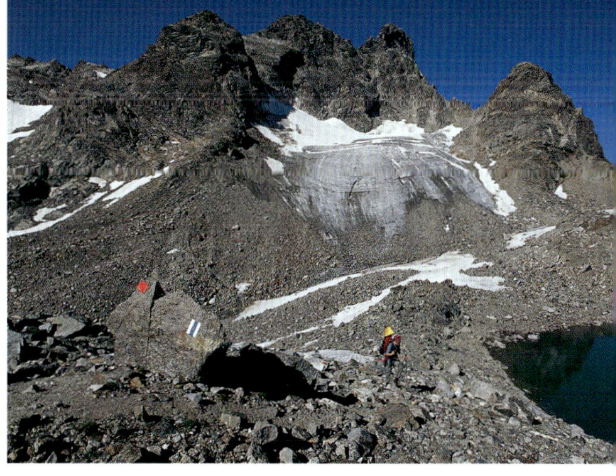

▲ *Schutt und mehr in der Silvretta (Tour 2).*

## Die Klassiker

Folgende Touren sind hoch gehandelte Klassiker, die jedem Hüttentrekker ein Begriff sind und sich meist ganz oben auf der Liste der noch anstehenden oder bereits durchgeführten Traumtouren befinden: die Überschreitung des Hauptkamms der Allgäuer Alpen (Nr. 3), der Venediger-Höhenweg (Nr. 10), der Berliner Höhenweg (Nr. 12), der Stubaier Höhenweg (Nr. 14), die Bocchette-Wege (Nr. 22), der Dolomiten-Höhenweg Nr. 1 (Nr. 26) und der Karnische Höhenweg (Nr. 28). Die genannten Wege sind nicht notwendigerweise überlaufen, schon gar nicht auf ihrer gesamten Länge, aber Begegnungen mit Gleichgesinnten sind an der Tagesordnung.

## Die Geheimtipps

Touren als Geheimtipps zu handeln, ist meistens eine zweischneidige Angelegenheit. Wir sehen das an dieser Stelle trotzdem gelassen, da die von uns als einsam erlebten Touren entweder im Schatten berühmter Bergmassive stehen, ein erhebliches Maß an Neugier für anderssprachige Länder voraussetzen oder aufgrund ihrer Infrastruktur mehr als das übliche Wandergepäck bzw. eine außergewöhnliche Kondition erfordern. Dazu gehören die Rundtour in den Lechtaler Alpen (Nr. 4), der Lasörling-Höhenweg (Nr. 11), die Tour durch die Pfunderer Berge (Nr. 13), der Pflerscher Höhenweg (Nr. 15), der Sentiero Adamello (Nr. 21), die Durchquerung des Lagorai (Nr. 23), die Tour durch die Kreuzeckgruppe (Nr. 29) und die Rundtour in den Steiner Alpen (Nr. 32).

## Die schwierigen Touren

Schönheit hat nicht unbedingt etwas mit Schwierigkeit zu tun. Trotzdem sehen wir uns nach Herausforderungen um. Das hat etwas mit der tief empfundenen Befriedigung beim Erreichen von hohen Zielen zu tun. Die beiden schwersten Touren sind die, die neben einem gehörigen Maß an alpiner Trittsicherheit auch Gletschererfahrung voraussetzen: der Venediger-Höhenweg (Nr. 10) und die Tour durch die Berninagruppe (Nr. 19). Beide führen auf Gipfel weit über 3500 m Höhe. Die größte Ausgesetztheit wird man auf den Bocchette-Wegen (Nr. 22) und in den Steiner Alpen (Nr. 32) erleben. Eine fantastische Mischung von allem bieten die langen und abwechslungsreichen Hochgebirgsdurchquerungen, wie der Berliner Höhenweg (Nr. 12), der Stubaier Höhenweg (Nr. 14) und der Sentiero Adamello (Nr. 21). Wetterbedingt gelingt es wahrscheinlich nur den wenigsten, eine dieser Touren in einem Zug durchzuführen. Als die Leichten unter den Schweren sind die Tour durch die Silvretta (Nr. 2), die »Umrundung« des Kaunergrats (Nr. 16) und der Sentiero delle Orobie Orientale (Nr. 18). Aber auch dort kann es bei entsprechendem Wetter ordentlich zur Sache gehen.

## ANFORDERUNGEN

Die touristische Infrastruktur in den Alpen ist hervorragend. Die Büros der Fremdenverkehrsämter vermitteln im Tal zumeist freundlich und kompetent ein adäquates Quartier, die Wege sind in der Regel gut ausgeschildert bzw. markiert, und die Karten sind exakt. Keine Frage, die Schwierigkeit einer Trekkingtour in den Alpen lässt sich nicht mit der einer Tour in den Bergen der Welt, ob nun Patagonien oder Nepal, vergleichen. Doch Vorsicht! Nur ein Narr unterschätzt die Gefahren des Hochgebirges, und die meisten Unfälle passieren immer noch aufgrund von Selbstüberschätzung. Und ob im Notfall nun ausgerechnet am Unfallort das Handy funktioniert, sei einmal dahingestellt. Wichtig ist daher eine Strategie der Unfallvermeidung. Wählen Sie eine Tour aus, die Ihren Kenntnissen, Ihrer Erfahrung und Ihrer körperlichen Verfassung entspricht. Bereiten Sie sich physisch und mental auf das angepeilte Ziel und die voraussichtlichen Anforderungen vor (bitte genau lesen!). Holen Sie vor der Tour – und währenddessen beim Hüttenwirt, per Telefon oder im Internet – den Wetterbericht ein. Und brechen Sie im Zweifelsfall eine Tour ab, wenn Ihnen eine Stelle als zu heikel erscheint.

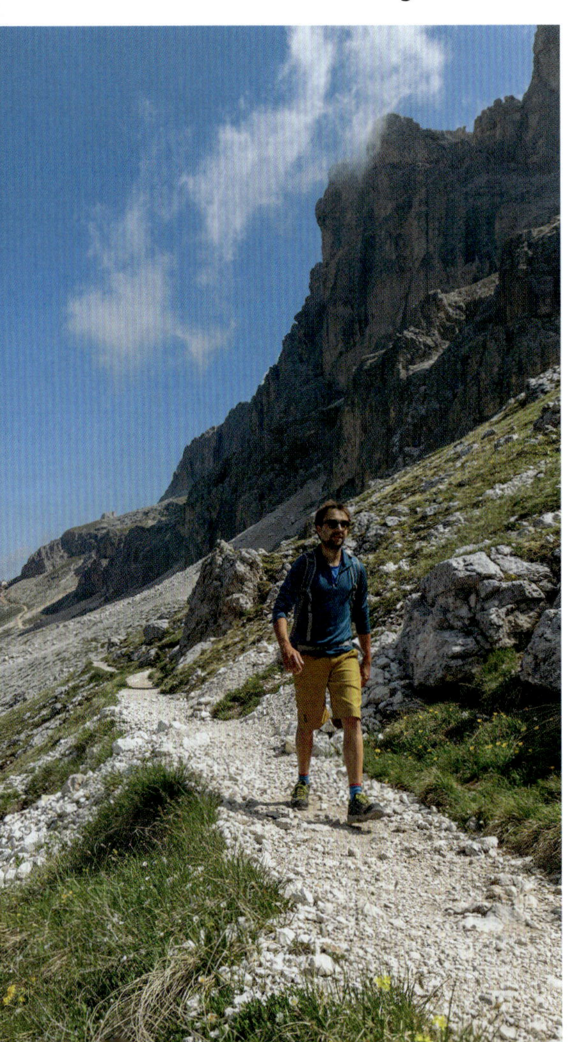

Voraussetzung für alle Touren in diesem Buch sind eine gewisse Geländegängigkeit auf alpinen Steigen und die Fähigkeit, einen mit ca. 10 Kilogramm beladenen Rucksack über längere Strecken tragen zu können. Um die darüber hinausgehenden Anforderungen besser beurteilen zu können, wurden die hier vorgestellten Touren mittels einer dreistufigen Skala von leicht bis schwierig eingeteilt. Eingeflossen in die Bewertung sind die Schwierigkeiten bei der Routenfindung, die erforderliche Kondition, die benötigte Trittsicherheit, die Ausgesetztheit gegenüber dem Wetter und die rein technischen Schwierigkeiten. Die jeweiligen Anforderungen beziehen sich grundsätzlich auf die Bedingungen im Sommer. Dabei ist zu beachten, dass die Schwierigkeiten bei schlechtem Wetter (einen plötzlichen auftretenden Wettersturz einkalkulieren!) oder problematischem Zustand der Wege deutlich höher sein können.

Um die jeweiligen Anforderungen besser einschätzen zu können, wird die Schwierigkeitseinteilung im Folgenden näher erläutert:

◂ *Hirzlweg direkt unterhalb der steilen Felsabbrüche der Rotwand (Tour 24).*

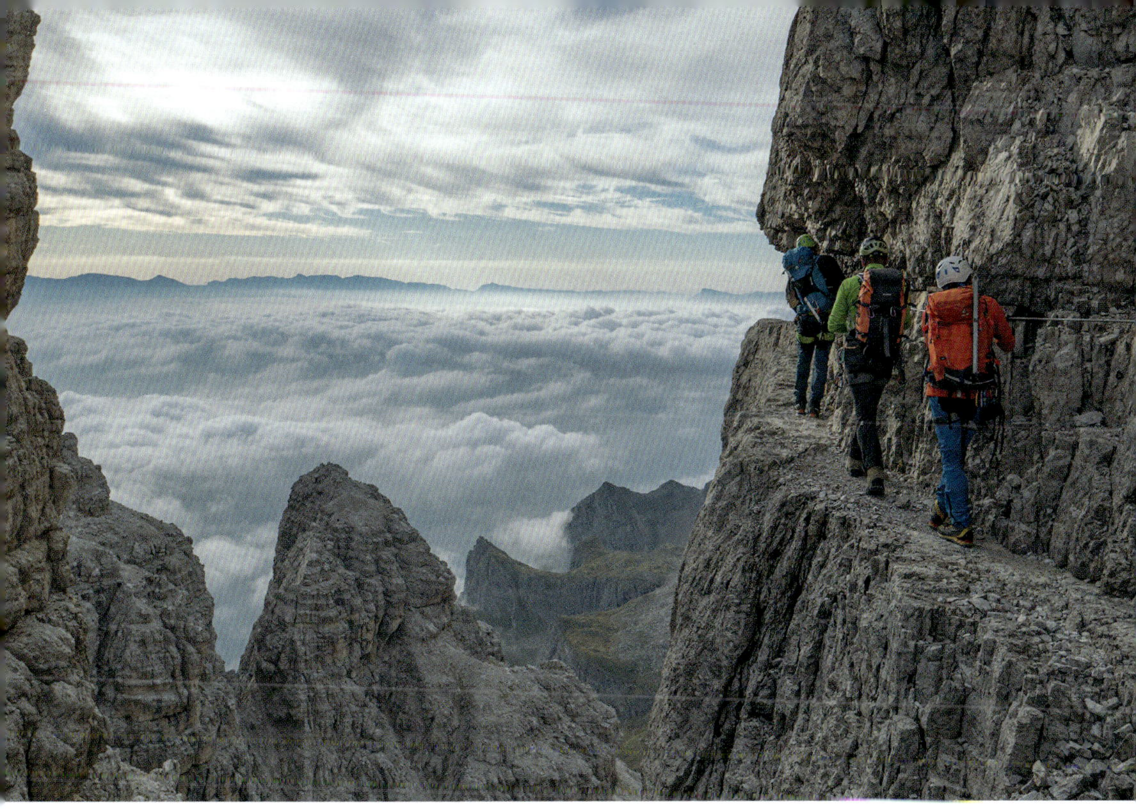

▲ *Immer gut festhalten: die Bocchette-Wege in der Brentagruppe (Tour 22).*

**Leicht:** Gut zu gehende, einfache Hüttentour in übersichtlichem Gelände. Der Weg ist eindeutig und auch von Menschen mit Höhenangst zu bewältigen. Die Tagesetappen sind nicht länger als sechs Stunden. Wanderungen mit diesem Schwierigkeitsgrad sind auch für Familien mit Kindern geeignet. Schneefelder sollten in normalen Sommern ab Anfang/Mitte Juli verschwunden sein.

**Mittel:** Die als mittelschwer bewerteten Touren erfordern ein hohes Maß an Trittsicherheit und Schwindelfreiheit und beinhalten zumeist einige konditionell anspruchsvolle, lange Tage, an denen große Höhenunterschiede bewältigt werden müssen. Schotterfelder sind zu überqueren, kurze Wegabschnitte können mit Drahtseil versichert sein. Übergänge und Pässe sind gletscherfrei, jedoch können Schneefelder bis in den Hochsommer hinein das Fortkommen erschweren. Orientierungssinn wird vorausgesetzt, allerdings sind in der Regel alle Touren mittlerer Schwierigkeit ausreichend markiert. Insgesamt ist hier der erfahrene Bergwanderer angesprochen, zusätzliche Ausrüstung wie ein Klettersteigset oder Steigeisen ist normalerweise nicht notwendig.

**Schwierig:** Eine schwierige Tour von Hütte zu Hütte ist wie alpines Bergsteigen ohne Gipfelbegehung. Ausnahmen wie das Schönbichler Horn (Tour 12) bestätigen die Regel. Lange Tagesetappen und zum Teil viel Schutt setzen eine perfekte Kondition voraus, ausgesetzte – aber immer gut gesicherte – Passagen absolute Trittsicherheit und Schwindelfreiheit. An zusätzlicher Ausrüstung sollten ein Klettersteigset und Steigeisen bzw. Pickel nicht fehlen. Bei einem Wettersturz können Touren in diesem Schwierigkeitsgrad schnell zu einem Vabanquespiel werden. Der Umgang mit Karte und Kompass (oder GPS) sollte zum Rüstzeug der Wanderer gehören, die sich Touren dieses Schwierigkeitsgrades aussuchen.

# GEFAHREN

Grundsätzlich unterscheidet man im Gebirge zwischen subjektiven und objektiven Gefahren. Subjektive Gefahren sind nicht in der Bergnatur, sondern stets im Menschen begründet. Dazu zählen mangelnde körperliche Leistungsfähigkeit, Übermüdung, Selbstüberschätzung, ungenügende Kenntnis alpiner Sicherungstechniken, mangelnde Erfahrung etc. Kurz gesagt: Das berühmte menschliche Versagen ist die häufigste Unfallursache!

Objektive Gefahren nennt man die, die durch das Wesen des Hochgebirges bedingt sind. Und da schützt auch die scheinbare Nähe der Zivilisation in den Alpen wenig. Im Hochgebirge lauern immer Gefahren, und es gilt, sich an die Spielregeln der Natur zu halten. Im Einzelnen sollte man sich auf Folgendes einstellen:

▼ *Kurz vor einem Gewitter.*

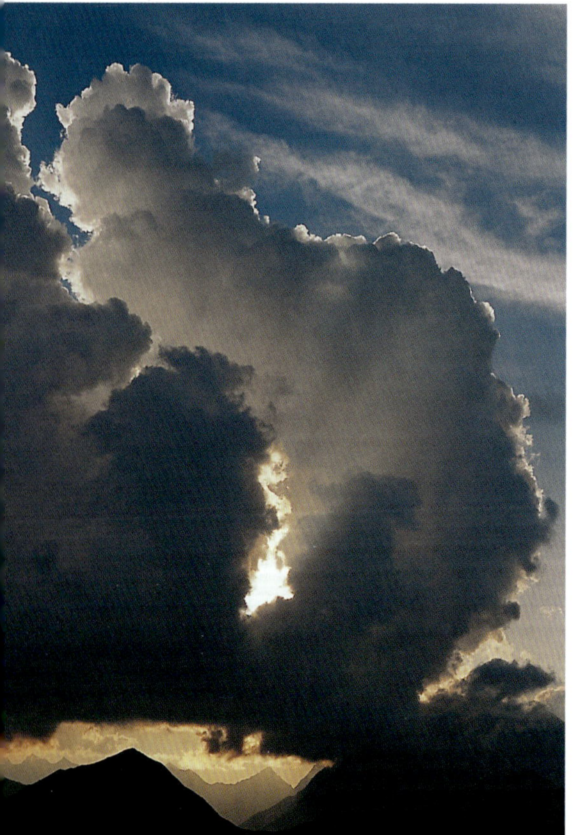

## Gewitter

Blitz und Donner gehören zu den furchteinflößendsten Naturerscheinungen im Gebirge. Kleine Rinnsale verwandeln sich in Sekundenschnelle in reißende Bäche, aus Wänden poltern kühlschrankgroße Felsblöcke, und die ganze Luft ist elektrostatisch aufgeladen. Angekündigt werden Gewitter durch eine schwüle Hitze und die typischen aufgetürmten Kumuluswolken. Sollte man es mal nicht rechtzeitig zur nächsten Hütte schaffen, sind Grate und Gipfel schnellstmöglich zu verlassen. Eventuell sollte man sich ein geschütztes Plätzchen suchen, um die heftigsten Minuten abzuwarten. Des Weiteren Finger weg von allem Metallischen (Seilsicherungen, Gipfelkreuze) sowie wasserführenden Rinnen. Ausrüstungsgegenstände aus Metall legt man am besten in einiger Entfernung ab.

## Nebel

Mit schlechter Sicht durch niedrige Wolken oder Nebel sollte man im Gebirge stets rechnen. Auf normalen Wanderwegen stellt dies kein Problem dar; vorsichtiges Navigieren zur nächsten Wegmarkierung hilft, unnötige Rettungseinsätze der Bergwacht zu vermeiden. Anders sieht es auf den großen Karstplateaus oder Gletschern aus. Hier sollte man entweder über die notwendigen Kenntnisse im Umgang mit Karte und Kompass (eventuell GPS) verfügen oder umdrehen. Mut zur Umkehr ist übrigens eine der höchsten Tugenden eines Bergsteigers.

## Sonne

Die Sonneneinstrahlung ist im Hochgebirge extrem stark, man muss sich daher vor ihr schützen. Sonnencreme mit hohem Lichtschutzfaktor ist Pflicht.

Außerdem sollte man besonders empfindliche Hautpartien und den Kopf bedeckt halten. Auf Schneefeldern ist die Sonnenbrille ein Muss! Zu beachten ist auch, dass man selbst bei bewölktem Himmel innerhalb weniger Minuten einen Sonnenbrand bekommen kann.

### Kälte
Kommt zur Erschöpfung noch Kälte hinzu, kann es gefährlich werden. Warme Ersatzkleidung, Handschuhe, Mütze und ein Regenschutz gehören daher immer in den Rucksack.

### Wind
Als letzte vom Wetter bedingte Gefahr sei der Wind genannt. Man kann sich gar nicht vorstellen, wie stark der Einfluss von Sturm auf die unmittelbare Geländegängigkeit ist. Er entfaltet dabei eine geradezu umwerfende Wirkung, auf Graten oder Geröllfeldern eine nicht ungefährliche Geschichte. Bei Sturm, auch Föhnsturm, hilft nur eine vorsichtige Gehweise, Gipfel und ausgesetzte Grate sind zu meiden.

### Gletscher
Gletscher stellen für den unerfahrenen Wanderer eine Welt voller Gefahren dar. Man sollte einen Gletscher niemals alleine oder unangeseilt betreten. Das entsprechende Wissen über Spaltenbergung usw. eignet man sich am besten bei einem Eiskurs oder mit erfahrenen Bergsteigern an.

### Schneefelder
Schneefelder werden entweder umgangen oder mit kräftigen (!) Schritten gequert. Sollten sie vereist sein, hat man besser Steigeisen im Gepäck.

### Lawinen
Neuschneelawinen kommen auch im Hochsommer vor. Sollte Lawinengefahr bestehen (Hüttenwirt fragen!), bricht man am besten die Tour ab.

### Steinschlag
Gegen Steinschlag kann man sich nicht wehren, eigentlich hilft nur Vorsicht! Auf Touren, bei denen längere Passagen auf Klettersteigen zurückzulegen sind, setzt man besser einen Helm auf. Dies gilt insbesondere für die Dolomiten, wo unerfahrene Klettersteiggeher manchmal kleine Steinlawinen auslösen.

### Bachdurchquerungen
Fast alle größeren Bäche werden in den Alpen auf Brücken gequert. Aber es passiert immer wieder, dass eine Brücke nach starken Gewittern weggespült oder bei einem Erdrutsch zerstört wird. In solchen Fällen sucht man sich zunächst eine geeignete Stelle, an der die Strömung nicht zu stark ist und die Wassertiefe auf keinen Fall Hüfthöhe überschreitet. Dann zieht man seine Hose aus und quert schräg gegen die Strömung den Bach. Stöcke helfen, sich abzustützen, als geeignetes Schuhwerk haben sich Trekkingsandalen bzw. ein leichtes Paar Turnschuhe bewährt. Am Nachmittag (Schneeschmelze) oder nach starken Regenfällen kann es unmöglich werden, einen Bach zu durchwaten. In so einem Fall hilft nichts anderes, als umzukehren und auf den nächsten Tag zu warten.

### Tiere
Gefährliche Raubtiere gibt es bekanntermaßen in den Alpen nicht. Und eine Begegnung mit den wenigen frei lebenden Braunbären in der Adamello-Region ist nahezu auszuschließen. Achtgeben sollte man, insbesondere in den südlichen Kalkalpen, jedoch auf Schlangen. Diese wärmen sich gerne auf großen Felsplatten und können in Panik schon mal einen Wanderer beißen. Als Prävention helfen nur hohe Schuhe und eine lange Hose. Im Falle eines Falles holt der jeweilige Partner die notwendige Hilfe, viel Bewegung sollte vermieden werden.

# AUSRÜSTUNG

Gute Outdoor-Ausrüstung ist heutzutage leicht, chic und funktionell. Vorbei sind die Zeiten klobiger, tonnenschwerer Bergschuhe oder brettharter, farblich gewöhnungsbedürftiger Goretex-Jacken. Bei Wanderungen im Hochgebirge von Hütte zu Hütte sollte die Ausrüstung nicht allzu umfangreich sein und das Gesamtgewicht (ohne Fotoequipment) 10 kg nicht überschreiten. Folgende Ausrüstung (siehe auch Kasten »Checkliste Ausrüstung«) hat sich als zweckmäßig bewährt:

Als Schuhwerk sollte auf den häufig über schmale Steige führenden Touren auf knöchelhohe Trekkingschuhe mit Profilsohle und eingearbeiteter Membran zurückgegriffen werden.

## CHECKLISTE AUSRÜSTUNG

- Rucksack
- wasserdichter Rucksacküberzug
- Funktionsunterwäsche
- Fleece- oder Softshelljacke
- Trekkinghose
- Regenjacke und -hose
- Wandersocken
- Trekkingschuhe
- Gamaschen
- Mütze, Handschuhe, Halstuch
- Teleskopstöcke
- Wasserflasche
- Sonnencreme
- Sonnenbrille
- topografische Karten
- Kompass, eventuell Höhenmesser
- Hüttenschlafsack/Schlafsack
- Hüttenschuhe (meist auch auf den Hütten selbst erhältlich)
- Taschenmesser
- Taschen- oder Stirnlampe
- Mobiltelefon
- Signalpfeife
- Notfallapotheke
- Körperpflegemittel
- Papiere und Geld
- Kamera
- Toilettenpapier
- kleiner und leichter Regenschirm

Bei der Bekleidung gilt das Zwiebelschalenprinzip. Das bedeutet, dass man sich durch verschiedene dünne Lagen entsprechender Bekleidung optimal an die äußeren Gegebenheiten anpasst. Dadurch wird übermäßiges Schwitzen vermieden, und bei Ruhepausen oder einem Temperatursturz kann zusätzliche Kleidung angezogen werden. Als unterste Schicht ist Sport- oder Funktionsunterwäsche aus schweißableitender Kunstfaser oder Merinowolle zu empfehlen. Darüber trägt man entweder eine dünne Fleecejacke oder ein Hemd aus vergleichbarem Gewebe. Bei kälteren Temperaturen kommt entweder ein weiterer Fleece oder eine Softshelljacke zum Einsatz. Als Trekkinghose empfehlen wir weite Hosen mit zahlreichen Taschen entweder aus einem Mikrofasergewebe oder einem schnell trocknenden Baumwoll-Polyester-Material. Fast alle Outdoor-Firmen stellen entsprechende Bekleidung her. Bei extremen Witterungsverhältnissen kommt dann eine robuste Regenjacke und -hose aus einem atmungsaktiven und absolut wasserfesten Stoff (Goretex, Sympatex etc.) zum Einsatz. Stets zum Gepäck gehören darüber hinaus dünne Handschuhe, Mütze, ein Halstuch und (bei Gletschertouren) Gamaschen für die Bergschuhe.

Um bei schlechten Sichtverhältnissen die Orientierung nicht zu verlieren, sollten immer Karte und Kompass mitgenommen werden, bei Touren über weite Gletscherflächen auch ein GPS-Gerät (in diesem Buch nur bei Tour 10 auf der Variante über den Großvenediger).

Teleskopstöcke entlasten die Gelenke und sind unserer Meinung nach ein unverzichtbares Hilfsmittel im Gebirge. In Regionen oder zu Jahreszeiten (Frühsommer!), bei denen die Gefahr besteht, vereiste Schneefelder queren zu müssen, sollten ein Paar Leichtsteigeisen und ein Pickel mitgeführt werden. Die Querung von Gletschern (betrifft nur die Tour 10 bei Besteigung des Großvenedigers und Tour 19) sollte nur angeseilt und mit entsprechendem Wissen zur Spaltenbergung durchgeführt werden.

Damit die Energieversorgung nicht zusammenbricht, sind genügend Nahrungsmittel und eine Trinkflasche (eventuell Thermoskanne) mit auf die Tour zu nehmen. Der Rucksack sollte ein Fassungsvermögen zwischen 30 und 50 Litern besitzen und sich gut tragen lassen (beim Kauf sollte man den Rucksack auf jeden Fall mit entsprechendem Gewicht anprobieren!). Bei Übernachtung auf Hütten ist ein Hüttenschlafsack Pflicht. Wichtige Accessoires sind zudem eine leichte Stirnlampe, ein Taschenmesser und ein Feuerzeug.

Neueste Informationen und Testberichte hinsichtlich der Ausrüstung kann man den Zeitschriften »Outdoor« und »Alpin« entnehmen, oder man lässt sich in einem Fachgeschäft beraten. Wer sich nicht sicher ist, was er eigentlich benötigt, sollte seine Ausrüstung nicht über das Internet bestellen.

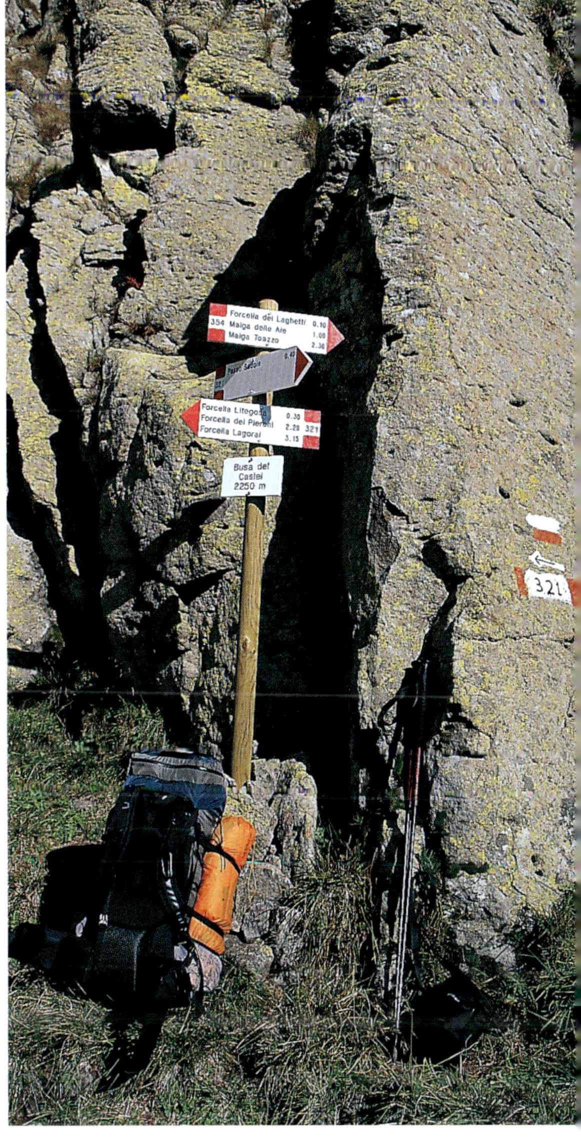


▸ *Einfach mal ablegen …*

## VERPFLEGUNG UND TRINKWASSER

Bedingt durch die gute Infrastruktur in den Alpen wird man wahrscheinlich morgens und abends auf der Hütte essen. Einschränkend möchten wir an dieser Stelle jedoch darauf hinweisen, dass das Frühstück (im Gegensatz zum Abendessen) nur in den wenigsten Fällen sein Geld wert ist. Es ist daher durchaus üblich und empfehlenswert, zum Beispiel Müsli im Rucksack dabei zu haben und sich die Milch und ein warmes Getränk dazu zu bestellen. Tagsüber gehört eine Vesper ins Gepäck, genauso wie ein wenig Notnahrung.

Wasser ist im Gebirge normalerweise reichlich vorhanden und in den höheren Lagen auch von guter Qualität. Lediglich im Abstrom von Viehweiden sollte man eine gewisse Vorsicht walten lassen. Bei Gebieten, in denen Wasser Mangelware ist, wird gesondert auf Wasserquellen hingewiesen. Dies betrifft insbesondere die Karstplateaus in den nördlichen und südlichen Kalkalpen.

## Hütten

Der Titel ist Programm, insofern wird man bei den Touren in diesem Buch normalerweise auf den Schutzhütten, ob privat bewirtschaftet oder vom Alpenverein verpachtet, übernachten. Alpenvereinshütten haftet ein schlechtes Image an: Lieblos sei die Küche, voll schnarchender Zeitgenossen die Großschlafsäle. Wir können dem so nicht zustimmen. Jede Hütte hat ihren ganz eigenen Charme – oder auch nicht. Von liebevoll, zuvorkommend und einfach großartig bis unpersönlich, abschreckend und an Autobahngaststätten erinnernd reicht die Palette, und das völlig unabhängig von der Region.

Wichtig auf den Hütten ist in der Regel eine vorherige Anmeldung (und gegebenenfalls ein Absagen des gebuchten Platzes). Bei den einzelnen Tourenbeschreibungen sind dazu die Telefonnummern bzw. die Internetadressen angegeben. Bevor man die inneren Räume der Hütte betritt, sollte man seine Wanderschuhe ausziehen und gegen ein Paar Hüttenschuhe tauschen. Hat man keine eigenen dabei, kann man auf die normalerweise etwas heruntergekommenen hütteneigenen zurückgreifen. Pflicht ist auch das Benutzen (und damit die Mitnahme) eines Hüttenschlafsacks (siehe Seite 15). Nähere Informationen zu den Hütten der Ostalpen sowie Links zu weiteren Hüttendatenbanken findet man beim Deutschen Alpenverein unter dav-huettensuche.de.

### VERHALTENSREGELN

Die Alpen bilden einen einzigartigen Erholungsraum, genutzt von Millionen Menschen aus den umliegenden, von Industrie und Hightech geprägten Regionen. Wer in den Alpen unterwegs ist, sollte daher einige Regeln zum Erhalt der Bergwelt und zum besseren Miteinander befolgen:

- Markierte Wege nicht verlassen! Indem Sie auf dem Weg bleiben, vermindern Sie die Wahrscheinlichkeit, empfindliche Vegetation zu zerstören, und minimieren die Erosion.
- Nehmen Sie Ihren Müll wieder mit!
- Kein offenes Feuer! Auch achtlos weggeworfene Zigarettenkippen können zu verheerenden Waldbränden führen.
- Auf den Hütten sollte man sich in der Regel ein paar Tage zuvor anmelden – und auch absagen, wenn man die reservierten Plätze nicht in Anspruch nimmt.
- Für die Übernachtung auf Hütten Hüttenschlafsack und Hüttenschuhe mitnehmen!

## Winterräume

Manche empfinden es als besonders reizvoll, nach offiziellem Saisonschluss in den Bergen unterwegs zu sein und dann in den sogenannten Winterräumen zu übernachten. Dieses kann sehr romantisch sein, auch wenn man natürlich die gesamte Verpflegung dabei haben muss. Wer so etwas plant, sollte sich vor der Abreise darüber informieren, ob die angesteuerten Hütten über Winterräume verfügen und wie diese zu öffnen sind. Häufig ist dazu der AV-Schlüssel nötig, ein für alle Alpenvereinshütten gleichermaßen passender Schlüssel, der von den jeweiligen Sektionen auf Anfrage herausgegeben wird. Für die Benutzung der Winterräume ist (ebenso wie für die der Biwakschachteln) ein Beitrag zu bezahlen.

## Zelten

Zelten ist in den meisten Alpenregionen verboten; schlecht scheinen demnach die Erfahrungen mit Selbstversorgern zu sein. Wer trotzdem mit dem eigenen Heim unterwegs sein möchte, sollte dies biwakieren nennen und sich an die goldene Regel halten, nichts zu hinterlassen außer den eigenen Spuren! Auf den vorgeschlagenen Touren gibt es zum Teil traumhaft schön gelegene Biwakplätze.

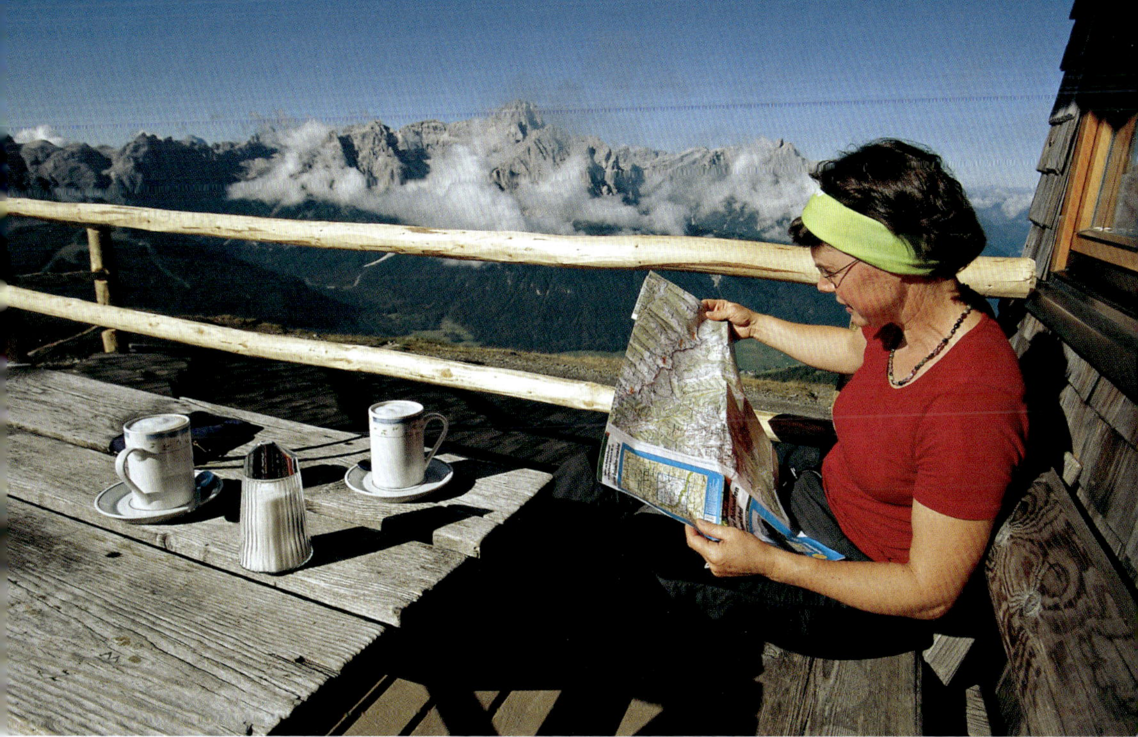

▲ *Frau orientiert sich. Im Hintergrund die Sextener Dolomiten (Tour 28).*

## KARTEN UND GPS-TRACKS

Die den Touren beigefügten Karten im Maßstab 1:75.000 sind prinzipiell ausreichend zur Orientierung. Trotzdem gehört eine entsprechende Wanderkarte ins Gepäck. Empfehlungen geben wir jeweils bei den Touren.

Bei Wettersturz, wenn plötzlich Nebel aufzieht oder Schneefall einsetzt, oder wenn die Markierung undeutlich sein sollte, kann ein GPS-Gerät Gold wert sein. Allerdings sollte man sich über die Einschränkungen beim Einsatz von GPS-Geräten auch immer im Klaren sein. In tief eingeschnittenen Tälern oder unter hohen Wänden suchen die Geräte oft vergeblich nach genügend Referenz-Satelliten. Außerdem verbrauchen GPS-Geräte viel Batterie-Energie und sollten allein schon deshalb nur als zusätzliche Orientierungshilfe eingeplant werden. Verlassen Sie sich also im Zweifelsfall immer auf Karte, Markierungen und Ihren gesunden Menschenverstand.

### GPS-TRACKS UND KOORDINATEN DER AUSGANGSPUNKTE

Auf **gps.rother.de** stehen zu diesem Klettersteigführer GPS-Tracks und die Koordinaten der Ausgangspunkte zum kostenlosen Download bereit. Dieser QR-Code führt direkt zum Download.

8. Auflage, Passwort: **300708kga**

Die GPS-Tracks können in die **Rother App** importiert werden. In der App kann man unterwegs stets sehen, wo man gerade ist und wo es langgeht. **Anleitungen dazu: rother.de/gps**. Trotz sorgfältiger Prüfung können wir Fehler und zwischenzeitliche Veränderungen nicht ausschließen. Verlassen Sie sich für die Orientierung niemals einzig und allein auf die GPS-Daten, sondern beurteilen Sie die Verhältnisse vor Ort.

## BESTE JAHRESZEIT

Wer von Hütte zu Hütte unterwegs ist, wird dies im Sommer tun. Abhängig von Lage und Höhe des gewählten Ziels sind die ersten Touren ab Ende Mai möglich. Die Hauptsaison beginnt Ende Juni / Anfang Juli. Die Tage sind dann lang, allerdings erschweren in vielen Regionen noch Altschneereste das Vorwärtskommen. Außerdem ist insbesondere in den Südalpen die Gewittergefahr recht

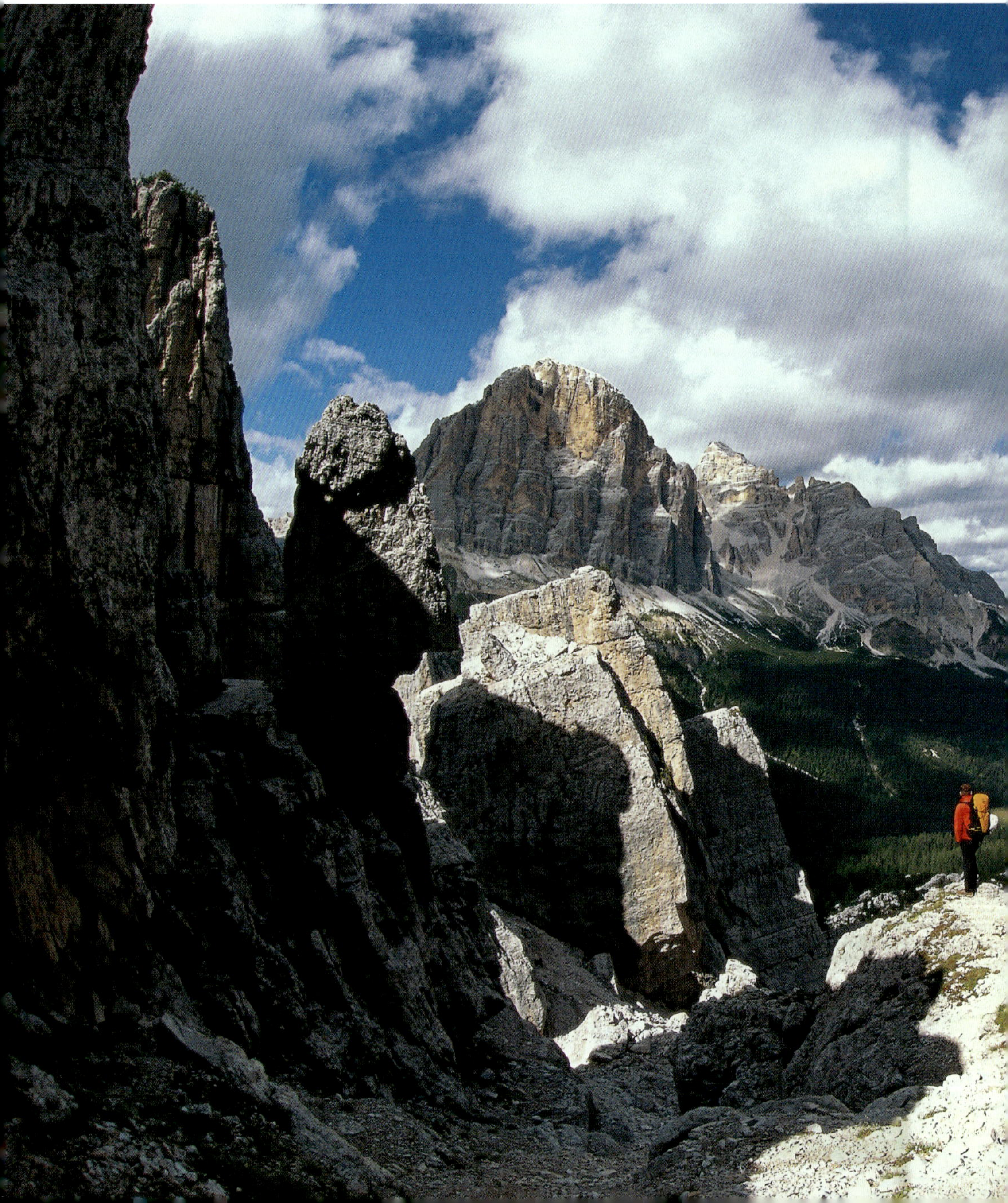

groß. August ist der Hauptferienmonat nicht nur der Italiener, ein Faktor, der nicht unerhebliche Auswirkungen auf die Menschenmenge auf den Wegen hat. Wer nicht auf die Ferienzeiten angewiesen ist, sollte den August meiden. Danach wird es wieder ruhiger. Die immer noch langen Tage, relativ wenig Menschen und häufig stabile Hochdruckwetterlagen machen den September zum idealen Wandermonat. Ende September beginnt im Hochgebirge der Herbst, und gleichzeitig schließen auch schon die ersten Hütten. Allerdings besitzen die meisten Hütten Winterräume, sodass man zumindest mit einem festen Dach über dem Kopf rechnen kann. Je nach Schneeverhältnissen kann der Herbst jedoch eine Traumzeit sein, die sich bis Ende Oktober zieht: Überzuckerte Berge, klare Sicht und der häufig auftretende Nebel im Tal zaubern die schönsten Stimmungen. Wer noch später im Jahr unterwegs sein möchte, sollte sich mit den winterspezifischen Gefahren wie z. B. Lawinen auskennen und zumindest über Schneeschuhe verfügen.

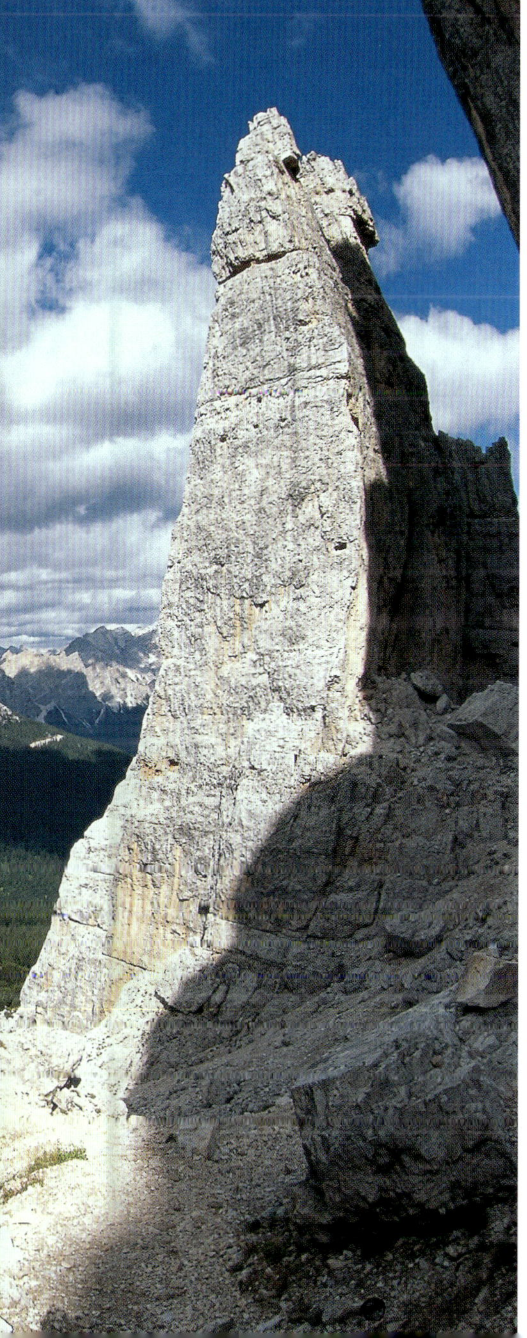

## WETTERVORHERSAGE

- **Gesamter Alpenraum**
  Bergwetter Alpenverein: alpenverein.de (Services – Bergwetter)
  Deutscher Wetterdienst: dwd.de
  bergfex.de (Wetter)
  meteoblue.com
- **Bergwetter Österreich**
  alpenverein.at (Bergsport – Wetter)
  zamg.ac.at
- **Wetter Schweiz**
  meteoschweiz.ch
- **Bergwetter Südtirol**
  wetter.provinz.bz.it (Bergwetter)

## ALPINE AUSKUNFT

- Digitale Karten mit Tourenbeschreibungen, aktuelle Bedingungen zu Wetter und Hütten unter alpenvereinaktiv.com oder als App

## NOTRUF

- Europäische Notrufnummer: 112
- Alpin-Notrufnummer in Österreich: 114 (Bergrettung)

◂ *Die Tofana di Rozes vom Dolomiten-Höhenweg Nr. 1.*

# 1 Rätikon-Höhenweg

## Grenzgang zwischen Prättigau und Montafon

4 bis 6 Tage

mittel

### Blumenparadies unter Riesenmauern

Vielfältig gibt sich die Vegetation des Rätikons: Ob Edelweiß, Enzian oder Feuerlilien, nahezu alle in den Alpen vorkommenden Pflanzenarten blühen und gedeihen hier. Die Almen und Wiesen zu Füßen der riesigen Wände gleichen wahren Blumenteppichen. Die Ursache für diese außergewöhnliche botanische Vielfalt liegt im Untergrund. Durch das Rätikon verläuft die geologische Grenze zwischen den tektonischen Einheiten Ost- und Westalpin, also ehemals in Afrika bzw. Europa abgelagerten Gesteinen. So wandert man zum Beispiel am Schwarzhorn auf basaltischen Gesteinen, die vor vielen Millionen Jahren den Meeresboden des penninischen Ozeans bedeckten, während nur einen Kilometer weiter nördlich, an der Tschaggunser Mittagsspitze, Überreste eines ehemaligen tropischen Riffs vor der Küste Afrikas den Gipfel aufbauen. Diese Gesteinsvielfalt auf engstem Raum paust sich an der Oberfläche in Form unterschiedlicher Pflanzengesellschaften durch. Die hier beschriebene Tour, die in vier bis sechs Tagen rund um den gewaltigen Grenzkamm des Rätikons führt, gehört zu unseren Favoriten. Insbesondere die Etappe von der Schesaplanahütte zur Carschinahütte ist einer der schönsten Höhenwege der Alpen. Wie auf einem Aussichtsbalkon (mit Blumenkästen) wandert man hier auf der »Sonnenseite des Lebens«.

▼ *Blumenidyll am Lüner See.*

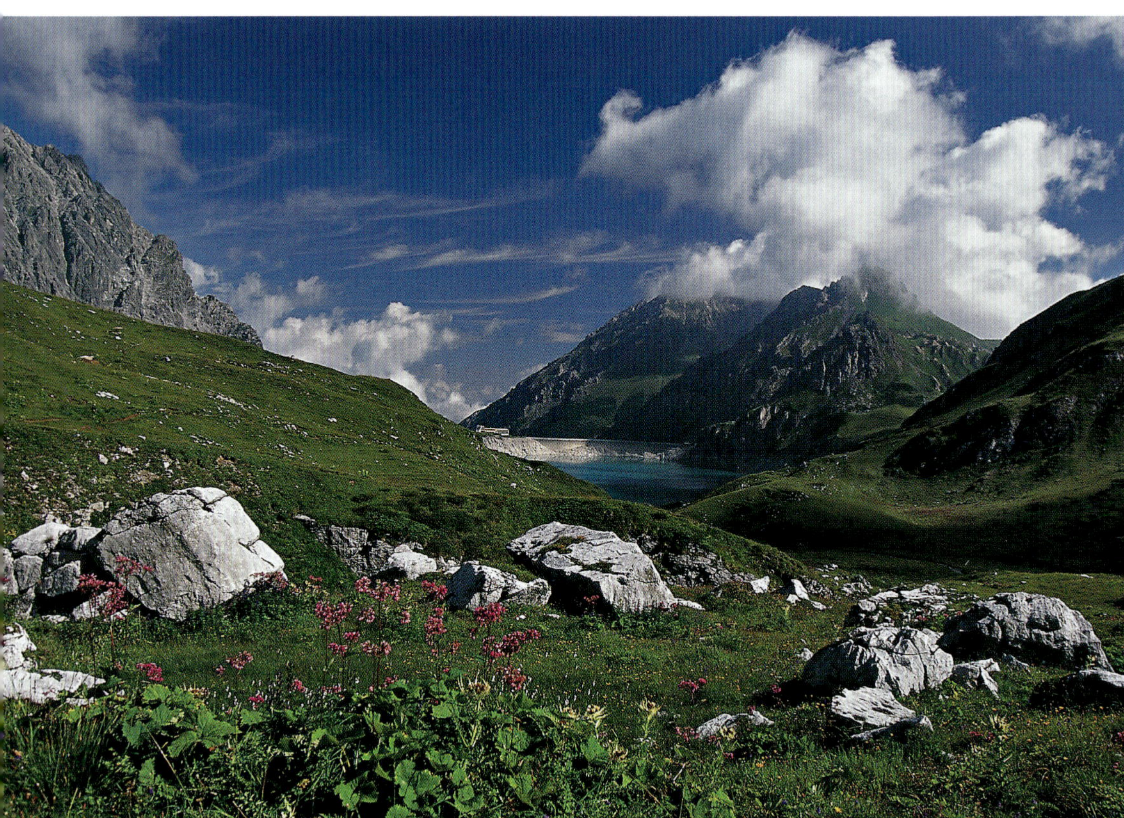

## TOURENINFO

**Ausgangs- und Endpunkt:** St. Antönien, Ortsteil Partnun, 1769 m, direkt an der Bushaltestelle »Partnun Sulzfluh«. Partnun liegt ca. 5 km hinter St. Antönien am Ende der Straße Gebührenpflichtige Parkmöglichkeiten in St. Antönien Dorf oder an der Straße in Richtung Partnun; letzte Möglichkeit ist der Parkplatz P6. St. Antönien ist mit dem Postbus von Küblis zu erreichen, einer Schnellzugstation im schweizerischen Prättigau an der Linie Landquart – Davos.

**Anforderungen:** Klassischer Höhenweg auf gut angelegten, alpinen Steigen. Die schwierigste Etappe ist die Überschreitung der Schesaplana, bei der mit Altschneeresten zu rechnen ist. Der Abstieg über den sogenannten Schweizer Steig ist mit Drahtseilen gesichert und verlangt Trittsicherheit.

**Höhenunterschied:** Je 3220 m im Auf- und Abstieg (28 Std.).

**Information:** Gästeinformation St. Antönien/Ferienladen, St. Antönierstrasse 15, CH-7246 St. Antönien, Tel. +41 81 3323233, luzein.ch/de/tourismus

**Karten:** Landeskarte der Schweiz Blatt 238 »Montafon« (Maßstab 1:50.000), 1156 »Schesaplana« und 1157 »Sulzfluh« (Maßstab 1:25.000); Freytag & Berndt WK 374 »Montafon – Silvretta Hochalpenstraße« (Maßstab 1:50.000); Vereinigung Pro Prättigau Wanderkarte »Rätikon/Prättigau« (Maßstab 1:40.000).

**Variante:** Alternativ kann man die Runde auch in Tschagguns (ÖBB-Bahnhof) beginnen. Bester Startpunkt ist dann die Bergstation der Golmerbahn, von der man in 2 Std. über den sogenannten Latschätzer Höhenweg (120 Hm im Aufstieg, 260 Hm im Abstieg) die Lindauer Hütte erreicht. Wer es sportlicher mag, geht von demselben Ausgangspunkt in 3.30 Std. über den Golmer Höhenweg und die Geißspitze zur Lindauer Hütte (600 Hm Aufstieg, 740 Hm Abstieg).

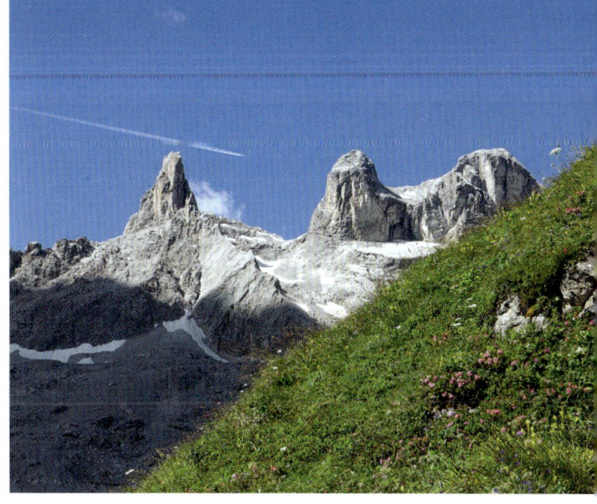

▲ *Der Blick auf die Drei Türme erinnert an die Dolomiten.*

## GIPFELMÖGLICHKEITEN

▲ **Sulzfluh,** 2818 m: von der Tilisunahütte, 2 Std. Aufstieg, 1.30 Std. Abstieg, markierter Steig, Trittsicherheit und gutes Wetter Voraussetzung.

▲ **Geißspitze,** 2334 m: von der Lindauer Hütte, 1.25 Std. Aufstieg, 0.45 Std. Abstieg, bezeichneter Weg, steil und bei Regen rutschig.

▲ **Großer Drusenturm,** 2830 m: von der Lindauer Hütte, 3 Std. Aufstieg, 2 Std. Abstieg, markierter Steig, Trittsicherheit und Schwindelfreiheit Voraussetzung.

▲ **Schesaplana,** 2965 m: Überschreitung auf der 4. Etappe.

▲ **Schafberg,** 2456 m: von der Carschinahütte, rund 0.40 Std. Aufstieg, 0.30 Std. Abstieg, unmarkierter Steig.

## UNTERKÜNFTE

- **Tilisunahütte,** 2211 m, ÖAV, Mitte Juni bis Mitte Okt. bewirtschaftet, ca. 120 Schlafplätze, Tel. +43 664 1472896, tilisunahuette.at, Reservierung über DAV-Reservierungssystem.
- **Lindauer Hütte,** 1744 m, DAV, Anfang Juni bis Mitte Okt. bewirtschaftet, ca. 160 Schlafplätze, Tel. +43 664 5033456, lindauerhuette.com, Reservierung über DAV-Reservierungssystem.
- **Totalphütte,** 2385 m, ÖAV, Mitte Juni bis Anfang Okt. bewirtschaftet, ca. 85 Schlafplätze, Tel. +43 664 2400260, totalp.at, Reservierung über DAV-Reservierungssystem.
- **Schesaplanahütte,** 1908 m, SAC, Mitte Juni bis Mitte Okt. bewirtschaftet, ca. 65 Schlafplätze, Tel. +41 81 3251163 und +41 77 4558611, schesaplana-huette.ch, Reservierung über SAC-Reservierungssystem.
- **Carschinahütte,** 2235 m, SAC, Mitte Juni bis Mitte Okt. bewirtschaftet, ca. 80 Schlafplätze, Tel. +41 79 4182280, carschina.ch, Reservierung über SAC-Reservierungssystem.
- **Berghaus Sulzfluh,** 1769 m, in Partnun, privat, Anfang Juni bis Ende Okt. bewirtschaftet, 70 Schlafplätze, Tel. +41 81 3321213, sulzfluh.ch.

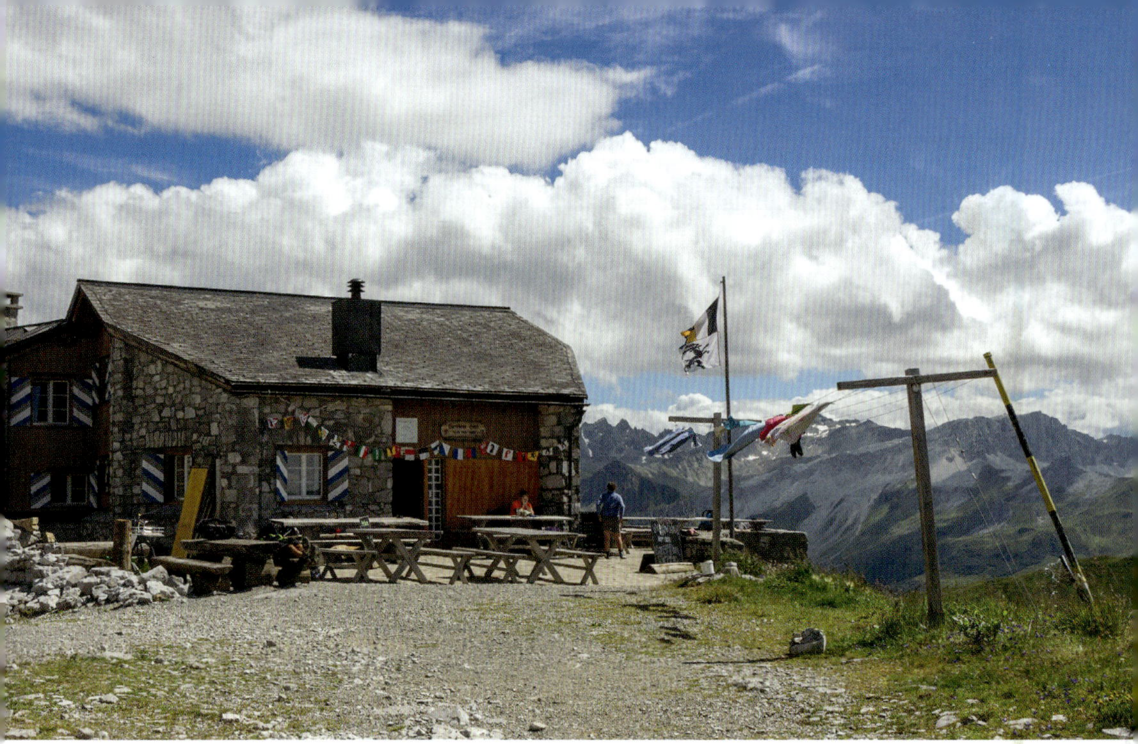

▲ *Unser fünftes Etappenziel: die Carschinahütte.*

## 1. Tag: Partnun, 1769 m – Tilisunahütte, 2211 m

3.30 Std., 600 m↑, 150 m↓

»Hinter dem Mond links« hieß es früher in der lokalen Werbebroschüre über St. Antönien, das seit 2021 das erste Bergsteigerdorf der Schweiz ist. Wir starten an der **Bushaltestelle Partnun (1)** unterhalb des Berghauses Sulzfluh und wandern ostwärts das Tal des Tälibachs hinauf. Der Pfad führt auf der Nordseite des Bachs nahezu hautnah an einigen senkrechten Wänden vorbei und knickt dann nach Norden ab. Nach einem kurzen steilen Anstieg über die sogenannte Engi, 2227 m, erreichen wir eine Hochebene, über die wir nach Norden im sanften Auf und Ab auf den **Plasseggenpass (2)** zuhalten. Durch diesen 2354 m hohen Einschnitt überschreiten wir die Grenze nach Österreich. Hier, wie auch an allen anderen Übergängen im Rätikon, findet man mehr oder weniger verfallene Zollhäuschen, in denen man bei Schlechtwetter zumindest vorübergehend unterschlüpfen kann. Der Weg führt nun etwas bergab. Nach mehreren kleinen An- und Abstiegen über verkarstetes

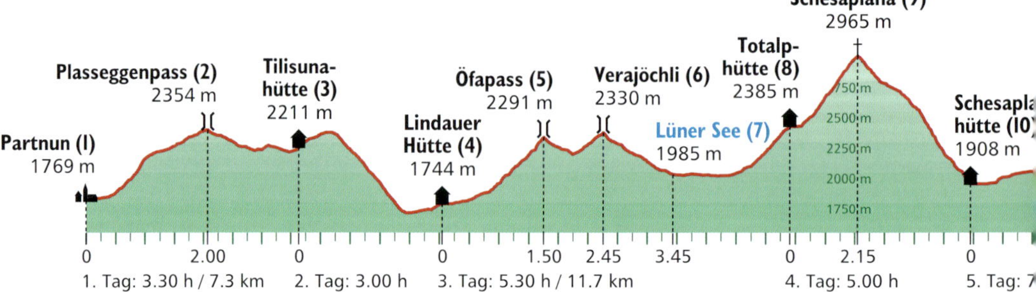

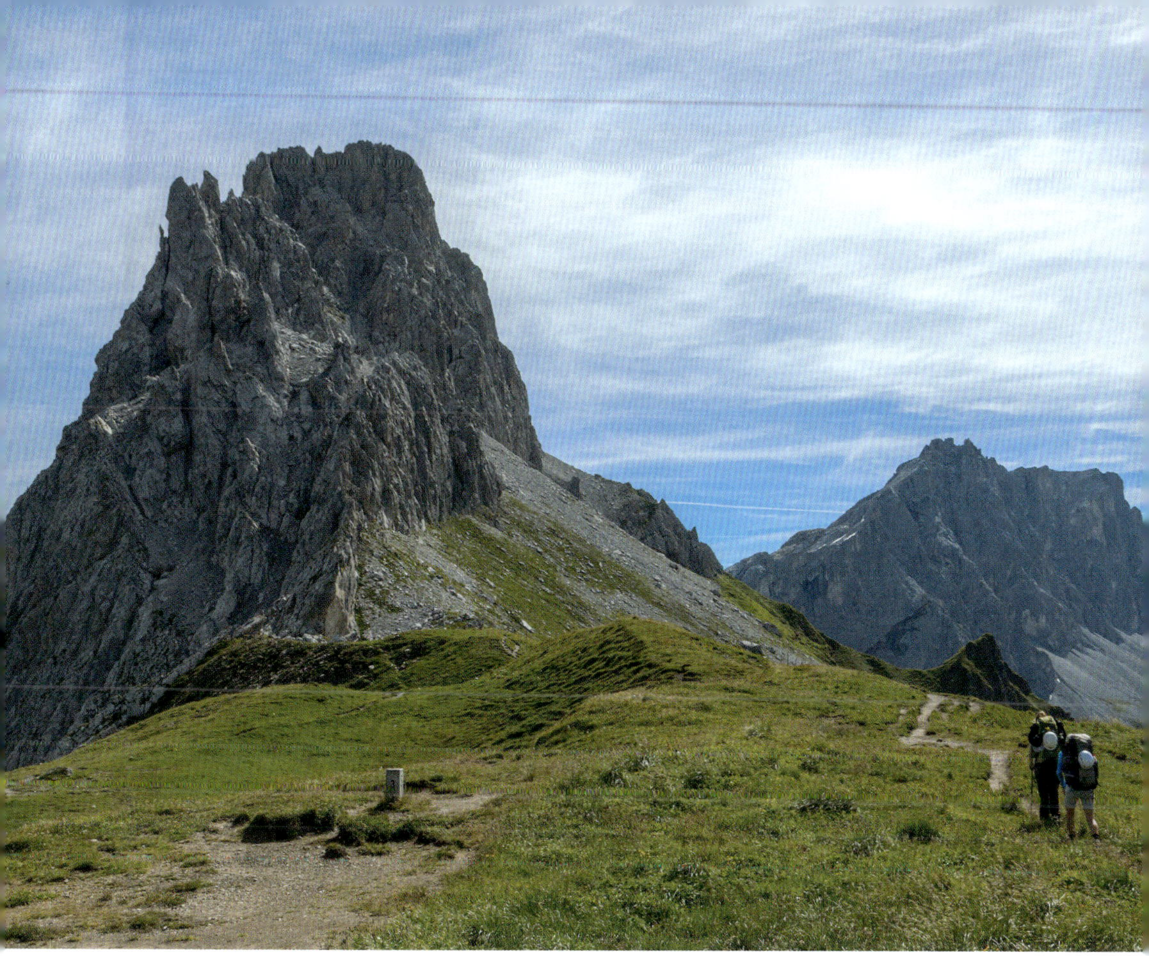

▲ *Aussichtsreich schlängelt sich der Weg an den Kirchlispitzen und der Drusenfluh vorbei.*

Gelände überschreiten wir den Grubenpass, 2241 m, und erreichen schließlich die wunderschön oberhalb des gleichnamigen Sees gelegene **Tilisunahütte (3)**. Wer sich noch nicht ausgelastet fühlt, geht entweder gleich weiter zur Lindauer Hütte oder besteigt noch die Sulzfluh, 2818 m.

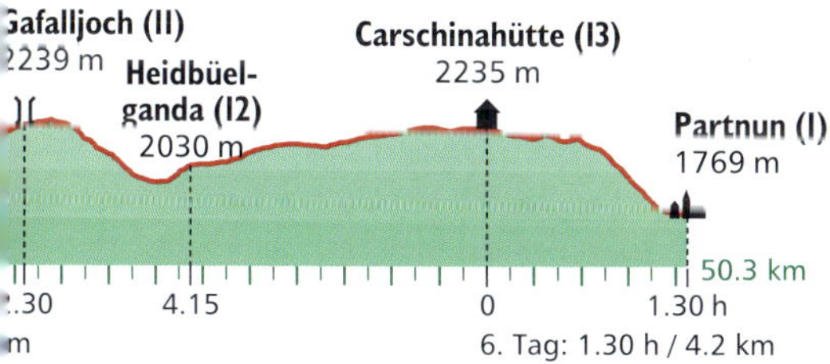


## 2. Tag: Tilisunahütte, 2211 m – Lindauer Hütte, 1744 m

3 Std., 210 m↑, 680 m↓

Von der **Tilisunahütte (3)** steigen wir wenige Meter bergauf. Dort treffen wir auf ein Wegkreuz, von dem wir den Schildern in Richtung Lindauer Hütte folgen. Sanft ansteigend geht es so zu einem unterhalb des Schwarzhorns gelegenen Pass, 2360 m, auf den Karten als Schwarze Erd eingetragen. Nach einigen unangenehmen Metern durch loses Geröll, das, wen wunderts, schwarz ist, erkennen wir tief unten bereits die **Lindauer Hütte (4)**. Zu dieser gelangen wir, mit grandiosen Blicken auf das Öfatal und die Drusenfluh, im steten Hin und Her über den breiten Bilkengrat. Nach kurzem Gegenanstieg auf der Lindauer Hütte angekommen empfiehlt es sich, nach der Mittagspause noch auf die nördlich der Hütte gelegene Geißspitze, 2334 m, zu steigen. Ein markierter Pfad führt auf diesen Aussichtsberg der Extraklasse.

## 3. Tag: Lindauer Hütte, 1744 m – Totalphütte, 2385 m

5.30 Std., 1140 m↑, 500 m↓

Der Weg von der **Lindauer Hütte (4)** zur Totalphütte führt von Ost nach West entlang der Nordabdachung des Rätikons bis an den Fuß der Schesaplana. Dabei wandern wir zunächst durch das grandiose Öfatal auf den **Öfapass (5)**, 2291 m. Von dort geht es weiter nach Westen, hinunter zur weiten Ebene im Umfeld des Schweizer Tors, 2155 m. Während sich Botaniker von diesem Fleckchen Erde gar nicht mehr losreißen können, sollten Weitwanderer den nächsten Pass in Angriff nehmen, das 2330 m hohe **Verajöchli (6)**. Nun steigen wir hinunter zum **Lüner See (7)**, um dessen Ufer sich bei schönem Wetter wahre Menschenmassen schieben. Nicht lange dauert allerdings der Spuk. Am Westufer des Sees verlassen wir die breite Uferpromenade. Ein steiler und nach dem langen Tag mühsamer Anstieg führt in Kehren zur **Totalphütte (8)** hinauf.

## 4. Tag: Totalphütte, 2385 m – Schesaplana, 2965 m – Schesaplanahütte, 1908 m

5 Std., 580 m↑, 1050 m↓

Die Königsetappe dieser Tour ist nur bei sicherem Wetter zu empfehlen. Als Alternative bietet es sich an, die Runde abzukürzen, indem man zurück zum Lüner See geht und anschließend über das Gafalljoch auf die Südseite des Rätikons und damit zur fünften Tagesetappe wechselt.

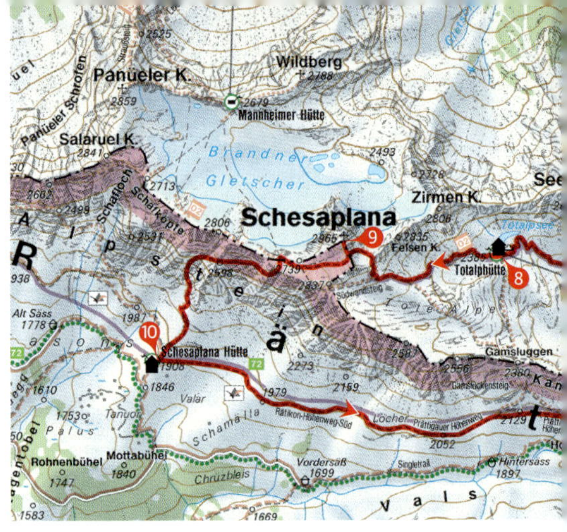


Der Anstieg von der **Totalphütte (8)** zur Schesaplana führt zunächst in Kehren zu einer Zollhütte. Von dort geht es über viel Schotter bzw. über Schneefelder oder beides zusammen auf einem gut markierten Steig zum höchsten Punkt der **Schesaplana (9)**. Bei gutem Wetter gehört das Panorama unterhalb des Gipfelkreuzes zu den besten der ganzen Alpen. Im Abstieg folgen wir dem teilweise mit Drahtseilen gesicherten kniefressenden »Schweizer Steig«, der aufgrund seiner Ausgesetztheit als heftigster Abschnitt der Tour gelten darf. Über diesen erreichen wir die vom SAC geführte **Schesaplanahütte (10)**.

## 5. Tag: Schesaplanahütte, 1908 m – Carschinahütte, 2235 m

7 Std., 690 m↑, 360 m↓

Die heute zu bewältigende Wegetappe ist landschaftlich ein Traum und führt wie auf einer Sonnenterrasse unterhalb der riesigen Südwände des Rätikons entlang. Sie ist durchgehend mit »Prättigau Höhenweg« ausgeschildert.
Von der **Schesaplanahütte (10)** wandern wir zunächst in Richtung einer kleinen Alm namens Golrosa. In Sichtweite der Alm biegen wir links ab (Schild) und steigen auf zum **Gafalljoch (11)**, 2239 m. Von dort führt der Weg parallel zum Hang unterhalb der steilen Wände der Kirchlispitzen bis zu einer Wegkreuzung unter dem

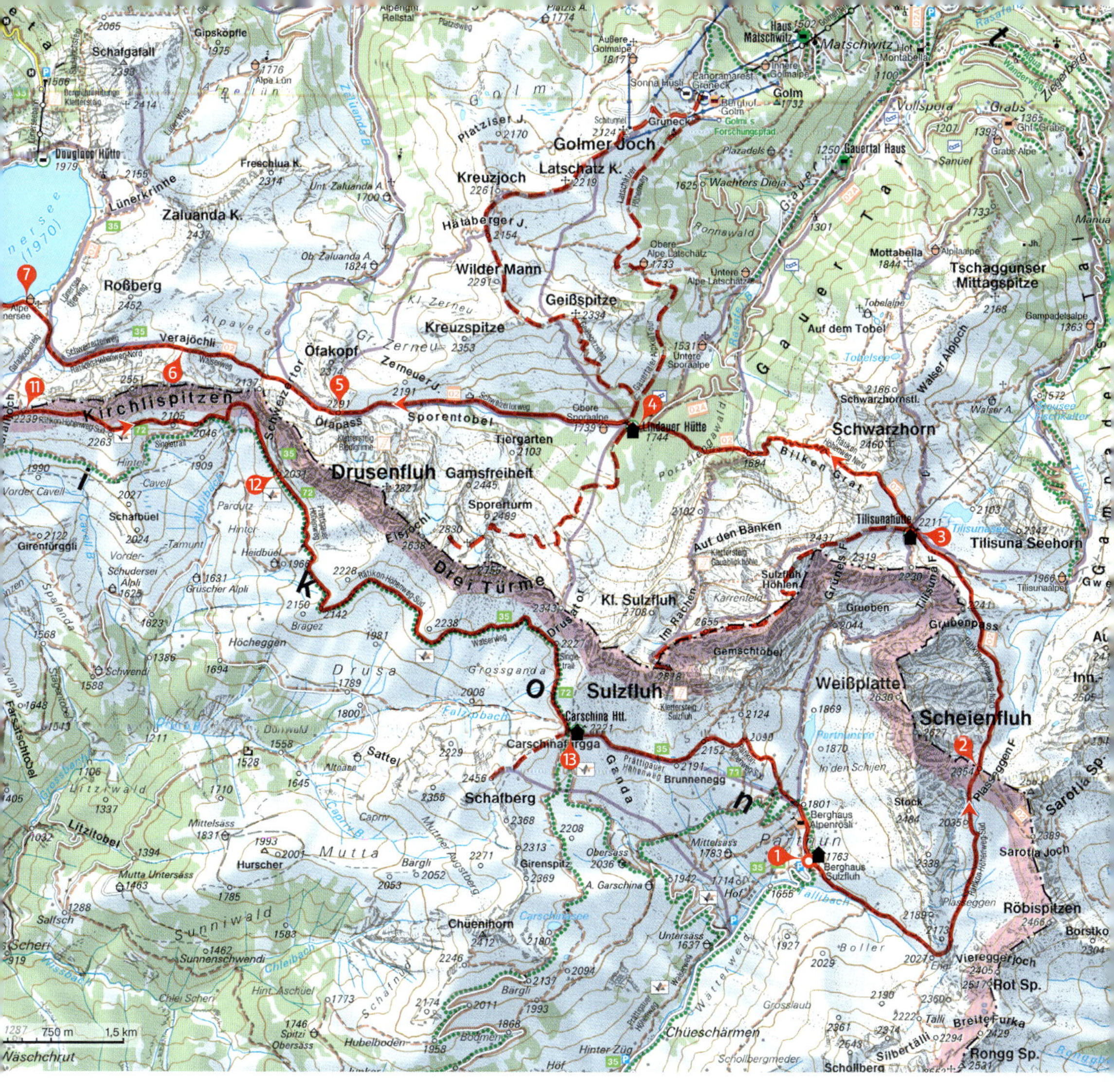


einzig gangbaren Einschnitt zwischen den Kirchlispitzen und der Drusenfluh, dem Schweizer Tor. Wir bleiben auf dem oberen Pfad (steigen also weder zum Gruscher Älpli ab noch zum eigentlichen Schweizer Tor auf), lassen am **Heidbüelganda (12)** erneut einen Abzweig zum Schweizer Tor links liegen und umwandern nun die gigantischen Mauern der Drusenfluh. Ab und zu wird man vielleicht die markigen Kommandos von Kletterern aus den Wänden schallen hören. Als nächster Gebirgsstock kommt dann die Sulzfluh ins Blickfeld. Unterhalb von dieser befindet sich das Ziel der heutigen Tagesetappe, die **Carschinahütte (13)**. Zwischen dem ersten Blick auf die Hütte und dem Bestellen des ersehnten Getränks ist allerdings noch so mancher Atemzug zu schnaufen.

### 6. Tag: Carschinahütte, 2235 m – Partnun, 1769 m

1.30 Std., 480 m↓

Von der **Carschinahütte (13)** geht es parallel zum Hang (nicht auf dem Fahrweg) weiter nach Osten. Oberhalb des Partnunsees biegen wir rechts ab und steigen steil hinunter ins Dorf **Partnun (1)**.

# 2 Durch die Silvretta

## Das Montafon von seiner schönsten Seite

4 Tage

■ schwierig

### Hochalpine Steige zwischen Gaschurn und Bielerhöhe

Die Silvretta, so hieß es in Walther Flaigs Gebietsführer, sei ein Modellgebirge. Aus der Ferne betrachtet scheint er damit Recht gehabt zu haben: Vom Gipfel der am ersten Tag zu überschreitenden Madrisella wirkt das Montafon wie eine Märklin-Eisenbahn-Landschaft. Grüne Matten, in denen zahlreiche kleine Seeaugen blinken, dahinter schwarze, häufig pyramidenförmige Gipfel und dazu erkleckliche Gletscherreste ergeben ein perfektes Bild. Doch dann führt unser Tourenvorschlag mitten hinein in das Gebirge, und wir erfahren hautnah seinen Aufbau. Der sieht dann manchmal weniger schön aus, aber uninteressant ist er nicht – außerdem kann der Blick ja auch immer wieder in die Ferne schweifen.

**TOURENINFO**

**Ausgangspunkt:** Gaschurn, 979 m. Anreise mit der Bahn bis Schruns und von dort weiter mit dem Bus. Von Bludenz auf der Bundesstraße in Richtung Silvretta-Hochalpenstraße.

**Endpunkt:** Bielerhöhe, 2036 m. Von dort fahren im Sommer tagsüber Busse im Stundentakt zurück nach Gaschurn.

**Anforderungen:** Anspruchsvolle Höhenwanderung auf zum Teil ausgesetzten und schottrigen Pfaden, auf denen partiell die Hände zu Hilfe genommen werden müssen. Je nach Verhältnissen sind im zentralen Teil und am Hohen Rad einige steile und unangenehme Schneefelder zu queren. Beste Wanderzeit ist daher der Spätsommer. Beim Abstieg vom Verhupftäli in das Klostertal ist ein kurzes Stück mit Drahtseilen gesichert.

**Höhenunterschied:** 2340 m im Aufstieg, 2320 m im Abstieg (20.30 Std.).

**Information:** Gaschurn Tourismus, Dorfstraße 2, A-6793 Gaschurn, Tel. +43 50 6686-410, montafon.at.

**Karte:** Freytag & Berndt WK 374 »Montafon – Silvretta Hochalpenstraße – Schruns/Tschagguns – Piz Buin« (Maßstab 1:50.000).

▾ *Auf dem E.-Endriss-Weg.*

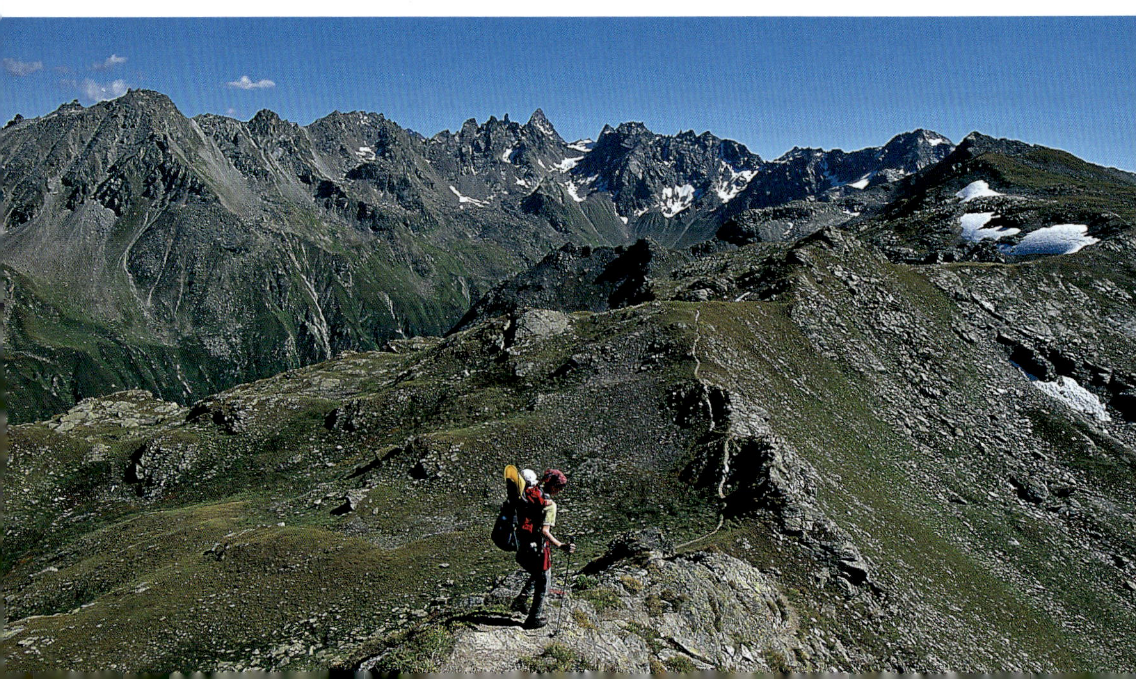

## GIPFELMÖGLICHKEITEN

▲ **Westliche Plattenspitze,** 2883 m: kurzer, lohnender Abstecher vom Plattenjoch, 0.40 Std. Aufstieg, 0.20 Std. Abstieg, deutlich ausgetretener Steig.

▲ **Hohes Rad,** 2934 m: grandioser Aussichtsberg, kann auf dem Weg von der Wiesbadener Hütte zur Bielerhöhe bestiegen werden, 0.40 Std. Aufstieg, 0.30 Std. Abstieg, markierter, aber ausgesetzter Steig, einige Kletterpassagen im I. Grad.

▲ **Bieler Spitze,** 2545 m: Aussichtsberg auf die gesamte Silvrettagruppe oberhalb der Bielerhöhe, 1 Std. Aufstieg, 0.30 Std. Abstieg, stark erodierter Wanderweg.

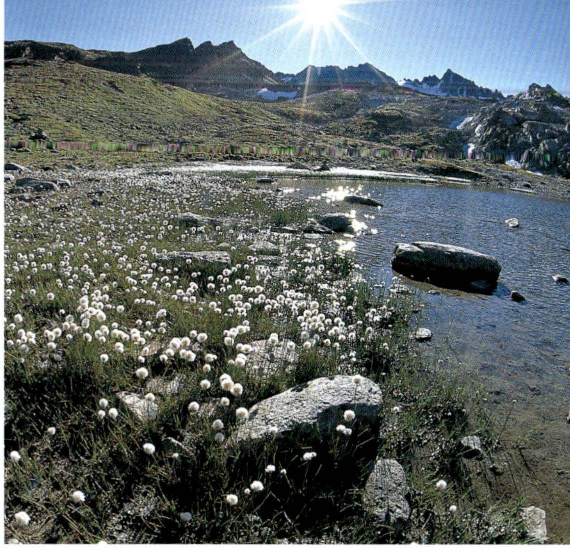

▲ *Es blitzt und blinkt auf dem Weg zum Hohen Rad.*

## 1. Tag: Gaschurn, 979 m – Tübinger Hütte, 2191 m

6 Std., 820 m↑, 640 m↓

In **Gaschurn (1)** wenden wir uns zu der an der Hauptstraße gelegenen Talstation der Versettlabahn und schweben in der Gondel hinauf zur **Bergstation (2)** mit dem Bergrestaurant Nova Stoba auf etwas über 2000 m Höhe. Mehrere Hinweisschilder weisen den Weg zum ersten Gipfel, der 2372 m hohen Versettla, rund eine Stunde weiter südlich gelegen. Von dort folgt der grandios angelegte Höhenweg, E.-Endriss-Weg genannt, weiter dem sanft geschwungenen Kamm. Nach einer weiteren Stunde besteht die Möglichkeit, auf die direkt vor uns liegende **Madrisella (3)**, 2466 m, zu steigen. Der Gipfel kann aber auch auf seiner Ostseite umgangen werden. Dabei passieren wir einige kleine Seeaugen, die zum Verweilen einladen. Südlich der Madrisella wandern wir über die Matschunerköpfe, 2426 m, zum Matschunerjoch. Danach wird es einsam, da die meisten Wanderer über das Novatal nach Gaschurn zurückkehren, wir aber geradeaus dem Hinweisschild Tübinger Hütte nach Süden folgen. Nach einem kurzen Abstieg kommen wir an einigen kleinen Seen vorbei. Steil hinauf gelangen wir zu einem namenlosen Pass und von dort auf den **Kuchenberg (4)**, 2523 m. Das Ziel des heutigen Tages, die Tübinger Hütte, ist jetzt schon klar zu erkennen, der spitze Turm des Großen

## UNTERKÜNFTE

- **Tübinger Hütte,** 2191 m, DAV, Ende Juni bis Ende Sept. bewirtschaftet, ca. 80 Schlafplätze, Tel. +43 664 88008565, tuebinger-huette.de, Reservierung über DAV-Reservierungssystem.
- **Saarbrücker Hütte,** 2538 m, DAV, Ende Juni bis Ende Sept. bewirtschaftet, ca. 75 Schlafplätze, Tel. +43 664 8925587 und +43 650 8301434, saarbrueckerhuette.at, Reservierung über DAV-Reservierungssystem.
- **Klostertaler Umwelthütte,** 2358 m, DAV, Selbstversorgerhütte, ca. 15 Schlafplätze AV-Schlüssel notwendig, Reservierung über DAV-Reservierungssystem.
- **Wiesbadener Hütte,** 2443 m, DAV, Mitte Juni bis Anfang Okt. bewirtschaftet, ca. 160 Schlafplätze, Tel. +43 5558 4233, wiesbadener-huette.com, Reservierung über DAV-Reservierungssystem.
- **Madlenerhaus,** 1986 m (an der Bielerhöhe), Anfang Juli bis Ende Okt. bewirtschaftet, ca. 80 Schlafplätze, Tel. +43 650 7212010, madlenerhaus-silvretta.com, Reservierung über huetten-holiday.com
- **Hotel Silvretta-Haus,** 2036 m (Bielerhöhe), 14 Zimmer, Tel. +43 5558 4246, silvretta-bielerhoehe.at.

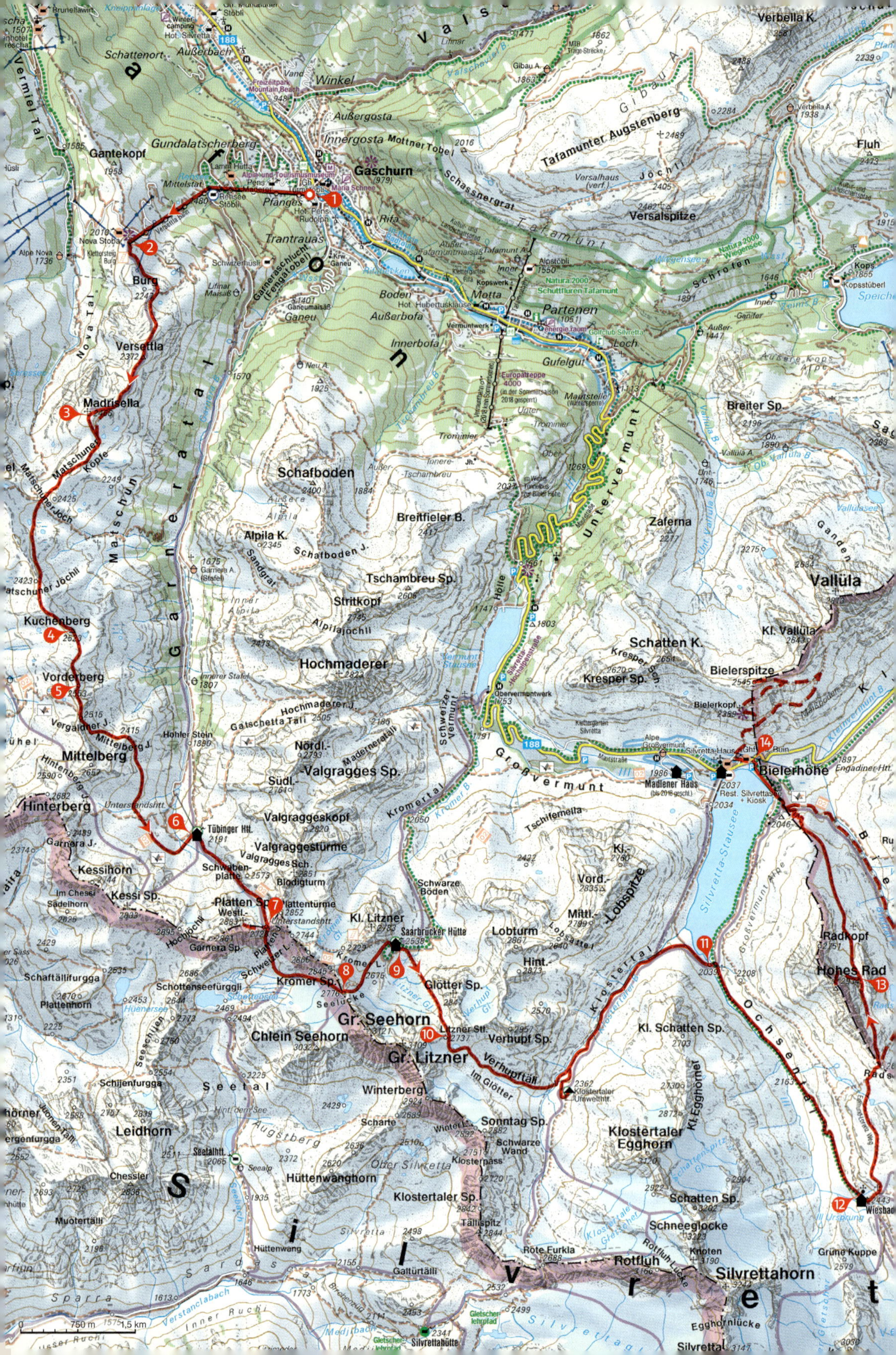

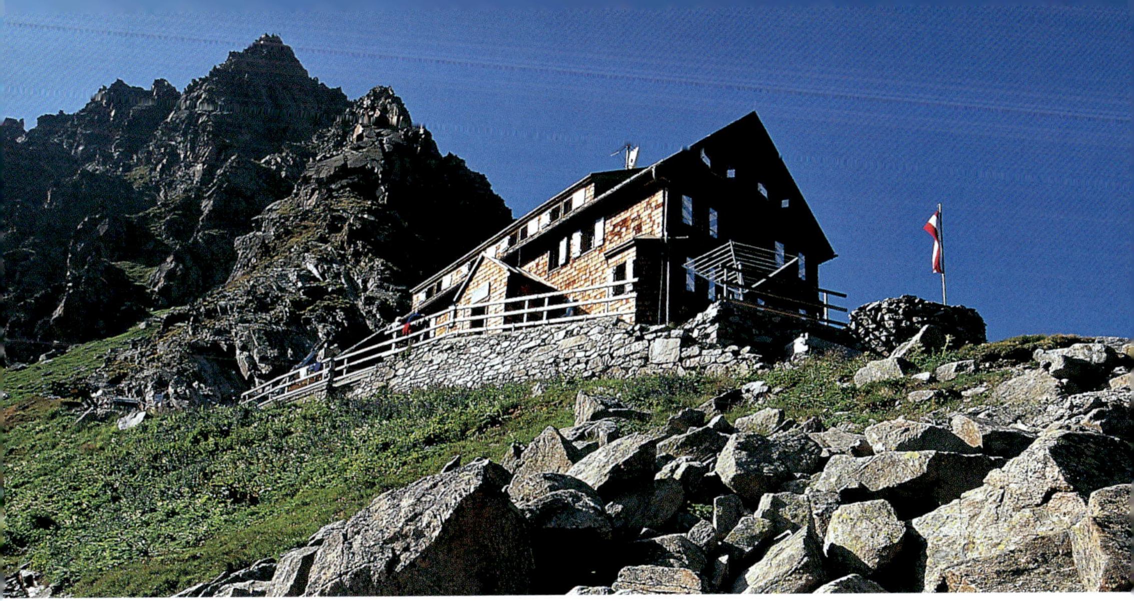

▲ *Die Saarbrücker Hütte.*

Litzner ragt dahinter auf. Der Weg folgt weiter dem Grat, und nach einem erneuten Abstieg wandern wir hinauf zum nächsten Gipfel, dem **Vorderberg (5)**, 2553 m. Jetzt geht es hinunter, zunächst zum Vergaldnerjoch, 2515 m, wo wir auf den von Westen kommenden Zentralalpen-Weitwanderweg 302 treffen. Wir wenden uns nach links und durchqueren ein Hochkar zum gegenüberliegenden Mittelbergjoch, 2415 m. Nun steigen wir steil hinab, und nach einer weiteren Stunde erreichen wir die schön gelegene **Tübinger Hütte (6)**, 2191 m.

## 2. Tag: Tübinger Hütte, 2191 m – Saarbrücker Hütte, 2538 m

4 Std., 630 m↑, 280 m↓

Während uns der Tag zuvor doch eher beschwingt von einem grünen Gipfel zum nächsten führte, tauchen wir nun in die ernste Hochgebirgswelt im zentralen Teil der Silvretta ein. Hinter der **Tübinger Hütte (6)** führt ein schmaler Steig nach Südosten. Mal über Geröll, mal über die Reste des winzigen Plattengletschers wandern wir hinauf zum **Plattenjoch (7)**, 2728 m. Dort, direkt auf der Grenze zwischen der Schweiz und Österreich, lassen wir am besten den Rucksack stehen und wenden uns nach Westen. Der Gipfel der Westlichen Plattenspitze ist lediglich eine halbe Stunde vom Pass entfernt und daher, zumindest wenn es nicht gerade stürmt und regnet, Pflichtprogramm. Über einen deutlichen, allerdings nicht markierten Steig erreichen wir das prägnante Gipfelkreuz. Die Aussicht ist grandios, vom schräg gegenüber liegenden Großen Seehorn mit dem schlanken Turm des Großen Litzner bis zur Bernina-Gruppe im Süden reicht die Schau.

Vom bisherigen empfohlenen Weg vom Plattenjoch über die Schweizer Lücke und Kromer Lücke zur Saarbrücker Hütte raten wir dringend ab, da dieser aufgrund des Rückgangs des Kromergletschers sehr schwierig geworden ist und alpine Erfahrung und entsprechende Ausrüstung voraussetzt. Wir nehmen den neuen und sicheren Weg hinab zum Seegletscher und von dort weiter bergauf zur **Seelücke (8)**. Von hier oben sehen wir bereits unser heutiges Etappenziel, die **Saarbrücker Hütte (9)**, die wir im Abstieg auf gutem Weg erreichen. Unterhalb der prächtig gelegenen Hochgebirgshütte empfiehlt es sich, die dort zahlreich blühenden Silberdisteln zu bestaunen.

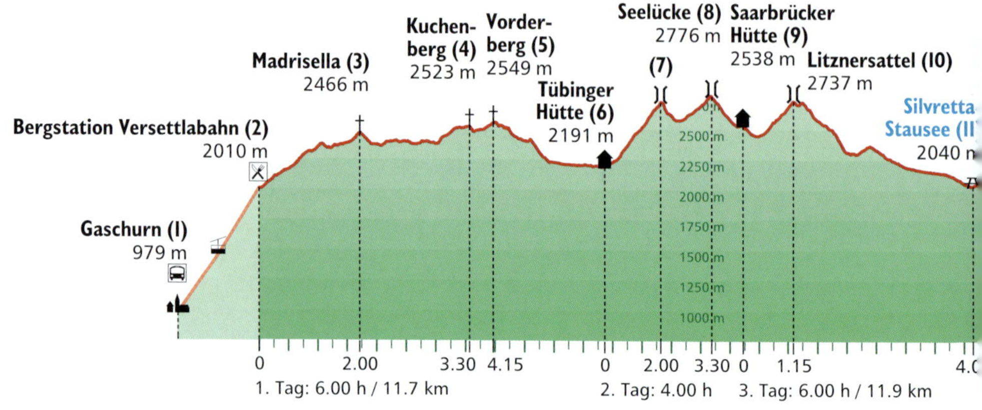


## 3. Tag: Saarbrücker Hütte, 2538 m – Wiesbadener Hütte, 2443 m

6 Std., 640 m↑, 740 m↓

Nein, es ist nicht notwendig, auf der kleinen Versorgungsstraße in den Talgrund abzusteigen, es geht auch über einen kleinen Pfad direkt unterhalb der Hütte. Im Talgrund, nahezu topfeben, achten wir auf das Schild, das den Beginn des Weges hinauf zum Litznersattel anzeigt. Ähnlich wie am Tag zuvor steigen wir nun über Geröll und die Reste des ehemals sicher mächtigen Litznergletschers hinauf zum gleichnamigen Pass. Der Weg ist gut markiert und wir sollten den deutlichen weiß-blau-weißen Zeichen auch folgen, da wir sonst schnell in einer unangenehmen Schotterwüste landen. Vom breiten **Litznersattel (10)**, 2737 m, geht es hinunter zu einem kleinen See, der auf seiner Südseite umrundet wird. Wieder einige Meter bergauf und es öffnet sich eine grandiose Sicht über das Verhupftäli hinweg auf die gegenüberliegenden Berge und Gletscher rund um die Schneeglocke und das Klostertaler Egghorn. Wir bleiben auf dem mit zahlreichen Steinmännern markierten Weg in das Verhupftäli, einem der schönsten Täler der Silvretta. An dessen Ende geht es steil hinunter in das Klostertal, einige Drahtseile helfen über die schwierigsten Passagen hinweg. Gegenüber befindet sich jetzt die Klostertaler Umwelthütte, eine Selbstversorgerhütte in landschaftlich großartiger Umgebung. Wer hier nächtigt, hat gute Chancen, am Abend oder am nächsten Morgen eine Herde Steinböcke zu sehen. Der Weiterweg folgt dem munter zu Tal rauschenden Klosterbach auf der rechten Seite, ein breiter Weg, auf dem wir durchaus ab und zu einen Blick zurück riskieren sollten. Nach rund einer Stunde (von der Umwelthütte) ist es mit der Einsamkeit vorbei, wir treffen auf den Rundweg um den **Silvretta-Stausee (11)**. Hier wenden wir uns nach rechts und gelangen nach wenigen Minuten zum Abzweiger hinauf in das Ochsental und zur **Wiesbadener Hütte (12)**. Diesem folgend erreichen wir auf breitem Weg und im Angesicht des hochberühmten Piz Buin in rund 1.30 Stunden das trotz seiner Größe erstaunlich familiär geführte Schutzhaus.

## 4. Tag: Wiesbadener Hütte, 2443 m – Bielerhöhe, 2036 m

4.30 Std., 250 m↑, 660 m↓

Noch ein Wandertag der Extraklasse! Hinter der **Wiesbadener Hütte** (12, Wegweiser »Tiroler Scharte« bzw. »Radsattel«) steigen wir in Kehren hinauf zu einem östlich gelegenen Wegekreuz. Hier wenden wir uns nach links und gelangen auf eine traumhafte Hochebene.

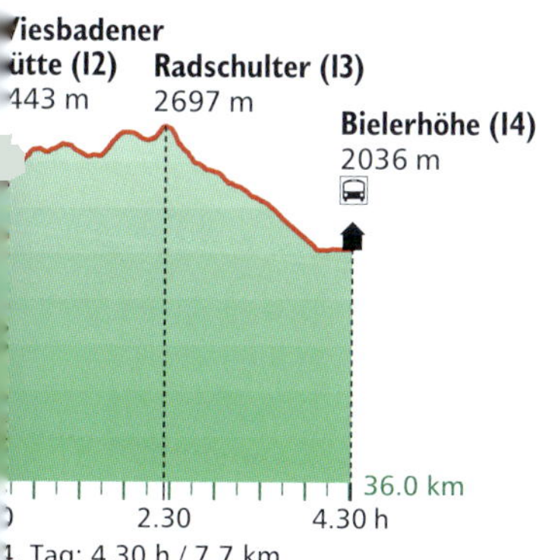


Auf dieser halten wir uns nach Norden und treffen an deren Ende auf einen kleinen, von wogenden Wollgrasfeldern umgebenen See, ein idealer Platz für ein zweites Frühstück. Das nächste Ziel ist der Radsattel, 2652 m, zu dem ein gut ausgetretener Pfad steil hinaufführt. Oben angelangt müssen wir uns entscheiden: Geradeaus geht es auf dem schnellsten Weg hinunter über das Bieltal zur Bielerhöhe, bei unsicherem Wetter die bessere Alternative. Bei Sonnenschein allerdings sollten wir uns das Hohe Rad, 2934 m, nicht entgehen lassen. Um den Gipfel zu besteigen, folgen wir den entsprechenden Hinweisschildern und wandern nahezu hangparallel über Schotter und kleine Schneefelder zu einem Pass, der sogenannten **Radschulter (13)** östlich des Berges. Hier können wir unser Gepäck deponieren und klettern nun in rund einer Stunde – an manchen Stellen unter Zuhilfenahme der Hände – auf einem markierten Steig zum markanten Gipfelkreuz. Die Aussicht vom Hohen Rad ist sensationell: tief unten der blaugrüne Silvretta-Stausee, gegenüber die gesamte Gipfelprominenz der Gruppe.

Zurück an der **Radschulter (13)** folgt nun der unangenehme Teil des Weges. Über ein steiles Schneefeld geht es hinunter, und wo kein Schnee liegt, erschwert Geröll den unbeschwerten Gehgenuss. Rund 300 Höhenmeter sind auf diese Art zu überwinden, dann führt der Weg, wiederum landschaftlich großartig, hinunter zum Silvretta-Stausee und weiter zur **Bielerhöhe (14)**.

Einer der besten Aussichtsberge auf den See und in die Silvretta ist übrigens die nördlich gelegene Bieler Spitze, 2545 m. Der Weg zum Gipfel ist breit und sehr stark erodiert. Er beginnt am Hotel (in Richtung Kapelle) und führt unmissverständlich zum Gipfelkreuz.

▼ *Unterwegs mit Kind in der Silvretta.*

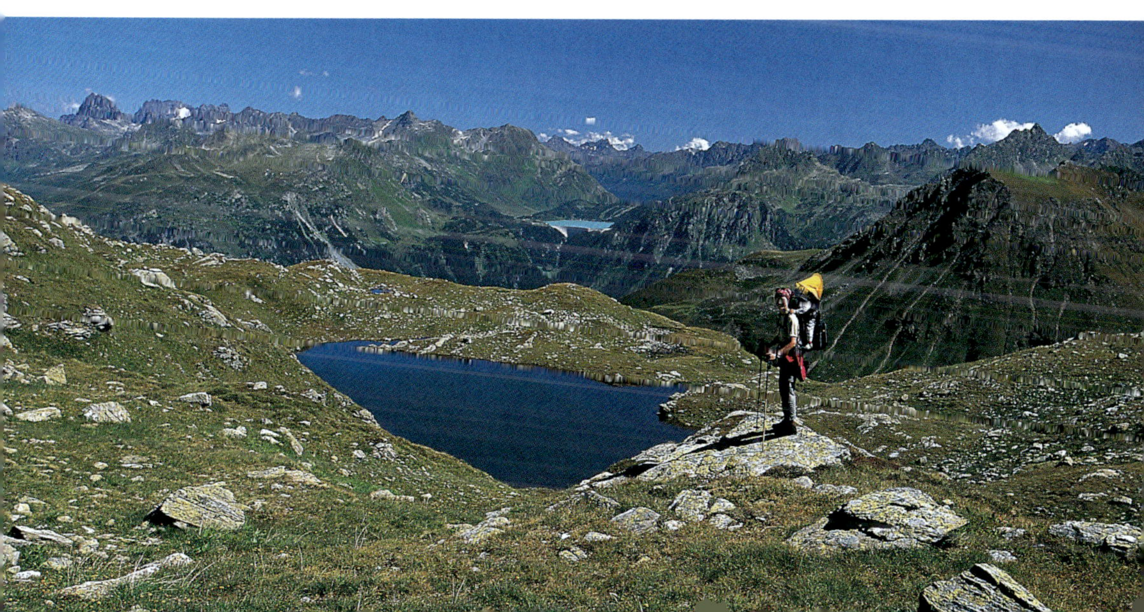

# 3 Hauptkamm der Allgäuer Alpen

## Mit Heilbronner Weg und Jubiläumsweg

4 bis 5 Tage

mittel

### Abwechslungsreicher Höhenweg zwischen Bayern und Tirol

Manch begeisterter Wanderer wehrt sofort ab, wenn er den Namen Allgäuer Alpen nur hört. Assoziiert werden überfüllte Hütten, Staus auf den berühmt-berüchtigten Heilbronner, Mindelheimer und Hindelanger Drahtseilwegen und große Menschenmassen auf grünen Hügeln. Und in der Tat, an schönen Wochenenden bevölkern jeden Sommer Tausende von Wanderern die Wege, Hunderte reihen sich in die Schlangen auf dem Jubiläumsweg ein. Aber mit der richtigen Zeitplanung lässt sich all dies vermeiden. Dann trifft man auf der Rappenseehütte weniger Wanderer und kann einen ruhigen Hüttenabend genießen oder man begeht den Heilbronner Weg, der nicht umsonst so beliebt ist, fast alleine. Dass wir das erleben durften, hat unsere Vorurteile gegenüber den Allgäuer Alpen beseitigt. Wir durften erfahren, dass das Allgäu zu den schönsten Bergregionen der Nördlichen Kalkalpen gehört. Es beherbergt eine Vielfalt gegensätzlicher Landschaftsformen: von wilden, hochalpinen Kalkburgen bis zu grünen Berggipfeln und von bewaldeten Tälern bis zu zauberhaften, in pittoreske Hochkare eingebettete kleine Seen.

#### TOURENINFO

**Ausgangspunkt:** Lechleiten (Lechtal), Holzgauer Haus, 1512 m. Lechleiten ist mit dem Bus von Reutte/Tirol gut zu erreichen, nach Reutte Zugverbindung von Kempten und Garmisch-Partenkirchen. Für die Benutzung des Parkplatzes am Holzgauer Haus wird eine geringe Gebühr erhoben (ausgenommen Gäste), alternative Parkplätze am Ende der Straße beim Haus Schrofenwies.

**Endpunkt:** Hinterstein, 866 m. In der Ortsmitte an der Kirche ist die Busstation. Eine Busverbindung besteht über Hindelang zum Bahnhof von Sonthofen. Die Rückfahrt mit Bussen zum Ausgangspunkt ist kompliziert (vorher nach den Abfahrtszeiten erkundigen!).

**Anforderungen:** Gut ausgebauter Höhenweg mit konditionell anspruchsvollen, langen Etappen. Auch wenn der Heilbronner Weg mehr Wanderroute als Klettersteig ist, sollte man trittsicher und schwindelfrei sein. Leichte Kletterei bei Überschreitung des Rauhhorn.

**Höhenunterschied:** 3140 m im Aufstieg, 3780 m im Abstieg (27.30 Std.).

**Information:** Touristinformation Oberstdorf, Prinzregentenplatz 1, D-87561 Oberstdorf, Tel. +49 8322 7000, oberstdorf.de. Tourismusbüro Warth, A-6767 Warth, Tel. +43 5583 35150, warth-schroecken.at.

**Karte:** Freytag & Berndt WK 351 »Lechtaler-, Allgäuer Alpen« und WK 352 »Ehrwald – Lermoos – Reutte« (Maßstab 1:50.000).

#### UNTERKÜNFTE

- **Holzgauer Haus in Lechleiten,** 1512 m, privat, nahezu ganzjährig bewirtschaftet, eher gehoben, Tel. +43 664 4531613, holzgauerhaus.at.
- **Rappenseehütte,** 2091 m, DAV, Mitte Juni bis Anfang Okt. bewirtschaftet, ca. 270 Schlafplätze, rappenseehuette.de, Reservierung über huetten-holiday.com.
- **Waltenberger Haus,** 2083 m, DAV, Mitte Juni bis Anfang Okt. bewirtschaftet, 70 Schlafplätze, waltenbergerhaus.de, Reserierung über huetten-holiday.com.
- **Kemptner Hütte,** 1844 m, DAV, Mitte Juni bis Mitte Okt. bewirtschaftet, ca. 290 Schlafplätze, kemptner-huette.de, Reservierung über huetten-holiday.com.
- **Prinz-Luitpold-Haus,** 1846 m, DAV, Mitte Juni bis Mitte Okt. bewirtschaftet, ca. 160 Schlafplätze, prinz-luitpoldhaus.de, Reservierung über DAV-Reservierungssystem.
- **Willersalpe,** 1456 m, privat, Mai bis Okt. bewirtschaftet, 30 Schlafplätze, Tel. +49 171 9939847 (Übernachtung war 2023 aus Personalgründen nicht möglich, Abstieg direkt nach Hinterstein notwendig).

## GIPFELMÖGLICHKEITEN

▲ **Biberkopf,** 2599 m: südlichster Gipfel Deutschlands, schwierige Alternative (Kletterstellen I) zur 1. Etappe, wobei der Gipfel überschritten wird. Voraussetzung sind gute Wetterbedingungen. Zu beachten ist, dass Altschneereste bis in den Herbst das Vorwärtskommen erschweren. 5 Std.

▲ **Hochrappenkopf,** 2425 m: von der Rappenseehütte, 1 Std. im Aufstieg, 0.40 Std. im Abstieg, nicht schwierig.

▲ **Rappenseekopf,** 2467 m: von der Rappenseehütte, 1.15 Std. im Aufstieg, 0.50 Std. im Abstieg, nicht schwierig.

▲ **Steinschartenkopf,** 2615 m: Überschreitung auf der 2. Etappe.

▲ **Bockkarkopf,** 2608 m: Überschreitung auf der 2. Etappe.

▲ **Hohes Licht,** 2651 m: lohnend, von der Abzweigung 0.45 Std. Aufstieg, 0.40 Std. Abstieg, ohne Schwierigkeit.

▲ **Mädelegabel,** 2645 m: berühmter Aussichtsberg, nicht selten Massenandrang (dann Steinschlaggefahr!), kann von konditionsstarken Wanderern bei der Begehung des Heilbronner Wegs mit bestiegen werden, von der Abzweigung 0.50 Std. Aufstieg, 0.40 Std. Abstieg, leichte Kletterei (I).

▲ **Muttlerkopf,** 2366 m: von der Kemptner Hütte, 1.30 Std. Aufstieg, 1 Std. Abstieg, leicht.

▲ **Großer Krottenkopf,** 2657 m: schöner Aussichtsberg, von der Kemptner Hütte, 2 Std. Aufstieg, 1.30 Std. Abstieg, bezeichneter Steig.

▲ **Kreuzeck und Rauheck,** 2376 m bzw. 2384 m: Überschreitung auf der 3. Etappe.

▲ **Hochvogel,** 2592 m: der Berg der Allgäuer Alpen, lohnender Aussichtsberg, vom Prinz-Luitpold-Haus, 3 Std. Aufstieg, 2.40 Std. Abstieg, gut markiert und mit Drahtseil gesichert, Klettern I.

▲ **Rauhhorn,** 2240 m: lohnendes Gipfelziel, kann auf der 4. Etappe überschritten werden, leichte Kletterei (I) und nicht übermäßig mit Drahtseilen gesichert.

▼ *Aufstieg zur Großen Steinscharte und Blick zurück zur Rappenseehütte. Im Hintergrund die drei Schafalpenköpfe.*

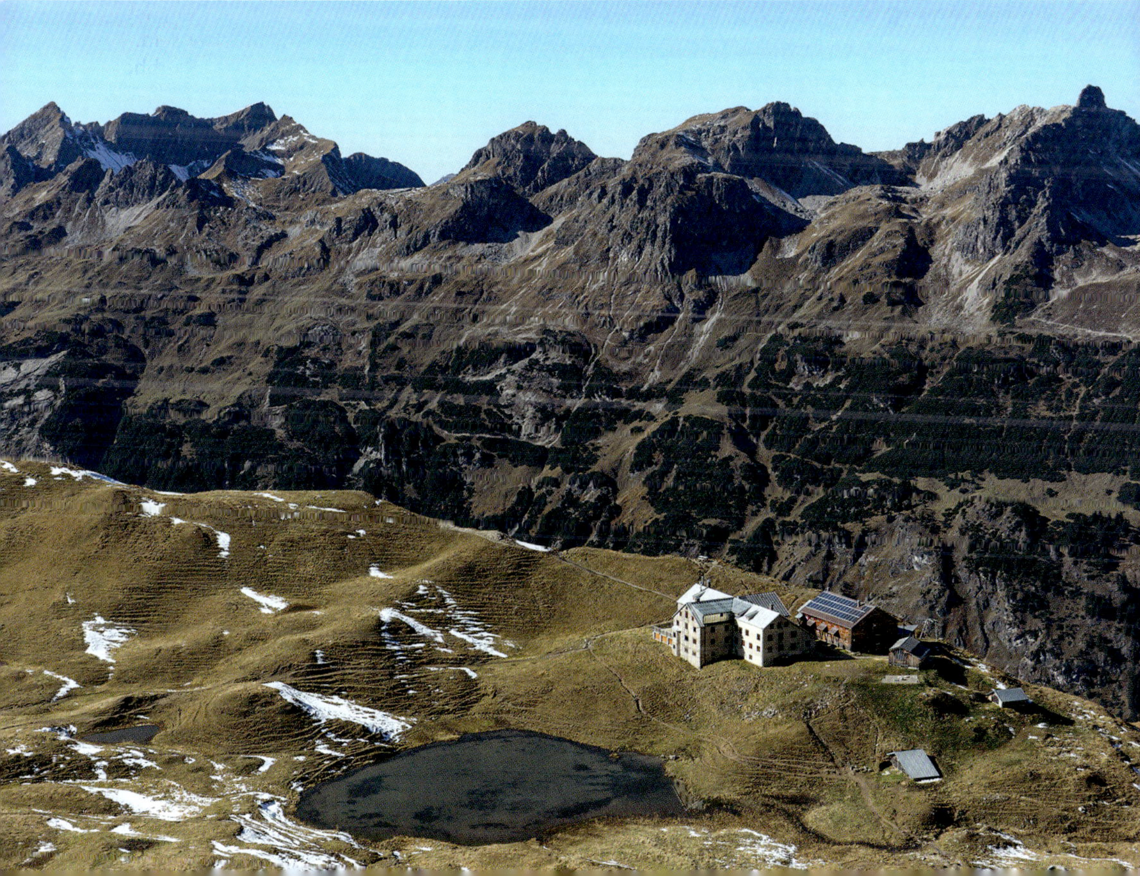

## 1. Tag: Holzgauer Haus, 1512 m – Rappenseehütte, 2091 m

3 Std., 580 m↑

Vom Holzgauer Haus gibt es zwei Möglichkeiten zur Rappenseehütte zu gelangen: Die erste Möglichkeit ist die nicht ganz leichte Strecke über den Biberkopf, für die rund 5 Std. benötigt werden. Die zweite und deutlich einfachere Möglichkeit führt etwas westlich vom Biberkopf zur Rappenseehütte und wird hier als Hauptweg beschrieben.
Vom **Holzgauer Haus (1)** steigen wir Richtung Nordosten auf und erreichen vorbei an der verfallenen Vorderen und der noch intakte Hinteren Lechleitner Alm das **Salzbüheljoch (2)**, 1875 m. Hier überschreiten wir die Staatsgrenze von Österreich nach Deutschland. Weiter geht es über Weideland zur Oberen Biberalp, etwa 1855 m. Während wir rechter Hand zu den beeindruckenden Felswänden von Biber- und Hochrappenkopf aufschauen, fällt unser Blick auf der linken Seite über das Rappenalpental auf die Mindelheimer Hütte und den darüber aufragenden Kemptner Kopf. Bald tut sich vor uns der Mutzentobel auf. Steil schlängelt sich der Weg drahtseilgesichert nach unten. Auf der anderen Seite des Tobels quert der Weg nach links den Hang hinauf. Viel brüchiges Schiefergestein trübt dabei etwas den Gehgenuss, bis wir, oben angekommen, plötzlich in einem Meer von Sauerampfer stehen. Mitten darin befindet sich die winzige Schafalpe, etwa 1790 m. Nach einiger Zeit überschreiten wir den Seebach, der vom Rappensee gespeist wird. Anschließend schlängelt sich der Pfad am Rande eines Abbruchs einen grasigen Hang hinauf. Schauen wir über den Felsabbruch, sehen wir einen imposanten Wasserfall, der sich unterhalb der noch nicht sichtbaren Rappenseehütte in den Rappenbach stürzt. Nachdem wir den steilen Hangaufschwung erklommen haben, öffnet sich der Blick auf die schön gelegene **Rappenseehütte (3)**. Die Hütte wurde bereits 1898 als winziger Holzbau eröffnet. Heute bietet die Hütte Platz für mehr als 300 Personen. Hut ab vor den Hüttenwirten, die es schaffen, in der gemütlichen Hütte trotz der Größe eine freundliche Atmosphäre herzustellen.

## 2. Tag: Rappenseehütte, 2091 m – Kemptner Hütte, 1844 m

7 Std., 690 m↑, 930 m↓

Kernstück der zweiten Etappe ist der gut ausgebaute Heilbronner Weg, ein Highlight unter den Höhenwegen. Frühmorgens brechen wir von der **Rappenseehütte (3)** auf und steigen zu der über uns liegenden **Großen Steinscharte (4)**, 2262 m, auf. Von dort queren wir in das oft bis in den Sommer hinein schneebedeckte Schuttkar »Wiesles« zum Fuß der felsigen Nordflanke des

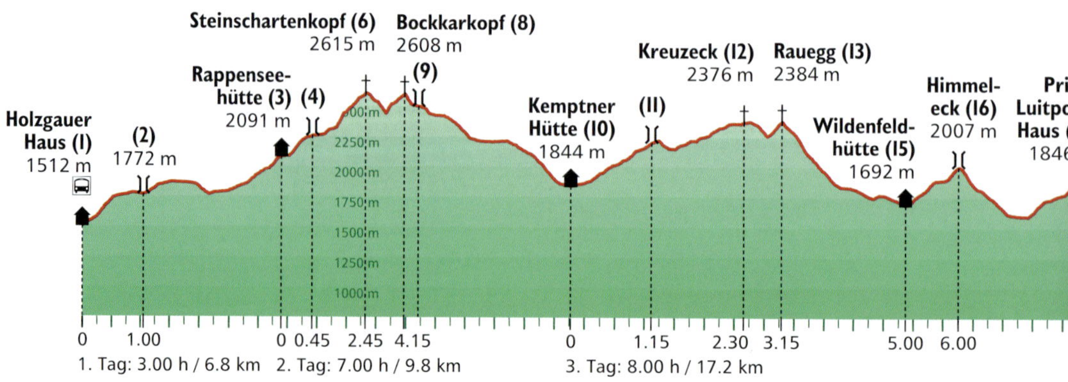

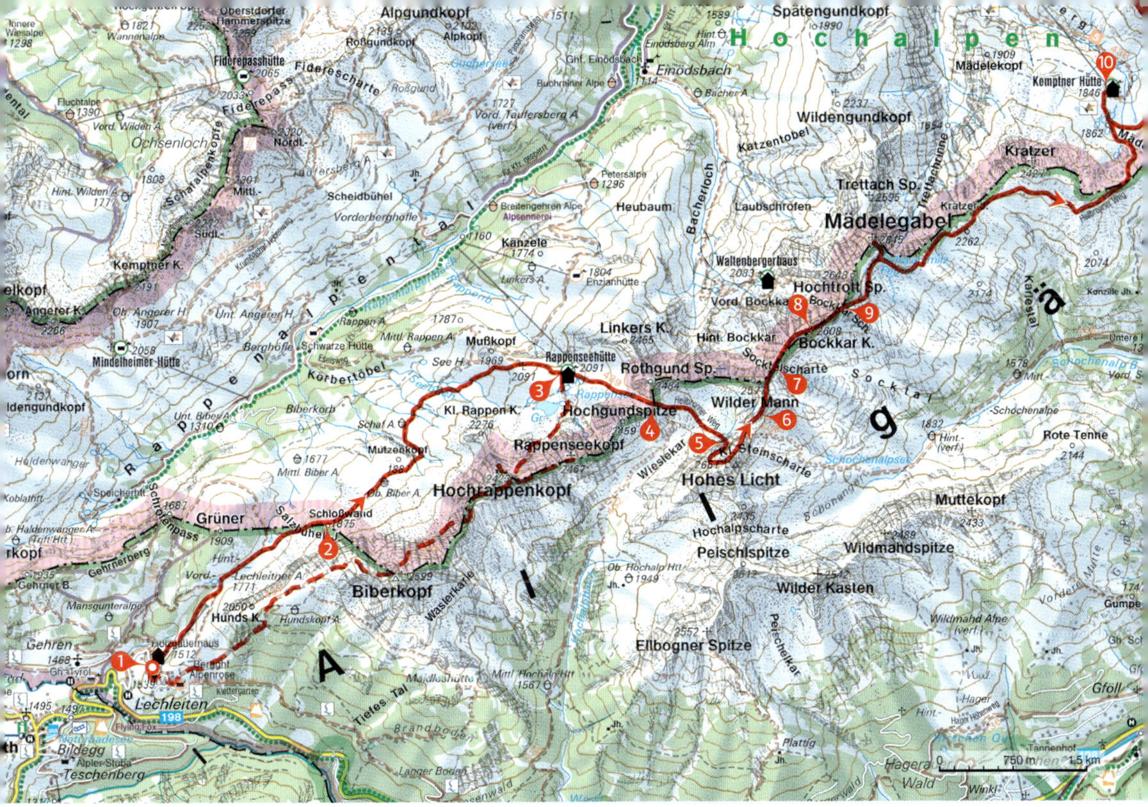

Hohen Lichts. Einem Drahtseil folgend gelangen wir steil im Fels empor zu einer Wegteilung, dem **Abzweig zum Hohen Licht (5)**. Rechts geht es auf das Hohe Licht, von wo man eine grandiose Sicht von den Hohen Tauern bis zu den Urner Alpen genießen kann – ein lohnender Abstecher bei klarem Wetter. Links steigen wir weiter zum Heilbronner Törl hinauf, einer Felsspalte, durch die man sich, wenn der Rucksack zu groß ist, nur mit viel Kraft zwängen kann. Wenige Meter nach dem Heilbronner Törl erreichen wir die Kleine Steinscharte, 2541 m. Grob am Grat entlang Richtung Norden geht es weiter über eine Leiter und eine Brücke auf den **Steinschartenkopf (6)**. Unterhalb der Ostabstürze des Wilden Manns navigieren wir durch steile Geröllhänge bergab zur **Socktalscharte (7)**, 2446 m. Hier besteht die erste Möglichkeit, zum Waltenberger Haus abzusteigen. Wir bleiben jedoch auf dem gut gesicherten Steig und gelangen über den **Bockkarkopf (8)**, 2608 m, in zahlreichen Kehren hinunter zur **Bockkarscharte (9)**. Erneut biegt links ein Pfad zum Waltenberger Haus ab. Die für heute schwierigsten Passagen liegen hinter uns, und wir wandern von nun an bequem, südöstlich an den Wänden der Hochfrottspitze und Mädelegabel vorbei. Bald zweigt nach links der Weg zum Gipfel der Mädelegabel ab. Wir wandern auf das zertrümmerte Kratzermassiv zu und halten uns beim Mädelejoch, 1973 m, links. Von hier steigen wir bequem zur **Kempter Hütte (10)** ab.

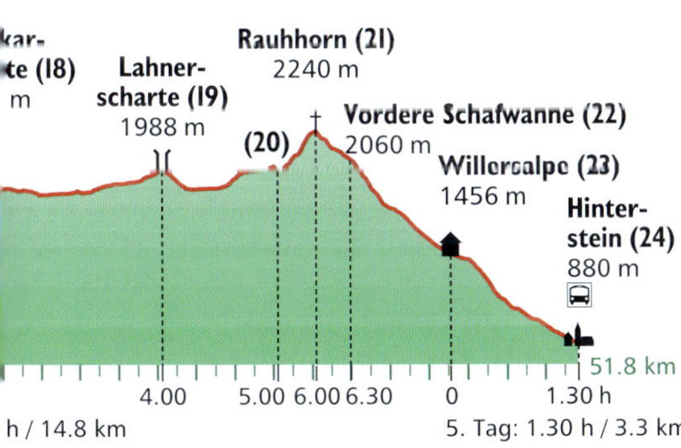

## 3. Tag: Kemptner Hütte, 1844 m – Prinz-Luitpold-Haus, 1846 m

8 Std., 1110 m↑, 1110 m↓

Für den heutigen Tag benötigen wir Ausdauer. Die gut 8 Stunden Gehzeit und 1100 Höhenmeter Aufstieg haben es in sich. Dabei verändert sich der Charakter der Landschaft: Es wird grüner, und die im Sommer pralle Blütenpracht reicht bis in die Gipfelregionen.

Von der **Kemptner Hütte (10)** gehen wir ein kurzes Stück den Weg vom Vortag zurück und biegen dann nach links ab in Richtung Fürschießersattel. Einige abschüssige, nasse und brüchige Stellen im Schiefergestein fordern unsere volle Aufmerksamkeit. Vom **Fürschießersattel (11)** geht es scharf nach rechts, hinunter ins Märzlekar. Bis in den August hinein kann hier noch Schnee liegen. Am Märzlesattel bzw. Marchsattel, 2201 m, angekommen, folgen wir dem Kamm aufwärts und erreichen so das **Kreuzeck (12)**. Wir ahnen schon, was für eine imposante Bergszenerie sich

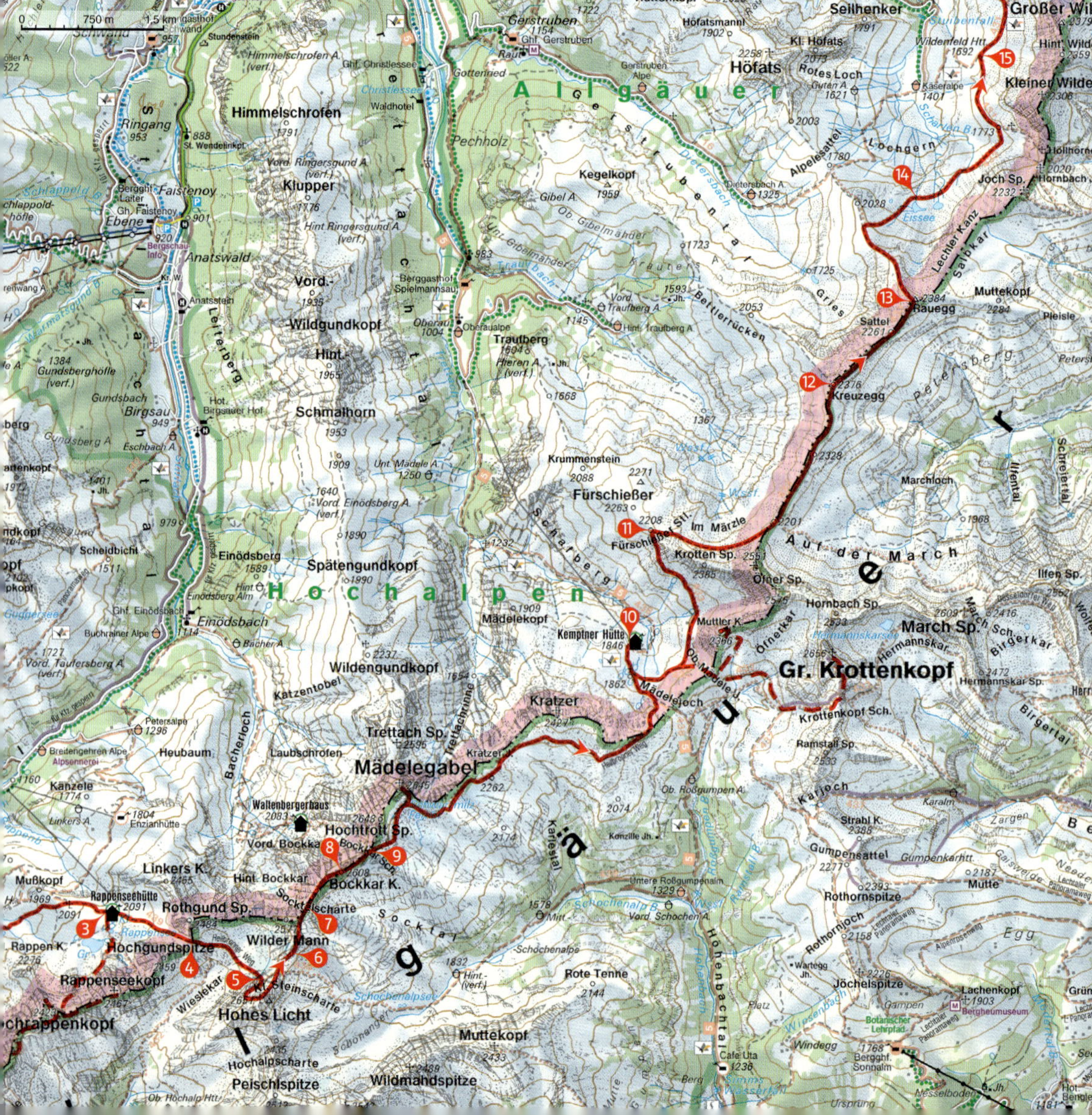

hier allmählich offenbaren wird. Haben wir das **Rauheck (13)** erreicht, liegt die ganze Pracht der Allgäuer Berge vor uns, von der Königin der Grasberge, der Höfats, über Hochvogel, Krottenkopf und die Hornbachkette bis zu den Gipfeln am Heilbronner Weg, um nur ein paar Namen zu nennen.

Nach dem Genuss des Panoramas geht es über den Nordgrat des Rauhecks hinunter auf die Höfats zu. Rechter Hand sehen wir das Hochplateau mit dem Eissee und einem weiteren kleinen See. An der nächsten Wegabzweigung (Seichereck) biegen wir zu den Seen ab und wandern am **Eissee (14)** vorbei. Wir überschreiten einen kleinen Bach, der vom Hornbachjoch herunterfließt, und gehen weiter zur **Wildenfeldhütte (15)**, 1692 m. Über ein langes Schuttkar unter dem Großen Wilden wandern wir aufs Mitteleck und weiter über lehmigen Boden, der bei Nässe wie Kaugummi an den Schuhen klebt, zum **Himmeleck (16)**, 2007 m. Von dort führt der

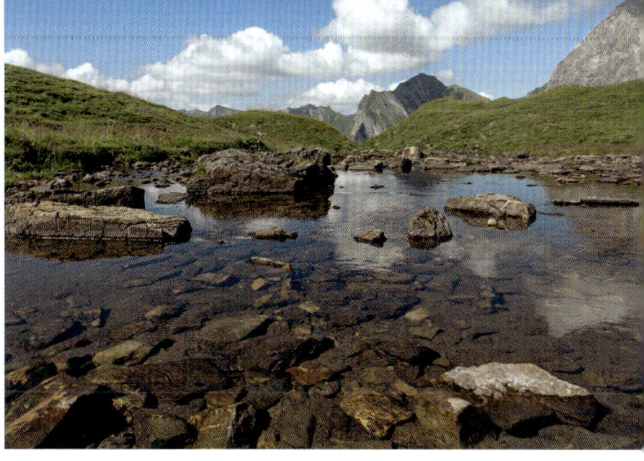

▲ *Der kleine Eissee mit Blick auf den bekannten Rädlergrat am Himmelhorn.*

Weg hinunter zur Schönbergalp. Über eine Rinne und mehrere Wasserläufe queren wir bis auf 1591 m. Das letzte Stück zum Prinz-Luitpold-Haus geht es nochmal hoch: In etlichen Kehren steigen wir steil aufwärts, den Wiedemer vor uns. Diesen umwandern wir auf seiner Westseite, und nach kurzer Zeit taucht dann das **Prinz-Luitpold-Haus (17)** auf, der Stützpunkt am Hochvogel! An den umliegenden Bergen gibt es gute Klettermöglichkeiten.

▼ *Blick vom Rauheck hinüber zum Großen (links) und Kleinen Wilder. Links der grasige Gipfel des Schneck und dazwischen das Himmeleck.*

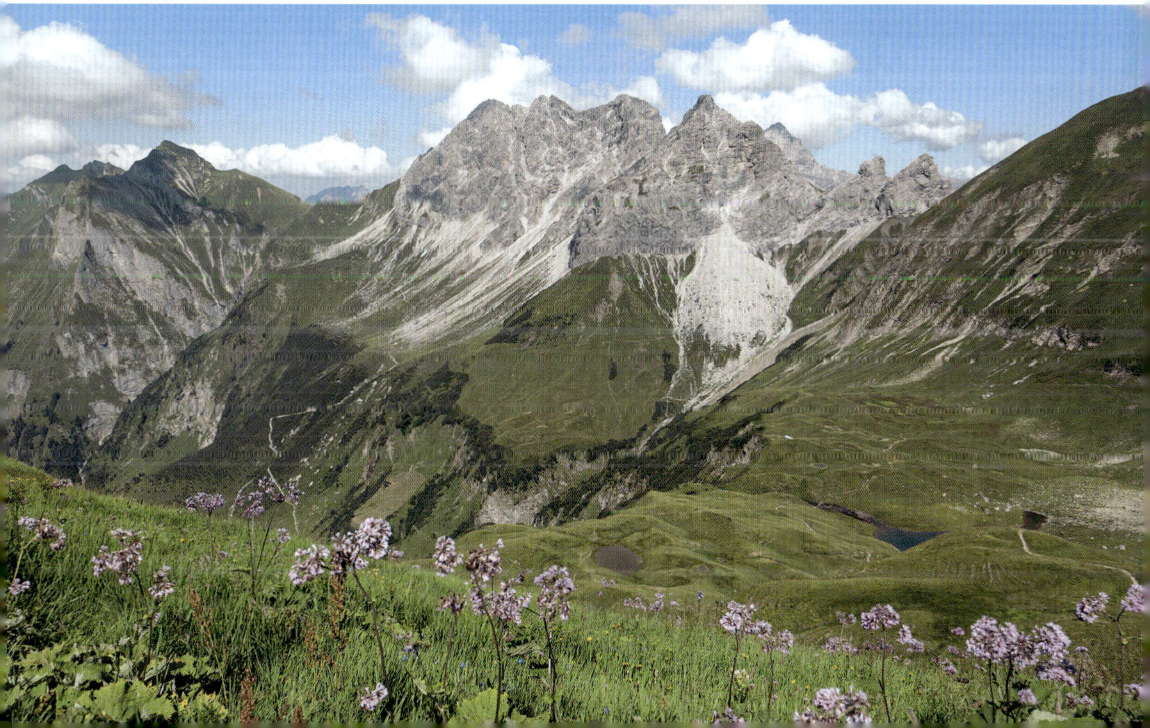

## 4. Tag: Prinz-Luitpold-Haus, 1846 m – Willersalpe, 1456 m

8 Std., 760 m↑, 1150 m↓

Auf dieser Etappe geht es über den Jubiläumsweg zur Willersalpe. Hinter dem **Prinz-Luitpold-Haus (17)** führt der Weg nach links hinauf in die **Bockkarscharte (18)**, 2164 m, von wo es abwärts durch eine Geröllrinne zwischen Glasfelderkopf und Kesselspitze geht. Danach quert der Weg mehr oder weniger auf gleicher Höhe zur **Lahnerscharte (19)**, 1974 m. Wenn wir einen Blick zurückwerfen, sehen wir nochmal die großartige Bergszenerie vom Hochvogel bis zu den Lechtaler Alpen. Nach der Scharte erreichen wir den Schrecksee, 1802 m, der gar nicht so schrecklich ist. Ganz im Gegenteil, der Schrecksee liegt idyllisch eingebettet zwischen grünen Matten und lädt zu einer Pause ein. Im Hintergrund erkennen wir das Rauhhorn, das wir als nächstes überschreiten wollen. So ziehen wir nach einer ausgiebigen Pause am Kugelhorn vorbei zur **Hinteren Schafwanne (20)**. Die Originaltrasse des Jubiläumswegs zweigt hier nach rechts ab und zieht an Felsabstürzen, der sogenannten Rauhhorn-Ostwand, vorbei zur Vorderen Schafwanne. Wir jedoch gehen geradeaus und gelangen in leichter Kletterei, die spärlich mit Drahtseilen gesichert ist, auf das **Rauhhorn (21)**, 2240 m, von dem wir noch einmal einen guten Ausblick haben. Der Abstieg führt uns in die **Vordere Schafwanne (22)**, wo wir wieder auf den Jubiläumsweg treffen. Dieser leitet uns dann im Zickzack über eine Geröllhalde und anschließend über Weidegelände zur **Willersalpe (23)**, unserem heutigen Ziel.

## 5. Tag: Willersalpe, 1456 m – Hinterstein, 880 m

1.30 Std., 590 m↓

Der letzte Tag unserer Wanderung klingt unspektakulär aus. Über einen alten Saumpfad wandern von der **Willersalpe (23)** hinunter zum großen Wanderparkplatz in **Hinterstein (24)**. Mit etwas Glück geht einer der drei Willersalpe-Brüder, die mit ihren schwer bepackten Pferden die Versorgung der Alm sicherstellen, mit uns.

▾ *Die Willersalpe oberhalb von Hinterstein.*

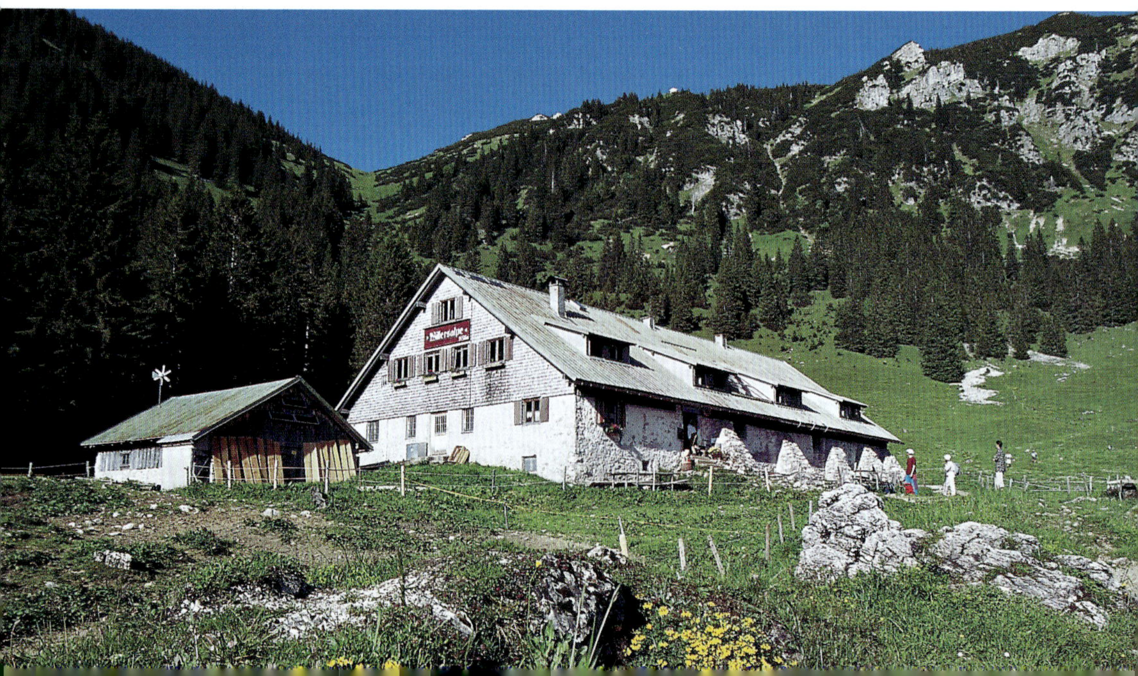

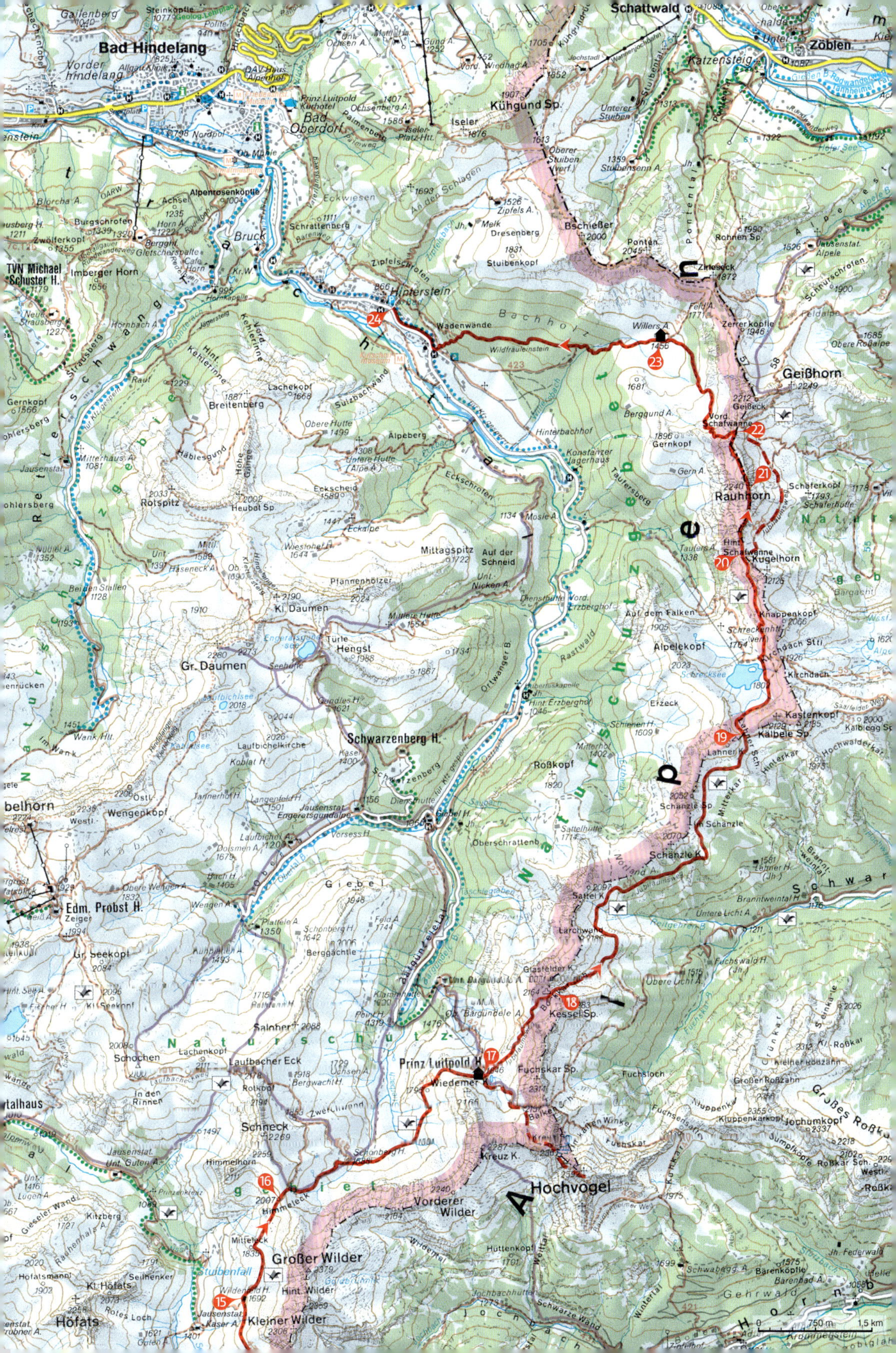

# 4 In den Lechtaler Alpen

## Abwechslungsreiche Rundtour von Gramais

4 bis 5 Tage

mittel

### Grüne Matten, verträumte Seen und skurril geformte Gipfel

Erfolg hat sicherlich etwas mit gutem Marketing zu tun. Und aus irgendeinem Grund haben es die Lechtaler Alpen nicht geschafft, ein Publikumsliebling wie etwa das Kaisergebirge oder das benachbarte Allgäu zu werden. Gut so! Die schmalen Pfade auf dieser außergewöhnlichen Runde im immerhin größten und höchsten Gebirgsstock der nördlichen Kalkalpen wird man daher meistens einsam genießen können. Unsere Wanderung führt vorbei an verträumten Bergseen, stillen Hochkaren und »merkwürdig« geformten Berggipfeln. Letzteren scheint es geradezu ins Antlitz geschrieben zu sein, dass sie eine lange und bewegte Geschichte hinter sich haben. Verschroben, gefaltet und zerfressen wirkt das Gestein und selbst dem Laien fällt die geologische Vielfalt des Materials auf. Leider resultiert daraus auch eine ganze Menge Schotter, der – wie auch so mancher steile Abstieg – den Weggenuss etwas trübt. Alles in allem eine Landschaft, die einen berückenden und manchmal melancholischen Zauber ausübt.

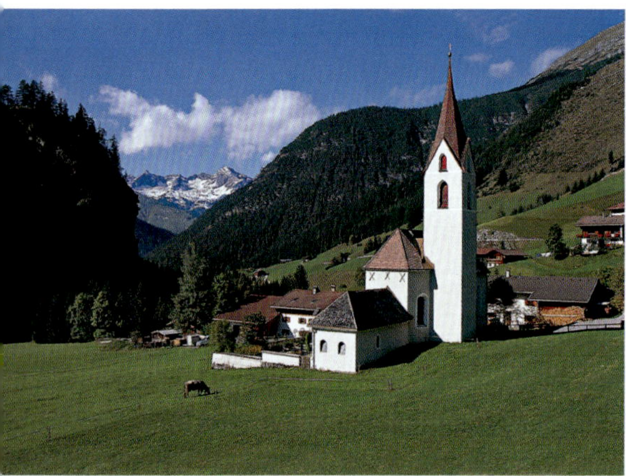

◂ *Gramais.*

**TOURENINFO**

**Ausgangs- und Endpunkt:** Gramais, 1328 m. Gramais liegt am Ende einer Straße, die von Häselgehr im Lechtal abzweigt. Von dort mit dem Bus zu erreichen. Nach Häselgehr mit dem Bus von Reutte/Tirol (hierhin Zugverbindung von Kempten und Garmisch-Partenkirchen). Das Auto am besten auf dem Parkplatz parallel zum Platzbach bei der Bushaltestelle abstellen.
**Anforderungen:** Konditionell fordernde Rundtour auf schmalen und selten begangenen Pfaden. Einige wenige Passagen (Dremelscharte, Roßkarscharte) sind drahtseilversichert. Achtung bei Nässe: Die weit hinaufreichende Grasnarbe ist dann extrem glatt.
**Höhenunterschied:** Je 3950 m im Auf- und Abstieg (gut 23 Std.).
**Information:** Lechtal Tourismus, Untergiblen 23, A-6652 Elbigenalp, Tel. +43 5634 5315, lechtal.at.
**Karte:** Freytag & Berndt WK 351 »Lechtaler-, Allgäuer Alpen« (Maßstab 1:50.000).

**UNTERKÜNFTE**

- **Hanauer Hütte,** 1922 m, DAV, Mitte Juni bis Ende Sept. bewirtschaftet, ca. 140 Schlafplätze, Tel. +43 664 2669149, hanauer-huette.de, Reservierung über huetten-holiday.com.
- **Steinseehütte,** 2061 m, ÖAV, Anfang Juni bis Mitte Sept. bewirtschaftet, ca. 85 Schlafplätze, Tel. +43 660 4917124, steinseehuette.at, Reservierung über DAV-Reservierungssystem.
- **Württemberger Haus,** 2220 m, DAV, Anfang Juli bis Mitte Sept. bewirtschaftet, ca. 60 Schlafplätze, Tel. +43 664 4401244, wuerttemberger-haus.at, Reservierung über DAV-Reservierungssystem (wegen Baumaßnahmen im Sommer 2024 geschlossen).
- **Memminger Hütte,** 2242 m, DAV, Mitte Juni bis Mitte Sept. bewirtschaftet, ca. 140 Schlafplätze, memmingerhuette.at, Reservierung über DAV-Reservierungssystem.

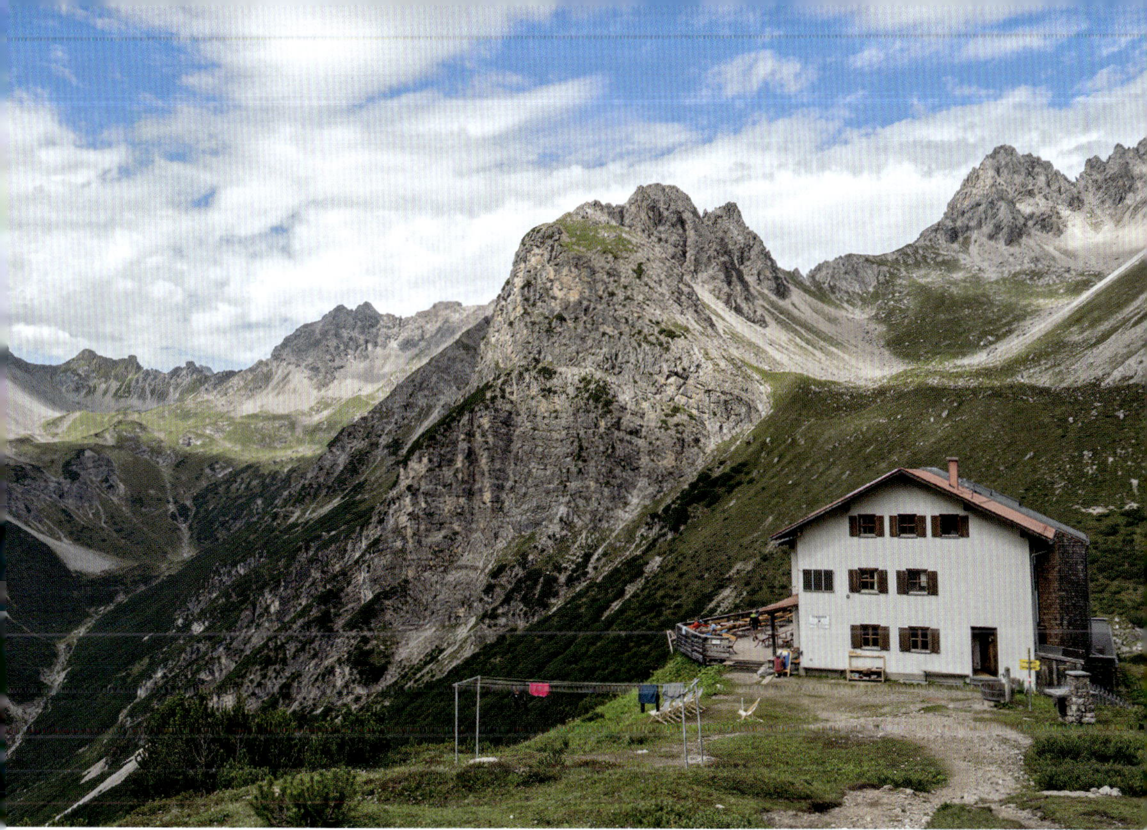

▲ *Die schön gelegene Steinseehütte lädt zum Verweilen ein.*

**GIPFELMÖGLICHKEITEN**

▲ **Dremelspitze,** 2733 m: kann von der Westlichen Dremelscharte zwischen Hanauer Hütte und Steinseehütte bestiegen werden, 1.50 Std. Aufstieg, 1 Std. Abstieg, Steigspuren mit Stellen im II. Grad (Klemmblock).

▲ **Parseierspitze,** 3036 m: anstrengende Tagestour von der Memminger Hütte, 4.30 Std. Aufstieg, 3.30 Std. Abstieg, gekennzeichneter Steig mit Kletterstellen im unteren II. Grad, etwa 1400 Hm im Auf- und Abstieg.

▲ **Oberlahmsspitze,** 2658 m: schöner Aussichtsgipfel, vom Oberlahmsjoch, je 0.30 Std. Auf- und Abstieg, leicht, etwa 160 Hm im Auf- und Abstieg.

## 1. Tag: Gramais, 1328 m – Hanauer Hütte, 1922 m

5.30 Std., 1180 m↑, 590 m↓

Knapp 50 Einwohner auf über 30.000 km² zählt Gramais, die kleinste Gemeinde Österreichs. Wir starten in der Ortsmitte von **Gramais (1)** an der Brücke über den Platzbach und wandern parallel des Bachs auf breitem Weg bergan. Nach ca. 15 Minuten biegt rechts der Weg Nr. 624 zum Kogelsee und der Hanauer Hütte ab. Wir folgen dem Pfad, der uns nach der Brücke über den Bach steil und anstrengend zum **Kogelsee (2)**, 2171 m, führt. Dort haben wir uns im Angesicht des merkwürdig senkrecht gestreiften Kogels eine Pause verdient. Weitere 300 Höhenmeter bewältigen wir auf dem Weg zur **Kogelseescharte (3)**, 2497 m, dann geht es wieder hinunter. Zunächst durch Schotter und anschließend vorbei an den nahezu verlandeten Parzinnseen erreichen wir eine Wegkreuzung: Rechts geht es hoch zur Kogelseespitze (und zurück über das Gufelseejöchl nach Gramais), geradeaus leitet unser Weg in rund einer halben Stunde zur sehr schön auf einem Rücken liegenden **Hanauer Hütte (4)**.

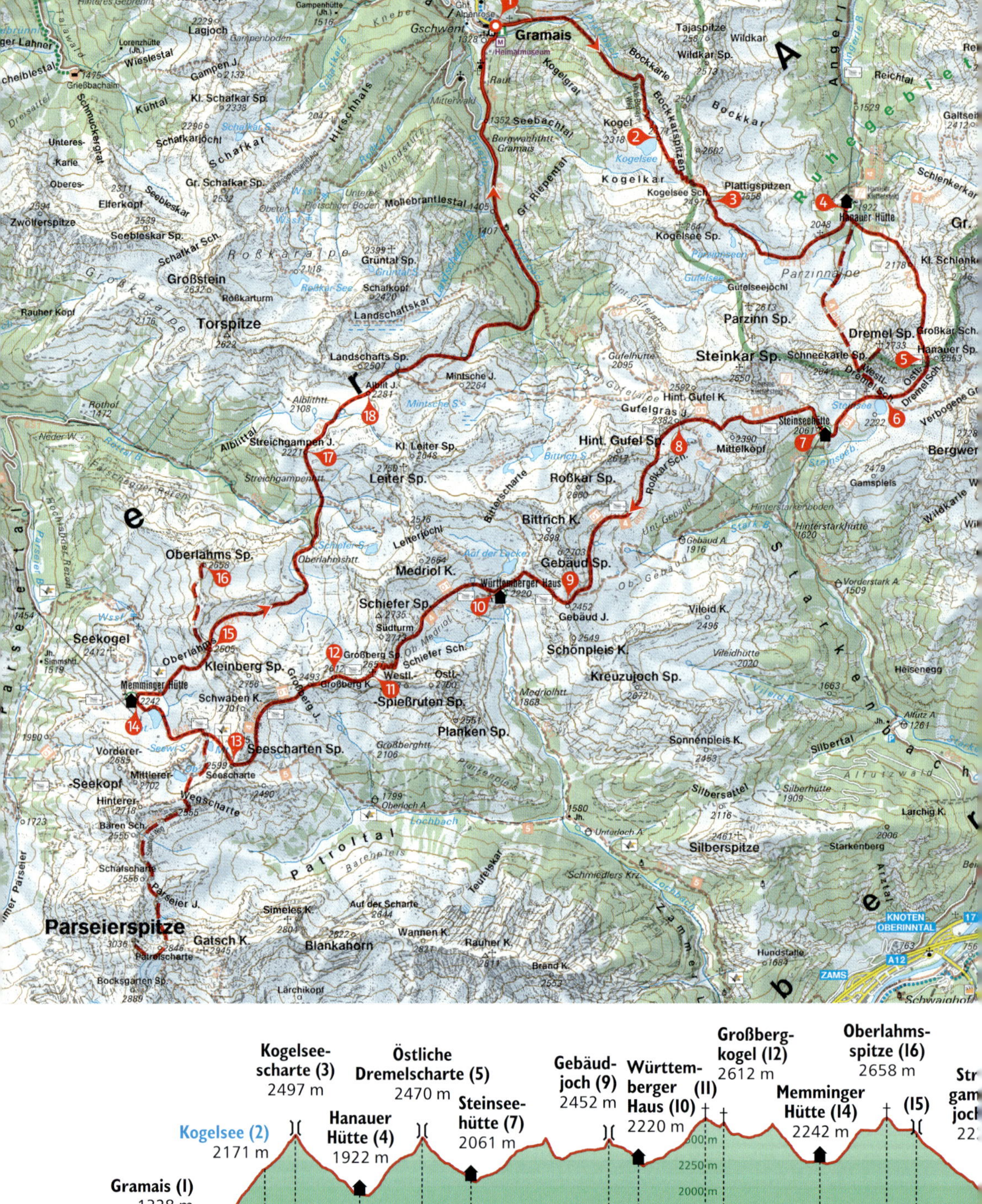


Kogelsee (2)
2171 m

Kogelseescharte (3)
2497 m

Hanauer Hütte (4)
1922 m

Östliche Dremelscharte (5)
2470 m

Steinseehütte (7)
2061 m

Gebäudjoch (9)
2452 m

Württemberger Haus (10)
2220 m

(11)

Großbergkogel (12)
2612 m

Memminger Hütte (14)
2242 m

Oberlahmsspitze (16)
2658 m

(15)

Streichgampenjoch
22…

Gramais (1)
1328 m

2500 m
2250 m
2000 m
1750 m
1500 m

0 2.30 3.45 0 2.00 0 3.15 0 1.45 2.15 0 1.30 2.00

1. Tag: 5.30 h / 6.9 km 2. Tag: 3.00 h 3. Tag: 3.45 h / 6.5 km 4. Tag: 4.00 h / 7.1 km 5. Tag: 7.00 h / 15.4 km

## 2. Tag: Hanauer Hütte, 1922 m – Steinseehütte, 2061 m

3 Std., 620 m↑, 480 m↓

Zwei Möglichkeiten gibt es, zur Steinseehütte hinüberzuwandern: die Westliche und die Östliche Dremelscharte. Die Westliche hat den Vorteil, dass wir von ihr bei gutem Wetter die Dremelspitze besteigen können. Die Östliche ist etwas flacher, angenehmer und länger. Für den östlichen Zugang verlassen wir die **Hanauer Hütte (4)** auf Weg Nr. 621 bzw. 625 und steigen langsam bergan. Nach einer halben Stunde biegt Weg Nr. 621 nach links ab, wir folgen der Nr. 625 in ein einsames Hochkar hinauf. Häufig wird man hier Gämsen und mit viel Glück auch einigen Steinböcken begegnen. Deren Geländegängigkeit wünscht man sich auf den letzten Metern zur schotterigen **Östlichen Dremelscharte (5)** hinauf. Der Abstieg auf der Südseite ist relativ moderat und führt in einer halben Stunde zum großen Wolkenspiegel des **Steinsees (6)**, 2222 m, ein Platz zum Verweilen und Staunen. Die **Steinseehütte (7)** selbst liegt rund 200 Hm unterhalb des Sees.

## 3.Tag: Steinseehütte, 2061 m – Württemberger Haus, 2220 m

3.45 Std., 620 m↑, 450 m↓

Unser Weg für die nächsten zwei Tage ist mit der Nr. 601 bezeichnet, auch das Zeichen für den Adlerweg quer durch

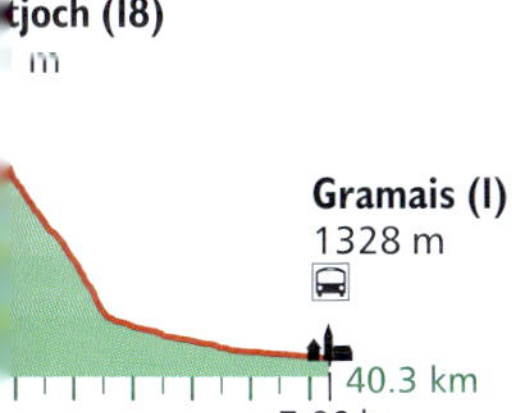


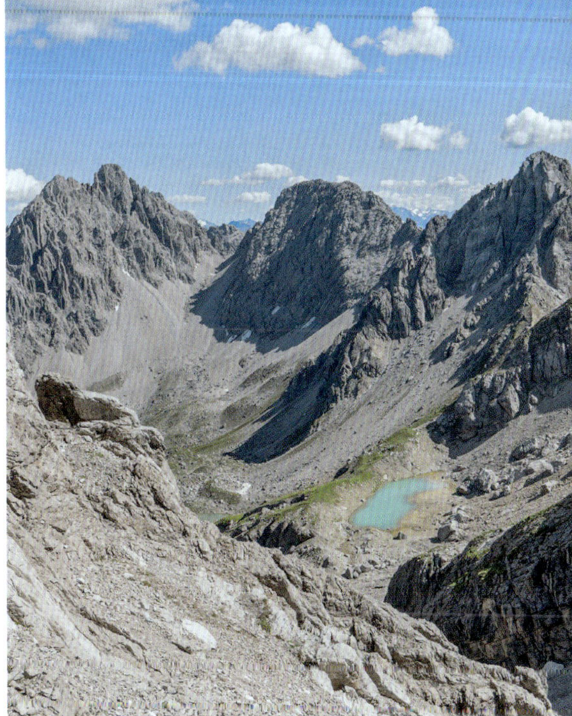

▲ *Ausblick an der Kogelseescharte.*

Tirol ist ab und zu richtungsweisend. Von der **Steinseehütte (7)** verlieren wir einige Höhenmeter nach Nordwesten, dann biegt der Pfad nach Westen, und wir wandern in traumhafter Landschaft zum **Gufelgrasjoch (8)** hinauf. Am Joch kreuzt Weg Nr. 626, wir gehen aber weiter geradeaus. Der Anstieg zum nächsten Pass, der Roßkarscharte, etwa 2440 m, ist kurz, der Abstieg dafür umso länger und unangenehmer. Einige Drahtseile und Stahlstifte helfen uns über die unangenehmsten Passagen hinweg. Danach wandern wir mehr oder weniger hangparallel bis zu einem Wegweiser im »Oberen Gebäud«. Zusammen mit dem aus dem Tal heraufführenden Pfad geht es nun steil hinauf zum **Gebäudjoch (9)**. Ausgesetzt und schotterig leitet der Pfad auf der anderen Seite hinunter zu einem Bergrücken oberhalb des smaragdgrünen Sees »Auf der Lacke«. Schon bald erkennen wir das südlich des Rückens gelegene **Württemberger Haus (10)**, zu dem wir dann hinuntersteigen.

### 4. Tag: Württemberger Haus, 2220 m – Memminger Hütte, 2242 m

4 Std., 660 m↑, 640 m↓

Wir bleiben dem Weg Nr. 601 treu, der uns vom **Württemberger Haus (10)**, zunächst nur leicht ansteigend, später jedoch deutlich steiler werdend, zur **Großbergspitze (11)** führt. Eine gewisse Routine im Schotter hilft an dieser Stelle. Vom aussichtsreichen Gipfel geht es mal links, mal rechts vom Grat hinüber zum **Großbergkogel (12)**, man kommt sich vor wie auf einer Himmelsleiter. Danach verlassen wir leider den Grat und steigen hinunter zum Großbergjoch, 2493 m. Von dort queren wir den Südhang der Kleinbergspitze zu einem Wegekreuz kurz unterhalb der Seescharte. Vom Wegekreuz steigen wir die wenigen Meter Richtung Westen hinauf zur **Seescharte (13)**. Von der Scharte tut sich ein atemberaubender Blick auf die Seewiseen, die Memminger Hütte und die umgebende Landschaft auf. Großartig! Das Ziel liegt nun klar vor Augen, und über den gut gesicherten Steig wandern wir zunächst zum Mittleren, dann zum Unteren Seewisee. Nach der Querung des von den Seen abfließenden Baches geht es in wenigen Minuten zu der auf einer Anhöhe liegenden **Memminger Hütte (14)**.

Von der Hütte können wir die Parseierspitze, 3036 m, den höchsten Berg der Nördlichen Kalkalpen und deren einziger Dreitausender, besteigen (siehe Gipfelmöglichkeiten). Hierzu gehen wir nach Südosten zu den Seewiseen und hoch zur Wegscharte, dann über den sogenannten Spiehlerweg durch das Parseierjoch auf die Patrolscharte. Der Einstieg in die Ostwand der Parseierspitze ist gekennzeichnet und kaum zu verfehlen. Die Route führt in leichter Kletterei direkt durch die Wand hinauf zum Gipfel (einen Tag extra einplanen).

▼ *Verdiente Pause am Steinsee etwas oberhalb der gleichnamigen Hütte.*

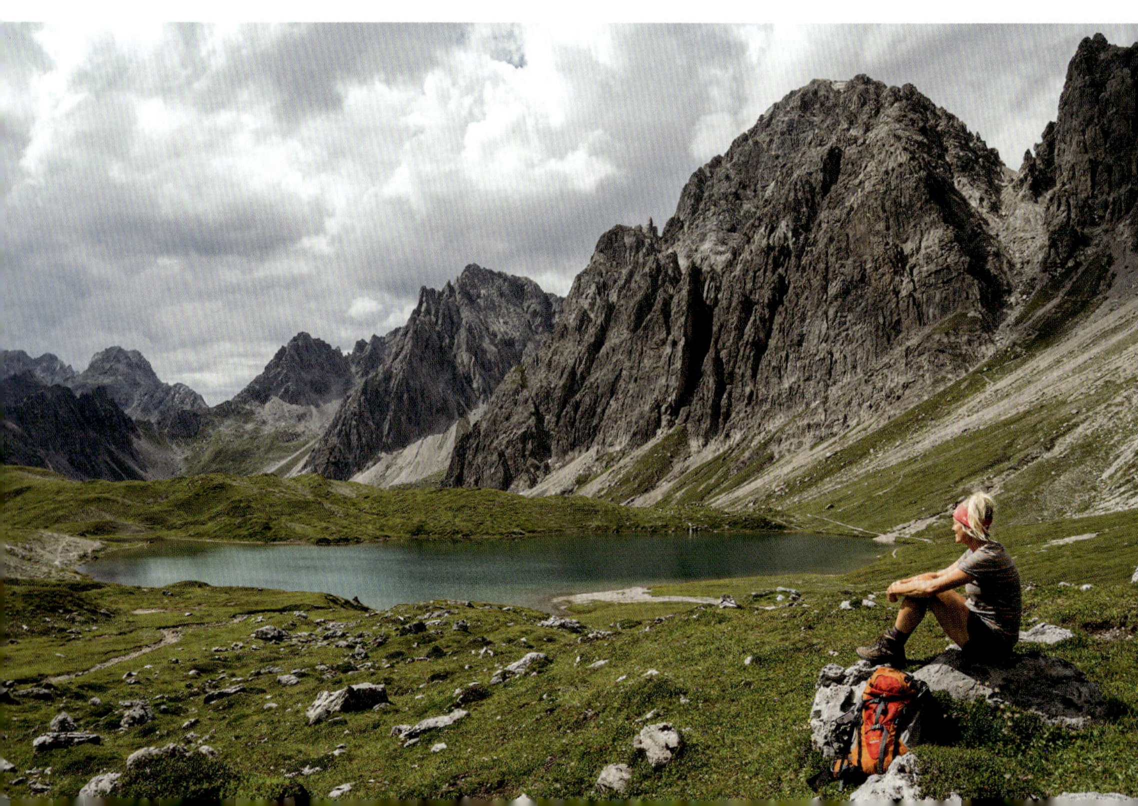

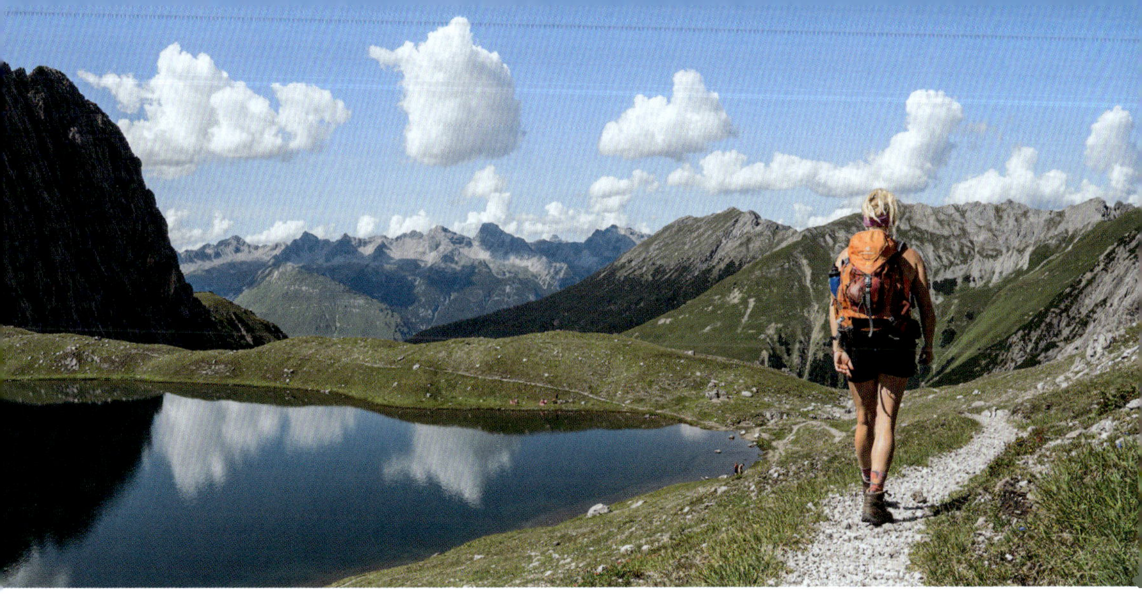

▲ *Kogelsee bei herrlichem Bergwetter!*

## 5. Tag: Memminger Hütte, 2242 m – Gramais, 1328 m

7 Std., 870 m↑, 1790 m↓

Die Freispitze gehört zu den markantesten Berggestalten der Lechtaler Alpen. Von der **Memminger Hütte (14)** zeigt sie eine ihrer Paradeseiten, bei Sonnenaufgang ein Traummotiv. Nach dem Frühstück führt unser Weg (Nr. 621) in östlicher Richtung zunächst durch ein verlandetes Moor und im Anschluss hoch zum **Oberlahmsjoch (15)**, 2505 m. Nicht wirklich weit ist es vom Joch zur südlich gelegenen **Oberlahmsspitze (16)** und so gehört der Gipfelausflug (siehe Gipfelmöglichkeiten, etwa 160 Hm) eigentlich zum Pflichtprogramm. Am Gipfel wartet ein wunderschönes Panorama auf uns! Auf dem bekannten Weg geht es zurück zum Joch und von dort wandern wir anschließend hinunter ins Tal, viele Höhenmeter verlieren wir dabei. Zum Schluss verläuft der Weg parallel des tief eingeschnittenen Röttalbachs in steilem, schotterigem Gelände. Wir erreichen eine Weggabelung, an der wir rechts abbiegen und in das Tal des Schieferbachs westlich der Leiterspitze gelangen. Erneut teilt sich der Weg: Rechts geht es zum Württemberger Haus, wir bleiben aber auf der Nr. 621 und steigen den schmalen Weg in großen Kehren zum **Streichgampenjoch (17)** auf. Der nächste Pass, das **Alblitjoch (18)**, ist bereits zu erkennen, und wir erreichen ihn ohne viel Auf und Ab. Etwas unterhalb des Passes, in einer kleinen Kuhle, teilt sich der Weg: Rechts leitet die Nr. 621 zum Gufelgrasjoch, wir gehen an dieser Stelle geradeaus weiter. Der nun folgende Abschnitt in das Otterbachtal gehört zu den steilsten und unangenehmsten Abstiegen des vorliegenden Buches. Man nehme sich Zeit, die Knie werden's danken. Nach rund zwei Stunden erreicht man den Talboden und bekommt wieder einen Blick für die umgebende Landschaft, und die ist schon großartig – selbst wenn man zunächst nur die hier von allen Seiten herunterrauschenden Wasserfälle sieht. Nahezu horizontal wandern wir nun zurück zum Ausgangspunkt: Nach der Bachquerung auf einer Brücke bleiben wir auf der orografisch rechten Seite und folgen dem gut ausgebauten Pfad, der später in eine Schotterstraße übergeht, nach **Gramais (1)**. Nicht irritieren lassen sollte man sich dabei durch eine Kiesgrube, die Straße führt mitten hindurch!

# 5 Große Karwendel-Durchquerung

## Von Pertisau nach Mittenwald

4 bis 5 Tage

mittel

**Spektakuläre Hochgebirgstour zwischen grünen Bergahorn und senkrechten Kalkmauern**

Das Karwendel, eine der größten Gebirgsgruppen der Nördlichen Kalkalpen, baut sich aus vier von West nach Ost parallel zueinander verlaufenden Kämmen auf. Gigantische Mauern, deren südlichste interessanterweise Nordkette heißt – ein Hinweis darauf, dass die Innsbrucker das Karwendel quasi als ihren Hinterhof betrachten. Bei diesem Tourenvorschlag durchquert man das Karwendel von Ost nach West und gelangt dabei von einem landschaftlichen Höhepunkt zum nächsten. Aufgrund der sich langsam steigernden Schwierigkeiten stellt er die ideale Schnuppertour in die Welt der Höhenwege dar. Anfangs breite Wege mit moderaten Anstiegen, verlangt die letzte Etappe zwischen dem Karwendelhaus und der Hochlandhütte den Wanderern all das ab, was auf den schwierigen Wegen dieses Buches als selbstverständlich vorausgesetzt wird. Geboten werden mühsam zu durchquerende Latschendickichte, ausgesetzte, mit Drahtseilen versicherte Steige und reichlich Schotter. Wie gut, dass diese Etappe auch mit dem Abstieg durch das Karwendeltal umgangen werden kann.

### TOURENINFO

**Ausgangspunkt:** Pertisau, Mautstelle der Straße zur Gramaialm, 970 m. Vom Bahnhof Jenbach (Abfahrt an der Südseite des Bahnhofs an der Zillertalbahn, teils umsteigen in Maurach) oder vom Bahnhof in Tegernsee fährt ein Bus bis zur Mautstelle bzw. bis zum Parkplatz an der Karwendel-Bergbahn in Pertisau, Bushaltestelle »Pertisau Karwendellift« (von dort ca. 10 Min.). Den eigenen Pkw in Pertisau lassen, großer Parkplatz »Karwendeltäler« am westlichen Ortsrand in der Nähe der Mautstation.

**Endpunkt:** Mittenwald, 912 m. Von Mittenwald Zugverbindung nach München und Innsbruck. Wer nach Pertisau zurück muss, fährt von Innsbruck mit der Bahn weiter nach Jenbach und steigt dort in den Bus um (ca. 3 bis 4 Std. Fahrzeit).

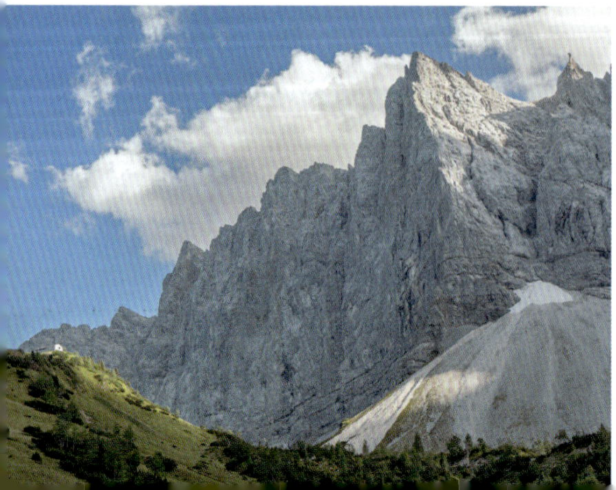

**Anforderungen:** Relativ leicht beginnende, von Tag zu Tag jedoch anspruchsvoller werdende Streckenwanderung. Der letzte Abschnitt zwischen Karwendelhaus und Hochlandhütte ist konditionell fordernd und wartet mit allerlei alpinen Schikanen auf, wie Latschendickichte, einem ausgesetzten Klettersteig und viel Schutt. Dieser letzte Tag ist daher dem mittleren Schwierigkeitsgrad zuzuordnen, lässt sich jedoch auch über das Karwendeltal umgehen.

**Höhenunterschied:** 2780 m im Aufstieg, 2840 m im Abstieg (ca. 20 Std.).

**Information:** Tourismusverband Achensee, Achenseestraße 63, A-6215 Maurach am Achensee, Tel. +43 5 953000, achensee.com. Tourist-Info Mittenwald, Dammkarstraße 3, D-82481 Mittenwald, Tel. +49 8823 33981, mittenwald.de. Naturpark Infozentrum Scharnitz, Hinterautalstraße 555b, A-6108 Scharnitz, Tel. +43 5 0880540, karwendel.org und seefeld.com. Naturparkhaus Hinterriß, Hinterriß 4, A-6215 Vomp, Tel. +43 5245 28914, karwendel.org.

**Karten:** Freytag & Berndt WK 321 »Achensee – Rofan – Unterinntal« und WK 322 »Wetterstein – Karwendel – Seefeld – Leutasch – Garmisch-Partenkirchen« (Maßstab 1:50.000).

◂ *Laliderer Nordwand mit Herzogkante.*

## UNTERKÜNFTE

- **Gasthof Gramaialm,** 1263 m, privat, ganzjährig bewirtschaftet, ca. 100 Schlafplätze, eher gehoben, Tel. +43 5243 5166, gramaialm.at.
- **Lamsenjochhütte,** 1953 m, DAV, Mitte Juni bis Mitte Okt. bewirtschaftet, ca. 130 Schlafplätze, Tel. +43 5244 62063, alpenverein-muenchen-oberland.de, Reservierung über DAV-Reservierungssystem.
- **Binsalm,** 1500 m, privat, von Mitte Mai bis Mitte Okt. bewirtschaftet, 80 Schlafplätze, Tel. +43 5245 214 und +43 650 5864404, binsalm.at.
- **Alpengasthof Eng,** 1203 m, privates Hotel, Anfang Mai bis Ende Okt. bewirtschaftet, 80 Betten, Tel. +43 5245 231, eng.at.
- **Falkenhütte,** 1848 m, DAV, Mitte Juni bis Mitte Okt. bewirtschaftet, ca. 130 Schlafplätze, alpenverein-muenchen-oberland.de, Reservierung über DAV-Reservierungssystem.
- **Karwendelhaus,** 1771 m, DAV, Anfang Juni bis Mitte Okt. bewirtschaftet, ca. 190 Schlafplätze, Tel. +43 720 983554, karwendelhaus.com, Reservierung über DAV-Reservierungssystem.
- **Hochlandhütte,** 1632 m, DAV, Ende Mai bis Mitte Okt. bewirtschaftet, ca. 30 Schlafplätze, Tel. +49 174 9897863, hochlandhuette.de.

## GIPFELMÖGLICHKEITEN

▲ **Lamsenspitze,** 2508 m: von der Lamsenjochhütte, 2 Std. Aufstieg, 1.15 Std. Abstieg, gesicherter Steig, Klettersteigerfahrung notwendig, Stirnlampe (bzw. Helm) nicht vergessen (Tunnel)!

▲ **Sonnjoch,** 2457 m: großartiger Aussichtsberg, Aufstieg vom Westlichen Lamsenjoch 2.30 Std., Abstieg 2 Std. (besser als Tagesausflug von der Lamsenjochhütte einplanen), für Geübte.

▲ **Mahnkopf,** 2094 m: von der Falkenhütte, 0.45 Std. Aufstieg, 0.30 Std. Abstieg, markierter Weg.

▲ **Hochalmkreuz,** 2192 m: direkt oberhalb des Karwendelhauses, 1 Std. Aufstieg, 0.45 Std. Abstieg, 450 Hm im Auf- und Abstieg.

▲ **Birkkarspitze,** 2749 m: höchster Berg des Karwendels, vom Karwendelhaus, 3 Std. Aufstieg, Abstieg über die Ödkarspitzen 3 Std., anspruchsvoll, am besten mit Helm (Steinschlaggefahr!).

▲ **Wörner,** 2474 m: markanter Gipfel oberhalb der Hochlandhütte, vom Wörnersattel 2 Std. Aufstieg, Abstieg 1.30 Std., markierter Steig (Kletterstellen bis II), 520 Hm im Auf- und Abstieg.

▼ *Blick von der Falkenhütte zurück zum Hohljoch und dahinter das Massiv der Lamsenspitze.*

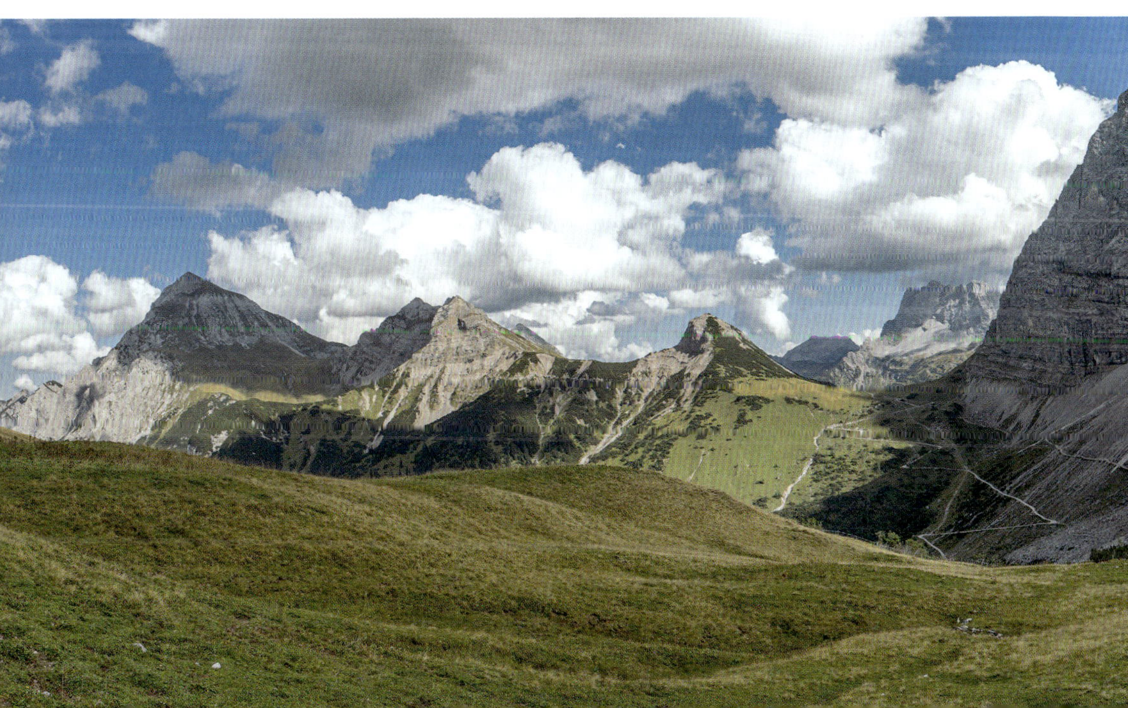

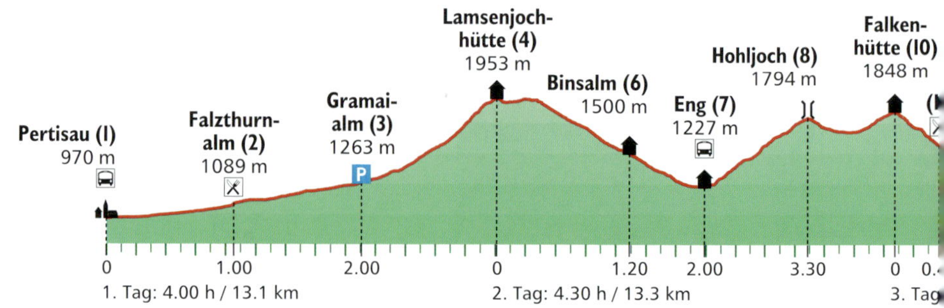


## 1. Tag: Pertisau, 970 m – Lamsenjochhütte, 1953 m

4 Std., 980 m↑

Am Parkplatz vor der Mautstelle in **Pertisau (1)** beginnt der breite Wanderweg durch das tief eingeschnittene und von großartigen Bergen umgebene Falzthurntal. Er leitet uns über Almwiesen und vorbei an der Jausenstation **Falzthurnalm (2)** in rund 2 Std. zur **Gramaialm (3)**. Wir lassen den Gasthof links liegen und folgen einem Fahrweg weiter talaufwärts. Nach ca. 15 Min. biegt links der Weg zum Lunstsattel bzw. der Rappenspitze ab, kurz danach rechts ein Pfad zum Hochleger der Gramaialm. Wir gehen weiter geradeaus und steigen auf dem nun deutlich schmaler gewordenen Bergpfad in weiten Kehren hinauf zu einer T-Kreuzung (Östliches Lamsenjoch). Dort halten wir uns links und erreichen in wenigen Minuten die schön gelegene **Lamsenjochhütte (4)**.

Ein lohnender Nachmittagsausflug führt von der Hütte auf die Lamsenspitze. Wer noch einen zusätzlichen Tag Zeit hat, sollte sich das Sonnjoch, einen großartigen Aussichtsgipfel, vornehmen (siehe Gipfelmöglichkeiten).

▼ *Aussichtsreiche Sonnenterrasse an der Falkenhütte.*

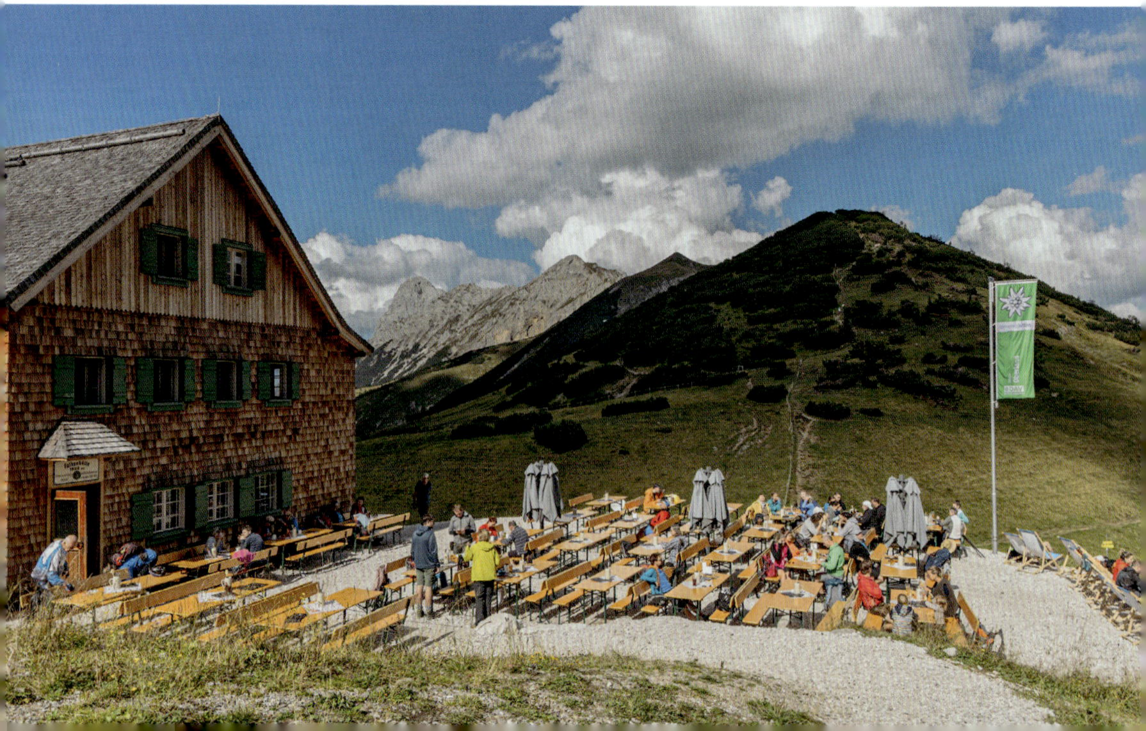

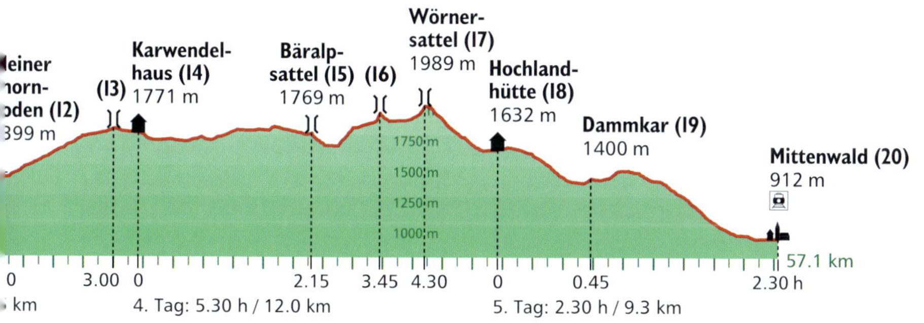


## 2. Tag: Lamsenjochhütte, 1953 m – Falkenhütte, 1848 m

4.30 Std., 710 m↑, 810 m↓

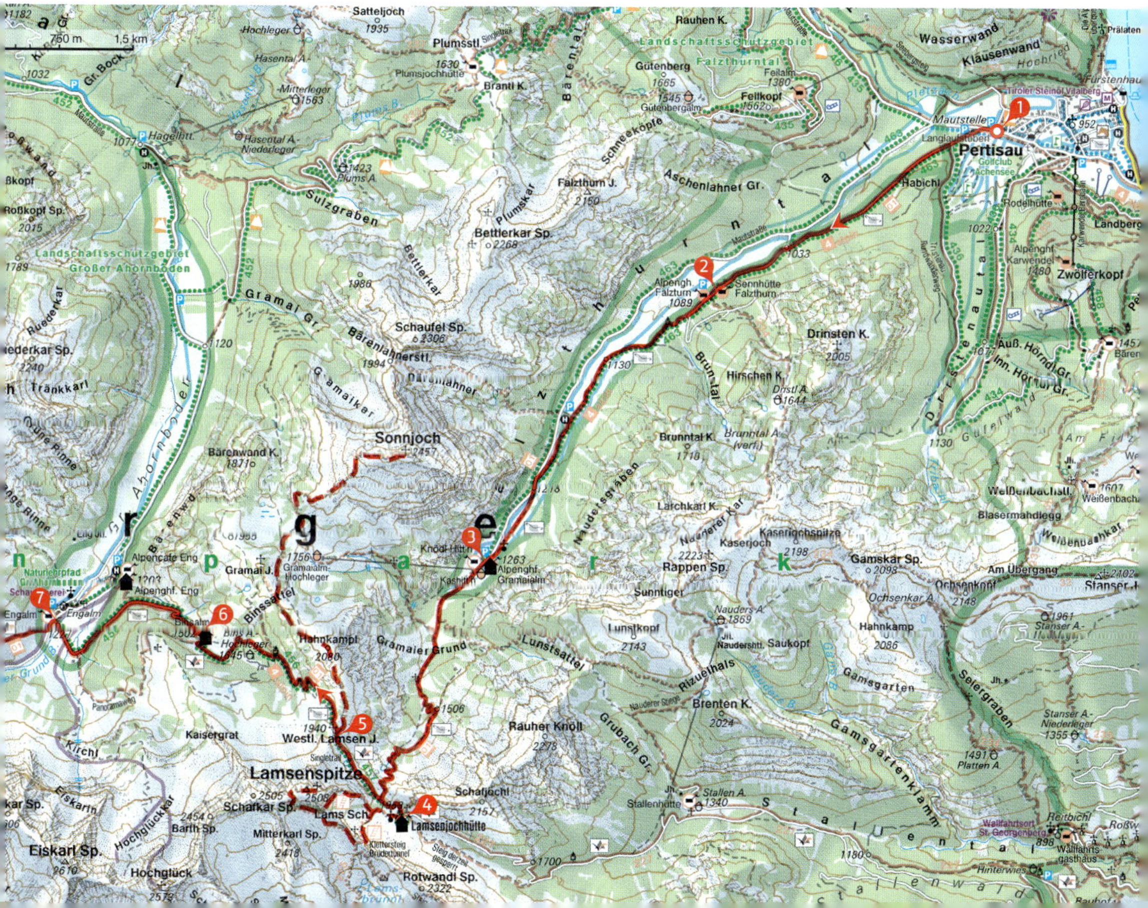

Große Landschaftsbilder erwarten uns heute, Eindrücke, die uns ganz stumm machen angesichts ihrer überwältigenden Erhabenheit. Von der **Lamsenjochhütte (4)** steigen wir ein kurzes Stück ab und queren dann mit beeindruckendem Blick ins Falzthurntal hinüber in das **Westliche Lamsenjoch (5)**. Von dort geht es auf einem breiten Weg, der sich gelegentlich abkürzen lässt, hinunter zur **Binsalm (6)** und weiter in die **Eng (7)**, 1227 m. Bis zu 600 Jahre alte Bergahornbäume stehen in dem parkähnlichen Großen Ahornboden. Einsam geht es hier leider selten zu, ein Busparkplatz befindet sich etwa 500 m weiter nördlich am Alpengasthof Eng (von dort fährt in der Wandersaison auch der sogenannte Bergsteigerbus zum Bahnhof von Lenggries). Vom Rasthaus Eng wandern wir ein kurzes Stück talaufwärts, dann biegen wir auf den nach rechts zum Hohljoch führenden Pfad ab. Dieser leitet uns relativ gemächlich ansteigend zum **Hohljoch (8)**, wo uns ein phantastisches Panorama erwartet: Wie eine Mauer zieht sich parallel unseres Weges der Karwendelhauptkamm von Ost nach West. Besonders eindrucksvoll sind die bis zu 700 m hohen Nordabstürze der Laliderer Wände, denen wir uns nun noch weiter nähern.

Dazu steigen wir ein kurzes Stück nach Westen ab und halten uns (Wegweiser) nach links. Hangparallel und mitten durch die Schuttströme der über uns den Horizont füllenden Wände queren wir hinüber zum **Spielissjoch (9)**. Dort treffen wir auf die Zufahrtsstraße zur Falkenhütte, über die wir (rechts abbiegen) in rund 15 Min. zur **Falkenhütte (10)** gelangen. Die 2020 nach einer Generalsanierung neu eröffnete Hütte selbst bietet den schönsten Blick auf die Laliderer Wände, Kletterer könnten sich angesichts der dunklen Masse dieser Mauern vielleicht eingeschüchtert fühlen. Wer Glück mit dem Wetter hat, sollte am nächsten Morgen den Sonnenaufgang von dem rund 45 Min. entfernten Gipfel des Mahnkopfs, 2094 m, aus genießen, dem Aussichtsgipfel auf die Laliderer Wände (siehe Gipfelmöglichkeiten)! Zeit genug für den Übergang zum Karwendelhaus ist allemal.

### 3. Tag: Falkenhütte, 1848 m – Karwendelhaus, 1771 m

3.15 Std., 410 m↑, 490 m↓

Auf der Nordseite der **Falkenhütte (10)** starten wir in Richtung Hinterriß. Ein Wanderweg führt uns westwärts ins Tal hinunter, bis wir oberhalb der **Ladiz-**

▾ *Aufstieg zum Schlauchkarsattel und weiter zur Birkkarspitze (Gipfelmöglichkeit).*

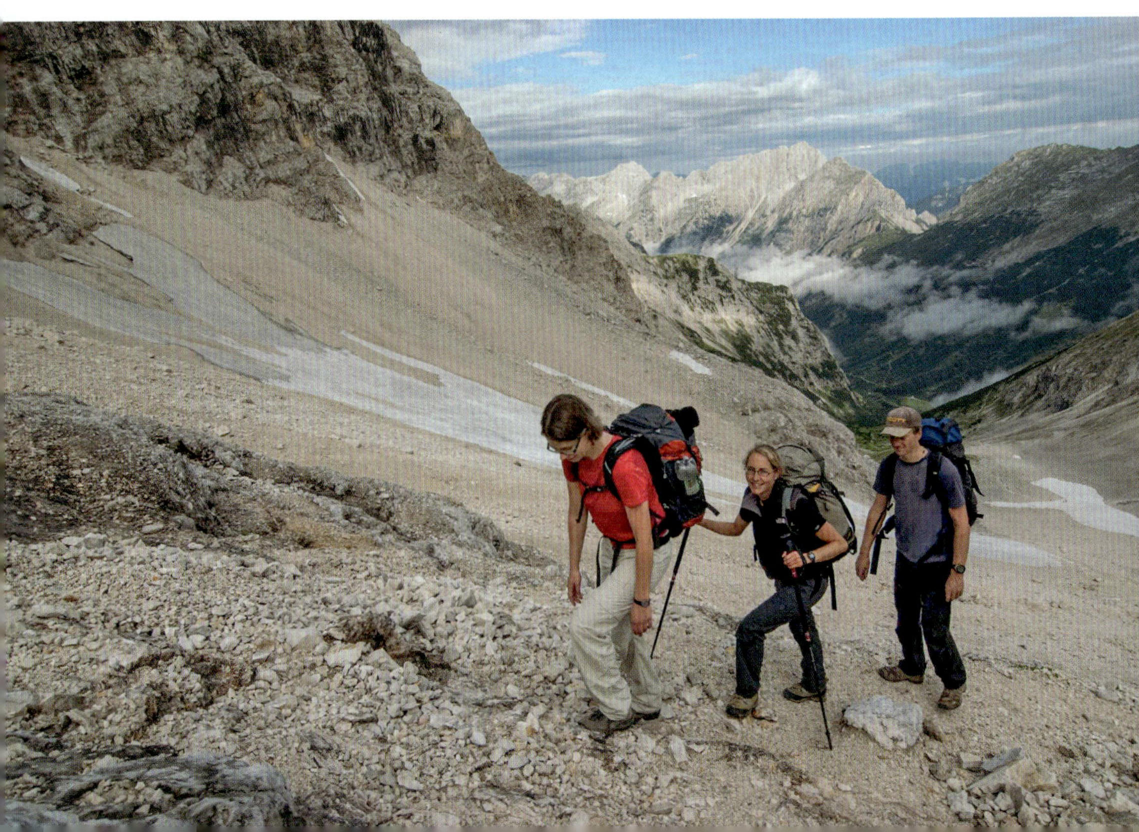

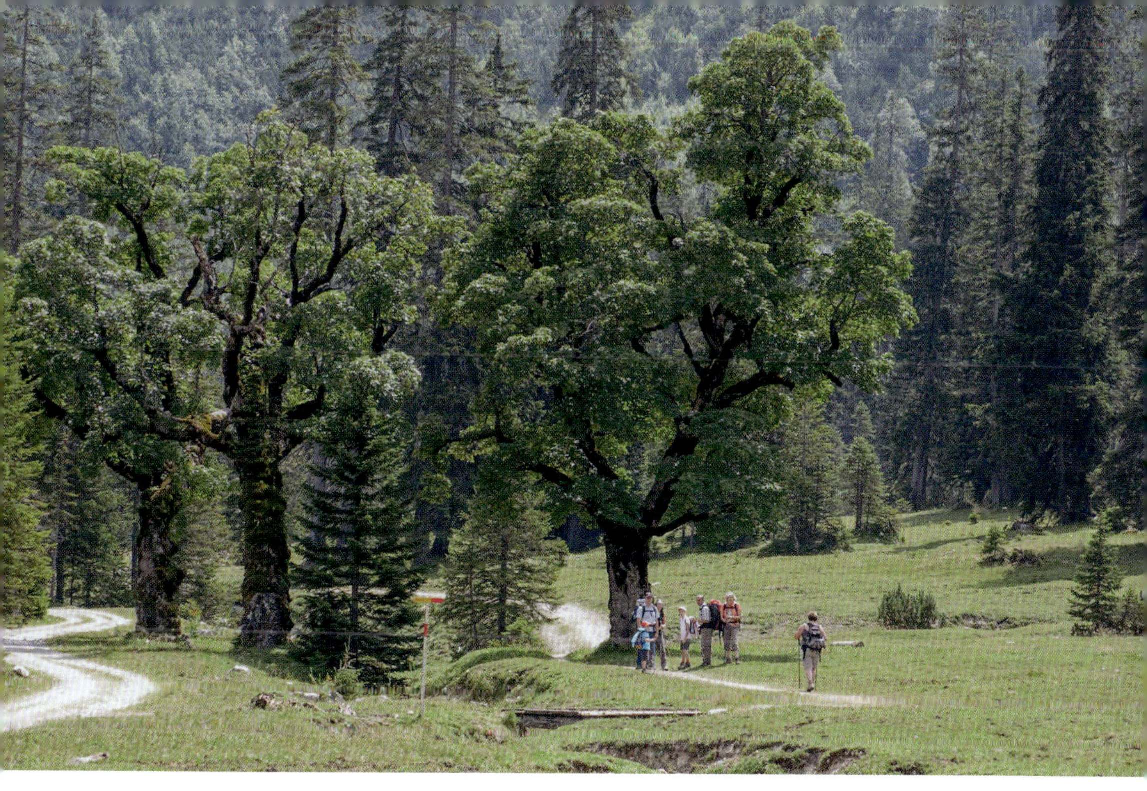

▲ *Kleiner Ahornboden in der Nähe des Hermann-von-Barth-Denkmals.*

**alm (11)** auf eine Fahrstraße stoßen. Wir biegen rechts ab und erreichen in wenigen Minuten die urige Alm. Ab und zu sollte man sich an dieser Stelle umdrehen, der Blick über die locker von Baumgruppen bestandenen Almwiesen zu den Kalkmauern der Laliderer Wände ist atemberaubend. Hinter der Ladizalm bleiben wir auf der Straße, bis in einer Kehre, 1521 m, links der Weg zum Kleinen Ahornboden abzweigt. Diesem folgend (eine etwas irritierende Abzweigung nach links ignorieren wir) erreichen wir bald den Kleinen Ahornboden, der von einigen sehr schönen alten und knorrigen Bäumen bestanden ist. Im Gegensatz zum Großen Ahornboden sind die wenigen Touristen hier auch alle zu Fuß hochgekommen. Wir durchqueren den flachen Talgrund Richtung Nordwesten und erreichen das Hermann-von-Barth-Denkmal im zentralen Teil des **Kleinen Ahornbodens (12)**. Wenige Meter nach dem Denkmal gelangen wir an eine Wegkreuzung. Links führt eine Straße das Untere Filztal hinauf, geradeaus unser Weg. Zum Glück bleibt dieser nicht so breit: Nach wenigen hundert Metern haben wir es wieder mit einem normalen Wanderweg zu tun. Über diesen steigen wir jetzt talaufwärts. An einer Anhöhe kurz unterhalb des Hochalmsattels stoßen wir wieder auf die breite Schotterstraße und folgen ihr bis zum **Hochalmsattel (13)**. Auf der anderen Seite treffen wir bald auf den Zufahrtsweg zur Hütte, über den wir in wenigen Minuten das spektakulär gelegene **Karwendelhaus (14)** erreichen. Ein sehr schöner Aussichtspunkt oberhalb des Karwendelhauses ist das ca. 1 Std. entfernte Hochalmkreuz (siehe Gipfelmöglichkeiten).

Bei gutem Wetter und entsprechender alpiner Erfahrung lohnt sich natürlich die Besteigung der Birkkarspitze, des mit 2749 m höchsten Berges des Karwendels. Für die Birkkarspitze (siehe Gipfelmöglichkeiten) muss jedoch ein zusätzlicher Tag eingeplant werden.

## 4. Tag: Karwendelhaus, 1771 m – Hochlandhütte, 1630 m

5.30 Std., 580 m↑, 720 m↓

Bis zum Karwendelhaus war dies eine der leichtesten Touren in diesem Buch. Wer den Charakter der bisherigen Tage beibehalten möchte, dem sei der Abstieg durch das Karwendeltal empfohlen. Allerdings geht es dabei (etwas öde) rund 14 km auf einer für Kraftfahrzeuge gesperrten Straße nach Scharnitz hinunter (von Scharnitz Zugverbindung nach München und Innsbruck). Anders der Weiterweg über die Hochlandhütte nach Mittenwald: Willkommen im Testgebiet für die schweren Touren im vorliegenden Buch!

Wir verlassen das **Karwendelhaus (14)** und steigen direkt zu einer unterhalb der Hütte liegenden Kapelle ab. Dabei stoßen wir kurz auf die Zufahrtsstraße, die wir an der dritten Kehre (kein Schild) wieder verlassen. Trittspuren führen etwas rechts haltend zum Beginn des Gjaidsteigs, dem wir nun nach Westen folgen. In stetem Auf und Ab wandern wir anfangs über steile Wiesen, später jedoch anstrengend und mit diversen kleinen Kletterstellen gewürzt durch Latschenfelder zum **Bäralpsattel (15)**, 1820 m. Etwas absteigend passieren wir nördlich des Passes die Grenze und treffen auf den vom Fermerstal aufsteigenden Pfad. Wir bleiben auf dem Gjaidsteig, der uns nun mit Drahtseilen versichert in ein Schotterkar oberhalb der Thomasalm hinunterführt. Über Geröllhalden queren wir hinauf auf einen Gratsporn und anschließend zum **Kammleitenjoch (16)**. Ein letztes Schuttkar – das Wörnerkar – will jetzt noch traversiert werden, dann geht es ein paar anstrengende Meter hinauf auf

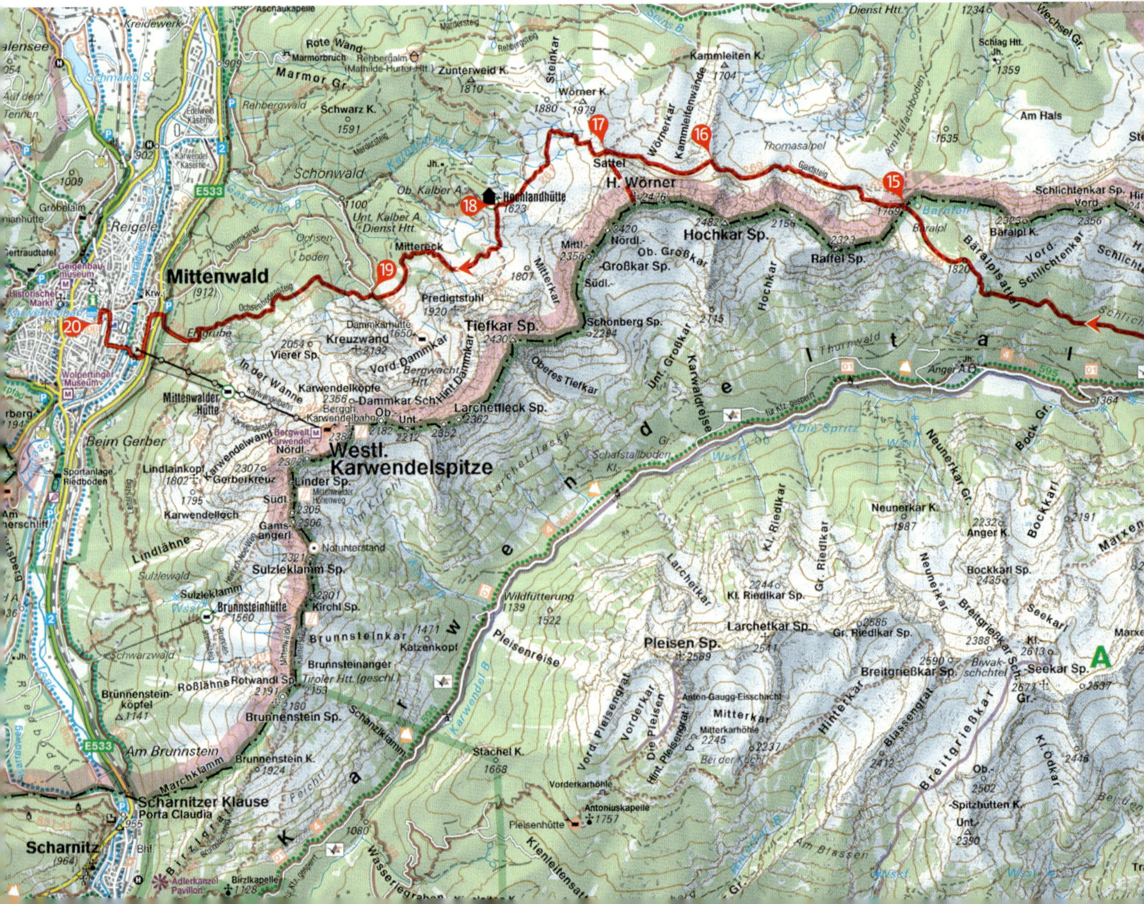

den **Wörnersattel (17)**, 2000 m, wo sich der Abstecher auf den 2474 m hohen Wörner (siehe Gipfelmöglichkeiten) anbietet. Ab dem Sattel ist es grün und es gibt endlich einen richtigen Weg. Dieser ist nun auch vorbildlich ausgebaut. Mit Blick auf die Zugspitze und das Wettersteingebirge steigen wir zu der bereits vom Wörnersattel gut sichtbaren **Hochlandhütte (18)** ab. Klein, aber fein, wird man sich bei der Ankunft sagen.

### 5. Tag: Hochlandhütte, 1630 m – Mittenwald, 912 m

2.30 Std., 100 m↑, 820 m↓

Von der **Hochlandhütte (18)** folgen wir den Schildern »Mittenwald über Ochsenbodensteig/Dammkar«. Dabei geht es ein kurzes Stück bergan, anschließend wandern wir in südwestliche Richtung in das Dammkar hinunter. Direkt im **Dammkar (19)** treffen wir auf ein Wegekreuz, von dem wir geradeaus über eine Skipiste zum Beginn des Ochsenbodensteigs gelangen. Dieser führt uns in breiten Kehren ca. 15 Min. den Wald hinauf. Mit Erreichen eines Passes, ca. 1470 m, kündigt der heraufdröhnende Lärm der Straße das Ende unserer Tour an. In weiten Kehren verlieren wir nun langsam an Höhe und nähern uns unerbittlich der Quelle des ungewohnten Krachs. Unten angekommen hat man sich vielleicht schon wieder an diese unangenehme Begleiterscheinung unserer Zivilisation gewöhnt und wird erst bei der nächsten Bergtour bemerken, wie still es doch auch sein kann.

Der Weg zum Bahnhof führt unter der Bundesstraße hindurch zunächst zum Parkplatz an der Karwendelbahn. Von dort folgen wir den Schildern in Richtung Zentrum von **Mittenwald (20)**.

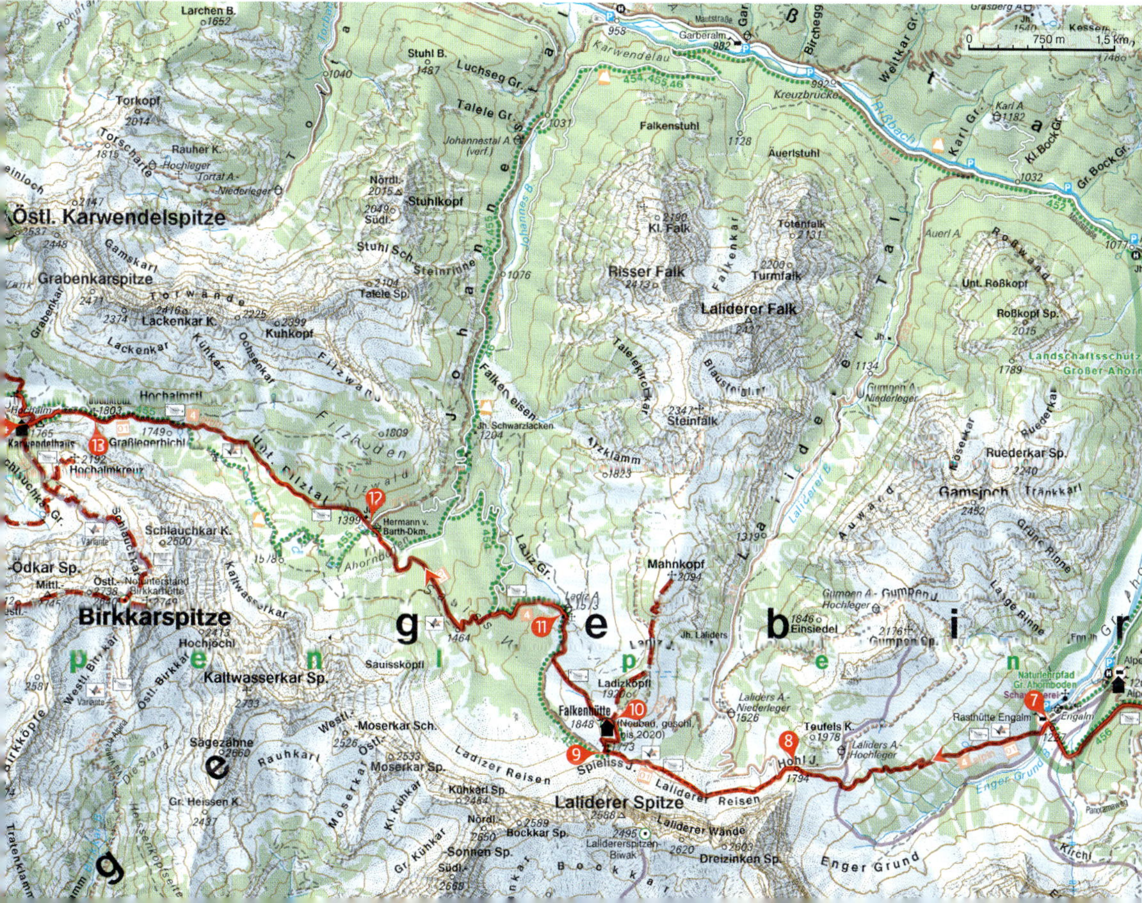

# 6 Durch Zahmen und Wilden Kaiser

## Über Pyramidenspitze und Scheffauer

4 Tage

mittel

**Beliebte Runde mit spektakulären Blicken auf die wilden Zacken des Kaisers**

Klein, aber fein: das Kaisergebirge, die Zacken in der Krone Tirols. Obwohl in der Ausdehnung recht gering – der Hauptkamm des Wilden Kaisers ist gerade mal 10 km lang –, gehört es doch landschaftlich zu den ganz Großen und ist, nicht nur wegen der Nähe zu München, ein beliebtes Reiseziel. Auf der einen Seite hat man den Zahmen Kaiser mit seinen runden Hügeln, zerfurchten Hängen und von der Erosion geschundenen Bergkuppen und auf der anderen Seite den Wilden Kaiser, ein grandioses Chaos aus himmelstürmenden Felswänden, düsteren Hochkaren und zerrissenen Graten, ein Paradies für Kletterer. Im Kontrast der durch eine Laune der Natur parallel verlaufenden Bergketten liegt der besondere Reiz. Unsere Wanderung verläuft über den schönsten Aussichtspunkt im Zahmen Kaiser, die Pyramidenspitze, durchschneidet den Wilden Kaiser an seiner tiefsten Kerbe, der Steineren Rinne, und führt anschließend auf seinen westlichsten Gipfel, den Scheffauer. Eine kaiserliche Runde für den gehobenen Genuss!

### TOURENINFO

**Ausgangs- und Endpunkt:** Kufstein, 500 m. Kufstein liegt an der Bahnlinie München – Innsbruck und ist von daher bestens öffentlich angebunden. Vom Bahnhof gelangt man entweder mit dem Bus zur Haltestelle »Ebbs Kaisertal« am Beginn des Kaisertals oder in ca. 20 Min. zu Fuß. Bei Anfahrt mit dem Auto verlässt man die Inntal-Autobahn an der Ausfahrt Kufstein Nord und fährt dann in Richtung Ebbs-Eichlwang. Direkt an der Brücke über den Kaiserbach befindet sich in einer Kurve der große Parkplatz »Kaisertal«.

**Anforderungen:** Im Großen und Ganzen einfache Wanderung, die jedoch über zwei relativ ausgesetzte, mit Drahtseilen versicherte Schlüsselpassagen führt. Das ist zum einen der Jubiläumssteig zwischen Ellmauer Tor und Gruttenhütte, zum anderen der Klettersteig vom Scheffauer hinunter zur Kaindlhütte. Für beide Teilabschnitte ist absolute Schwindelfreiheit und gegebenenfalls Klettersteigausrüstung angeraten. Der Jubiläumssteig lässt sich auch über Weg Nr. 812 und den Klammlweg umgehen, und der Scheffauer über den Wilden-Kaiser-Steig am Gasthof Walleralm vorbei. Die Tour sollte man nicht zu früh im Jahr unternehmen, da insbesondere auf der Nordseite der Steinernen Rinne (zwischen Stripsenjochhaus und Ellmauer Tor) lange Schnee liegen kann.

**Höhenunterschied:** 3880 m im Aufstieg, 3080 m im Abstieg bei Benutzung des Kaiserlifts (ca. 23 Std.).

**Information:** Tourismusverband Kufsteinerland, Unterer Stadtplatz 11, A-6330 Kufstein, Tel. +43 5372 62207, kufstein.com.

**Karte:** Freytag & Berndt WK 301 »Kitzbühel – Kaisergebirge – Kufstein« (Maßstab 1:50.000).

▼ *Gruttenhütte und im Hintergrund die Ellmauer Halt.*

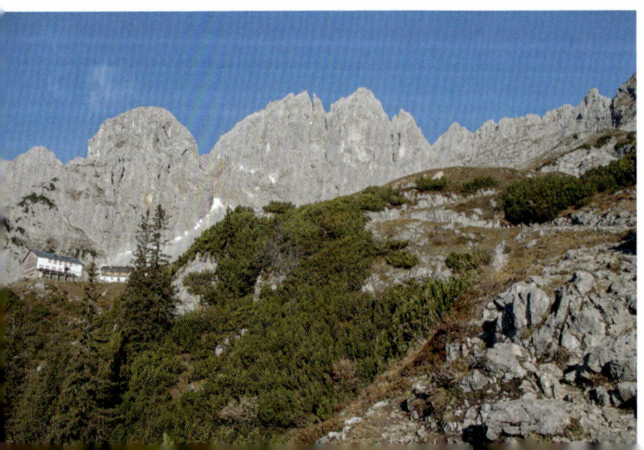

### GIPFELMÖGLICHKEITEN

▲ **Naunspitze,** 1633 m: kurzer Abstecher (0.15 Std.) zu Beginn der 2. Etappe, leicht.

▲ **Petersköpfl,** 1745 m: kurzer Abstecher (0.15 Std.) auf der 2. Etappe, leicht.

▲ **Pyramidenspitze,** 1997 m: Überschreitung auf der 2. Etappe.

▲ **Hintere Goinger Halt,** 2192 m: vom Ellmauer Tor (3. Etappe), 0.45 Std. im Aufstieg und 0.30 Std. Abstieg, gesicherter und z. T. ausgesetzter Steig (viel Geröll), etwa 200 Hm.

▲ **Scheffauer,** 2111 m: kurzer Abstecher auf der letzten Etappe (0.10 Std.).

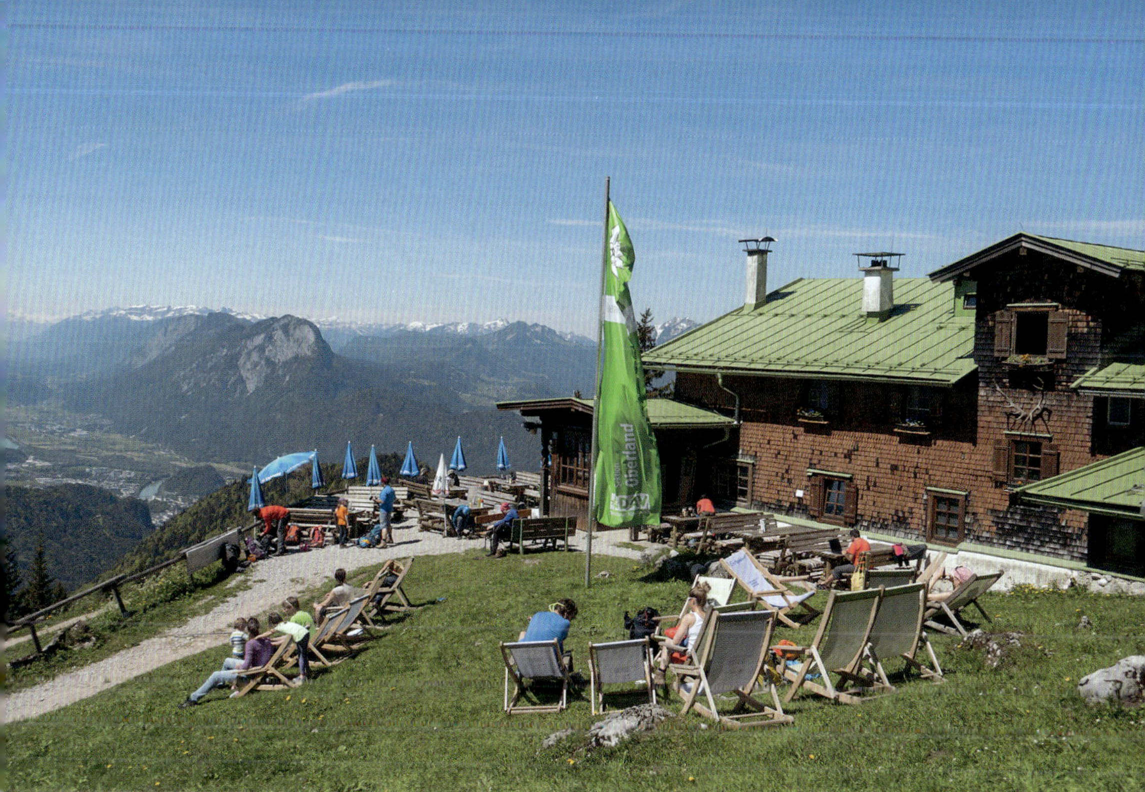

▲ *Herrlicher Blick von der Vorderkaiserfeldenhütte Richtung Südwesten hinab ins Inntal.*

**UNTERKÜNFTE**

- **Ritzaualm,** 1160 m, privat, ganzjährig geöffnet, Montag Ruhetag, ca. 30 Schlafplätze, Tel. +43 5372 63624, ritzaualm.com.
- **Vorderkaiserfeldenhütte,** 1388 m, DAV, ganzjährig geöffnet, ca. 90 Schlafplätze, Tel. +43 5372 63482, alpenverein-muenchen-oberland.de, Reservierung über DAV-Reservierungssystem.
- **Stripsenjochhaus,** 1577 m, ÖAV, Mitte Mai bis Mitte Okt. bewirtschaftet, ca. 150 Schlafplätze, Tel. +43 664 3559094, stripsenjoch.at, Reservierung über DAV-Reservierungssystem.
- **Gruttenhütte,** 1620 m, DAV, Anfang Juni bis Mitte Okt. bewirtschaftet, ca. 100 Schlafplätze, Tel. +43 5358 43389, gruttenhuette.at, Reservierung über DAV-Reservierungssystem.
- **Kaindlhütte,** 1293 m, privat, Anfang Mai bis Anfang Nov. bewirtschaftet, ca. 40 Schlafplätze, Tel. +43 5372 21255, kaindlhuette.com.

## 1. Tag: Kufstein, 500 m – Vorderkaiserfeldenhütte, 1388 m

2.30 Std., 890 m↑

Ausgangspunkt für unsere Wanderung ist der Kaisertalparkplatz am Rand von **Kufstein (1)**, wo mit der Kaiserstiege auf der Nordseite des Kaiserbachs der Weg ins Kaisertal beginnt. Knapp 120 Hm geht es über breite Stufen den Hang hinauf, dann wird es gemütlicher. Das **Gasthaus Veitenhof (2)** lassen wir rechts liegen und wandern auf einem breiten Fahrweg ins Kaisertal bis zur Abzweigung zur Vorderkaiserfeldenhütte. Nach der Abzweigung wird der Weg wieder steiler, bis wir nach 45 Min. den Wald verlassen und die **Ritzaualm (3)** erreichen. Hier öffnet sich der Blick auf den Wilden Kaiser, die Hüttenterrasse lädt zu einer aussichtreichen Brotzeit ein. In etwa einer halben Stunde steigen wir von der Alm auf einem breiten Weg weiter bis zur **Vorderkaiserfeldenhütte (4)** auf.

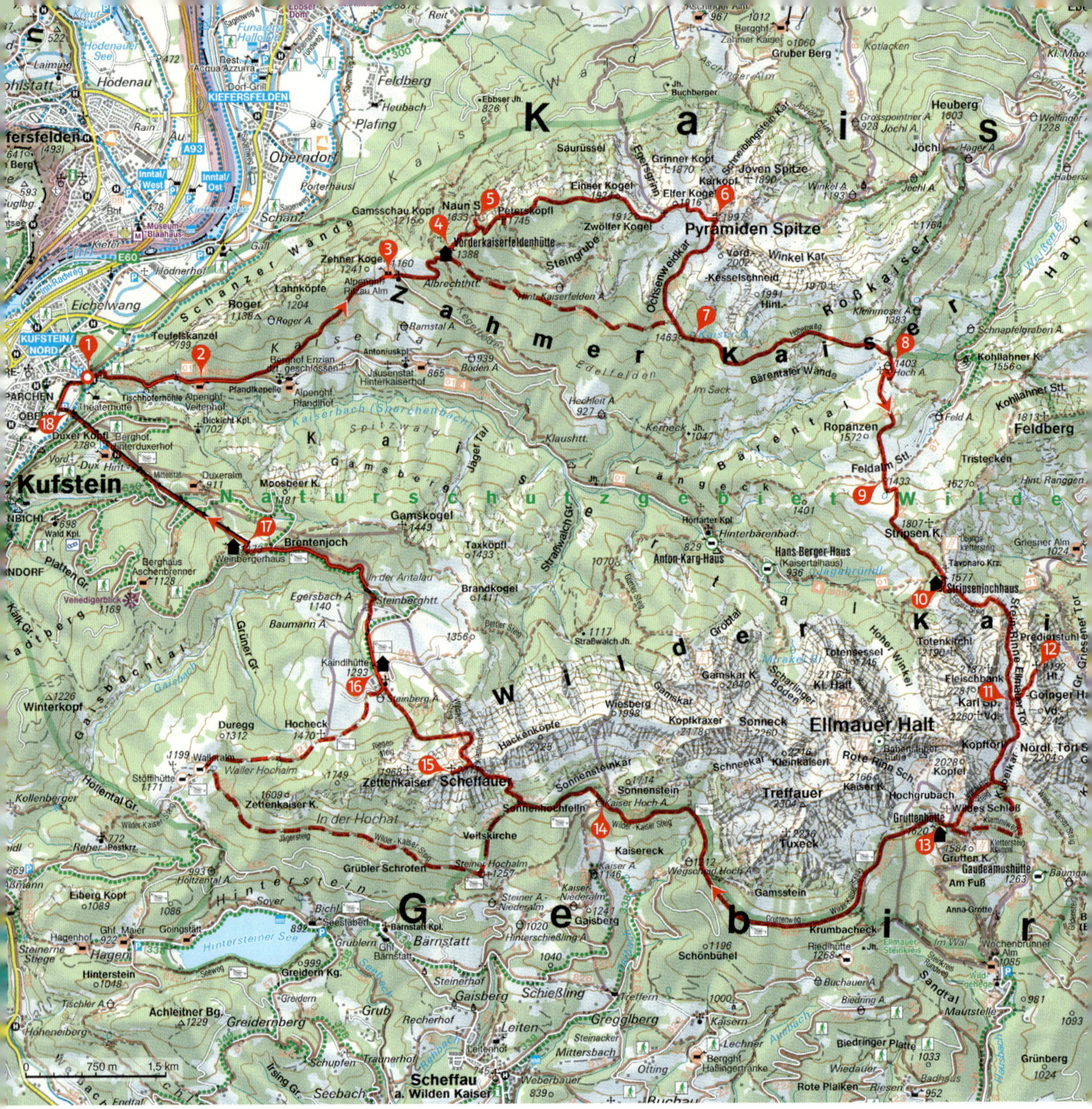

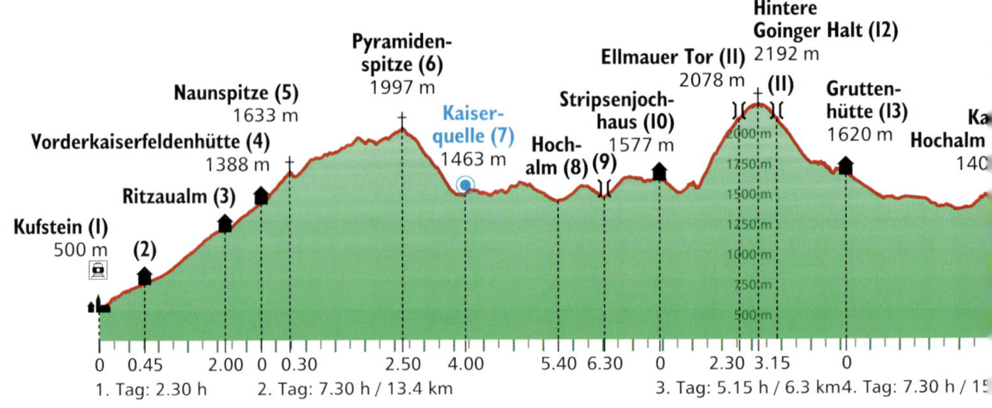

Kufstein (1)
500 m
(2)
Ritzaualm (3)
Vorderkaiserfeldenhütte (4)
1388 m
Naunspitze (5)
1633 m
Pyramiden-
spitze (6)
1997 m
Kaiser-
quelle (7)
1463 m
Hoch-
alm (8)
(9)
Stripsenjoch-
haus (10)
1577 m
Ellmauer Tor (11)
2078 m
Hintere
Goinger Halt (12)
2192 m
(11)
Grutten-
hütte (13)
1620 m
Ka
Hochalm
140
2000 m
1750 m
1500 m
1250 m
1000 m
750 m
500 m
0
0.45
2.00
0
0.30
2.50
4.00
5.40
6.30
0
2.30
3.15
0
1. Tag: 2.30 h
2. Tag: 7.30 h / 13.4 km
3. Tag: 5.15 h / 6.3 km
4. Tag: 7.30 h / 15

## 2. Tag: Vorderkaiserfeldenhütte, 1388 m – Pyramidenspitze, 1997 m – Stripsenjochhaus, 1577 m

7.30 Std., 1180 m↑, 970 m↓

Auch wenn es kürzer und direkter über Weg Nr. 94 zur Kaiserquelle geht, empfehlenswerter ist der aussichtsreiche Plateauweg über die Pyramidenspitze. Wir verlassen dazu die **Vorderkaiserfeldenhütte (4)** und wandern steil den Wald hinauf. Nach 30 Min. kann man die kecke **Naunspitze (5)** besteigen. Wegen dem prachtvollen Ausblick speziell hinab ins Inntal empfehlen wir diesen leichten und kurzen Abstecher.

Wir steigen auf dem bekannten Weg wieder ab und wandern weiter zum sogenannte Plateau etwas nördlich des Petersköpfls, 1745 m (ebenfalls ein kurzer Abstecher, siehe Gipfelmöglichkeiten). Das Plateau ist eine leicht von Norden nach Süden geneigte, durch zahlreiche Mulden und Buckel modellierte Fläche (ca. 1700 bis 1900 m), die dicht mit Latschen bestanden ist. Der Weg, mit Nr. 95 bezeichnet, schlängelt sich im sanften Auf und Ab durch das Latschendickicht, ab und zu öffnen sich faszinierende Tiefblicke auf das Inntal und die Chiemgauer Alpen. Einserkogel und Zwölferkogel werden umgangen, und wir erreichen das Vogelbad, 1876 m, wo ein kurzer, mit Drahtseilen und künstlichen Tritten gesicherter Kamin abgeklettert werden muss. Kurz danach treffen wir auf den über die Steingrube hinaufführenden Weg, der nun ohne weitere Schwierigkeiten auf die **Pyramidenspitze (6)**, 1997 m, den zweithöchsten Berg des Zahmen Kaisers, leitet. Aussichtsreich und in fester Hand der Alpendohlen ist der Gipfel, den wir nach ausgiebiger Mittagspause in Richtung Stripsenjoch (Schilder) verlassen.

Der Weg führt dabei steil und unangenehm durch das Latschendickicht des Ochsenweidkars, an dessen Fuß wir auf den von rechts kommenden Panoramaweg treffen. Wir biegen links ab und folgen nun dem Höhenweg nach Osten. Nach ca. 5 Min. erreichen wir die **Kaiserquelle (7)**, 1463 m. Zum Auffüllen der Trinkflasche ist etwas Geduld erforderlich, allerdings ist zu bedenken, dass sich die nächste Quelle mindestens eine weitere Stunde entfernt an der in einem Sattel gelegenen **Hochalm (8)**, 1403 m, befindet. Von der Hochalm geht es weiter über den Ropanzen zum **Feldalmsattel (9)**, 1433 m, und schließlich, nach einem weiteren mühsamen Anstieg, zum **Stripsenjochhaus (10)**. Dessen Anblick ist, wenn man um die Ecke biegt, grandios.

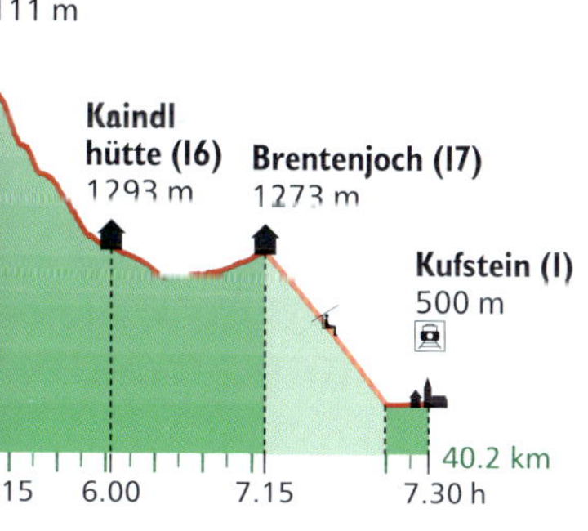


▾ *Rundumblick am Gipfel der Naunspitze.*

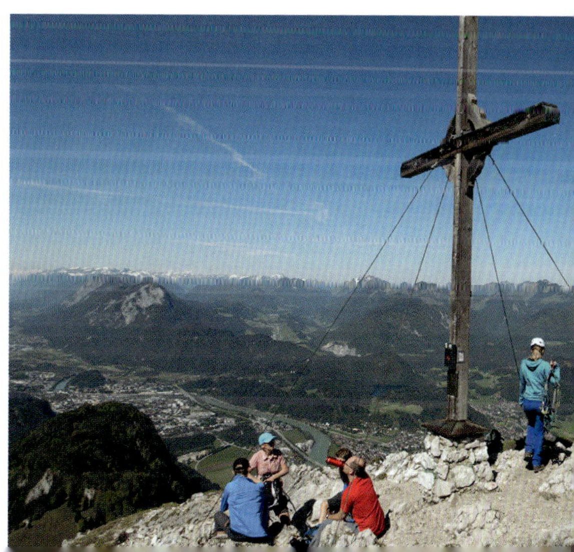

### 3. Tag: Stripsenjochhaus, 1577 m – Hintere Goinger Halt, 2192 m – Gruttenhütte, 1620 m

5.15 Std., 860 m↑, 790 m↓

Heute steht uns nur ein relativ kurzer Wandertag bevor. Dieser kann jedoch durch die Besteigung der Hinteren Goinger Halt verlängert werden.
Das gut besuchte **Stripsenjochhaus (10)** verlassen wir in Richtung Kaiserbachtal (Osten), bis nach ca. 10 Min. rechts der beschilderte Eggersteig abzweigt. Benannt wurde dieser nach dem Kufsteiner Bürgermeister Joseph Egger, der bereits zu Beginn des 20. Jahrhunderts dafür sorgte, dass das gigantische Kar der Steinernen Rinne für das breite Publikum erschlossen wurde. Den Beginn der Rinne auf 1500 m (und damit des eigentlichen Steigs) erreichen wir ohne Höhenverlust in ca. 20 Min. Nun geht es in vielen Kehren hinauf, teils über künstliche Stufen, aber stets gut gesichert, bis wir nach etwa 1.30 Std. in das **Ellmauer Tor (11)**, 1995 m, gelangen. Aus den hohen Wänden von Fleischbank und Predigtstuhl links und rechts des Weges schallen die markigen Seilkommandos der Kletterer.
Bei der Beschilderung am Ellmauer Tor besteht die Möglichkeit, die Hintere Goinger Halt zu besteigen. Der Abstecher zum wirklich lohnenden Gipfel ist eigentlich Pflichtprogramm, da der Abschnitt zwischen Stripsenjochhaus und Gruttenhütte sonst eher kurz ist. Der Weg führt, gewürzt mit einigen kurzen Kletterstellen in schrofigem Gelände, über die Ostseite des Berges auf den Gipfel der **Hinteren Goinger Halt (12)**. Auf dem bekannten Weg geht es zurück zum **Ellmauer Tor (11)**. Verzichtet man auf den Abstecher zum Gipfel, so spart man sich etwa 1 Std. und gut 100 Hm. Der weitere Abstieg vom Ellmauer Tor Richtung Süden leitet uns in das mit Schotter gefüllte Kübelkar. Dort zweigt rechts der Jubiläumssteig ab. Vorbildlich abgesichert und mit phantastischen Blicken bis in die Zentralalpen gesegnet, führt er abwechslungsreich hinüber zur **Gruttenhütte (13)**.

▼ *Blick vom Ellmauer Tor zum Christaturm (links) und zur Fleischbank-Ostwand.*

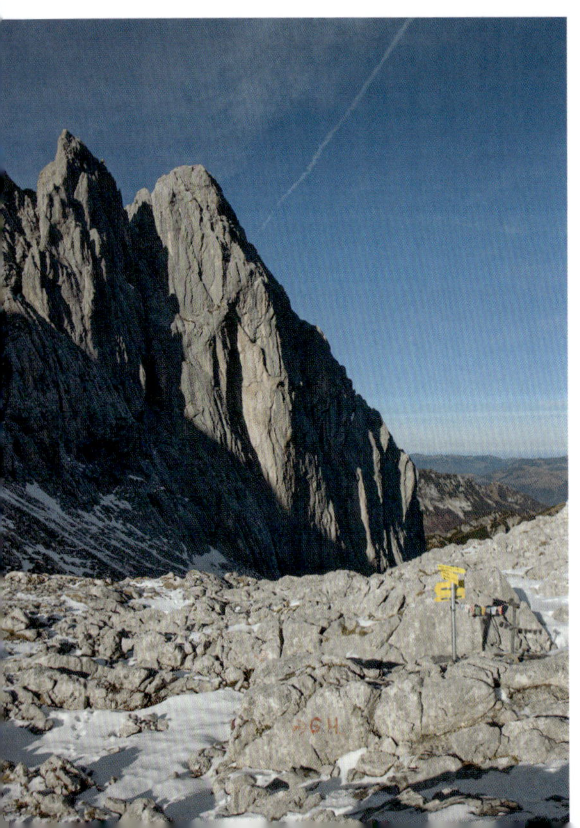

### 4. Tag: Gruttenhütte, 1620 m – Scheffauer, 2111 m – Kufstein, 500 m

7.30 Std., 950 m↑, 1320 m↓

Ein langer Tag steht uns bevor, der gegebenenfalls durch eine Übernachtung auf der gemütlichen Kaindlhütte unterbrochen werden kann.
Wir verlassen die **Gruttenhütte (13)** auf einem Fahrweg in Richtung Riedlhütte. Nach ca. 30 Min. zweigt rechts der Wilde-Kaiser-Steig ab. Wunderschön angelegt führt uns dieser nahezu hangparallel zu den Wiesen und Wäldern oberhalb der Wegscheidalm. Hier ver-

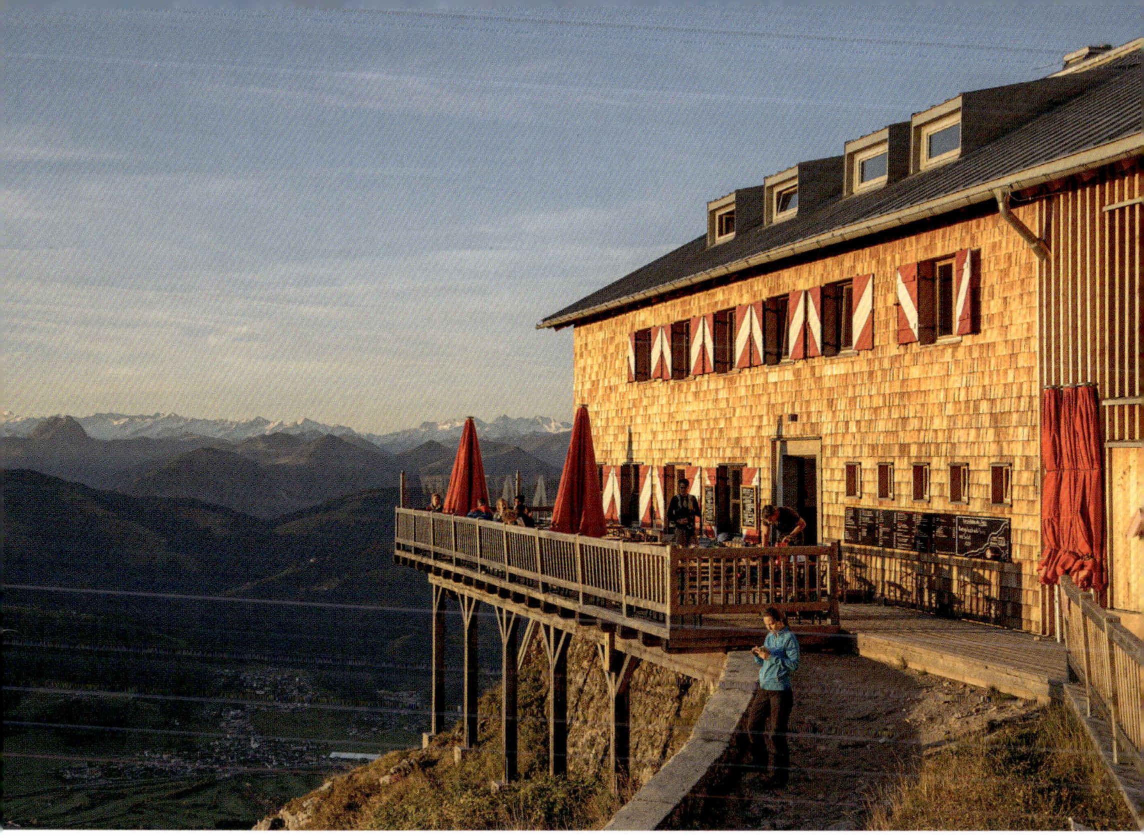

▲ *Sonnenuntergang an der herrlich gelegenen Gruttenhütte.*

sperren ohne ersichtlichen Grund zwei Bretter den Weg, man wird dazu verleitet, nach links ins Tal abzusteigen. Der Weg verläuft jedoch geradeaus, und man trifft erst ca. 5 Min. später auf den von unten heraufführenden Pfad. Wir bleiben auf dem Wilden-Kaiser-Steig und gelangen so zur bewirtschafteten **Kaiser Hochalm (14)**, 1400 m. Hier sollte man nochmals Wasser und Energie tanken, der Weiterweg hinauf zum Scheffauer ist bei gutem Wetter gnadenlos der Sonne ausgesetzt. Zunächst flach, doch dann immer steiler werdend führt der Steig zu einem Pass, 2040 m, etwas östlich des letzten großen Kaisergipfels. Dass der ca. 10 Min. vom Hauptweg bzw. vom Pass entfernte Gipfel des **Scheffauers (15)**, 2111 m, noch mitgenommen wird, ist Ehrensache.

Der Abstieg vom Scheffauer bzw. vom Pass in Richtung Norden ist sicherlich das anspruchsvollste Teilstück dieser Runde. Nahezu durchgehend mit Drahtseil versichert führt der Weg steil und ausgesetzt in den Wald hinein und von dort aus in Kehren zur **Kaindlhütte (16)**, 1293 m. Diese liegt neben einer kleinen Kapelle und zeichnet sich durch freundliche Bewirtung aus. Zur Seilbahnstation des Kaiserlifts folgt man den Schildern zum Weinbergerhaus bzw. Brentenjoch. Etwa 1.30 Std. auf einem breiten Weg sind es bis zur Bergstation am **Brentenjoch (17)**, von wo es mit dem Sessellift bequem hinunter zur **Talstation (18)** geht. Zu Fuß dauert es nach Kufstein noch knappe 2 Std. länger, Weg Nr. 814 ist richtungsweisend. Der Betrieb des Sessellifts wird übrigens gegen 16.30 Uhr eingestellt. Um zum Ausgangspunkt zu gelangen, hält man sich hinter dem Parkplatz am Lift rechts und kommt so über Wiesen zurück zur Brücke über den Kaiserbach und zum Kaisertalparkplatz in **Kufstein (1)**.

# 7 Rund um den Königssee

## Nationalpark Berchtesgaden

4 Tage

mittel

### Der Watzmann ruft

Die Kontraste könnten kaum größer sein: Von überfüllten Touristenpunkten bis zu einsamen Tälern, von der Hightechhütte bis zur einfachen Alm – der einzige Nationalpark in den deutschen Alpen hat viel und ein breites Spektrum zu bieten. Über zwei Drittel sind Naturlandschaft und werden völlig sich selbst überlassen. Der Mensch greift nicht ein! Umso mehr Menschen bevölkern die klassischen Aussichtspunkte auf den Königssee und den Watzmann. Alles ist Ansichtssache, alles hat seine Berechtigung. Und kitschiger ist es nirgends: Der idyllische Königssee mit der Barockkirche St. Bartholomä und im Hintergrund die Watzmann-Ostwand, dieser Anblick ist schon einmalig. Wie viele Bilder davon wohl weltweit in den Wohnzimmern hängen? Unsere Route führt uns weg von diesem Idyll und auf einsamen Höhenwegen einmal um den See herum, Blick auf den Watzmann – groß und mächtig, schicksalsträchtig – inklusive. Wer ihn rufen hört, sollte ihm vielleicht im Nachgang noch folgen. Ein konditionsförderndes Aufwärmprogramm stellen wir hier vor.

▼ *Platter Berg mit Aussicht: der Schneibstein.*

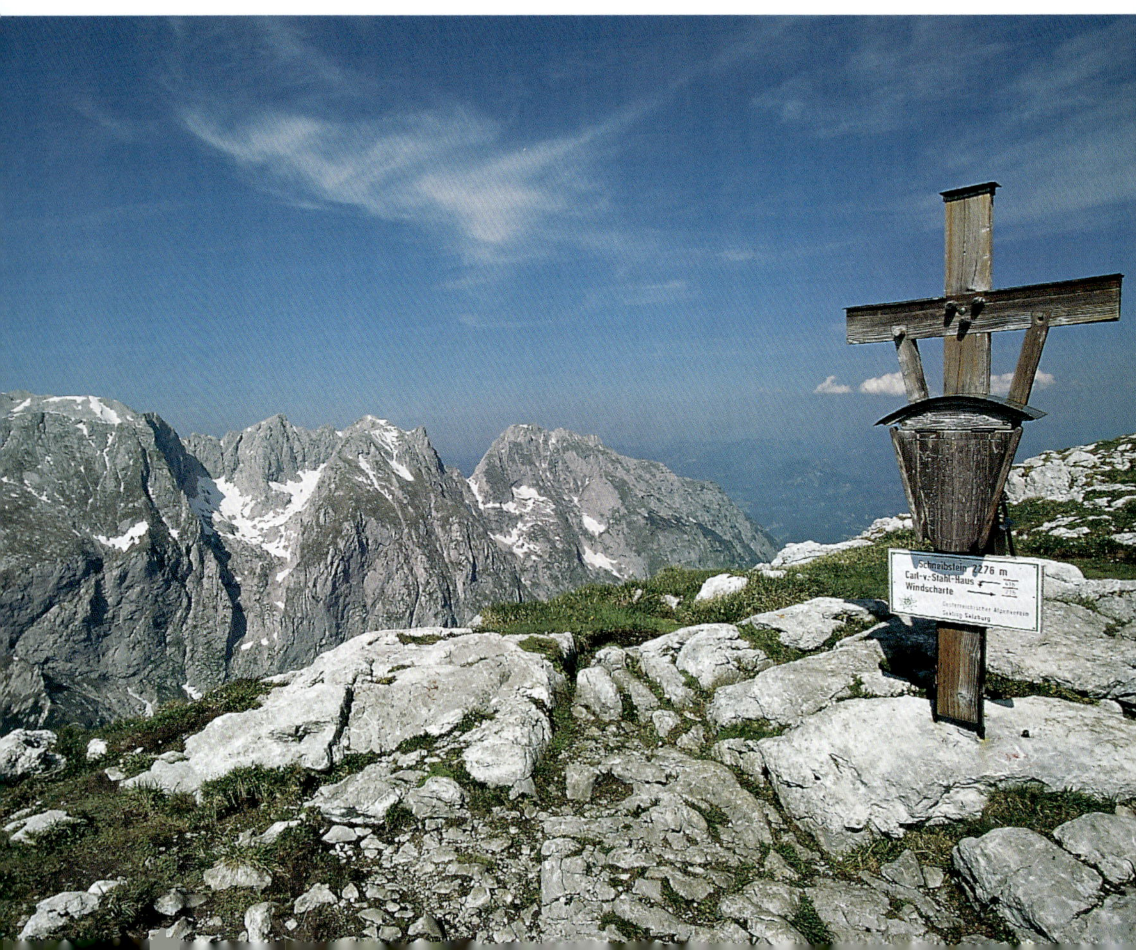

## UNTERKÜNFTE

- **Kärlingerhaus,** 1630 m, DAV, Ende Mai bis Mitte Okt. bewirtschaftet, ca. 220 Schlafplätze, Tel. +49 8652 6091010, kaerlingerhaus.de, Reservierung über DAV-Reservierungssystem.
- **Wasseralm,** 1423 m, DAV, Ende Mai bis Anfang Okt. bewirtschaftet, 40 Schlafplätze, Tel. +49 8652 6091160, Reservierung über huetten-holiday.com.
- **Carl-von-Stahl-Haus,** 1734 m, ÖAV, ganzjährig geöffnet (außer 24.12.), ca. 100 Schlafplätze, Tel. +49 8652 6559922, stahlhaus.at, Reservierung über DAV-Reservierungssystem.
- **Schneibsteinhaus,** 1700 m, DAV, Anfang Mai bis Ende Okt. sowie im Winter bewirtschaftet, ca. 65 Schlafplätze, Tel. +49 8652 2596, schneibsteinhaus.de, Reservierung über DAV-Reservierungssystem.

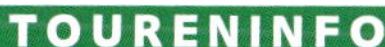

## TOURENINFO

**Ausgangspunkt:** St. Bartholomä, 604 m. Mit dem Schiff von der Ortschaft Königssee zu erreichen (Abfahrt im Sommer ab 8 Uhr alle 30 Min., seenschifffahrt.de). Nach Königssee Busverbindung vom Bahnhof Berchtesgaden. Großer gebührenpflichtiger »Königssee Parkplatz« in der Nähe des Seeufers.

**Endpunkt:** Königssee, 604 m. Busverbindung zum Bahnhof Berchtesgaden.

**Anforderungen:** Ausdauer und Kondition von Vorteil. Kurze mit Seilen versicherte Stelle am 3. Tag. Bei schlechtem Wetter verwandeln sich einige Wegabschnitte in schmierige Rutschbahnen.

**Höhenunterschied:** Je 2460 m im Auf- und Abstieg (18.30 Std.).

**Information:** Tourist-Information Bergerlebnis Berchtesgaden, Maximilianstraße 9, D-83471 Berchtesgaden, Tel. +49 8652 656500 oder Tourist-Info am Parkplatz Königssee, Seestraße 3, D-83471 Schönau a. Königssee, Tel. +49 8652 655980, berchtesgaden.de.

**Karte:** Freytag & Berndt WKD 5 »Berchtesgaden – Bad Reichenhall – Königssee« (Maßstab 1:25.000).

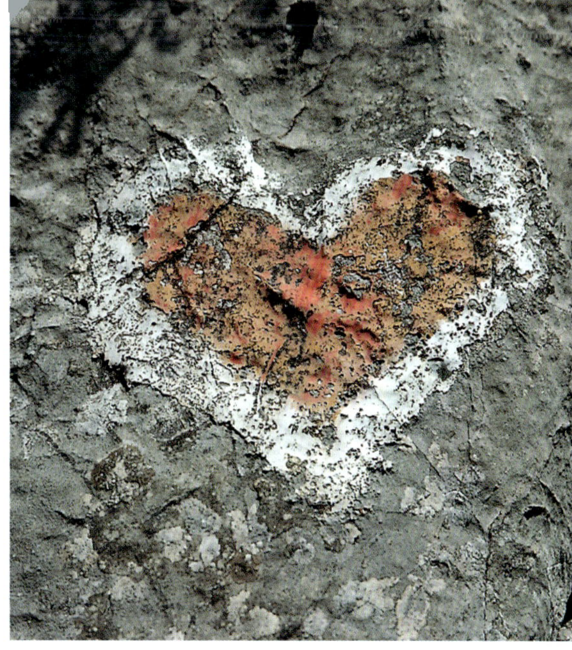

▲ *Originelles Wegzeichen.*

## GIPFELMÖGLICHKEITEN

▲ **Funtenseetauern,** 2579 m: vom Kärlingerhaus, 3 Std. Aufstieg, 2 Std. Abstieg, keine besonderen Schwierigkeiten.

▲ **Halsköpfl,** 1719 m: kurzer Abstecher auf dem Weg vom Kärlingerhaus zur Wasseralm, je 0.10 Std. Auf- und Abstieg, keine Schwierigkeiten.

▲ **Schneibstein,** 2276 m: Überschreitung auf der 3. Etappe.

## 1. Tag: St. Bartholomä, 604 m – Kärlingerhaus, 1630 m

4 Std., 1070 m↑, 40 m↓

Bei gutem Wetter ist am Königssee der Bär los. Menschen aus aller Herren Länder wollen den See mit dem dreigipfligen Watzmann bestaunen. Ab 8 Uhr fahren die Elektroboote zu unserem Ausgangspunkt St. Bartholomä. Wir genießen die Fahrt über den von steilen Felswänden eingerahmten Bergsee und lauschen bei einem Stopp dem Klang des Flügelhorns, dessen Töne von den umgebenden Felswänden mehrmals zurückgeworfen werden: das berühmte Echo vom Königssee. Je näher das Boot St. Bartholomä kommt, umso mehr baut sich die mächtige, 1800 m hohe Watzmann-Ostwand auf.

An der Schiffsanlegestelle verlassen wir **St. Bartholomä (1)** auf breitem Weg

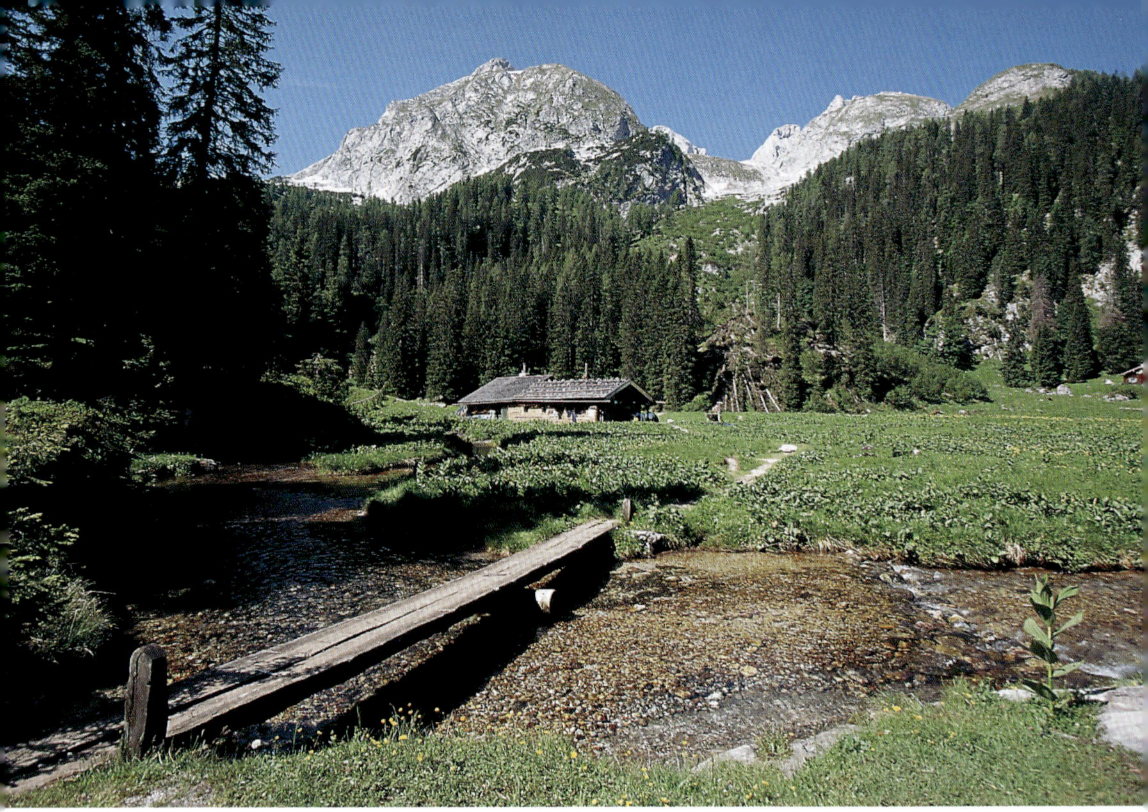

▲ *Urgemütlich, abgeschieden und garantiert einen Besuch wert: die Wasseralm.*

(Nr. 412) in Richtung Burgstallwand. Der Weg führt am Ufer des Königssees entlang bis zum Schrainbach – Endpunkt des gemütlichen Teils unserer Wanderung. Hinter der Brücke steigen wir in zahlreichen Kehren parallel zum Bach – zum Glück im Schatten des Waldes – zur Schrainbach Holzstube auf. Ein Ort, der zum Verweilen einlädt. Kurz danach teilt sich der Weg: Wir gehen links und gelangen zur verfallenen Unterlahneralm. Vor uns taucht bald die sogenannte Saugasse auf, eine enge und steile Rinne, durch die sich der alte Transportweg zum Kärlingerhaus hochschlängelt. Was war das früher für eine Schinderei, das Material auf die Hütte zu bekommen! Wir ruhen uns im Gedenken an die Altvordern erst einmal aus, eine Bank mit Wassertrog daneben bietet sich dazu an. Dann nehmen auch wir die Saugasse in Angriff und

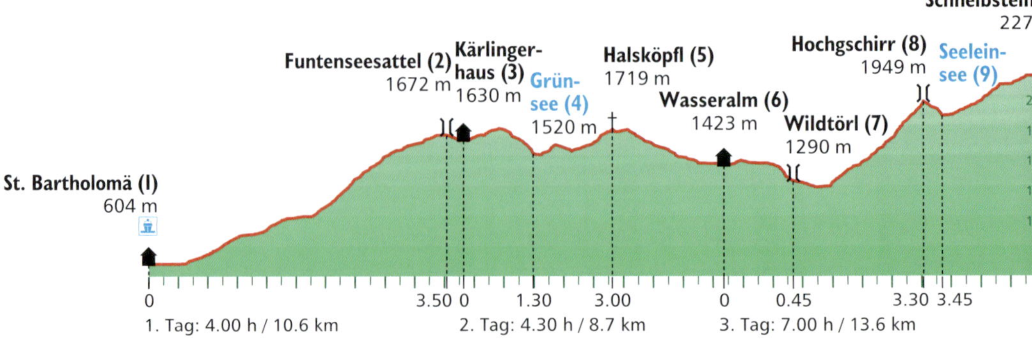

erreichen im Anschluss die verfallene Oberlahneralm. Durch kleine wilde Schluchten führt uns der Weg weiter zum **Funtenseesattel (2)**, 1672 m, von wo wir leicht absteigend zum **Kärlingerhaus (3)** am Funtensee gelangen. Funtensee? Da klingelt es sicher bei den meisten: Das ist der See, mit dem uns die Wetterfrösche weismachen möchten, wie kalt es doch in Bayern ist. Seitdem von dort die Rekordtemperatur -45,9 °C gemeldet wurde, ist dieses Kälteloch fast so bekannt wie der Königssee. Von dieser Eiseskälte sind wir jetzt zum Glück weit entfernt. Wer einen Tag länger Zeit hat, kann vom Kärlingerhaus den Funtenseetauern, einen hervorragenden Aussichtsberg, besteigen.

## 2. Tag: Kärlingerhaus, 1630 m – Wasseralm, 1423 m

4.30 Std., 290 m↑, 490 m↓

Am nächsten Tag brechen wir zur Wasseralm auf. Dabei geht es zunächst vom **Kärlingerhaus (3)** auf dem bekannten Weg zurück über den **Funtenseesattel (2)** bis zu einer Abzweigung, an der der Weg Nr. 416 in Richtung Wasseralm rechts abbiegt. Durch Wald und leichtes Blockgelände, über einige Steilstufen und Holztreppen führt er hinunter zum **Grünsee (4)**. Vorsicht, bei Nässe können die Stufen hinab zum See sehr rutschig sein! Der See ist in einen Kessel eingebettet, dahinter liegt der Glunkerer.

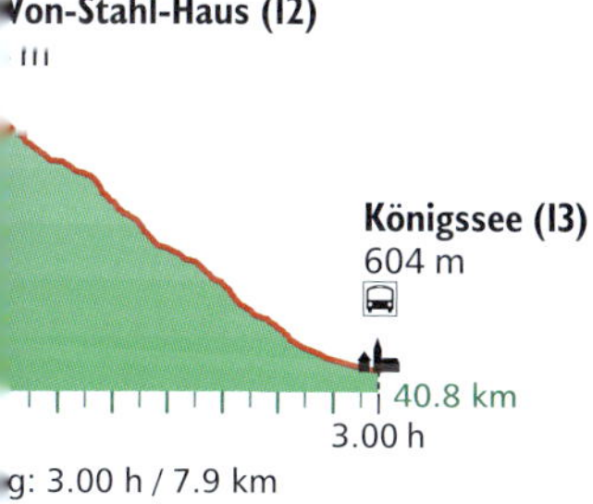


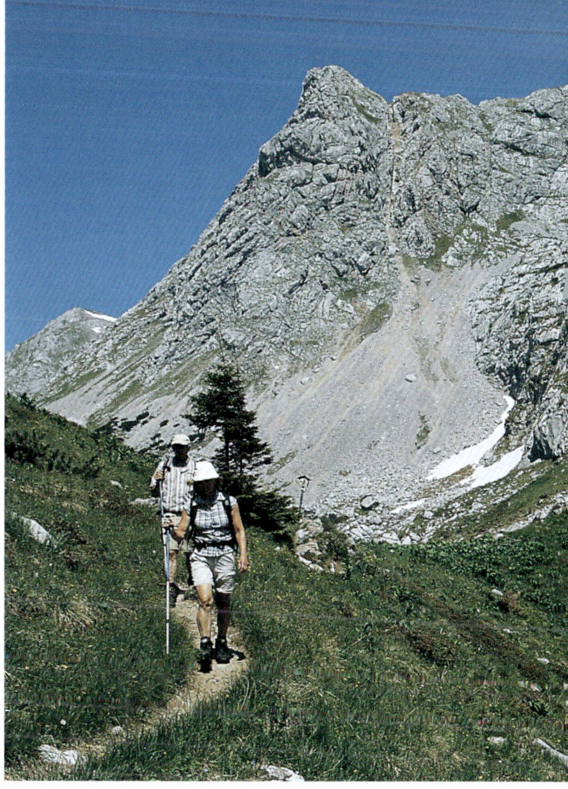

▲ *Im Abstieg vom Hochseeleinkopf.*

Bald sind wir am See vorbei und gehen, uns an einer Wegverzweigung rechts haltend, durch den Wald wieder bergauf. Der Borkenkäfer scheint sich hier pudelwohl zu fühlen, viele Bäume sind tot, und auch die meisten noch lebenden sind von den kleinen Tierchen befallen. Genauso morsch und mürbe sehen die Holztreppen und Stufen aus, über die es geht. Einige lange Nägel schauen aus den verrotteten Holzkonstruktionen hervor, Vorsicht ist angesagt! Bald taucht der Schwarzensee auf, umrahmt von einer Wiese, hinter der sich die Scheibenwand hoch aufrichtet. Ein idyllischer Platz, an dem wir gerne verweilen. Dann geht der Weg weiter über verrottete Holzstufen bis in einen Sattel. Ein kleiner Pfad zweigt nach links auf das **Halsköpfl (5)**, 1719 m, ab. Den kurzen Aufstieg sollte man sich nicht entgehen lassen. Belohnt wird man mit einem grandiosen Blick auf Königssee und Watzmann. Der Abstecher

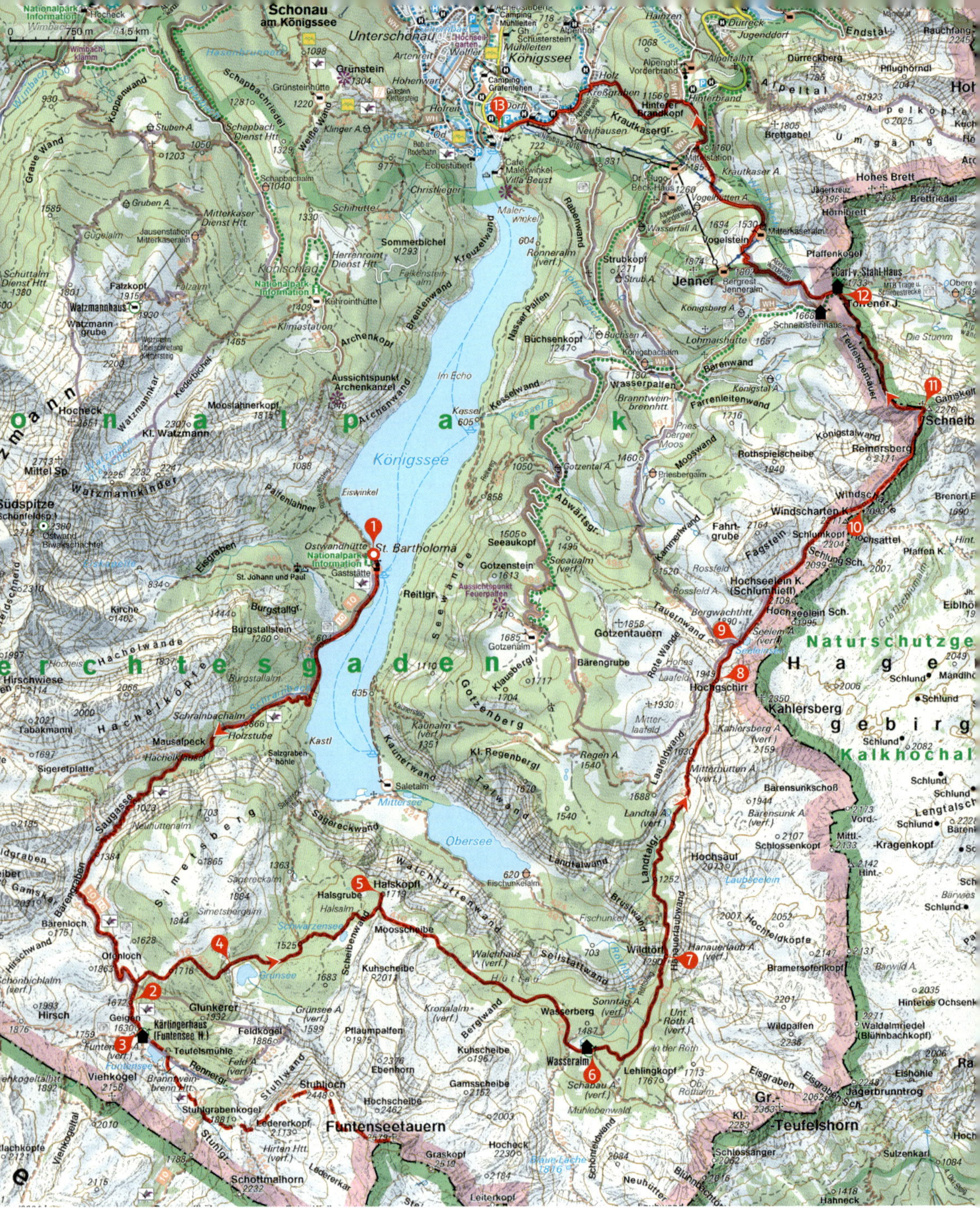


zum Halsköpfl gehört sozusagen zum Pflichtprogramm. Zurück am Sattel folgen wir weiter Weg Nr. 416. Über die Moosscheibe gelangen wir wieder in den Wald und weiter zur **Wasseralm (6)**, die sich auf einer großen Almwiese mit einem kleinen See davor präsentiert. Ein Traumplatz, der alle Alpenklischees bestätigt: urig, gemütlich, dazu gutes Essen und das Wichtigste, mit dem alles steht und fällt, eine nette Hüttenfamilie!

## 3. Tag: Wasseralm, 1423 m – Schneibstein, 2276 m – Carl-von-Stahl-Haus, 1734 m

7 Std., 1100 m↑, 780 m↓

Von der **Wasseralm (6)** folgen wir weiter dem Weg Nr. 416 in Richtung Wildtörl, ein geruhsamer Beginn. Je höher wir steigen, umso mehr öffnet sich der Blick auf den Königssee, den Obersee und den dahinter aufragenden Watzmann. Im Bereich um das **Wildtörl (7)**, 1290 m, ist das steilste Stück des Weges zu bewältigen, Stahlseile helfen über einige ausgesetzte Passagen hinweg. Wir gelangen in den Landtalgraben, durch den sich der Weg zur verfallenen Landtalalm schlängelt. Bald erkennen wir eine breite Rinne zwischen der Laafeldwand und dem Kahlersberg, durch die wir nun, vorbei an großen und kleinen Steinblöcken, steil hinauf zum **Hochgschirr (8)**, 1949 m, steigen. Vom Sattel blicken wir auf den Seeleinsee, zu dem wir dann hinabgehen. Der **Seeleinsee (9)** lädt zu einer Pause ein, schließlich ist die Hälfte geschafft. Dann geht es zur **Windscharte (10)**, die ihren Namen zu Recht trägt – oft weht eine steife Brise. Den Schneibstein im Visier wandern wir weiter auf Weg Nr. 416, bis wir auf dem Gipfel des **Schneibsteins (11)** 2276 m, stehen. Hier genießen wir den eindrucksvollen Rundumblick, besonders hervorzuheben ist der Einblick in die wilde Felslandschaft des Hagengebirges und die schroffen Abstürze des Kuchler Kamms. Vom Gipfel folgen wir der steilen und teilweise ausgesetzten Wegspur über die Teufelsmauer 500 Hm hinunter zum **Carl-von-Stahl-Haus (12)**, wo wir unseren müden Beinen ihre verdiente Ruhe gönnen.

## 4. Tag: Carl-von-Stahl-Haus, 1734 m – Königssee, 604 m

3 Std., 1150 m↓

Die letzte Etappe führt vom **Carl-von-Stahl-Haus (12)** auf breitem Weg aufwärts Richtung Jenner-Bergstation.

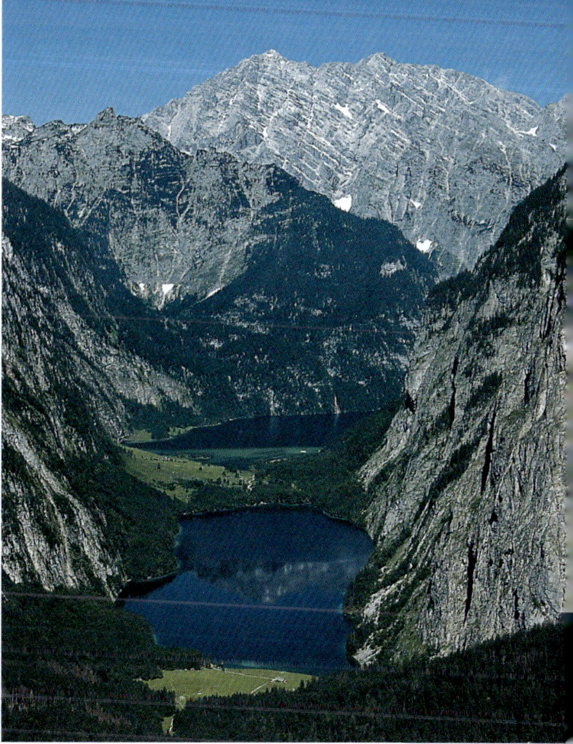

▲ *Der Watzmann über Obersee und Königssee.*

Auf halbem Weg müssen wir uns entscheiden, ob wir auf der Schotterstraße durch das Skigebiet zum Ort Königssee hinunterwandern oder mit der Jennerbahn ins Tal schweben wollen. Auch wenn das Wandern durch das Skigebiet mit seinen Liftanlagen nicht zu den berauschendsten Naturerlebnissen zählt, entscheiden wir uns für die 1150 Hm Abstieg. Um der Schotterstraße zu entgehen, steigen wir auf einer Höhe von 1450 m nach rechts über die Vogelhüttenalm und die Krautkaseralm weiter ab. Auf einer Höhe von 1200 m gelangen wir auf die Straße, die nach links zur Jennerbahn-Mittelstation führt. Dort besteht nochmal die Möglichkeit, mit der Seilbahn hinunterzufahren. Wir halten uns nach rechts und folgen weiter tapfer der Straße, die in eine größere Straße mündet. Diese überqueren wir, folgen einem Waldweg und steigen durch den Krautkasergraben direkt hinunter zum Ort **Königssee (13)**.

# 8 Rund um den Gosaukamm

## Zwischen Gosausee und Großer Bischofsmütze

**2 bis 3 Tage**

mittel

### Familientour zwischen Gosausee und Großer Bischofsmütze

Dem Dachsteinmassiv vorgelagert ist der wild zerrissene Gosaukamm. Dieser eignet sich nahezu ideal für eine Wochenendtour. Am Freitag erfolgt die Anfahrt und der Aufstieg zur Gablonzer Hütte. Wer mit der Seilbahn fährt, kann gegen Abend noch seine Schwindelfreiheit auf dem Klettersteig (C/D) zum Großen Donnerkogel testen. Am Samstag wandert man – mit ausgiebiger Jause auf der Stuhlalm – zur Hofpürglhütte, und am Sonntag steigt man wieder zum Gosausee ab. Die Rückfahrt kann noch am selben Tag erfolgen. Perfekt, insbesondere im Frühjahr, wenn die Wiesen unterhalb der Kalktürme ihre üppige Blumenpracht entfalten. Aufgrund der geringen Höhenunterschiede (bei Seilbahnbenutzung) ist die Tour durchaus kindgerecht. Auch ist sowohl die Gablonzer als auch die Hofpürglhütte vom Österreichischen Alpenverein mit dem Prädikat »familienfreundlich« ausgezeichnet worden. Und auf der Stuhlalm kann man so oder so prima spielen.

▸ *Auf dem Weg zur Hofpürglhütte, die Große Bischofsmütze im Blick.*
▾ *Die urige Theodor-Körner-Hütte liegt nur wenige Minuten von der Hauptroute entfernt.*

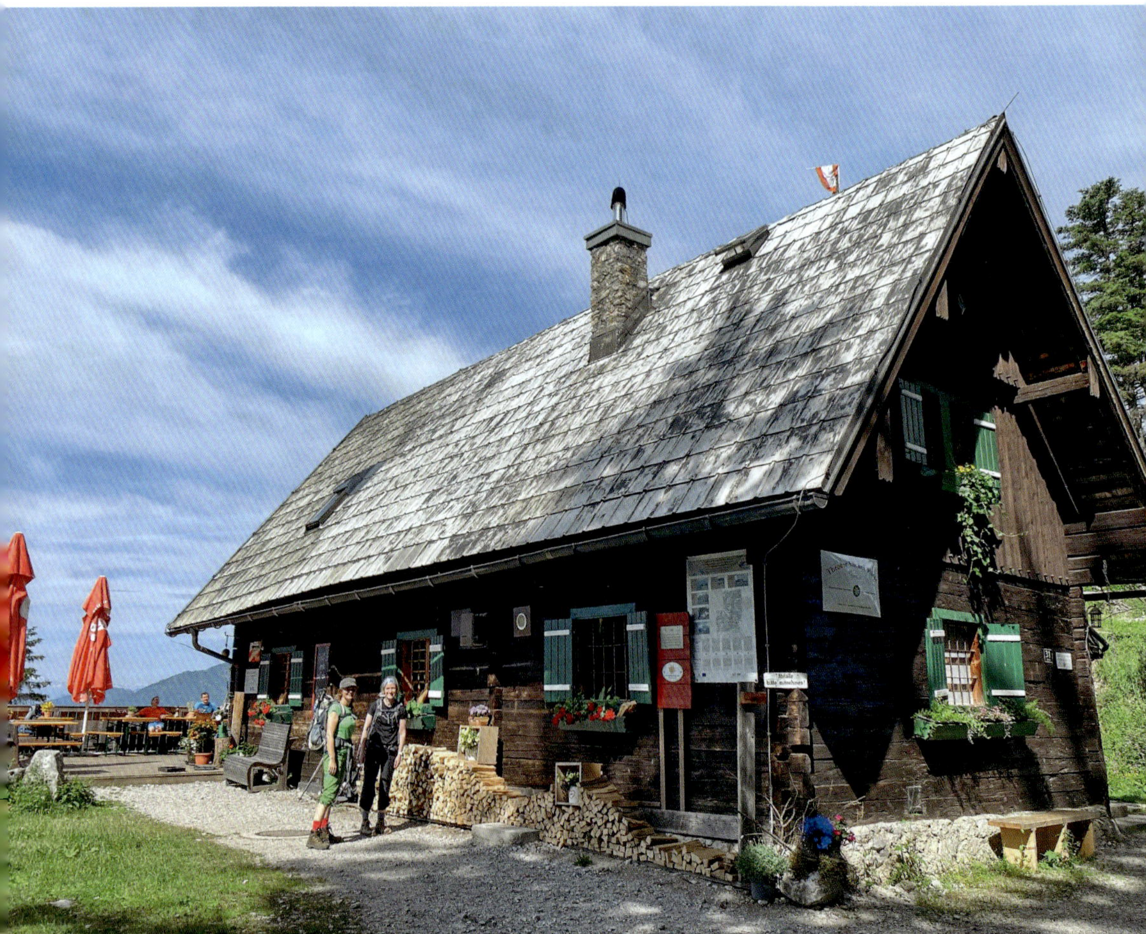

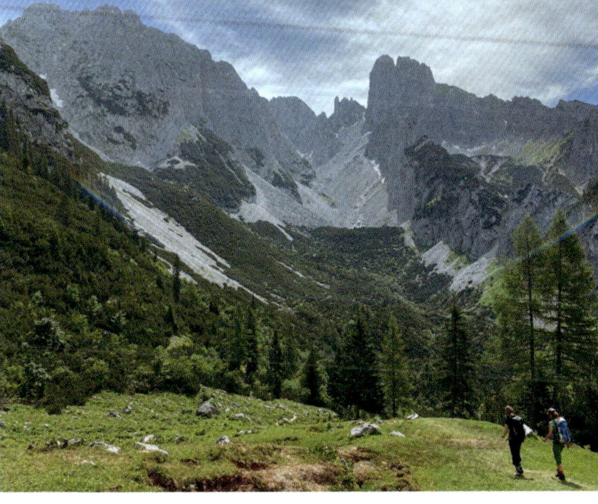

## TOURENINFO

**Ausgangs- und Endpunkt:** Parkplatz am Vorderen Gosausee, 919 m, am Ende der bei Gosau abbiegenden Straße ins Gosautal. Der Gosausee ist mit dem Bus von Steeg-Gosau (bis dorthin mit der Bahn) zu erreichen.
**Anforderungen:** Rundtour auf guten Wegen. Einige kurze Passagen (Stuhlloch, »am Durchgang« und Steiglpass) sind mit Drahtseil versichert.
**Höhenunterschied:** Je 1270 m im Auf- und Abstieg (10.45 Std.).
**Information:** Tourismusverband Inneres Salzkammergut, Geschäftsstelle Gosau, Gosauseestraße 5, A-4824 Gosau, Tel. +43 6136 8295, oberoesterreich.at/gosau.
**Karte:** Freytag & Berndt WK 0281 »Dachstein – Inneres Salzkammergut – Ausseer Land – – Ramsau« (Maßstab 1:50.000).

## GIPFELMÖGLICHKEIT

▲ **Großer Donnerkogel,** 2055 m: von der Gablonzer Hütte, rund 1.30 Std. Aufstieg auf dem Normalweg oder 3.00 Std. auf einem sportlichen Klettersteig, Abstieg 1.30 Std. (ein Klettersteigset ist auf der Hütte ausleihbar).

## UNTERKÜNFTE

- **Gablonzer Hütte,** 1550 m, ÖAV, Mitte Mai bis Mitte Nov. bewirtschaftet, ca. 75 Schlafplätze, Tel. +43 6136 8465, gablonzer-huette.at, Reservierung über DAV-Reservierungssystem.
- **Stuhlalm,** 1452 m, privat, Mitte Mai bis Ende Okt. bewirtschaftet, 21 Schlafplätze, Tel. +43 664 2329888, stuhlalm.at.
- **Hofpürglhütte,** 1705 m, ÖAV, Anfang Juni bis Anfang Okt. bewirtschaftet, ca. 70 Schlafplätze, Tel. +43 676 3718566, Reservierung über DAV-Reservierungssystem.

## 1. Tag: Gosausee, 919 m – Gablonzer Hütte, 1550 m

1.45 Std., 620 m↑

Wir starten am **Parkplatz Gosausee (1)** gehen an der Talstation der Gosaukammbahn vorbei, bis wir den Gosausee mit Blick auf das bekannteste Postkartenmotiv des Salzkammerguts, Hoher Dachstein mit Gosausee im Vordergrund, erreichen. Uns rechts haltend wandern wir ca. 100 m um den See herum und biegen dann rechts in den Wiesenpfad Richtung Gablonzer Hütte ein. Ansteigend erreichen wir bald eine Weggabelung, wo wir uns wieder rechts einordnen. Über den mit der Nr. 620 gekennzeichneten Pfad geht es steil durch den Wald zur romantisch gelegenen **Krautgartenalm (2)**, 1260 m. Hier wird die Sicht zu Kleinem und Großem Donnerkogel und in das steinige Kar frei. Der Weiterweg zur Gablonzer Hütte ist nach wie vor schweißtreibend, immer wieder aber werden wir durch den Blick hinunter zum Gosausee und

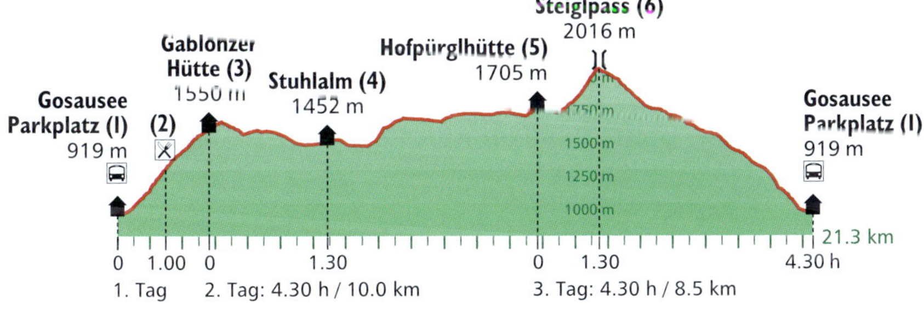

hinüber zum Dachstein belohnt. Die **Gablonzer Hütte (3)** selbst liegt nur wenige Minuten hinter der Bergstation der Gosaukammbahn, die man alternativ für den Aufstieg nutzen kann.

### 2. Tag: Gablonzer Hütte, 1550 m – Hofpürglhütte, 1705 m

4.30 Std., 320 m↑, 170 m↓

Schilder weisen den Weg von der **Gablonzer Hütte (3)** Richtung Stuhlalm. Diesen folgend steigen wir ca. 50 Hm auf, bis wir an ein großes Schild gelangen. Dieses kündigt den Beginn des Klettersteigs zum Großen Donnerkogel an. Wir gehen durch das Drehkreuz hindurch und wandern mal durch Wald, mal parallel zu schotterigen Hängen, zum Schluss über grüne Wiesen zur **Stuhlalm (4)**, 1452 m. Über dieser bietet die Bischofsmütze ein schönes Fotomotiv. Hinter der Alm bleiben wir zunächst auf dem breiten Weg in Richtung Theodor-Körner-Hütte. Nach ca. 100 m biegen wir links ab und gelangen leicht ansteigend zur verschlossenen Jagdhütte. Ohne große Höhenunterschiede wandern wir nun weiter auf Weg Nr. 611, bis uns der steile Anstieg zum Jöchl, 1601 m, einige Schweißtropfen auf die Stirn treibt. Im Anschluss geht es wieder gemächlich über Wiesen und Almen weiter in Richtung Hofpürglhütte. Immer wieder biegt der Höhenweg dabei um Geländerippen, bis uns schließlich ein kurzer Anstieg zu der auf einem breiten Rücken liegenden **Hofpürglhütte (5)** bringt.

### 3. Tag: Hofpürglhütte, 1705 m – Gosausee, 919 m

4.30 Std., 330 m↑, 1100 m↓

Wir verlassen die **Hofpürglhütte (5)** auf Weg Nr. 612/601 in Richtung Steiglpass. Nach ca. 10 Min. teilt sich der Weg, und wir steigen links haltend (Nr. 612) zum **Steiglpass (6)**, 2016 m, auf. Von hier haben wir einen großartigen Blick auf die durch einen Bergsturz verunstaltete Bischofsmütze. Ab der Passhöhe verläuft der Steiglweg durch eine typi-

▾ *Postkartenansicht: Gosausee mit Dachstein im Hintergrund.*

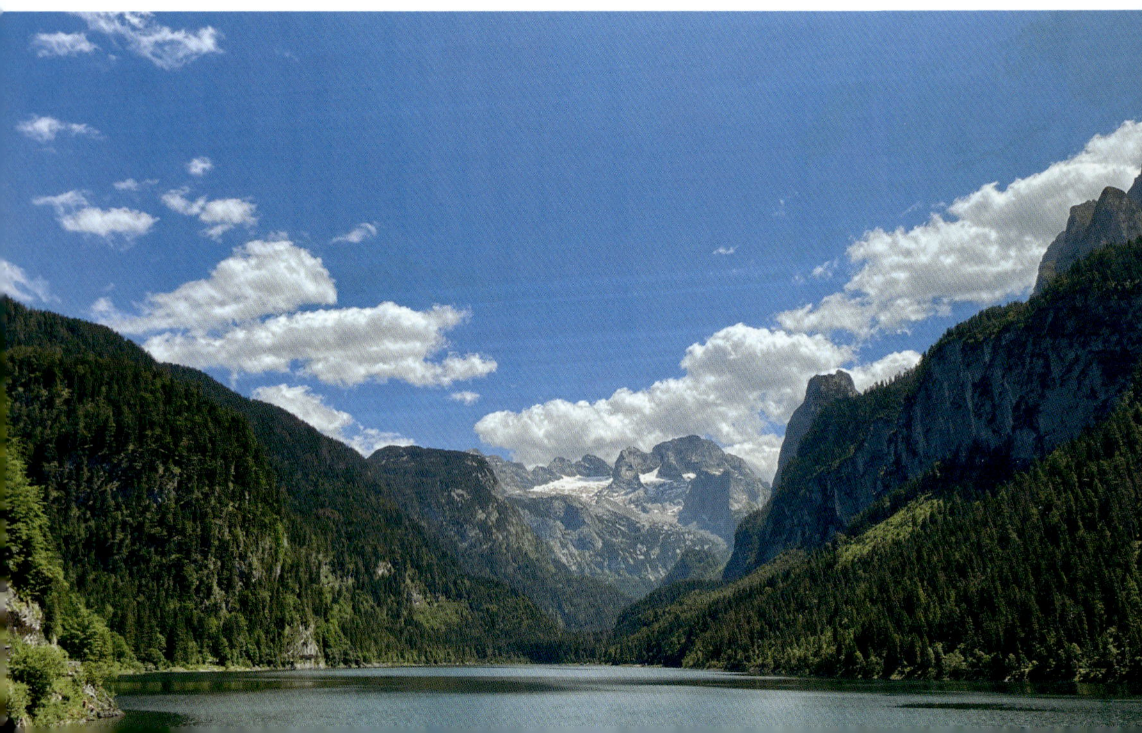

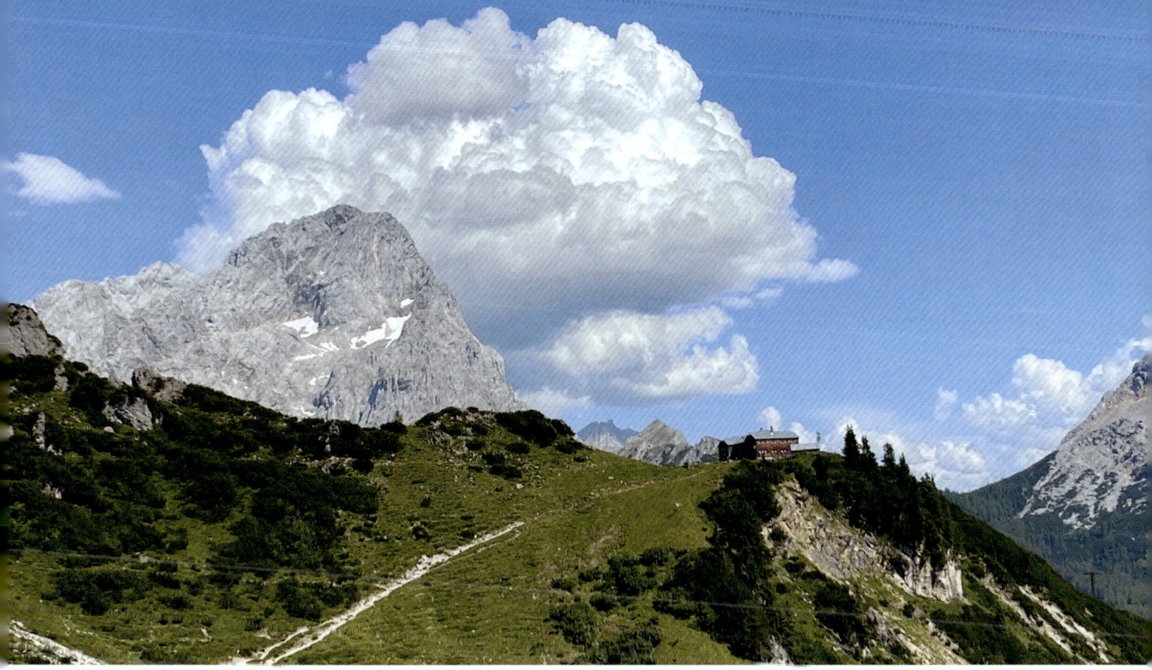

▲ *Schon von Weitem sichtbar: die Hofpürglhütte, dahinter der mächtige Torstein.*

sche Karstlandschaft, und wir gelangen, mal gemächlich, mal anstrengend, in das fast schluchtartig eingeschnittene Ahornkar. Etwas ansteigend verlassen wir das Hochkar und wandern nun durch die verschiedenen Vegetationszonen langsam bergab. Dabei passieren wir zunächst eine Gedenkstätte, dann ein Jagdhaus und zum Schluss die verschlossene Scharwandhütte. Danach wird der Weg richtig steil. Wir erreichen das Ufer des Gosausees und kehren an diesem entlang zurück zum **Parkplatz Gosausee (1)**.

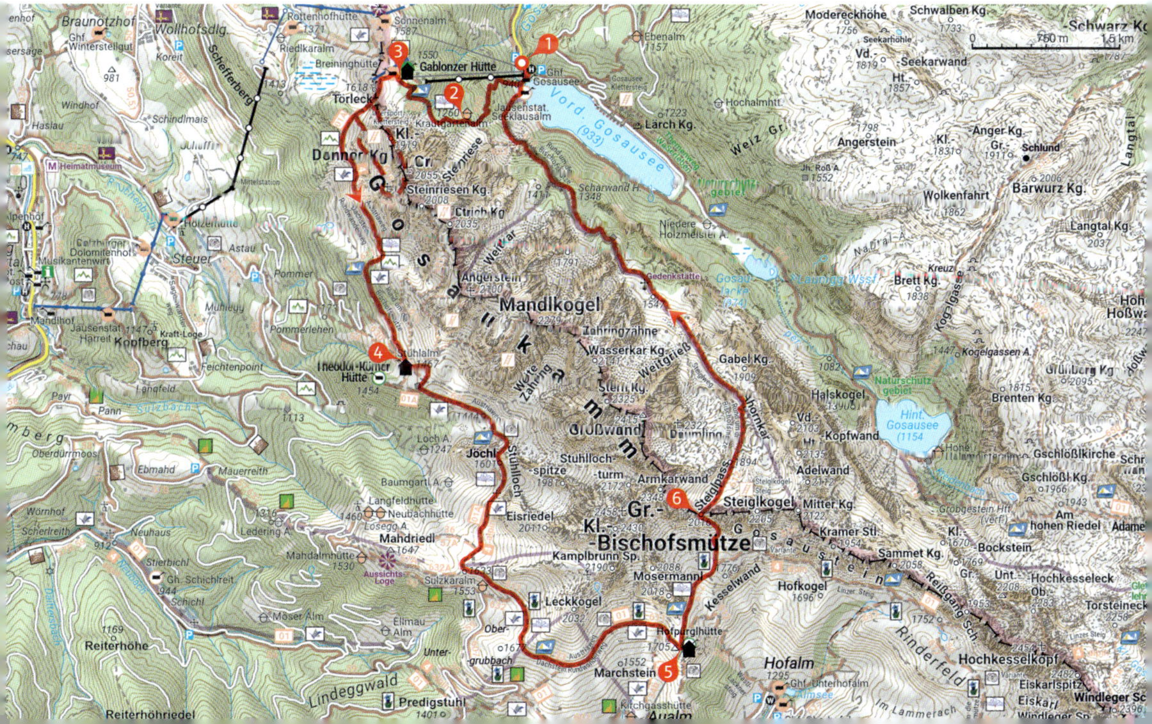

# 9 Schladminger Schmankerl

## An den Fuß des Hochgolling

5 Tage

mittel

### Seenreiche Runde in romantischer Landschaft

Keine Frage, die Niederen Tauern sind im Vergleich zu ihren hohen Schwestern weiter im Westen deutlich niedriger. Wenn aber jetzt jemand auf die Idee kommt, das Attribut »niedrig« sei gleichbedeutend mit weniger Höhenmetern bei einer Tour, der irrt gewaltig. Unser Tourenvorschlag südlich von Schladming ist nicht auf die leichte Schulter zu nehmen, gleich der erste Tag geht ordentlich in die Waden – und das bleibt auch so! Faszinierend auf dieser Runde ist der Einblick in die Arbeit des großen Landschaftsarchitekten Wasser – gerade im Vergleich zu der nördlich von Schladming aufragenden Dachsteinkette. Während in den Kalkalpen alles unterirdisch abfließt, sorgt das kristalline Baumaterial der Schladminger Tauern für einen durchgehend oberirdischen Abfluss. Überall glitzert und fließt es, unzählige Seen verstecken sich in dunklen Karen. Allein dreißig davon findet man im Klafferkessel, einem von den Gletschern der letzten Eiszeit geschaffenen Kleinod. Dieses hat allerdings den wohl typischen Weg eines touristischen »Geheimtipps« genommen: Böse Zungen sprechen an klaren Sommertagen bereits von einem Kesseltreiben.

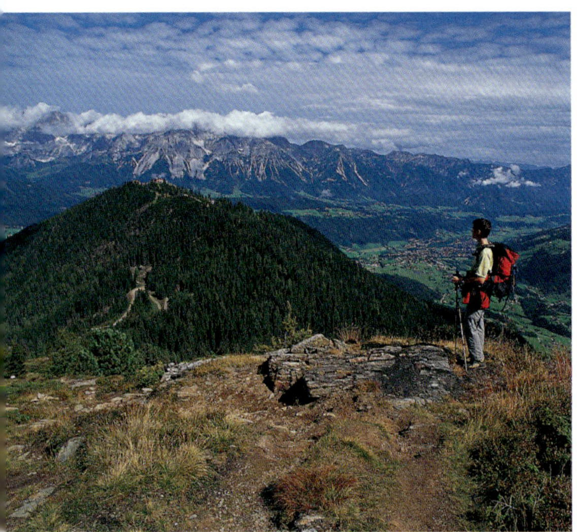

◂ *Das Ziel im Blick: Hochwurzenhaus über dem Ennstal.*

#### TOURENINFO

**Ausgangs- und Endpunkt:** Schladming, 749 m. Bahnverbindung von Salzburg. Mehrere große Parkplätze z. B. an den Talstationen der Bergbahnen.

**Anforderungen:** Etwas ruppige, Ausdauer und Trittsicherheit erfordernde Wanderung auf zum Teil schmalen und ausgesetzten Pfaden. Einige wenige Stellen sind mit Drahtseilen versichert.

**Höhenunterschied:** 4120 m im Aufstieg, 4070 m im Abstieg (27.15 Std.).

**Information:** Tourismusverband Schladming-Dachstein, Rohrmoosstraße 234 und Ramsauerstraße 756, A-8970 Schladming, Tel. +43 3687 23310, schladming-dachstein.at.

**Karte:** Freytag & Berndt WK 201 »Schladminger Tauern – Radstadt – Dachstein« (Maßstab 1:50.000).

#### GIPFELMÖGLICHKEITEN

▲ **Höchstein,** 2543 m: aussichtsreicher Gipfel, der vom Höhenweg zwischen Schladminger und Preintaler Hütte »mitgenommen« werden kann (auf Weg Nr. 779 A hinauf, auf Nr. 781 hinab), 1 Std. Aufstieg, 0.45 Std. Abstieg, schmale und ausgesetzte Steige.

▲ **Hochgolling,** 2862 m: von der Gollingscharte (3. Etappe), 2 Std. Aufstieg, 1.30 Std. Abstieg, markierter Steig, teilweise brüchig, etwas ausgesetzt. An der Gabelung in der Mitte des Aufstiegs den rechten Weg benutzen!

▲ **Samspitze,** 2381 m: kleiner Gipfel oberhalb der Landawirseehütte, Abzweigung auf dem Weg von der Gollingscharte zur Landawirseehütte, 0.40 Std. Aufstieg, 0.30 Std. Abstieg, leicht.

▲ **Schiedeck,** 2339 m: auf der 5. Etappe direkt am Weg gelegener Aussichtsgipfel, 0.10 Std. Aufstieg, 0.05 Std. Abstieg, leicht.

## UNTERKÜNFTE

- **Preintaler Hütte,** 1657 m, Alpine Gesellschaft Preintaler, Anfang Juni bis Anfang Okt. bewirtschaftet, ca. 145 Schlafplätze, Tel. +43 664 1448881, preintaler.at, Reservierung über DAV-Reservierungssystem.
- **Gollinghütte,** 1641 m, Alpine Gesellschaft Preintaler, Mitte Juni bis Ende Sept. bewirtschaftet, ca. 100 Schlafplätze, Tel. +43 676 5336288, gollinghuette.com, Reservierung über DAV-Reservierungssystem.
- **Landawirseehütte,** 1985 m, ÖAV, Mitte Juni bis Ende Sept. bewirtschaftet, 45 Schlafplätze, Tel. +43 676 7785375, landawirseehütte.com, Reservierung über huetten-holiday.com.
- **Keinprechthütte,** 1872 m, ÖAV, Mitte Juni bis Anfang Okt. bewirtschaftet, ca. 50 Schlafplätze, Tel. +43 664 4330346, keinprechthütte.at, telefonische Reservierung.
- **Ignaz-Mattis-Hütte,** 1986 m, ÖAV, Mitte Juni bis Anfang Okt. bewirtschaftet, ca. 60 Schlafplätze, Tel. +43 664 4233823, Reservierung über DAV-Reservierungssystem.

## 1. Tag: Schladming, 749 m – Preintaler Hütte, 1657 m

6 Std., 660 m↑, 810 m↓

Man sollte schon frühzeitig von **Schladming (1)** mit der Seilbahn zur Bergstation Planai hinaufschweben, ansonsten wird die Zeit knapp. Wir verlassen die an der Bergstation der Planai gelegene **Schladminger Hütte (2)**, 1830 m, und folgen den Schildern »Panoramaweg Planai«. Nach ca. 10 Min. erreichen wir den **Krahbergsattel (3)**, 1833 m, von dem es westlich des Grats auf Weg Nr. 779 weiter nach Süden geht. Es dauert nicht lange, dann ist der flache Teil der heutigen Tagesetappe zu Ende, und der Weg leitet uns steil hinauf zu einer Gabelung unterhalb des Krahbergzinken. Links geht es zu dem aussichtsreichen Gipfel, 2134 m, hinauf, geradeaus führt unser deutlich schmaler werdender Pfad weiter am Hang entlang. Der folgende Abschnitt ist mühsam und ausgesetzt, in stetem Auf und Ab müssen wir die steilen Grashänge zum Rauhenberg traversieren. Erst unterhalb dieses Gipfels wird das Terrain wieder gehfreundlicher, und wir gelangen über die Tiefentalscharte und um die Hasenkarspitze herum oberhalb des Riesachsees zu einer weiteren Wegteilung. Während es geradeaus auf Weg Nr. 779 A zur Hans-Wödl-Hütte und dem Höchstein (siehe Gipfelmöglichkeiten) geht, steigen wir rechts hinunter und queren anschließend in das wunderschöne Kar der Kaltenbachalm hinein. Auf etwa 2040 m treffen wir auf den vom Höchstein herunterführenden Weg Nr. 781, dem wir weiter nach Südosten folgen. Nach einer weiteren Stunde erreichen wir das Wegekreuz an der verlassenen **Neualm (4)**, 1849 m. Wir wandern weiter geradeaus und gelangen ohne große Höhenunterschiede in den Wald direkt oberhalb der Preintaler Hütte. Dort treffen wir auf den von der Trattenscharte herabkommenden Pfad, über den wir nun steil hinunter zur bereits gut sichtbaren **Preintaler Hütte (5)** steigen.

## 2. Tag: Preintaler Hütte, 1657 m – Gollinghütte, 1641 m

5.30 Std., 970 m↑, 980 m↓

Ohne viel Federlesens führt uns Weg Nr. 777 von der **Preintaler Hütte (5)** steil hinauf ins Lämmerkar. Kurz nach Überqueren des Lämmerbachs teilt sich der Pfad. Wir halten uns an der Weggabelung rechts und steigen zur **Unteren Klafferscharte (6)**, 2286 m, auf. Nach der Scharte öffnet sich eine andere Welt: eine Seenplatte auf über 2000 m, auf der eine Lacke der anderen folgt, merkwürdig geformte Gipfel sich in kristallklarem Wasser spiegeln und der Horizont von den kalkweißen Bergen des Dachsteins ausgefüllt wird. Wir folgen dem breiten und leider stark erodierten Pfad durch den Kessel und gelangen zum Oberen Klaffersee. Westlich des Sees wandern wir nun steil über Geröllfelder zur Oberen Klafferscharte, 2520 m, hinauf, wo sich der Weg erneut gabelt. Während es geradeaus hinunter in den Lungauer Klafferkessel geht, halten wir uns rechts und steigen, zunächst ausgesetzt entlang einiger Drahtseile, in wenigen Minuten zum Gipfel des **Greifenbergs (7)**, 2618 m, auf. Vom Gipfelkreuz genießt man eine umfassende Rundsicht. Wem der Aufstieg noch nicht steil genug war, der kann sich jetzt freuen: Der Abstieg ist noch steiler. Zunächst steigen wir vom Gipfel zum **Greifenbergsattel (8)**, 2450 m, ab und halten uns dort rechts (Westen). Insgesamt wollen vom Gipfel knapp 1000 Hm auf einer Wegstrecke von knapp 2 km bewältigt werden. Rund 2 Std. benötigen wir, dann stehen wir vor der am Fuß der gigantischen Nordwand des Hochgolling errichteten **Gollinghütte (9)**. Der in wenigen Minuten von der Hütte zu erreichende Gollingwinkel unterhalb der Wand stellt angeblich das größte natürliche Amphitheater der Welt dar, ein eindrucksvoller Platz voller uralter Mysterien.

### 3. Tag: Gollinghütte, 1641 m – Landawirseehütte, 1985 m

3.30 Std., 690 m,↑ 350 m↓

Ein relativ kurzer Tag, der jedoch bei gutem Wetter durch eine Besteigung des Hochgolling verlängert werden sollte (womit auch wieder über 1000 Hm auf dem Programm stünden). Wir verlassen die **Gollinghütte (9)** und wandern in den Gollingwinkel hinein. »Hinauf, hinauf« geht es im Anschluss, ein Schritt folgt dem nächsten, eine Kehre der anderen. Rund 2 Std. benötigen wir zu der von unten so ewig weit erscheinenden **Gollingscharte (10)**, 2326 m. Von dort kann man den höchsten Berg der Niederen Tauern, den Hochgolling, 2862 m, einen beeindruckenden Klotz, besteigen (siehe Gipfelmöglichkeiten).

Auf der westlichen Seite der Gollingscharte liegt bis weit in den Sommer Schnee. Vorsicht ist dementsprechend oberstes Gebot während des Abstiegs. Ungefähr 15 Min. nach dem Pass zweigt rechts der Höhenweg zur Trockenbrotscharte ab, die aussichtsreichere (allerdings anfangs auch ausgesetztere und mit Drahtseilen versicherte) Variante zum Normalweg durch das Tal zur Landawirseehütte. Bei gutem Wetter empfehlen wir auf jeden Fall diese Variante und halten uns somit am Abzweig rechts. Die Variante hat zudem den Vorteil, dass man einen Abstecher zur Samspitze, 2381 m, integrieren kann (siehe Gipfelmöglichkeiten). Die **Landawirseehütte (11)** ist bald gut zu erkennen: Sie liegt pittoresk unterhalb der beiden Landawirseen im obersten Göriachwinkel.

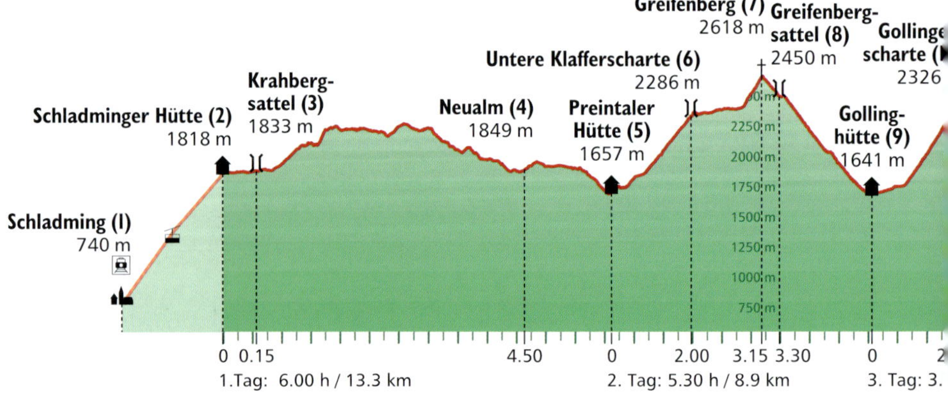

## 4. Tag: Landawirseehütte, 1985 m – Ignaz-Mattis-Hütte, 1986 m

6.30 Std., 990 m↑, 980 m↓

Die Trockenbrotscharte ist das erste Ziel des heutigen Tages, und sie ist relativ flott erreicht. Wir gehen dazu von der **Landawirseehütte (11)** auf dem bekannten Weg Richtung Norden und steigen dann weiter geradeaus zur **Trockenbrotscharte (12)** auf. In den Niederen Tauern herrscht allerdings das Motto: »Wie gewonnen, so zerronnen«. Und so verlieren wir auch ganz schnell wieder die mühsam erworbenen Höhenmeter und wandern anschließend über den sogenannten Zirbenboden zur **Keinprechthütte (13)**. Diese liegt unterhalb ehemaliger Erzgruben, und es ist, allein schon auf Grund ihrer Gemütlichkeit, eine Überlegung wert, hier auch zu nächtigen. Der Weiterweg führt uns nach Querung des Talbodens hinauf zu einer Felsterrasse. Über diese erreichen wir die Krukeckscharte, von der wir unterhalb der schotterigen Nordabstürze des Saubergs zur **Rotmandlspitze 14)**, 2453 m, traversieren. Der auf der Westseite des Berges hinabführende Weg ist steil und stark erodiert – kein schöner Anblick, und man sollte unbedingt, um weiteren Erosionsschäden vorzubeugen, auf dem Weg bleiben. Wir gelangen zu den am Fuß des Saubergs gelegenen Knappenseen. Relativ flach wandern wir nun zur Giglachalm am Ostende des Unteren Giglachsees. An seinem Nordufer steigen wir hinauf zu der oberhalb des Sees romantisch gelegenen **Ignaz-Mattis-Hütte (15)**.

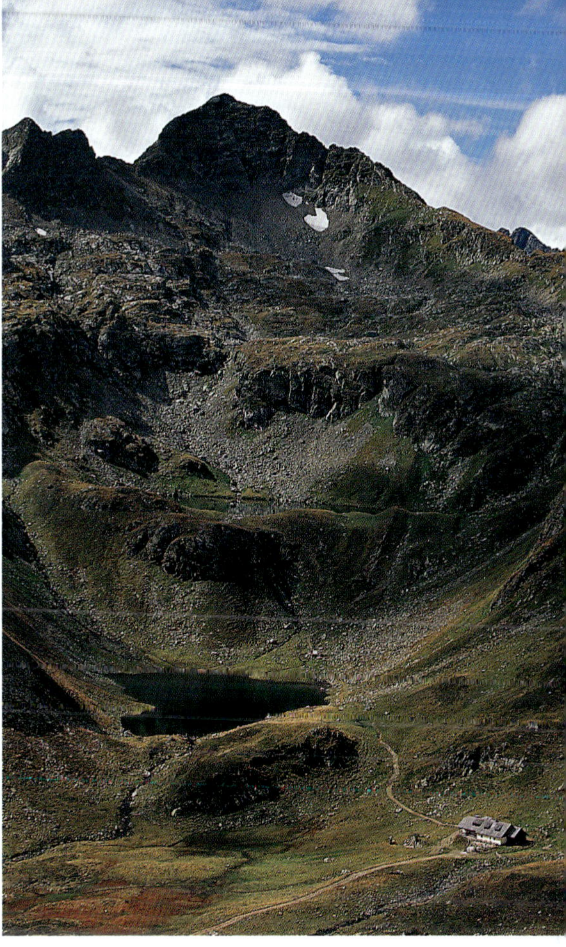

▲ *Die Landawirseen.*

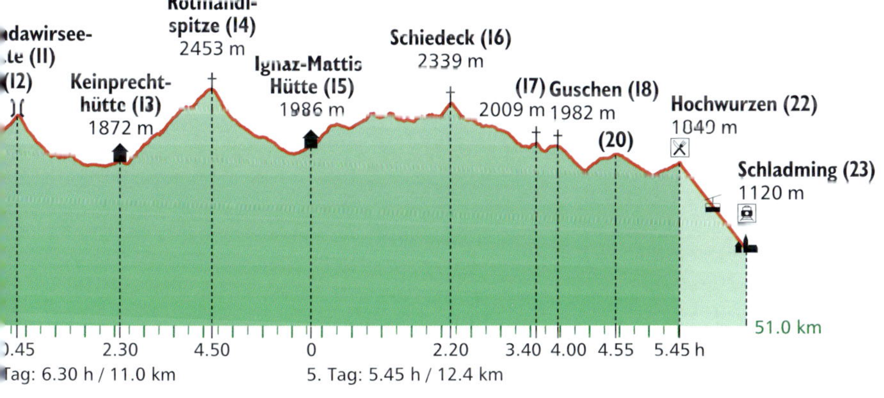

## 5. Tag: Ignaz-Mattis-Hütte, 1986 m – Schladming, 749 m

5.45 Std., 810 m↑, 950 m↓

Ein phantastisch angelegter Höhenweg führt uns aussichtsreich und zumeist recht einsam auf der heutigen Etappe zurück nach Schladming.
Oberhalb der **Ignaz-Mattis-Hütte (15)** steigen wir auf dem mit der Nr. 773 markierten Weg bergauf. Knapp 200 Hm haben wir bereits bewältigt, bevor der Pfad endgültig nach Norden umknickt. Wir gelangen zu dem romantisch in die Felsen eingebetteten Brettersee, von dem es weiter bergauf zu einer Scharte auf 2215 m geht. Hier erweitert sich das vorher schon eindrucksvolle Panorama nach Westen, und bei entsprechender Sicht kann man sogar den Großglockner gut erkennen. Auf schmalen Wegen wandern wir zunächst ostseitig, dann westseitig des Kamms bis zu einem Pass nördlich des Schiedeck-Gipfels. Da es sich um einen lohnenden Aussichtsgipfel handelt, empfehlen wir den sehr kurzen Abstecher zum **Schiedeck (16)**, 2339 m. Danach ändert sich der Charakter der Landschaft, die Berge sind nun eher grün. Das heißt jedoch nicht, dass das Auf und Ab ein Ende hat. Am Gipfel des Hochfelds wandern wir noch vorbei, dann aber überschreiten wir zuerst den **Schneider (17)**, 2009 m, und anschließend den **Guschen (18)**, 1982 m. Spätestens am **Latterfußsattel (19)**, 1792 m, von wo man auch direkt nach Schladming absteigen kann, macht sich der Einfluss der Hochwurzenbahn bemerkbar: Die Wege werden breiter, und das Publikum wird zahlreicher. Der letzte Gipfel vor der Bergstation der Bahn ist das **Roßfeld (20)**, 1919 m. Von hier geht es hinunter zum **Hüttecksattel (21)**, 1744 m. Der zuvor schon bequeme Wanderweg verwandelt sich in eine Schotterstraße, die uns die letzten 100 Hm zur **Hochwurzenhütte (22)**, 1849 m, hinaufführt. Die letzte Talfahrt der Hochwurzenbahn ist gegen 17 Uhr

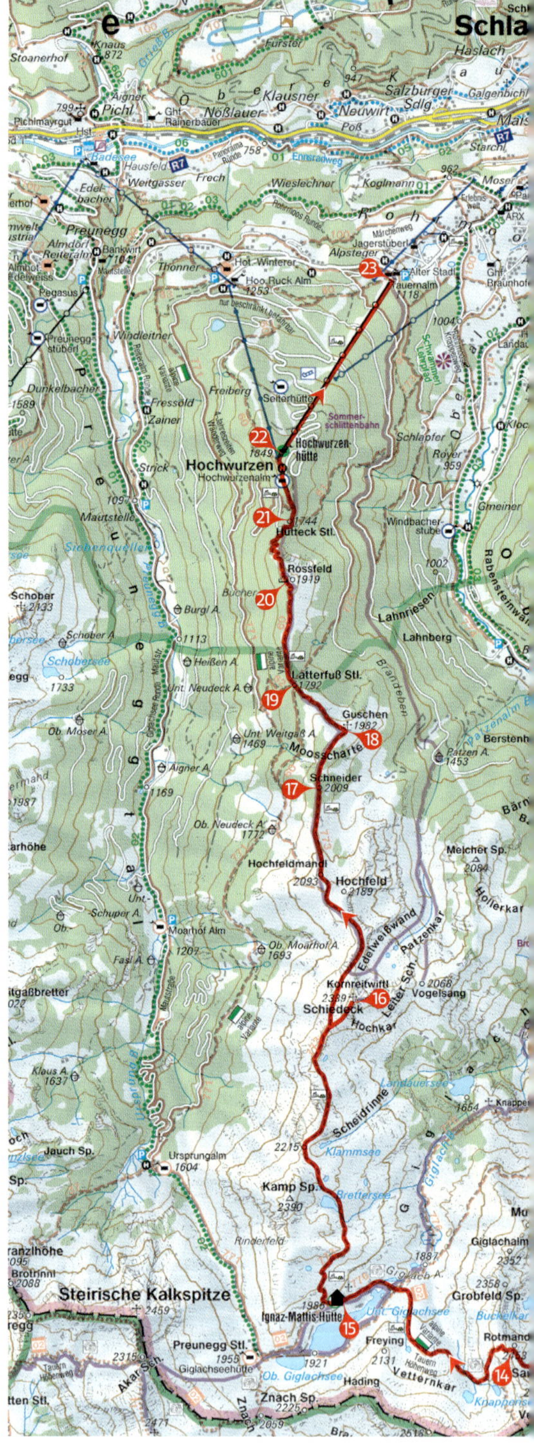


(Betrieb bis etwa Mitte Okt.). Von der Talstation in **Schladming (23)** besteht eine direkte Busverbindung zum Schladminger Bahnhof, wo sich der Kreis schließt.

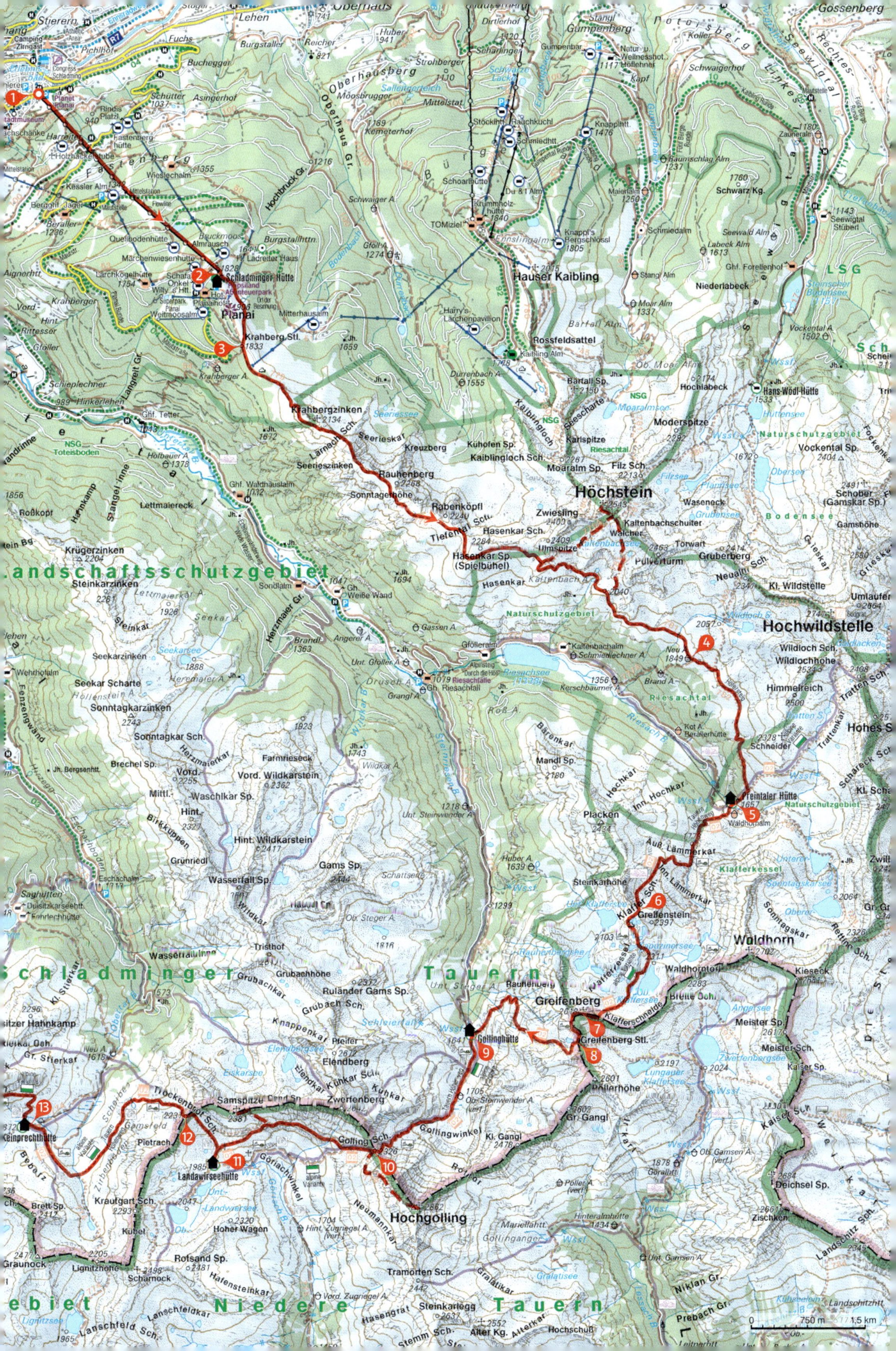

Planai
Krahberg Stl.
1833
Krahbergzinken
2134
Seerieskar
Kreuzberg
Seerieszinken
Rauhenberg
2268
Sonntagerhöhe
Rabenköpfl
2240
Tiefenkar Sch.
Hasenkar Sch.
Hasenkar Sp.
(Spielbühel)
Höchstein
2543
Zwiesling
Kaltenbachschulter
Waseneck
Pulverturm
Torwart
Gruberberg
Hochwildstelle
Kl. Wildstelle
Wildloch Sch.
Wildlochhöhe
Himmelreich
Hohes S
Schneider
Preintaler Hütte
1657
Waldhornalm
Klafferkessel
Greifenstein
2397
Waldhorn
2702
Waldhorntörl
Greifenberg
Klafferschneid
Greifenberg Stl.
Gollinghütte
1641
Golling Sch.
Hochgolling
2862
Kl. Gangl
Gr. Gangl
Pöllerhöhe
Trockenbrot Sch.
Samspitze
Landawirseehütte
Keinprechthütte
Gr. Stierkar
Kl. Stierkar
Kraubgart Sch.
Hoher Wagen
Rotsand Sp.
Hafensteinkar
Tramörten Sch.
Steinkarlegg
Neumannkar
Hochschuß
Schiedeck
Landschitz Sch.
Deichsel Sp.
Meister Sp.
Kaiser Sp.
Prebach Gr.
Niklan Gr.
Gollingwinkel
Görlachwinkel
Elendberg
Kühkar Sch.
Zwerfenberg
Pfeifer
Grubach Sch.
Knappenkar
Rulander Gams Sp.
Grubachhöhe
Schladminger Tauern
Niedere Tauern
Landschaftsschutzgebiet
Naturschutzgebiet
Riesachtal
Riesachsee
Riesachfall
Gh. Riesachfall
Unt. Gfoller A.
Gfölleralm
Kaltenbachalm
Kerschbaumer A.
Barenkar
Mandl Sp.
Hochkar
Inn. Hochkar
Placken
Auß. Lämmerkar
Inn. Lämmerkar
Steinkarhöhe
Hint. Wildkarstein
Vord. Wildkarstein
Waschlkar Sp.
Gams Sp.
Wasserfall Sp.
Wildkar
Tristhof
Farmrieseck
Brechel Sp.
Sonntagkar Sch.
Sonntagkarzinken
Seekar Scharte
Seekarzinken
Steinkarzinken
Krügerzinken
2204
Lettmaiereck
Roßkopf
Ghf. Waldhäuslalm
Sondlalm
Gh. Weiße Wand
Brandl
1363
Hasenkar
Hauser Kaibling
Rossfeldsattel
Bartall Sp.
Kaiblingloch Sch.
Kühofen Sp.
Moaralm Sp.
Filz Sch.
Karlspitze
Moderspitze
Hochlabeck
Hans-Wödl-Hütte
Vockental Sp.
Bodensee
Schober
(Gamskar Sp.)
Gamshöhe
Umlaufer
Hochhausberg
Oberhausberg
Schladminger Hütte
Fastenberg
Pichlhof
Stierern
Lehen
Gumpenberg
Gossenberg
Rohrmoos
Schiedeck
0 750 m 1,5 km
1
2
3
4
5
6
7
8
9
10
11
12
13

# 10 Venediger-Höhenweg

## Durch den Nationalpark Hohe Tauern

8 Tage

■ schwierig

### Hochalpiner Klassiker im Banne der »weltalten« Majestät

Nach jahrzehntelangem Kampf wurde 1981 das Projekt »Nationalpark Hohe Tauern« gegen den Widerstand mächtiger Interessengruppen durchgesetzt. Vielfältige Nutzungsansprüche und -absichten, wie zum Beispiel die großtechnische Erschließung der Venedigergruppe zur Gewinnung von Strom durch Wasserkraft, standen davor im Raum. In den Hohen Tauern ist es jedoch gelungen, rund 1800 km² des Ökosystems Hochgebirge als für Österreich und Europa repräsentativen Naturraum in den Nationalpark einzubringen. Dieses Schutzgebiet ist der größte Nationalpark im gesamten Alpenraum. Der reizvollste Höhenweg in dieser einmalig schönen Natur- und Kulturlandschaft ist der Venediger-Höhenweg. Liegt Gletschererfahrung vor, sollte man diese Tour als Rundweg gestalten und über den Gipfel des Großvenedigers zum Ausgangsort am Matreier Tauernhaus zurückkehren, eine auch den Alpinisten fordernde Tour. Wenn nicht oder bei ungünstigen Wetterverhältnissen, geht man am besten von der Eisseehütte über die Zopetscharte zur Johannishütte und fährt von dort aus mit dem Virgentaler Hüttentaxi zurück ins Tal (Variante). Oder man verlängert die Variante, indem man über das Türmljoch zur Essener-Rostocker-Hütte wandert und anschließend – nach dem Abstieg nach Ströden – den Lasörling-Höhenweg (Tour 11) anhängt.

#### TOURENINFO

**Ausgangspunkt:** Matreier Tauernhaus, 1512 m. Das Matreier Tauernhaus ist Endpunkt einer lokalen Postbuslinie von Lienz. Mit der Postbuslinie Kitzbühel – Lienz kommt man bis zur Haltestelle »Abzweigung Matreier Tauernhaus«, von dort sind es noch 2 km. Mit dem PKW fährt man von Norden kommend am besten durch den Felbertauerntunnel, dann gleich die erste Ausfahrt rechts und weiter bis ans Ende der Straße, wo sich ein großer kostenpflichtiger Parkplatz befindet.

**Endpunkt:** Matreier Tauernhaus, 1512 m.

**Endpunkt Variante:** Johannishütte, 2116 m. Von der Johannishütte kann man sich mit dem Kleinbus abholen und gegebenenfalls zurück zum Matreier Tauernhaus bringen lassen: Venedigertaxi Kratzer (huettentaxi.at, Tel. +43 4877 5369) oder Virgentaler Hüttentaxi (Tel. +43 4874 5227).

**Anforderungen:** Sehr anspruchsvolle Höhenwanderung in hochalpinem und vergletschertem Gelände, die eine grundlegende Gletschererfahrung voraussetzt. Neben dem ausgesetzten, zum Teil steinschlaggefährdeten und drahtseilversicherten Teilstück über die Galtenscharte ist die Besteigung des Großvenedigers die wohl größte und anspruchsvollste Herausforderung dieser Tour. Hierfür sind die entsprechende Ausrüstung (Steigeisen, Pickel, Seil, Gurt, Eisschrauben etc.) sowie Kenntnisse zur Spaltenbergung erforderlich (Spaltensturzrisiko). Im Zweifelsfall einen Bergführer engagieren.

**Höhenunterschied:** Je 5150 m im Auf- und Abstieg (ca. 37 Std.); Variante: 4280 m im Aufstieg, 4390 m im Abstieg (ca. 29 Std.).

**Information:** Tourismusinfo Prägraten, St. Andrä 35A, A-9974 Prägraten, Tel. +43 502 12530, paradiespraegraten.at.

**Karte:** Freytag & Berndt WK 123 »Matrei – Defereggen – Virgental« (Maßstab 1:50.000).

#### GIPFELMÖGLICHKEITEN

▲ **Messelingkogel,** 2694 m: schöner Aussichtsberg, von der Messelingscharte, 0.30 Std. Aufstieg, 0.20 Std. Abstieg, Wanderweg.

▲ **Sailkopf,** 3209 m: von der Bonn-Matreier-Hütte, ca. 1.30 Std. Aufstieg, 1.15 Std. Abstieg, markierter Steig, der letzte Gratabschnitt sollte jedoch nur von trittsicheren und schwindelfreien Bergsteigern begangen werden.

▲ **Weißspitze,** 3300 m: vom Wallhorntörl über den schotterigen Westgrat, 2 Std. Aufstieg, 1.30 Std. Abstieg, Blockkletterei.

▲ **Großvenediger,** 3666 m: bei Hauptroute Überschreitung auf der 6. Etappe.

## UNTERKÜNFTE

- **Matreier Tauernhaus,** 1512 m, privat, ganzjährig bewirtschaftet, ca. 60 Schlafplätze, Tel. +43 4875 8811, matreier-tauernhaus.com.
- **Grünseehütte,** 2235 m, ÖAV, Selbstversorgerhütte, zeitweise beaufsichtigt, ca. 15 Schlafplätze, Tel. +43 650 2663373.
- **St. Pöltner Hütte,** 2481 m, ÖAV, Ende Juni bis Ende Sept. bewirtschaftet, 73 Schlafplätze, Tel. +43 6562 6265 und +43 664 6336120, virgental.at/st.poeltnerhuette, Reservierung über Telefon.
- **Neue Prager Hütte,** 2782 m, DAV, Mitte Juni bis Mitte Sept. bewirtschaftet (Öffnungszeit kann sich aufgrund von akutem Wassermangel verkürzen), ca. 85 Schlafplätze, Tel. +43 664 6304186, neue-prager-huette.at, Reservierung über DAV-Reservierungssystem.
- **Badener Hütte,** 2608 m, ÖAV, Anfang Juli bis Mitte Sept. bewirtschaftet, ca. 52 Schlafplätze, Tel. +43 664 9155666, alpenverein.at/badenerhuette/, Reservierung über DAV-Reservierungssystem.
- **Bonn-Matreier-Hütte,** 2745 m, ÖAV/DAV, Anfang Juni bis Ende Sept. bewirtschaftet, 44 Schlafplätze, Tel. +43 664 3481006, bonn-matreier-huette.at, Reservierung über DAV-Reservierungssystem.
- **Eisseehütte,** 2521 m, privat, Mitte Juni bis Anfang Okt. bewirtschaftet, ca. 33 Schlafplätze, Tel. +43 680 2041698, eisseehuette.at, Reservierung über Huetten-holiday.com.
- **Johannishütte,** 2116 m, DAV, Mitte Juni bis Anfang Okt. bewirtschaftet, ca. 50 Schlafplätze, Tel. +43 4877 5150, johannis-huette.at undalpenverein-muenchen-oberland.de/huetten/alpenvereinshuetten/johannishuette, Reservierung über Telefon.
- **Essener-Rostocker-Hütte,** 2208 m, DAV, Anfang Juni bis Anfang Okt. bewirtschaftet, ca. 106 Schlafplätze, Tel. +43 4877 5101, virgental.at/essener-rostocker-huette, Reservierung über DAV-Reservierungssystem.
- **Defreggerhaus,** 2962 m, Österreichischer Touristenklub, Anfang Juli bis Ende Sept. bewirtschaftet, ca. 72 Schlafplätze, Tel. +43 4877 20088 oder +43 660 5544571, virgental.at/defreggerhaus, Reservierung über defreggerhaus.lgumbi.com/start.
- **Venedigerhaus,** 1689 m, privat, 20. Mai bis 20. Okt. bewirtschaftet, 37 Schlafplätze, Tel. +43 4875 8820 und +43 4875 6771, venedigerhaus-innergschloess.at, Reservierung über info@venedigerhaus-innergschloess.at.

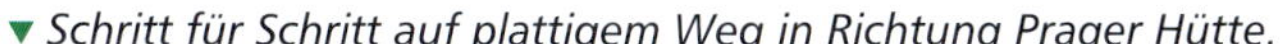

▾ *Schritt für Schritt auf plattigem Weg in Richtung Prager Hütte.*

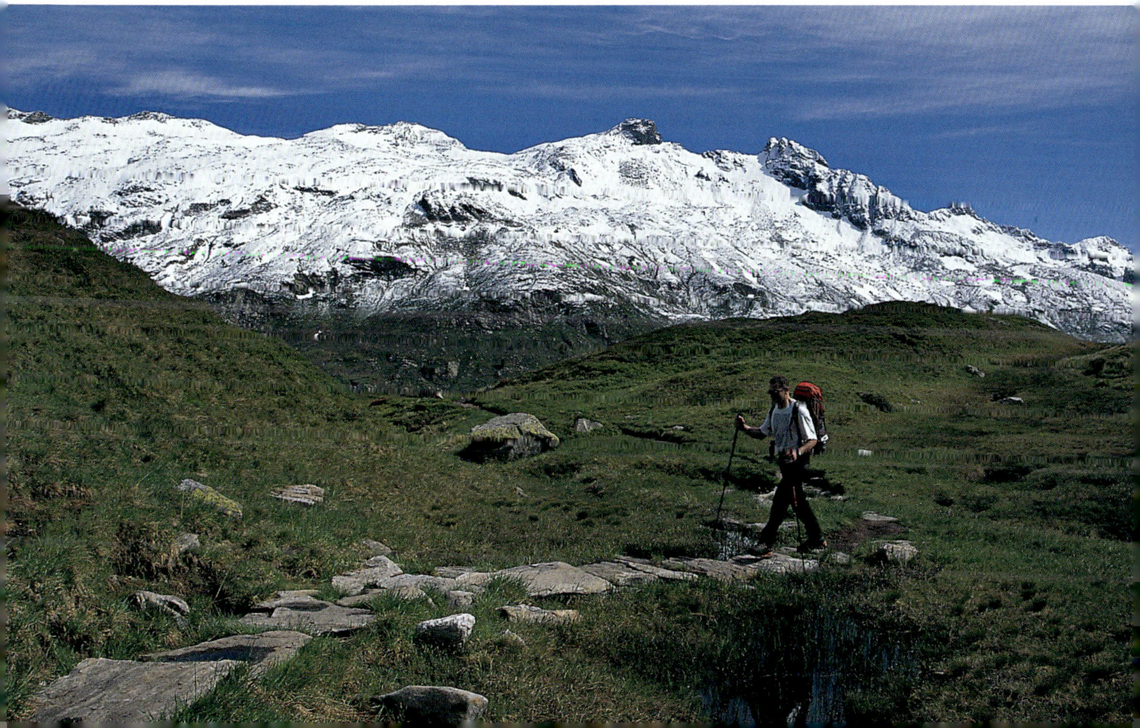

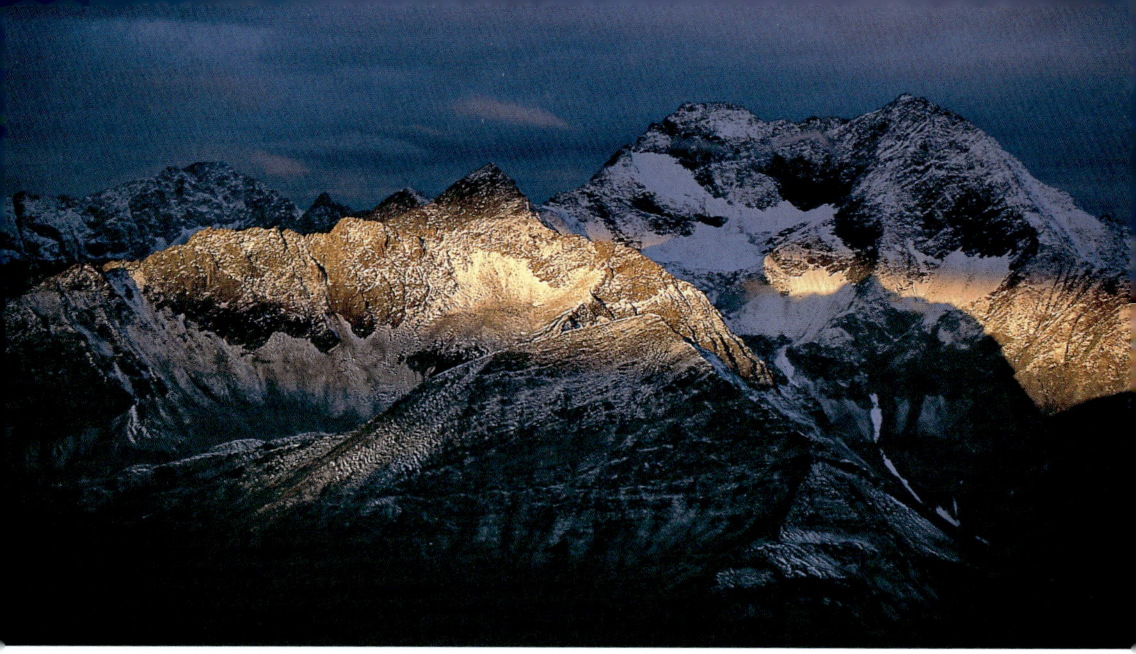

▲ *Morgenstimmung an der Bonn-Matreier-Hütte.*

## 1. Tag: Matreier Tauernhaus, 1512 m – St. Pöltner Hütte, 2481 m

5.15 Std., 1180 m↑, 160 m↓

Am **Matreier Tauernhaus (1)** ist der Beginn von Weg Nr. 512 deutlich ausgeschildert. In rund 2.45 Std. steigen wir hinauf zur unbewirtschafteten **Grünseehütte (2)**. Weiter bachaufwärts gelangen wir nach ca. 5 Min. zum namengebenden See, wo sich der Weg teilt. Wir biegen links auf Weg Nr. 513 ab und wandern nun über den hier als St. Pöltner Ostweg bekannten Steig nach Norden. Erst passieren wir zwei weitere kleine Seen, den Schwarzen See und den Grauen See, dann schnaufen wir hinauf zur **Messelingscharte (3)**, 2563 m. Nicht entgehen lassen sollte man sich hier den kurzen Abstecher zum Messelingkogel, 2694 m, von dem man eine hervorragende Sicht auf Großvenediger und Großglockner genießt. Leicht abfallend geht es dann hinüber zu einem Pass namens Alter Tauern. Anfangs entlang von Drahtseilen steigen wir noch über die flache Kuppe des Weinbichls, 2545 m, und erreichen schließlich die **St. Pöltner Hütte (4)**.

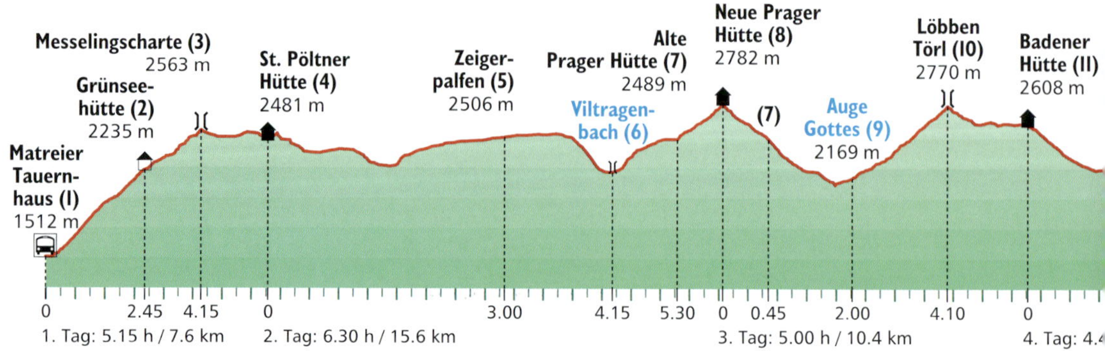

## 2. Tag: St. Pöltner Hütte, 2481 m – Neue Prager Hütte, 2782 m

6.30 Std., 900 m↑, 600 m↓

Der heutige Tag ist ein Traum für alle Höhenweg-Jünger. Nahezu ohne Höhenunterschied wandern wir aussichtsreich von einem Hochkar ins andere. Zunächst steigen wir jedoch ein kleines Stück bergab. Nach rund 15 Min. teilt sich der Weg. Wir biegen rechts in den mit Nr. 917 gekennzeichneten St. Pöltner Westweg ein. An einem Seeauge vorbei traversieren wir die Hänge hinüber zum Südgrat des Fechtebenkogels. Dahinter gelangen wir in einen felsigen Kessel, den wir ebenfalls nahezu auf gleicher Höhe bleibend queren. Der etwas oberhalb des Weges gelegene Dichtensee ist dabei leider nicht zu sehen. Im nächsten Kar blicken wir hinunter zum smaragdgrünen Keespöllachsee. Wir erreichen den Südgrat des Roten Kogels, von dem wir gemütlich zum Wegekreuz am **Zeigerpalfen (5)**, 2506 m, wandern. Auch hier bleiben wir dem St. Pöltner Westweg treu, der uns über den begrünten Viltragen Nöcker ins hintere Viltragental führt. Ein Wegweiser zeigt rechts den Steig über den Schwarzkopf zur Thüringer Hütte an; wir jedoch halten uns links und steigen mühsam über Blockschutt hinunter zum Viltragenbach. Ein kurzes Stück wandern wir parallel zum Bach talabwärts, dann überqueren wir ihn auf einer **Brücke (6)**. Nun geht es den Nordhang des Vorderen Kesselkogels hinauf. Über eine kaminartige Steinrinne steigen wir zur sogenannten Gamsleiten hinauf, auf der wir ausgesetzt zur **Alten Prager Hütte (7)**, 2489 m, traversieren. Seit 2019 befindet sich in der Hütte ein kleines historisches Museum, das von Mitte Juni bis Mitte September geöffnet ist. Endgültig die Wanderschuhe ausziehen können wir erst auf der **Neuen Prager Hütte (8)**, die, obwohl schon zu sehen, noch eine weitere Stunde entfernt in prächtiger Lage oberhalb des Schlatenkeeses liegt.

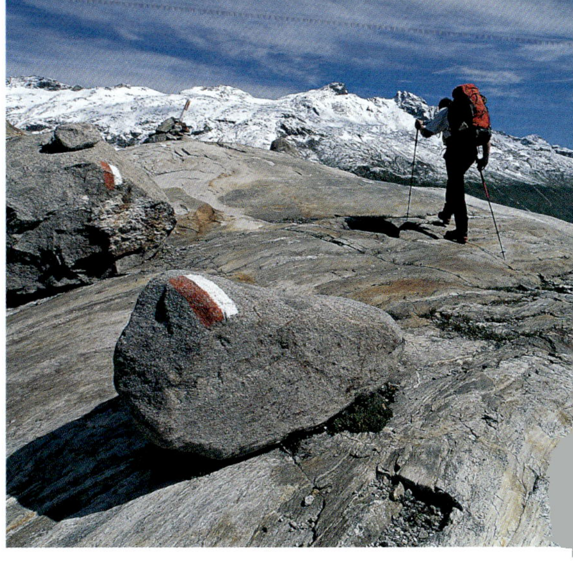

▲ *Gletscherschliff auf Gletscherpfad: unterhalb des Schlatenkeeses.*

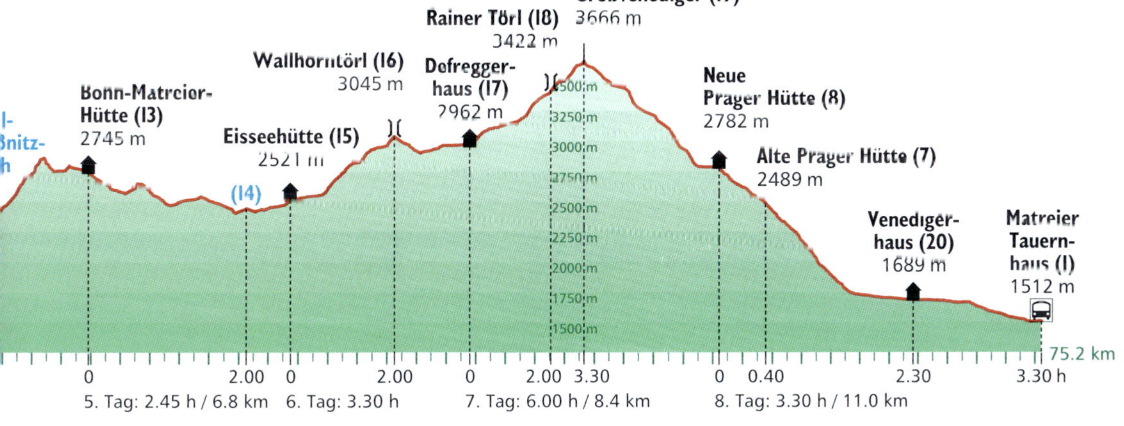

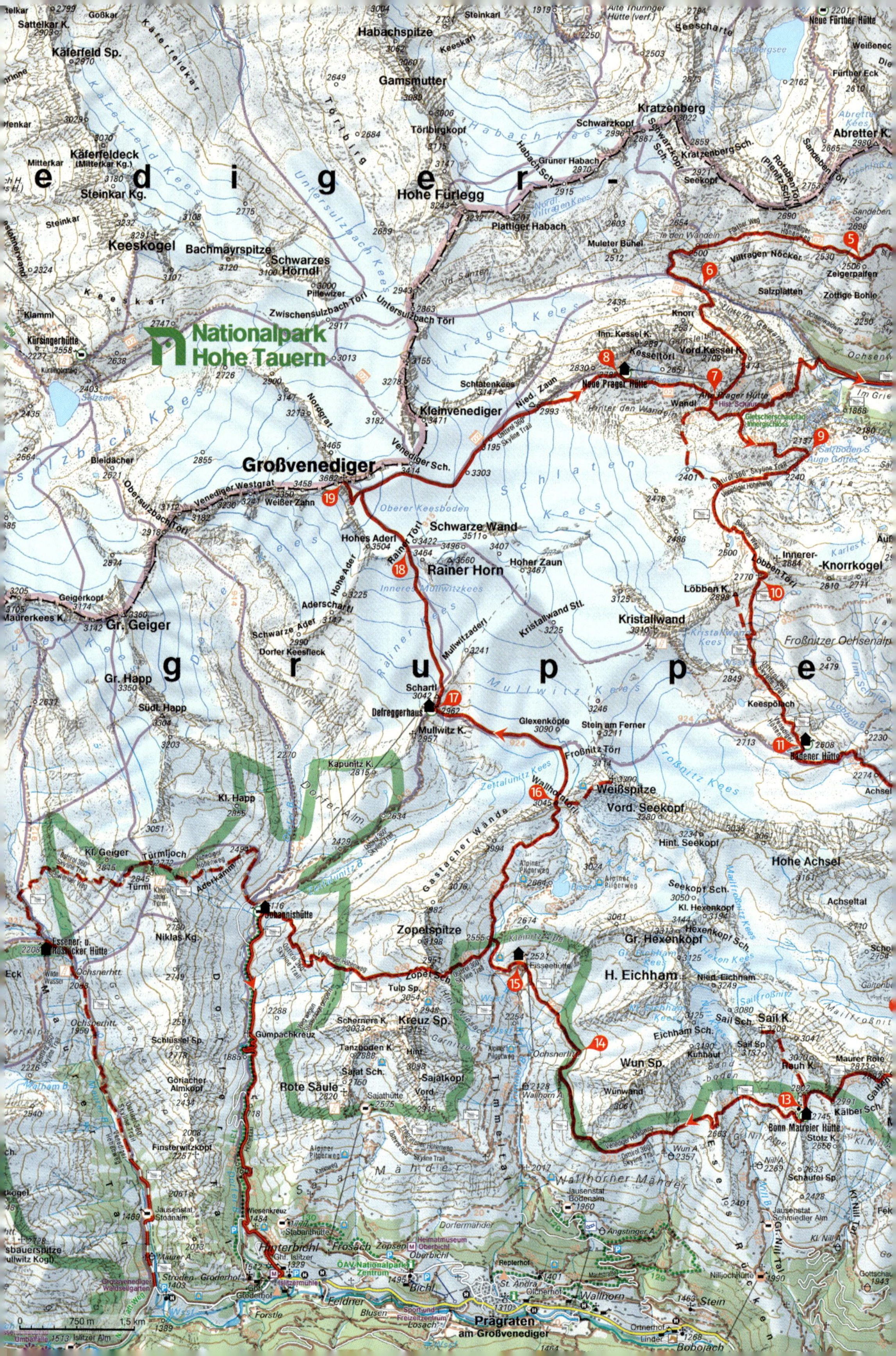

Habachspitze
Gamsmutter
Kratzenberg
Neue Fürther Hütte
Käferfeld Sp.
Käferfeldeck
Steinkar Kg.
Keeskogel
Bachmayrspitze
Schwarzes Hörndl
Hohe Fürlegg
Plattiger Habach
Schwarzkopf
Grüner Habach
Abretter K.
Kürsingerhütte
Nationalpark Hohe Tauern
Zwischensulzbach Törl
Untersulzbach Törl
Kleinvenediger
Großvenediger
Venediger Sch.
Obersulzbach Törl
Venediger Westgrat
Weißer Zahn
Hohes Aderl
Rainer Törl
Schwarze Wand
Rainer Horn
Hoher Zaun
Kristallwand Stl.
Kristallwand
Löbben K.
Löbben Törl
Innerer-Knorrkogel
Inn. Kessel K.
Kesseltörl
Vord. Kessel K.
Neue Prager Hütte
Alte Prager Hütte
Wandl
Viltragen Nöcker
Zeigerpalfen
Salzplatten
Zottige Bohle
Obersulzbach Törl
Gr. Geiger
Gr. Happ
Südl. Happ
Aderschartl
Schwarze Ader
Dorfer Keesfleck
Defreggerhaus
Mullwitzaderl
Mullwitz K.
Glexenköpfe
Stein am Ferner
Froßnitz Törl
Weißspitze
Vord. Seekopf
Hint. Seekopf
Hohe Achsel
Achseltal
Seekopf Sch.
Kl. Hexenkopf
Hexenkopf Sch.
Gr. Hexenkopf
H. Eichham
Eichham Sch.
Sail Sch.
Sail K.
Wun Sp.
Badener Hütte
Keespölach
Froßnitzer Ochsenalp
Kapunitz K.
Kl. Happ
Kl. Geiger
Türmljoch
Türml
Aderkamm
Johannishütte
Essener- u. Rostocker Hütte
Niklas Kg.
Zopetspitze
Zopet Sch.
Eisseehütte
Tulp Sp.
Kreuz Sp.
Scherners K.
Tanzboden K.
Sajat Sch.
Sajatkopf
Rote Säule
Sajathütte
Gumpachkreuz
Schlüssel Sp.
Göriacher Almkopf
Finsterwitzkopf
Bonn Matreier Hütte
Kälber Sch.
Stotz K.
Schaufel Sp.
Wallhorner Mähder
Hinterbichl
Frosach
Bichl
Prägraten am Großvenediger
St. Andrä
Wallhorn
Stein
Bobojach
Feldner
Blusen
Lasach
Ortnerhof
Nilljochhütte
Jausenstat. Stoanalm
Wiesenkreuz
Heimatmuseum Oberbichl
ÖAV Nationalpark Zentrum
Struden
Groderhof
Angstinger A.
Dorfermahder
Jausenstat. Bodenalm
750 m
1,5 km
e d i g e r -
g r u p p e

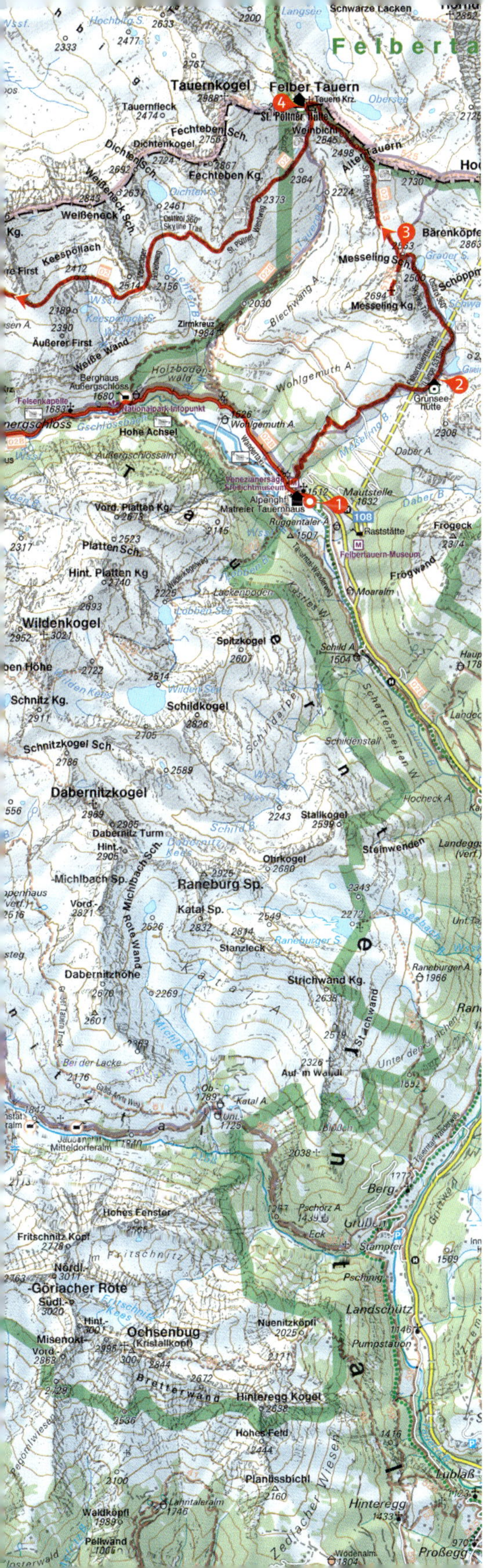


## 3. Tag: Neue Prager Hütte, 2782 m – Badener Hütte, 2608 m

5 Std., 660 m↑, 840 m↓

Wir verlassen die gut geführte **Neue Prager Hütte (8)** und steigen zunächst auf demselben Weg zur Alten Prager Hütte ab. Kurz hinter dieser müssen wir uns entscheiden: Kürzer (aber weniger schön) ist der Weg über die normalerweise spaltenfreie Gletscherzunge des Schlatenkeeses. »Auf eigene Gefahr« warnt ein Hinweisschild – kann man auch anders im Hochgebirge unterwegs sein? Der Weg selbst ist markiert und auf dem Gletscher mit Holzstangen abgesteckt. Etwas länger (doch landschaftlich umso eindrucksvoller) ist der hier vorgeschlagene Weg um die Zunge des immer noch gewaltigen Schlatenkeeses herum.

Dazu folgen wir dem Hauptweg talabwärts und biegen (Hinweisschild) ca. 15 Min. unterhalb der **Alten Prager Hütte (7)** rechts ab. Unsere Route verläuft nun auf dem Gletscherweg Innergschlöß und führt über riesige, durch den Gletscherrückgang freigelegte, wie poliert wirkende Felsplatten. Wir queren den Schlatenbach und steigen anschließend hinauf zu einem kleinen See, der das **Auge Gottes (9)** genannt wird. Dort biegen wir rechts auf Weg Nr. 921 ab und wandern über die alte Seitenmoräne des Gletschers bergauf. Später verlassen wir diese und lassen uns über Geröll- und Altschneefelder zu dem mit einem großen Kreuz markierten Pass des **Löbben Törls (10)**, 2770 m, leiten. Auf der anderen Seite geht es nur wenige Meter hinunter, dann wandern wir nahezu hangparallel zur **Badener Hütte (11)**. Einige kleinere Steilstufen sind dabei mit Drahtseilen versichert, die Abzweigung über den Wildkogelweg nach Matrei ist zu ignorieren.

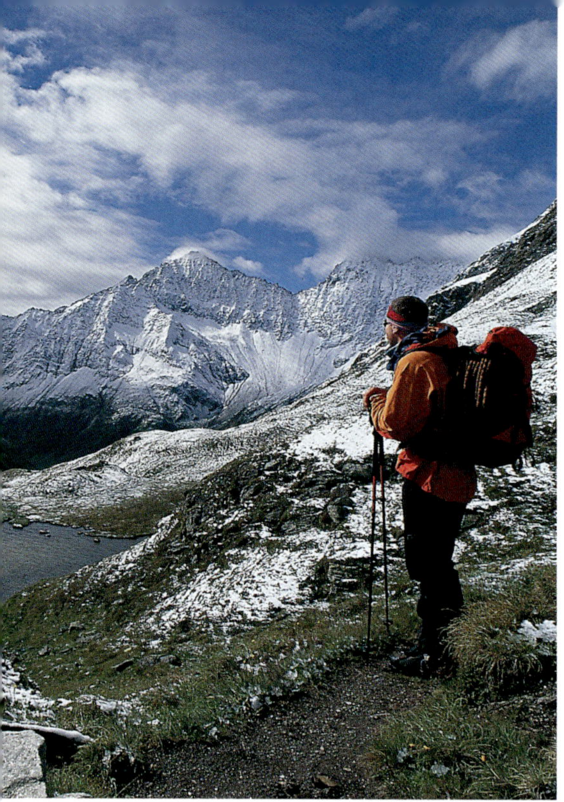

▲ *Neuschnee auf dem Weg zur Galtenscharte.*

### 4. Tag: Badener Hütte, 2608 m – Bonn-Matreier-Hütte, 2745 m

4.45 Std., 740 m↑, 610 m↓

Ein relativ kurzer Tag steht heute bevor, der es jedoch in sich hat. Die Galtenscharte gilt nicht zufällig als der schwierigste Pass im Rahmen dieser Tour. Wir verlassen die **Badener Hütte (11)** und steigen über die alte Seitenmoräne des Froßnitzkees bergab. Auf einer Höhe von ca. 2200 m biegt der Venediger Höhenweg (Nr. 922) nach rechts ab, wir folgen den Schildern. Nun geht es in bester Höhenweg-Manier hoch über dem Tal und nahezu ohne Höhenunterschiede in das Froßnitztal. Dabei sind immer wieder kleine ausgesetzte Passagen zu überwinden. Wer dabei Schwierigkeiten hat, sollte lieber jetzt umdrehen. Nach der Überquerung des **Mailfroßnitzbach (12)**, 2318 m, steigt der Pfad in Kehren an und wendet sich dann nach Osten. Man hat das Gefühl, die vor einem liegende Firschnitzscharte ist das Ziel, doch weit gefehlt. Auf einer Höhe von 2530 m beginnt eine Reihe von drahtseilversicherten Felsstufen, die ausgesetzt und zum Teil steinschlaggefährdet in die weiter westlich gelegene Galtenscharte, 2871 m, leiten. Der Abstieg führt nicht ins Tal, sondern zu der noch weiter westlich, unterhalb eines rotbraunen Türmchens gelegenen Kälberscharte, 2791 m. Hinter dieser sieht man nun die nur noch wenige Minuten entfernte, aussichtsreich gelegene **Bonn-Matreier-Hütte (13)**. Hier lässt sich die nur im deutschsprachigen Raum mit einem Begriff benennbare »Gemütlichkeit« in vollen Zügen genießen. Wer sich noch fit fühlt, dem sei als Hüttengipfel der 3209 m hohe Sailkopf empfohlen.

### 5. Tag: Bonn-Matreier-Hütte, 2745 m – Eisseehütte, 2521 m

2.45 Std., 290 m↑, 520 m↓

Der Weiterweg von der **Bonn-Matreier-Hütte (13)** führt uns zunächst hinunter in den Talkessel der Großen Nillalpe. Während der aus dem Virgental zur Hütte hinaufleitende Weg links abzweigt, nehmen wir Kurs auf eine mit einem kleinen Felsturm verzierte Scharte, 2663 m. Von dort steigen wir zunächst ein Stück ab und erreichen dann, eine weitere Abzweigung nach Prägraten ignorierend, in stetem Auf und Ab den tiefen Taleinschnitt am **Eichhambach (14)**. Ganz am Ende des Tals erkennen wir die von mächtigen Dreitausendern umgebene **Eisseehütte (15)**. Auf der Terrasse der Hütte sitzend müssen wir uns dann entscheiden: Die Hauptroute führt in zwei Tagen über das Defreggerhaus und den Großvenediger zurück zum Matreier Tauernhaus, setzt jedoch Gletschererfahrung voraus. Die Variante lässt uns in wenigen Stunden über die Johannishütte in die Zivilisation zurückkehren.

## 6. Tag: Eisseehütte, 2521 m – Defreggerhaus, 2962 m

3.30 Std., 640 m↑, 210 m↓

Bei schönem Wetter und entsprechender Kondition sollte man erst gar nicht auf der Eisseehütte bleiben, sondern gleich weiter zum Defreggerhaus wandern. Wer es gemütlicher und kräfteschonender mag und die Weißspitze besteigen möchte, der sollte auf der **Eisseehütte (15)** übernachten und erst am nächsten Tag in aller Ruhe zum Defreggerhaus weiterwandern. Dazu bleiben wir auf Weg Nr. 923 und steigen parallel des Timmelbachs bergauf. Nach einer Brücke über den Bach (vor der Brücke geht es übrigens zum Eissee) teilt sich der Weg. Geradeaus führt unser Weg (Nr. 923) hinauf zum Wallhorntörl, links geht es über die Zopetscharte zur Johannishütte (Variante). Das **Wallhorntörl (16)**, 3045 m, selbst erreichen wir in knapp 2 Std. Hier besteht, die entsprechende Erfahrung vorausgesetzt, die Möglichkeit, die Weißspitze, 3300 m, über deren Westgrat zu besteigen. Der Abstieg vom Törl nach Norden auf das Zettalunitzkees ist kurz und steil. Am Gletscherrand sollte man sich anseilen. Dann traversieren wir ohne große Höhenverluste hinüber zum **Defreggerhaus (17)**, das gut sichtbar auf dem Mullwitz Aderl thront. Benannt ist die Hütte nach Franz von Defregger (1835 bis 1921), einem Bergsteiger und Maler, der bereits zu Lebzeiten durch seine Darstellungen des bäuerlichen Lebens im ausgehenden 19. Jahrhundert bekannt wurde. Berühmt sind insbesondere auch seine Gemälde von den Tiroler Freiheitskämpfen (»Das letzte Aufgebot« und »Die Erstürmung des Roten Turmes« mit der legendären Gestalt des Schmiedes von Kochel).

## 7. Tag: Defreggerhaus, 2962 m – Großvenediger, 3666 m – Neue Prager Hütte, 2782 m

6 Std., 740 m↑, 930 m↓

Die nun anstehende Königsetappe ist nur bei gutem Wetter zu empfehlen. Denn, auch wenn der Großvenediger kein schwieriger Berg ist, die riesigen Gletscherflächen und die in den letzten

▼ *Drinnen gemütlicher als draußen: die Bonn-Matreier-Hütte.*

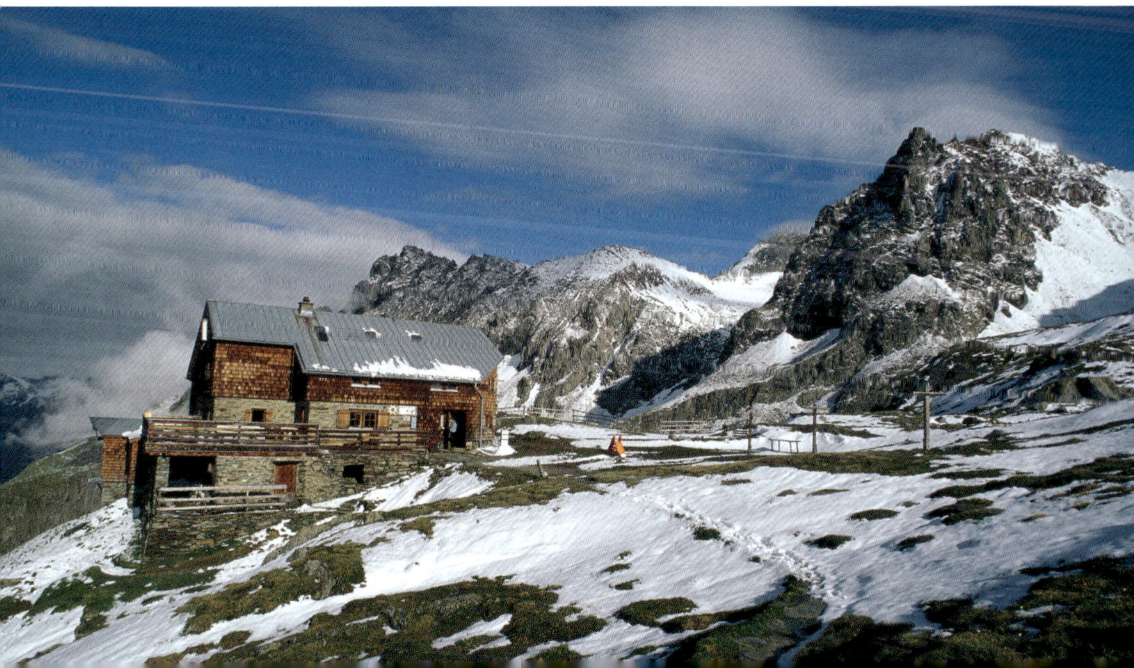

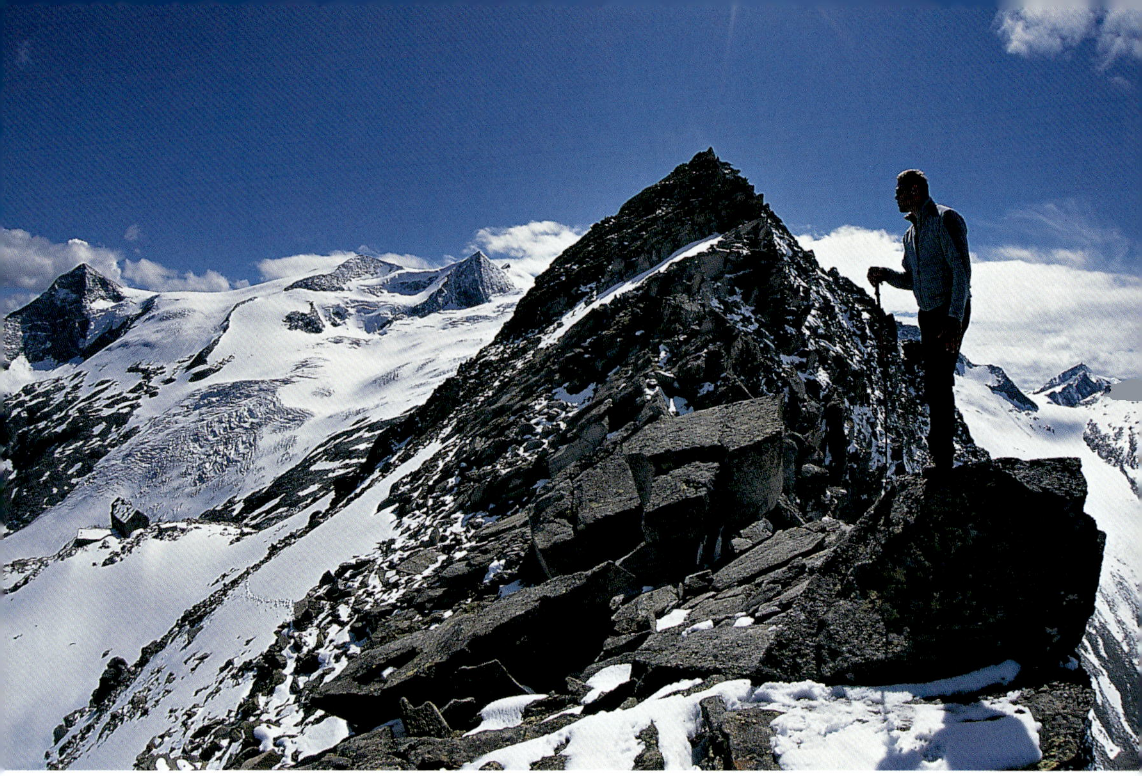

▲ *Oberhalb der Neuen Prager Hütte.*

Jahren zunehmende Spaltengefahr sind nicht zu unterschätzen. Der Weg orientiert sich zunächst am Mullwitz Aderl, das wir nach ca. 10 Min. (Steinmann, 3048 m) verlassen, um westwärts zum Gletscher hinunterzusteigen (Anseilpunkt). Der Weiterweg führt auf einer zumeist ausgetretenen Spur über das spaltenreiche Innere Mullwitzkees hinauf zum **Rainer Törl (18)**, 3422 m.
Auf der anderen Seite geht es ein kurzes Stück hinunter (Achtung: Bergschrund!), anschließend quert man über den obersten Rand des Schlatenkeeses hinüber zum eigentlichen Gipfelaufbau des Großvenedigers. Dort klettern wir hinauf zum Grat zwischen Großvenediger und Hohem Aderl und gelangen im Anschluss über diesen flach, aber ausgesetzt zum höchsten Punkt des **Großvenedigers, (19)**, 3666 m. Venedig erkennt man vom Gipfelkreuz zwar nicht, aber ansonsten gehört der Ausblick zu den besten Gipfelpanoramen der Ostalpen.

Der Abstieg verläuft zunächst auf bekanntem Weg hinunter zum Gletscher. Anschließend navigieren wir grob nach Nordosten und steigen über den Oberen Keesboden des Schlatenkeeses zum Beginn des »Niederen Zauns«, 2993 m (rot markiert) ab. Von dort leiten Steinmännchen weiter zur **Neuen Prager Hütte (8)**, die wir ja bereits vom Hinweg kennen.

### 8. Tag: Neue Prager Hütte, 2782 m – Matreier Tauernhaus, 1512 m

3.30 Std., 1280 m↓

Wie zu Beginn unserer Tour (den meisten wird es sehr lange her vorkommen) wandern wir zunächst hinunter zur **Alten Prager Hütte (7)**. Beim weiteren Abstieg ignorieren wir die beiden nach Süden abzweigenden Wege zur Badener Hütte und steigen stattdessen auf dem Hauptweg direkt zum **Venedigerhaus (20)** in Innergschlöß ab. Von dort besteht die Möglichkeit, mit dem Taxi zum

Matreier Tauernhaus zurückzukehren. Zu Fuß benötigt man für die landschaftlich recht reizvolle Strecke rund 1.30 Std.

**Variante:**

### 5. Tag: Eisseehütte, 2521 m – Johannishütte, 2116 m

3.30 Std., 460 m↑, 1640 m↓

Ohne Gletschererfahrung oder bei schlechtem Wetter folgt man besser der hier beschriebenen Variante und fährt ohne eine Besteigung des Großvenedigers nach Hause. Dazu wandern wir von der Eisseehütte auf Weg Nr. 923 zunächst in das obere Timmeltal. Nach der Brücke über den an dieser Stelle träge dahinplätschernden Bach trennen sich die Wege (Wegweiser). Steil und in Kehren führt unser Weg nun bergauf zur **Zopetscharte**, 2958 m. Dabei geht es am Anfang noch über Geröll und (zumindest im Frühsommer) einige Schneefelder, später sind auch noch ein paar schmierige, mit Drahtseilen gesicherte Felsplatten zu überwinden. Der Abstieg auf der anderen Seite ist wesentlich flacher, glänzt aber durch mindestens genauso viel Schutt. Nach Querung eines Hochkars wandern wir über bunte Wiesen hinunter zur **Johannishütte**. Diese liegt am Ende einer Fahrstraße und wird regelmäßig von einem Hüttentaxiservice angefahren, zu Fuß benötigt man für dieselbe Strecke rund 2 Std.

▼ *Blick zurück nach Innergschlöß.*

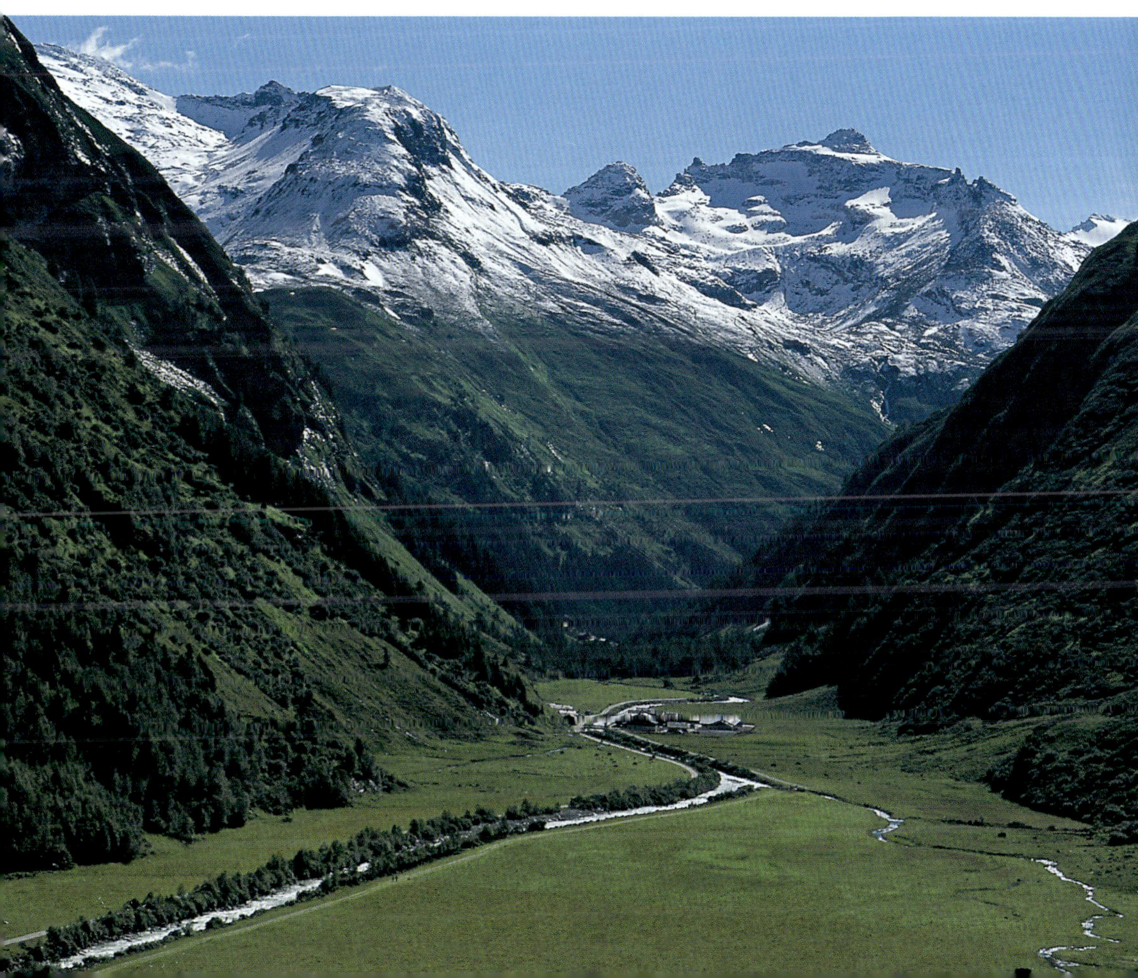

# 11 Lasörling-Höhenweg

## Kleinod südlich des Virgentals

4 Tage

leicht

### Still und aussichtsreich

Still und grün ist es in den Bergen der Lasörlinggruppe südlich der das Publikum anziehenden Venedigergruppe. Zwar gibt es keine Gletscher, und auch die wenigen Dreitausender sind eher schotterige Haufen als richtige Gipfel, dafür aber schaut man die ganze Zeit auf die »echten Berge«, denn die Lasörlinggruppe zieht sich wie ein Aussichtsbalkon parallel zur Venedigergruppe hin. Und dank der zahlreichen Seen sieht man meistens auch alles doppelt. Der Lasörling-Höhenweg ist etwas für stille Genießer und für Liebhaber der kleinen Dinge. Das betrifft insbesondere auch die durch die Ausweisung zum Nationalpark ohne Dünger prachtvoll gedeihenden Blumenwiesen. Mit anderen Worten: der Lasörling-Höhenweg ist ein Fest fürs Auge.

### TOURENINFO

**Ausgangspunkt:** Virgen, 1194 m (bzw. Wetterkreuzhütte, 2106 m). Virgen ist mit dem Postbus von Matrei bzw. Lienz (bis dorthin Bahn) zu erreichen, mit dem Auto von Norden über die Felbertauernstraße (bei Matrei nach Prägraten/Virgen abbiegen) und von Süden über Lienz. Von Virgen fährt man am besten mit dem Taxi (Tel. +43 650 5457402) zur Wetterkreuzhütte hinauf. Das eigene Fahrzeug kann am Parkplatz »Würfelehütte« südlich von Virgen an der Brücke über die Isel abgestellt werden. Der Aufstieg zur Wetterkreuzhütte zu Fuß auf der Straße dauert rund 3 Std.

**Endpunkt:** Hinterbichl-Ströden, 1403 m. Ströden ist Endpunkt der lokalen Buslinie, die die verschieden Dörfer im Virgental anfährt, und verfügt über einen großen Besucherparkplatz. Man kann sich auch mit dem Taxi (s. o.) zurück zum Ausgangspunkt fahren lassen.

**Anforderungen:** Leichte Wanderung auf zum großen Teil gut ausgebauten Bergpfaden. Das unangenehmste Stück ist der Übergang am Prägrater Törl, wo loser Schotter etwas Bergerfahrung voraussetzt, oder man macht weiter mit dem Venediger-Höhenweg.

**Höhenunterschied:** 2030 m im Aufstieg, 2740 m im Abstieg (ca. 18 Std.).

**Information:** Tourismusinfo Prägraten, St. Andrä 35A, A-9974 Prägraten, Tel. +43 502 12530, paradiespraegraten.at. Tourismusinformation Virgen, Virgental Straße 81, A-9972 Virgen, Tel. +43 4874 5202, virgen.at/urlaub-freizeit.

**Karte:** Freytag & Berndt WK 123 »Matrei – Defereggen – Virgental« (Maßstab 1:50.000).

### GIPFELMÖGLICHKEITEN

▲ **Griften,** 2720 m: unscheinbarer Gipfel oberhalb der Zupalseehütte, Überschreitung auf der 1. Etappe. Die Gratwanderung lässt sich über Donnerstein, 2725 m, und Speikboden, 2653 m, verlängern. Alle drei Gipfel erfordern Trittsicherheit auf schmalen Wegen.

▲ **Lasörling,** 3098 m: Variante auf der 3. Etappe, 2 Std. extra, Trittsicherheit erfordernder Steig, viel Geröll.

▲ **Niedere Höhe,** 2919 m: kurzer Abstecher vom Prägrater Törl, ausgetretener Pfad.

▲ **Gösleswand,** 2912 m: Hausberg der Neuen Reichenberger Hütte, sehr schön bei Sonnenaufgang, von der Roten Lenke rund 0.30 Std. Aufstieg, 0.20 Std. Abstieg, unschwierig.

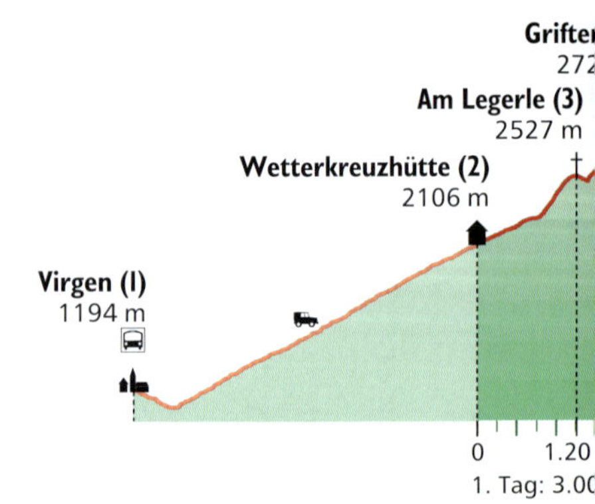

## UNTERKÜNFTE

- **Zupalseehütte,** 2346 m, privat, Mitte Juni bis Anfang Okt. bewirtschaftet, ca. 35 Schlafplätze, Tel. +43 4874 5227 und +43 650 5457402, virgental.at/zupalseehuette.
- **Lasörlinghütte,** 2350 m, privat, Mitte Juni bis Ende Sept. bewirtschaftet, ca. 50 Schlafplätze, Tel. +43 664 1015440, lasoerlinghuette.com, Reservierung unter benderheidi@aol.com.
- **Neue Reichenberger Hütte,** 2586 m, ÖAV, ca. Mitte Juni bis ca. Ende Sept. bewirtschaftet, ca. 50 Schlafplätze, Tel. +43 4873 5580 und +43 720 884213, alpenverein.at/reichenbergerhuetteneue.

## 1. Tag: Wetterkreuzhütte, 2106 m – Zupalseehütte, 2346 m

3 Std., 660 m↑, 420 m↓

Mit dem Taxi oder zu Fuß (zusätzlich ca. 9 km, 950 Hm und ca 2.30 Std.) gelangen wir von **Virgen (1)** zur **Wetterkreuzhütte (2)**. Vom Parkplatz wandern wir auf einem Fahrweg in Richtung Zupalseehütte. Nach ca. 5 Min. teilt sich der Weg, 2141 m. Links ginge es – mit großem Umweg – über den Oberstkogel zur Zupalseehütte. Wir dagegen halten uns rechts und folgen dem nun schmaler werdenden Pfad. Über den breiten Grat der Hellerhöhe gelangen wir bald zu einer Wegkreuzung, 2244 m. Hier könnten wir die Tagesetappe bei Bedarf erheblich abkürzen: Rechts ginge es direkt zum Zupalsee, wir steigen

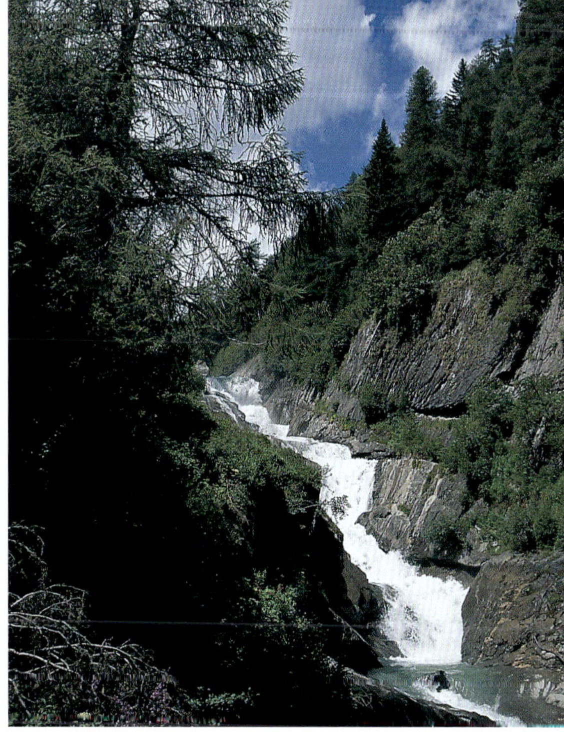

▲ *Dank Nationalpark nicht reguliert: die Umbalfälle.*

aber weiter geradeaus (Wegweiser »Am Legerle/Griften«) bergauf. Über den zunehmend steiler und schmaler werdenden Steig stehen wir nach rund 1.30 Std. **Am Legerle (3)**, 2527 m. Jetzt scheinen die meisten Höhenmeter bezwungen, aber bald geht es wieder in einen kleinen Sattel, 2479 m, hinab. Hier besteht eine weitere Möglichkeit, direkt zur Zupalseehütte abzusteigen. Unser Weg führt jedoch weiter geradeaus und im steten Auf und Ab wandern

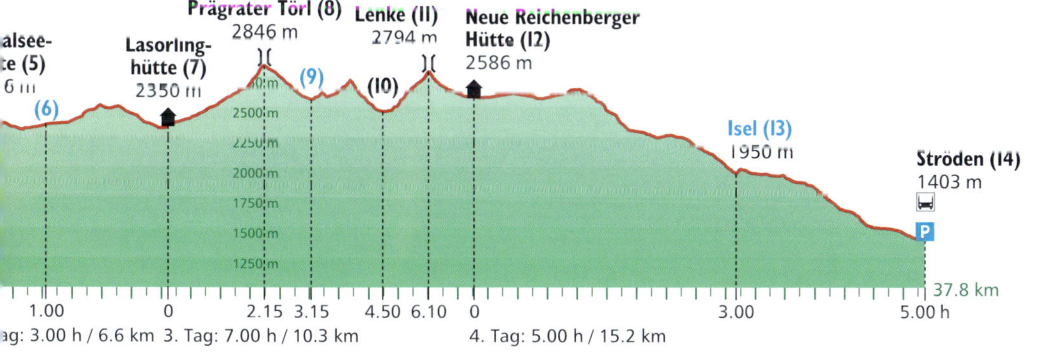

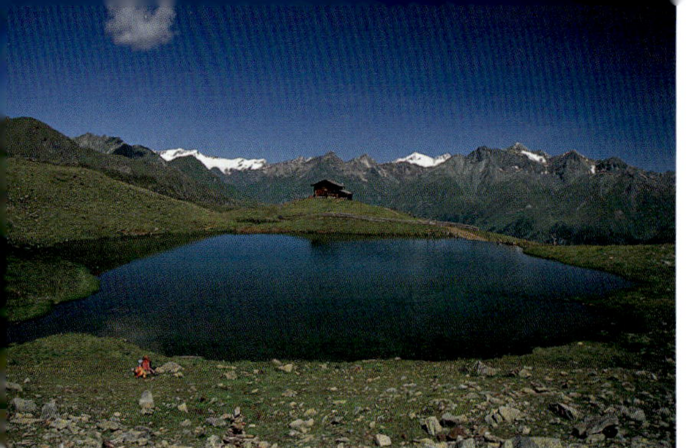

▲ *Mit Badestelle und Aussicht: Zupalseehütte.*

wir nun ausgesetzt zum **Griften (4)** hinüber. Oben genießen wir ein unglaubliches Panorama: Vom Großglockner bis zu den Dolomiten reicht die Sicht. Den Griften verlassen wir über den Westgrat. Nach wenigen Metern gelangen wir zu einem Pass, 2652 m, wo uns ein markierter Steig rechts hinunter steil und zum Teil über Blockwerk zu der idyllisch gelegenen **Zualpseehütte (5)** leitet.

## 2. Tag: Zupalseehütte, 2346 m – Lasörlinghütte, 2350 m

3 Std., 200 m↑, 200 m↓

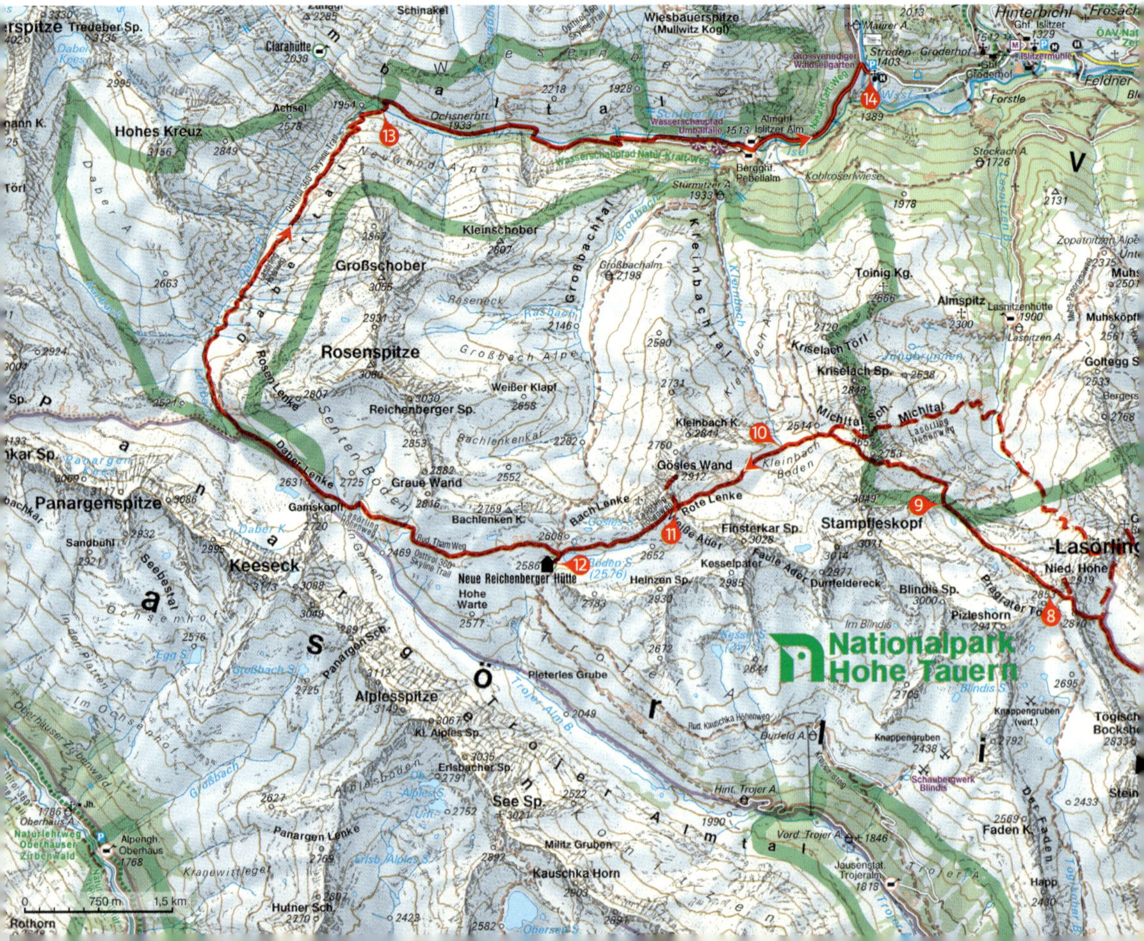

Ein gemütlicher Wandertag zum Schauen und Genießen steht auf dem Programm. Wir gehen stets in Richtung Lasörlinghütte und ignorieren den Abzweig zur Merschenalm, die etwas unterhalb des Höhenwegs liegt. Zunächst umwandern wir den nächsten Gratvorsprung, »Die Grifte«. An dessen Nordende haben wir noch einmal einen schönen Blick auf den Großglockner und seine Trabanten. Dann gelangen wir in ein weiteres Hochkar, in dem pittoresk der **See im Grachten (6)** liegt. Hinter dem See wird das Gelände deutlich blockiger, und wir steigen hinauf zu einem kleinen Pass, der Merschenhöhe, 2499 m. Wieder absteigend verlieren wir zunächst nur wenige Höhenmeter und queren dann hinüber zu einer Scharte unterhalb des Kosachkofls. Von dort wandern wir in einem weiten Bogen hinunter zur **Lasörlinghütte (7)**.

### 3. Tag: Lasörlinghütte, 2350 m – Neue Reichenberger Hütte, 2586 m

7 Std., 1070 m↑, 840 m↓

Diese Etappe ist das Kernstück des Lasörling-Höhenwegs, das konditionsstarke Wanderer noch durch die Besteigung des Lasörlings erweitern können.

Wir verlassen die **Lasörlinghütte (7)** und folgen den ganzen Tag lang den Schildern in Richtung Neue Reichenberger Hütte. Gemächlich wandern wir so das Glaurattal hinein bis in ein karges Hochkar, an dessen Ende wir eine Weggabelung erreichen. Wer auf den Lasörling möchte, geht hier rechts. Vom Gipfel führt ein extrem steiler Weg in das Lasnitzental hinunter, von wo der Weg über die Michltalscharte zurück zum Hauptweg leitet. Für die Hauptroute folgen wir an der Weggabelung im Hochkar dem Steig nach links, der sich in das von unten gruselig aussehende **Prägrater Törl (8)**, 2870 m, hinaufwindet. Der Anstieg ist jedoch leichter, als es von unten den Anschein hat, nur die letzten Meter sind extrem schotterig (und mit einem Drahtseil versichert). Oben angekommen erreichen wir eine breite Geröllebene, von der es sich lohnt, kurz zu dem etwas nördlich gelegenen Gipfel der Niederen Höhe, 2919 m, aufzusteigen. Der Panoramablick reicht von der formschönen Gestalt der Rötspitze über die gesamten Hohen Tauern bis

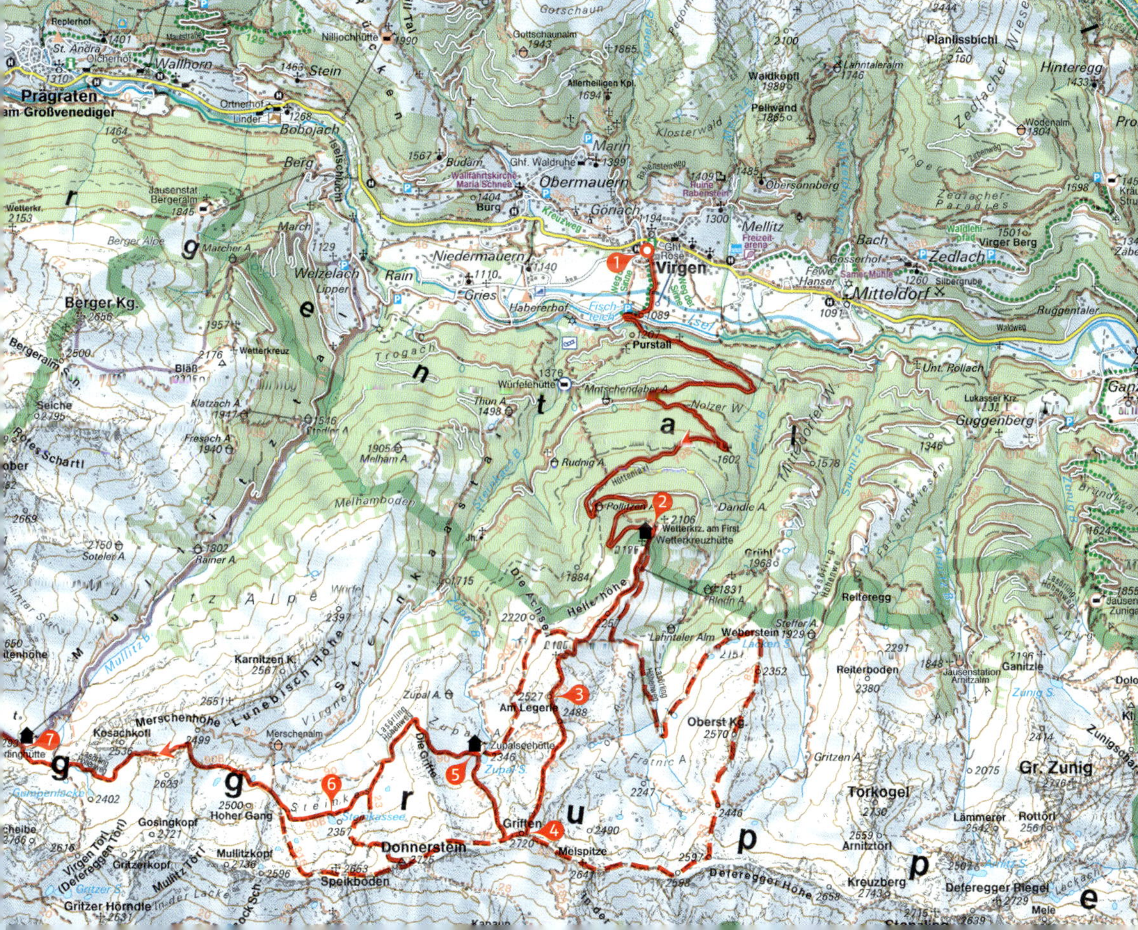

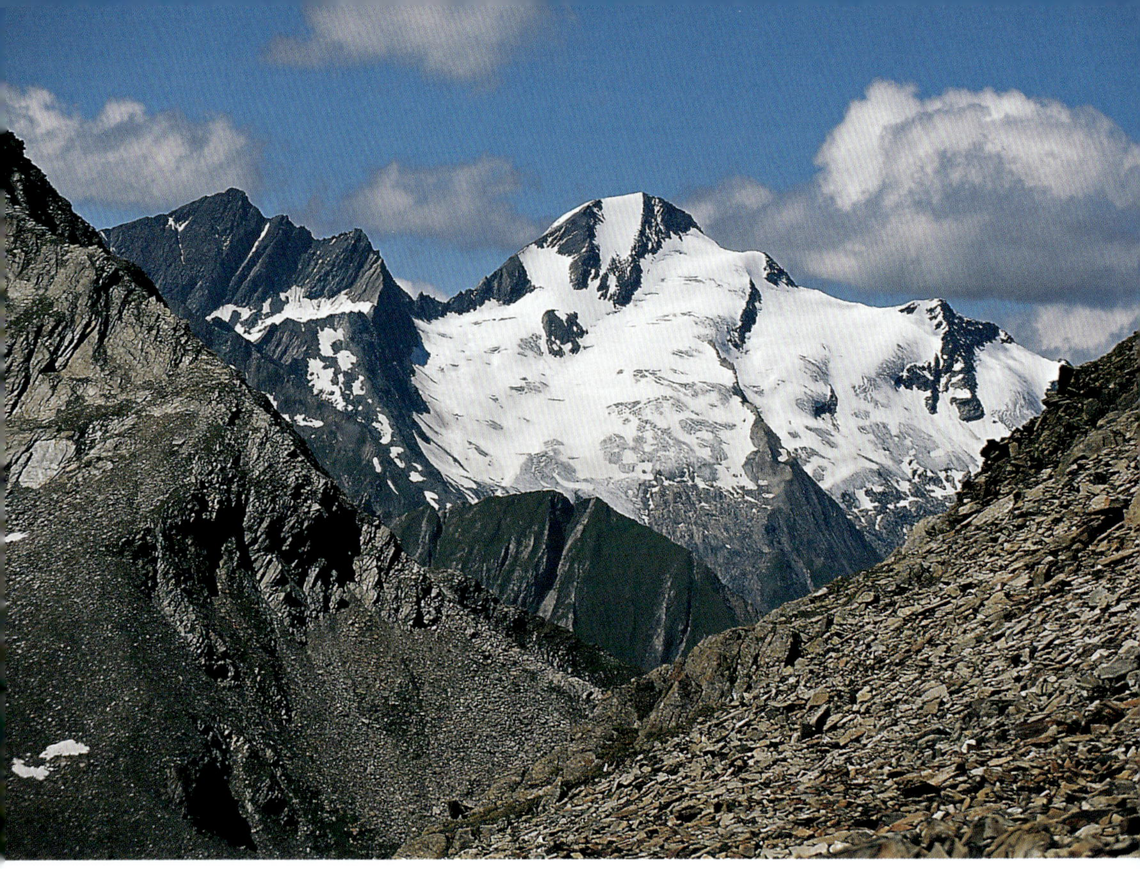

▲ *Formvollendet: die Rötspitze.*

in die Dolomiten. Zurück am Pass gewinnen wir über die Geröllebene den Westgrat der Niederen Höhe, über den wir anschließend absteigen. Nach der Überquerung des **Lasnitzenbaches (9)** teilt sich der Weg. Wir halten uns links und folgen dem Lasörling-Höhenweg in eine Scharte hinauf. Wir gelangen in ein mit Moränenschutt gefülltes Hochkar unterhalb des Stampfleskogels, kein besonders schöner Anblick. Unser Weg führt einmal quer hinüber und zum Schluss anstrengend in eine weitere Scharte, 2758 m. Erneut verlieren wir einige Höhenmeter, bis am **Kleinbachboden (10)** von rechts die Variante über den Lasörling einmündet. Die von mehreren gurgelnden Bächen durchzogene Ebene ist wie geschaffen für eine ausgiebige Jause, zahlreiche von der Sonne aufgewärmte Felsblöcke laden zu einem Schläfchen ein.

Der Weiterweg führt nun zu dem für heute letzten Pass hinauf, der bereits vom Kleinbachboden gut zu erkennenden Roten Lenke etwas südlich der Gösleswand. Während des Aufstiegs passieren wir zahlreiche, von der Gösleswand herabreichende dunkelgrüne Blockströme. Es handelt sich um Serpentinit, ein metamorphes Gestein, das hauptsächlich aus Serpentin besteht und poliert als Fassadenstein gut und teuer ist. Wer noch etwas genauer hinschaut, wird feststellen, dass im Serpentinit zahlreiche faserhaltige Bänder existieren: Chrysotil-Asbest, früher ein geschätzter Rohstoff, heute wegen seiner krebserzeugenden Eigenschaften etwas aus der Mode gekommen. An der **Roten Lenke (11)**, 2794 m, angekommen – das Rot rührt übrigens von der am Pass vorkommenden Rauwacke her –, lohnt es sich, zur Gösleswand, 2912 m, selbst aufzusteigen. Im Anschluss geht es hinunter zu der bereits vom Pass aus gut sichtbaren **Neuen Reichenberger Hütte (12)**. Dort staunt man, wie spektakulär sich die Gösleswand von hier gibt. Wie ein Zuckerhut spiegelt sie sich eitel in dem der Hütte vorgelagerten Bödensee.

### 4. Tag: Neue Reichenberger Hütte, 2586 m – Ströden, 1403 m

5 Std., 100 m↑, 1280 m↓

Wir verlassen die gemütliche **Neue Reichenberger Hütte (12)** und steigen hinunter zum Bödensee. Hinter dem zumeist ausgetrockneten Abfluss biegen wir links ab und folgen dem Rudolf-Tham-Weg in Richtung Clarahütte. Nahezu ohne Höhenunterschied wandern wir hinüber zur Daberlenke, 2631 m. Auf deren Westseite bekommt man einen guten Eindruck von einem sterbenden Gletscher und dessen Hinterlassenschaften – das Daberkees ist so gut wie verschwunden. Der Weg führt nun durch grasige Hänge hoch über dem Talboden ins Dabertal. Hangparallel mit zum Teil atemberaubenden Tiefblicken geht es weiter, bis wir am Ausgang des Tals zur **Isel (13)** hinabsteigen und diese auf einer Brücke überqueren. Auf der anderen Seite treffen wir auf den Hauptweg zwischen Clarahütte und Ströden. Hier biegen wir rechts ab und wandern durch prächtige Blumenwiesen hinunter ins Tal. Hinter der unbewirtschafteten Ochsnerhütte weitet sich der Pfad zu einem Fahrweg, den wir weiter talabwärts über den »Wasserschaupfad Umbalfälle« für eine halbe Stunde umgehen können. Zum Schluss geht es dann doch wieder über die Schotterstraße zunächst zur Pebellalm, 1513 m, und weiter nach **Ströden (14)**.

▼ *Den nächsten Aufstieg im Blick: im Kleinbachboden.*

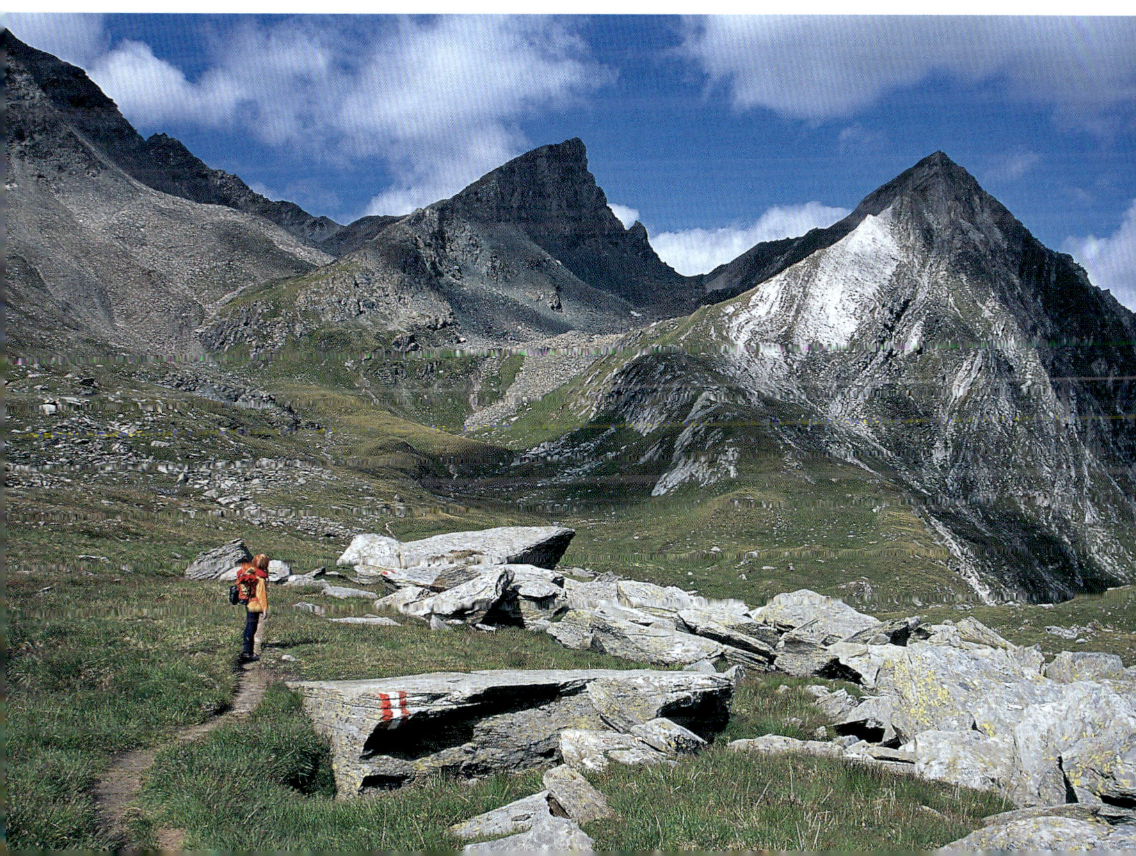

# 12 Berliner Höhenweg

## Durch die Zillertaler Alpen

8 Tage

■ schwierig

### Anspruchsvoller Trekkingklassiker im Zillertal

Kennedy, Marmeladenkrapfen und die Zillertaler Runde, sie alle nennen sich Berliner. Fast 800 Kilometer entfernt von Berlin ist im Zillertal ein Weg gewachsen. Den Keim des Berliner Höhenweges bildet die Berliner Hütte, eine der prunkvollsten Berghütten der Alpen. Von ihr ausgehend nahm die DAV-Sektion Berlin im Zillertal eine Hütte nach der anderen in ihr Repertoir auf. Sechs Hütten waren es zeitweise (Furtschagl-, Friesenberghaus, Gams-, Olperer- und Rifflerhütte), zwischen denen die Sektionsmitglieder über Generationen hinweg Wege anlegten. Nach und nach fädelte er die alpinen Unterkünfte wie an einer Perlenkette auf. 1976 wurde das letzte Teilstück zwischen Friesenberghaus und Gamshütte fertiggestellt und der Berliner Höhenweg offiziell eingeweiht. Seither geht es mit stetig wachsenden Besucherzahlen rund auf der Pfadspur, deren »Finger« sich in die entlegenen Seitentäler des ansonsten so erschlossenen Zillertales erstrecken. Das Höhenprofil des Trekkingklassikers gleicht einem Herzrhythmus-EKG. Auf 80 Kilometern werden 6700 Aufstiegshöhenmeter überwunden. In vielen Jahrzehnten voller Höhen und Tiefen ist der Berliner Höhenweg über Generationen und Grenzen hinweg berühmt geworden. Er ist voller Geschichten über Bergerlebnisse, große Ideen, mutige Entscheidungen und kleine wie große, starke Menschen. So ist es mit dem Berliner Höhenweg wie mit John F. Kennedy: Als Zillertaler und Amerikaner sind sie beide keine waschechten Berliner – aber sie machen dem Namen alle Ehre.

▼ *Oberhalb der wunderschönen und besonders herzlich geführten Greizer Hütte wälzt sich das Floitenkees vom Schwarzensteinsattel herab.*

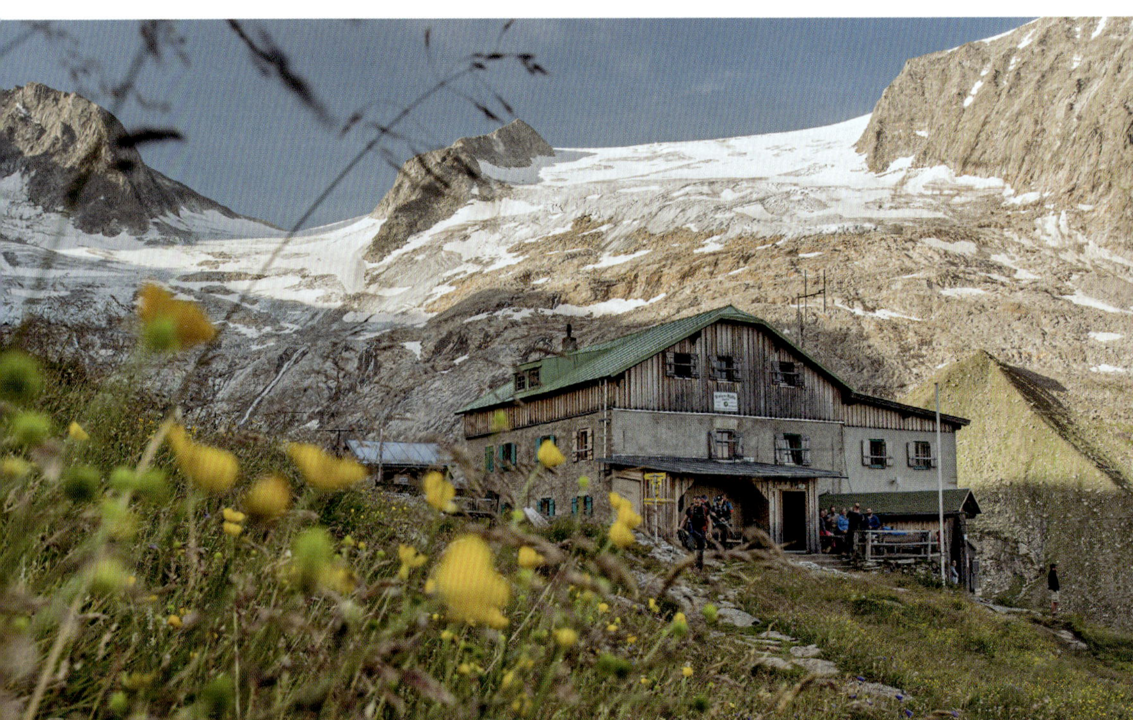

## TOURENINFO

**Ausgangspunkt:** Finkenberg, 839 m. Kleiner Ort etwa 5 km westlich von Mayrhofen, dem Hauptort im Zillertal. Vom Bahnhof Jenbach im Inntal gelangt man mit der Bahn zum Bahnhof in Mayrhofen und von dort mit dem Bus nach Finkenberg (auch zum Schlegeisspeicher gibt es Verbindungen), Informationen unter zillertalbahn.at.

**Endpunkt:** Mayrhofen, 633 m. Mit der Bahn nach Jenbach im Inntal (s. o.).

**Anforderungen:** Gut eingerichteter Höhenweg mit einigen steilen, seilversicherten Passagen, die ausgeprägte Trittsicherheit, Schwindelfreiheit und alpine Erfahrung verlangen. Die Etappen zwischen der Gamshütte und dem Friesenberghaus bzw. der Kasseler Hütte und der Edelhütte sind lang und konditionell fordernd. Bei Schlechtwetter oder Zeitmangel kann der Berliner Höhenweg durch die »Gründe« von nahezu jeder Hütte abgebrochen werden.

**Höhenunterschied:** 6590 m im Aufstieg, 5470 m im Abstieg (47.30 Std.).

**Information:** Zillertal Tourismus GmbH, Bundesstraße 27d, A-6262 Schlitters (Zillertal), Tel. +43 5288 87187, zillertal.at. Lokale Touristeninformationsbüros befinden sich auch in Mayrhofen und in Finkenberg.

**Karten:** Freytag & Berndt WK 152 »Zillertaler Alpen – Mayrhofen – Gerlos – Krimml – Tuxertal« (Maßstab 1:50.000).

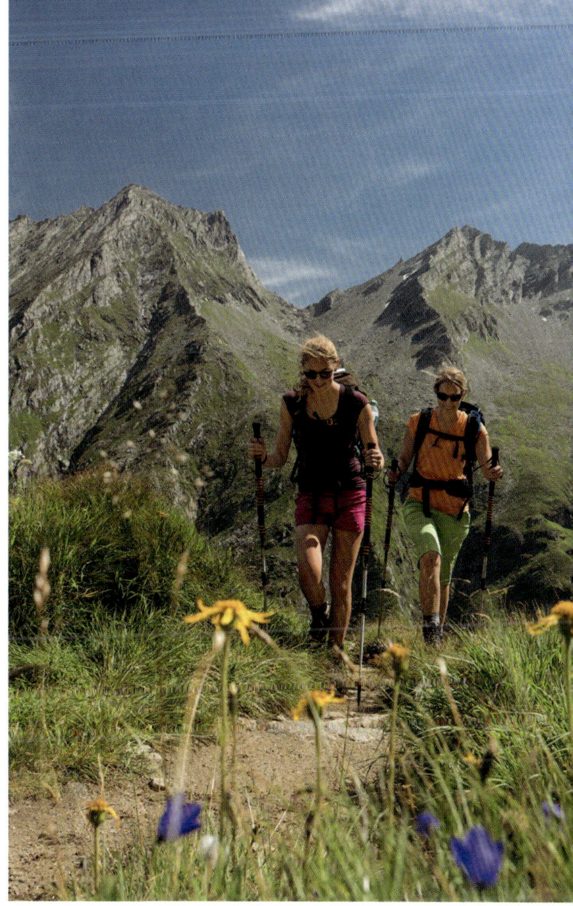

▲ *Aufstieg von der Greizer Hütte zur Mörchenscharte.*

## GIPFELMÖGLICHKEITEN

▲ **Vordere Grinbergspitze,** 2766 m: schöner Aussichtsgipfel oberhalb der Gamshütte, 2 Std. Aufstieg, 1.30 Std. Abstieg, markierter Steig, Stellen I.

▲ **Ahornspitze,** 2978 m: Fast-Dreitausender und schöner Aussichtsberg, von der Edelhütte, 3 Std. Aufstieg, 2.15 Std. Abstieg, steiler, aber markierter Steig, leichte Blockkletterei, bei Nässe gefährlich!

## UNTERKÜNFTE

- **Gamshütte,** 1921 m, DAV, Mitte Juni bis Ende Sept. bewirtschaftet, ca. 40 Schlafplätze, Tel. +43 664 4282969, gamshuette.at.
- **Friesenberghaus,** 2498 m, DAV, Mitte Juni bis Ende Sept. bewirtschaftet, ca. 70 Schlafplätze, Tel. +43 676 7497550, friesenberghaus.com.
- **Olpererhütte,** 2389 m, DAV, ca. Juni bis Sept. bewirtschaftet, ca. 70 Schlafplätze, Tel. +43 664 4176566, olpererhuette.de.
- **Furtschaglhaus,** 2295 m, DAV, ca. Juni bis Sept. bewirtschaftet, ca. 50 Schlafplätze, furtschaglhaus.com.
- **Berliner Hütte,** 2044 m, DAV, ca. Juni bis Sept. bewirtschaftet, ca. 180 Schlafplätze, Tel. +43 664 88787025, berlinerhütte.at.
- **Greizer Hütte,** 2227 m, DAV, ca. Juni bis Sept. bewirtschaftet, ca. 80 Schlafplätze, Tel. +43 664 1405003, alpenverein-greiz.de.
- **Kasseler Hütte,** 2177 m, DAV, ca. Juni bis Sept. bewirtschaftet, ca. 90 Schlafplätze, Tel. +43 664 4016033, kasselerhuette.de.
- **Edelhütte (Karl-von-Edel-Hütte),** 2238 m, DAV, ca. Juni bis Sept. bewirtschaftet, ca. 40 Schlafplätze, Tel. +43 664 9154851, edelhuette-dav.de, Reservierung über DAV-Reservierungssystem.

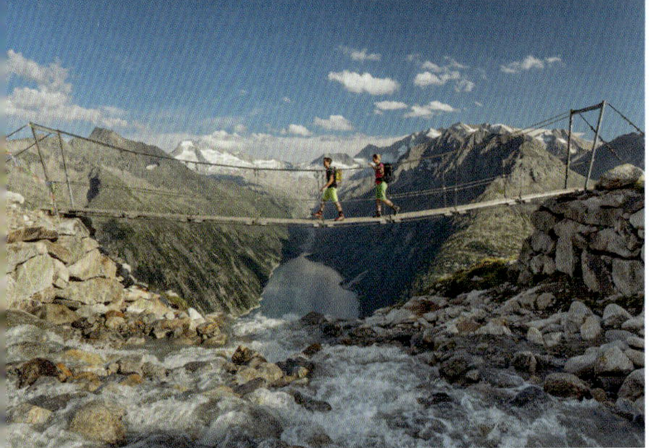

▲ *Wackelpartie: die Hängebrücke nahe der Olpererhütte.*

## 1. Tag: Finkenberg, 839 m – Gamshütte, 1921 m

4 Std., 1080 m↑

Wir wandern vom Zentrum in **Finkenberg (1)** über die Teufelsbrücke und biegen gleich dahinter rechts ab. Nach wenigen hundert Metern auf der Straße beginnt auf der linken Seite (Hinweistafel) der Hermann-Hecht-Weg, dem wir in den Wald hinein folgen. In zahllosen Kehren führt er uns relativ bequem und von der Sonne geschützt knapp 1000 Hm durch den Wald. Bald nach der Baumgrenze erreichen wir die aussichtsreich gelegene **Gamshütte (2)**. Falls der Tag noch lang ist, kann man ihn mit der Besteigung der oberhalb der Hütte aufragenden Vorderen Grinbergspitze, 2765 m, krönen.

## 2. Tag: Gamshütte, 1921 m – Friesenberghaus, 2498 m

8 Std., 1210 m↑, 630 m↓

Rund 14 km und über 1000 Hm wollen heute bewältigt werden, eine lange und anstrengende Etappe. Nicht zufällig sind die (Not-)Abstiege ins Tal gesondert markiert. Wir verlassen die **Gamshütte (2)** und steigen zunächst gut 100 Hm in südwestlicher Richtung bergauf. Dort teilt sich der Weg: Rechts geht es zur Vorderen Grinbergspitze, links folgen wir dem Berliner Höhenweg durch steile Grasflanken ins Schrambachkar. Wir erreichen die **Graue Platte (3)**, einen von der Hinteren Grinbergspitze herabziehenden Grat, wo sich der Weg durch ein ehemaliges Bergsturzgebiet langsam nach unten schlängelt. Bald gelangen wir zur Feldlalm. Wir wandern nun hangparallel weiter zur **Pitzenalm (4)**, 1871 m. Hinter der Alm gewinnt der Weg wieder an Höhe, und wir steigen in einem großen Bogen hinauf zu einem grasigen Rücken, dem sogenannten Milchträger, 2130 m. Nächstes Ziel ist nun die unterhalb von gewaltigen Wasserfällen gelegene Kesselalm. Die kurz vor der Alm verlorenen Höhenmeter geht es auf der anderen Seite gleich wieder hoch. Der Weg führt scharf um den Ostgrat des

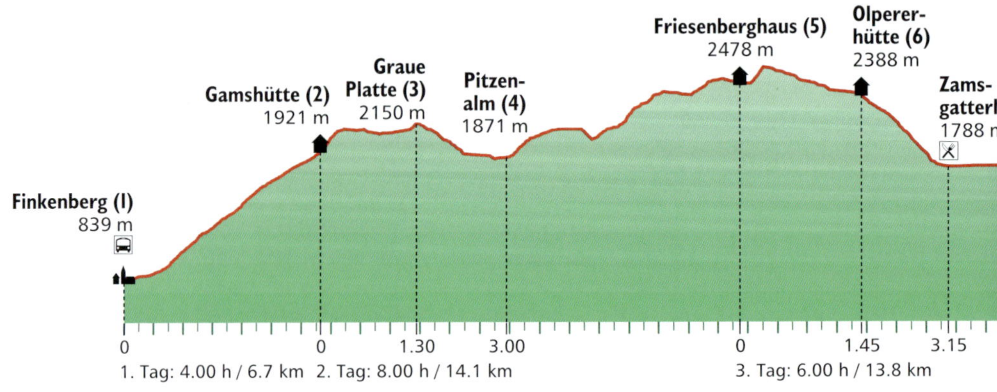

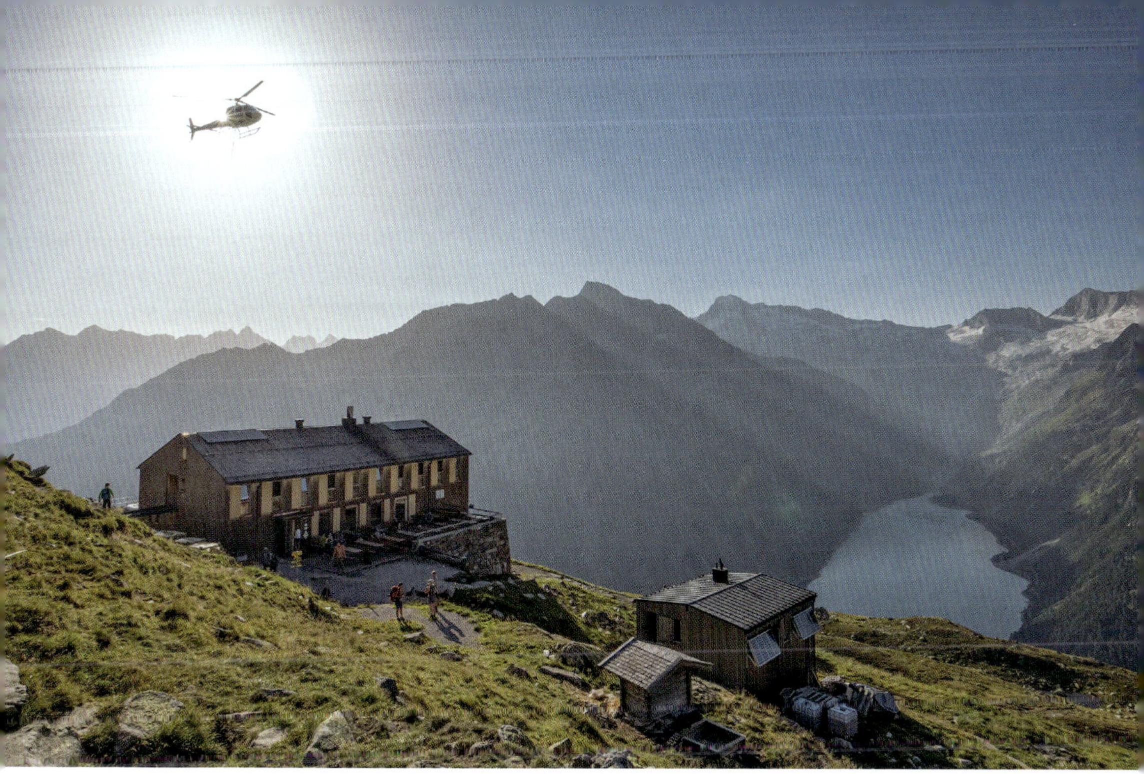

▲ *Logenplatz: die Olperer Hütte – links vom Schlegeisspeichersee ist der Große Möseler, rechts vom See der Hochfeiler zu sehen.*

Rifflers herum und steigt jenseits in gut geschichtetem Gestein durch die sogenannten Rifflerrinnen steil bergan. Auf einer Höhe von 2420 m wird das Gelände wieder flacher und wir gelangen über grobes Blockwerk zum Wesendlekarsee. Leicht ansteigend geht es nun durch das Wesendlekar, bis man unterhalb des Petersköpfle auf den vom Breitlahner zum Friesenberghaus führenden Weg trifft. Wir biegen rechts ab und steigen die letzten Höhenmeter zu einem Pass auf. Endlich ist ein Ende in Sicht, das oberhalb des Sees gelegene **Friesenberghaus (5)** ist in rund 15 Min. erreicht.

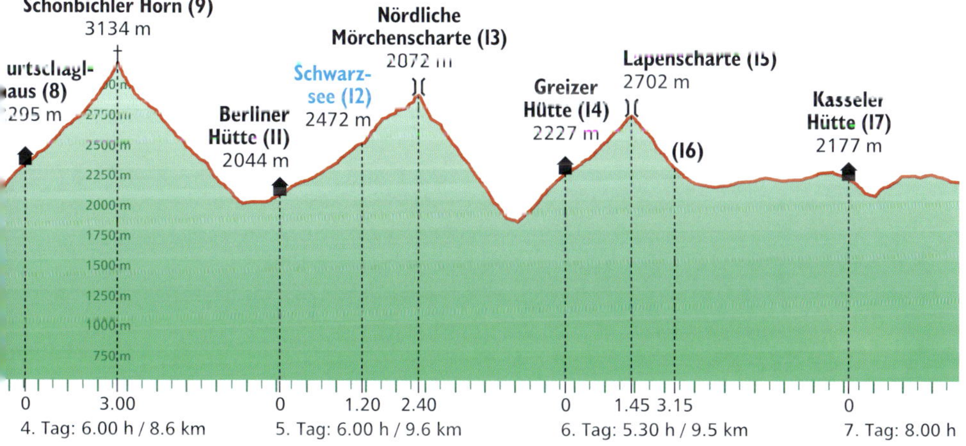

## 3. Tag: Friesenberghaus, 2498 m – Furtschaglhaus, 2295 m

6 Std., 660 m↑, 860 m↓

Vom **Friesenberghaus (5)** steigen wir zum Friesenbergsee ab, in dem sich bei gutem Wetter der Hochfeiler spiegelt. Nach Überquerung des Abflusses geht es steil bis auf eine Höhe von 2620 m hinauf, wo sich der Weg teilt. Rechts haltend würde man zur Friesenbergscharte und den Tuxer Bergen gelangen. Wir jedoch biegen links ab und wandern gemächlich, wie auf einer Aussichtsterrasse, zur rund 2 Std. vom Friesenberghaus entfernten **Olpererhütte (6)**. Nach einem zweiten Frühstück auf der Hüttenterrasse beginnt der langweiligere Mittelteil der Etappe. Zunächst steigen wir parallel des Riepenbachs zum Schlegeisspeicher ab. An dessen Ufer halten wir uns rechts und erreichen die von riesigen Parkplätzen umgebene Jausenstation **Zamsgatterl (7)**. Wir folgen der Straße weiter bis an das Südende des Sees. Dort überqueren wir den in Betonröhren eingefassten Schlegeisbach und biegen anschließend rechts ab. Nach ungefähr einem weiteren Kilometer auf der Straße beginnt links der Zustieg zum **Furtschaglhaus (8)**. Zwischen Furtschaglbach und den Pfosten der Materialseilbahn leitet der Weg in rund einer Stunde steil zur Hütte hinauf. Von dieser genießt man einen feinen Blick in die Nordwand des Hochfeilers und auf den Großen Möseler.

## 4. Tag: Furtschaglhaus, 2295 m – Schönbichler Horn, 3134 m – Berliner Hütte, 2044 m

6 Std., 910 m↑, 1160 m↓

Die heutige Etappe ist die Königsetappe, schließlich wird ein »echter« Dreitausender überschritten. Vom **Furtschaglhaus (8)** wandern wir auf gutem Weg hinauf in Richtung Schönbichler Horn. Unterhalb des Gipfelaufbaus gelangen wir in eine steile Rinne, über die wir mit Drahtseilen gesichert auf den Südgrat des Berges steigen. Von hier ist es nur ein kurzer Abstecher in luftiger Turnerei auf den nordwestlich gelegenen Gipfel des **Schönbichler Horns (9)**, 3134 m. Das Panorama ist prachtvoll. Bei gutem Wetter reicht die Sicht bis zum Ortler, dominierend sind jedoch die unmittelbar vor uns aufragenden Dreitausender um das Waxeggkees. Der Weiterweg führt uns zunächst zurück zum Hauptweg, wo wir uns nach Osten wenden. Mit Drahtseilen gesichert steigen wir nun über die leicht brüchige Ostseite des Schönbichler Horns steil und teils ausgesetzt ab, bis wir etwas flacher dem breiten Schotterrücken des Nordostgrats folgen können. Auf 2763 m verlässt der Pfad den Grat scharf nach rechts, und wir steigen hinunter ins Garberkar. Der Rücken der Sei-

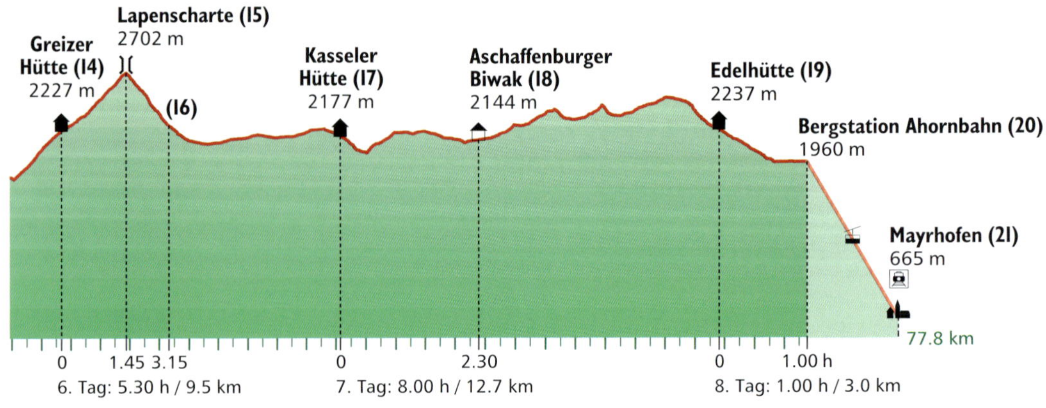

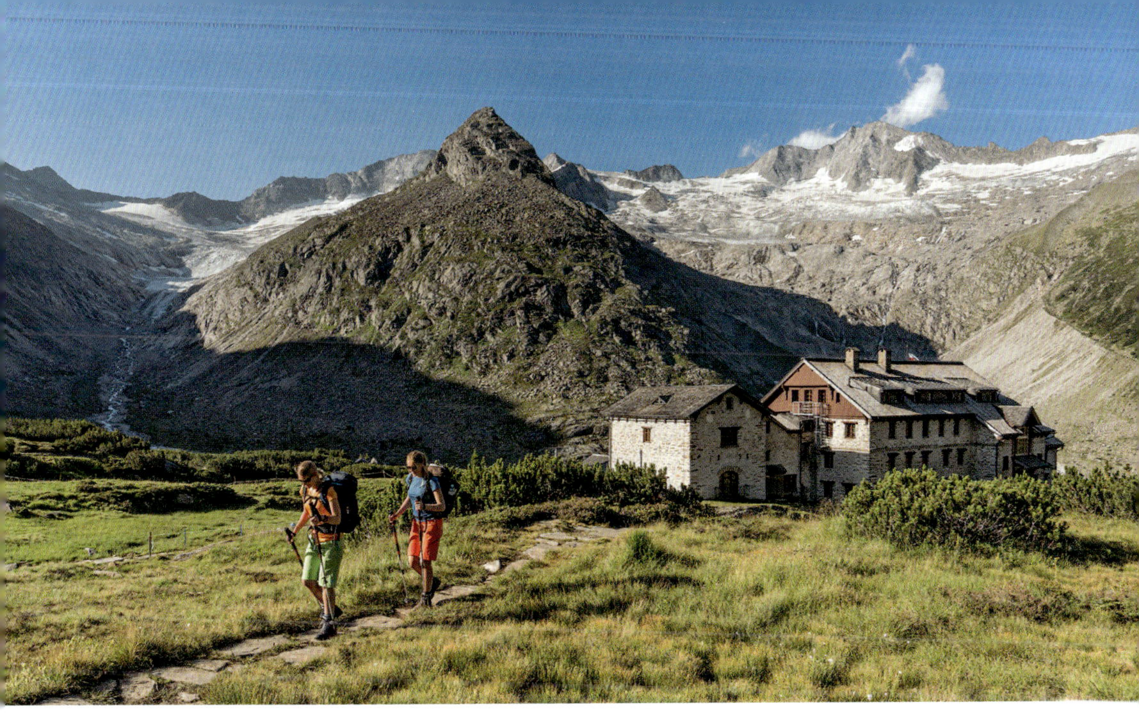

▲ *Aufbruch von der Berliner Hütte, einem geschichtsträchtigen Haus in großartiger Landschaft.*

tenmoräne ist bald richtungsweisend, bis wir auf 2026 m an eine **Weggabelung (10)** gelangen. Hier halten wir uns rechts und steigen hinunter zum Abfluss des Waxeggbachs. Nach der Brücke geht es wieder ein Stück hoch, anschließend queren wir hinüber zum Abfluss des Hornkeeses. Auch hier hilft uns eine Brücke auf die andere Seite. Nun sind es nur noch wenige Minuten zur **Berliner Hütte (11)**. Bevor wir diese erreichen, treffen wir noch auf einige sehr schön vom Gletscherschliff gezeichnete Gesteinsplatten. Diese im Gedächtnis sollte man sich anschließend die alten Postkarten auf der Berliner Hütte anschauen: Bis ins späte 18. Jahrhundert reichten die Zungen von Waxegg- und Hornkees noch bis unter die Hütte!

### 5. Tag: Berliner Hütte, 2044 m – Greizer Hütte, 2227 m

6 Std., 1240 m↑, 1060 m↓

Wir starten auf Weg Nr. 502 in Richtung **Schwarzsee (12)**, 2472 m. Dort angekommen vergeben wir einige Bestnoten bezüglich Fototauglichkeit und Kitschigkeit des Motivs. Vom See geht es zunächst steil hinauf an eine Weggabelung. Wir nehmen die rechte Abzweigung und wandern über das schotterige Roßkar hinauf zur **Nördlichen Mörchenscharte (13)**, 2872 m. Beim Blick von der Scharte bleibt einem erstmal die Luft weg: Das Ziel des Tages ist winzig klein und tief unten auf der gegenüberliegenden Seite zu erkennen. Der Weg dorthin führt durch den tief eingeschnittenen Floitengrund. Drahtseilgesichert verlassen wir die Scharte, um anschließend Kehre um Kehre an Höhenmetern zu verlieren. Kurz vor dem Talboden helfen noch mal einige Drahtseile über ausgesetzte und steile Stellen hinweg, und ganz zum Schluss wollen auch noch senkrechte Leitern abgeklettert werden. Über eine Brücke queren wir nun den Floitenbach und wandern anschließend die 400 Hm hoch zur **Greizer Hütte (14)**. Nach der Einquartierung frage man nach den jeweiligen kulinarischen Empfehlungen des Tages, die Hüttenwirtin hält meistens einige Schmankerl bereit.

### 6. Tag: Greizer Hütte, 2227 m – Kasseler Hütte, 2177 m

5.30 Std., 690 m↑, 740 m↓

Mit dem Lächeln der Wirte der **Greizer Hütte (14)** im Gedächtnis steigen wir hinauf zur **Lapenscharte (15)**, die Abzweigung zum Gigalitz, 3001 m, bleibt links liegen. Über viel Geröll führt der Steig hinunter bis zu einer **Weggabelung (16)**. Geradeaus ginge es hinunter ins Tal bzw. zur Grünen-Wand-Hütte. Wir halten uns rechts Richtung Löffler- und Eiskar sowie Kasseler Hütte und verlieren noch etwas mehr an Höhe. Nach einer Bachquerung folgt eine mit Drahtseilen versicherte Passage in einer Steilwand oberhalb der Eisenklamm. Im Anschluss überqueren wir einen Bach nach dem anderen. So gelangen wir vom Löfflerkar ins Eiskar und von dort weiter zu einem Wegekreuz. Rechts ginge ein Steig zur Wollbachspitze, 3209 m, wir aber wandern geradeaus weiter und erreichen bald darauf die gemütliche **Kasseler Hütte (17)**.

### 7. Tag: Kasseler Hütte, 2177 m – Edelhütte, 2238 m

8 Std., 800 m↑, 740 m↓

Diese für den heutigen Tag anstehende lange und schwierige Etappe auf dem Siebenschneidensteig (auch Aschaffenburger Höhenweg genannt) sollte nur bei gutem Wetter begangen werden und kann nicht abgekürzt oder auf halbem Weg abgebrochen werden. Wer sie sich nicht zutraut, sollte zur Grünen-Wand-Hütte, 1438 m, im Stilluppgrund absteigen und von dort mit dem Kleinbus nach Mayrhofen zurückkehren.
Von der **Kasseler Hütte (17)** steigen wir 150 m bis zur Weggabelung ab, an der es links hinab ins Stilluptal ginge. Wir dagegen halten uns rechts und schnaufen die verlorenen Höhenmeter auf dem Weg zur Sonntagskarkanzel, 2202 m,

▼ *Kurz hinter dem Friesenberghaus am gleichnamigen See. Im Hintergrund der Hochfeiler, mit 3510 m höchster Berg der Zillertaler Alpen.*

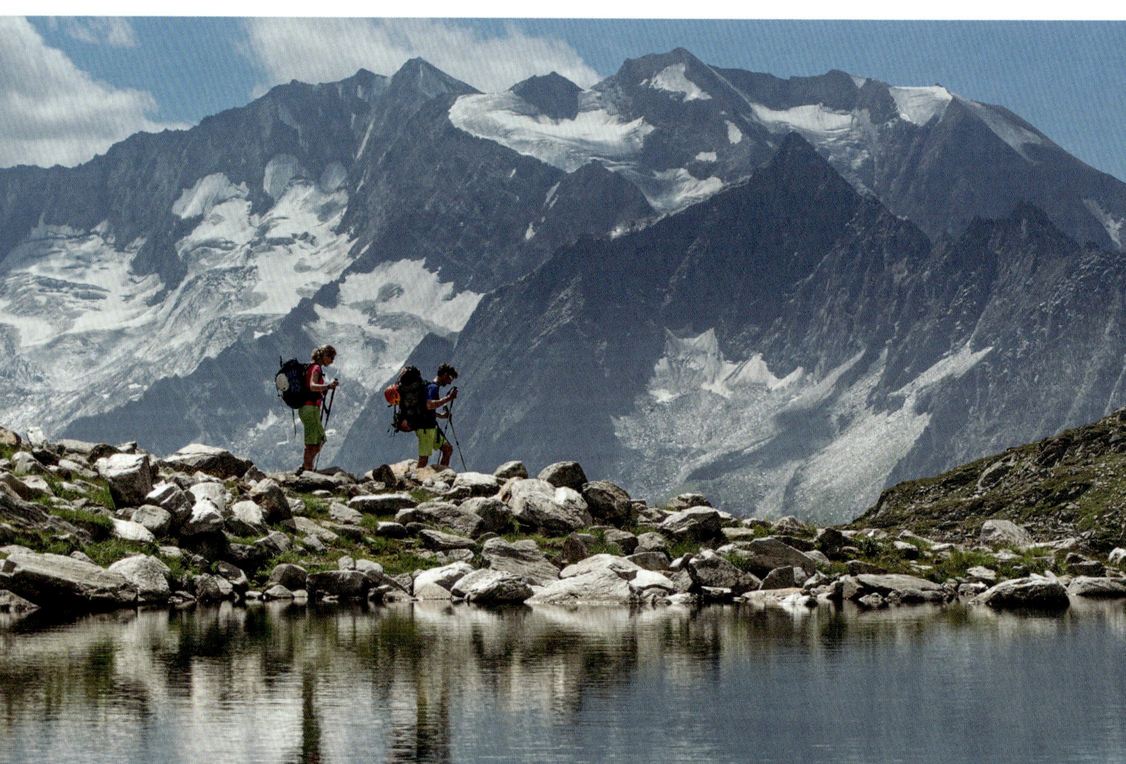

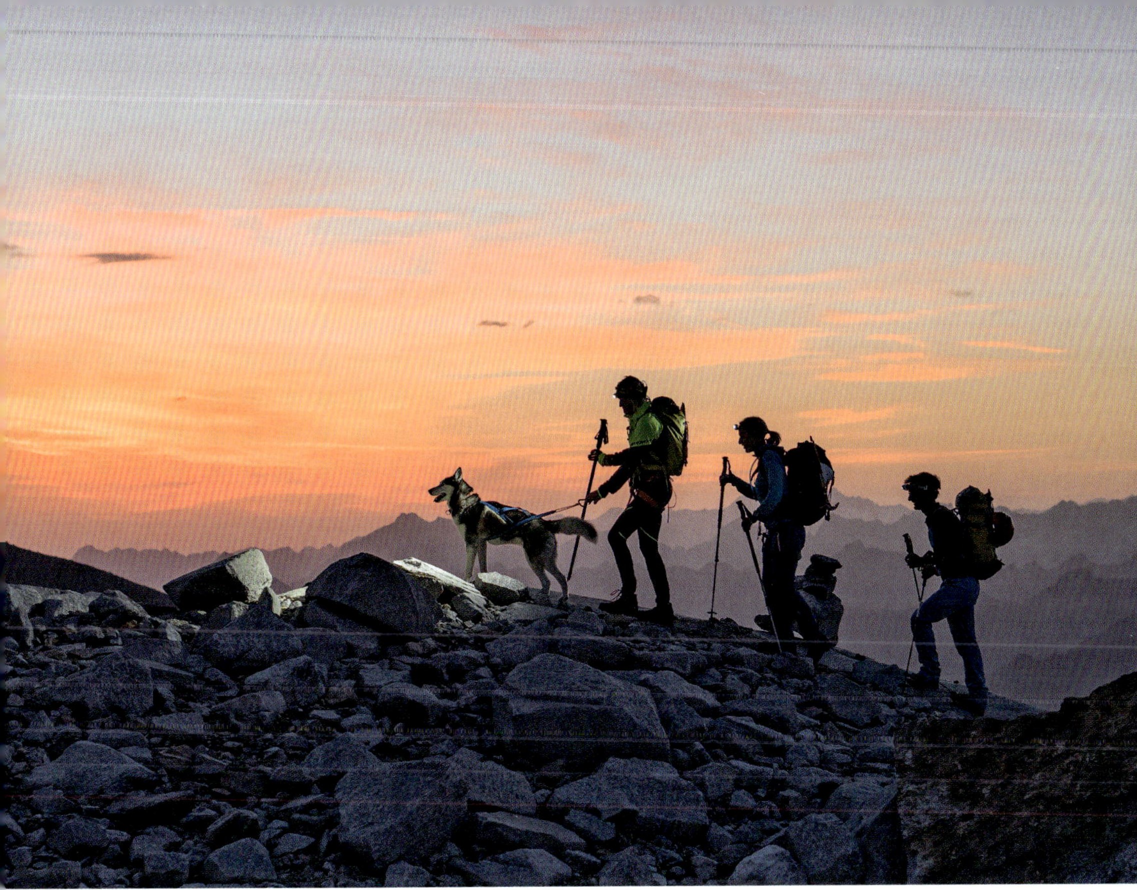

▲ *Sonnenaufgang: Aufstieg zum Olperer mit Katharina, der Wirtin der Olpererhütte, und Hütten-Husky Sissi.*

wieder hinauf. Über grobes Blockwerk und steile Grashänge gelangen wir über das Weißkarjöchl in das Madegglkar, wo das **Aschaffenburger Biwak (18)**, 2144 m, als Notunterkunft zur Verfügung steht. Wir wandern nun weiter von einem Hochkar ins nächste. Insgesamt überwinden wir sieben Schneiden: die Sonntagskarkanzel, das Samerkarjöchl, das Weißkarjöchl, den Hennsteigenkamm, das Sommerschartl (Nofertenscharte, seilversichert), die Krummschnabelscharte (seilversichert) und den Popbergnieder. Im Anschluss folgt noch eine steile, mit Seilen versicherte Passage ins Föllenbergkar, dann erst ist die **Edelhütte (19)** erreicht. Verlaufen kann man sich nicht, da auf den gesamten 14 km zur Hütte keine Abstiegsmöglichkeit existiert!

## 8. Tag: Edelhütte, 2238 m – Mayrhofen, 633 m

1 Std., 280 m↓

Es ist zwar nur eine Stunde von der **Edelhütte (19)** bis zur **Bergstation der Ahornbahn (20)**, allerdings werden es die meisten nach dem langen Tag von der Kasseler Hütte nicht mehr zur letzten Talfahrt um 17 Uhr schaffen. So wird man normalerweise auf der Edelhütte übernachten und am nächsten Tag mit der Bahn abfahren. Puristen steigen die 1600 Hm auf Weg Nr. 42 zunächst zum Wirtshaus Alpenrose, 1398 m, und weiter nach Mayrhofen ab. Wer der Tour einen krönenden Abschluss geben möchte, dem sei von der Edelhütte aus noch die Besteigung der Ahornspitze, 2913 m, ans Herz gelegt.

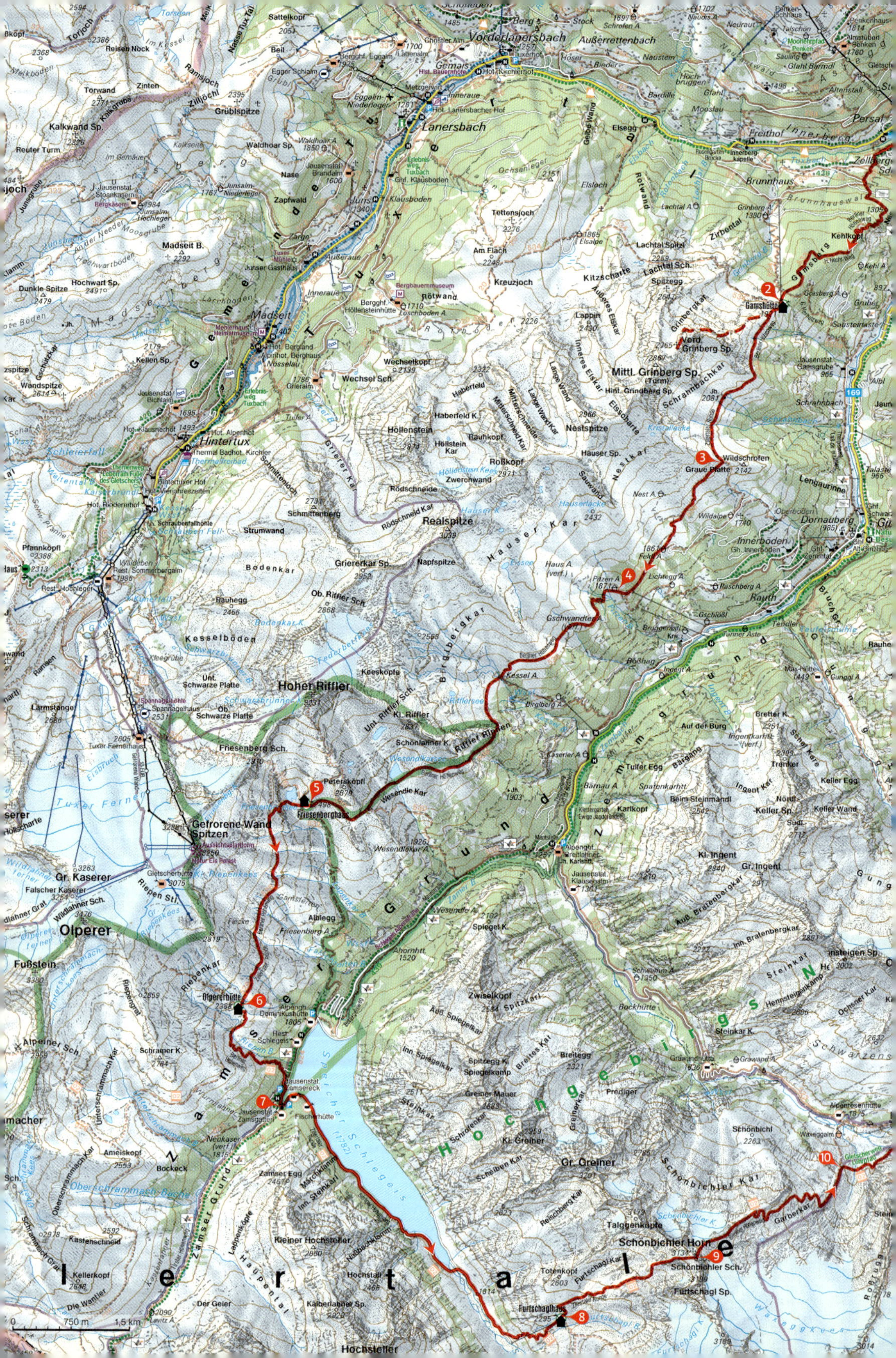

Vorderlanersbach
Außerrettenbach
Lanersbach
Madseit
Hintertux
Gamshütte
Mittl. Grinberg Sp.
Graue Platte
Realspitze
Hoher Riffler
Friesenberghaus
Gefrorene-Wand Spitzen
Olperer
Olpererhütte
Schlegeis
Hochgebirgs N
Gr. Greiner
Schönbichler Horn
Furtschaglhaus
Dornauberg
Brunnhaus
Finkenberg
Zemmgrund
Zillertaler Alpen
1
2
3
4
5
6
7
8
9
10
0
750 m
1,5 km

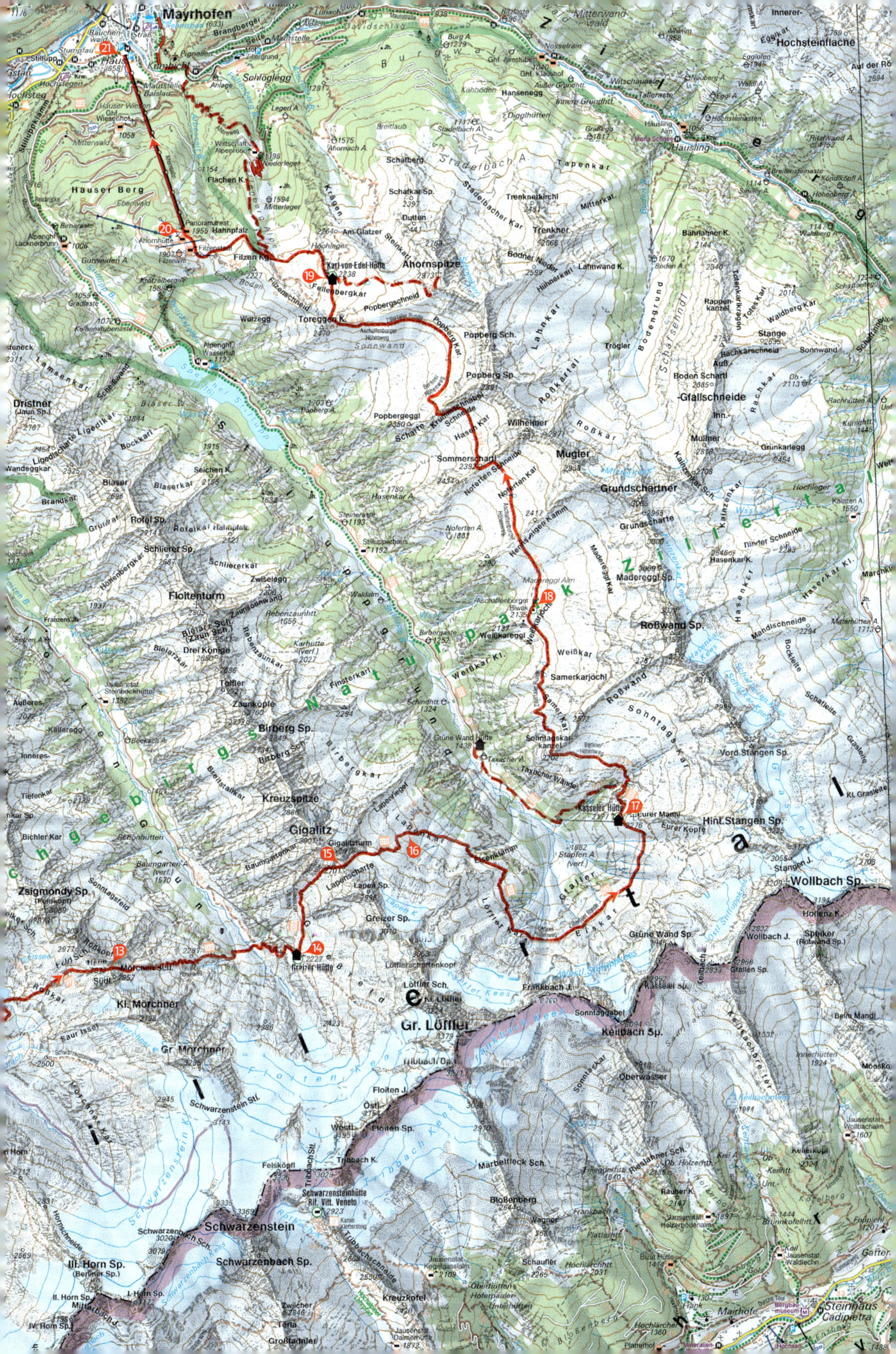

Mayrhofen
Hauser Berg
Karl-von-Edel-Hütte
Ahornspitze
Trenkner
Mugler
Grundschartner
Floitenturm
Birberg Sp.
Kreuzspitze
Gigalitz
Greizer Hütte
Kasseler Hütte
Grüne Wand Hütte
Hint. Stangen Sp.
Wollbach Sp.
Zsigmondy Sp.
Kl. Mörchner
Gr. Mörchner
Gr. Löffler
Keilbach Sp.
Schwarzenstein
Schwarzenbach Sp.
Schwarzensteinhütte
Rif. Vitt. Veneto
Roßwand Sp.
Hochsteinflache
Hausling
Dristner

# 13 Durch die Pfunderer Berge

## In den südlichen Zillertaler Alpen

4 Tage

mittel

### Einsame Wege inmitten grüner Berge

Strecken- oder Rundwanderung – was gefällt einem besser? Ist man mit dem eigenen Fahrzeug unterwegs, wird man wahrscheinlich eine Rundwanderung bevorzugen. Greift man auf öffentliche Verkehrsmittel zurück, zählt vor allen Dingen die Erreichbarkeit von Ausgangs- und Endpunkt der Tour. In den Pfunderer Bergen hat man die Wahl: Als Streckenwanderung bietet sich der offizielle Pfunderer Höhenweg an, der von Sterzing über die Brixner, die Edelraute- und Tiefrastenhütte nach Bruneck führt. Start und Ziel sind gut mit der Bahn erreichbar. Wir haben uns hier für eine Rundwanderung entschieden, die, ausgehend von Lappach, die schönsten Höhenwege der Pfunderer Berge miteinander vereint. Allen Wegen gemeinsam ist die Einsamkeit inmitten grüner Berge und die phantastische Aussicht auf die Gletscher der Zentralalpen und auf die hellen Kalkmauern der Dolomiten. Lassen Sie sich überraschen!

#### TOURENINFO

**Ausgangs- und Endpunkt:** Lappach, 1436 m. Lappach wird mit dem Bus von Sand in Taufers (Ahrntal) angefahren (besser dort parken, da in Lappach nur private Parkmöglichkeiten bestehen). Wer mit dem Bus von Bruneck kommt, kann schon in Mühlen in Taufers nach Lappach umsteigen. Mit dem Auto fährt man von Bruneck in Richtung Sand in Taufers und biegt in Mühlen links ab Richtung Nevesstausee, Lappach, Mühlwald.

**Anforderungen:** Mittelschwere Höhenwanderung auf zum Teil schmalen und ausgesetzten Pfaden. Der Abschnitt zwischen der Edelrautehütte und der Tiefrastenhütte ist konditionell fordernd. Bei starkem Regen oder großer Hitze am Nachmittag (Gletscherschmelze) kann so mancher Bach (insbesondere der Ursprungbach am Neveser Höhenweg) über die Ufer treten.

**Höhenunterschied:** Je 2820 m im Auf- und Abstieg (ca. 20 Std.).

**Information:** Touristeninformation Mühlwald/Lappach, Hauptort 18 A, I-39030 Mühlwald, Tel. +39 0474 653220, muehlwald.com, suedtirol.de/urlaub/tauferer-ahrntal/muehlwald-lappach/.

**Karte:** Tabacco, Topografische Wanderkarte, Blatt 037 »Pfunderer Berge – Hochfeiler« und Blatt 036, »Sand in Taufers« (beide 1:25.000).

▼ *Blick auf den Nevesstausee.*

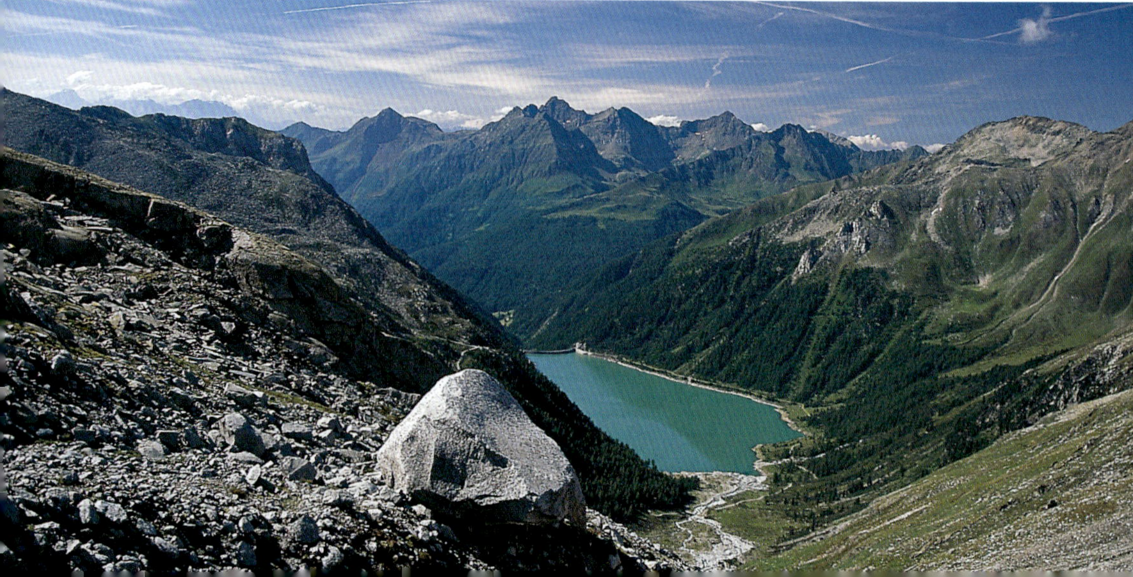

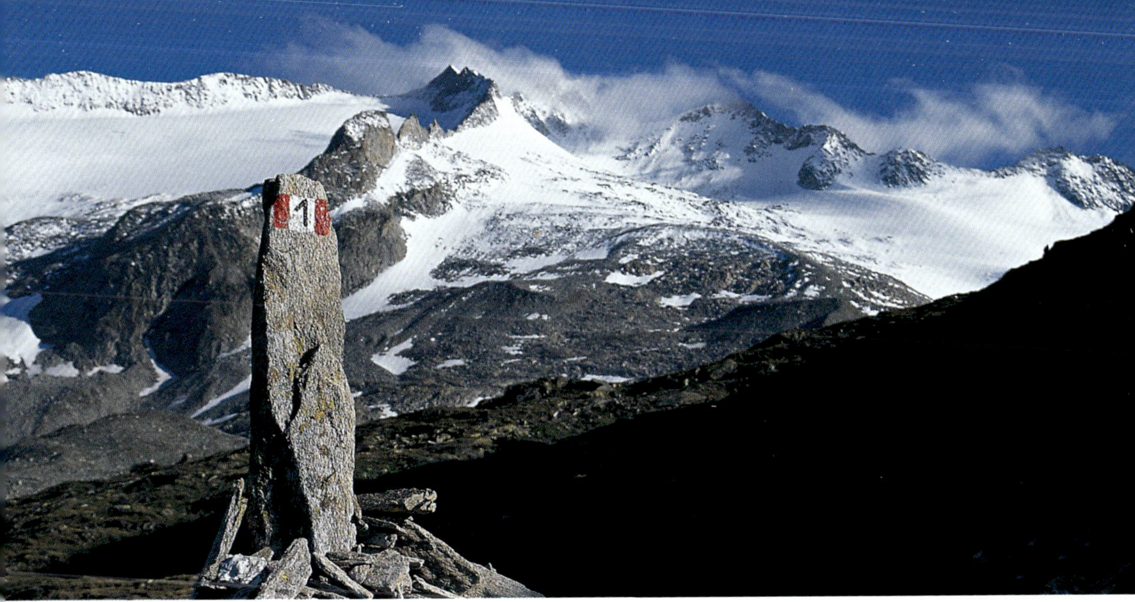

▲ *Auf dem Neveser Höhenweg.*

## GIPFELMÖGLICHKEITEN

▲ **Hoher Weißzint,** 3370 m: lohnende Hochtour für erfahrene Bergsteiger, von der Edelrautehütte, ca. 3 Std. Aufstieg, 2 Std. Abstieg.
▲ **Grubbachspitze,** 2809 m: Hausberg der Tiefrastenhütte, 1 Std. Aufstieg, 0.45 Std. Abstieg, Trittsicherheit erforderlich.

## 1. Tag: Lappach, 1436 m – Chemnitzer Hütte, 2416 m

4.30 Std., 1030 m↑, 50 m↓

Startpunkt der Tour ist die Endstation der lokalen Buslinie an der **Haltestelle Rinsbacher (1)** in Lappach. Von der Bushaltestelle folgen wir der Hauptstraße (Oberlappachstraße) nur ca. 50 m talabwärts, biegen scharf links ab und verlassen diese Straße nach 30 m rechts hinunter zu zwei Häusern, zwischen denen unser Weg (Nr. 22) hindurchführt. Einem Fahrweg folgen wir parallel zur Waldgrenze nach oben, bis wir nach ca. 200 m erneut auf einen Wegweiser stoßen. Weg Nr. 22 biegt rechts ab und führt uns nun steil in den Wald hinein. Extrem schweißtreibend wandern wir in großen Kehren bis zur **Rinsbacher Alm (2)** hinauf. Dort treffen wir auf einen weiteren Fahrweg, dem wir nach rechts (Südosten) folgen. Nahezu hangparallel gelangen wir zur nächsten Alm, der Lastaalm. Hinter der Alm wird der Weg wieder schmaler, und wir wandern über steile Wiesenhänge hinauf zu dem mit einem Kreuz geschmückten **Lappacher Jöchl (3)**, 2371 m. Auf der anderen Seite des Passes treffen wir nach kurzem Abstieg auf den Kellerbauer Weg. Wir biegen links ab, wechseln von Weg Nr. 22 auf Weg Nr. 27 und wandern nun ohne große Höhenunterschiede zum Tristentaler See und weiter, teilweise über weitläufige Geröllfelder, zur **Chemnitzer Hütte (4)**, auch Nevesjochhütte genannt.

## UNTERKÜNFTE

- **Chemnitzer Hütte** (auch Nevesjochhütte), 2416 m, Autonome Provinz Bozen – Südtirol, ca. Mitte Juni bis Mitte Okt. bewirtschaftet, ca. 60 Schlafplätze, Tel. +39 0474 653244, chemnitzerhuette.com.
- **Edelrauthütte,** 2545 m, Autonome Provinz Bozen – Südtirol, ca. Mitte Juni bis Mitte Okt. bewirtschaftet, ca. 90 Schlafplätze, Tel. +39 0474 653230, edelrauthuette.com.
- **Tiefrastenhütte,** 2312 m, AVS, Anfang Mai bis Anfang Nov. bewirtschaftet, ca. 50 Schlafplätze, Tel. +39 334 9896370, tiefrastenhuette.it.

## 2. Tag: Chemnitzer Hütte, 2416 m – Edelrauthütte, 2545 m

4 Std., 280 m↑,150 m↓

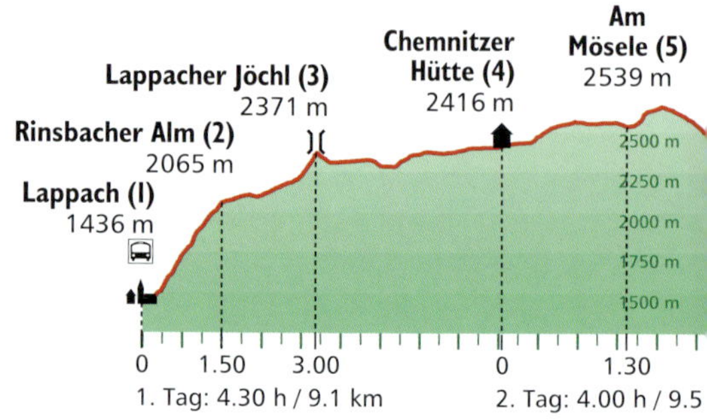


Der heutige Tag steht ganz im Zeichen der Dreitausender im Zillertaler Hauptkamm, die vom Neveser Höhenweg zum Greifen nah erscheinen. Besonders empfehlenswert ist ein Besuch der Gletscherzunge des Östlichen Neveser Ferners (hinter der Brücke über den Gletscherabfluss rechts), wo der sich zurückziehende Gletscher teilweise spektakulär anzusehenden Gletscherschliff hinterlassen hat. Der Hüttenwirt auf der Chemnitzer Hütte hält dazu nähere Informationen bereit.

Wir starten etwas unterhalb der **Chemnitzer Hütte (4)**, wo zahlreiche Wegweiser den Wanderern die gewünschte Richtung anzeigen. Unser Weg ist mit der Nr. 1 gekennzeichnet und leitet uns schräg aufsteigend in den Talkessel des Neveser Ferners. Nach ca. 30 Minuten biegt **Am Mösele (5)**, 2539 m, rechts der Weg zu den Dreitausendern Turnerkamp und Großer Möseler ab. Wir haben weniger hohe Ziele und folgen den rot-weißen Farbtupfern zur Brücke über den Neveser Bach. Von hier erreicht man in rund zehn Minuten die phantastisch angeschliffenen Gneisplatten unterhalb des Eisstroms oder man geht gleich weiter über den kunstvoll ausgebauten Höhenweg nach Westen. Und während das Auge vielleicht auf dem türkisgrünen Wasser des Neveser Stausees weilt, darf man den Erbauern dieser unglaublichen Weganlage durchaus ein Danke widmen – eine derartige Promenade baut sich nicht von alleine. Heikel sind noch zwei mit rostigen Drahtseilen gesicherte Bachquerungen, dann erreichen wir nach insgesamt rund vier Stunden die **Edelrauthütte (6)**. Auf dieser lohnt es sich durchaus, noch einen zweiten

▾ *Gletscherschliff unterhalb des Neveser Ferners.*

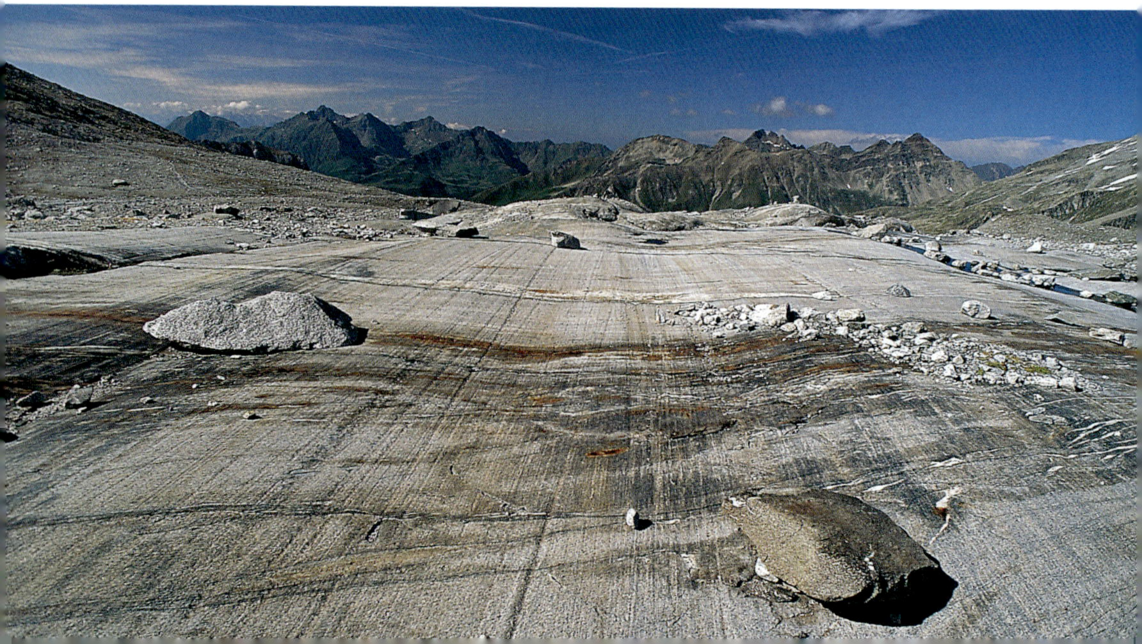

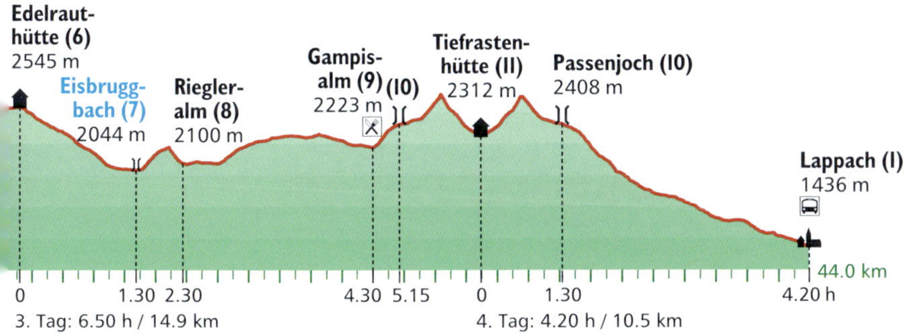


Tag zu verbringen. Wer es etwas gemütlicher mag, dem sei von hier ein Tagesausflug zur Hochfeilerhütte (Weg Nr. 1 über die Untere Weißzintscharte) empfohlen (mittelschwer, im Normalfall aperer Gletscher). Gipfelsammler werden den Hohen Weißzint, immerhin 3370 m hoch, ins Visier nehmen.

## 3. Tag: Edelrauthütte, 2545 m – Tiefrastenhütte, 2312 m

6.50 Std., 1010 m↑, 1240 m↓

Ein langer Tag steht uns heute bevor, aber auch ein landschaftlich besonders eindrucksvoller. Wir verlassen die Edelrauthütte und steigen auf Weg Nr. 13 ab zum Eisbruggsee. Dahinter teilt sich der Weg. Wir bleiben der Glücksziffer 13 treu und wandern parallel des Eisbruggbachs das Tal hinunter. Wir gelangen zur Eisbruggalm. Unterhalb geht es bald auf der Zufahrtsstraße weiter. Nach der Brücke über den **Eisbruggbach (7)** geht es links den Hang hoch in eine herausgesprengte Scharte. Ca. 150 m dahinter biegen wir links ab auf den Pfunderer Höhenweg. Richtungsweisend sind die weiß-roten Kreise. Es geht jetzt ca. 200 Höhenmeter hinauf und anschließend links um die Ecke zu einem Pass (Kuhscharte).Kaum oben angekommen verlieren wir die kostbaren Höhenmeter gleich wieder. Steil führt der Pfad zur

▾ *In den Pfunderer Bergen.*

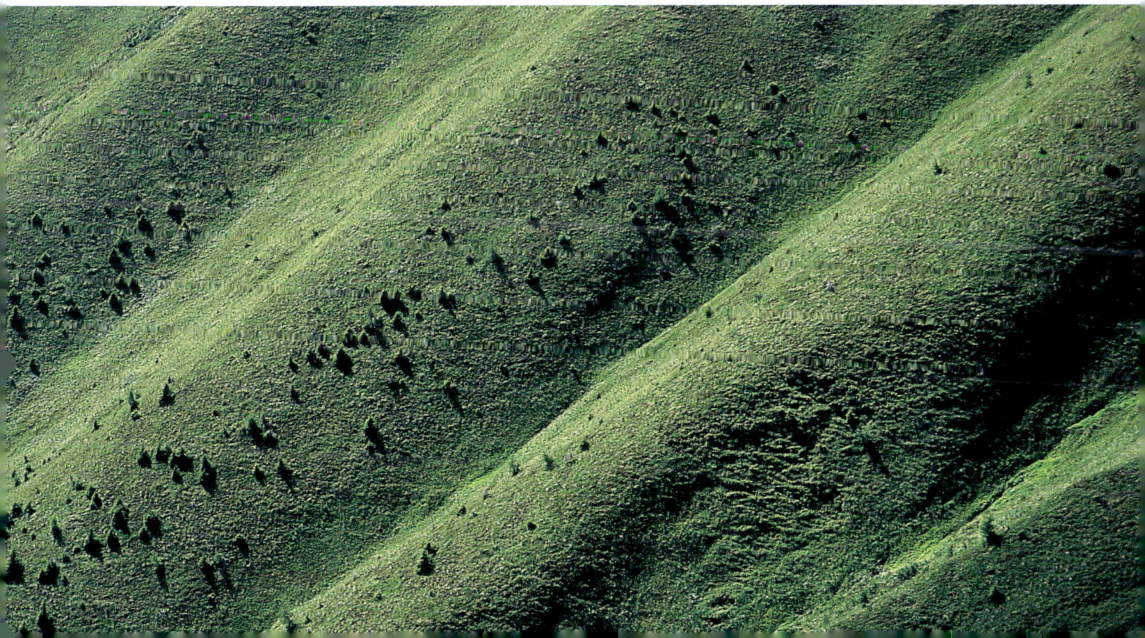

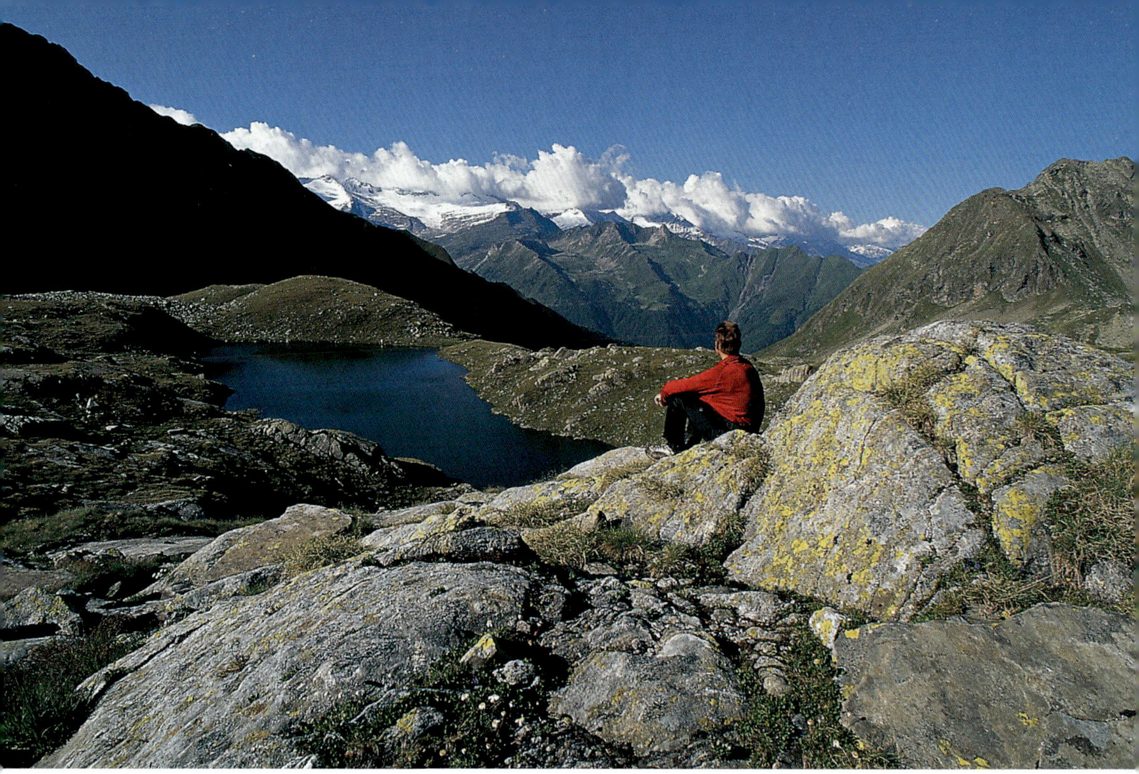

▲ *Am Passensee.*

**Riegleralm (8)**, wo er sich teilt. Wir halten uns links und wandern nun in stetem Auf und Ab hinüber zur Gruipaalm. Auch diese ist nicht bewirtschaftet, trotzdem lässt sich hier herrlich eine Pause einlegen. Eine Wasserquelle findet sich ca. 100 m südlich der Almhütte (Wegspuren). Weiter folgen wir dem schmalen Pfad durch saftige grüne Wiesen und erreichen nach rund einer weiteren Stunde die bewirtschaftete **Gampisalm (9)**, 2223 m. Hier biegen wir links ab und steigen auf einem stark erodierten Pfad hinauf zum **Passenjoch (10)**, 2408 m. Nun folgen wir nicht dem Weg ins Passental (dorthin gehen wir erst am nächsten Tag), sondern wandern rechts auf einem nur undeutlich auszumachenden Pfad in den Talkessel unterhalb der Grubbachspitze. Unterhalb des Weges liegt jetzt der Passensee, schön anzusehen ist die Spiegelung der Zillertaler Gletscherberge. Oberhalb des Sees werden die Wegmarkierungen wieder deutlicher, und wir steigen über grobes Blockwerk hinauf zu einem Pass, der sogenannten Hochsägescharte. Auf der anderen Seite erkennen wir bereits die idyllisch am Tiefrastensee gelegene **Tiefrastenhütte (11)**, zu der es jetzt steil und schotterig hinunter geht. Bei gutem Wetter spiegeln sich im See die Dolomiten.

### 4. Tag: Tiefrastenhütte, 2312 m – Lappach, 1436 m

4.20 Std., 500 m↑, 1380 m↓

Dank des guten Frühstücks auf der **Tiefrastenhütte (11)** steigen wir am nächsten Tag mit neuer Energie wieder in Richtung Hochsägescharte auf. Nach ungefähr drei Vierteln des Weges zweigt links der Steig zur Grubbachspitze, 2809 m, ab, ein Aussichtsberg, den man nicht verpassen sollte (260 Hm im Aufstieg und ca. 1.30 Std. zusätzlich). Die gesamten Dolomiten und, noch viel näher, der Hauptkamm der Zillertaler Alpen geben sich die Ehre – oder auch nicht, je nach Wetter. Nur schwer wird man sich bei guter Sicht von diesem Prachtpanorama lösen. Zunächst geht es jedoch wieder zum Hauptweg, auf dem wir zurück zum **Passenjoch (10)** wandern. Dort halten wir uns rechts und steigen nun über Weg Nr. 31 hinunter ins Passental. Nach ca. einer Stunde queren wir bei der **Passenalm (12)** den Passenbach. Kurz dahinter wird aus dem schmalen Steig ein Fahrweg. Die Zivilisation naht. Nach weiteren 45 Minuten erreichen wir eine Kreuzung, die uns zwei Optionen für den Rückweg bietet: Geradeaus geht es auf Weg Nr. 31 A direkt zurück nach **Lappach (1)**. Schöner und etwas länger ist Weg Nr. 31 B über Zösen. Wer sein Fahrzeug am Rinsbacher Hof abgestellt hat, sollte auf die zuletzt genannte Variante zurückgreifen.

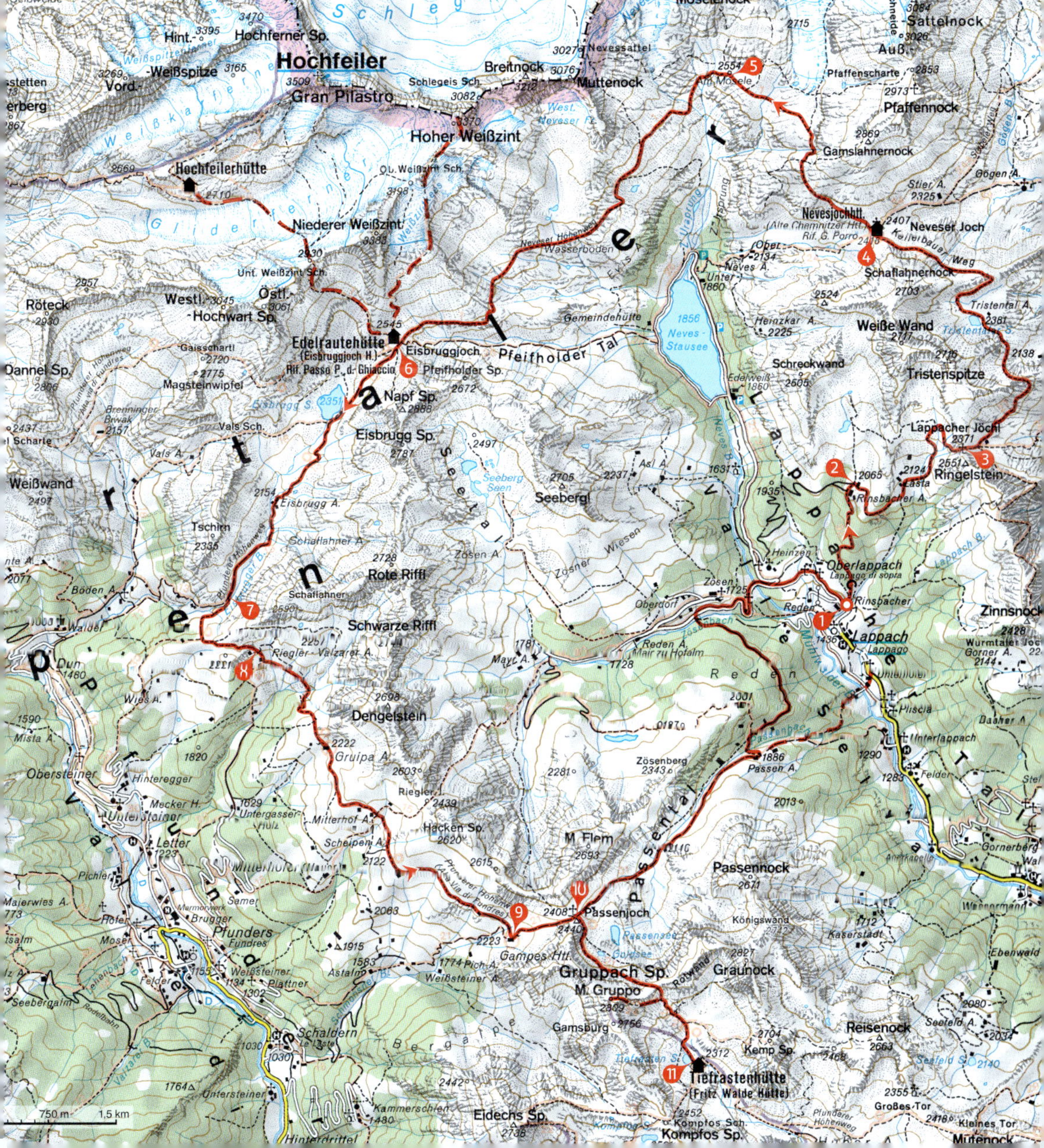

# 14 Stubaier Höhenweg

## Rund um Neustift

8 bis 9 Tage

■ schwierig

### Einer der schönsten Höhenwege der Alpen

Haben Sie Vorurteile? Ich habe welche, und manche werden von mir auch liebevoll gepflegt. Die Stubaier Alpen im Herzen Tirols zum Beispiel. Ich war zwar noch nie dort, wusste aber genau, was mich erwartet. Sterile Hütten mit dem Charme einer Bahnhofsvorhalle und langweilige Schotterberge ohne Form und Eleganz. Wenn mich heute jemand nach den landschaftlich vielfältigsten und eindrucksvollsten Touren in den Ostalpen fragt, die Stubaier Runde wäre unter den Top Five. Bizarre Kalkburgen, elegante Firngipfel und vor allem die überall wie glitzernde Edelsteine in die Bergwelt eingelagerten Seeaugen haben mein Stubaibild komplett revidiert – von der Gastfreundschaft auf den Hütten darf sich jeder selbst überzeugen. Beim Gletscherskigebiet oberhalb der Dresdner Hütte werden Albträume allerdings wahr.

### TOURENINFO

**Ausgangs- und Endpunkt:** Neustift im Stubaital, 993 m. Neustift ist durch die Nähe zu Innsbruck und zur Brennerautobahn bequem zu erreichen. Vom Hauptbahnhof Innsbruck besteht eine Busverbindung ins Stubaital.

**Anforderungen:** Bestens versicherte Höhenwanderung in hochalpinem Gelände (ohne Gletscherberührung) mit hohen Anforderungen an Kondition und Trittsicherheit. Das unangenehmste Teilstück ist der Grawagrubennieder. An dessen Nordseite ist durch den sich zurückziehenden Hochmoosferner eine äußerst wackelige Mischung aus Geröll, Fels und Eis entstanden ist, über die es steil hinaufgeht. Eine über den rutschenden Schotter gelegte Leiter und einige Drahtseile sollen über die Stelle hinweghelfen.

**Höhenunterschied:** Je 5860 m im Auf- und Abstieg (ca. 43 Std.). Man kann die Tour auch in mehreren Abschnitten gehen.

**Information:** Tourismusverband Stubai/Tirol, Stubaitalhaus, Dorf 3, A-6167 Neustift im Stubaital, Tel. +43 501/8810, stubai.at. Eine weitere nützliche Internetadresse ist stubaierhoehenweg.at.

**Karte:** Freytag & Berndt WK 0241 »Innsbruck – Stubai – Sellrain – Brenner« (Maßstab 1:50.000).

### UNTERKÜNFTE

- **Starkenburger Hütte,** 2237 m, DAV, Anfang Juni bis Anfang Okt. bewirtschaftet, ca. 65 Schlafplätze, Tel. +43 664 5035420, alpenverein-darmstadt.de/huetten/starkenburger-huette, Reservierung per E-Mail.
- **Franz-Senn-Hütte,** 2149 m, ÖAV, Mitte Juni bis Anfang Okt. bewirtschaftet, ca. 140 Schlafplätze, Tel. +43 5226 2218, franzsennhuette.at.
- **Neue Regensburger Hütte,** 2286 m, DAV, Anfang Juni bis Ende Sept. bewirtschaftet, ca. 100 Schlafplätze, Tel. +43 664 2025070, regensburgerhuette.at, Reservierung über DAV-Reservierungssystem.
- **Dresdner Hütte,** 2308 m, DAV, Ende Juni bis Ende Sept. bewirtschaftet, ca. 150 Schlafplätze, Tel. +43 5226/8112, dresdnerhuette.at.
- **Sulzenauhütte,** 2191 m, DAV, Mitte Juni bis Ende Sept. bewirtschaftet, ca. 120 Schlafplätze, Tel. +43 5226 24320, sulzenauhuette.at, Reservierung per E-Mail oder Homepage.
- **Nürnberger Hütte,** 2288 m, DAV, Mitte Juni bis Ende Sept. bewirtschaftet, ca. 130 Schlafplätze, Tel. +43 664/ 1657461, nuernbergerhuette.at, Reservierung über DAV-Reservierungssystem.
- **Bremer Hütte,** 2411 m, DAV, Ende Juni bis Ende Sept. bewirtschaftet, ca. 75 Schlafplätze, Tel. +43 720 270660 und +43 664 3047360, bremerhuette.at, Reservierung über DAV-Reservierungssystem.
- **Innsbrucker Hütte,** 2370 m, ÖAV, Mitte Juni bis Anfang Okt. bewirtschaftet, ca. 100 Schlafplätze, Tel. +43 5276 295, innsbrucker-huette.at, Reservierung über DAV-Reservierungssystem.

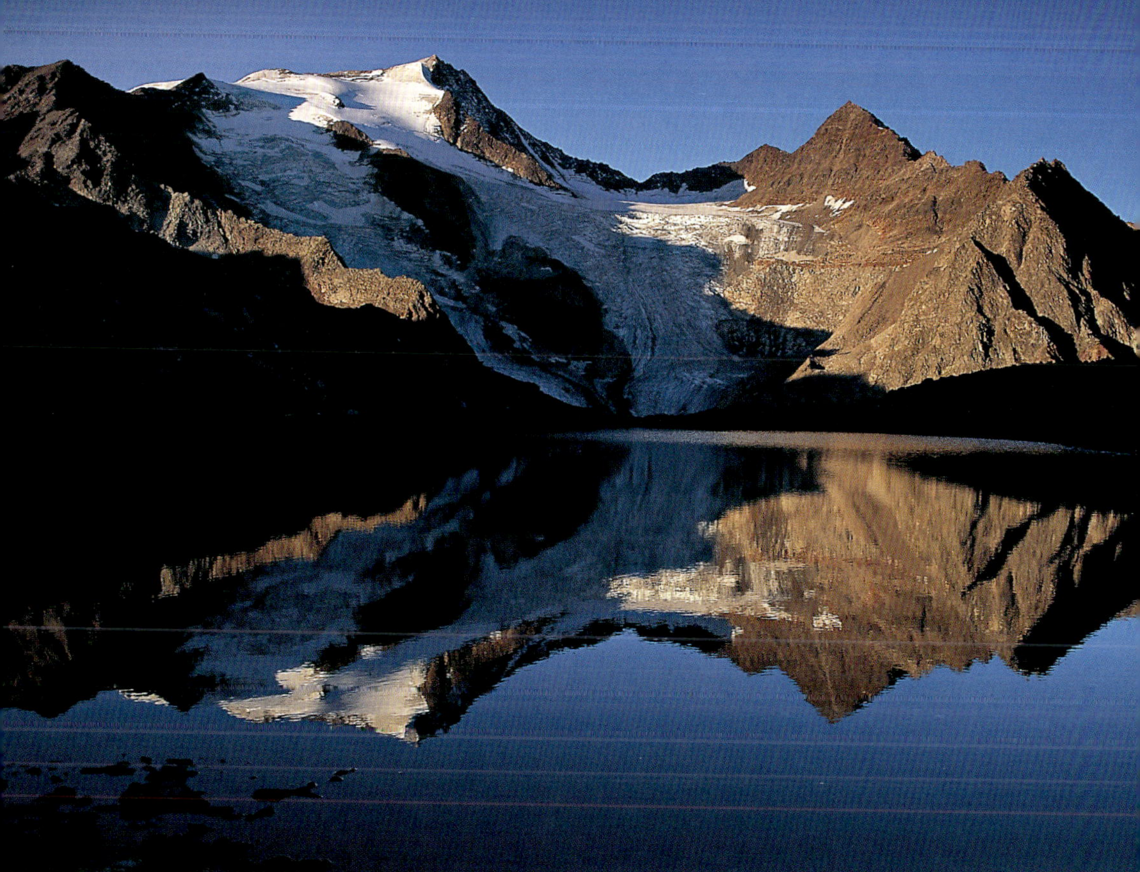

▲ *Wilder Freiger in friedvoller Umgebung: unterhalb der Mairspitze.*

**GIPFELMÖGLICHKEITEN**

▲ **Hoher Burgstall,** 2611 m: lohnenswerte Rundtour oberhalb der Starkenburger Hütte, ca. 1.30 Std., markiert, leichter Klettersteig.

▲ **Rinnenspitze,** 3000 m: von der Franz-Senn-Hütte, rund 3 Std. Aufstieg, 2.30 Std. Abstieg, mit Drahtseilen versicherter Steig.

▲ **Großer Trögler,** 2902 m: Alternativ zum Peiljoch kann man über den Großen Trögler von der Dresdner zur Sulzenauhütte wandern. Ca. 1 Stunde extra. Keine Schwierigkeiten.

▲ **Mairspitze,** 2780 m: aussichtsreiche Variante (wobei der Gipfel nicht betreten wird) zwischen Sulzenau- und Nürnberger Hütte. Rund 0.30 Std. extra. Keine Schwierigkeiten.

▲ **Habicht,** 3277 m: hervorragender Aussichtsberg und einer der leichtesten Dreitausender im Stubaital, von der Innsbrucker Hütte, 3 Std. Aufstieg, 2 Std. Abstieg, bezeichneter, teilweise versicherter Steig über Blockwerk und den kleinen (spaltenfreien) Habichtferner, eventuell sind Grödeln nötig.

## 1. Tag: Neustift, 993 m – Starkenburger Hütte, 2237 m

4 Std., 1240 m↑

Vom Kreisverkehr im Zentrum in **Neustift (1)** wandern wir das Bachertal aufwärts bis zu einer Wegkreuzung. Von dort führt Weg Nr. 115 kurvenreich zur **Starkenburger Hütte (2)** hinauf. Diese liegt mit Blick auf die gesamten Stubaier Alpen unterhalb der Kalkfelsen des Hohen Burgstalls, einem lohnenswerten Aussichtsgipfel. Alternativ zum Anstieg von Neustift kann man auch von Fulpmes mit der Seilbahn zum Kreuzjoch (Skigebiet Schlick 2000) auffahren. Für den als »Panoramaweg« ausgeschilderten Weg zur Hütte sind rund 1.30 Std. einzukalkulieren.

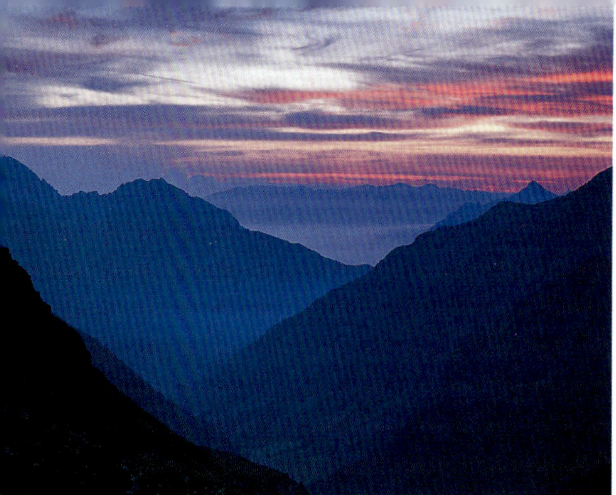

▲ *Morgens auf dem Weg zum Rinnensee.*

## 2. Tag: Starkenburger Hütte, 2237 m – Franz-Senn-Hütte, 2149 m

6 Std., 460 m↑, 540 m↓

Unsere Tourenwoche beginnt gleich mit einem ihrer elegantesten und aussichtsreichsten Abschnitte, dem Franz-Senn-Weg. Franz Senn (1833 bis 1884) war einer der bedeutendsten Erschließer der Ötztaler und Stubaier Alpen und – obwohl Österreicher, doch angewidert von der Borniertheit seiner Wiener Landsleute – einer der Mitbegründer des Deutschen Alpenvereins.
Wir verlassen die **Starkenburger Hütte (2)** auf Weg Nr. 115 und steigen auf zum **Seejöchl (3)**, 2518 m, unterhalb der bizarren Felsen der Kalkkögel. Am Wegekreuz (Hinweistafeln und Gesteinswechsel) biegen wir links ab und folgen nun Weg Nr. 117 mal rechts, mal links des Grates zum **Sendersjöchl (4)**, 2477 m. Weiter nach Westen gehend verlieren wir rund 200 Höhenmeter und erreichen die Jausenstation **Seduck Hochalm (5)**, 2249 m. Die Hälfte ist geschafft, Zeit für einen Apfelstrudel mit Sahne. Wir gelangen zur Schöne, von wo wir ins Kar der Viller Grube absteigen. Auf der anderen Seite führt ein versicherter Steig zum Steiniger hoch, der letzte Anstieg des heutigen Tages. Zum Schluss queren wir dann über die Wiesen der Alpeiner Alm hinunter zu der bereits seit langem nahe scheinenden **Franz-Senn-Hütte (6)**. Hier lohnt es sich, zwei Tage zu bleiben, der Ausflug zum Rinnensee und weiter auf die Rinnenspitze ist es wert.

## 3. Tag: Franz-Senn-Hütte, 2149 m – Neue Regensburger Hütte, 2286 m

4 Std., 600 m↑, 460 m↓

Die **Franz-Senn-Hütte (6)** scheint recht beliebt bei Kletter- und Jugendgruppen zu sein, die an den umliegenden Felsen ihre ersten Schritte am Berg üben. Sie beobachten uns, wir beobachten sie, und so starten wir auf der Südseite des Sommerwandbachs (»Dr.-Franz-Hörtnagl-Weg«, Nr. 133) in das weite Hoch-

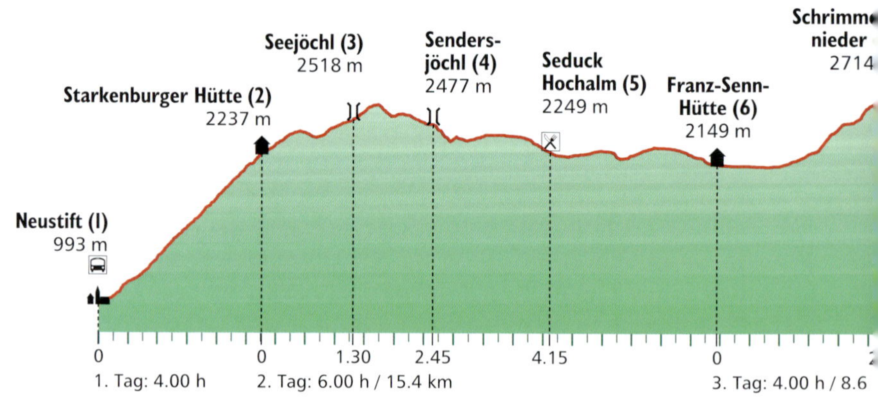

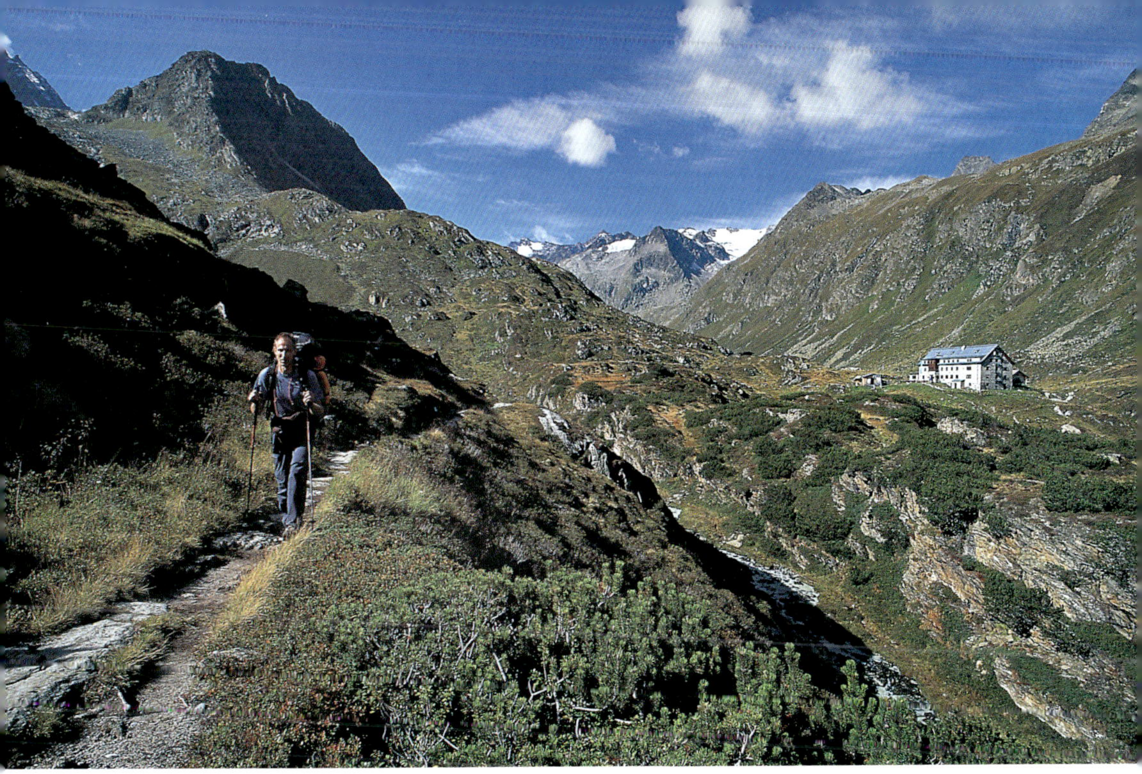

▲ Start an der Franz-Senn-Hütte.

tal des Kuhgschwez hinein. Nur allmählich gewinnt der Pfad an Höhe, steiler wird es erst nach der als Punkt 2198 m in der Karte eingetragenen Bachüberquerung, dann aber auch gleich richtig. In Serpentinen und über grobes Blockwerk steigen wir auf in ein schotteriges Hochkar, die Platzengrube. Nach wenigen Metern bergab wandern wir in einem weiten Bogen hinauf zum Pass des **Schrimmennieder (7)**, 2714 m. Auf der Südseite des Übergangs geht es steil hinunter bis zu einer Weggabelung. Hier rechts und auf gutem Weg weiter zu der oberhalb eines gewaltigen Wasserfalls gelegenen **Neuen Regensburger Hütte (8)**. Wer früh genug ankommt, sollte den Rest des Tages in der talaufwärts gelegenen Ebene »Hohes Moos« verbummeln.

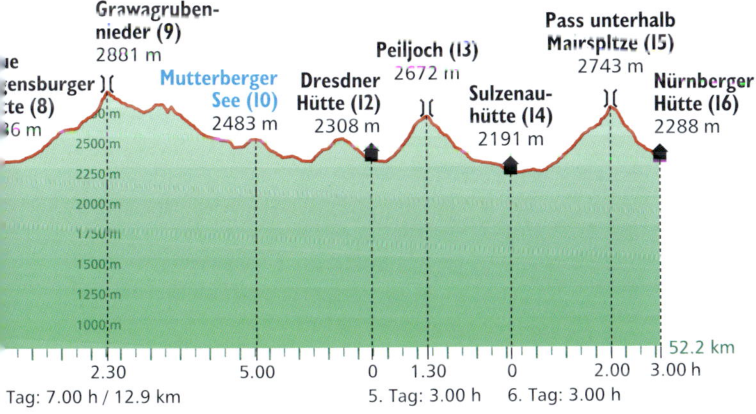

## 4. Tag: Neue Regensburger Hütte, 2286 m – Dresdner Hütte, 2308 m

7 Std., 1080 m↑, 1060 m↓

Die nun anstehende Etappe über den höchsten Pass der gesamten Runde ist anstrengend und verlangt Trittsicherheit. Weg Nr. 138 führt uns am rechten Rand des Hohen Mooses entlang zu einem kleinen Seeauge. Dahinter teilt sich der Weg: Rechts haltend würde man nach wenigen Metern den Falbesoner See erreichen. Wir biegen jedoch links ab und nähern uns mit Schrecken den düsteren Schotterhängen des Grawagrubennieders. Da soll es also hochgehen. Zunächst ist der Pfad noch gut, und wir erklimmen die Moräne des Hochmoosferners. Der nach der Bachquerung folgende Part ist jedoch genau so, wie er aussieht – unangenehm und schotterig. Die Schlüsselstelle ist eine über den abrutschenden Hang gelegte Leiter. Auf dem Pass **Grawagrubennieder (9)**, 2881 m, angekommen halten wir uns kurz nach Osten (links), dann leitet der jetzt gute Weg unter der Zunge des Grawagrubenferners auf die Berge des Stubaier Hauptkamms zu. Durch steile, von Felsrippen durchbrochene Hänge (teilweise mit Seilsicherungen) wandern wir langsam bergab und gelangen an ein idyllisches Seeauge unterhalb des **Mutterberger Sees (10)**. Wer auf Kitsch steht (aber kann Natur überhaupt kitschig sein?), sollte den Umweg zum See nicht scheuen: Nach der Querung des Seebachs biegt man rechts ab und steigt in einer halben Stunde hinauf. Der Stubaier Höhenweg leitet weiter geradeaus in die Wilde Grube hinein. Dort treffen wir auf die Zufahrtsstraße zum Skigebiet, der wir parallel auf einem Pfad folgen. In einer Rechtskurve verlassen wir die Straße und steigen nun links haltend zum **Egesennieder (11)** auf. Von dort erreichen wir in rund 15 Minuten die etwas oberhalb der Seilbahnstation gelegene **Dresdner Hütte (12)** – nach so viel herrlicher Landschaft kein schöner Anblick.

▼ *Nach einem Gewitter an der Neuen Regensburger Hütte.*

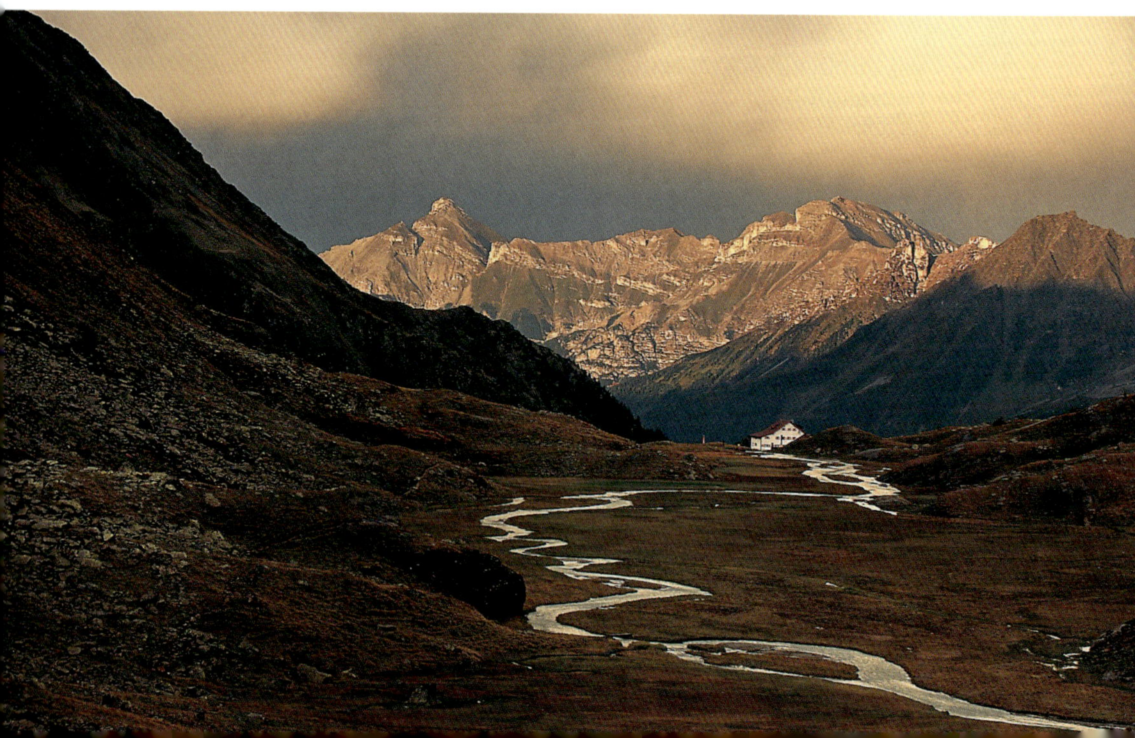

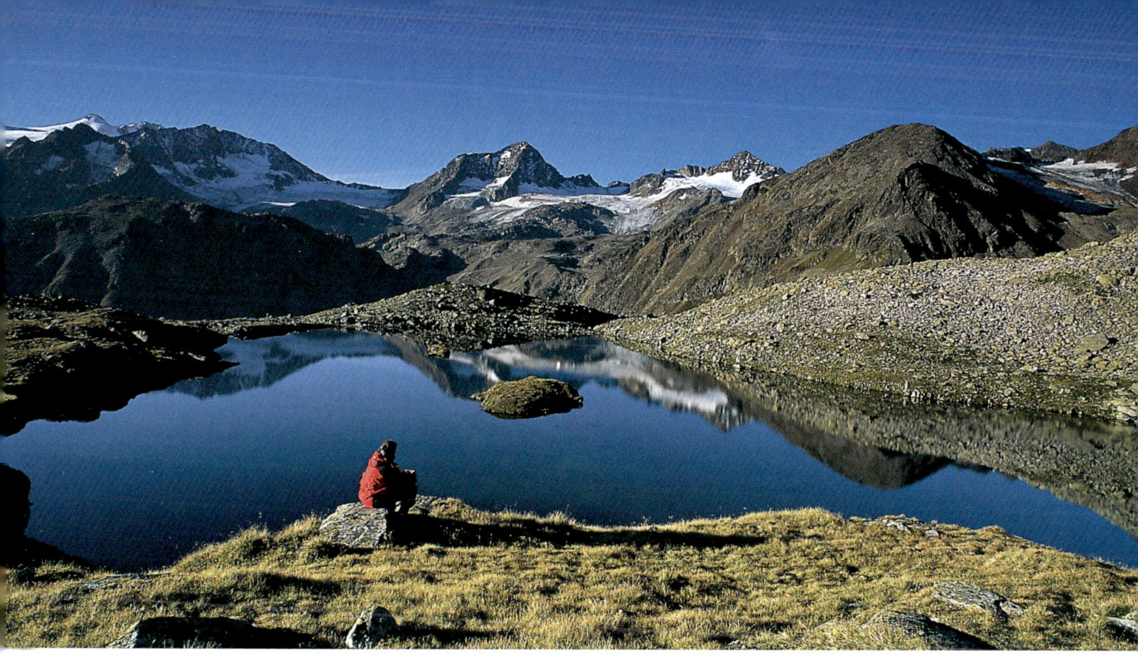

▲ See mit Insel: der Mutterberger See.

## 5. Tag: Dresdner Hütte, 2308 m – Sulzenauhütte, 2191 m

3 Std., 370 m↑, 480 m↓

Ein kurzer Tag, sofern man nicht gleich zur Nürnberger Hütte weitergeht. Von der **Dresdner Hütte (12)** wandern wir unter der Seilbahn hindurch zu einer Brücke über den Fernaubach. Nun geht es über Geröllhalden bergan weiter, bis sich nach einer halben Stunde der Pfad teilt. Links haltend können geübte Bergwanderer den Großen Trögler, 2902 m, besteigen, ca. eine Stunde extra ist für diese schönere Variante des Höhenwegs einzuplanen. Der Normalweg leitet rechts haltend steil, aber mit guten Seilsicherungen versehen, zum **Peiljoch (13)**, 2672 m, hinauf. Sehenswert sind am Pass zum einen der noch durchaus imposante Eisbruch des Sulzenauferners und zum anderen die wie Menhire anmutende Ansammlung von Steinmännern. Mit gutem Blick auf die Zunge des Gletschers steigen wir ab zur ehemaligen Seitenmoräne des Eisstroms und dann weiter zu der hinter einem Felsrücken versteckten **Sulzenauhütte (14)**, 2191 m.

## 6. Tag: Sulzenauhütte, 2191 m – Nürnberger Hütte, 2288 m

3 Std., 550 m↑, 460 m↓

Wir überqueren den Sulzaubach und wandern über eine niedrige Anhöhe hinweg in den gewaltigen Talkessel des Grünaubachs hinein. Hinter der Brücke über den Bach steigen wir steil hinauf und erreichen eine aussichtsreiche Wegkreuzung. Unter uns liegt der türkisgrüne Grünausee inmitten lieblicher Almmatten, darüber sendet die weit herabreichende Zunge des Freigerferners einen eisigen Gruß aus lichten Höhen. Wir biegen links (nach Norden) ab und gewinnen einige Höhenmeter, bis wir an die nächste Weggabelung gelangen. Wie am Tag zuvor kann man sich nun für eine niedrigere Variante (über das Niederl, 2629 m) oder eine schönere, aussichtsreichere (über die Mairspitze, 2743 m) entscheiden. Wir ziehen den Panoramaweg vor und steigen weiter in nördliche Richtung bergan. Bald erreichen wir ein kleines Seeauge, in dem sich bei gutem Wetter der Wilde Freiger spiegelt. Steil geht es nun über schotterige Hänge zu einem **Pass unterhalb der Mairspit-**

**ze (15)**. Deren Gipfelkreuz befindet sich 5 Minuten weiter nördlich und lädt zu einer aussichtsreichen Pause mit Blick auf die gesamte Stubaier Gipfelprominenz ein. Nur schwer wird man sich von hier oben lösen können, zumal der Abstieg zur **Nürnberger Hütte (16)** in rund einer Stunde schnell zu schaffen ist.

### 7. Tag: Nürnberger Hütte, 2288 m – Bremer Hütte, 2411 m

4 Std., 460 m↑, 340 m↓

Wir wandern anfangs über vom Gletscher glatt geschliffene Felsplatten talaufwärts, bis der Weg steil hinunter zum Langetalbach abfällt. Jenseits der holprigen Brücke führt der Pfad drahtseilgesichert ein kurzes Stück nach Norden, dann steigen wir steil über weiterhin glatt geschliffene Platten in ein felsiges Seitental hinein. Der etwas mühsame Aufstieg wird nach rund einer Stunde plötzlich durch das sogenannte Paradies unterbrochen, ein blumiges Juwel inmitten unfruchtbarer Wildnis. Leider finden die paradiesischen Zustände bald ein abruptes Ende. Der Weiterweg führt uns steil über Schotterhänge zum Zollhäuschen am **Simmingjöchl (17)**, 2754 m, hoch. Ca. 15 Minuten südlich des Passes liegt ein kleiner Gletschersee, in dem noch einige Eisberge treiben – ein lohnender Abstecher. Die **Bremer Hütte (18)** selbst kann man bei gutem Wetter bereits vom Simmingjöchl aus erkennen. Wir erreichen sie auf anfangs steilem, später immer flacher werdendem Pfad in rund einer Stunde.

### 8. Tag: Bremer Hütte, 2411 m – Innsbrucker Hütte, 2370 m

7.15 Std., 1100 m↑, 1140 m↓

Wer bis hierher ohne Schwierigkeiten gekommen ist, muss sich nicht vor dem »Klettersteig« zum Lautersee fürchten und spart damit rund 200 Höhenmeter

▼ *Das Ziel in Reichweite: Blick vom letzten Pass hinunter zur Innsbrucker Hütte.*

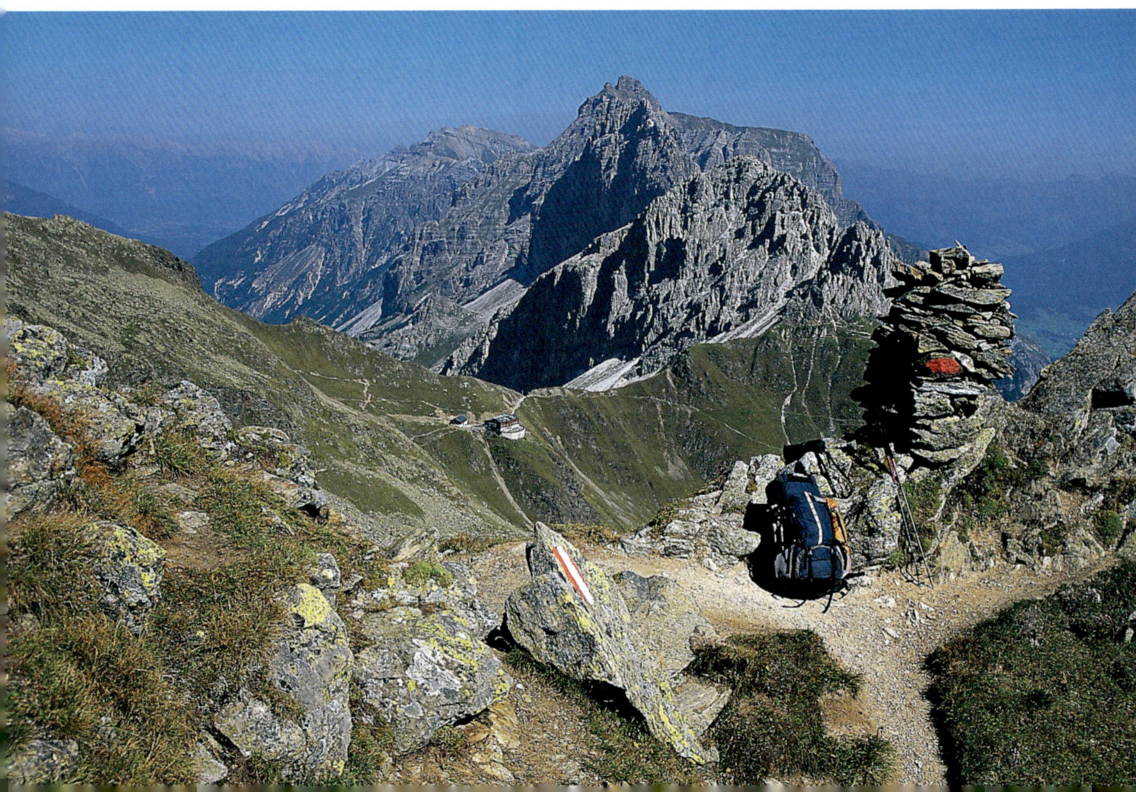

im An- und Abstieg. Dementsprechend verlassen wir die **Bremer Hütte (18)** in Richtung Lautersee. Die Schlüsselstelle des Steigs, ein ca. 30 m hoher Risskamin, ist bald erreicht und muss im Abstieg bewältigt werden. Danach ist es zu dem romantisch gelegenen See nicht mehr weit. Vom **Lautersee (19)** wandern wir weiter nach Nordosten und treffen bald wieder auf den Hauptweg. Der nun folgende Abschnitt zur Innsbrucker Hütte ist vor allen Dingen lang. Wir wandern von einer Hochalm zur nächsten, überqueren dabei den **Bockgrubenbach (20)** und gelangen zum Übergang an der **Pramarnspitze (21)**. Jedesmal verlieren wir dabei rund 200 Höhenmeter, die auf der jeweils anderen Seite wieder zu erklimmen sind. Der Weg führt durch felsiges, aber gut begehbares Gelände. Vom letzten **Pass am Ostgrat des Habichts (22)** sieht man dann bereits die **Innsbrucker Hütte (23)**. Wir erreichen sie in rund 45 Minuten vom Steinmann am Pass.

### 9. Tag: Innsbrucker Hütte, 2370 m – Neustift, 993 m

4.30 Std., 1380 m↓

Das Ende einer großartigen Runde. Von der **Innsbrucker Hütte (23)**, die direkt auf der Gesteinsgrenze zwischen den nördlich aufragenden Kalkbergen rund um die Ilmspitze und den Gneisen des Habichts liegt, steigen wir auf Weg Nr. 123 in das Pinnistal ab. Dabei erreichen wir zunächst die bewirtschaftete **Karalm (24)**, wo sich der Wanderweg zu einem Fahrweg verbreitert. Eine weitere halbe Stunde später gelangen wir zur **Pinnisalm (25)**, 1560 m, ab der ein Taxi-Service nach Neustift angeboten wird. Wer trotzdem zu Fuß weiter möchte, muss sich auf rund zwei Stunden Wanderung parallel zur Straße einstellen. Alternativ kann man auch von der **Karalm (24)** zur Elferhütte, 2004 m, aufsteigen, von dort in zahlreichen Serpentinen zur Bergstation der Elfer-Gondelbahn absteigen und dann mit der Bahn nach **Neustift (1)** hinab schweben (3 bis 4 Stunden von der Innsbrucker Hütte).

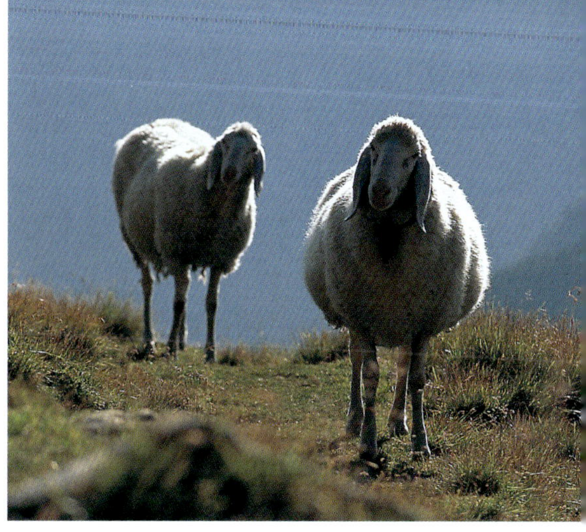

▲ *»Platz da!«*

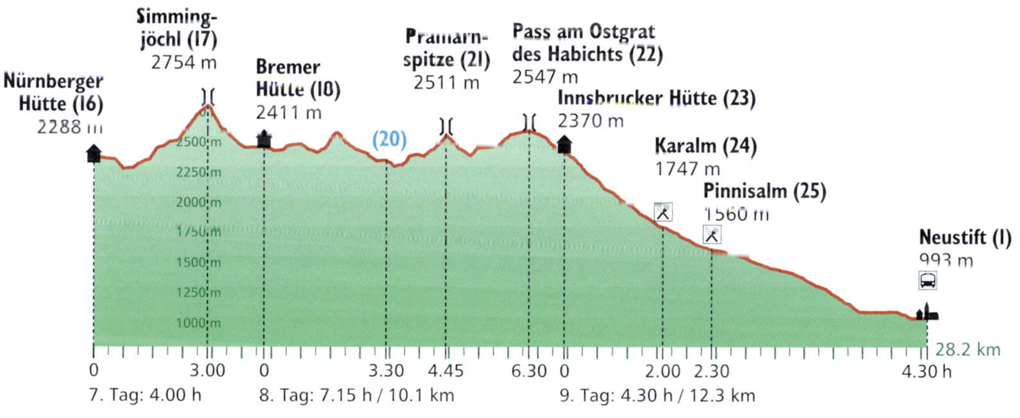

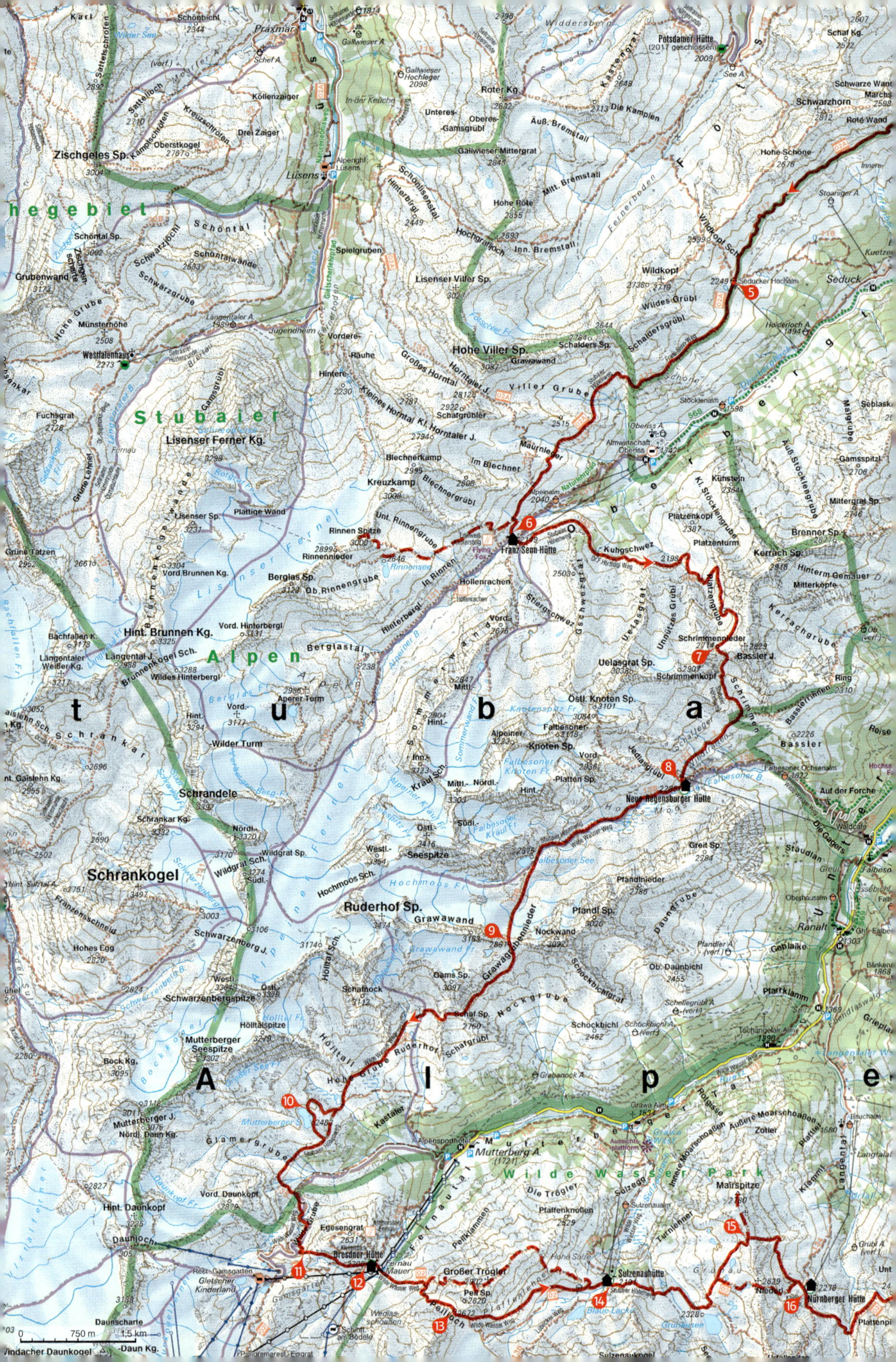

Stubaier Alpen
Praxmar
Lüsens
Zischgeles Sp.
Westfalenhaus
Lisenser Ferner Kg.
Potsdamer Hütte (2017 geschlossen)
Schwarzhorn
Hohe Villler Sp.
Wildkopf
Seduck
Seducker Hochalm
Oberiss
Franz Senn Hütte
Rinnen Spitze
Hint. Brunnen Kg.
Ruderhof Sp.
Schrankogel
Schrandele
Neue Regensburger Hütte
Falbesoner Ochsenalm
Ranalt
Pfandl Sp.
Mutterberger Seespitze
Mutterberg A.
Wilde Wasser Park
Dresdner Hütte
Sulzenauhütte
Nürnberger Hütte
Großer Trögler
Peiljoch
Daunkogel
Hint. Daunkopf
Schafgrübl
Hochmoos Sch.
Grawawand
Habicht
Mairspitze
Plattenspitze

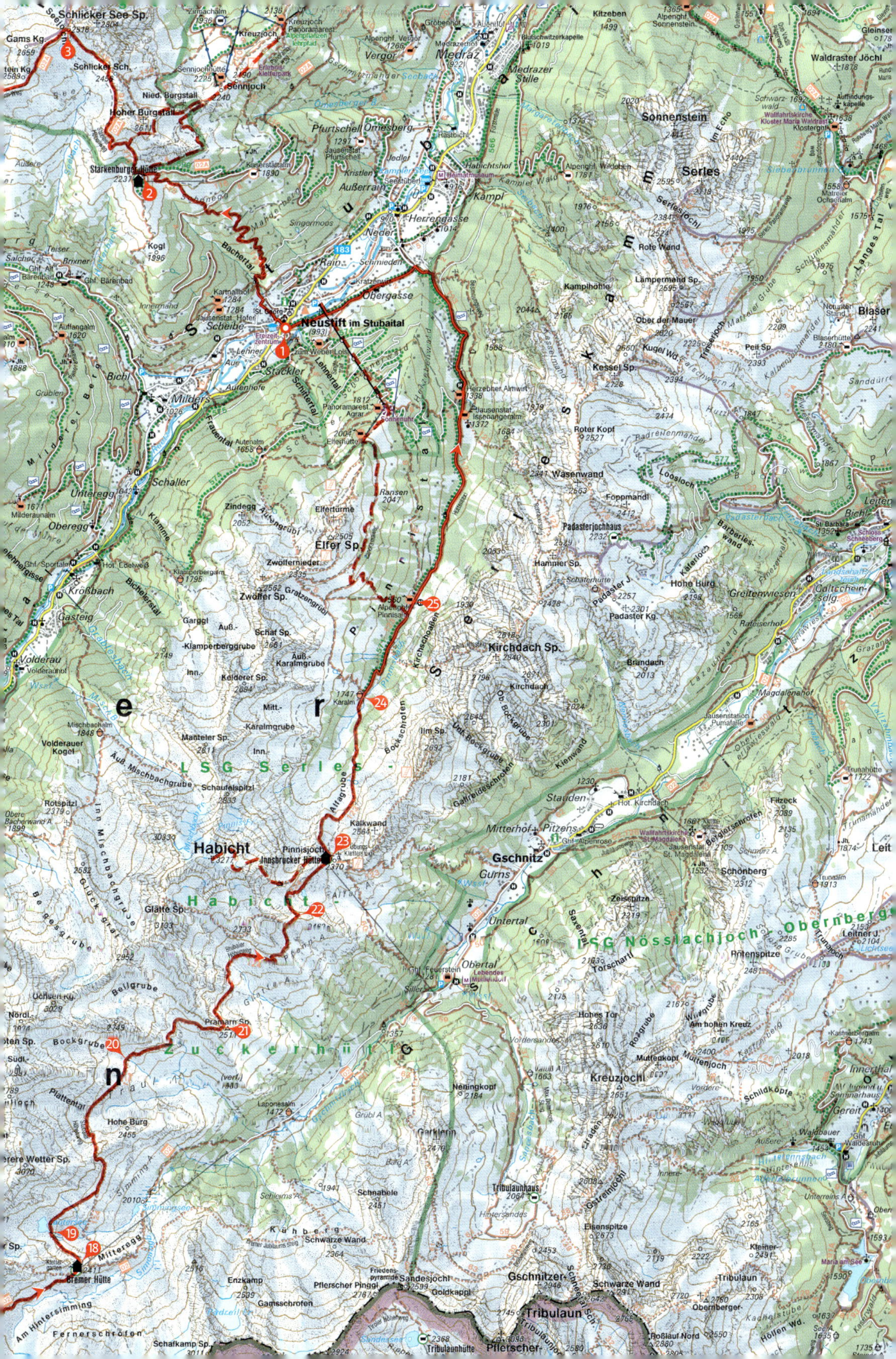

# 15 Pflerscher Höhenweg

## Von St. Antonim Pflerschtal

3 Tage

■ schwierig

### Am Fuß der Tribulaune

40.000 Menschen schauen pro Tag für einen winzig kleinen Moment von der Brenner-Autobahn in das liebliche Pflerschtal im Südtiroler Teil der Stubaier Alpen, doch nur die wenigsten werden das bewusst tun. Wäre das anders, dann würden sie vielleicht staunen über den direkt unterhalb der himmelhohen Betonpfeiler der Autobahn liegenden Weiler Gossensass mit seinen beschaulichen Häusern und dem roten Kirchturm. Sie würden eventuell in das grüne Tal hineinsehen und eine Landschaft erkennen, die schon fast ein wenig an Märklin-Eisenbahn-Panoramen erinnert. Und gegebenenfalls würden sie auch die gebirgige Umrahmung des Pflerschtals bestaunen, jenen großartigen Gipfelkranz mit den vom ewigen Eis gekrönten Spitzen der Feuersteine und den strahlend hellen Dolomitklötzen der Tribulaune. Doch all dies bleibt den gegen Süden rasenden Italienfahrern verborgen. Zum Glück, denn das Pflerschtal ist trotz der Nähe zum Brenner (oder gerade deswegen) eines der ursprünglichsten Täler in Südtirol geblieben, gesegnet mit einem fantastischen, als Wochenendtour geeigneten Höhenweg. Aber Achtung! Dieser ist deutlich anspruchsvoller, als er es den Ausführungen und Schildern des Tourismusvereins nach sein sollte. Die letzte Tagesetappe führt auf sehr schmalen und ausgesetzten Pfaden durch die Felswildnis der Tribulaune. Das ist landschaftlich großartig, bei Niederschlag aber wird der Weg schmierig und ist steinschlaggefährdet.

▶ *Unterhalb der Weißwandspitze.*
▼ *1000 m oberhalb des Pflerschtals, der Tribulaun im Hintergrund.*

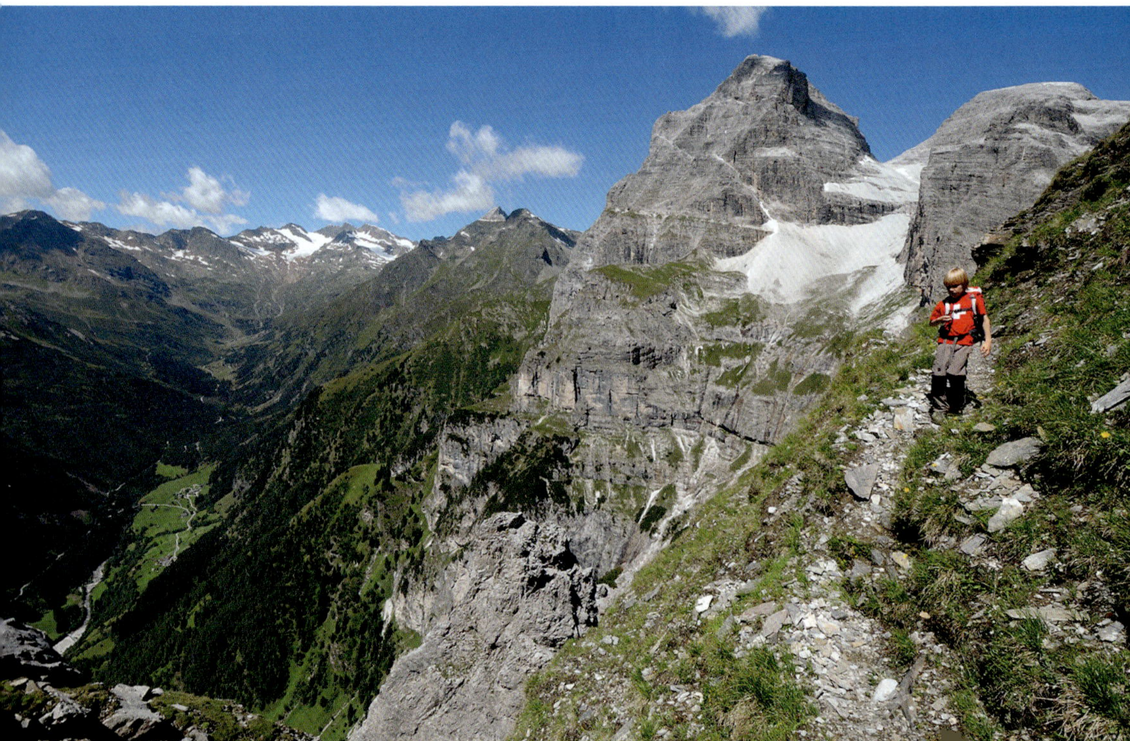

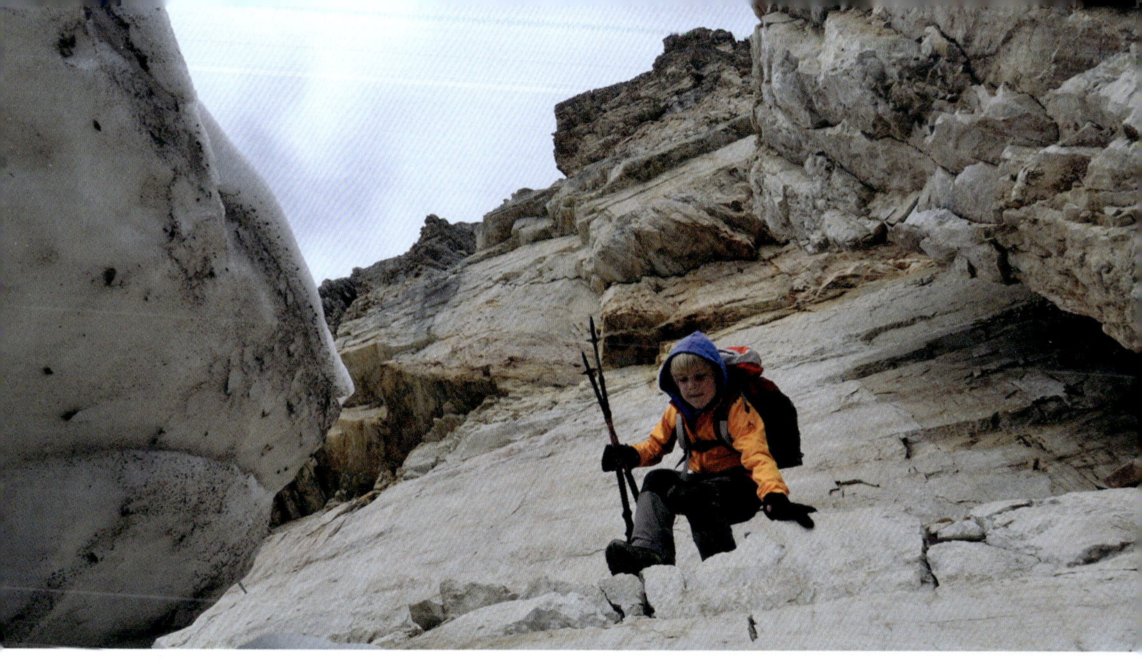

## GIPFEL

▲ **Weißwandspitze,** 3016 m: Abstecher auf der 2. Etappe. Kurz bevor der Weg Nr. 7 in die Südostwand einbiegt (schwarzer Pfeil, Steinmann), zweigt man links ab und steigt über Pfadspuren auf den Gipfel hinauf. 15 Min. im Aufstieg, 10 Min. im Abstieg, tolles Panorama von den Dolomiten bis zum Zuckerhütl.

▲ **Pflerscher Tribulaun,** 3097 m: Mächtiger Klotz aus Dolomit, das gesamte Pflerschtal beherrschend. Der Normalweg führt von der Tribulaunhütte über das Sandesjoch auf den Gipfel, rund 3.30 Std. im Aufstieg, 3.30 Std. im Abstieg (Abseilmanöver). Die Route ist eine Klettertour, mit UIAA III bewertet und teilweise mit Drahtseilen versichert. Der Tribulaun ist ein Bruchhaufen, ein Helm ist also Pflicht. Die Steinschlaggefahr darf nicht unterschätzt werden! Steinmännchen dienen als Markierung. Ein Gipfel für Alpinisten!

## UNTERKÜNFTE

**Magdeburger Hütte,** 2423 m, CAI, Anfang Juni bis Ende Sept. bewirtschaftet, ca. 45 Schlafplätze, Tel. +39 0472 632472 und +39 338 2428278, rifugiocremona.com.

**Tribulaunhütte,** 2368 m, CAI, Anfang Juli bis Ende Sept. bewirtschaftet, ca. 40 Schlafplätze, Tel. +39 0472 632470, tribulaunhuette.com.

## TOURENINFO

**Ausgangspunkt:** St. Anton, 1246 m, am Ende des Pflerschtals. Obwohl man mit dem Auto noch etwas höher fahren könnte zu weiteren Wanderparkplätzen, sollte man dieses bereits hier abstellen. Es gibt einen großen Besucherparkplatz gegenüber des Familienhotels Feuerstein und den »Wanderparkplatz St. Anton Pflerschtal« in einem Waldstück. Das Pflerschtal erreicht man mit dem Bus von Sterzing über Gossensass. Sterzing ist Haltestelle der Bahn über den Brenner. Mit Umsteigen am Brenner kann man mit der Bahn auch bis Gossensass fahren.

**Endpunkt:** Ladurns, 1177 m, im Pflerschtal. Eine Bushaltestelle befindet sich an der Hauptstraße direkt bei der Talstation der Bergbahn.

**Anforderungen:** Der Weg ist extrem ausgesetzt und sorgt selbst bei Schwindelfreiheit für so manchen Adrenalinschub. Am dritten Tag viele mit Drahtseilen und Stufen ausgebaute Passagen. Trotz der Ausschilderung als normaler Wanderweg sollte man insbesondere auf dem letzten Abschnitt gegebenenfalls ein Klettersteigset dabeihaben. Der Weg verlangt absolute Trittsicherheit, bei Regen ist von dieser Tour dringend abzuraten.

**Höhenunterschied:** 2130 m im Aufstieg, 2200 m im Abstieg (ca. 14 Std.).

**Information:** Touristen Information Gossensass, Ibsenplatz 2, I-39040 Gossensass, Tel. +39 0472 632372, gossensass.org.

**Karte:** Tabacco Wanderkarte 1:25.000, Blatt 038, Sterzing/Stubaier Alpen.

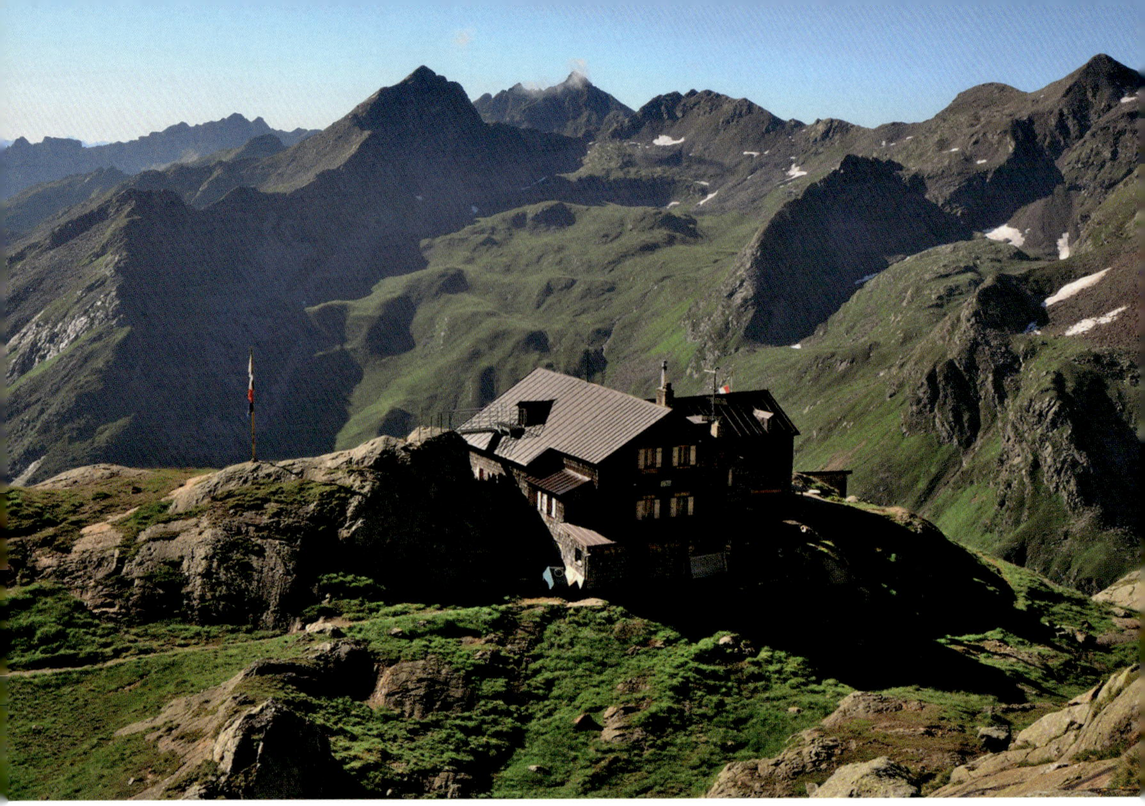

▲ *Idyll in grünen Bergen: die Magdeburger Hütte (vor dem Umbau 2019).*

## 1. Tag: St. Anton, 1246 m – Magdeburger Hütte, 2423 m

4 Std., 1180 m↑

Vom Parkplatz am Hotel Feuerstein etwas westlich vom Ort **St. Anton (1)** wenden wenden wir uns ein kurzes Stück talaufwärts und überqueren dann eine Brücke auf die Nordseite des Pflerscher Bachs. Hier beginnt der »Wasserfallweg« (Tafel mit Gesamtübersicht des Weges an der Brücke), dem wir nun bergauf folgen. Auf dem Wanderweg erreichen wir die schmale Teerstraße zwischen den beiden Ortsteilen von Stein. Der Straße folgen wir ein kurzes Stück nach links (Westen). Direkt vor einer **Brücke (2)** zweigen wir rechts ab, verlassen die Teerstraße und steigen auf einem Wanderweg weiter bergan.

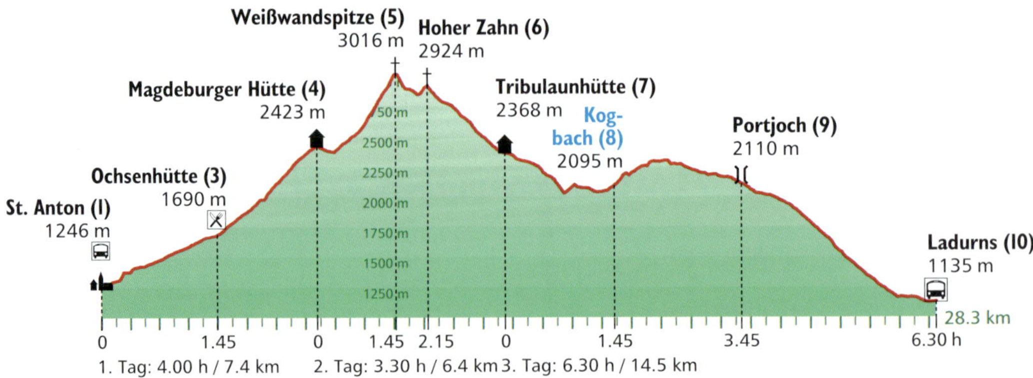

Wir überqueren den Bach und wandern schließlich am Hang entlang taleinwärts. Stets parallel zum Pflerschbach im Tal erreichen wir die Alm **Ochsenhütte (3)**. Auch wenn der Besuch der Alm einen kleinen Umweg bedeutet, lohnt der Besuch für ein frisches Glas Milch oder andere Kaltgetränke. Anschließend beginnt der anstrengende Teil des Aufstiegs, rund 800 Höhenmeter wollen im steten Hin und Her bis zur Magdeburger Hütte überwunden werden. Kurz unterhalb der Hütte teilt sich der Weg. Wir halten uns links und erreichen in wenigen Minuten die auf einer Aussichtsterrasse über dem Tal gelegene **Magdeburger Hütte (4)**. Sehenswert sind die Seen in der Umgebung, der vordere und der hintere Stubensee, die allerdings so verlandet sind, dass mehr Wollgras als Wasser zu sehen ist.

## 2. Tag: Magdeburger Hütte, 2423 m – Tribulaunhütte, 2368 m

3.30 Std., 550 m↑, 610 m↓

Markierung Nr. 7 ist heute wegweisend. Zunächst geht es von der **Magdeburger Hütte (4)** wieder zurück zum Stubensee und zur Brücke über seinen Abfluss. Dahinter biegen wir links ab und steigen hinauf in das Kar südwestlich der Weißwandspitze. Über Schutt und geröllige Steilhänge geht es hinauf bis zur Südkante des Berges. Hier zweigt etwas unscheinbar der kurze Steig zum Gipfel der **Weißwandspitze (5)**, 3016 m, ab, bei gutem Wetter Pflichtprogramm. Vom Gipfel steigt man das kurze Stück auf dem bekannten Weg bergab. Der Weiterweg führt auf einem Band, welches genau den Gesteinswechsel zwischen dem unteren Schiefer und dem

*▼ Mehr Wollgras als Wasser – der vordere Stubensee unterhalb der Magdeburger Hütte.*

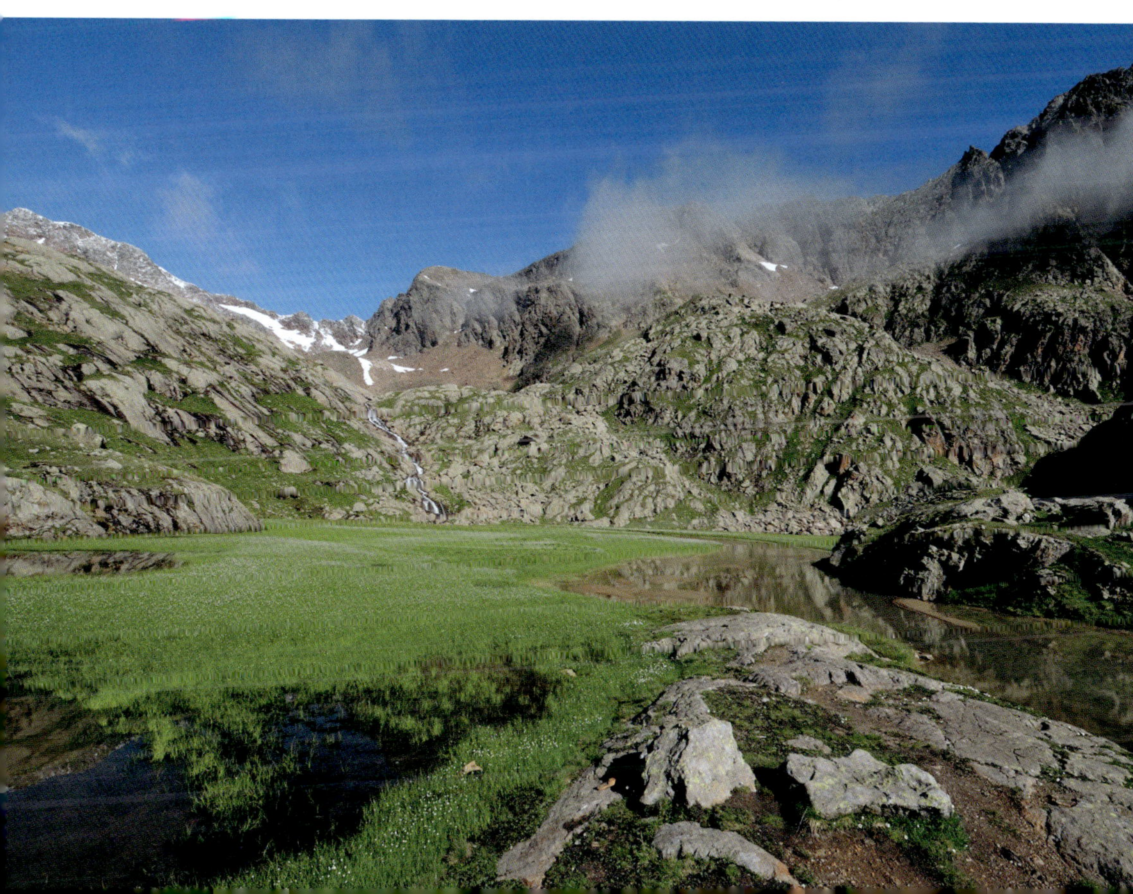

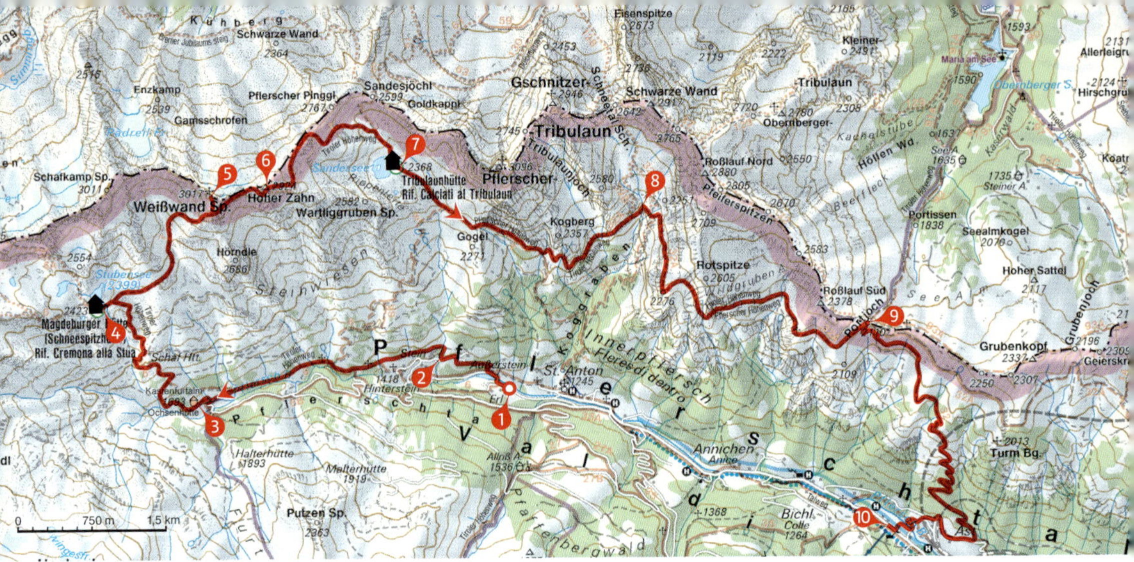


sich darüber befindenden Kalk markiert, durch die Südostwand des Berges. Je nach Jahreszeit kann hier noch Schnee liegen, dann ist äußerste Vorsicht geboten. Wir gelangen in eine Scharte, von der wir mit kurzem Gegenanstieg (ca. 80 Hm) auf den **Hohen Zahn (6)**, 2924 m, steigen. Von hier gehen wir in einem großen Bogen mit toller Aussicht auf den gegenüber liegenden Pflerscher Tribulaun hinunter, bis wir unterhalb des Sandesjöchl (Pflerscher Scharte) auf den Hauptweg treffen. Von dort steigen wir rechts haltend zu der bereits gut sichtbaren **Tribulaunhütte (7)** hinab, die traumhaft schön am Sandessee liegt, ein Fotomotiv der Extraklasse.

### 3. Tag: Tribulaunhütte, 2368 m – Ladurns/Ast, 1177 m

6.30 Std., 400 m↑, 1590 m↓

Wir verlassen die **Tribulaunhütte (7)** in Richtung Tal (Weg Nr. 8). Nach wenigen hundert Metern biegt der Pflerscher Höhenweg nach links ab (Weg Nr. 7 und 32A). Diesem folgen wir nun spektakulär am Wandfuß des Pflerscher Tribulauns nach Osten. Rund eine Stunde ab der Hütte zweigt rechts der Weg Nr. 7 ins Tal ab, während Weg Nr. 32A weiter geradeaus führt. An dieser Stelle befindet sich häufig ein großes Schneefeld. Man sollte keinesfalls versuchen, über das Schneefeld weiterzugehen, Jahr für Jahr passieren dabei schwere Unfälle! Besser ist es, über Weg Nr. 7 kurz abzusteigen, das Schneefeld zu umgehen und auf der anderen Seite wieder aufzusteigen. Weiter auf Weg Nr. 32A gelangen wir nun in das Tal des Koggrabens. Kurz vor Erreichen des Bachs gabelt sich der Weg: Links geht es über Weg Nr. 32B zur Schneetalscharte, wir halten uns rechts und bleiben auf dem Pflerscher Höhenweg. Auf der anderen Seite des **Kogbachs (8)**, der etwas mühselig über Geröll gequert wird, treffen wir auf Weg Nr. 32. Diesem folgen wir ein kurzes Stück bergan, dann biegt der Pflerscher Höhenweg wiederum nach rechts mit der Markierung Nr. 32A ab. Es folgt das technisch schwierigste, aber auch landschaftlich großartigste Teilstück des Weges, bei dem wir auf sensationell schmalen Pfaden die Rotspitze umwandern. Nach diesem wilden Abschnitt wird der Pflerscher Höhenweg zunehmend zahmer und wir erreichen das **Portjoch (9)**. Wenige Meter unterhalb des Jochs biegen wir rechts ab und lassen uns von Markierung Nr. 32 ins Tal hinab leiten. Nach einem Sportplatz erreichen wir die Straße in **Ladurns (10)** direkt beim Lift mit Parkplatz und Bushaltestelle.

▶ *Der Pflerscher Tribulaun und die Tribulaunhütte am Sandessee.*

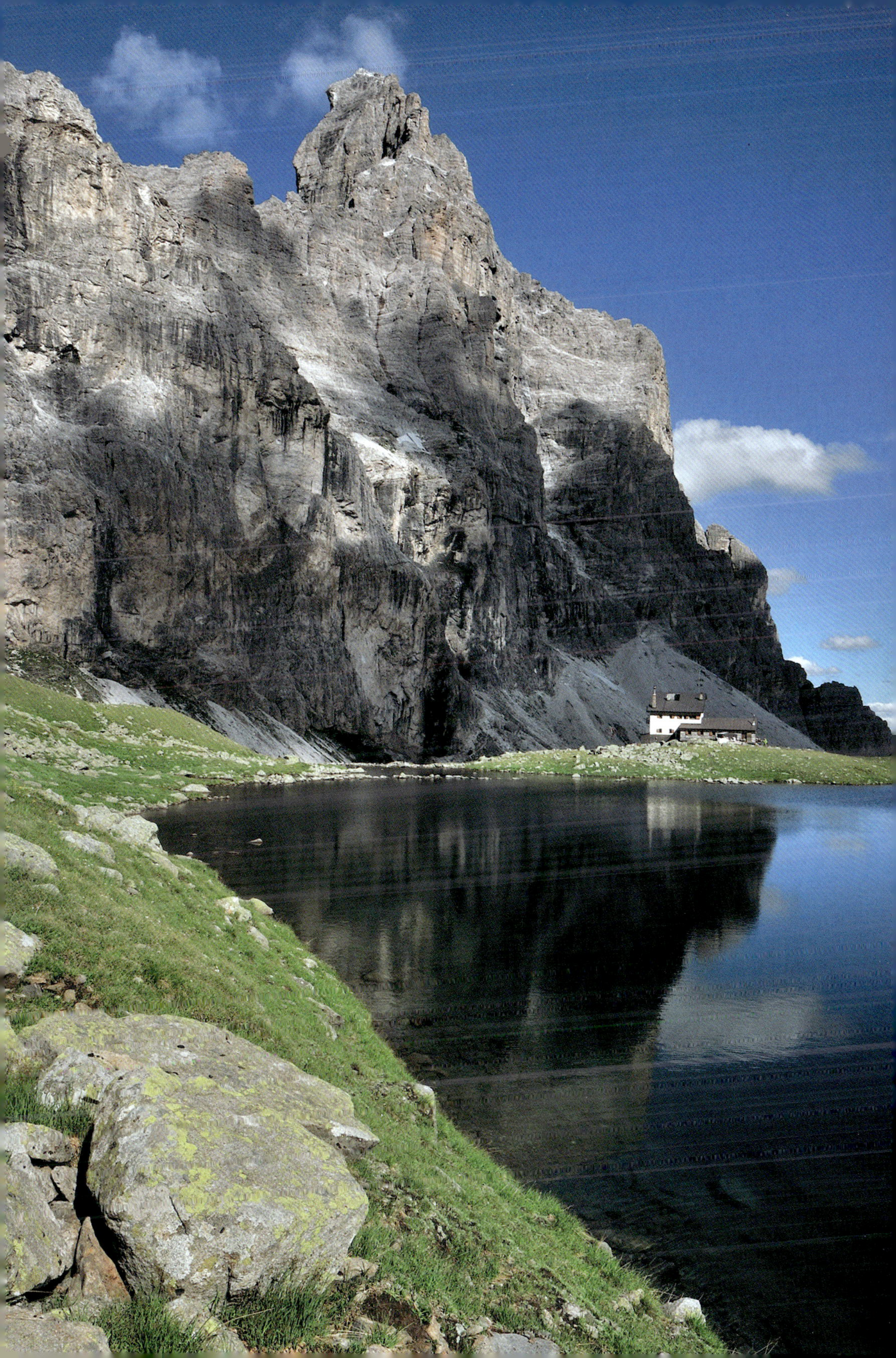

# 16 Rund um den Kaunergrat

## Von Feichten zum Gepatschhaus

4 bis 5 Tage

■ schwierig

### Von zart bis hart – eine vielseitige Rundtour

Die Ötztaler Alpen sind eine mit Eis und Firn überzogene Gebirgsgruppe mitten in Tirol, und sie besitzen im Vergleich zu vielen anderen gigantische Ausmaße. Keine andere Gruppe in den Ostalpen weist eine so große Fläche über 3000 m auf, nirgendwo sonst strömen so viele Gletscher ins Tal, auch wenn diese, wie überall, stark schrumpfen und sich zurückziehen. Der Kaunergrat, um den unsere Tour herumführt, ist ein lang gezogener Gebirgskamm im Westen der Ötztaler Alpen. Er verläuft als dunkler Urgesteinskamm hoch und unnahbar zwischen Kauner- und Pitztal und bietet, selbst nahezu eisfrei, phänomenale Aussichten auf den schimmernden Weißkamm mit seiner Gletscherparade und der Wildspitze, 3768 m, dem höchsten Gipfel Nordtirols. Wir erleben, meist weit weg vom Pitz- und Ötztaler Skizirkus, die ursprüngliche Seite der Ötztaler Bergwelt – unverfälscht und unverbaut. Das hervorragend eingerichtete Wegenetz bietet dabei scheinbar spielerisch leichten Gehgenuss. Aber Achtung! Bei schlechtem Wetter verdoppeln sich Anstrengung und Gefährdung, die zuvor liebliche Bilderbuchlandschaft wird zur bedrohlichen Kulisse.

#### TOURENINFO

**Ausgangspunkt:** Feichten, 1287 m, im Kaunertal. Die Tour beginnt am Ortsende beim Hotel Feichtner Hof. Im Tourismusbüro nach Parkmöglichkeit fragen. Wer mit öffentlichen Verkehrsmitteln anreist, fährt mit dem Zug bis Landeck und von dort weiter mit dem Bus über Prutz (dort umsteigen) nach Feichten.
**Endpunkt:** Gepatschhaus, 1925 m. Von dort mit dem Bus zurück nach Feichten bzw. über Prutz zum Bahnhof von Landeck. Vor Beginn der Tour im Tourismusbüro nach der Busabfahrtszeit erkundigen, der Bus fährt eher selten.
**Anforderungen:** Anspruchsvolle Höhenwanderung, die dem Begeher mit kurzen Gletscherüberschreitungen, steilen Schotterpässen und dem mit Drahtseilen versicherten Cottbuser Höhenweg die gesamte Palette alpiner Fertigkeiten abfordert. Auch wenn die Schnee- und Gletscherpassagen kurz sind (Madatschjoch und Ölgrubenjoch), gehören Leichtsteigeisen ins Gepäck. Auch das Madatschjoch ist mit Drahtseil und Ketten versichert.
**Höhenunterschied:** 3190 m im Aufstieg, 2550 m im Abstieg (19 Std.).
**Information:** Tourismusverband Tiroler Oberland – Infobüro Kaunertal, Feichten 134, A-6524 Kaunertal, Tel. +43 502 25200, kaunertal.com.
**Karte:** Freytag & Berndt WK 251 »Ötztal – Pitztal – Kaunertal – Wildspitze« (Maßstab 1:50.000).

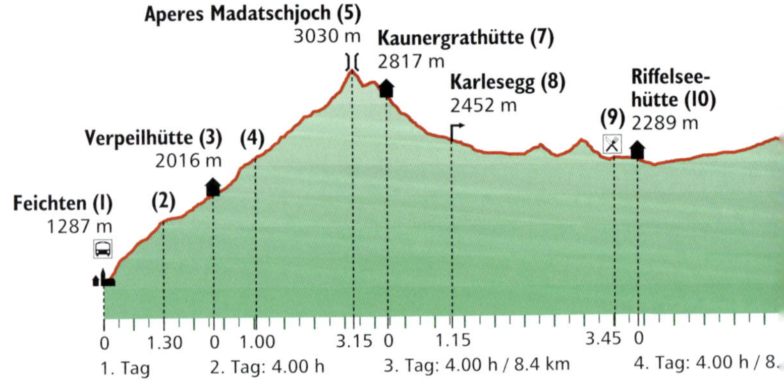

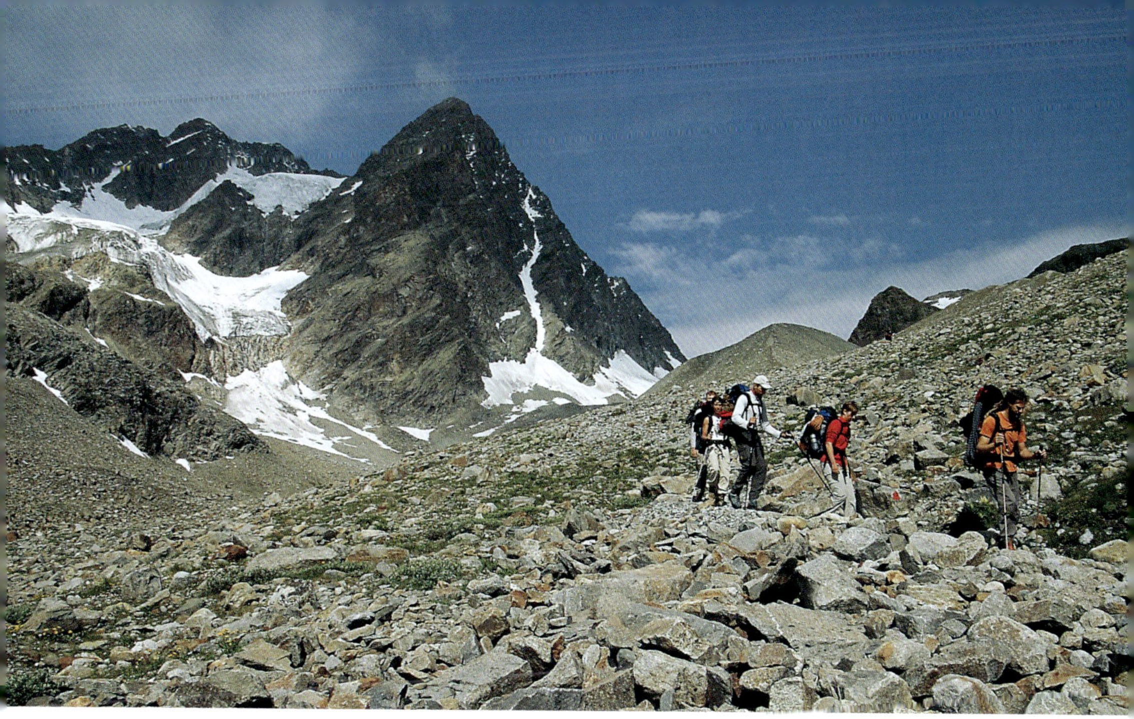

▲ *Beim Abstieg von der Kaunergrathütte haben wir stets einen guten Blick auf die Watzespitze.*

## GIPFELMÖGLICHKEITEN

▲ **Mooskopf,** 2532 m: Abstecher auf der 2. Etappe, 0.35 Std. Aufstieg ab der Abzweigung, 0.25 Std. Abstieg, keine Schwierigkeit.

▲ **Madatschkopf,** 2778 m: ebenfalls Abstecher auf der 2. Etappe von der Verpeilhütte zur Kaunergrathütte, 0.35 Std. Aufstieg ab der Abzweigung, 0.25 Std. Abstieg, keine Schwierigkeit.

▲ **Verpeilspitze,** 3423 m: der leichteste Gipfel von der Kaunergrathütte, ca. 2.15 Std. Aufstieg ab der Abzweigung, 1.50 Std. Abstieg, Kletterei im II. Grad.

▲ **Wildspitze,** 3768 m: der höchste Berg der Ötztaler Alpen, eine grandiose Gletschertour vom Taschachhaus, 5 Std. Aufstieg, 4 Std. Abstieg.

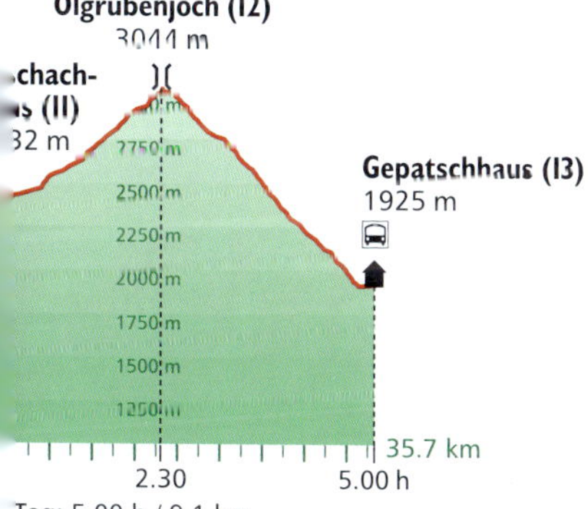


▲ **Hintere Ölgrubenspitze,** 3296 m: kann auf der 5. Etappe vom Ölgrubenjoch aus bestiegen werden, 0.45 Std. Aufstieg, 0.35 Std. Abstieg, Klettern I, eventuell Steigeisen nötig.

## UNTERKÜNFTE

**Verpeilhütte,** 2016 m, DAV, Mitte Juni bis Ende Sept. bewirtschaftet, ca. 40 Schlafplätze, Tel. +43 650 5656540, verpeilhuette.at, Reservierung telefonisch.

**Kaunergrathütte,** 2817 m, DAV, Mitte Juni bis Mitte Sept. bewirtschaftet, ca. 60 Schlafplätze, Tel. +43 664 3501179, kaunergrathuette.at, Reservierung über DAV-Reservierungssystem.

**Riffelseehütte,** 2289 m, DAV, Mitte Juni bis Ende Sept. und Mitte Dez. bis Mitte April bewirtschaftet, ca. 60 Schlafplätze, Tel. +43 664 3950062, riffelseehuette.at, Reservierung über DAV-Reservierungssystem.

**Taschachhaus,** 2432 m, DAV, Mitte Juni bis Ende Sept. bewirtschaftet, ca. 150 Schlafplätze, Tel. +43 664 2009588, taschachhaus.com, Reservierung über DAV-Reservierungssystem.

**Gepatschhaus,** 1928 m, DAV, Anfang Juni bis Ende Sept. bewirtschaftet, ca. 100 Schlafplätze, Tel. +43 664 4319634, gepatschhaus.at.

## 1. Tag: Feichten, 1287 m – Verpeilhütte, 2016 m

2 Std., 730 m↑

Ausgangspunkt unserer Wanderung ist das Hotel Feichtner Hof im Ort **Feichten (1)**. Rechts vom Hotel beginnt der Weg mit einem Hinweisschild zur Verpeilhütte. Kurz gehen wir über eine Wiese und gelangen dann in den Wald. Wir treffen auf eine Fahrstraße, die wir bald zugunsten eines Wanderwegs verlassen. Auf einer Höhe von etwa 1800 m erreichen wir die **Verpeilalm (2)** und erblicken zum ersten Mal den Schwabenkopf, der die dahinterliegende Verpeilspitze verdeckt. Hinter der Alm führt sowohl ein Fahrweg als auch ein Wanderweg weiter zur Verpeilhütte hoch. Schöner und idyllischer ist eindeutig der Wanderweg links vom Bach, mit Nr. 926 gekennzeichnet. Über diesen gelangen wir in das hintere Verpeiltal, wo nach einer ebenen Almfläche unser erstes Ziel, die schön gelegene **Verpeilhütte (3)**, auf uns wartet. Die Hüttenpächter sind selbst begeisterte Kletterer und haben um die Hütte herum zahlreiche neue Routen erschlossen. Auch die künstliche Kletterwand hinter der Hütte zeugt von dieser Begeisterung.

▼ *Keine Halluzination: »echte« Tiroler Lamas.*

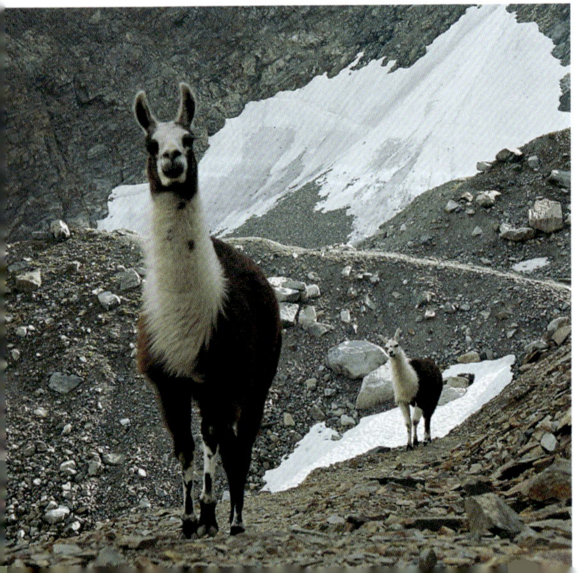

## 2. Tag: Verpeilhütte, 2016 m – Kaunergrathütte, 2817 m

4 Std., 1060 m↑, 260 m↓

Nach einem guten Frühstück machen wir uns von der **Verpeilhütte (3)** in Richtung Kaunergrathütte auf (Weg Nr. 926). Wir wandern Richtung Süden, gewinnen an Höhe und gelangen auf die ehemalige Moräne eines Gletschers. Auf einer Höhe von 2310 m gelangen an einen beschilderten **Abzweig (4)**. Von hier sind kurze Abstecher auf den Mooskopf und auf den Madatschkopf möglich. Beides sind leichte und lohnenswerte Aussichtsberge (siehe Gipfelmöglichkeiten). Wir wandern geradeaus weiter in Richtung Süden und nähern uns so den Madatschtürmen. Bald erreichen wir ein Geröllfeld und erblicken im Süden die mächtige Watzespitze. Sollten die Markierungen im Geröllfeld schwer erkennbar sein, halten wir direkt auf die Watzespitze zu. Wir steigen parallel zum Grat der Madatschtürme weiter auf, erst über Geröll, dann über Blockwerk. Hier kommen auch mal die Hände zum Einsatz, und bald sehen wir das Madatschjoch in einiger Entfernung vor uns. Oft halten sich hier oben bis in den Sommer hinein Schneefelder. Hinter einem Sattel erreichen wir einen kleinen See (etwa 2650 m) in einer Senke. Von dort steigen wir zunächst auf der linken, also nördlichen Talseite über Blockwerk aufwärts und steuern direkt das Joch an. Der Weg führt unschwierig über den unteren Teil des Madatschferners. Die Stangenmarkierungen führen zum rechten Rand einer breiten Geröllrinne, an deren oberen Ende das Apere Madatschjoch auf uns wartet. Seilversicherungen und Ketten helfen beim Aufstieg durch die Rinne und weiter bis zum **Aperen Madatschjoch (5)**. Am Joch gehen wir links zum Stahlseil am Fels. Sobald das Seil endet, queren wir auf die rechte Seite der Rinne und steigen weiter an einem Seil bergab. Unser

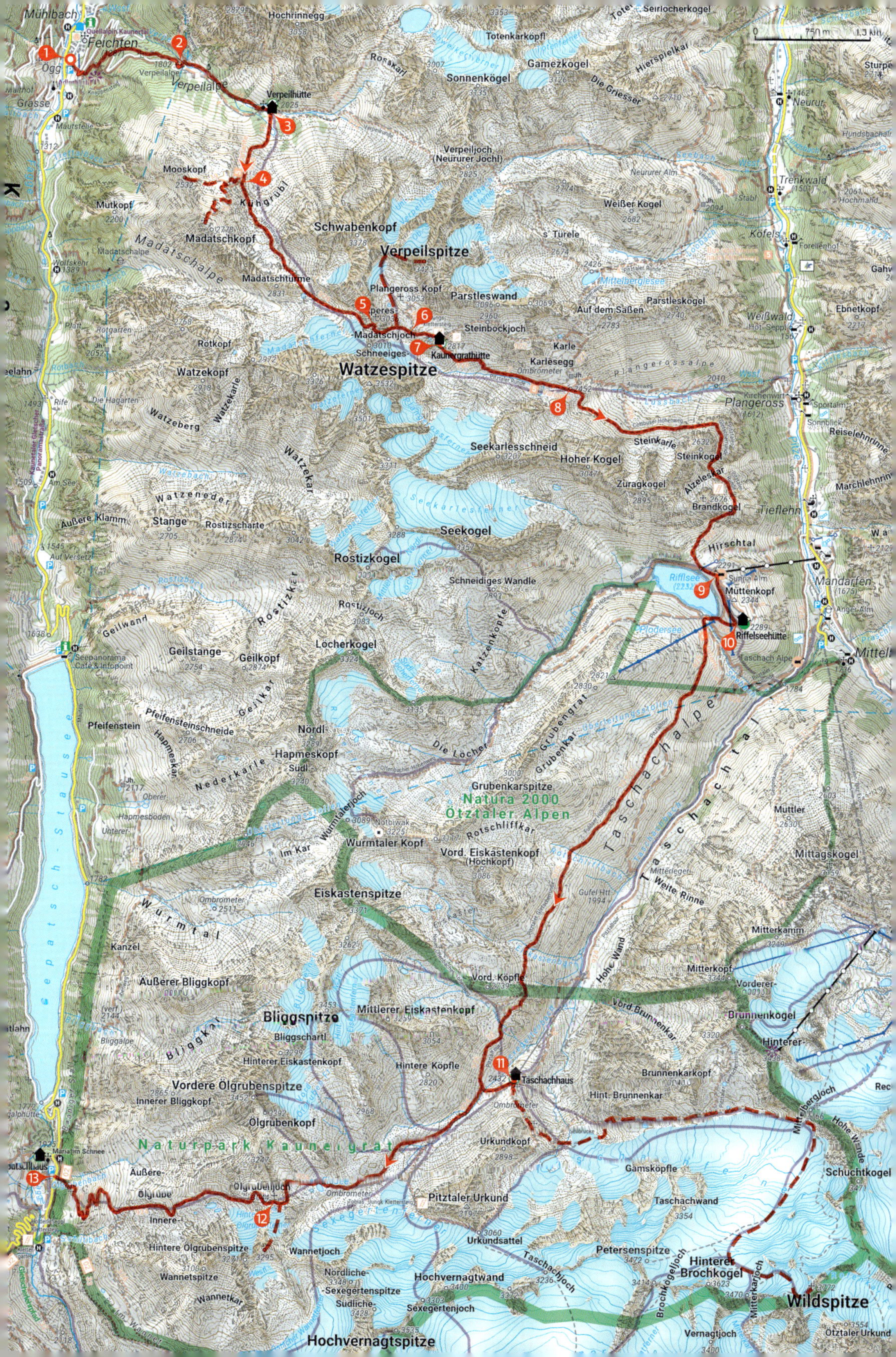

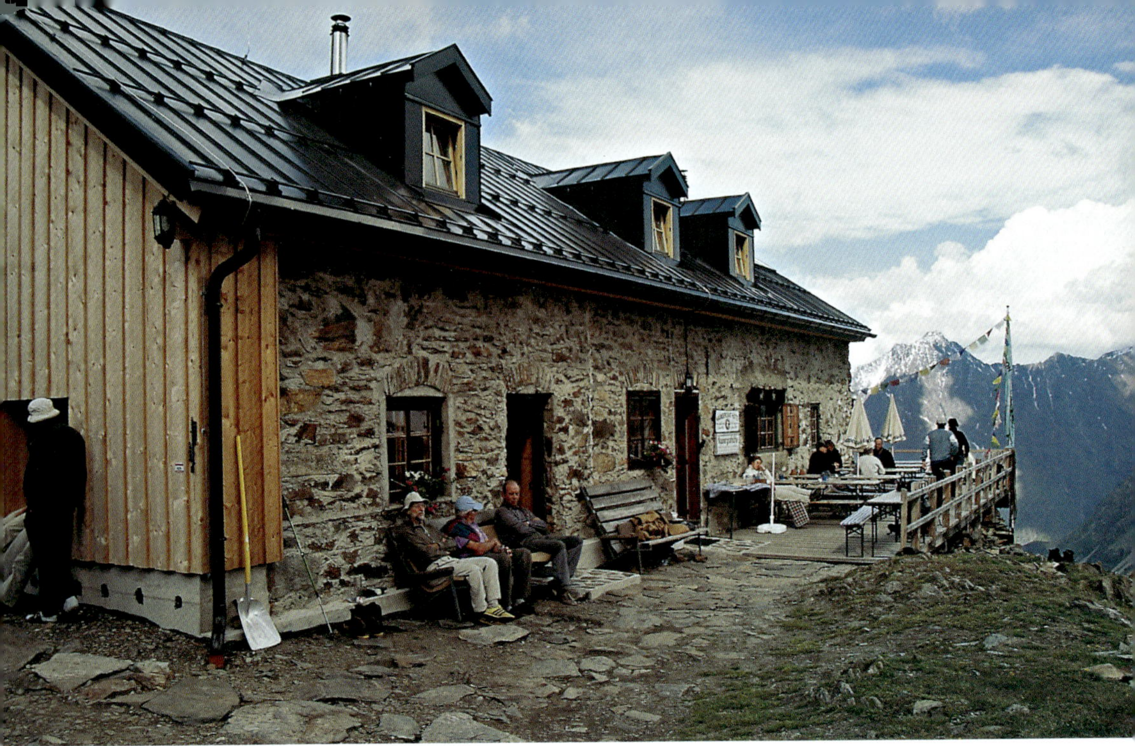

▲ *Auf der Kaunergrathütte.*

Weg schwenkt nach rechts und wir klettern zwei Leitern hinab. Es folgen noch einige Stahlbügel und schließlich sind die anspruchsvollen Stellen gemeistert. Auf einer Höhe von etwa 2930 m gelangen wir an den **Abzweig (6)** zur Verpeilspitze (siehe Gipfelmöglichkeiten). Wir gehen geradeaus weiter und erreichen so die von Watzespitze und Verpeilspitze eingerahmte **Kaunergrathütte (7)**.

### 3. Tag: Kaunergrathütte, 2817 m – Riffelseehütte, 2289 m

4 Std., 250 m↑, 780 m↓

Das Tagesprogramm heute heißt Cottbuser Höhenweg (Nr. 926). Hierbei steigen wir von der **Kaunergrathütte (7)** ungefähr 350 Höhenmeter auf einer Moräne in Richtung Pitztal ab. Auf einer Höhe von 2452 m teilt sich der Weg am sogenannten **Karlesegg (8)**. Wir halten uns rechts und bleiben auf dem Cottbuser Höhenweg. Am Ende der Moräne wird diese nach rechts gequert. Mit etwas Glück begegnen wir hier einigen Steinböcken. Unterhalb des Steinkogels knickt der Pfad nach Süden um und wir gelangen ohne große Höhenunterschiede in das Alzeleskar. Steil, ausgesetzt und mit Drahtseilen, Klammern und Stiften gesichert, queren wir hinüber auf die andere Seite. Anschließend gelangen wir in einem großen Bogen zum Riffelsee mit der Riffelseebahn, einem Skige-biet am Ende des Pitztals, und dem **Restaurant Riffelsee (9)**. Die Riffelseehütte selbst steht hinter dem Muttenkopf und ist noch nicht zu sehen. Wir folgen einem Fahrweg direkt in südlicher Richtung, zu-nächst etwas bergab und dann wieder bergauf, bis zur **Riffelseehütte (10)**.

### 4. Tag: Riffelseehütte, 2289 m – Taschachhaus, 2432 m

4 Std., 460 m↑, 310 m↓

Von der **Riffelseehütte (10)** starten wir mit dem Wissen, dass wir heute keine großen Auf- und Abstiege zu bewältigen haben, in Richtung Taschachhaus.

Fuldaer Höhenweg nennt sich die Tagesetappe (Weg Nr. 925). Von der Hütte gehen wir zum Seebach, überqueren diesen auf einer Brücke und biegen, der Beschilderung folgend, links ab. Wunderschön, immer auf gleicher Höhe und schnurgerade führt der Weg quer über die Taschachalpe. Wir überschreiten dabei den Rotschliffbach und den Eiskastenbach, deren Querung bei entsprechender Wasserführung heikel sein kann. Je näher wir dem Taschachhaus kommen, umso mehr zeigt sich die gletscherumwallte Wildspitze mit ihren 3768 Metern. Wir passieren zwei abschüssige Stellen, die jedoch gut gesichert sind, und treffen auf eine Wegverzweigung. Der untere Weg ist ein leichter Klettersteig und führt direkt zum Taschachhaus. Wir nehmen den nach oben verlaufenden Weg, der etwas leichter, dafür aber länger ist – und vielleicht auch ein wenig schöner. Bald liegt der Taschachferner mit seinen Eisbrüchen in voller Pracht vor uns, die Wildspitze ist weiterhin Gast im Panorama. In einem Linksbogen erreichen wir schließlich das **Taschachhaus (11)**, das direkt unterhalb des Taschachferners liegt. Vom Taschachhaus aus kann mit der notwendigen Erfahrung und Ausrüstung die Wildspitze bestiegen werden (siehe Gipfelmöglichkeiten).

## 5. Tag: Taschachhaus, 2432 m – Gepatschhaus, 1925 m

5 Std., 690 m↑, 1200 m↓

Die letzte Etappe verläuft durch eine wilde Urlandschaft, durch trostlose, vom Gletscher zusammengeschobene Schotterwüsten, in denen aber auch immer wieder kleine Inseln mit farbenprächtigen Blumen das Auge erfreuen. Darüber die mächtige Eiswelt des Weißkamms mit seinen Hängegletschern – was für Kontraste! Wir starten vom **Taschachhaus (11)** auf Weg Nr. 924 Richtung Südwesten. Der Weg ist gut markiert, nur die vielen Steinmännchen lassen uns manchmal den Überblick verlieren. Das Ölgrubenjoch, auf das wir die ganze Zeit zuhalten, rückt nur langsam näher. Wir gelangen an einen kleinen See, den wir links liegen lassen. Dahinter stoßen wir noch auf die Reste eines Gletschers, dann steigen wir links über einen Felsaufschwung auf zum **Ölgrubenjoch (12)**. Wenige Meter vor dem Joch befindet sich der Abzweig zur Hinteren Ölgrubenspitze (siehe Gipfelmöglichkeiten). Vom Joch sind es rund 1100 m hinunter Richtung Westen, die anfangs über Schotter und Steinblöcke, später über steil abfallende Almwiesen bewältigt werden wollen. An der Straße unten im Tal angekommen wenden wir uns nach rechts und erreichen in wenigen Minuten das **Gepatschhaus (13)**.

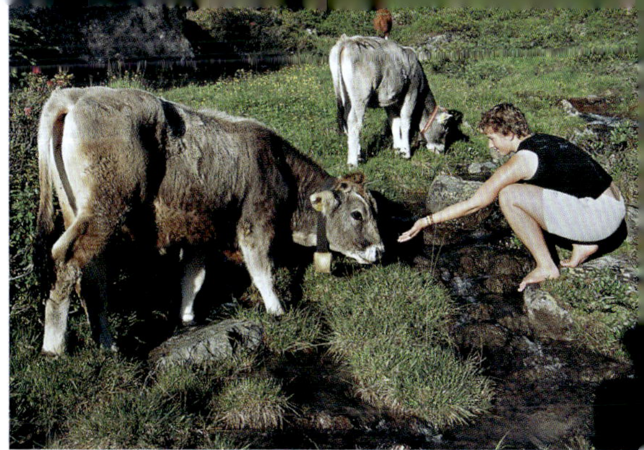

▲ *»Oooh, wie niedlich…«*

▼ *Großes Haus vor schmelzendem Gletscher – das Taschachhaus.*

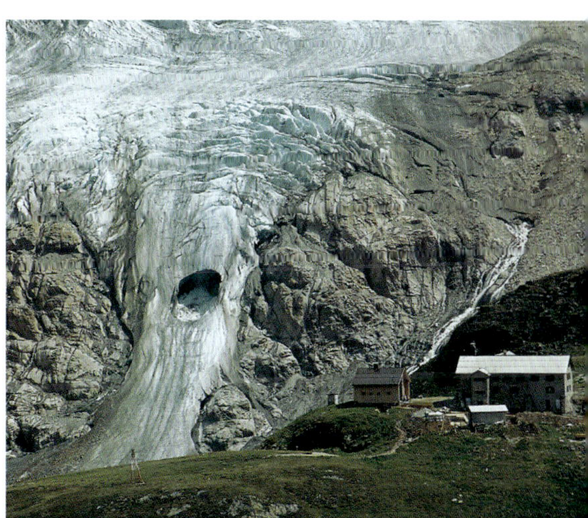

# 17 Wochenendtour im Bergell

## Von Maloja nach Soglio

2 Tage

leicht

### Auf dem Sentiero Panoramico in das wohl schönste Dorf der Schweiz

Der Mensch ist leider nur ein sehr kurzfristig in die Zukunft denkendes Wesen. Berge und ihre Gletscher werden als Inbegriff des »Ewigen« wahrgenommen, einfach weil deren Lebenszeit etwas langsamer tickt. Spätestens ein Bergsturz sollte uns jedoch daran erinnern, dass nichts ewig währt (und schon gar nicht im Hochgebirge). Im Bergell nagt der Zahn der Zeit ausgerechnet am jüngsten Granit der Alpen am deutlichsten und hat dazu geführt, dass die bisher an dieser Stelle stehende Wanderung zwischen der Capanna di Sciora und der Capanna Sasc Furä gestrichen werden musste. Die Gipfelkuppe des Piz Cengalos oberhalb des Viale neigt sich mit einer Geschwindigkeit von im Schnitt ca. 1 cm/Monat zu Tal und es ist nur eine Frage der Zeit, wann es dort zum nächsten Felssturz kommt. Das kann in zwei Monaten sein, oder auch erst in fünf Jahren. Solange wird die Tour zumindest offiziell nicht möglich sein.

Stattdessen empfehlen wir hier die Via Panoramica von Maloja nach Soglio. Wahrscheinlich haben wir damit eine der schönsten, aber auch bequemsten Wanderungen der Alpen mit aufgenommen, bestens geeignet für Familien mit kleinen Kindern. Mit wenig Höhendiffererenzen führt die Wanderung auf abwechslungsreichen Wegen durch ursprünglichen Bergwald und grüne Wiesen, stets gegenüber die wilden Zacken der Bergeller Berge. Ob man dabei die Tour in Vicosoprano unterbricht oder in einem durchgeht ist eine Frage der Zeit. Jeder nehme sich einfach die Zeit, die er braucht.

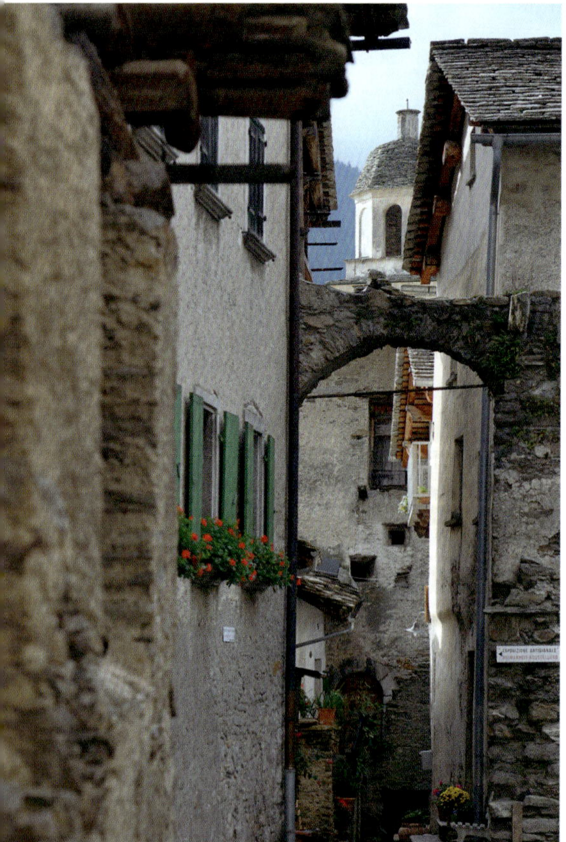

#### TOURENINFO

**Ausgangspunkt:** Maloja, 1809 m.

**Endpunkt:** Soglio, 1090 m, bzw. Castasegna, 696 m. Sämtliche Orte im Bergell und im Engadin sind engmaschig in das Schweizer Postbussystem eingebunden. Länger als eine Stunde muss man (zumindest tagsüber) nirgendwo warten.

**Anforderungen:** Im wahrsten Sinne des Wortes kinderleichte Streckenwanderung, die ohne nennenswerte Höhenunterschiede wie auf einem Aussichtsbalkon durch Wald und Wiesen und auf Feldwegen in eines der schönsten Dörfer der Schweiz führt. Lediglich der Abstieg von Maloja nach Casaccia ist etwas steiler und verlangt etwas Trittsicherheit.

**Höhenunterschied:** 540 m im Aufstieg, 1260 m im Abstieg (7.45 Std.).

**Information:** Bergell Tourismus, Strada cantonale 140, CH-7605 Stampa, Tel. +41 81 8221555, bregaglia.ch.

**Karten:** Landeskarte der Schweiz, Blatt 1296 Val Bregaglia (Maßstab 1:25.000).

◀ *In Soglio, einem der schönsten Dörfer der Schweiz.*

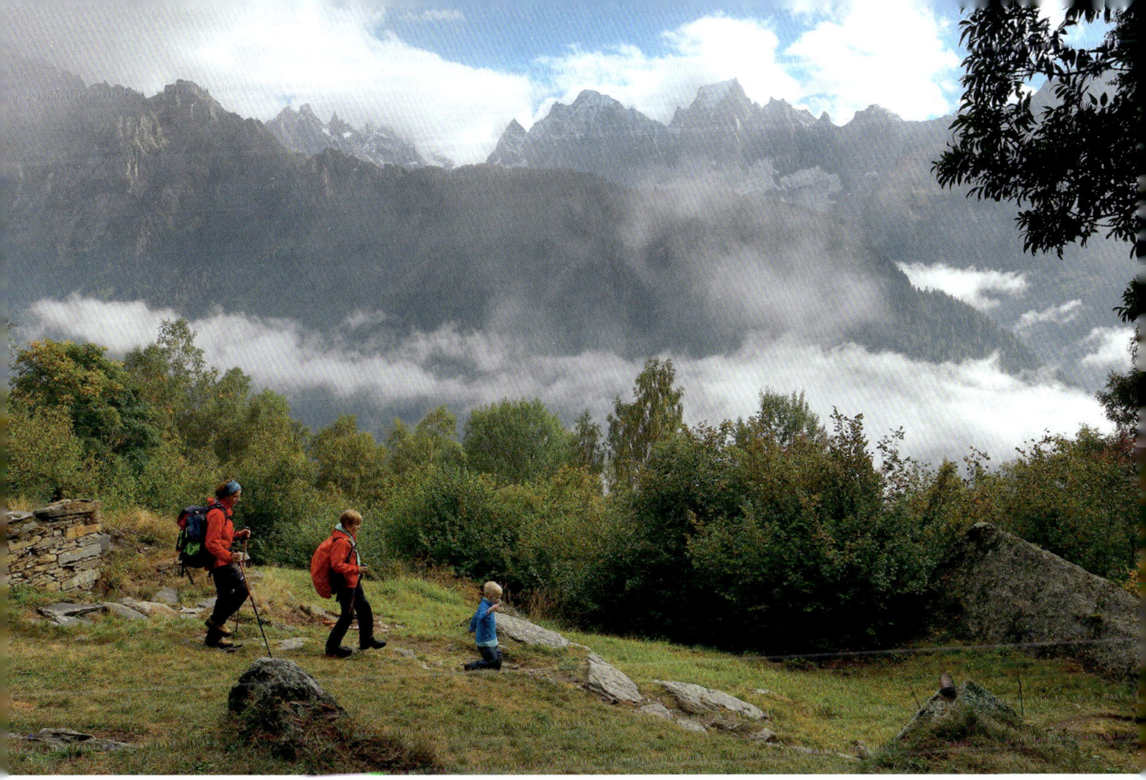

▲ *Ein idealer Familienwanderweg: der Sentiero Panoramico (mit Piz Badile).*

**UNTERKÜNFTE**

Sowohl in Maloja als auch in Vicosoprano und Soglio stehen verschiedene Unterkünfte für fast jeden Geldbeutel zur Verfügung. Nähere Informationen bei den jeweiligen Fremdenverkehrsämtern. Empfehlenswert sind:

- **B&B Sporthotel Maloja,** privat, Tel. +41 81 8243126, maloja.traveleto.com.
- **Hotel Pranzaira,** Vicosoprano (etwa 1,5 km nördlich des Ortes an der Talstation der Albigna-Seilbahn, privat (Familie Elsmann), Tel. +41 78 7250039, pranzaira.ch.
- **Pension Piazza 49,** Soglio, privat (Familie Brugger), Tel. +41 81 8221009.

## 1. Tag: Maloja, 1809 m – Vicosoprano, 1067 m

3.45 Std., 60 m↑, 800 m↓

Startpunkt der Tour ist die Haltestelle »Post« in **Maloja (1)**. Wir folgen der Hauptstraße und verlassen sie kurz vor dem Sporthotel Maloja rechts in die Via dal Malögia. Von ihr wiederum zweigt ein Pfad ab, der sich bereits nach wenigen Metern gabelt. Rechts geht es hinauf zum Aussichtsturm Belvedere (rund 10 Minuten Aufstieg), in dem im Sommer auch Ausstellungen stattfinden. In

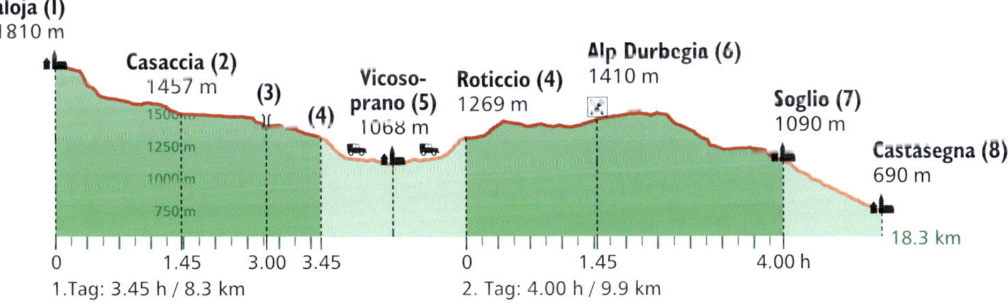

unmittelbarer Nähe des Turms befinden sich auch einige mit Wasser gefüllte Gletschertöpfe (tiefe Löcher im Gestein, entstanden durch die Erosion des Wassers unterhalb von Gletschermühlen), sodass sich der Ausflug hier hoch auf jeden Fall lohnt. Der Weg nach Casaccia bleibt links und führt nun durch einen zauberhaften Bergwald steil bergab. Nach ca. einer halben Stunde gelangt man bei Cavril an eine Bushaltestelle an die Maloja-Passstraße. Rechts der Straße geht es weiter bergab. Über steile Treppen gelangt man zur Ruine der 1518 errichteten Wallfahrtskirche San Gaudenzio. Mitten durch die Ruinen hindurch leitet der Weg, anschließend in einer Rechtsschleife hinunter nach **Casaccia (2)**. Bevor man in den eigentlichen Ort gelangt, biegt man nach Süden ab. Nach ca. 500 m über grüne Wiesen geht es im rechten Winkel nach rechts und man überquert auf einer Brücke die Maira auf ihr orografisch rechtes Ufer.

Parallel zum Fluss verliert man weiter an Höhe. Nächste Unterbrechungsmöglichkeit der Tour ist gegenüber des Örtchens Nasciarina, wo bei einer Quelle eine **Maira-Brücke (3)** auf das linke Ufer führen würde. Wir bleiben dem rechten Ufer der Maira treu und gelangen so nach **Roticcio (4)**. Dem Sträßchen ins Zentrum des Ortes folgend kommt man an eine T-Kreuzung. Nun nicht der Straße nach Vicosoprano folgen, sondern stattdessen geradeaus. Nach ca. 50 m biegt links ein Wanderweg nach Vicosoprano ab – unser Weg. Über Wiesen und Felder wandern wir steil hinunter zum Zeltplatz Pungel bei Vicosoprano. Nach wenigen Metern auf der Straße biegen wir wieder rechts ab und gelangen an einem künstlichen Badesee mit Floß vorbei in das kleine Örtchen **Vicosoprano (5)**, in dem eine Reihe verschiedener Übernachtungsmöglichkeiten stehen. Wer im Hotel Pranzeira übernachtet, sollte hier die Besitzer (Familie Elsmann) anrufen und sich abholen lassen. Am besten vereinbart man dann auch gleich wieder den Rücktransport zur T-Kreuzung in **Roticcio (4)**, wo es am nächsten Morgen weitergehen soll.

## 2. Tag: Vicosoprano, 1067 m – Soglio, 1090 m

4 Std., 480 m↑, 460 m↓

Zwar ist es auch möglich, zu Fuß direkt von **Vicosoprano (5)** wieder zum Sentiero Panoramico zu gelangen, schöner und auch weniger anstrengend ist jedoch die hier vorgeschlagene Variante direkt von **Roticcio (4)** aus, welches man am bequemsten per Taxi von der jeweiligen Übernachtungsgelegenheit im Tal erreicht. Von der T-Kreuzung der ersten Tagesetappe geht es wie bereits am Tag zuvor nach Südwesten. An einigen wenigen Häusern vorbei gelangen wir an das Ortsende von Roticcio, wo ein schmaler Wanderweg beginnt. Wir steigen über Wiesen bergauf, anschließend leitet der Pfad in den Wald hinein. Ca. 150 Höhenmeter gilt es zu überwinden, die nach rund einer halben Stunde geschafft sind. Im steten Auf- und Ab geht es nun weiter in Richtung Soglio. Immer wieder kreuzt man kleine Bäche oder es tun sich auf schmalen Lichtungen Blicke in die gegenüberliegende Bergwelt des Bergell auf.

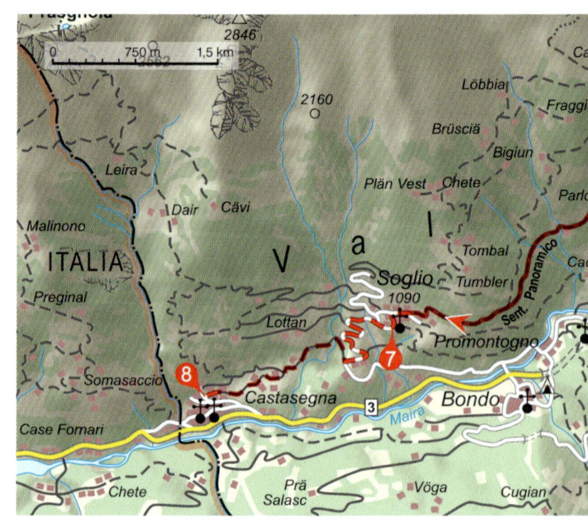

Nach ca. 1.30 Stunden erreicht man die **Alp Durbegia (6)**, an deren westlichen Ende ein kleines Kaffee zu einer kulinarischen Pause einlädt. Weiter geht's und der Charakter des Weges ändert sich kaum noch: Mal leicht ansteigend, mal absteigend wandert man durch wunderschönen Bergwald bis nach Soglio, zwischendurch immer wieder unterbrochen durch atemberaubende Tiefblicke auf die Dörfer im Bergell oder die Panoramaansichten von Piz Badile, Piz Cengalo und Co. Erst zum Schluss geht es wieder etwas steiler bergab und man erreicht den Ortskern von **Soglio (7)**. Ein Besuch des Palazzo Salis ist hier Pflicht, der Abstieg von Soglio durch die berühmten Kastanienwälder nach Castasegna wahrscheinlich auch. Letzteres sollte man eher auf den nächsten Tag verschieben. Richtungsweisend sind hier die Schilder Via Bregaglia. Für die 410 Höhenmeter hinunter nach **Castasegna (8)** sollte man ca. 1 bis 2 Stunden einkalkulieren. Von der relativen Bergeinsamkeit der zwei Tage zuvor, wird dabei allerdings nicht viel übrig geblieben sein.

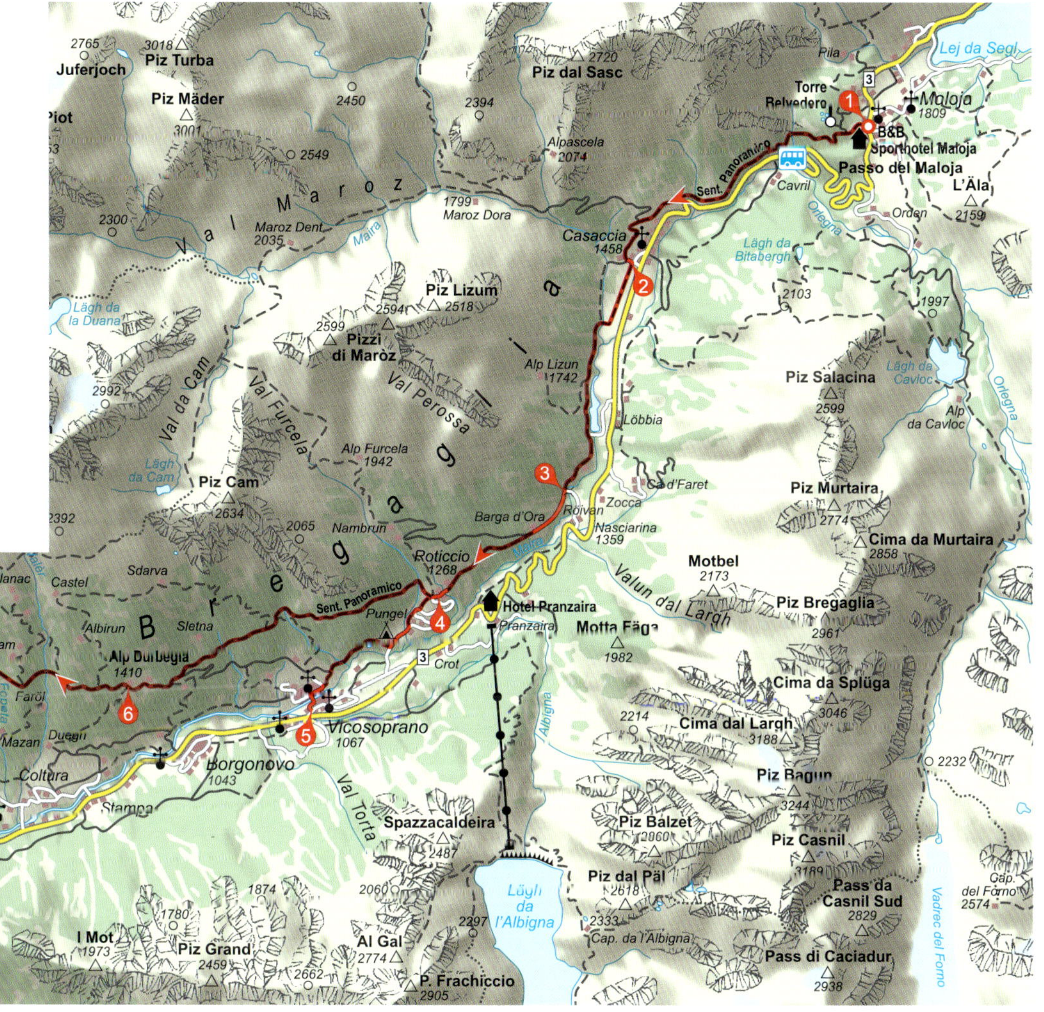

# 18 Sentiero delle Orobie Orientale

**7 Tage**

## Durch die Bergamasker Alpen

■ schwierig

### Abwechslungsreicher Weitwanderweg fernab deutscher Wanderkultur

Es hat schon etwas Eigenes, ein Gebiet mitten in den Alpen kennenzulernen, das wir zuvor auf der Landkarte lediglich als bunten Fleck zwischen Sondrio und Bergamo wahrgenommen hatten: die Bergamasker Alpen, die für die Italiener Alpi Orobie heißen. Da wir so gut wie nichts wussten, reisten wir mit der Erwartung an, auf ein menschenleeres, von der Zivilisation vergessenes Gebiet zu stoßen. Die Realität lehrte uns, dass die deutsche Vorliebe für Südtirol nicht das Ende des Tourismus für den Rest der Alpen bedeutet und dass die Italiener die Alpi Orobie schon lange für sich entdeckt haben. So wird man fast keinem ausländischen Wanderer begegnen, dafür aber umso mehr fröhlichen Italienern. Die Landschaft ist wild und einsam, lediglich von Hochspannungsleitungen und Stauseen verschandelt, und die Küche auf den Hütten ist hervorragend. Der Sentiero Orobie ist mit einem Wort: abwechslungsreich!

#### TOURENINFO

**Ausgangspunkt:** Valcanale, 987 m, an der Kirche Santa Maria Assunta. Mehrere Parkmöglichkeiten im Ort, z. B. an der Kirche, am Lago Valcanale oder an der Via Alpe Corte. Mit dem Zug oder Flugzeug bis Bergamo. Von dort Busverbindung über Clusone nach Valcanale.

**Endpunkt:** Cantoniera della Presolana, 1297 m. Busverbindung über Clusone nach Valcanale oder zum Bahnhof bzw. Flughafen von Bergamo.

**Anforderungen:** Anspruchsvolle, durch den wildesten Teil der Bergamasker Alpen führende Streckenwanderung, deren Anforderungen ähnlich breit gefächert sind wie die landschaftliche Vielfalt. Von drahtseil- und kettengesicherten Passagen über kleine Restgletscher bis zu unangenehmem Gestrüpp, bei dem man sich eine Machete wünscht, ist alles dabei. Die ausgesetzten Kletterpassagen der vierten Etappe können auf der Sentiero Basso Variante umgangen werden.

**Höhenunterschied:** 5620 m im Aufstieg, 5340 m im Abstieg (ca. 37 Std.).

**Information:** Infopoint Bergamo Città Alta, Via Gombito 13, I-24129 Bergamo, Tel. +39 035/ 242226, visitbergamo.net.

**Karte:** Kompass Wanderkarte Nr. 104 »Alpi Orobie, Bergamasche« (Maßstab 1:50.000).

**Hinweis:** Die Tour lässt sich auch gut mit dem Zelt machen, zumal die Hüttenwirte auch Camper gerne verköstigen.

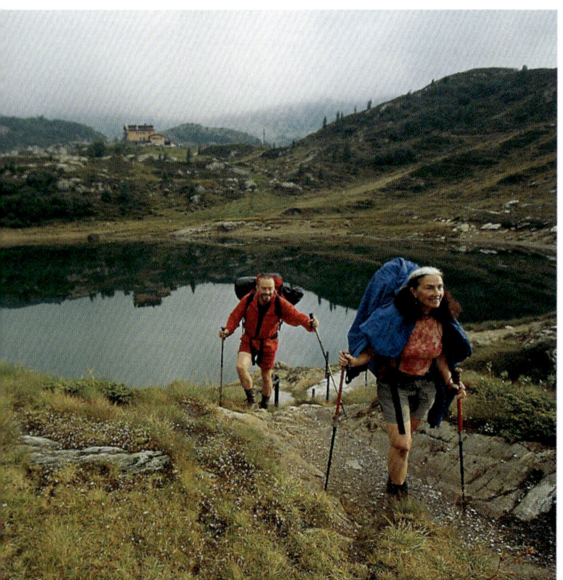

#### GIPFELMÖGLICHKEITEN

▲ **Pizzo del Becco,** 2507 m: vom Rifugio Gemelli, 2 Std. Aufstieg, 1.45 Std. Abstieg, leichter Klettersteig.

▲ **Pizzo Farno,** 2506 m: lohnendes Wanderziel, vom Rifugio Gemelli, 2 Std. Aufstieg, 1.30 Std. Abstieg.

▲ **Pizzo del Diavolo di Tenda,** 2916 m: vom Rifugio Calvi, 3 Std. Aufstieg, 2.30 Std. Abstieg, einige Stellen im I. Grad.

▲ **Pizzo di Redorta,** 3038 m: vom Rifugio Brunone, 3 Std. Aufstieg, 2.30 Std. Abstieg, leichte Kletterei, Steigeisen und Pickel ratsam.

◂ *Einer der wenigen natürlichen Seen: der Lago Rotondo.*

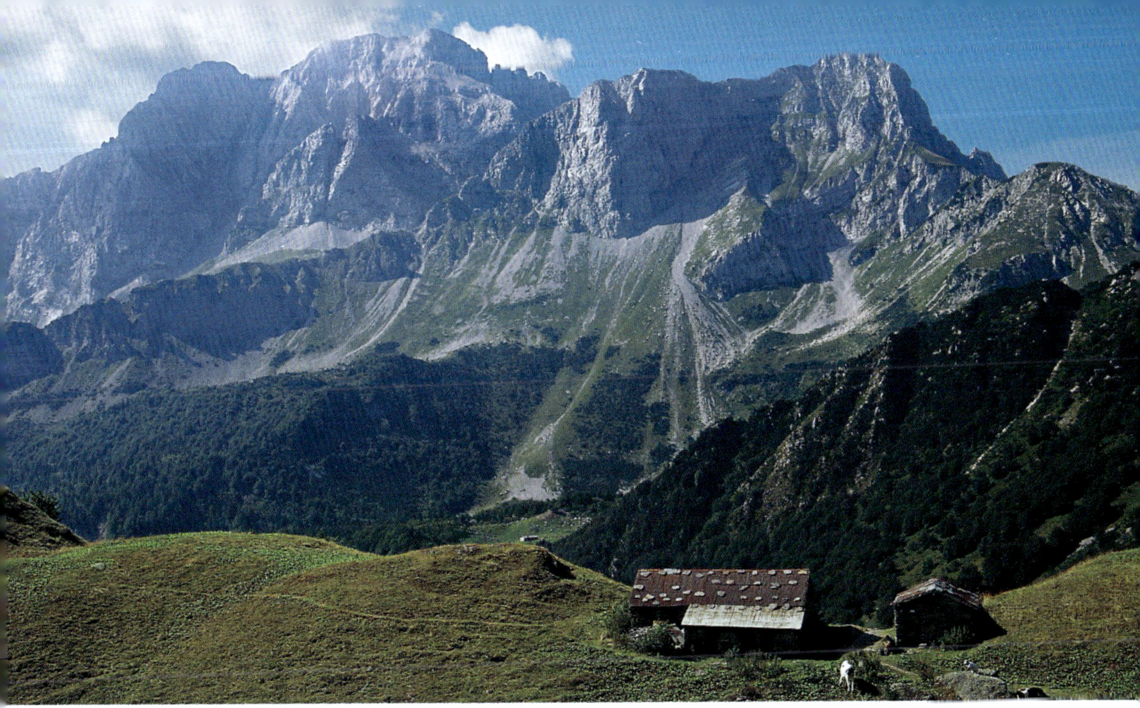

▲ *Kleine Alm vor großer Kulisse: die Baita Corte di Mezzo.*

▲ **Pizzo di Coca,** 3050 m: höchste Spitze der Bergamasker Alpen, vom Rifugio Coca, 3.30 Std. Aufstieg, 3 Std. Abstieg, Kletterei im II. Grad. Es ist auch möglich, den Pizzo di Coca am 5. Tag zu besteigen und im Anschluss direkt an den Lago Barbellino abzusteigen, ab hier dann auf der Hauptroute weiter zum Rifugio Curò.

▲ **Pizzo Recastello,** 2886 m: vom Rifugio Curó, 3.30 Std. Aufstieg, 3 Std. Abstieg, leichter Klettersteig.

## UNTERKÜNFTE

- **Rifugio Alpe Corte Bassa,** 1410 m, CAI, Anfang Juni bis Anfang Sept. durchgehend bewirtschaftet, März bis Mai und Anfang Sept. bis Anfang Nov. an Wochenenden, ca. 20 Schlafplätze, Tel. +39 0346 35090 und +39 340 2553235, Reservierung telefonisch.
- **Rifugio Laghi Gemelli,** 1961 m, CAI, Anfang Mai bis Mitte Sept. durchgehend bewirtschaftet, Anfang Mai bis Mitte Juni und Mitte Sept. bis Anfang Nov. an Wochenenden, ca. 80 Schlafplätze, Tel. +39 0345 71212 und +39 347 0411638, rifugiolaghigemelli.it.
- **Rifugio Fratelli Calvi,** 2015 m, CAI, Mitte Juni bis Mitte Sept. durchgehend bewirtschaftet, Mitte Sept. bis Ende Okt. an Wochenenden, ca. 85 Schlafplätze, Tel. +39 0345 77047 und +39 331 1384945, Reservierung telefonisch.
- **Bivacco Frattini,** 2125 m, CAI, 9 Schlafplätze.
- **Rifugio Baroni al Brunone,** 2295 m, CAI, Mitte Juni bis Ende Sept. durchgehend bewirtschaftet, 78 Schlafplätze, Tel. +39 346 41235, +39 346 1946096 und +39 345 4608973, rifugio-brunone.appspot.com, Reservierung telefonisch.
- **Rifugio Coca,** 1892 m, CAI, Mitte Juni bis Ende Sept. durchgehend bewirtschaftet, Anfang Mai bis Mitte Juni und im Okt. an den Wochenenden, ca. 70 Schlafplätze, Tel. +39 0346 44035, +39 347 0867062 und +39 348 7316427, Reservierung telefonisch.
- **Rifugio Antonio Curò,** 1895 m, CAI, Ende Mai bis Mitte Sept. durchgehend bewirtschaftet, Mitte April bis Ende Mai und Mitte Sept. bis Anfang Nov. an den Wochenenden, ca. 90 Schlafplätze, Tel. +39 0346 44076, +39 333 1013878 und +39 328 3265100, antoniocuro.it, Reservierung telefonisch.
- **Rifugio Luigi Albani,** 1939 m, CAI, Mitte Juni bis Mitte Sept. durchgehend bewirtschaftet, Anfang Mai bis Mitte Juni und Mitte Sept. bis Ende Okt. an Wochenenden, ca. 40 Schlafplätze, Tel. +39 0346 51105 und +39 338 4334709, Reservierung telefonisch.

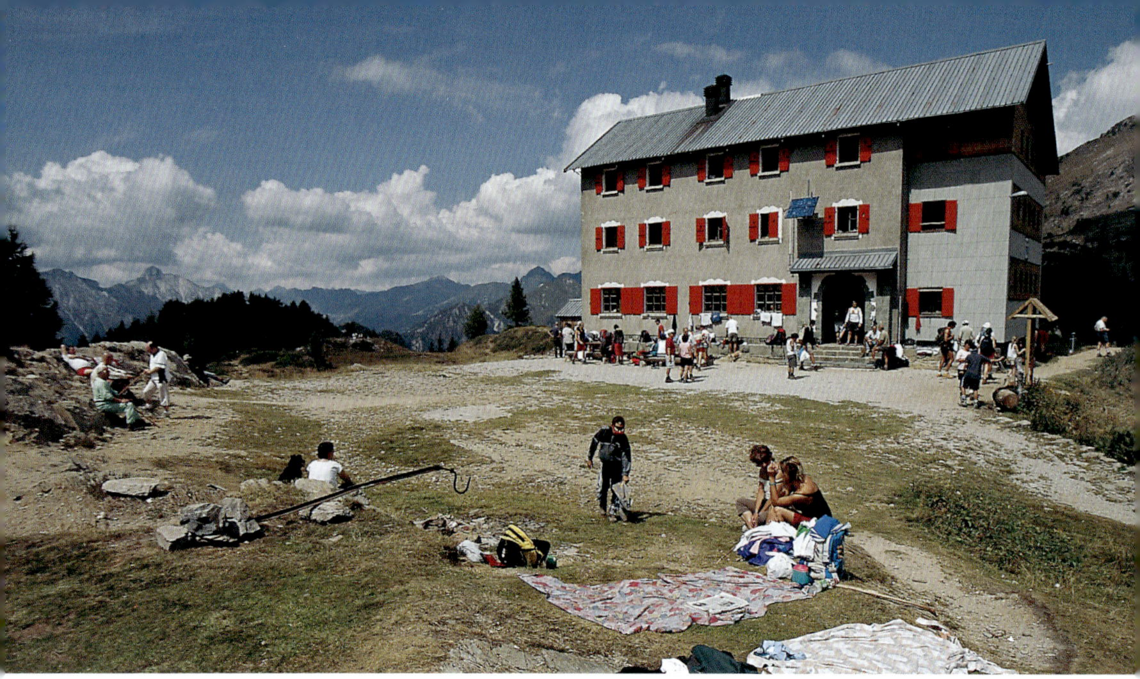

▲ *Hochbetrieb auf dem Rifugio Gemelli.*

## 1. Tag: Valcanale, 987 m – Rifugio Gemelli, 1961 m

4.30 Std., 1150 m↑, 180 m↓

Unsere Tour beginnt an der Kirche Santa Maria Assunta in **Valcanale (1)**. Wir folgen der Hauptstraße in westlicher Richtung bis wir den kleinen See Lago Valcanale erreichen. Ein Stein mit der Aufschrift »Sentiero Orobie« zeigt, dass wir am richtigen Ausgangspunkt sind. Über einen breiten Weg (Nr. 220) wandern wir in den Wald hinein und gelangen anschließend auf eine Almwiese mit dem **Rifugio Alpe Corte (2)**, 1410 m. Der Weg teilt sich, wir nehmen Nr. 216 und überqueren kurz danach einen Bach. Aufsteigend erreichen wir die Baita Corte di mezzo und noch 200 Höhenmeter weiter oben die Baita Corte alta. Zwei vom Wetter gezeichnete Almbauern hüten hier einige Hundert Schafe. Es geht weiter aufwärts zum **Passo dei Laghi Gemelli (3)**, 2139 m. Der See vor uns ist kaum mit Wasser gefüllt. Es dauert einige Zeit, bis wir realisieren, dass die große mächtige Wand am Ende des Sees eine Staumauer ist. In steilen Kehren steigen wir hinunter zum See, passieren diesen an

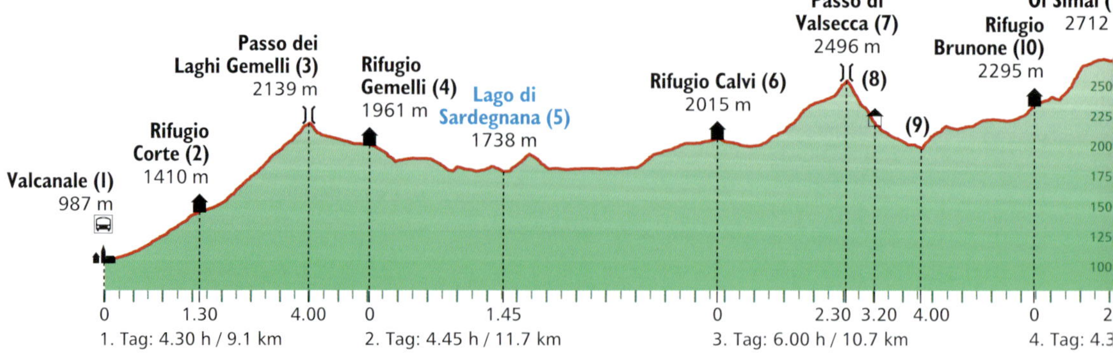

seiner Westseite und erreichen das an der Staumauer gelegene **Rifugio Laghi Gemelli (4)**. Erstaunlicherweise spricht man hier auch deutsch.

## 2. Tag: Rifugio Gemelli, 1961 m – Rifugio Calvi, 2015 m

4.45 Std., 590 m↑, 540 m↓

Vom **Rifugio Gemelli (4)** steigen wir auf Weg Nr. 211 bzw. 213 hinunter zum nächsten Stausee, dem Lago Piano Casere, und biegen vor einigen Gebäuden der Betriebsseilbahn rechts ab. Weg Nr. 213 leitet uns nun an das Ende des dritten Stausees, des Lago Marcio. Unterhalb der Staumauer queren wir leicht nach rechts und gelangen an eine erneute Wegteilung: Links kann man nach Carona absteigen, unser Weg aber führt geradeaus in Richtung des nächsten Stausees. Der Weg dorthin schlängelt sich äußerst luftig durch steiles Felsgelände, überquert mehrere Brücken und verläuft durch zwei Tunnel. Eine spannende Angelegenheit, die durchgehend mit einem Zaun gesichert wurde. Danach geht es noch durch lichten Wald, bis wir schließlich den **Lago di Sardegnana (5)** mit seiner Staumauer, 1738 m, erreichen. 150 Höhenmeter wollen anschließend überwunden werden, dann führt Weg Nr. 213 mehr oder weniger hangparallel zur Baita della Carpa, 1780 m. Dort treffen wir auf eine Straße, die uns zum fünften und für heute letzten Stausee leitet, dem Lago Fregabolgia. Links von der aus Naturstein aufgebauten Staumauer steigen wir auf und erreichen über die Uferstraße das am Ende des Sees gelegene **Rifugio Fratelli Calvi (6)**.

## 3. Tag: Rifugio Calvi, 2015 m – Rifugio Brunone, 2295 m

6 Std., 960 m↑, 670 m↓

Vom **Rifugio Calvi (6)** gehen wir einige Schritte zurück und biegen dann rechts ab auf Weg Nr. 225. Absteigend erreichen wir den Lago Rotondo, den ersten See, der nicht künstlich aufgestaut wurde. An seinem Ufer treffen Sentiero Italia und Sentiero Orobie aufeinander, wir folgen daher nun beiden in das schöne Val Camisana. Aufsteigend wechseln wir auf die linke Seite des Tals und gelangen bald zu einer traumhaft schön gelegenen Hochebene, von der wir den tiefen Einschnitt des **Passo di Valsecca (7)**, eingerahmt vom Pizzo del Diavolo, 2916 m, und dem Pizzo Poris, 2712 m, erkennen. Durch losen Schutt und Schotter steigen wir 400 m steil zum Pass auf (Vorsicht bei Altschneefeldern!). Links haltend queren wir durch Schotter den Hang zu einem Bergrücken, der vom Pizzo del Diavolo zum Pizzo Tendina hinunterzieht. Dort angekommen erwartet uns ein atemberaubender Blick über das Val del Salto und das Val dell'Aser zum Pizzo di Redorta,

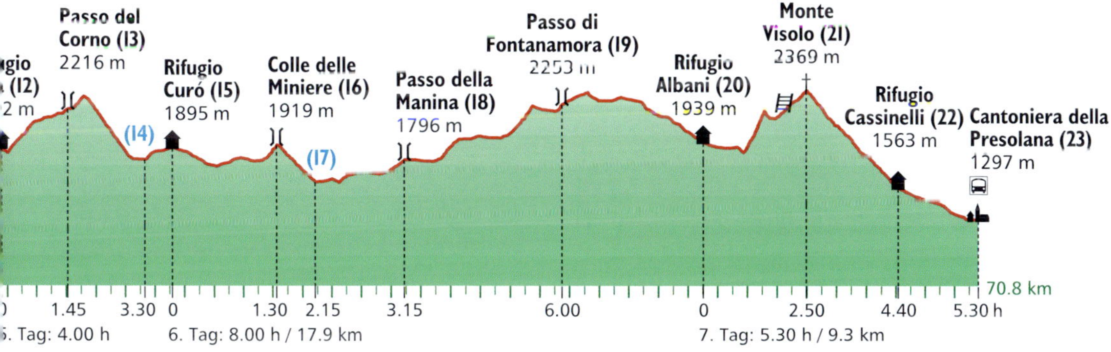

3038 m. Steil führt der Weg nun hinunter zum **Bivacco Frattini (8)**, 2125 m, von dem wir in weiter Ferne bereits unser heutiges Ziel, das Rifugio Baroni al Brunone, erkennen. Weitere 200 Höhenmeter verlieren wir auf dem Weg hinunter ins **Val del Salto (9)**, müssen aber auf der anderen Seite gleich wieder hinauf. Das Auf und Ab hat nun ein Ende, und über den grandios angelegten Höhenweg traversieren wir hinüber zum **Rifugio Brunone (10)**. Auf den wenigen ebenen Flächen um die Hütte stehen meist einige Zelte.

### 4. Tag: Rifugio Brunone, 2295 m – Rifugio Coca, 1892 m

4.30 Std., 530 m↑, 930 m↓

Die heutige Etappe hat es in sich: Trittsicherheit und Schwindelfreiheit sind Voraussetzung auf den zum Teil atemberaubend ausgesetzten Kletterpassagen. Wer sich diese nicht zutraut, sollte die alternativ zum oberen Weg angelegte untere Variante des Sentiero Orobie (Sentiero Basso) zum Rifugio Coca wählen.
Für den Sentiero Alto verlassen wir das **Rifugio Brunone (10)** über Weg Nr. 302 in östliche Richtung. Nach der Querung einiger Schutt- und Geröllreißen beginnt der anspruchsvolle Teil des Tages. Über mehrere kleine Pässe und die Reste des Secretigletschers umwandern wir praktisch die gesamte Südflanke des Pizzo di Redorta. Höchster Punkt ist dabei eine Scharte auf 2712 m, **Öl Simal (11)** genannt. Eine große runde Metalltafel informiert uns über die umliegenden Berge, schließlich haben wir hier den höchsten Punkt des gesamten Sentiero delle Orobie erreicht. Drahtseile und viel Schutt begleiten uns auch vom Simal weiter bis an den Lago di Coca. Der See liegt am Beginn eines großen Kessels, eingerahmt von eindrucksvollen Dreitausendern. An der dortigen Wegkreuzung biegen wir rechts ab. Auf Weg Nr. 302 wandern wir das Tal hinunter und erreichen das **Rifugio Coca (12)**, das scheinbar schwebend auf einem Felsvorbau über dem Val di Coca thront.

### 5. Tag: Rifugio Coca, 1892 m – Rifugio Curò, 1895 m

4 Std., 600 m↑, 590 m↓

Vom **Rifugio Coca (12)** steigen wir auf Weg Nr. 303 hinab zum Fluss Coca, überqueren diesen und steigen steil den Hang hinauf. Wir erreichen eine auf einem Absatz stehende verfallene Steinhütte. Von dort leitet uns der Weg in das Valle Polledrino. Dieses queren wir zum **Passo del Corno (13)**, von wo es einige Meter abwärts geht. Hangparallel laufen wir auf eine schmale Rinne zu, die wir bis zum Ende hinaufsteigen. Später wandern wir in Kehren bergab ins Valmorta, wo wir endlich wieder auf Stauseen stoßen. Während wir den unteren Teil des **Lago Barbellino (14)** noch seeseitig queren können, führt der Weg anschließend direkt unterhalb der monströsen Mauer des oberen Lago Barbellino zu dessen Dammkrone. Oberhalb des Sees gelangen wir über einen kurzen Steig hinauf zum **Rifugio Curò (15)**.

### 6. Tag: Rifugio Curò, 1895 m – Rifugio Albani, 1939 m

8 Std., 1150 m↑, 1140 m↓

Die längste Etappe der gesamten Tour steht uns heute bevor, die reine Gehzeit, ohne Pause, beträgt 7.30 Stunden. Auf anfangs breitem Weg (Nr. 304) passieren wir die Materialseilbahn des Rifugio Curò und wandern anschließend unterhalb einer steilen Felswand nach Süden. In einer Rechtskurve zweigt der Sentiero Orobie links ab. Durch dichtes Buschwerk und hohes Gras steigen wir auf zum **Colle delle Minniere (16)**, 2005 m, von dem wir einen grandiosen Blick über das Valle Seriana auf den bisherigen Verlauf der Tour haben. Weiter

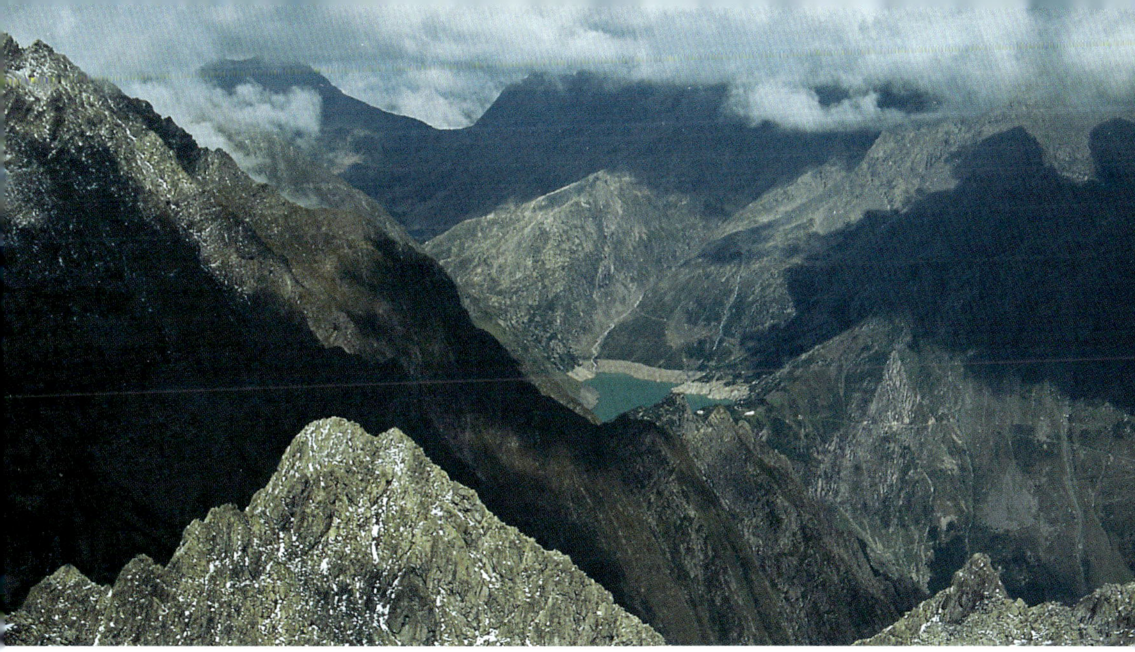

▲ *Blick vom Öl Simal hinunter zum Lago Barbellino.*

geht es in Serpentinen ins Tal des **Torrente Bondione (17)** hinunter. Nach dessen Überquerung kreuzen wir den breiten, für uns uninteressanten Weg Nr. 322. Wir folgen weiter der Nr. 304 zu der nun schon gut sichtbaren Kapelle am **Passo della Manina (18)**, 1796 m. Unterhalb der Kapelle befindet sich eine Einsenkung, von der in alle Himmelsrichtungen Wege abzweigen. Mit etwas Mühe finden wir auch die für uns richtungsweisende Nr. 401, die uns zwischen dem Pizzol, 2070 m, und dem Monte Sponda Vaga, 2071 m, zum Sella d'Asta leitet. Wir wandern über Almwiesen weiter und steuern auf den Pizzo di Petto zu, den wir über Gras- und Geröllhänge und eine mit Drahtseilen gesicherte felsige Rinne besteigen. Absteigend gelangen wir ins Valle Conchetta. Dort treffen wir auf eine Abzweigung, die links nach Cólere hinunterführt. Wir halten uns rechts und steigen zum **Passo di Fontanamora (19)**, 2253 m, auf. Relativ gemächlich passieren wir den Monte Ferrante, 2427 m, und gelangen unterhalb der Liftanlagen des Skigebiets von Cólere zum **Rifugio Albani (20)**.

## 7. Tag: Rifugio Albani, 1939 m – Cantoniera della Presolana, 1297 m

5.30 Std., 640 m↑, 1290 m↓

Als letzte Bastion vor Castione (und letztendlich der Poebene) stellt sich der Monte Visolo in den Weg. Die Überschreitung dieses Berges gilt als anspruchsvollster Klettersteig in den Bergamasker Alpen, landschaftlich großartige Einblicke mit inbegriffen. Wir verlassen das **Rifugio Albani (20)** und wandern oberhalb des Laghetto di Polzone zum Colle della Guaita. Dort biegen wir rechts ab und folgen Weg Nr. 326, auch Sentiero della Porta genannt, zum Passo della Porta. Stahlstifte, Drahtseile und Leitern helfen über die schwierigsten Passagen hinweg. Der Abstieg vom Gipfel des **Monte Visolo (21)**, 2369 m, folgt dem grasigen Ostgrat. Später verlassen wir diesen und steigen rechts haltend über Schotter nach Süden zum **Rifugio Cassinelli (22)**, 1568 m, ab. Von hier führt eine Reihe von Wegen zurück in die Zivilisation nach **Cantoniera della Presolana (23)**, am schnellsten geht es auf Weg Nr. 315/316.

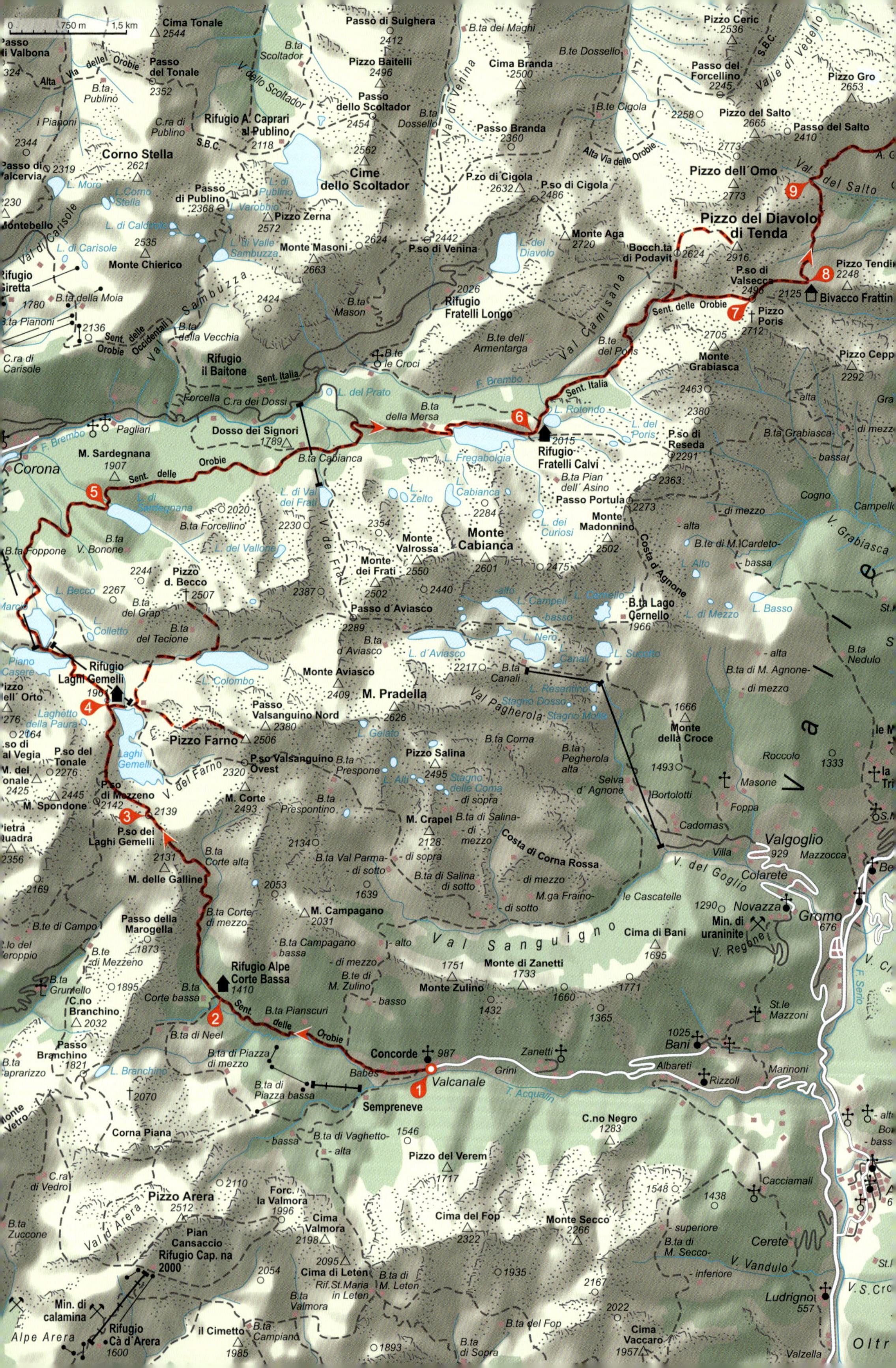

0
750 m
1,5 km
Cima Tonale
2544
Passo di Sulgherà
2412
B.ta dei Maghi
Pizzo Ceric
2536
Passo di Valbona
Passo del Tonale
2352
Alta Via delle Orobie
B.ta Scoltador
V. dello Scoltador
Pizzo Baitelli
2496
Cima Branda
2500
B.te Dossello
Passo del Forcellino
2245
Valle di Vedello
Pizzo Gro
2653
B.ta Publino
Passo dello Scoltador
2454
Val di Venina
B.ta Dossello
B.te Cigola
i Pianoni
C.ra di Publino
Rifugio A. Caprari al Publino
2118
S.B.C.
Passo Branda
2360
2258
Pizzo del Salto
2665
Passo del Salto
2410
2344
Passo di Valcervia
2319
Corno Stella
2621
2562
Cime dello Scoltador
P.zo di Cigola
2632
P.so di Cigola
2486
Alta Via delle Orobie
2773
Pizzo dell'Omo
2773
L. Moro
L. Corno Stella
Passo di Publino
2368
L. di Publino
L. Varobbio
Pizzo Zerna
2572
Val del Salto
9
Montebello
Val di Carisole
L. di Caldirolo
2535
L. di Valle Sambuzza
Monte Masoni
2663
2624
2442
P.so di Venina
L. del Diavolo
Monte Aga
2720
Bocch.ta di Podavit
2624
Pizzo del Diavolo di Tenda
2916
L. di Carisole
Monte Chierico
P.so di Valsecca
2496
8
Pizzo Tendi
2248
Rifugio Giretta
1780
B.ta della Moia
2424
Val Sambuzza
B.ta Mason
2026
Rifugio Fratelli Longo
Val Camisana
Sent. delle Orobie
2125
Bivacco Frattini
7
Pizzo Poris
2712
B.ta Pianoni
2136
Sent. delle Orobie Occidentali
B.ta della Vecchia
B.te dell' Armentarga
B.te del Poris
2705
Monte Grabiasca
Pizzo Cepp
2292
C.ra di Carisole
Rifugio il Baitone
Sent. Italia
B.te le Croci
F. Brembo
Sent. Italia
2463
Forcella
C.ra dei Dossi
L. del Prato
B.ta della Mersa
L. Rotondo
2380
alta
Pagliari
Dosso dei Signori
1789
6
Rifugio Fratelli Calvi
2015
L. del Poris
P.so di Reseda
2291
B.ta Grabiasca
F. Brembo
Corona
M. Sardegnana
1907
Sent. delle Orobie
B.ta Cabianca
L. Fregabolgia
bassa
L. di Val dei Frati
L. Zelto
L. Cabianca
B.ta Pian dell' Asino
Passo Portula
2363
Cogno
Campello
5
L. di Sardegnana
2020
2284
2273
- di mezzo
B.ta Forcellino
2230
V. dei Frati
2354
L. dei Curiosi
Monte Madonnino
- alta
V. Grabiasca
B.ta Foppone
V. Bonone
B.ta
L. del Vallone
Monte Valrossa
2550
Monte Cabianca
2601
2502
B.te di M.
Cardeto-
2475
Costa d'Agnone
L. Alto
bassa
2244
Pizzo d. Becco
2507
Monte dei Frati
2502
2440
alto
L. Campell
L. Cernello
L. Becco
2267
B.ta del Grap
2387
Passo d'Aviasco
basso
B.ta Lago Cernello
1966
L. di Mezzo
L. Basso
L. Colletto
B.ta del Tecione
2289
B.ta d'Aviasco
L. Nero
L. Sucotto
Canali
- alta
B.ta Nedulo
Piano Casere
Rifugio Laghi Gemelli
L. d'Aviasco
2217
B.ta Canali
B.ta di M. Agnone-
1968
L. Colombo
Monte Aviasco
2409
M. Pradella
L. Resentino
- di mezzo
Pizzo dell' Orto
4
Passo Valsanguino Nord
2380
Val Pagherola
Stagno Dosso
Stagno Molle
2276
Laghetto della Paura
2164
Pizzo Farno
2506
2626
L. Gelato
B.ta Corna
1666
Monte della Croce
P.so di Vegia
P.so del Tonale
2276
Laghi Gemelli
V. del Farno
P.so Valsanguino Ovest
2320
B.ta Prespone
Pizzo Salina
2495
L. Alti
Stagno delle Coma
B.ta Pegherola alta
Roccolo
1333
M. del Tonale
2425
P.so di Mezzeno
2142
2445
M. Corte
2493
- di sopra
Selva d'Agnone
1493
Bortolotti
Masone
M. Spondone
3
2139
P.so dei Laghi Gemelli
B.ta Prespontino
M. Crapel
2128
B.ta di Salina-
- di
mezzo
Costa di Corna Rossa
Foppa
Pietra Quadra
2131
B.ta Corte alta
2134
B.ta Val Parma-
- di sotto
- di sopra
Cadomas
Valgoglio
929
Mazzocca
2356
M. delle Galline
B.ta di Salina di sotto
Villa
V. del Goglio
Colarete
2169
2053
B.ta Corte di mezzo
1639
- di mezzo
M.ga Fraino-
- di sotto
le Cascatelle
1290
Novazza
Gromo
676
B.te di Campo
Passo della Marogella
1873
M. Campagano
2031
B.ta Campagano bassa
- alto
Val Sanguigno
Cima di Bani
1695
Min. di uraninite
V. Regone
Col del Vaeroppio
B.ta di Mezzeno
- di mezzo
B.te di M. Zulino
1751
Monte di Zanetti
1733
1771
V. Cr
F. Serio
B.ta Grumello
1895
Rifugio Alpe Corte Bassa
1410
Monte Zulino
1660
C.no Branchino
2032
B.ta Corte bassa
2
Sent. delle Orobie
B.ta Pianscuri
- basso
1432
1365
St.le Mazzoni
Passo Branchino
1821
B.ta di Neel
1025
Bani
B.ta di Piazza di mezzo
Concorde
987
Zanetti
Albareti
Marinoni
Caprarizzo
L. Branchino
Babes
1
Valcanale
Grini
Rizzoli
B.ta di Piazza bassa
Sempreneve
T. Acqualin
2070
Monte Vetro
Corna Piana
- bassa
B.ta di Vaghetto-
- alta
1546
C.no Negro
1283
Pizzo del Verem
1717
Cacciamali
C.ra di Vedro
2110
Pizzo Arera
2512
Forc. la Valmora
1996
Cima Valmora
2198
Cima del Fop
2322
1548
1438
B.ta Zuccone
Val d'Arera
Pian Cansaccio
Rifugio Cap. na 2000
Monte Secco
2266
- superiore
B.ta di M. Secco-
Cerete
2095
2054
Cima di Leten
Rif. St. Maria in Leten
B.ta di M. Leten
1935
2167
- inferiore
V. Vandulo
B.ta Valmora
V. S. Cr
Min. di calamina
Ludrigno
557
2022
Alpe Arera
Rifugio Cà d'Arera
1600
il Cimetto
1985
B.ta Campiano
1893
B.ta del Fop
B.ta di Sopra
Cima Vaccaro
1957
Valzella
Oltr
Valle

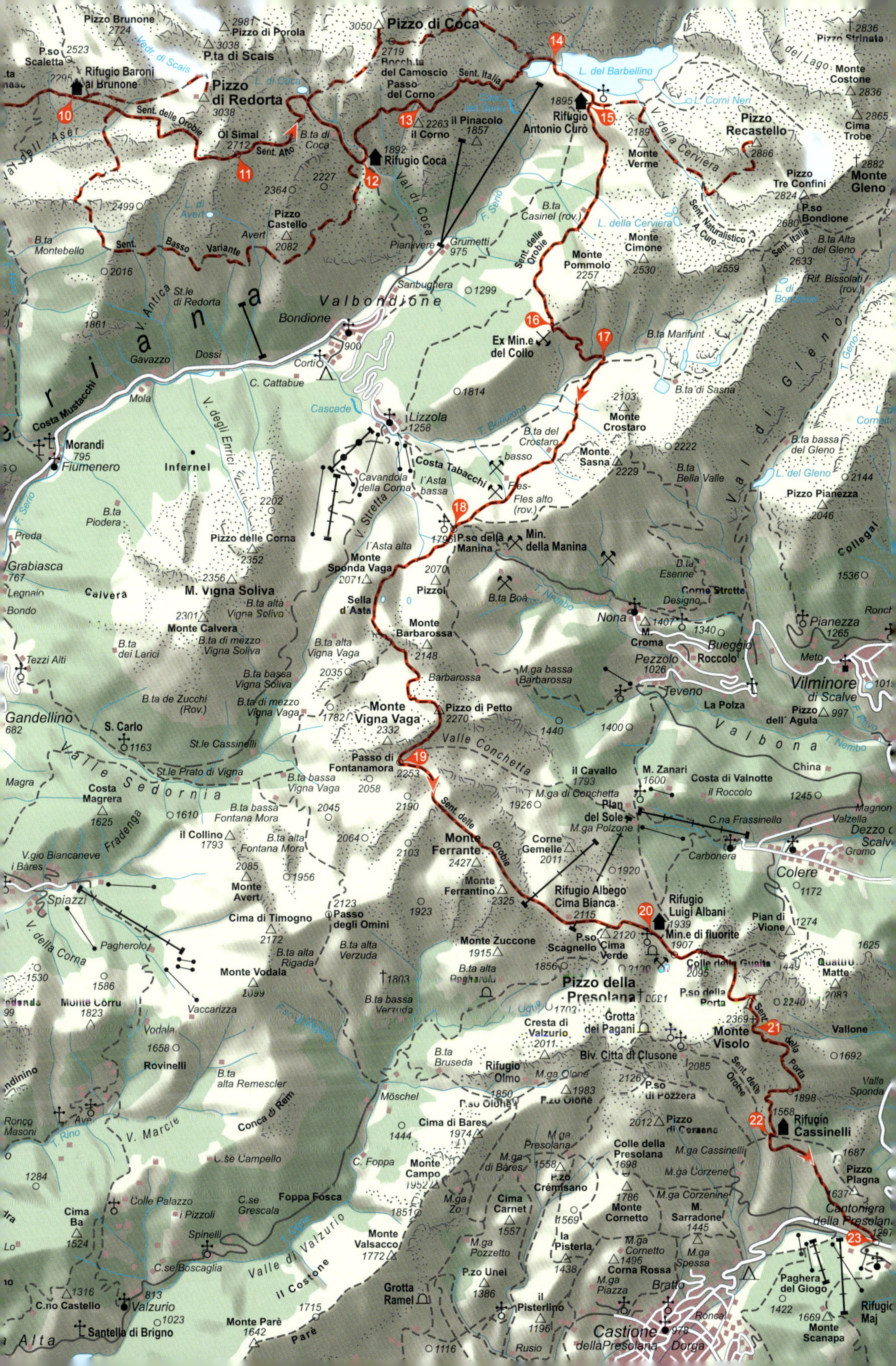

Pizzo Brunone
2724
2981
Pizzo di Porola
3050
Pizzo di Coca
P.so Scaletta
2523
P.ta di Scais
3038
Vedr. di Scais
Rifugio Baroni al Brunone
2295
Pizzo di Redorta
3038
L. di Coca
2719
Bocch.ta del Camoscio
Passo del Corno
Sent. Italia
L. del Barbellino
Pizzo Strinato
2836
V. del Lago
Monte Costone
2836
L. Corni Neri
1895
Rifugio Antonio Curò
Sent. delle Orobie
Ol Simal
2712
Sent. Alto
B.ta di Coca
2263
il Pinacolo
1857
il Corno
1892
Rifugio Coca
Val di Coca
2189
Monte Verme
V. della Cerviera
Pizzo Recastello
2866
2865
Cima Trobe
2882
Monte Gleno
Pizzo Tre Confini
2824
P.so Bondione
2227
2364
2499
L. di Avert
Pizzo Castello
2082
Avert
Sent.
Basso
Variante
B.ta Montebello
2016
F. Serio
B.ta Casinel (rov.)
L. della Cerviera
Sent. Naturalistico A. Curò
Monte Cimone
2530
2559
2680
Sent. Italia
B.ta Alta del Gleno
2633
Rif. Bissolati (rov.)
L. di Bondione
Pianlivere
Grumetti
975
Sent. delle Orobie
Monte Pommolo
2257
St.le di Redorta
V. Antica
Sanbughera
1299
Valbondione
Bondione
1861
Dossi
Gavazzo
900
Corti
Ex Min.e del Collo
B.ta Marifunt
Val di Gleno
C. Cattabue
Mola
Costa Mustacchi
V. degli Enrici
Cascade
Lizzola
1258
1814
T. Bondione
2103
Monte Crostaro
B.ta di Sasna
B.ta del Crostaro
Monte Sasna
2229
2222
B.ta Bella Valle
B.ta bassa del Gleno
L. del Gleno
Pizzo Pianezza
2046
2144
Morandi
795
Fiumenero
Infernel
Cavandola della Corna
Costa Tabacchi
basso
l'Asta bassa
Fes-Fles alto (rov.)
B.ta Piodera
Preda
2202
V. Stretta
1796
P.so della Manina
Min. della Manina
Pizzo delle Corna
2352
l'Asta alta
Monte Sponda Vaga
2071
2070
Pizzol
B.ta Boà
T. Nembo
B.ta Esenne
Corno Stretto
Designo
Collegal
1536
Grabiasca
767
Legnaio
Bondo
Calvera
2356
M. Vigna Soliva
2301
Monte Calvera
B.ta alta Vigna Soliva
Sella d'Asta
Monte Barbarossa
2148
Nona
1407
1340
M. Croma
Pezzolo
1026
Bueggio
Roccolo
Pianezza
1265
Meto
Vilminore di Scalve
B.ta dei Larici
B.ta di mezzo Vigna Soliva
B.ta alta Vigna Vaga
2035
Tezzi Alti
B.ta bassa Vigna Soliva
Barbarossa
M.ga bassa Barbarossa
Teveno
La Polza
Pizzo dell'Agula
997
B.ta de Zucchi (Rov.)
B.ta di mezzo Vigna Vaga
1782
Monte Vigna Vaga
2332
Pizzo di Petto
2270
1440
1400
Valbona
Gandellino
682
S. Carlo
1163
St.le Cassinelli
Valle Conchetta
Passo di Fontanamora
2253
2058
St.le Prato di Vigna
B.ta bassa Vigna Vaga
il Cavallo
1793
M. Zanari
1600
Costa di Valnotte
il Roccolo
China
1245
Magra
Costa Magrera
1625
Valle Sedornia
1610
B.ta bassa Fontana Mora
2045
2190
M.ga di Conchetta
Plan del Sole
C.na Frassinello
Magnon
Valzella
Dezzo di Scalve
Gromo
Sent. delle Orobie
1926
M.ga Polzone
Carbonera
Colere
Fradenga
il Collino
1793
B.ta alta Fontana Mora
2064
Monte Ferrante
2427
Corne Gemelle
2011
V.gio Biancaneve
i Bares
2085
1956
2103
1920
1172
Spiazzi
Monte Avert
Monte Ferrantino
2325
Rifugio Albergo Cima Bianca
2115
Rifugio Luigi Albani
1939
Min.e di fluorite
1907
Pian di Vione
1274
V. della Corna
Cima di Timogno
2172
2123
Passo degli Omini
1923
Monte Zuccone
1915
P.so Scagnello
2120
Cima Verde
Colle della Guaita
2095
1625
Pagherolo
B.ta alta Rigada
B.ta alta Verzuda
B.ta alta Pogherolo
1856
Quattro Matte
2083
1530
Monte Vodala
2099
1803
Pizzo della Presolana
2521
P.so della Porta
2240
1586
Monte Corru
1823
Vaccarizza
B.ta bassa Verzuda
1703
Cresta di Valzurio
2011
Grotta dei Pagani
2369
Monte Visolo
Sent. della Porta
Vallone
1692
Vodala
1658
Rovinelli
B.ta Bruseda
Rifugio Olmo
1850
M.ga Olone
Biv. Città di Clusone
2085
2126
P.so di Pozzera
Sent. delle Orobie
1898
Valle Sponda
B.ta alta Remescler
1983
P.zo Olone
P.so Olone
Möschel
Conca di Rem
Cima di Bares
1974
1444
2012
Pizzo di Corzene
1568
Rifugio Cassinelli
Ronco Masoni
Ave
V. Marcie
T. Rino
M.ga Presolana
M.ga Cassinelli
1687
C.se Campello
C. Foppa
Monte Campo
1952
M.ga di Bares
1558
P.zo Crèmisano
Colle della Presolana
1698
M.ga Corzene
Pizzo Plagna
1284
Foppa Fosca
1637
Colle Palazzo
C.se Grescala
M.ga Zo
Cima Carnet
1557
1786
Monte Cornetto
M.ga Corzenine
M. Sarradone
1445
Cantoniera della Presolana
1297
i Pizzoli
1851
1569
Cima Ba
1524
Spinelli
Valle di Valzurio
Monte Valsacco
1772
M.ga Pozzetto
la Pisterla
1438
M.ga Cornetto
1496
Corna Rossa
M.ga Spessa
Paghera del Giogo
Rifugio Maj
C.se Boscaglia
P.zo Unel
1386
M.ga Piazza
Bratto
1316
813
Valzurio
Il Costone
Grotta Ramel
il Pisterlino
Roncal
1422
1669
Monte Scanapa
C.no Castello
1023
1715
1196
Castione della Presolana
978
Dorga
Santella di Brigno
Monte Parè
1642
Parè
1116
Rusio
Alta
10
11
12
13
14
15
16
17
18
19
20
21
22
23

# 19 Durch die Berninagruppe

## Im »Festsaal der Alpen«

4 Tage

■ schwierig

### Der Ostalpen einziger Viertausender

Genau in der Mitte der Alpen erhebt sich über dem weiten Hochtal des Engadins eine ihrer großartigsten Berggruppen – die Bernina. Ob die mächtigen Pfeiler des Piz Palü, die Himmelsleiter des Biancograts oder der Traumblick von der Fuorcla Surlej auf das Dreigestirn von Piz Bernina, dem einzigen Viertausender der Ostalpen, Piz Scerscen und Piz Roseg, die Bernina bietet unvergessliche Ansichten einer in ihrer Architektur einmalig harmonischen und ästhetischen Berggruppe. »Festsaal der Alpen« nannte einst Walter Flaig die Bernina. Unvermeidlich, dass dieser Ausdruck kommt, unersetzbar, weil er auf den Punkt passt. Unser Tourenvorschlag verbindet die vielleicht schönsten Aussichtspunkte miteinander. Ein anspruchsvolles Unternehmen, das sich tief in unser Gedächtnis einprägen wird.

**TOURENINFO**

**Ausgangspunkt:** Pontresina, Ortsteil Morteratsch, 1896 m. Morteratsch ist Haltestelle der Rhätischen Bahn. Parkplatz am Bahnhof.

**Endpunkt:** Pontresina, 1805 m. Die Tour endet direkt am Bahnhof.

**Anforderungen:** Hochalpine Tour, die neben Trittsicherheit in leichtem Klettergelände (UIAA bis II) auch den sicheren Umgang mit Steigeisen und Seil verlangt. Die Überquerung des Tschiervagletschers im Anschluss an die Fuorcla Boval ist normalerweise unproblematisch und spaltenfrei. Alle Wege sind ausreichend markiert und beschildert. Dies gilt natürlich nicht für den Gletscher!

**Höhenunterschied:** 2260 m im Aufstieg, 2350 m im Abstieg (17 Std.).

**Information:** Pontresina Tourist Information, Via Maistra 133, CH-7504 Pontresina, Tel. +41 81 8388300, pontresina.com.

**Karten:** Landeskarte der Schweiz, Blatt 1277 »Bernina« (Maßstab 1:25.000) und Blatt 268 »Julierpass« (Maßstab 1:50.000).

▼ *Das Höchste in den Ostalpen: der Piz Bernina vom Piz Morteratsch aus gesehen.*

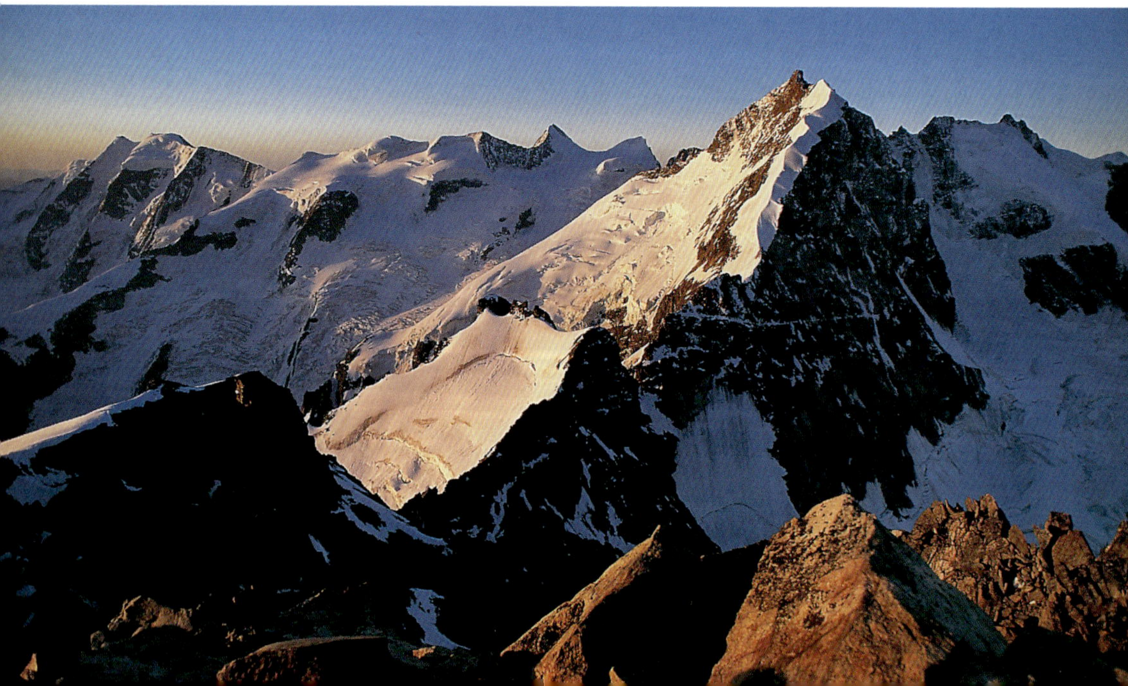

## UNTERKÜNFTE

**Bovalhütte (Chamanna da Boval),** 2495 m, SAC, ca. Mitte Juni bis Mitte Okt. bewirtschaftet, ca. 100 Schlafplätze, Tel. +41 81 8426403, boval.ch.

**Tschiervahütte (Chamanna da Tschierva),** 2573 m, SAC, ca. Mitte Juni bis Mitte Okt. bewirtschaftet, ca. 100 Schlafplätze, Tel. +41 81 8426391 und +41 79 3075787, tschierva.ch.

**Coazhütte (Chamanna Coaz),** 2610 m, SAC, ca. Mitte Juni bis Mitte Okt. bewirtschaftet, ca. 80 Schlafplätze, Tel. +41 81 8426278, coaz.ch.

**Hotel Roseg,** 1999 m, privat, ganzjährig geöffnet, Tel. +41 81 8426445, roseg-gletscher.ch.

## GIPFELMÖGLICHKEITEN

▲ **Piz Morteratsch,** 3751 m: schöner Aussichtsgipfel, auf der 2. Etappe von der Fuorcla Boval, 1.10 Std. Aufstieg, 0.40 Std. Abstieg, leichte Hochtour, Eis bis 40°. Von der Fuorcla Boval hinunter zum Tschiervagletscher. Nach wenigen Hundert Metern in südliche Richtung über mäßig geneigtes Eis zum Grat und über die Nord- bzw. Nordostflanke zum Gipfel. Meistens existiert eine ausgetretene Spur.

▲ **Piz Tschierva,** 3546 m: leichtere Alternative zum Piz Morteratsch, auf der 2. Etappe von der Fuorcla Boval, 1 Std. Aufstieg, 0.30 Std. Abstieg, Schottergrat, leichte Blockkletterei. Von der Fuorcla Boval hinunter zum Gletscher und in nordwestliche Richtung zu einem Pass zwischen Piz Tschierva und Punkt 3401 m. Über den Ostgrat zum Gipfel.

▲ **Piz Corvatsch,** 3451 m: Aussichtsberg südlich der Fuorcla Surlej, von dieser über den Nordostgrat auf markiertem Weg, 2 Std. Aufstieg, 1 Std. Abstieg. Auf 3295 m passiert man die Bergstation der Corvatschbahn, mit der man nach Silvaplana hinunterfahren kann.

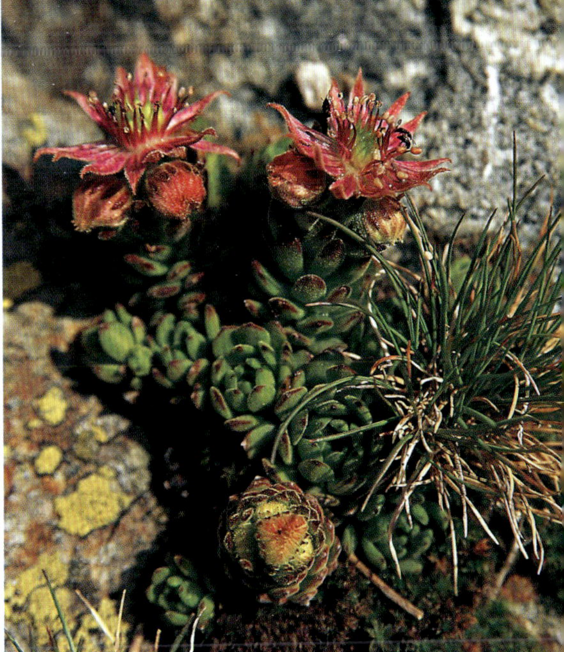

▲ *Berg-Hauswurz.*

## 1. Tag: Morteratsch, 1896 m – Bovalhütte, 2495 m

2.30 Std., 600 m↑

Von der **Bahnstation Morteratsch (1)** folgt man den Schildern in Richtung Bovalhütte. Auf der alten Seitenmoräne des Morteratschgletschers geht es langsam hinauf. Zwischen uralten Zirbelkiefern und riesigen Klötzen aus rostrotem Berninagranit öffnet sich über blühende Bergblumen hinweg so mancher Blick auf die eisigen Pfeiler des Piz Palü und den stark im Rückzug begriffenen Eisstrom des Morteratschgletschers. Ein Auftakt nach Maß, den man auf der Terrasse der **Bovalhütte (2)** ausklingen lassen sollte.

## 2. Tag: Bovalhütte, 2495 m – Tschiervahütte, 2573 m

5.30 Std., 850 m↑, 760 m↓

Früh, häufig sogar sehr früh morgens beginnen das Geklimper und Geraume auf der **Bovalhütte (2)**. Auch wir sollten uns dem allgemeinen Aufbruch anschließen, schließlich wird heute einer der höchsten Punkte des ganzen Buches erreicht. Und wer will da schon im Gewitter stehen? Der Weg beginnt direkt westlich der Bovalhütte und ist mit »Fuorcla Boval« bzw. »Tschiervahütte« ausgeschildert. Während es am Anfang noch über grüne Wiesen geht, wechseln sich später Schnee- mit unangenehmen Schotterfeldern ab. Direkt unter-

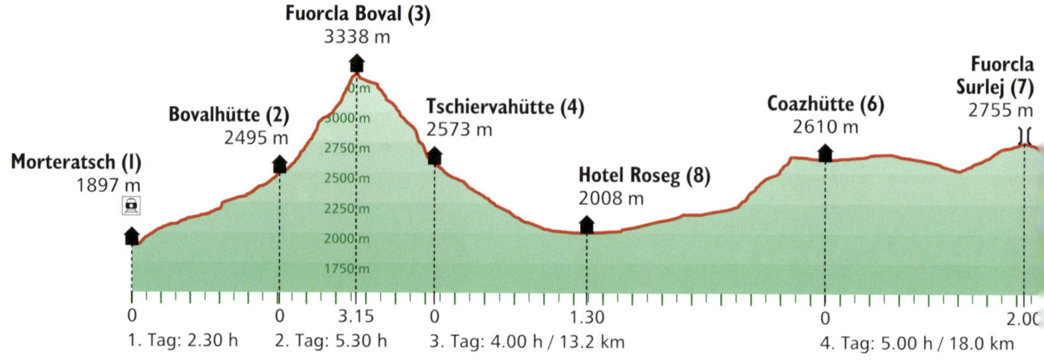


halb des Passes sind auch einige felsige Kletterpassagen im II. Grad (UIAA) zu meistern. Der Aufstieg ist auf seiner gesamten Länge ausreichend markiert, sodass ein Verhauer ausgeschlossen sein sollte. Auf der anderen Seite der **Fuorcla Boval (3)**, 3347 m, steigen wir hinunter zum Tschiervagletscher bzw. zu dem, was davon noch übrig ist. Wer nicht auf einen der beiden Aussichtsgipfel (Piz Morteratsch und Piz Tschierva, siehe Gipfelmöglichkeiten) möchte, hält sich nach Westsüdwest, um über den rechten Rand des Gletschers abzusteigen. Meistens gibt es eine Trittspur, sodass die Wegführung relativ eindeu-

▼ *Umstritten: der Anbau der Tschiervahütte.*

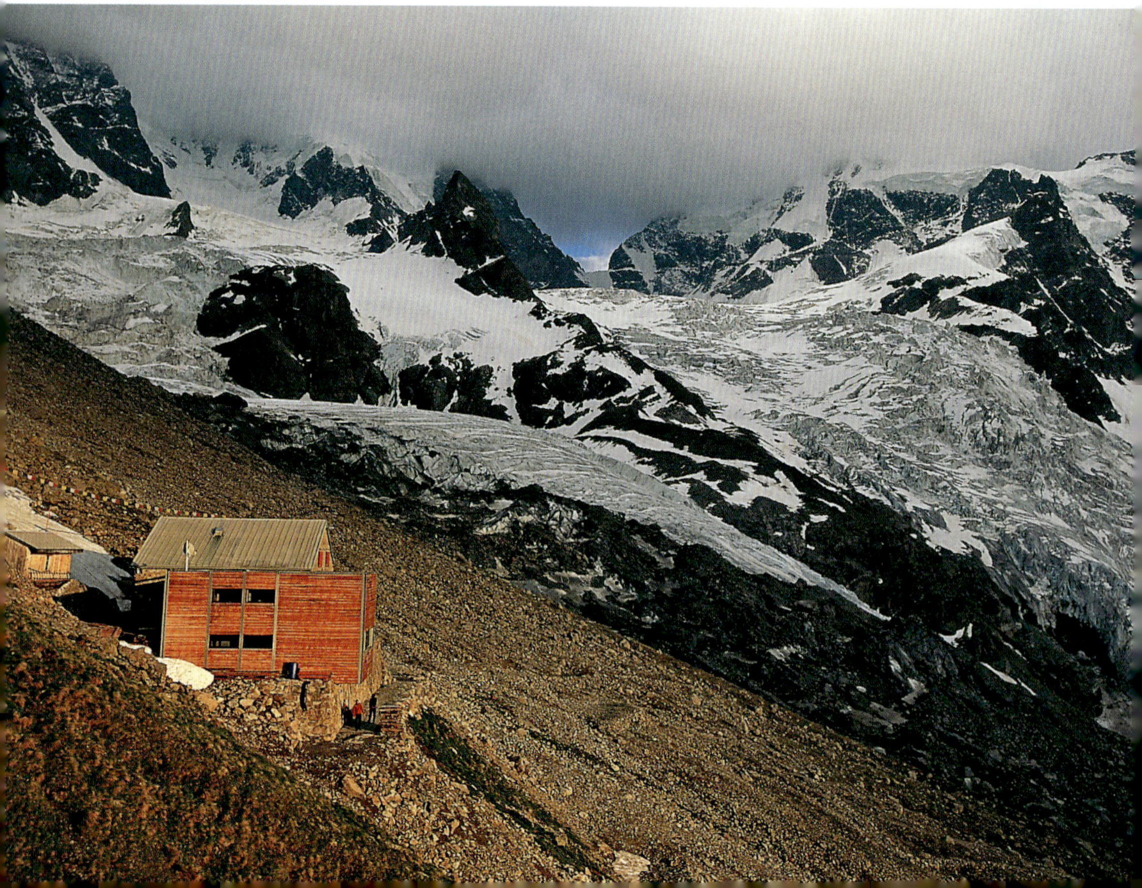

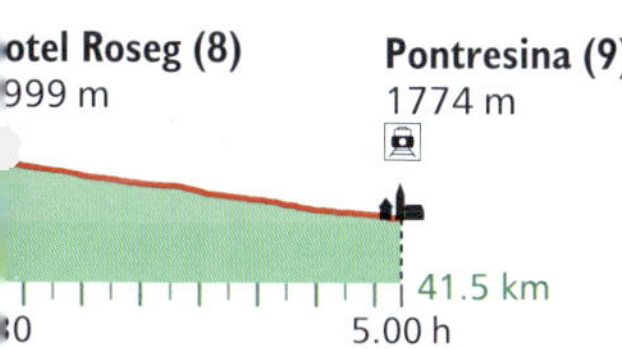


tig ist. Am Ende des Gletschers finden sich Steinmänner und Trittspuren, die, je weiter man nach unten kommt, umso deutlicher werden. Zum Schluss ist noch eine senkrechte Leiter parallel zum hütteneigenen Wasserfall zu überwinden, dann steht man vor der **Tschiervahütte (4)** mit ihrem modernen Anbau.

▾ *Klassisch: die Coazhütte.*

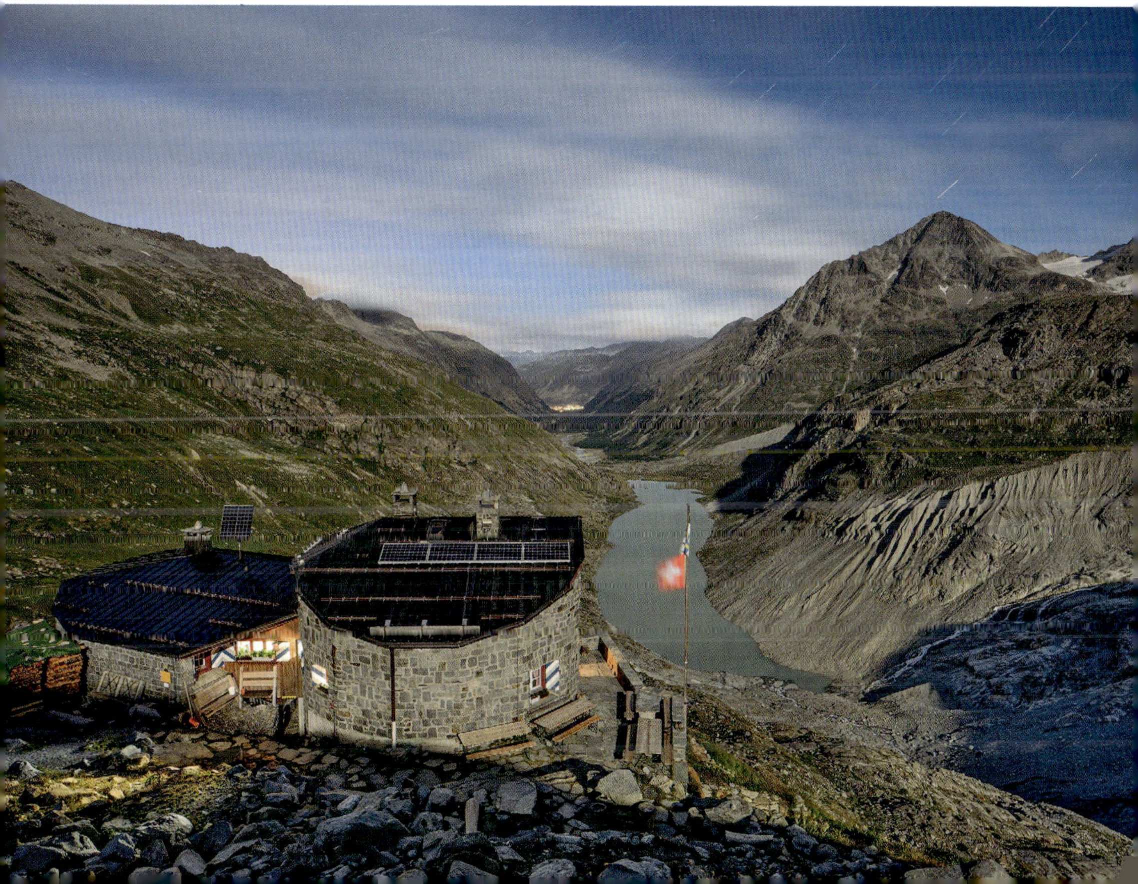

## 3. Tag: Tschiervahütte, 2573 m – Coazhütte, 2610 m

4 Std., 610 m↑, 580 m↓

Um von der **Tschiervahütte (4)** zur Coazhütte zu kommen, steigen wir zunächst in Richtung Hotel Roseg ab. Kurz bevor wir dieses erreichen, überqueren wir den **Rosegbach (5)** auf einer Brücke, wenden uns nach links und wandern nun gemächlich das Rosegtal hinauf. An dem durch den Rückzug des Roseggletschers entstandenen See endet der gemütliche Teil des Tages. Im Angesicht der hoch über uns thronenden Hütte gilt es nun, die noch fehlenden Höhenmeter zu überwinden. Die schweren Beine vom gestrigen Tag fordern dabei ihren Tribut, aber die Aussicht auf ein Stück Bündner Nusstorte in der **Coazhütte (6)** sollte Ansporn genug sein.

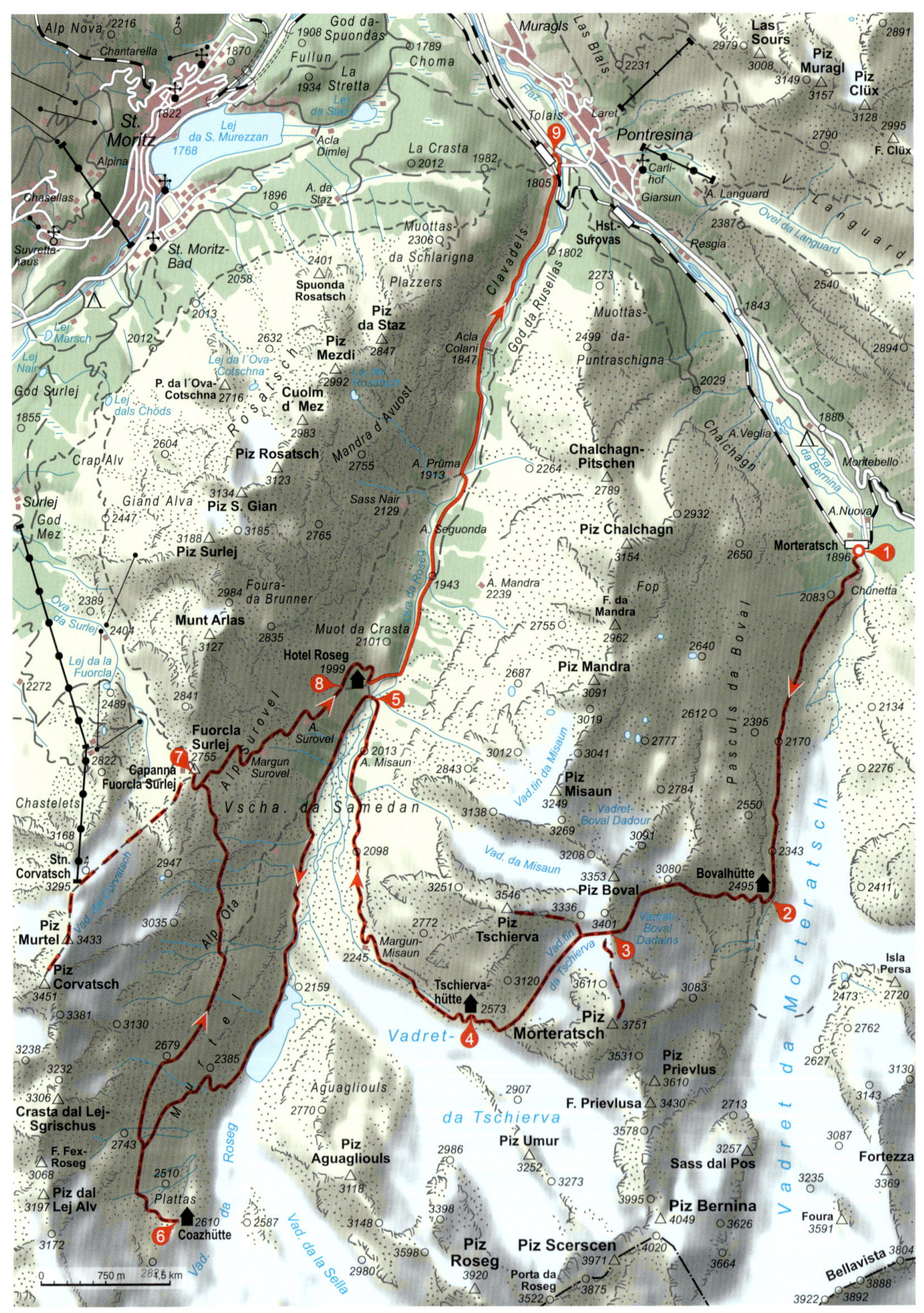
St. Moritz
Lej da S. Murezzan
St. Moritz-Bad
Pontresina
Morteratsch
Hotel Roseg
Fuorcla Surlej
Capanna Fuorcla Surlej
Bovalhütte
Tschierva-hütte
Coazhütte
Piz Bernina
Piz Roseg
Piz Scerscen
Piz Morteratsch
Piz Boval
Piz Tschierva
Piz Corvatsch
Piz Murtel
Piz Rosatsch
Piz Surlej
Piz Chalchagn
Piz Mandra
Piz Misaun
Vadret da Morteratsch
Vadret da Tschierva
Vscha. da Samedan
Clavadels
0 750 m 1,5 km

## 4. Tag: Coazhütte, 2610 m – Pontresina, 1805 m

5 Std., 200 m↑, 1010 m↓

Die Bezeichnung Panoramaweg trifft in Bezug auf den heutigen Tag den Nagel auf den Kopf. Nach Start in der **Coazhütte (6)** und einem kurzen Abstieg auf bekanntem Weg biegen wir links ab (Wegweiser) und wandern hoch über dem Val Roseg hinüber zur **Fuorcla Surlej (7)**, 2755 m, und der sich am Pass befindenden Hütte (nur Einkehr). Dieser Pass bietet eines der großartigsten Motive der Alpen. In dem kleinen, der Hütte vorgelagerten See spiegelt sich das Dreigestirn von Piz Bernina, Piz Scerscen und Piz Roseg, ein Bild von vollendeter Harmonie. Wir verlassen die Capanna Fuorcla Surlej und steigen ostseitig über einen prachtvoll angelegten Pfad hinunter zum Hotel Roseg. Der Weiterweg parallel zur Zufahrtsstraße durch das Val Roseg zurück zur Haltestelle der Rhätischen Bahn in **Pontresina (9)** ist leider etwas eintönig. Alternativ kann man vom Hotel Roseg mit dem Pferdefuhrwerk zurückfahren.

▼ *Spieglein, Spieglein im Bergsee: Piz Bernina, Piz Scerscen und Piz Roseg von der Fuorcla Surlej aus.*

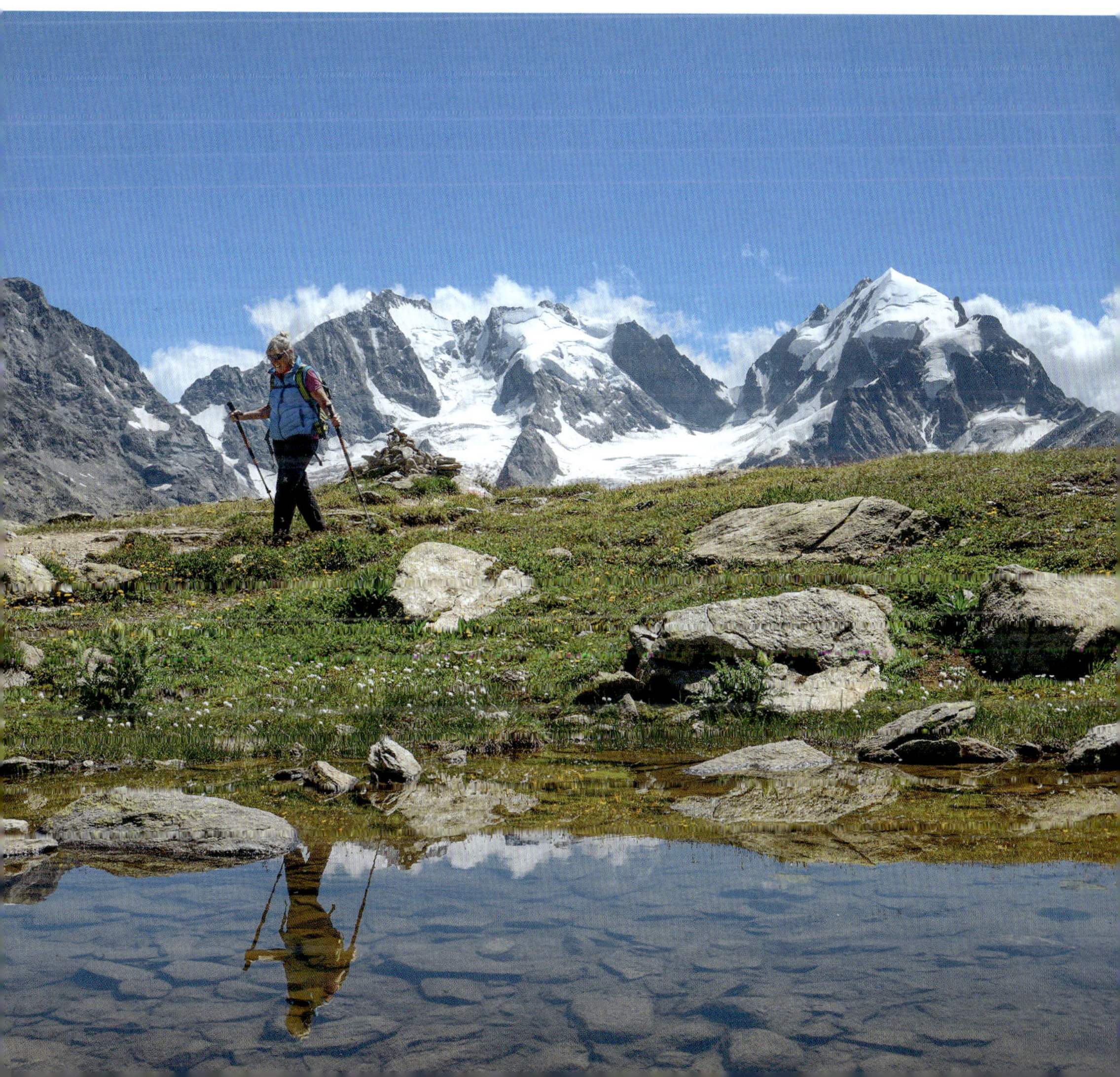

# 20 König Ortler

## Von Sulden nach Trafoi

2 bis 3 Tage

leicht

### Dem Eis ganz nah

Schauen wir auf die Landkarte, entdecken wir, dass die Ortlergruppe wie ein riesiges Kreuz an der breitesten Stelle der Alpen aufragt. Und auch wenn hier nicht der höchste Gipfel der Ostalpen steht (denn das ist ja bekanntlich der Piz Bernina), die Ortlergruppe ist, was die Zahl und Schönheit der vergletscherten Gipfelerhebungen angeht, ihr Herz. Um das einmalige Gebiet zu schützen, wurde die Ortlergruppe Teil des italienischen Nationalparks Stilfserjoch. Er hat eine Ausdehnung von 130.734 Hektar und schließt das gesamte Gebirgsmassiv inklusive der Nebentäler ein. Da das Schutzgebiet im Nordwesten an den Schweizerischen Nationalpark grenzt, bildet es mit diesem zusammen einen der größten Naturräume Mitteleuropas. Die vorliegende Dreitagestour bietet die Möglichkeit, ohne Gletscherüberschreitung und wirklich schwierige Wegpassagen Einblick in die hochalpine Welt des Ortlers und seiner Gletscher zu erhalten. Da die Einrichtung eines Nationalparks leider keinen Schutz vor Klimaveränderungen bietet, zieht sich das Gletschereis gerade hier dramatisch zurück. Klettern in der Nordwand des Ortlers gleicht – zwischen Steinschlag und Lawinen – mittlerweile einem Lotteriespiel. Schauen wir uns also König Ortler in seiner Eispracht an, solange es noch geht.

### TOURENINFO

**Ausgangspunkt:** Sulden, 1907 m, Parkplatz der Sulden-Kabinenbahn. Mit dem Zug bis Landeck und weiter mit dem Bus (umsteigen in Nauders und Mals) bis Sulden/Seilbahnstation oder mit dem Zug über Bozen nach Meran, von dort mit der Vinschgerbahn nach Spondinig und weiter mit dem Bus.

**Endpunkt:** Trafoi, 1543 m. Von dort mit dem Bus zurück nach Sulden bzw. über Spondinig nach Mals (seltene Verbindung, vorher im Tourismusbüro nach den Abfahrtszeiten erkundigen!).

**Anforderungen:** Leichte Wanderung, die ohne große technische Schwierigkeiten um die Nordabdachung des Ortlers führt. Zwischen der Bärenkopfscharte und der Payerhütte sind einige Stellen mit Drahtseilen versichert. Wer Höhenprobleme hat, für den kann die Luft dort schon knapp werden.

**Höhenunterschied:** 1470 m im Aufstieg, 1840 m im Abstieg (12.30 Std.).

**Information:** Tourismusbüro Sulden, Hauptstraße 72, I-39029 Sulden, Tel. +39 0473/ 613015, sulden.com.

**Karten:** Tabacco, Topografische Wanderkarte, Blatt 08 »Ortles – Cevedale – Ortlergebiet« (Maßstab 1:25.000).

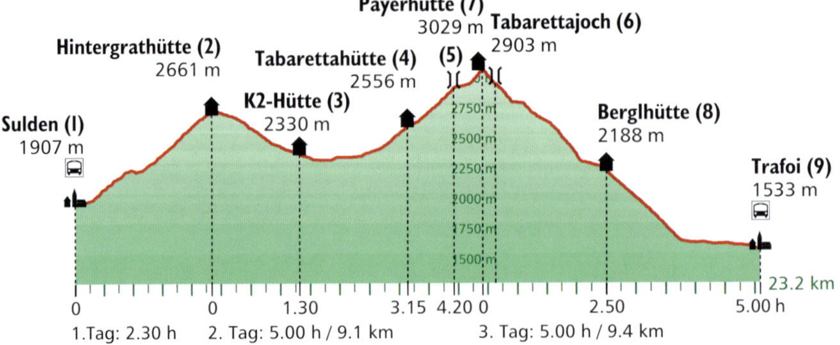

## UNTERKÜNFTE

- **Hintergrathütte (Rif. Alto del Coston),** 2661 m, privat, Anfang Juni bis Anfang Okt. bewirtschaftet, ca. 70 Schlafplätze, Tel. +39 0473 613188 oder +39 388 3505929, hintergrathuette.com, Reservierung telefonisch.
- **Tabarettahütte,** 2556 m, privat, Mitte Juni bis Mitte Okt. bewirtschaftet, 40 Schlafplätze, Tel. +39 347 2614872, tabaretta.com, Reservierung über Homepage oder telefonisch.
- **Payerhütte,** 3029 m, Autonome Provinz Bozen – Südtirol, Anfang Juli bis Ende Sept. bewirtschaftet, ca. 90 Schlafplätze, Tel. +39 0473 613010, payerhuette.com, Reservierung telefonisch.
- **Berglhütte (Rifugio Borletti),** 2188 m, Land Südtirol, Anfang März bis Mitte Juni an Wochenenden und Feiertagen, Mitte Juni bis Mitte Sept. durchgehend bewirtschaftet, ca. 20 Schlafplätze, Tel. Hütte +39 338 3877344.

### 1. Tag: Sulden, 1907 m – Hintergrathütte, 2661 m

2.30 Std., 760 m↑

Wir starten am oberen Parkplatz direkt an der Talstation der Seilbahn in **Sulden (1)** auf Weg Nr. 1 (alternativ kann man auch an der Mittelstation losgehen), steigen parallel der hässlichen Kabel auf und treffen bald auf die Schotterstraße, die zur Schaubachhütte hochzieht. Unter Umständen begegnen uns merkwürdig aussehende zottelige Viecher, Yaks, die Reinhold Messner gehören. An der Mittelstation angekommen überqueren wir auf einer Brücke den Suldenbach und gehen, am Anfang noch durch Schotter, auf Weg Nr. 2 weiter. An einer Wegabzweigung halten wir uns links. Anschließend geht es über einen grünen Hang in Kehren zur Hintergrathütte hinauf. Die ganze Zeit über genießen wir den Blick auf die eisbedeckten Gipfel von Königspitze, Monte Zebrù und Ortler, die sich majestätisch in der Abenddämmerung vor uns aufbauen. An der **Hintergrathütte (2)** angekommen erinnern alte Fotos und Plakate an die Ära von Reinhold Messner, der hier in jungen Jahren – noch ohne Yaks – seine Kletterleidenschaft auslebte.

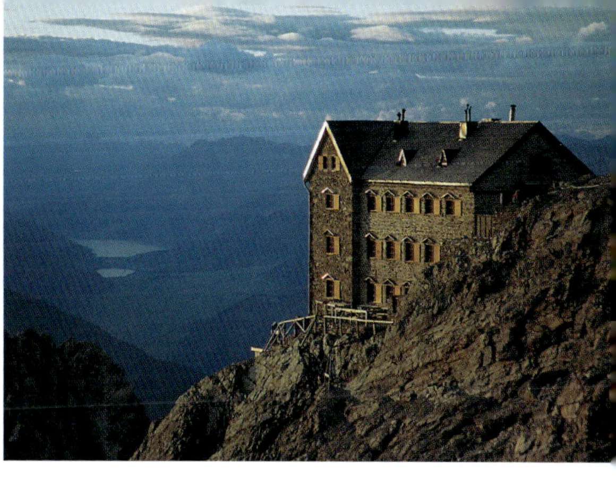

▲ *Fenster mit Aussicht: die Payerhütte.*

## GIPFELMÖGLICHKEITEN

▲ **Ortler,** 3905 m: von der Payerhütte, schwierige alpine Hochtour in Fels und Eis, 5 Std. Aufstieg, 4 Std. Abstieg, nur mit Bergführer oder in Seilschaft mit erfahrenen Alpinisten anzuraten.

▲ **Tabarettaspitze,** 3128 m: von der Payerhütte, 0.30 Std. Aufstieg, 0.20 Std. Abstieg, für geübte Geher unschwierig, Trittsicherheit nötig.

### 2. Tag: Hintergrathütte, 2661 m – Payerhütte, 3029 m

5 Std., 710 m↑, 350 m↓

Früh aufgestanden genießen wir noch einmal den atemberaubenden Blick auf das Suldener Dreigestirn, diesmal nicht in der Dämmerung, sondern in der klaren Morgensonne. Es ist ein phantastisches Bild, das aber gleichzeitig auch sehr nachdenklich stimmt. Bei meinem ersten Besuch auf der Hintergrathütte hatte unser Bergführer Hans Kammerlander mal eben schnell vor dem Frühstück im Alleingang die Nordwand der Königspitze durchstiegen, eine beinahe reine Eistour. Dies ist nun nicht mehr möglich, denn auf drei Vierteln der Wandhöhe schaut im Sommer der Fels hervor. Und das Eis in der Zebrù-Nordwand ist ganz abgeschmolzen. Das Bild des Dreigestirns hat sich ver-

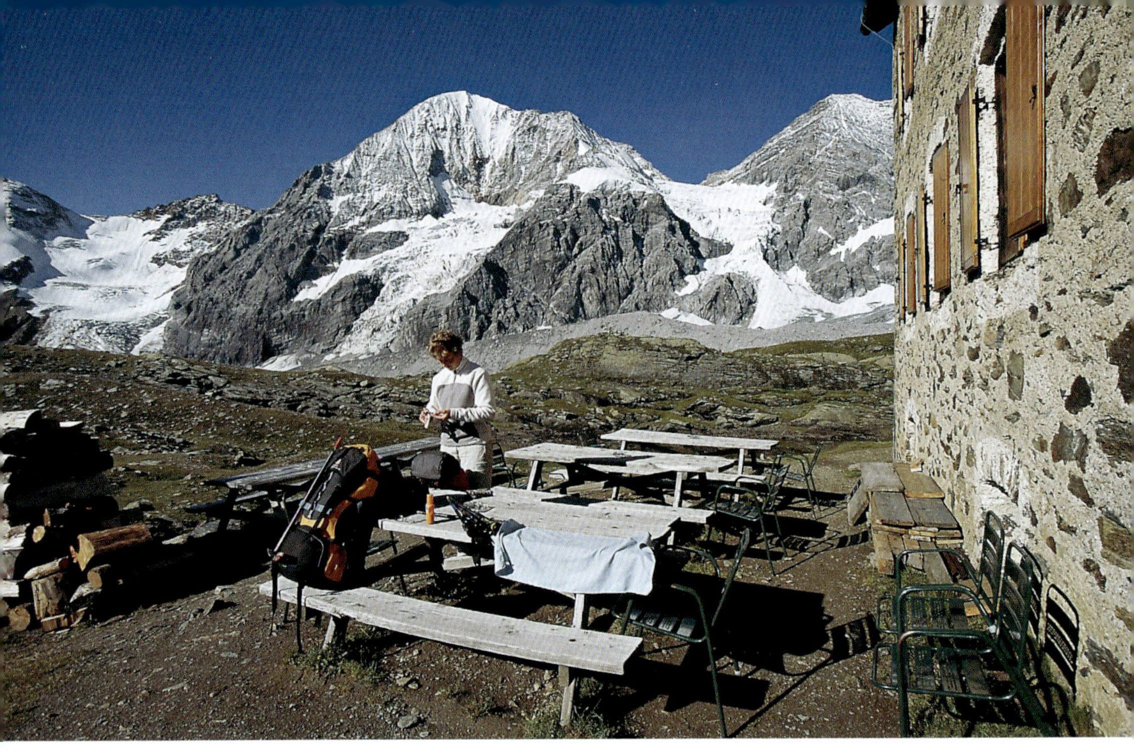

▲ *Die Königspitze von der Hintergrathütte.*

ändert und verändert sich unaufhaltsam weiter. So traurig das ist, wir starten in den Tag und freuen uns auf die atemberaubenden Aussichten, die uns in den nächsten zwei Tagen erwarten.
Hinter der **Hintergrathütte (2)** steigen wir, dem Morosiniweg (Nr. 3) folgend, ein Stück bergauf. An einem Gratrücken werfen wir einen letzten Blick zurück, dann geht es links um die Kante und der Blick auf das Dreigestirn wird gegen den auf die Ortler-Ostwand ausgetauscht. Zu deren Füßen liegt die urweltliche Trümmerlandschaft des »Ende der Welt Ferners«, die wir zur **K2-Hütte (3)** hinüber queren. Weiter geht es auf breitem Weg (Nr. 10) in Richtung Tabarettahütte. An der zweiten Abzweigung biegen wir links auf Weg Nr. 4a ab. Über Wiesen und die Schuttströme des Marltferners gelangen wir an einen großen Steinblock, der mit Gedenktafeln für die Kletterer übersät ist, die in der fast 1600 m hohen, schon immer gefährlichen Nordwand des Ortlers ihr Leben gelassen haben. Wir erkennen nun schon die Tabarettahütte auf der Marltschneide und hoch darüber unser heutiges Ziel, die Payerhütte, die wie ein Adlerhorst auf dem Grat thront. Unvorstellbar, dass ein gut angelegter Weg durch diese steile Wand führt. So gehen wir an der **Tabarettahütte (4)**, 2556 m, vorbei, auch wenn Kuchen, Eis und Milchkaffee locken, und konzentrieren uns auf die fast 500 Höhenmeter, die noch vor uns liegen. Erstes Zwischenziel ist die **Bärenkopfscharte (5)**, 2871 m, an der sich eindrucksvolle Blicke auf die immer kleiner werdende Tabarettahütte und die im Hintergrund liegenden Zufallspitzen mit dem Monte Cevedale bieten. Weiter geht es über den Grat, der einige kurze drahtseilgesicherte Passagen und eine Brücke aufweist, zum immer näher rückenden heutigen Etappenziel. Hinter dem **Tabarettajoch (6)**, 2903 m, fehlt nur no ch ein kurzes steiles Stück, dann stehen wir plötzlich auf der Terrasse der **Payerhütte (7)**. Mit einem erfrischenden Getränk genießen wir in der Abenddämmerung den Blick in alle Himmelsrichtungen.

## 3. Tag: Payerhütte, 3029 m – Trafoi, 1533 m

5 Std., 1490 m↓

Wir verlassen die **Payerhütte (7)** und gehen auf dem bereits bekannten Weg zurück zum **Tabarettajoch (6)**. Dort wenden wir uns nach Westen (Weg Nr. 19) und steigen über Schotter in Serpentinen hinunter in das Tabarettatal. An einem großen Felsklotz teilt sich der Weg. Hier halten wir uns links in Richtung Berglhütte (Weg Nr. 18) und wandern parallel der Westabstürze des Ortlers talwärts. Rund 400 m unterhalb der Tabarettakugel erkennen wir die Berglhütte, zu der wir nun auf zum Teil steilem und schotterigem Weg absteigen. Nach der **Berglhütte (8)** taucht der Weg in den Wald ein und leitet uns hinunter zu einer Kapelle mit der Wallfahrtsstätte der »Heiligen Drei Brunnen«. Nach der Querung des Trafoier Bachs bleiben wir auf dem Drei-Brunnen-Weg, orientieren uns immer an der Beschilderung in Richtung Trafoi bis wir am »Besucherzentrum naturatrafoi« vorbei kommen und schließlich die Stilfserjochstraße in **Trafoi (9)** erreichen.

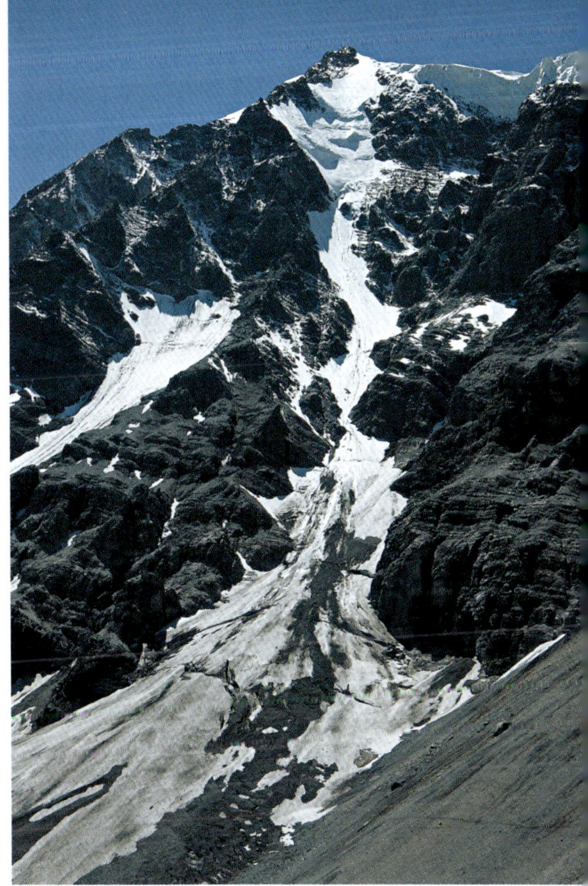

▲ *Einst eine der schwierigsten Eistouren der Ostalpen: die Ortler-Nordwand.*

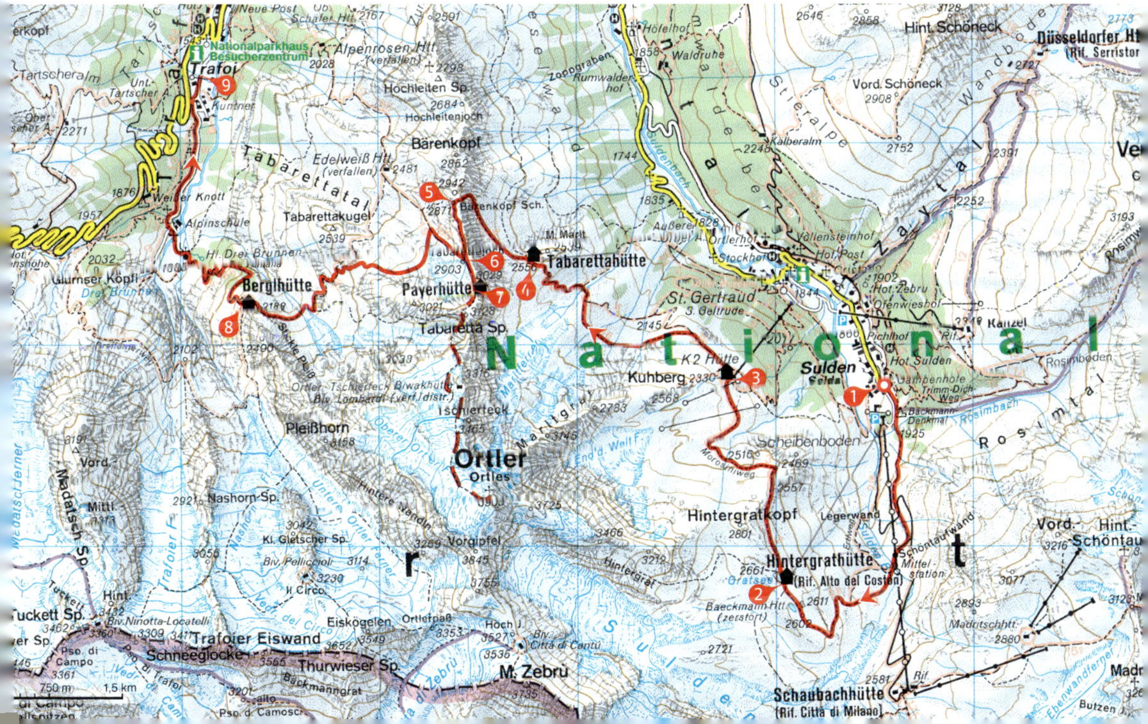

# 21 Sentiero Adamello

## Von Temù nach Locanda Gaver

5 Tage

■ schwierig

### Einsame Durchquerung einer urweltlichen Landschaft

Zwischen Ortler und Poebene, dort, wo man schon gar nicht mehr mit »richtigen« Bergen rechnet, ragt als südlichste ostalpine Eisfläche das Adamello-Massiv in den azurblauen italienischen Himmel. Unglaubliche Kontraste prägen die Landschaft, von riesigen Eiskappen bis zu Kastanienhainen, die von einem Hauch Mittelmeer gestreift werden. Ursache für diese scheinbar so unpassend hohen Erhebungen sind Magmaintrusionen, die während der Alpenbildung im Tertiär (vor ca. 30 Millionen Jahren) an der Plattengrenze zwischen Europa und Afrika in den Gesteinsverband eindrangen. Es handelt sich damit um die – zusammen mit den Bergeller Graniten – jüngsten Gesteine im weiten Alpenrund. Unsere Tour führt auf der Brescianer Seite des Adamello von Nord nach Süd. Dabei durchwandern wir einige lang gestreckte Täler, die über hohe Pässe miteinander verbunden sind. Karge, manchmal fast schon melancholisch triste Hochgebirgsszenerien bestimmen das Bild, durch das sich selten ein anderer Wanderer verirrt.

#### TOURENINFO

**Ausgangspunkt:** Temù, 1155 m. Mit dem Auto kann man noch bis zur Malga Caldea, 1584 m, unterhalb des ersten Stausees, dem Wanderweg folgen. Dort gibt es einige Parkplätze. Der nächstgelegene Bahnhof ist Édolo. Von dort gelangt man mit dem Bus nach Temù.

**Endpunkt:** Albergo Locanda Gaver, 1511 m (die nächst größeren Orte sind Breno und Bagolino), bei dem die Bushaltestelle liegt. Von dort fährt ein Bus nach Brescia. Wer mit öffentlichen Verkehrsmitteln zurück zum Ausgangspunkt muss, sollte noch einen Tag zusätzlich einplanen (umsteigen in Brescia und Édolo).

**Anforderungen:** Anspruchsvolle Streckenwanderung, die mit einigen drahtseilversicherten Abschnitten (neue Ketten), viel Schutt und Balanceübungen auf riesigen Granitblöcken aufwartet. Darüber hinaus ist etwas Orientierungssinn vonnöten, insbesondere wenn Nebel oder niedrige Bewölkung die Sicht einschränken. Die Route ist zwar durchgehend markiert und beschildert, Anzahl und Qualität der Markierungen lassen jedoch an manchen Stellen zu wünschen übrig. Wegweisend ist auf dem gesamten Sentiero Adamello die 1 (für »Sentiero no. 1 della regione lombardia«). Je nach Jahreszeit gehören Steigeisen und Pickel ins Gepäck.

**Höhenunterschied:** 4590 m im Aufstieg, 4220 m im Abstieg (31 Std.).

**Information:** Tourist Information, Via Salimmo 3, 25056 Ponte di Legno, Tel. +39 331 7148895, prolocopontedilegno.it.

**Karten:** Tabacco, Topografische Wanderkarte, Blatt 52 »Adamello – Presanella« und LagirAlpina Nr. 19 »Val Giudicarie – Valle di Daone« (beide Maßstab 1:25.000).

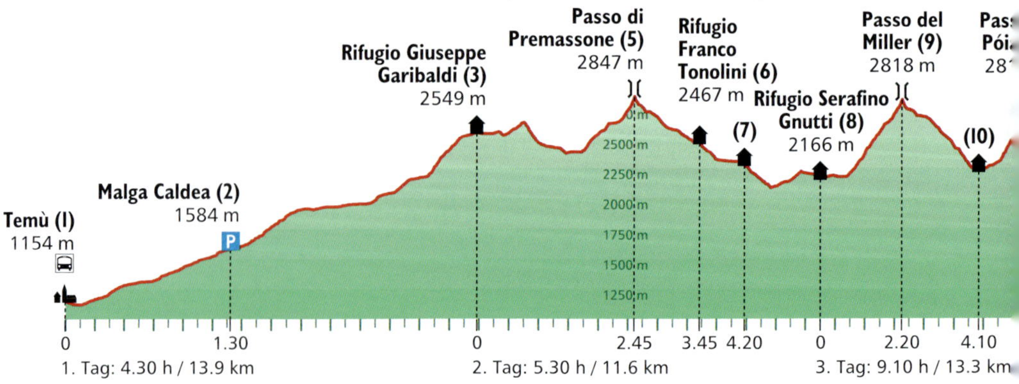

## GIPFELMÖGLICHKEITEN

▲ **Adamello,** 3539 m: vom Rifugio Garibaldi, 5 Std. Aufstieg, 4.30 Std. Abstieg, Gletschertour, nur für Geübte.

▲ **Corno Baitone,** 3331 m: erstklassiger Aussichtsberg, vom Rifugio Tonolini, 4 Std. Aufstieg, 3.30 Std. Abstieg, leichte Kletterei (II).

▲ **Monte Fumo,** 3418 m: von dort einzigartig schöner Blick, vom Rifugio Adamè, 5.30 Std. Aufstieg, 5 Std. Abstieg, Gletschertour, nur für Geübte (II).

▲ **Monte Frisozzo,** 2897 m: aussichtsreiche Gipfelbesteigung in großer Einsamkeit, vom Rifugio Maria e Franco, 2 Std. Aufstieg, 1.45 Std. Abstieg, unschwierig.

▲ **Cornone di Blumone,** 2843 m: vom Rifugio Tita Secchi, 2.30 Std. Aufstieg, 2.15 Std. Abstieg, unschwierig.

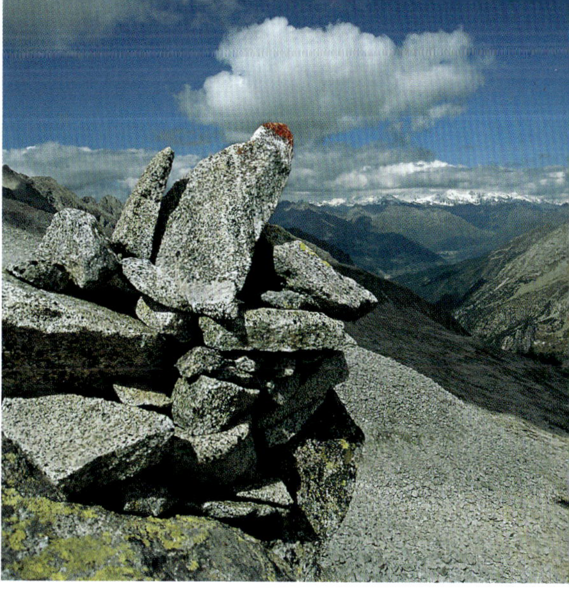

▲ *Am Passo di Premassone.*

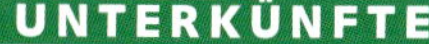

## UNTERKÜNFTE

- **Rifugio Giuseppe Garibaldi,** 2550 m, CAI, ca. Mitte Juni bis Ende Sept. bewirtschaftet, ca. 100 Schlafplätze, Tel. +39 0364 906209.
- **Rifugio Franco Tonolini,** 2467 m, CAI, ca. Mitte Juni bis Mitte Sept. bewirtschaftet, ca. 40 Schlafplätze, Tel. +39 0364 71181.
- **Rifugio Baitone,** 2281 m, privat, ca. Juni bis Sept. bewirtschaftet, ca. 90 Schlafplätze, Tel. +39 366 4989688 und +39 335 8166047.
- **Rifugio Serafino Gnutti,** 2166 m, CAI, Mitte Juni bis Mitte Sept. bewirtschaftet, ca. 30 Schlafplätze, Tel. +39 0364 72241, rifugiognutti.it.
- **Rifugio Paolo Prudenzini,** 2235 m, CAI, ca. Mitte Juni bis Ende Sept. bewirtschaftet, ca. 50 Schlafplätze, Tel. +39 0364 634578 und +39 333 3318724.
- **Rifugio Baita Adamè,** 2120 m, Associazione Gruppo Baita Adamè, ca. Ende Juni bis Mitte Sept. bewirtschaftet, ca. 40 Schlafplätze, +39 333 2039852, baita-adame.it.
- **Rifugio Città di Lissone,** 2020 m, CAI, ca. Mitte Juni bis Mitte Sept. bewirtschaftet, ca. 70 Schlafplätze, Tel. +39 0364 638296 und +39 347 3323864.
- **Rifugio Maria e Franco,** 2574 m, CAI, ca. Mitte Juni bis Mitte Sept. bewirtschaftet, ca. 40 Schlafplätze, Tel. +39 0364 634372.
- **Rifugio Tita Secchi,** 2362 m, Società Escursionistica Bresciana, ca. Mitte Juni bis Mitte Okt. bewirtschaftet, ca. 60 Schlafplätze, Tel. +39 0365 903001, rifugiotitasecchi.it.
- **Albergo Locanda Gaver (auch: Rifugio Nikolajewka),** 1511 m, privat, ganzjährig geöffnet, ca. 40 Schlafplätze, Tel. +39 0365 99325, locandagaver.it.

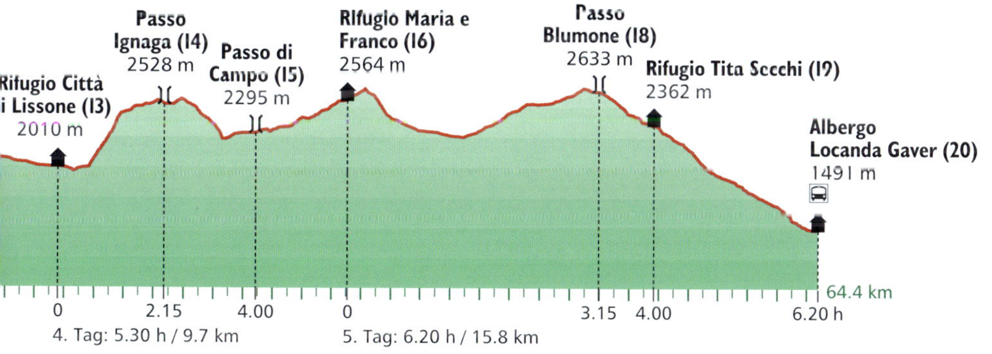

## 1. Tag: Temù, 1155 m – Rifugio Giuseppe Garibaldi, 2550 m

4.30 Std., 1400 m↑

Der ausgeschilderten Route folgend geht es von **Temù (1)** parallel zur Straße das Valle dell'Avio hinauf. Hinter der **Malga Caldea (2)** wird die Straße steiler und wir gelangen in weiten Kehren zum ersten Stausee, dem Laghetto dell'Avio. Es folgen zwei weitere, der Lago dell'Avio und der Lago Benedetto, die wir beide auf ihrer rechten Seite passieren, ab der Malga di Mezzo auf einem Pfad. Merkwürdigerweise ist in keinem Stausee mehr als eine Pfütze Wasser, alles sieht kaputt aus – und das mitten im Nationalpark. Aber ein in Beton gegossenes Schild weist darauf hin, dass Zelten verboten ist. Hinter dem Lago Benedetto knickt der Weg nach Osten ab, und wir steigen durch das Valle di Veneròcolo steil bergauf. Dabei öffnet sich der Blick auf die Nordwand des Adamello, und das Bild wird von natürlichen Gesteinsmassen dominiert. Dann taucht die mächtige Staumauer des Lago Pantano dell'Avio auf, der etwas westlich des Adamello liegt. Über Almflächen steigen wir weiter auf und gelangen an eine Brücke, die nach links über einen Bach führt. Der Weg zieht nun steiler werdend zum Lago di Veneròcolo hinauf, noch ein Stausee. An diesem liegt auch das Rifugio Garibaldi. Für heute haben wir den Verdacht, dass wir nicht auf dem »Sentiero Adamello«, sondern auf dem »Sentiero dei laghi artificiali« laufen. Aber offiziell beginnt der »Sentiero Adamello« ja auch erst am **Rifugio Garibaldi (3)**.

▼ *Schaustück: die eindrucksvolle Nordwand des Adamello.*

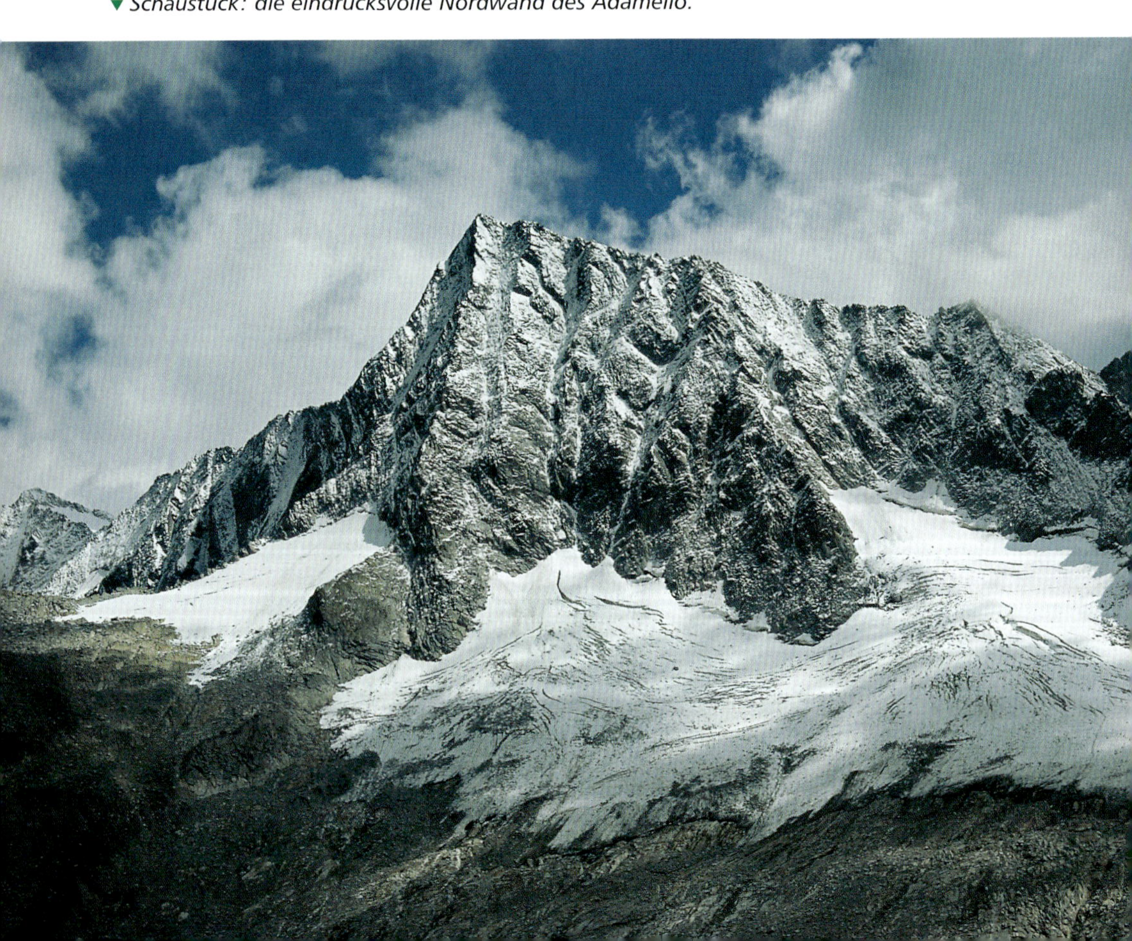

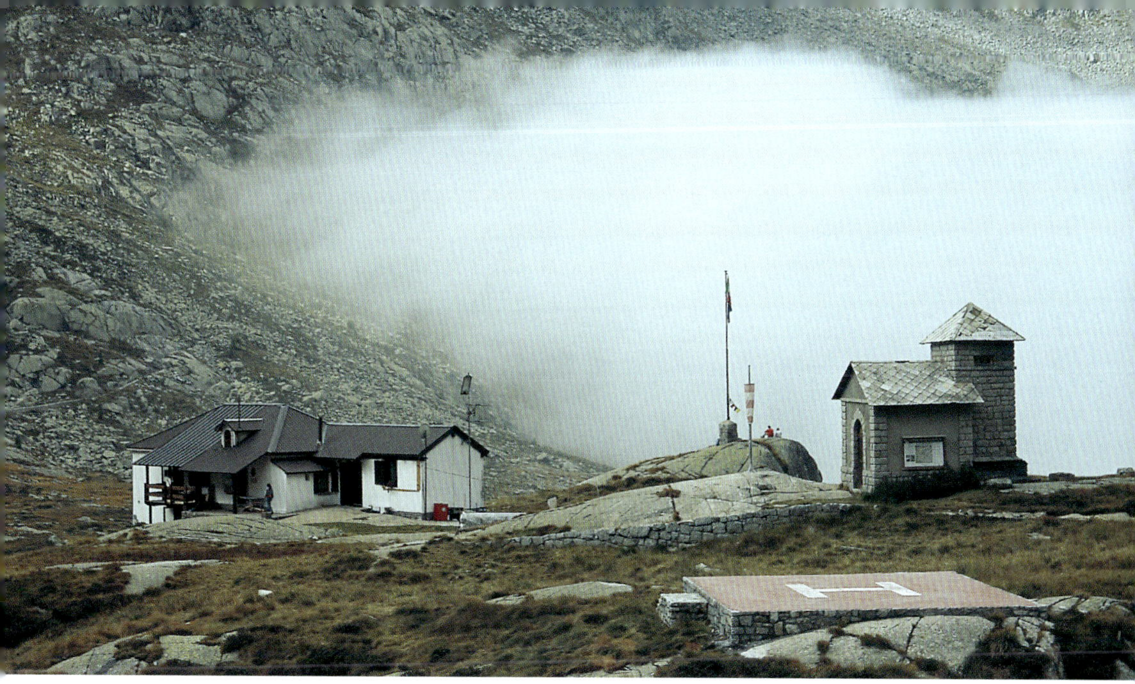

▲ *Am Rifugio Serafino Gnutti.*

## 2. Tag: Rifugio Giuseppe Garibaldi, 2550 m – Rifugio Serafino Gnutti, 2166 m

5.30 Std., 710 m↑, 1090 m↓

Die Stauseen bleiben uns auch auf dieser Etappe vorerst erhalten. Wir verlassen das doch recht populäre **Rifugio Garibaldi (3)** und queren über die Staumauer des Lago di Veneròcolo hinüber auf das Ende der großen Moräne unterhalb des Veneròcolo-Gletschers. Dort teilt sich der Weg. Wir biegen rechts ab (Weg Nr. 1) und steuern auf eine markante Scharte im Nordwestgrat des Adamello zu. Über Moränenschotter steigen wir steil zu dieser hinauf und, auf der anderen Seite, ebenso steil wieder hinab zum **Lago Pantano dell'Avio (4)**. Kurz vor der großen Staumauer treffen wir auf die Überreste einiger Gebäude, Kriegsschutt. Wir überschreiten die riesige Staumauer und beginnen mit dem Anstieg zu dem 500 m über uns gelegenen Passo di Premassone. Unterhalb des Passes sind einige unangenehme, mit Drahtseilen gesicherte Kletterpassagen zu überwinden, man achte hier besonders auf die manchmal nur spärlich gesäten Wegmarkierungen. Am **Passo di Premassone (5)**, 2847 m, angekommen entschädigen der Blick in die vergletscherte Nordwestflanke des Adamello und die Fernsicht zum Ortlermassiv für die vorangegangenen Mühen. Nach einer Verschnaufpause steigen wir steil hinunter zum Lago Premassone und weiter zum Lago Rotondo, an dem das Rifugio Franco Tonolini (6), 2467 m, in einer reizvollen Landschaft mit vielen kleinen Seeaugen liegt.

Nach einem eventuellen Cappuccino gehen wir dann Richtung Süden zum Lago Baitone. Direkt an der Staumauer steht das **Rifugio Baitone (7)**, 2281 m, das wir links liegen lassen. Bei einigen Häusern unterhalb der Staumauer knickt der Pfad nach Osten und führt über ein schmales, zum Teil mit Drahtseilen gesichertes Felsband zum Passo del Gatto. Auf der anderen Seite gelangen wir ins Val Miller, in dem mittendrin unser Ziel, das **Rifugio Serafino Gnutti (8)**, steht. Wir erreichen es über einen mit Steinplatten liebevoll angelegten Höhenweg.

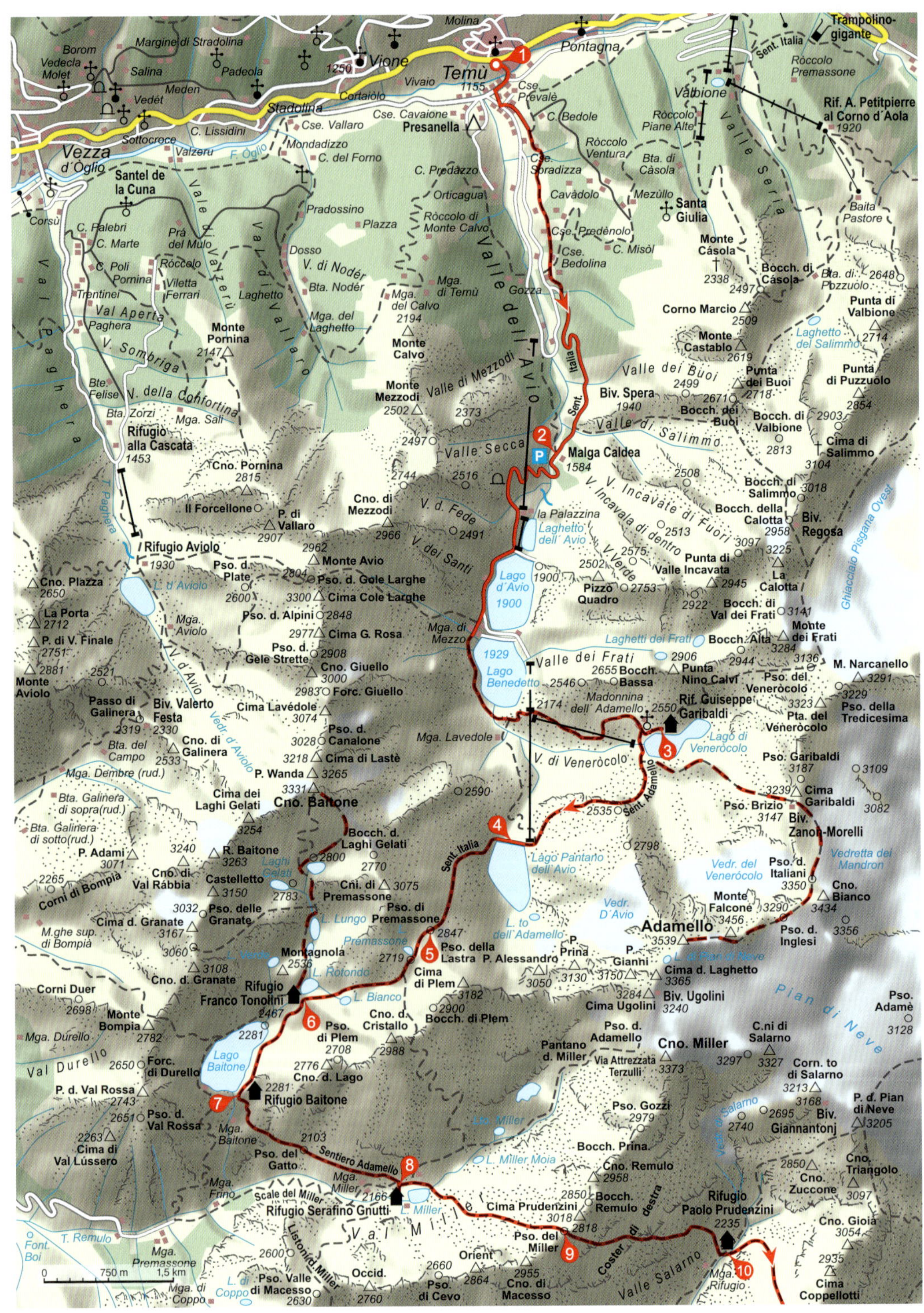
Molina
Pontagna
Trampolino-gigante
Sent. Italia
Ròccolo Premassone
Borom
Margine di Stradolina
Vedecla
Molet
Salina
Padeola
Vione
Temù
1155
Vivaio
1250
Cortaiòlo
Stadolina
Meden
Vedèt
Vezza d´Oglio
Sottocroce
C. Lissidini
Cse. Vallaro
Cse. Cavaione
Presanella
Cse. Prevalè
C. Bedole
Valbione
Ròccolo Piane Alte
Rif. A. Petitpierre al Corno d´Aola
1920
Valzeru
F. Oglio
Mondadizzo
C. del Forno
Ròccolo Ventura
Bta. di Càsola
Cse. Sradizza
C. Predazzo
Valle Seria
Santel de la Cuna
Corsù
Pradossino
Orticagua
Ròccolo di Monte Calvo
Cavàdolo
Mezùllo
Santa Giulia
Baita Pastore
Plazza
C. Palebri
C. Marte
C. Poli
Pornina
Prá del Mulo
Ròccolo
Viletta Ferrari
Dosso
V. di Nodér
Bta. Nodér
Cse. Predènolo
Cse. Bedolina
C. Misòl
Monte Càsola
2338
Bocch. di Càsola
2497
Bta. di Pozzuolo
2648
Trentinei
Val Aperta
Paghera
V. Sombriga
Laghetto
Mga. del Laghetto
Mga. del Calvo
2194
Mga. di Temù
Gozza
Valle dell´Avio
Corno Marcio
2509
Punta di Valbione
Monte Pornina
2147
Monte Calvo
Monte Castablo
2619
Laghetto del Salimmo
2714
Val Paghera
Val di Vallaro
Vale di Vazerù
Bte. Felise
V. della Confortina
Bta. Zorzi
Mga. Sali
Rifugio alla Cascata
1453
Monte Mezzodi
2502
Valle di Mezzodi
2373
Sent. Italia
Valle dei Buoi
2499
Biv. Spera
1940
Punta dei Buoi
2718
2671
Bocch. dei Buoi
Punta di Puzzuolo
2854
Bocch. di Valbione
2903
Valle di Salimmo
2813
Cima di Salimmo
3104
2497
Valle Secca
Malga Caldea
1584
Cno. Pornina
2815
2744
2516
2508
Bocch. di Salimmo
3018
Il Forcellone
P. di Vallaro
2907
Cno. di Mezzodi
2966
V. di Fede
2491
la Palazzina
Laghetto dell´Avio
V. Incavate di Fuori
V. Incavata di dentro
2513
Bocch. della Calotta
2958
Biv. Regosa
Rifugio Aviolo
1930
2962
Monte Avio
V. dei Santi
Lago d´Avio
1900
2575
V. Verde
Punta di Valle Incavata
3097
3225
Ghiacciaio Pisgana Ovest
Cno. Plazza
2650
Pso. d. Plate
2600
2804
Pso. d. Gole Larghe
3300
Cima Cole Larghe
2502
Pizzo Quadro
2753
2945
La Calotta
L. d´Aviolo
La Porta
2712
Pso. d. Alpini
2848
Mga. Aviolo
2922
Bocch. di Val dei Frati
3141
P. di V. Finale
2751
2977
Cima G. Rosa
Mga. di Mezzo
Laghetti dei Frati
Bocch. Alta
Monte dei Frati
3284
Pso. d. Gele Strette
2908
1929
Lago Benedetto
Valle dei Frati
2906
2944
2881
Monte Aviolo
2521
Cno. Giuello
3000
2655
Bocch. Bassa
Punta Nino Calvi
3136
M. Narcanello
3291
V. d´Avio
2546
Pso. del Venerocolo
3229
Passo di Galinera
2319
Biv. Valerto Festa
2330
2983
Forc. Giuello
Cima Lavédole
3074
Madonnina dell´Adamello
2174
2550
Rif. Guiseppe Garibaldi
3323
Pta. del Venerocolo
Pso. della Tredicesima
Bta. del Campo
Cno. di Galinera
2533
3028
Pso. d. Canalone
Mga. Lavedole
Lago di Venerocolo
Vedr. d´Aviolo
Mga. Dembre (rud.)
3218
Cima di Lastè
V. di Venerocolo
Pso. Garibaldi
3187
3109
P. Wanda
3265
Bta. Galinera di sopra (rud.)
Cima dei Laghi Gelati
3331
Cno. Baitone
2590
Sent. Adamello
2535
3239
Cima Garibaldi
3082
Pso. Brizio
3147
Biv. Zanon-Morelli
Bta. Galinera di sotto (rud.)
3254
Bocch. d. Laghi Gelati
2798
P. Adami
3071
3240
R. Baitone
3263
2800
2770
Lago Pantano dell´Avio
Vedr. del Venerocolo
Pso. d. Italiani
3350
Vedretta del Mandron
2265
Corni di Bompia
Cno. di Val Ràbbia
Castelletto
3150
2783
Cni. di Premassone
3075
Monte Falcone
3456
3290
Cno. Bianco
3434
3032
Pso. delle Granate
L. Lungo
Pso. di Premassone
L. to dell´Adamello
Vedr. D´Avio
Adamello
M.ghe sup. di Bompià
Cima d. Granate
3167
2847
P. Prina
3539
Pso. d. Inglesi
3356
3060
L. Verde
Montagnola
2536
Premassone
Pso. della Lastra
2719
P. Alessandro
P. Gianni
L. di Pian di Neve
3108
Cno. d. Granate
L. Rotondo
Cima di Plem
3050
3130
3150
Cima d. Laghetto
3365
Corni Duer
2698
Rifugio Franco Tonolini
L. Bianco
3182
3284
Biv. Ugolini
3240
Cima Ugolini
Pian di Neve
Pso. Adamè
3128
Monte Bompia
2782
2467
Cno. d. Cristallo
2900
Bocch. di Plem
Mga. Durello
2281
Pso. di Plem
2708
2988
Pso. d. Adamello
Cno. Miller
C.ni di Salarno
Val Durello
2650
Forc. di Durello
Lago Baitone
2776
Cno. d. Lago
Pantano d. Miller
Via Attrezzata Terzulli
3373
3297
3327
Corn. to di Salarno
3213
P. d. Val Rossa
2743
2281
Rifugio Baitone
3168
P. d. Pian di Neve
3205
2651
Pso. d. Val Rossa
Pso. Gozzi
2979
Vedr. di Salarno
2695
Biv. Giannantonj
2740
2263
Cima di Val Lùssero
Mga. Baitone
2103
L. Miller
L. Miller Moia
Bocch. Prina.
Pso. del Gatto
Sentiero Adamello
Cno. Remulo
2958
2850
Cno. Zuccone
Cno. Triangolo
3097
Mga. Frino
Mga. Miller
Scale del Miller
2166
Rifugio Serafino Gnutti
L. Miller
Val Miller
Cima Prudenzini
3018
2850
Bocch. Remulo
Coster di destra
Rifugio Paolo Prudenzini
2235
Cno. Gioia
3054
Font. Boi
T. Remulo
2818
Pso. del Miller
Listoni d. Miller
Mga. Premassone
2600
Orient
2660
2935
Cima Coppellotti
Valle Salarno
Mga. Rifugio
0
750 m
1,5 km
L. di Coppo
Mga. di Coppo
Pso. Valle di Macesso
2630
Occid.
2760
Pso. di Cevo
2864
2955
Cno. di Macesso

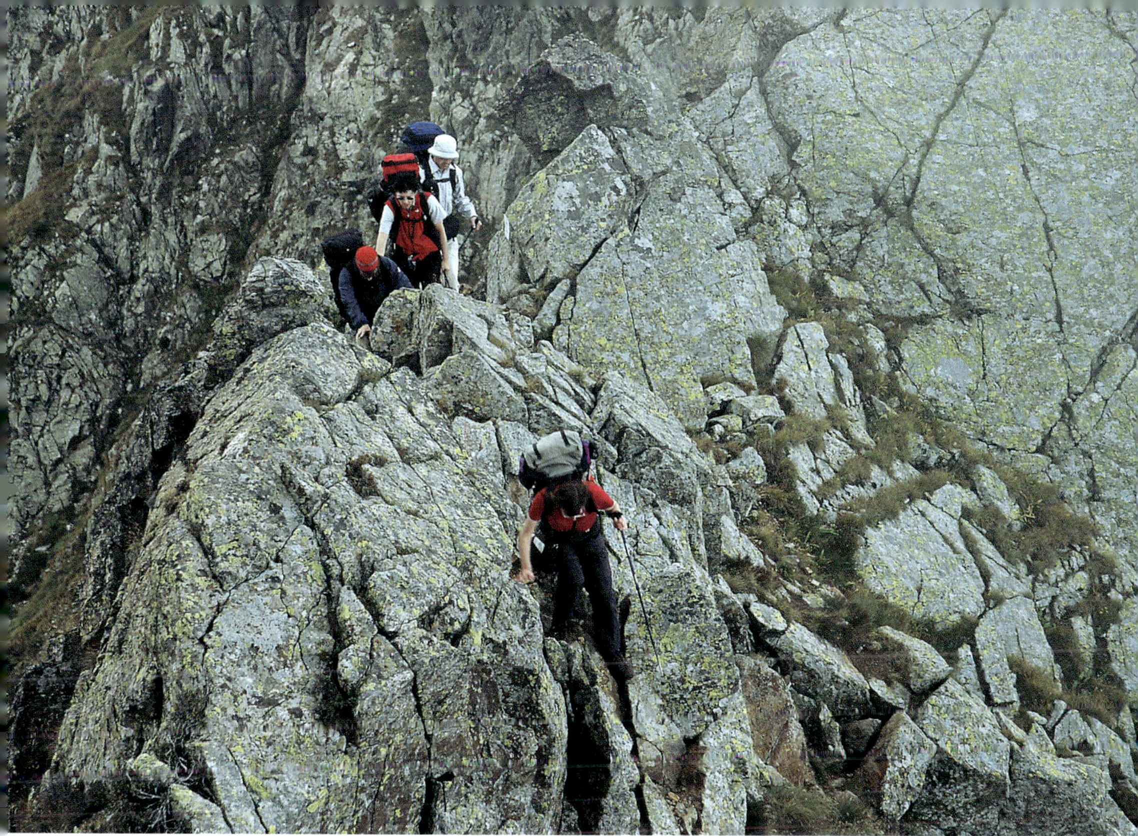

▲ *Volle Konzentration auf dem Weg zum Passo Ignaga.*

### 3. Tag: Rifugio Serafino Gnutti, 2166 m – Rifugio Città di Lissone, 2020 m

9.10 Std., 1220 m↑, 1370 m↓

Wir umwandern den direkt beim **Rifugio Gnutti (8)** liegenden Lago Miller auf seiner linken Seite und gelangen zu einer kleinen Hütte. Dort biegt der Weg schräg nach rechts ab. Über Almwiesen leitet er uns zu einer von großen Blöcken dominierten Felslandschaft, durch die wir zum **Passo del Miller (9)**, 2818 m, aufsteigen. Von hier führt der Weg steil wieder hinunter und quert anschließend nach links (Nordosten) in ein Bergsturzgebiet unterhalb der Cima Prudenzini. Dieses verlassen wir oberhalb der gleichnamigen Hütte wieder und gehen steil zum **Rifugio Paolo Prudenzini (10)**, 2235 m, hinunter. Nach einer Pause steigen wir vom Rifugio in Richtung Passo di Póia auf. Nach der Brücke am Rifugio Prudenzini gehen wir über Wiesen ein Stück talaufwärts, dann knickt der Weg rechts ab und leitet durch eine Schuttrinne steil hinauf. Weiter oben zwingen uns riesige Granitblöcke zu manch gewagtem Balanceakt. Wir müssen aufpassen, dass wir die Wegmarkierungen nicht aus den Augen verlieren. Der **Passo di Póia (11)** besteht aus zwei Einschnitten, von denen der rechte der richtige ist. Steil geht es auf der anderen Seite wieder hinunter, wieder über große Blöcke, und anschließend in eine liebliche Wiesenlandschaft. Im Talgrund des von den Gletschern der letzten Eiszeit mustergültig ausgeformten Valle di Adamé treffen wir auf den Pogliabach, dem wir talabwärts folgen. Dabei passieren wir zunächst das **Rifugio Baita Adamè (12)**, danach die herrlich gelegene Alm Malga Adamè und gelangen schließlich zum **Rifugio Città di Lissone (13)**.

## 4. Tag: Rifugio Città di Lissone, 2020 m – Rifugio Maria e Franco, 2574 m

5.30 Std., 820 m↑, 260 m↓

Wie in eine andere Welt schauen wir vom **Rifugio Città di Lissone (13)** in das unter uns liegende Val di Saviorne. Wir bleiben in unserer und wandern auf breitem Weg nach Süden. Bald zweigt Weg Nr. 1 rechts ab und führt uns, mit Ketten gesichert, um einen Felsriegel herum. Nach einer Bachüberquerung gelangen wir aufwärtssteigend zu einem Blockfeld, an dem es links vorbei zu einem Grat geht. Dieser leitet uns durch steiles Grasgelände und über kurze gesicherte Felspassagen zum **Passo di Ignana (14).** Er ist Teil des Kammes, der den Monte Ignaga mit dem Monte Marosso verbindet. Wir treffen dort auf die Überreste alter Stellungen, Schützengräben und Stollen aus dem Ersten Weltkrieg, ein Anblick, der uns bis zum Rifugio Tita Secchi begleitet und uns immer wieder an den zerstörerischen Unsinn der Kriege erinnert. Das nächste Ziel ist der Passo d'Avolo, 2556 m, den wir, mal mehr, mal weniger auf dem Kamm (einige kurze drahtseilgesicherte Passagen inbegriffen) und über alte Kriegssteige erreichen. Steil gehen wir nun zum kleinen Lago d'Avolo hinunter, lassen diesen rechts liegen und klettern eine gesicherte Passage abwärts. Im Blick haben wir dabei den wunderschön unter uns liegenden Lago di Campo. Wir erreichen den **Passo di Campo (15)**, 2296 m, von dem wir ein kurzes Stück in das von einem weiteren Stausee gefüllte Val Ghilarda absteigen. An einer T-Kreuzung biegen wir links ab und folgen den bizarren Graten und Zacken des Sega d'Arno bis zum kleinen Lago Dernal. Nun ist es nur noch ein kurzes Stück bis zum Passo Dernal, wo das **Rifugio Maria e Franco (16)** liegt.

▾ *Schattenspiele unterhalb des Monte Frisozzo.*

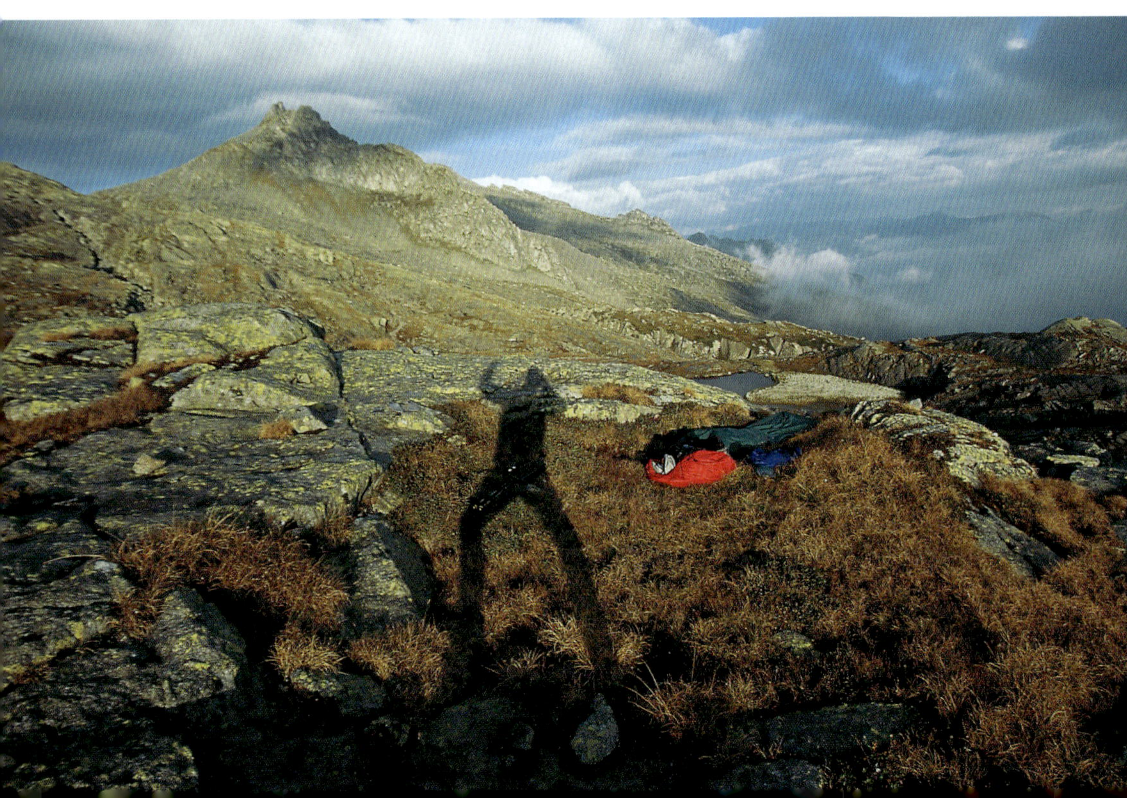

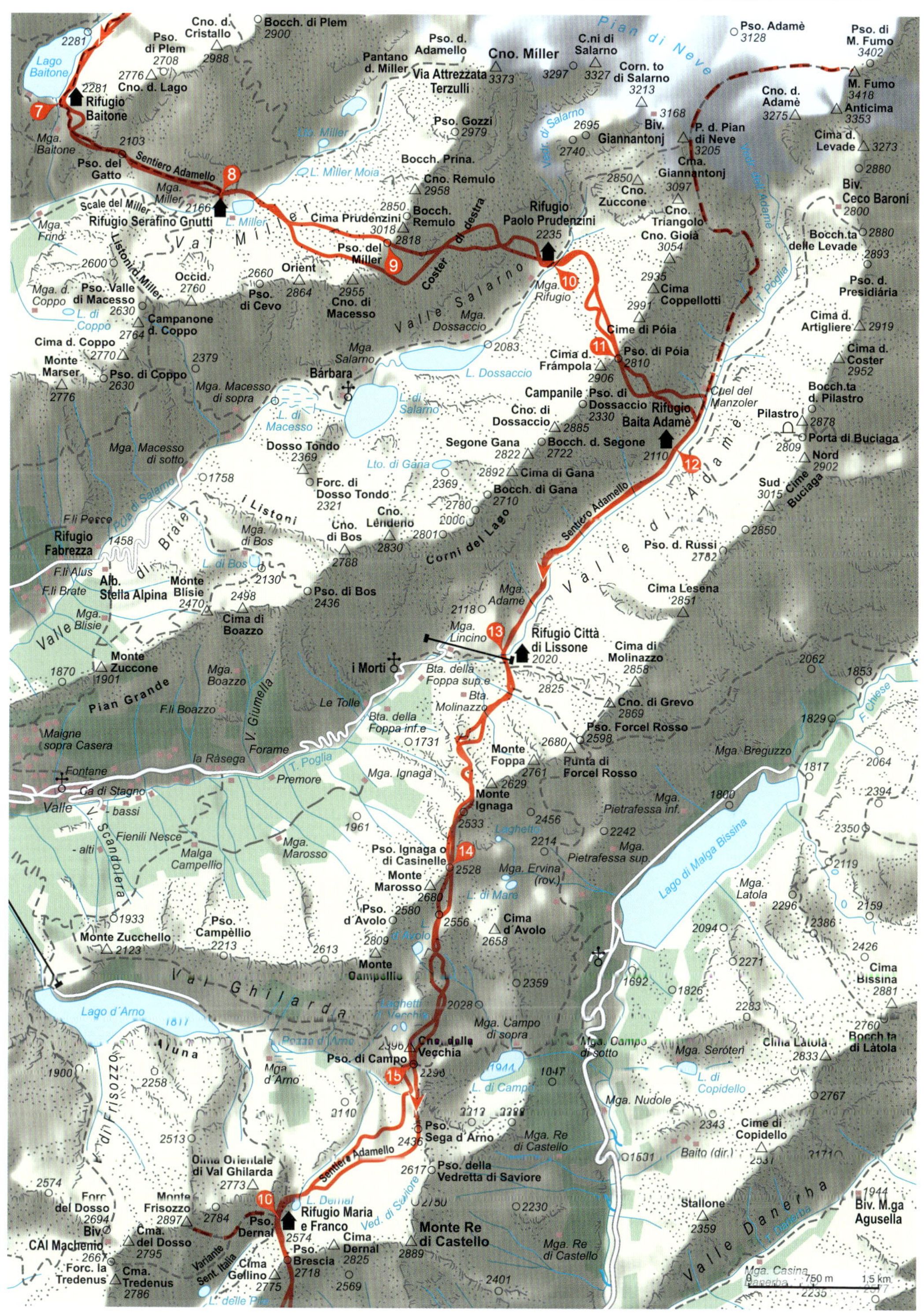
Rifugio Baitone
Lago Baitone
Sentiero Adamello
Rifugio Serafino Gnutti
Val Miller
Cno. Miller
Via Attrezzata Terzulli
Pian di Neve
Rifugio Paolo Prudenzini
Valle Salarno
Biv. Giannantonj
Rifugio Baita Adamè
Valle di Adamè
L. Dossaccio
Bàrbara
Rifugio Fabrezza
Alb. Stella Alpina
Rifugio Città di Lissone
i Morti
Pian Grande
Monte Ignaga
Lago di Malga Bissina
Val Ghilarda
Lago d'Arno
Pso. di Campo
Rifugio Maria e Franco
Monte Re di Castello
Valle Danerba
Biv. M.ga Agusella
Biv. CAI Machenio
Variante Sent. Italia
750 m
1,5 km

## 5. Tag: Rifugio Maria e Franco, 2574 m – Albergo Locanda Gaver, 1511 m

6.20 Std., 440 m↑, 1500 m↓

Wir verlassen das **Rifugio Maria e Franco (16)** und steigen zu dem bereits gut sichtbaren Passo Brescia auf. Dazu müssen wir erneut durch eine chaotische, von riesigen Granitblöcken übersäte Trümmerlandschaft, die immer steiler wird. Unter Zuhilfenahme der Hände erreichen wir den Pass, 2718 m, an dem uns einige alte Stellungen erwarten. Sofort geht es auf der anderen Seite wieder hinunter, teilweise mit Stahlseilen und Ketten abgesichert, in das breite Valle di Leno. Am Ende des steilen Abschnitts knickt der Pfad nach Süden um. Nahezu hangparallel queren wir nun das gesamte Valle di Leno, vorbei an den Felsabstürzen und Hängen von Cima Gellino, Cima de Rossola und Monte Rossola, bis zum Monte Listino.

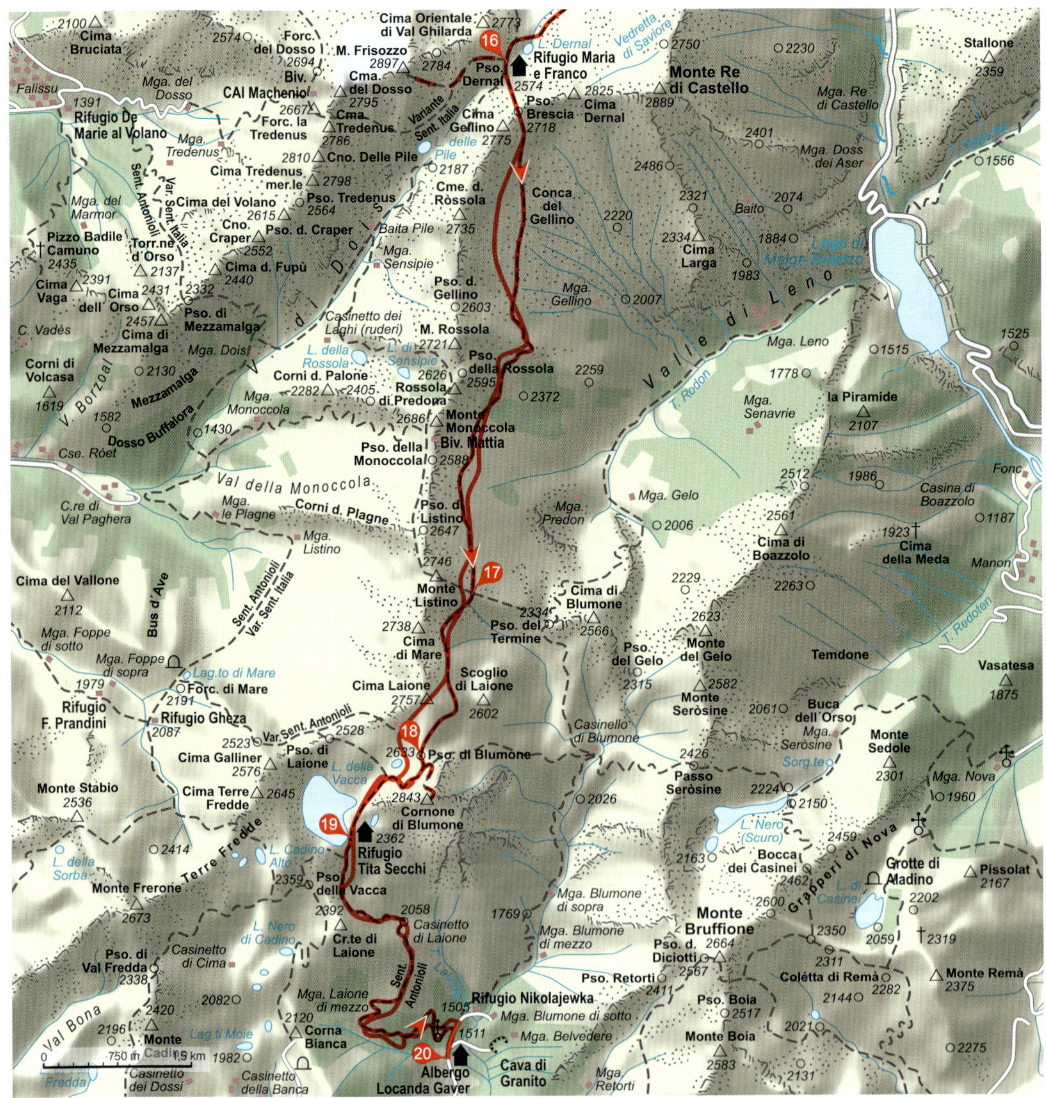

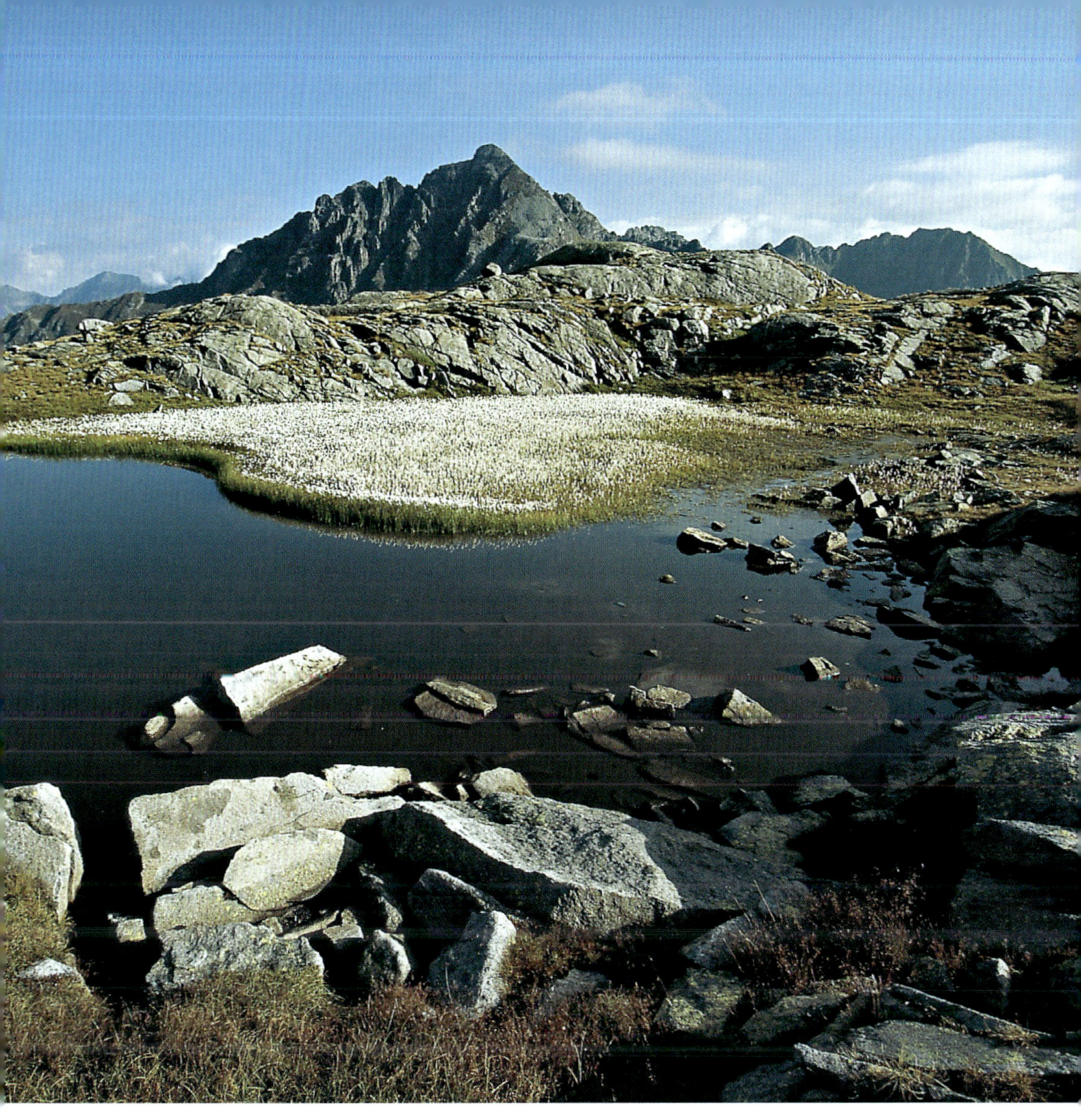

▲ *Der pittoreske Lago Pozzo unterhalb des Monte Campellino.*

Der Weg bleibt dabei fast immer auf gleicher Höhe, bis wir leicht ansteigend den **Abzweig (17)** zum Passo del Termine erreichen. Weiter geht es zur Cima Laione, hinter der wir durch eine wild zerrissene Granitlandschaft zum letzten hohen Punkt unserer Wanderung, dem **Passo di Blumone (18)**, 2633 m, aufsteigen. Auch hier, in dieser unwirklichen wilden Gegend, treffen wir auf Überreste aus dem Krieg. Der breit angelegte Weg, dem wir nun zum **Rifugio Tita Secchi (19)** folgen, ist ebenfalls ein Relikt aus dieser Zeit. Das Rifugio, das etwas oberhalb des Stausees Lago della Vacca steht, lassen wir links liegen. An der Staumauer teilt sich der Weg: Die Nr. 1 endet, und rechts beginnt die Nr. 17, der Sentiero Antonioli. Über diesen steigen wir die letzten 850 Höhenmeter über die Malga Laione di Mezzo und durch dichten Wald bis zum **Albergo Locanda Gaver (20)** hinunter, wo unser Weg endet.

# 22 Bocchette-Wege

## Klettersteig-Runde in der Brentagruppe

3 Tage

■ schwierig

### Schmale Felsbänder in atemberaubender Landschaft

Die Brenta – was wurde nicht schon alles über diese einzige Dolomitengruppe westlich der Etsch geschrieben. Ob sie überhaupt zu den Dolomiten gehört, wurde in durchaus akademischen Diskussionen erörtert. Wer den Fels der Brenta angefasst hat, und das werden wir auf dieser Tour reichlichst machen, kennt die Antwort: Ja. Als »Welträtsel aus Stein« ging der berühmteste Berg der Brenta, die Guglia bzw. der Campanile Basso (berühmte Berge haben eben zwei Namen), in die alpine Literatur ein. Wir passieren diesen einzigartigen, über 400 Meter hohen Felsturm auf der zweiten Tagesetappe. Ob er ein Rätsel bleiben wird, entscheidet wahrscheinlich der ebenfalls berühmte Brentanebel. Wo so viele große Worte fallen, kann das nur eine Ursache haben: Die Brentagruppe ist außergewöhnlich! Und dass sie das ist, liegt unter anderem daran, dass das Gestein horizontal geschichtet ist und damit die Anlage eines einzigartigen Wegesystems auf natürlichen Bändern inmitten senkrechter Wände möglich wurde. Fertiggestellt wurde es 1972 nach über 40 Jahren harter Arbeit unter dem Oberbegriff Bocchette-Weg. Verbunden sind die einzelnen Abschnitte über Leitern, Stahlstifte, Drahtseile usw. Sie führen uns in eine Welt, aus der wir normalerweise ausgeschlossen sind: steile Wände, atemberaubende Tiefblicke und das alles in einer der spektakulärsten Landschaften unseres Planeten. Leider hat man sich in der Brenta zumindest in der Hauptsaison auf Wartezeiten einzustellen. Aber die Dichte der Hütten lässt fast überall eine Unterbrechung der Tour zu. Die beste Jahreszeit ist im Übrigen der Herbst. Dann bleibt vielleicht nicht nur der Nebel im Tal.

▼ *Winzige Menschen auf schmalen Bändern in großer Landschaft.*

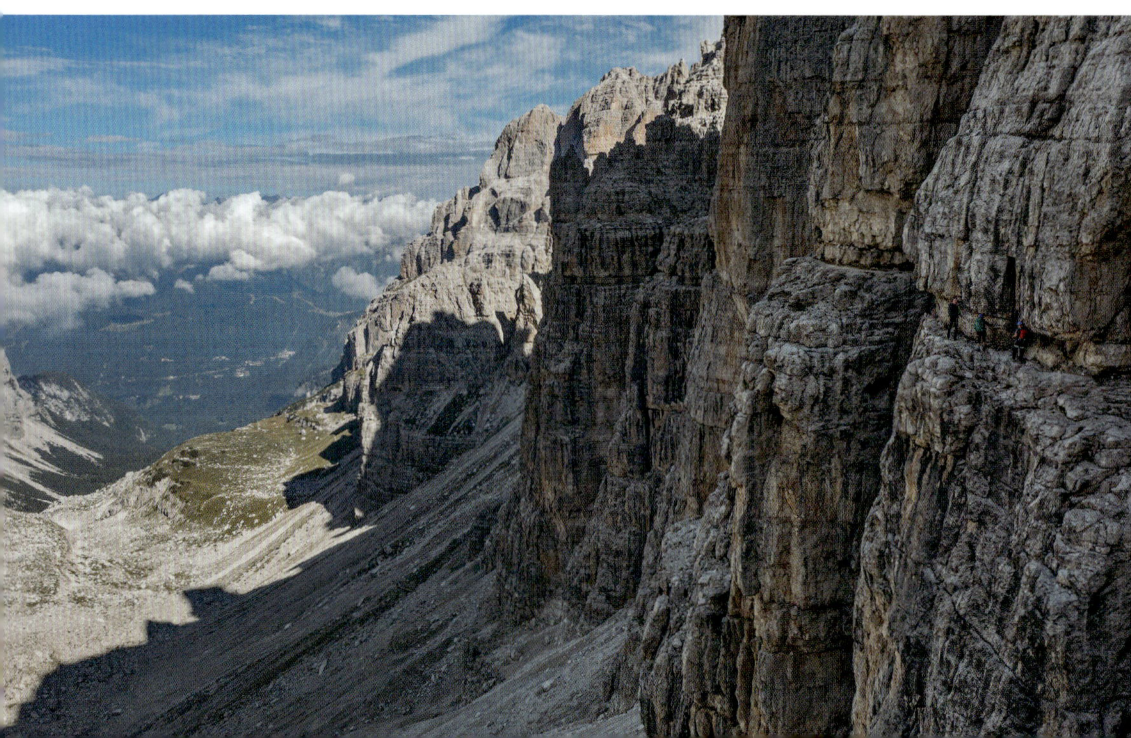

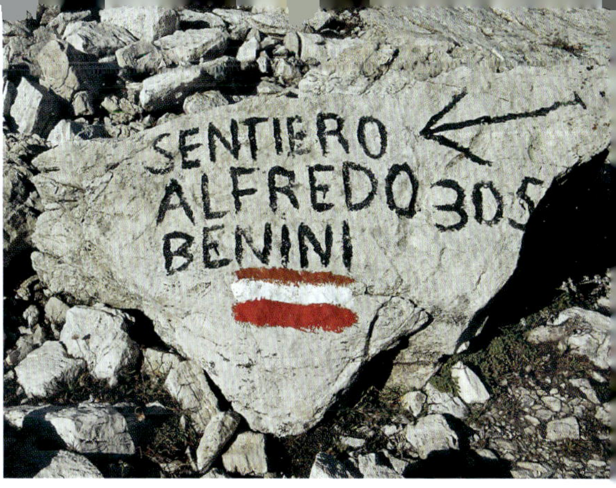


## TOURENINFO

**Ausgangs- und Endpunkt:** Madonna di Campiglio, genauer gesagt der Großparkplatz an der Talstation der Grostè-Kabinenbahn zum Rifugio Giorgio Graffer al Grostè bzw. dem Rifugio Stoppani al Grostè, 1646 m. Anreise mit dem Zug aus Norden kommend über Bozen bis Dimaro (umsteigen in Mezzocorona) und mit dem Bus weiter Richtung Madonna di Campiglio bis zur Seilbahnstation.
**Höhenunterschied:** 1740 m im Aufstieg, 2650 m im Abstieg (21.40 Std.).
**Anforderungen:** Reine Klettersteigtour, die ohne entsprechende Ausrüstung (unbedingt Helm) nicht durchgeführt werden sollte. Schwindelfreiheit, Trittsicherheit und etwas Armkraft zur Bewältigung der senkrechten Leitern sind Voraussetzung. Zusätzlich gehören zur Querung der zwar kleinen, aber unangenehmen Gletscher (3. Etappe) Leichtsteigeisen ins Gepäck. Auf die während der jeweiligen Tagesetappen zu erwartenden Schwierigkeiten wird zu Beginn der einzelnen Abschnitte separat eingegangen.
**Information:** Ufficio Informazione Turistica Madonna di Campiglio, Via Pradalago, 4, I-38084 Madonna di Campiglio, Tel. +39 0465 447501, campigliodolomiti.it.
**Karte:** AV-Karte, Blatt 51 »Brentagruppe« (Maßstab 1:25.000).

## GIPFELMÖGLICHKEITEN

▲ **Cima del Grostè,** 2901 m: auf der 1. Etappe von der Abzweigung auf 2680 m, 1.20 Std. Aufstieg, 1.10 Std. Abstieg, unschwierig.
▲ **Cima Sella,** 2917 m: spektakulärer Felsgipfel, auf der 1. Etappe von der Abzweigung auf 2800 m, 0.30 Std. Aufstieg, 0.30 Std. Abstieg, von erfahrenen Wanderern unschwierig zu erreichen.
▲ **Cima Brenta,** 3151 m: zweithöchster Berg der Brentagruppe, von der Abzweigung auf 2954 m, 0.30 Std. Aufstieg, 0.20 Std. Abstieg, markierter Steig, teilweise gesichert, II. Grad.
▲ **Monte Dàino,** 2685 m: schöner Aussichtsberg, vom Rifugio Pedrotti, 1.30 Std. Aufstieg, 1.10 Std. Abstieg, ungesicherter Steig.
▲ **Cima Tosa,** 3173 m: höchster Berg der Brentagruppe, vom Sentiero Brentari (3. Etappe) von der Abzweigung auf 2700 m, 1.40 Std. Aufstieg, 1.30 Std. Abstieg, markierter Steig mit ungesicherten Kletterpassagen bis zum II. Grad. Das Schneefeld am Gipfel ist manchmal heikel.

## UNTERKÜNFTE

- **Rifugio Giorgio Graffer al Grostè,** 2261 m (ca. 200 m unter der Bergstation der Grostè-Seilbahn gelegen), S.A.T., ca. Mitte Juni bis Mitte Sept. bewirtschaftet, ca. 70 Schlafplätze, Tel. +39 0465 441358, graffer.com.
- **Rifugio Stoppani al Grostè,** 2438 m, privat, ca. Mitte Juni bis Mitte Sept. bewirtschaftet, ca. 10 Schlafplätze, Tel. +39 335 1481389, rifugiostoppanicampiglio.it.
- **Rifugio Tuckett,** 2271 m, CAI, ca. Mitte Juni bis Mitte Sept. bewirtschaftet, ca. 110 Schlafplätze, Tel. +39 0465 441226, rifugio-tuckett.it.
- **Rifugio Alimonta,** 2600 m, privat, ca. Mitte Juni bis Ende Sept. bewirtschaftet, ca. 100 Schlafplätze, Tel. +39 0465 440366, rifugioalimonta.it.
- **Rifugio Pedrotti,** 2491 m, CAI, ca. Mitte Juni bis Mitte Sept. bewirtschaftet, ca. 140 Schlafplätze, Tel. +39 0461 948115.
- **Rifugio Silvio Agostini,** 2410 m, CAI, ca. Mitte Juni bis Mitte Sept. bewirtschaftet, ca. 60 Schlafplätze, Tel. +39 0465 734138 und +39 348 7152589, rifugioagostini.com.
- **Rifugio Maria e Alberto ai Brentei,** 2182 m, CAI, ca. Mitte Juni bis Mitte Sept. bewirtschaftet, ca. 100 Schlafplätze, Tel. +39 0465 804457 und +39 345 5332811, rifugiobrentei.it.
- **Rifugio Casinei,** 1825 m, privat, ca. Mitte Juni bis Mitte Okt. bewirtschaftet, ca. 60 Schlafplätze, Tel. +39 0465 442708.
- **Rifugio Vallesinella,** 1513 m, privat, ca. Mitte Juni bis Mitte Sept. bewirtschaftet, ca. 30 Schlafplätze, Tel. +39 0465 875148 und +39 351 3502885, vallesinella.it.

## 1. Tag: Rifugio Stoppani, 2438 m – Rifugio Alimonta, 2600 m

7.40 Std., 850 m↑, 680 m↓

Der Sentiero Alfredo Benini ist ein würdiger Start unserer Tour durch die Brenta. Er wird als mittelschwerer Klettersteig bewertet und ist gut gesichert. Erfahrene können im Rahmen dieses ersten Abschnitts des Bocchette-Weges zwei Gipfel besteigen: die Cima del Grostè, 2901 m, und die Cima Sella, 2917 m. Beides sind großartige Felsgipfel mit fantastischem Panoramablick.

An der Bocca di Tuckett endet der Sentiero Benini, und der Sentiero delle Bocchette Alte beginnt. Dieses Wegstück ist der höchste Abschnitt des Bocchette-Weges und wird als schwerer Klettersteig eingestuft. Er ist stellenweise sehr exponiert, in den Rinnen besteht Steinschlag- und Vereisungsgefahr. Für das Queren der Firnrinnen sind oft Pickel und Seilsicherung erforderlich. Berühmt ist er wegen seiner traumhaften landschaftlichen Eindrücke, der spektakulären Wegführung und der Aussichten, die sonst nur den Felsartisten in den gehobenen Schwierigkeitsgraden vorbehalten sind. Berüchtigt sind die Staus an den teilweise weit herausdrängenden Leitern.

Die Grostè-Seilbahn ermöglicht uns, schnell und mühelos von **Madonna di Campiglio (1)** bis zum **Rifugio Stoppani (2)** zu gelangen. Aus der Bergstation kommend stoßen wir auf einen Wegweiser, der Wandermöglichkeiten in alle Himmelsrichtungen anzeigt. Die von der Seilbahn ausgespuckten Menschenmassen verteilen sich, allerdings sind wir nicht die einzigen, die nun dem Weg Nr. 305 in Richtung Cima del Grostè folgen. Über eine kleine Kuppe, links vorbei an einer Skiliftstation, steigt der Pfad über ein großes Karrenfeld zum Nordfuß der Cima del Grostè an, wo der eigentliche Sentiero Benini beginnt. In einem Linksbogen führt der aufwärts steigende Pfad um die Cima del Grostè herum, bis wir den schmalen Einschnitt der **Bocca dei Camosci (3)**, 2770 m, erreichen. Bocca bedeutet Pass bzw. Scharte oder Felsentor, ein Wort, dem wir hier noch häufig begegnen werden (schließlich war es ja auch namengebend für den Bocchette-Weg). Wir queren nun die Ostwand der Cima Falkner und gelangen zum höchsten Punkt des ersten Abschnitts auf 2910 m. Von hier klettern wir etwa 100 m abwärts und erreichen über Felsbänder das Massiv der Cima Sella, wo uns der Weg auf dessen Westseite leitet. Hier besteht die erste (und einfachere) Möglichkeit, die Tour abzubrechen und über Weg Nr. 315 zum Rifugio Tuckett hinunterzugehen. Wir folgen weiter dem Sentiero Benini, umwandern die Cima Sella und steigen anschließend über Leitern steil hinunter zur **Bocca di Tuckett (4)**, 2648 m. Von hier kann man

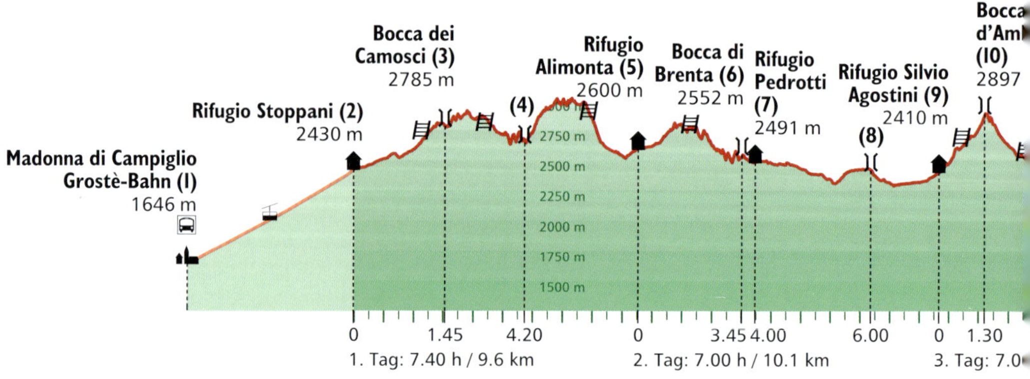

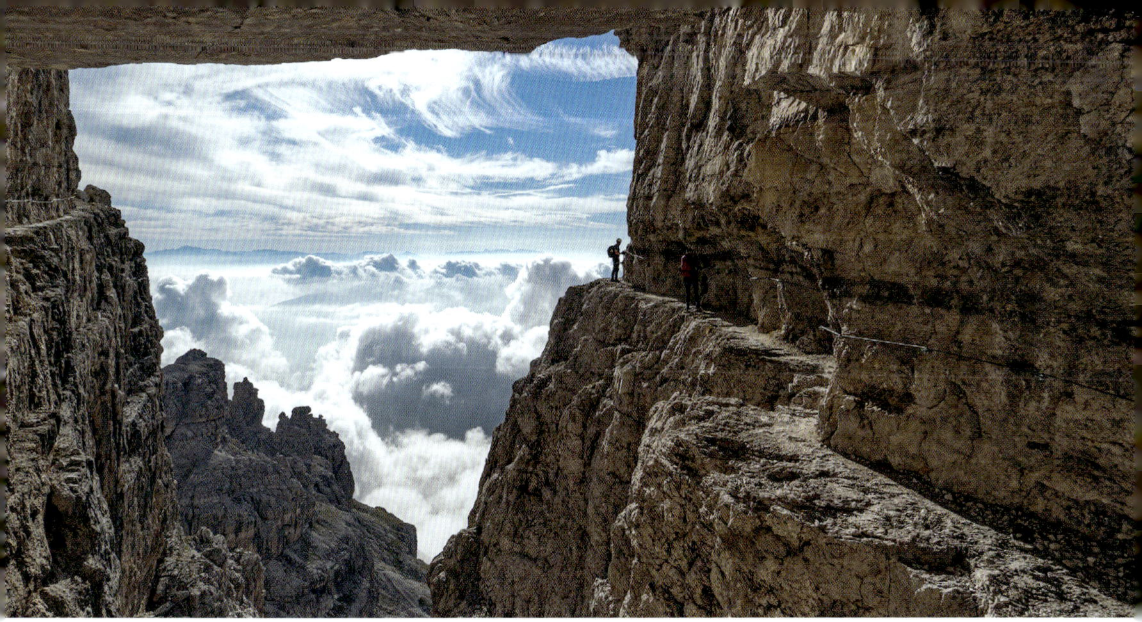

▲ *Über den Wolken, inmitten der Felsen: am zweiten Tag im Zentrum der Brentagruppe mit ihren großartigen natürlichen Bändern.*

wiederum zum Rifugio Tuckett absteigen, was bei entsprechenden Verhältnissen ohne Steigeisen heikel werden kann. An der Bocca di Tuckett beginnt nun der Sentiero delle Bocchette Alte. Wir steigen, teilweise über Leitern, in Richtung Cima Brenta steil hinauf und gelangen über einen Felsaufschwung auf ein geneigtes Geröllfeld. In luftiger Höhe führt der Weg nun durch die Ostwand der Cima Brenta und endet in leichtem Schrofengelände. Von hier kann man den Gipfel, einer Markierung folgend, besteigen. Weiter auf dem Hauptweg erreichen wir in kurzer Zeit ein ausgesetztes, schmales Felsband, von dem Leitern in eine steil abfallende Firnrinne führen. Die Firnrinne gilt es jetzt zu queren, bei Vereisung ist trotz der guten Absicherung größte Vorsicht geboten. Über ein weiteres Felsband erreichen wir die Spalla di Brenta, 3020 m, den höchsten Punkt des heutigen Tages. Wir verlassen diesen Aussichtspunkt der Extraklasse und klettern hinab in die Bocchetta Alta di Massodi. Über eine lange Leiter, die »Leiter der Freunde«, gelangen wir auf den flachen Gipfel des Spallone di Massodi, 2999 m, von wo wir wiederum steil abwärts über Leitern in die Bocchetta Bassa di Massodi absteigen. Hier teilt sich der Weg. Es bestehen zwei Möglichkeiten, das Rifugio Alimonta zu erreichen: Entweder man geht durch die Scharte weiter geradeaus und gelangt mit einem kleinen Gegenanstieg über die Schulter der Cima Molvene auf die Vedretta di Sfulmini, von wo es rechts haltend zum Rifugio Alimonta geht, oder man biegt rechts ab und steigt über den Detassis-Weg mehrere Leitern hinunter auf den harmlosen Brenta-Gletscher, von dem man links haltend das **Rifugio Alimonta (5)** erreicht.

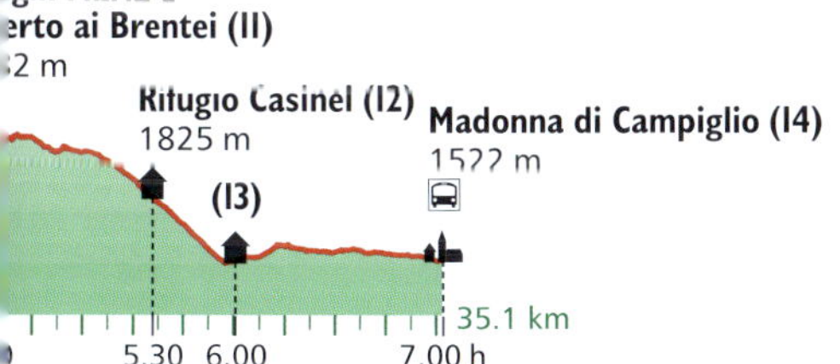

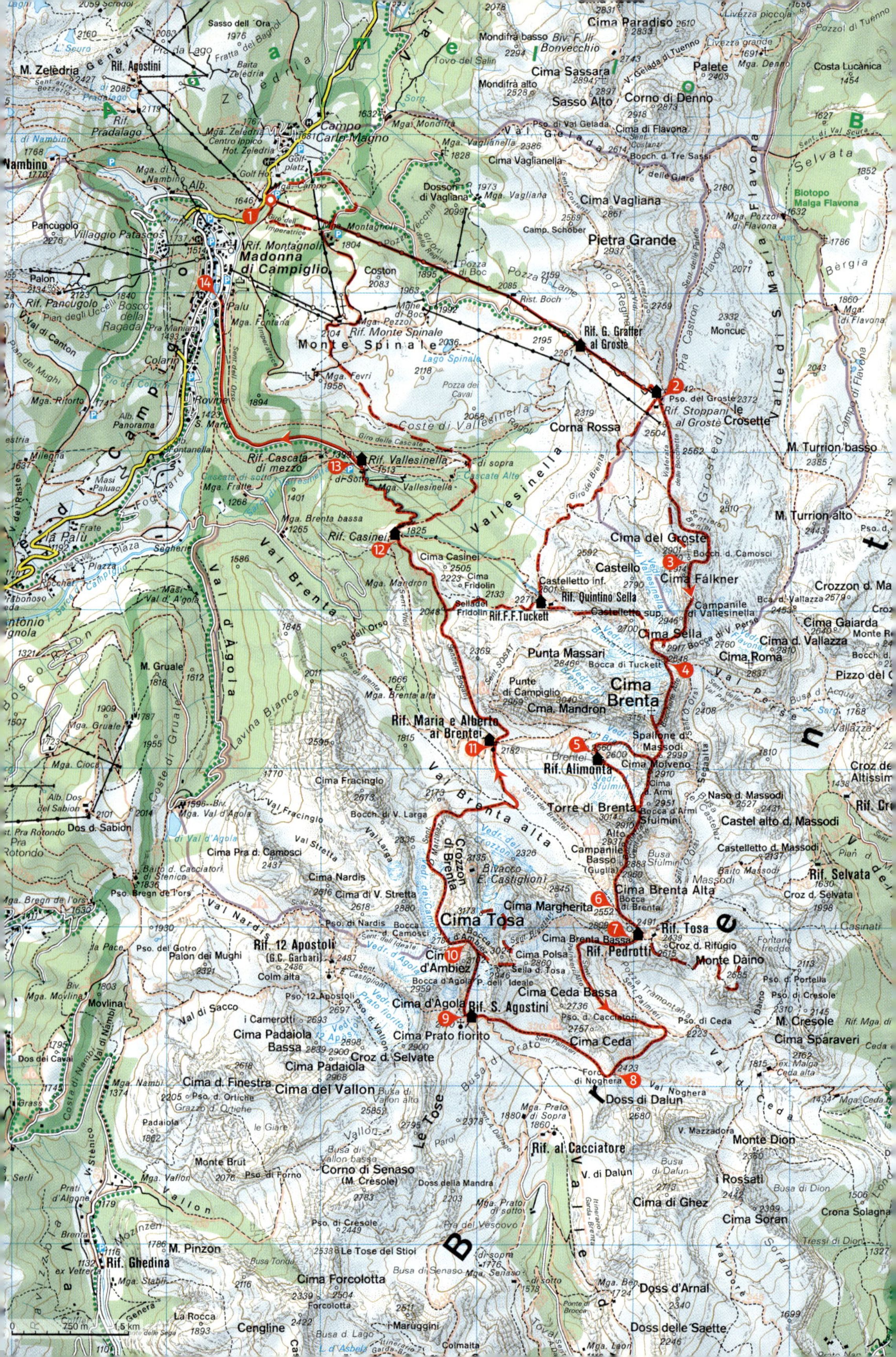

M. Zeledria
Rif. Agostini
Nambino
Campo Carlo Magno
Madonna di Campiglio
Rif. Montagnoli
Monte Spinale
Rif. Monte Spinale
Lago Spinale
Rif. G. Graffer al Grostè
Pso. del Grostè
Rif. Stoppani al Grostè
Pietra Grande
Cima Vagliana
Cima Sassara
Sasso Alto
Corno di Denno
Cima Paradiso
Palete
Costa Lucànica
Biotopo Malga Flavona
Corna Rossa
Rif. Vallesinella
Rif. Cascata di mezzo
Rif. Casinei
Cima del Grostè
Castello
Cima Fálkner
Castelletto inf.
Rif. Quintino Sella
Rif. F.F. Tuckett
Campanile di Vallesinella
Cima Sella
Punta Massari
Cima Brenta
Crozzon d. Ma
Cima Gaiarda
Cima d. Vallazza
Cima Roma
Pizzo del C
Cma. Mandron
Rif. Maria e Alberto ai Brentei
Rif. Alimonta
Spallone d. Massodi
Cima Molveno
Torre di Brenta
Naso d. Massodi
Castel alto d. Massodi
Castelletto d. Massodi
Rif. Selvata
Cima Brenta Alta
Cima Margherita
Cima Tosa
Crozzon di Brenta
Rif. Tosa
Rif. Pedrotti
Cima Brenta Bassa
Monte Daino
Rif. 12 Apostoli
Cima d'Ambiez
Cima d'Agola
Rif. S. Agostini
Cima Ceda Bassa
Cima Ceda
Cima Prato fiorito
Croz d. Selvate
Cima Padaiola Bassa
Cima Padaiola
Cima del Vallon
Cima d. Finestra
M. Cresole
Cima Sparaveri
Doss di Dalun
Rif. al Cacciatore
Monte Dion
i Rossati
Cima di Ghez
Cima Soran
Corno di Senaso
Monte Brut
M. Pinzon
Rif. Ghedina
Cima Forcolotta
Cengline
Doss d'Arnal
Doss delle Saette
Val Brenta
Val d'Agola
Val Brenta alta
Vallesinella
Val Nardis
Val di Sacco
Movlina
Dos d. Sabion
M. Gruale
Val di Nambi
Vallon
1
2
3
4
5
6
7
8
9
10
11
12
13
14
0
750 m
1,5 km

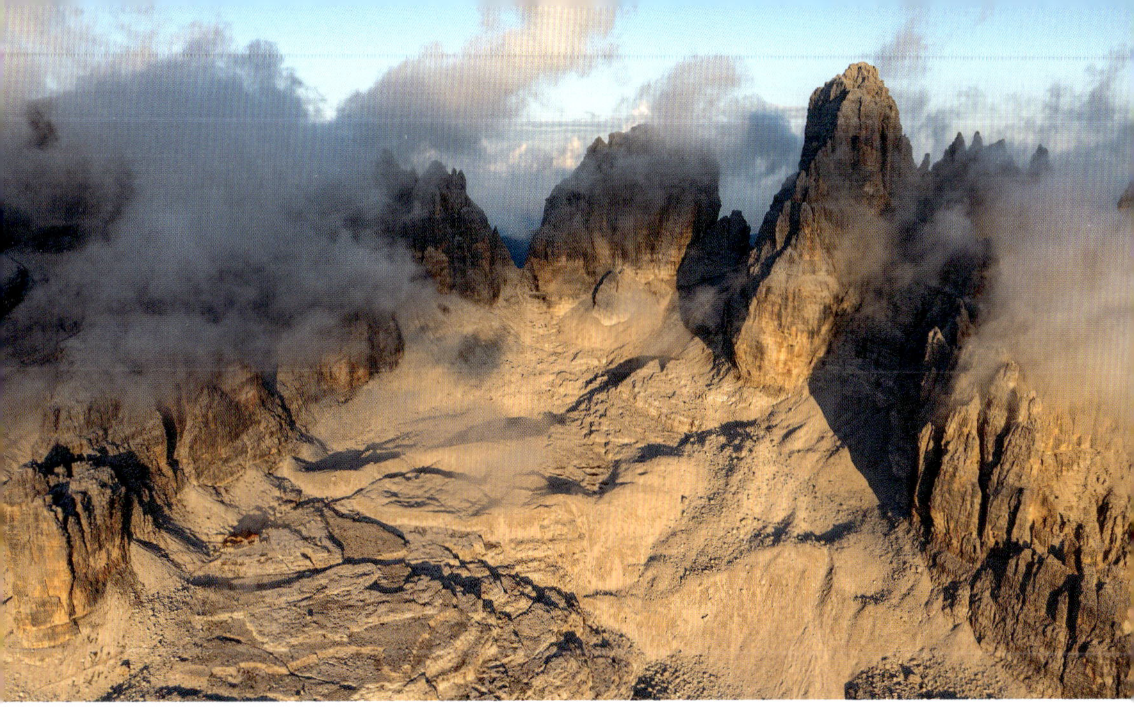

▲ *Rifugio Alimonta im Kessel unterhalb der Cima Brenta.*

### 2. Tag: Rifugio Alimonta, 2600 m – Rifugio Silvio Agostini, 2410 m

7 Std., 340 m↑, 530 m↓

Heute steht mit dem Sentiero delle Bocchette Centrale das Herz der Bocchette-Wege auf dem Programm. Er gilt als Prototyp des idealen Klettersteigs, und die landschaftlichen Eindrücke sind überwältigend. Der Sentiero delle Bocchette Centrale wird als schwieriger Klettersteig klassifiziert und ist extrem ausgesetzt. Mit hohen Rucksäcken kann es auf den Bändern, die sich wie halboffene Tunnel durch den senkrechten Fels ziehen, manchmal schwierig werden, sich »elegant« fortzubewegen. Nicht selten wird man durch den niedrigen Fels in die Knie gezwungen.

Vom **Rifugio Alimonta (5)** queren wir die spaltenfreie Vedretta di Sfulmini und steuern die Bocca degli Armi an, den eigentlichen Startpunkt des Sentiero delle Bocchette Centrale. Ein beeindruckend langes Leitersystem führt uns steil hinauf bis zum Beginn eines Felsbands. Über dieses und eine Reihe weiterer Bänder queren wir nun ausgesprochen ausgesetzt das Herz der zentralen Brentagruppe: Torre di Brenta, die vier spitzen Türme des Sfulminikammes, den Campanile Alto und natürlich die Guglia – Namen, die sich einem ins Gedächtnis meißeln, genauso wie die schaurig-schönen Tiefblicke. Von einer Schulter auf der Ostseite des Campanile Alto steigen wir rund 150 m, oft ungesichert, ab bis auf den Grund der Gugliascharte. Von dort geht es wieder ein Stück bergauf, und wir queren in die Westseite der Brenta Alta hinein, dem letzten großen Klotz vor dem Val Brenta Alta. Ein System von Leitern führt uns anschließend ins Tal hinunter, wo wir auf Weg Nr. 318 treffen. Dieser führt nach rechts in rund einer Stunde zum Rifugio Brentei. Wir biegen allerdings links ab und steigen über die Reste eines Gletschers auf die **Bocca di Brenta (6)**. Dahinter liegt das große **Rifugio Pedrotti** (**7**, unterhalb das kleine Rifugio Tosa), wo wir die Tour unterbrechen können.

Unser Weiterweg führt über den Sentiero Palmieri. Dieser ist mit der Nr. 320/ 320 B gekennzeichnet und stellt keine besonderen Anforderungen. Dazu starten wir am Rifugio Pedrotti erst auf dem Sentiero Brentari (Nr. 358), bis nach 10 bis 15 Minuten links die beiden ins obere Pozza Tramontana führenden Varianten des Sentiero Palmieri abzweigen: der Sentiero Palmieri basso (Nr. 320) und der Sentiero Palmieri alto (Nr. 320 B). Aufgrund der besseren Aussicht nehmen wir den Sentiero Palmieri alto. Dabei wird das obere Pozza Tramontana in einem großen Linksschwenk auf die andere Talseite gequert, wo sich die beiden Varianten wieder vereinigen. Von hier steigen wir steil auf eine Schulter oberhalb des Passo di Ceda hinauf und wandern hinüber zur **Forcolotta di Noghera (8)**, 2423 m. Unser heutiges Ziel, das Rifugio Silvio Agostini, kommt ins Blickfeld. Steil steigen wir nun von der Scharte ab und folgen dem Wanderweg zu einer Fahrstraße. Diese führt in wenigen Minuten zu dem mit seinem quietschroten Dach farbenfroh in der Felswildnis des oberen Val d'Ambiez liegenden **Rifugio Silvio Agostini (9)**.

### 3. Tag: Rifugio Agostini, 2410 m – Madonna di Campiglio, 1522 m

7 Std., 550 m↑, 1440 m↓

Die ersten Kletterer wecken uns am Morgen. Für sie (wie für uns Klettersteig-Geher) ist die Brenta ein Paradies, man blicke nur auf zu der wie ein gigantisches Schild wirkenden Cima d'Ambiez. Unser Weg führt uns heute über die Bocca d'Ambiez und zwei kleine Gletscher ins Tal, etwas Erfahrung auf aperen Eisfeldern sollte daher vorliegen. Die Klettersteigpassagen sind dem mittleren Schwierigkeitsgrad zugeordnet.

Auf Weg Nr. 358 wandern wir vom **Rifugio Silvio Agostini (9)** in den von senkrechten Wänden umgebenen Talkessel des Val d'Ambiez. Am Gletscher angekommen gehen wir gerade hoch in Richtung der zwischen Cima d'Ambiez und Cima Tosa liegenden Bocca d'Ambiez. Bei Blankeis sollten in den steileren Passagen Steigeisen angelegt werden, mögliche Spalten werden rechts haltend umgangen. Um zum Einstieg des Klettersteigs zu gelangen, müssen wir ein paar Meter abklettern, dann steigen wir drahtseilgesichert zur **Bocca d'Ambiez (10)**, 2870 m, hinauf. Weiter geht es hinüber zur Südwand der Cima Tosa. Dort gelangen wir zu einer Leiter, die uns hinunter zu einem weiteren Eisfeld, der Vedretta dei Camosci, führt. Auf der rechten Seite des Gletschers steuern wir nun einige haushohe Blöcke an, wo uns markante Wegzeichen den Beginn des Sentiero Martinazzi anzeigen. Dieser leitet uns auf der orografisch rechten Seite des Val di Camosci an den Fuß der senkrechten Nordostkante des Crozzon di Brenta. Wir blicken in das pittoreske Val Brenta alta, das wir nun zum gegenüberliegenden **Rifugio Maria e Alberto ai Brentei (11)** queren. Auf dessen Terrasse haben wir uns einen Cappuccino verdient, der Blick zurück zum Crozzon und seiner knapp 1000 m hohen Nordostwand ist grandios. Unglaublich klein können wir einige Kletterer in diesem gigantischen Gemäuer entdecken. Vom Rifugio Maria e Alberto ai Brentei gibt es nun mehrere Varianten zurück nach Madonna di Campiglio: Der am meisten begangene Abstieg – unser Vorschlag – führt über den Sentiero Bogani (Nr. 318) zum **Rifugio Casinei (12)** und weiter zum **Rifugio Vallesinella (13)**, von wo es gute 4 km bis nach **Madonna di Campiglio (14**, Bushaltestelle) sind.

Wer direkt zurück zur Talstation an der Grostè-Bahn möchte, biegt etwas unterhalb des Rifugio Casinei rechts ab (Weg Nr. 317 B) und steigt zunächst auf den aussichtsreichen Monte Spina-

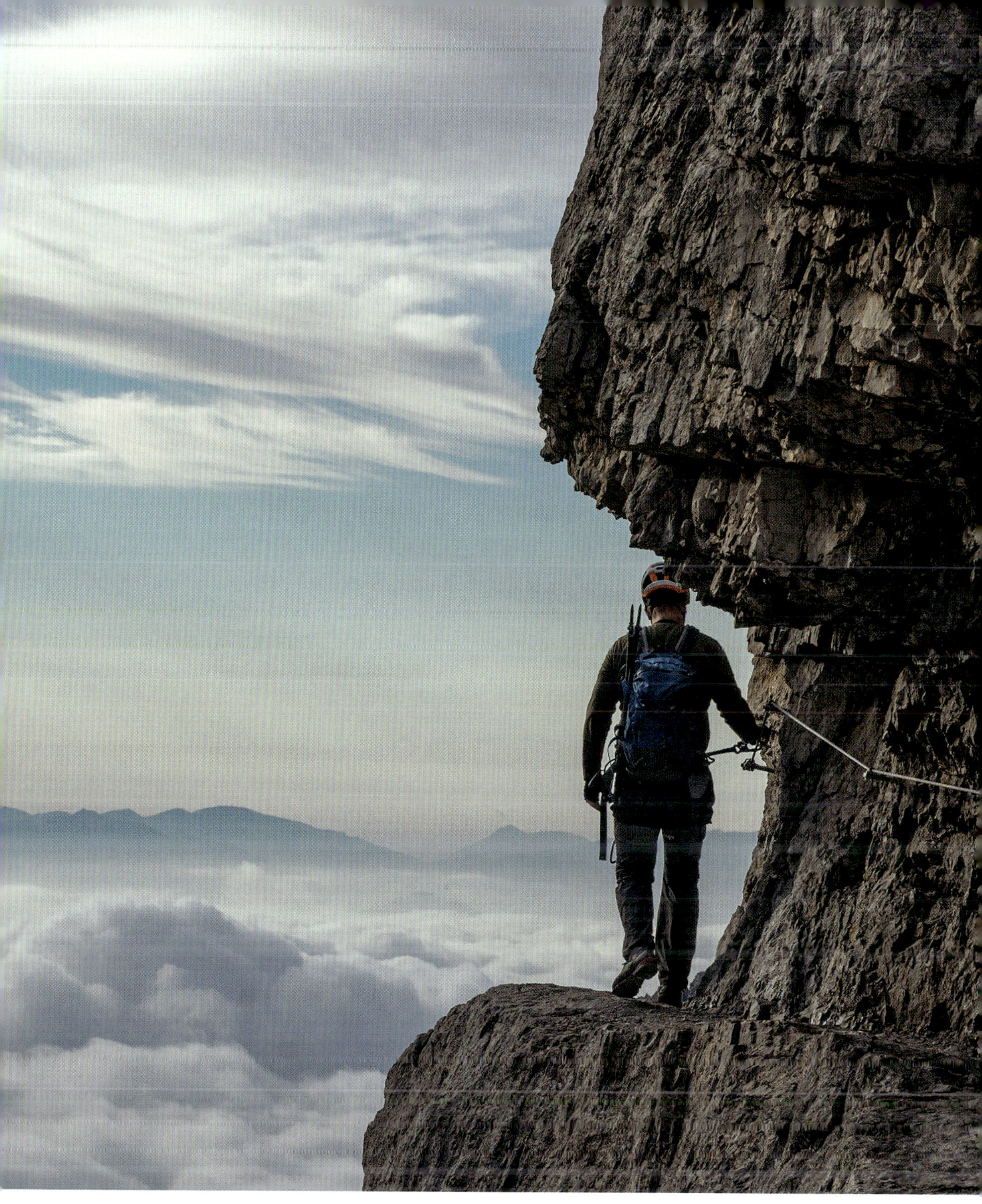

▲ *Zwischen Himmel und Erde.*

le. Von dort führt eine Fahrstraße zur Malga Campo.
Mit Sicherheit die landschaftlich schönste Möglichkeit führt vom Rifugio Maria e Alberto ai Brentei über den Sentiero SOSAT in ca. 2.30 Std. zum **Rifugio Tuckett (15)** und von dort in ca. 1.45 Std. weiter zum **Rifugio Stoppani** (**2**, letzte Talfahrt der Grostè-Seilbahn beachten).

# 23 Durchquerung der Lagoraigruppe

## Unbekanntes Trentino

5 Tage

mittel

### Das größte Porphyrgebirge der Alpen

Kennen Sie den Lagorai? Wenn nicht, dann ist das kein Grund, an den geografischen Kenntnissen über die Alpen zu zweifeln. Nur wenige ausgewiesene Spezialisten können mit diesem Namen etwas anfangen. Angesichts der prominenten Nachbarschaft ist das allerdings auch nicht verwunderlich: Zwischen den Dolomiten im Norden und dem Gardasee im Südwesten gelegen führt die Berggruppe ein ausgeprägtes Mauerblümchen-Dasein. Zu Unrecht, wie wir meinen. Die Catena dei Lagorai ist mit ihren verträumten Bergseen, steilen Felsgipfeln und dem roten, von grünen Flechten bewachsenen Porphyrgestein landschaftlich allemal einen Besuch wert. Ein Publikumsliebling, wie es die benachbarten Dolomiten sind, werden die Lagorai-Berge aber wohl nicht werden. An den fünf Tagen, die man normalerweise für die vorgeschlagene Durchquerung der gesamten Gruppe benötigt, kommt man genau an einer einzigen bewirtschafteten Hütte vorbei. Viele wird es abschrecken, andere werden gerade das als besonders reizvoll empfinden: mit Zelt, Schlafsack, Isomatte und ausreichend Lebensmitteln mitten durch eine der eigentümlichsten Berggruppen der Alpen zu trekken oder alternativ in den Biwakschachteln zu nächtigen. Beklemmend sind allerdings die überall anzutreffenden Reste des hier besonders erbittert geführten Stellungskrieges im Ersten Weltkrieg. Selbst einige der Stacheldrahtverbaue sind noch intakt, so als seien die Schrecken des Krieges erst seit gestern vorbei.

#### TOURENINFO

**Ausgangspunkt:** Malga Rolle, 1910 m, kurz unterhalb des Passo di Rolle. Werktags Busverbindung von Bozen über Predazzo zum Passo Rolle. Mit dem Auto über Predazzo zum Rollepass.

**Endpunkt:** Rifugio Passo Manghen, 2047 m. Keine öffentlichen Verkehrsmittel, daher entweder trampen oder ein Taxi bestellen (Preis zuvor aushandeln!). Ziel sollte eine der Ortschaften im Fleimstal (Cavalese, Predazzo) sein, von wo Busse in Richtung Bozen und Rollepass fahren.

**Anforderungen:** Mal auf alten Kriegsstraßen, mal auf ausgedehnten Blockhalden, der Weg durch das Lagorai erfordert ein gutes Maß an Trittsicherheit und Kondition. Eine senkrechte Leiter sowie einige ausgesetzte, mit Drahtseilen versicherte Abschnitte sind die Schlüsselpassagen.

**Höhenunterschied:** 3300 m im Aufstieg, 3160 m im Abstieg (ca. 27 Std.).

**Information:** Azienda per il Turismo della Valle di Fiemme, Via F.lli Bronzetti, 60, I-38033 Cavalese, Tel. +39 0462 241111, visitfiemme.it.

**Karten:** Tabacco, Topografische Wanderkarte, Blätter 14 »Val di Fiemme – Lagorai – Latemar« und 22 »Pale di San Martino« (Maßstab 1:25.000), Kompass Nr. 655 »Fleimstal« und Nr. 653 »Pale di San Martino« (Maßstab 1:25.000).

**Hinweis:** Aufgrund der wenigen und häufig geschlossenen oder erbärmlichen Unterkünfte empfiehlt sich die Mitnahme eines Zeltes inklusive der gesamten Kochausrüstung. Die einzige bewirtschaftete Hütte auf dem Weg ist das Rifugio Cauriol, aber auch hier werden die Öffnungszeiten sehr flexibel gehandhabt.

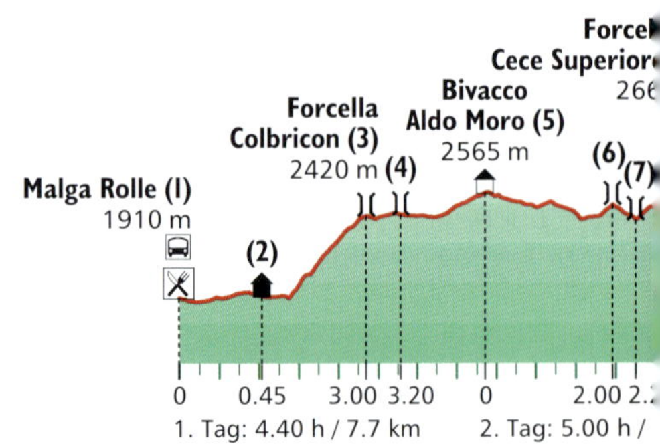

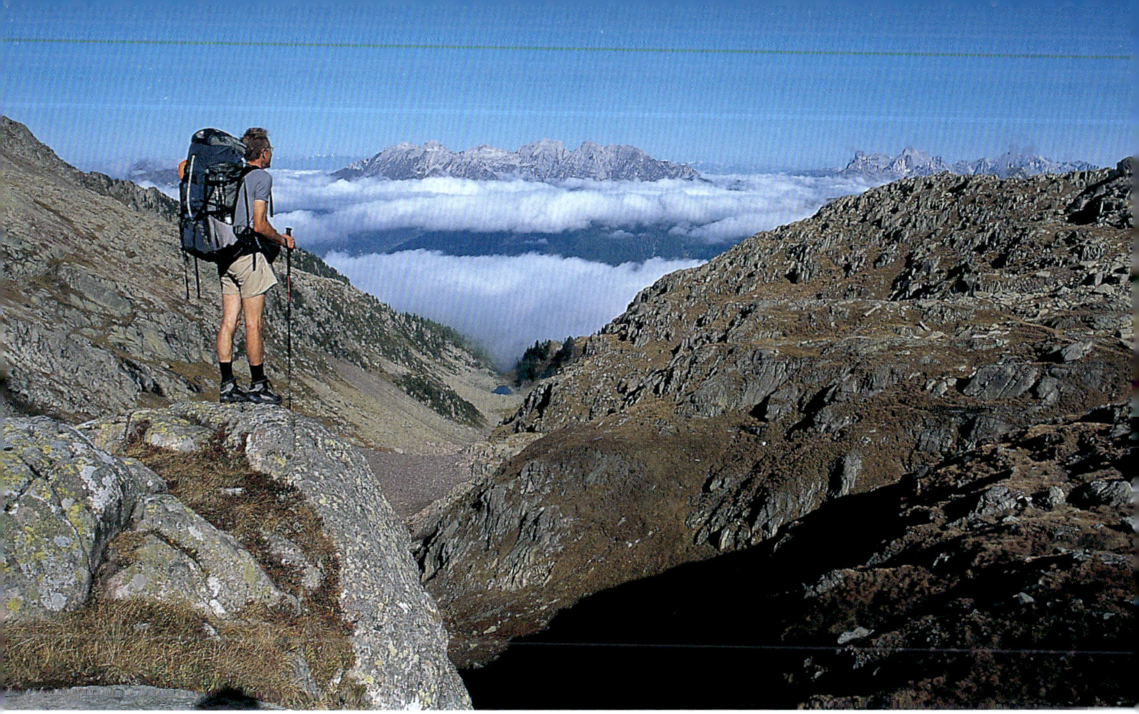

▲ *Und gegenüber locken die Dolomiten.*

## UNTERKÜNFTE

- **Rifugio Laghi del Colbricon,** 1922 m, privat, Mitte Juni bis Ende Sept. bewirtschaftet, 3 Schlafplätze (für Notfälle), Tel. +39 348 7952430.
- **Bivacco Aldo Moro,** 2565 m, CAI, unbewirtschaftet, ca. 9 Schlafplätze (eng).
- **Bivacco Paolo e Nicola,** 2180 m, CAI, unbewirtschaftete Holzhütte mit Ofen, ca. 9 Schlafplätze, keine Decken.
- **Rifugio Cauriol,** 1600 m, privat, bewirtschaftet von Anfang Juni bis Mitte Sept., ca. 15 Schlafplätze, Tel. +39 0462 836002 und +39 348 2422737, rifugiocauriol.it.
- **Malga Lagorai,** 1876 m, Umbau ist geplant.

## GIPFELMÖGLICHKEITEN

Da der Weg zum großen Teil parallel zum Hauptkamm des Lagorai verläuft, lassen sich viele Gipfel »im Vorübergehen« besteigen. Besonders lohnenswert sind unter anderem:

▲ **Colbricon Grande,** 2602 m: Abstecher von der Forcella Colbricon, gute Sicht auf die Pala, 0.35 Std. Aufstieg, 0.25 Std. Abstieg, markierter Steig, Trittsicherheit erforderlich.

▲ **Cima di Cece,** 2754 m: Kann auf der 2. Etappe überschritten werden. Ausgeschilderter, ziemlich steiler und schotteriger Pfad, für den ca. 1 Stunde extra einzukalkulieren ist.

▲ **Monte Laste de le Sute,** 2616 m: ein vom Krieg gezeichneter Berg, 0.30 Std. Aufstieg, 0.20 Std. Abstieg, über Schotter.

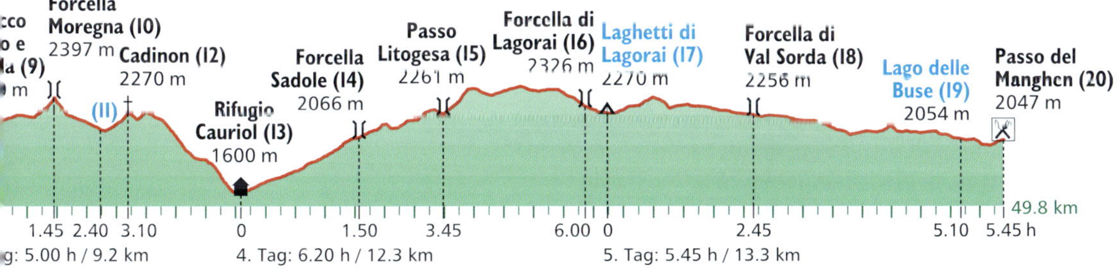

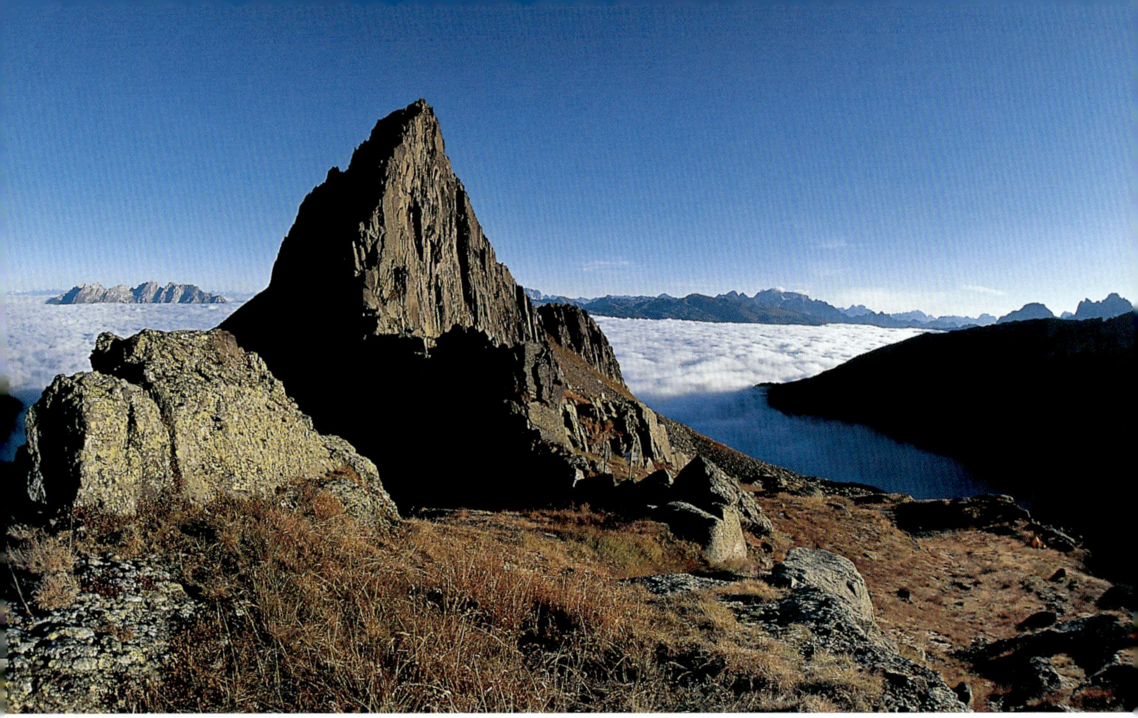

▲ *Über den Wolken in der Forcella Valon.*

### 1. Tag: Malga Rolle, 1910 m – Bivacco Aldo Moro, 2565 m

4.40 Std., 820 m↑, 170 m↓

Vom Parkplatz an der **Malga Rolle (1)**, die übrigens einen ganz phantastischen Apfelstrudel anbietet, wandern wir einige Meter die Straße hinunter und biegen dann links ab zum Beginn eines Skilifts (Wegweiser: Nr. 348). Dort endet die Straße. Wir wandern nun – weiter der Nr. 348 folgend – einen breiten Weg hinauf zu den zwei **Laghi del Colbricon (2)**. Am oberen See, kurz hinter der im Sommer bewirtschafteten Hütte, biegen wir rechts ab, umrunden den See fast und erreichen dann über einen schmalen Rücken den Passo del Colbricon (1908 m, Wegekreuz). Der Weg wird nun deutlich schmaler und leitet uns als Nr. 349 steil hinauf zur **Forcella Colbricon (3)**, einem Pass zwischen dem Colbricon Piccolo und dem Colbricon Grande. Links kann man nun auf den Colbricon Grande steigen, einen Gipfel, der mit seinem Traumblick auf die Westabstürze der Palagruppe durchaus einen Abstecher wert ist. Dann folgen wir Weg Nr. 349 weiter, der uns in rund 10 Minuten zur nächsten Wegkreuzung in der **Forcella Ceremana (4)** leitet. Auch dort bleiben wir der Nr. 349 treu und wandern, hauptsächlich über glatt geschliffene Felsplatten und viel Geröll, weiter nach Westen. Zwischendurch testet noch eine knapp 10 m hohe Eisenleiter unsere Trittsicherheit, dann erreichen wir das nach dem 1978 von den Roten Brigaden erschossenen italienischen Ministerpräsidenten benannte **Bivacco Aldo Moro (5)**.

▼ *Klein und kein Wasser: Bivacco Aldo Moro.*

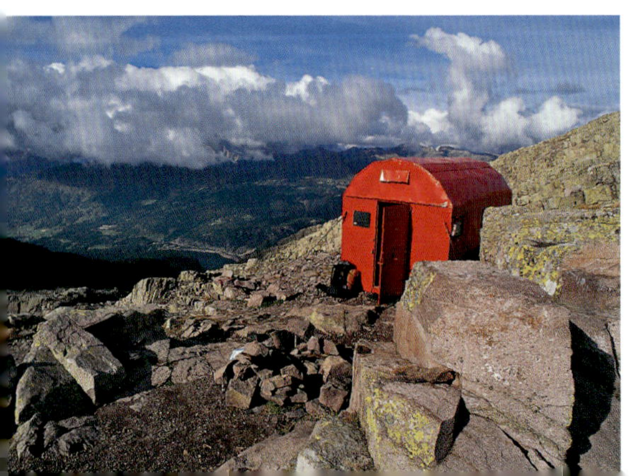

**2. Tag: Bivacco Aldo Moro, 2565 m – Bivacco Paolo e Nicola, 2180 m**

5 Std., 410 m↑, 800 m↓

Ein letzter Blick zu der exponiert gelegenen leuchtend roten Biwakschachtel, dann wandern wir weiter über Felsplatten, Geröll und einen kurzen, versicherten Abschnitt zur nächsten Scharte etwas nördlich des Coston di Slavaci. Von dort blicken wir auf die Cima Valon, unter dessen Nordwand uns der Weg nun führt. Unterhalb der Wand verwandelt sich das zuvor ausgeprägte Schotterfeld in eine alte Kriegsstraße, ein Vorgang, den wir so (und umgekehrt) noch öfter erleben werden. Bemerkenswert dabei ist, dass all der Schotter, der nun auf den alten Straßen und Wegen liegt, in den letzten 100 Jahren von den Bergen gebrochen sein muss. Nach kurzem Abstieg steigen wir hinauf zur **Forcella Valonat (6)**, 2489 m, und im Anschluss hinunter zur **Forcella di Cece (7)**, 2393 m. Hier besteht die Möglichkeit, zu beiden Seiten ins Tal hinunterzusteigen. Unser Weg, mit Nr. 349 markiert, führt jedoch weiter geradeaus und leitet uns um die Nordabdachung des höchsten Berges der Catena dei Lagorai, der Cima di Cece, 2754 m, herum. Dabei gewinnen wir beständig an Höhe, zum Schluss geht es ziemlich steil und unangenehm in eine Scharte hinauf. Dies ist jedoch noch nicht der höchste Punkt, der liegt erst wenige Minuten weiter und wird **Forcella di Cece Superiore (8)**, 2666 m, genannt. Von hier besteht die Möglichkeit, unschwierig den Gipfel der Cima di Cece zu besteigen (sofern man nicht alternativ direkt von der Forcella di Cece über den Berg gewandert ist). Gegenüber erhebt sich eine schlanke Porphyrnadel, die an die Dolomiten erinnert. Wir lassen diese links liegen und steigen auf breiten Kriegspfaden ab zur Forcella di Valmaggiore. Zwischen einem Denkmal aus altem Kriegsschrott und viel Stacheldraht liegt dort das gemütliche **Bivacco Paolo e Nicola (9)**.

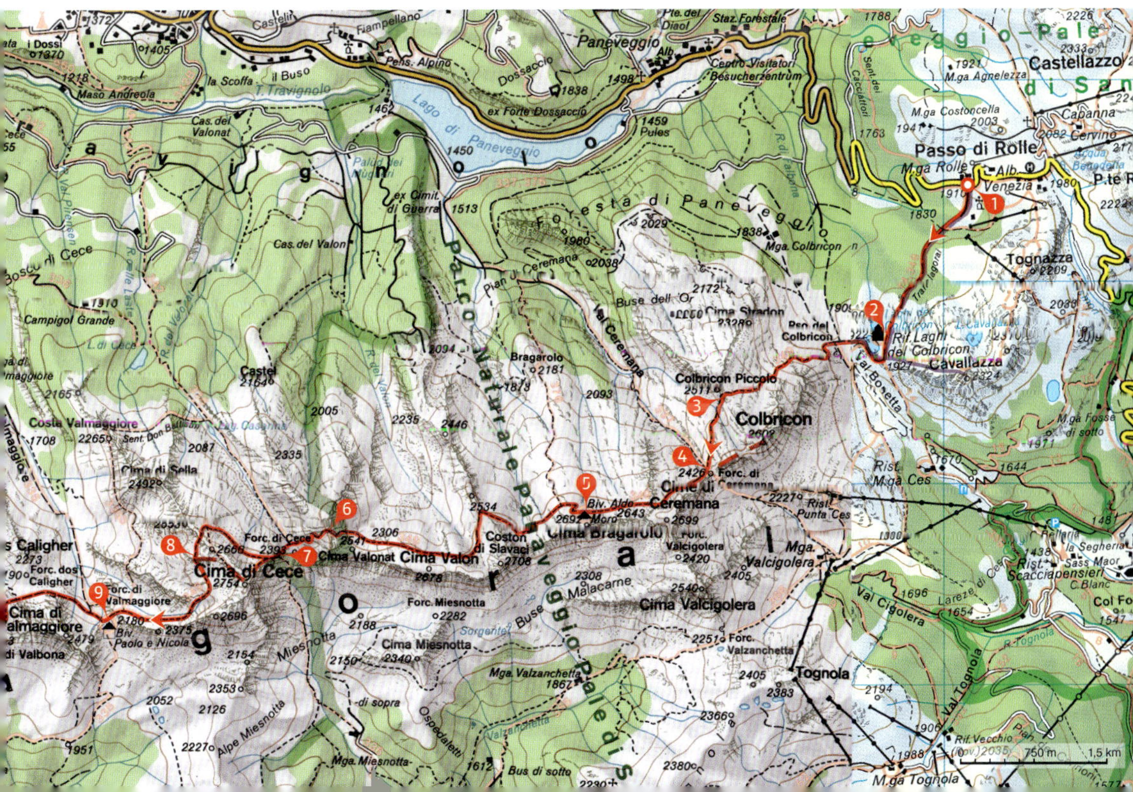

### 3. Tag: Bivacco Paolo e Nicola, 2180 m – Rifugio Cauriol, 1600 m

5 Std., 510 m↑, 1100 m↓

Ungefähr 100 m nördlich der Biwakschachtel zweigt der Weiterweg, immer noch mit Nr. 349 markiert, links ab. Auf gutem Pfad nehmen wir zunächst Kurs auf die Forcella dos Caligher, 2190 m. Weitere 20 Minuten danach teilt sich der Weg: Links geht es über die **Forcella Moregna (10)**, 2397 m, und vorbei am Lago Brutto zum Lago delle Trote (die landschaftlich deutlich reizvollere Variante), rechts gelangt man über die Nordseite der Cima Moregna zum gleichen Wegekreuz (Weg Nr. 349 B) oberhalb des **Forellensees (11)** (trote = Forellen). Hier halten wir uns erneut links und steigen zum Lago delle Trote, 2103 m, ab, dessen Zufluss etwas oberhalb des Sees gequert wird. Die nächste Scharte ist die Forcella di Coldose, wo wir nach rechts (Westen) abbiegen und, der Weg ist weiterhin mit Nr. 349 ausgeschildert, auf die Bergspitze des **Cadinon (12)**, 2322 m, hinaufwandern. Nun geht es ein Stück zur Forcella di Canzenagol hinunter und anschließend steil hinauf in ein vom Gletscherschliff geprägtes Hochtal, die Pale della Geola. Hier beginnt der lange und steile Abstieg hinunter zum Rifugio Cauriol. Dieser verläuft zunächst auf Felsplatten und den Überresten einer alten Kriegsstraße, später steiler parallel eines Bachs und zum Schluss, nach einer Linksquerung, durch dschungelartige Vegetation. Das gemütliche **Rifugio Cauriol (13)** bietet Fleimstaler Spezialitäten.

### 4. Tag: Rifugio Cauriol, 1600 m – Laghetti di Lagorai, 2270 m

6.20 Std., 1310 m↑, 620 m↓

Wir verlassen das **Rifugio Cauriol (13)** und wandern auf Weg Nr. 320 hinauf zur **Forcella Sadole (14)**, 2066 m. Das ganze Tal ist geprägt vom Kriegsgeschehen, was, je nach der eigenen Verfassung, trotz Sonnenschein sehr deprimierend wirken kann. An der Forcella Sadole kreuzen sich eine Reihe von Wegen, wir folgen nun – und das den ganzen Tag – dem mit Nr. 321 markierten Pfad Richtung Forcella Litegosa. Dieser ist schmal und leitet uns hinauf zu einer Scharte unterhalb eines Porphyrtürmchens. Im Anschluss geht es steil hinunter und über Schotterfelder auf der Südseite eines Castel genannten Berges hinüber zu einer weiteren Kreuzung. Wir bleiben auf Weg Nr. 321 und queren ausgesetzt und zum Teil mit Drahtseilen gesichert hinüber zur **Forcella Litegosa (15)**, 2261 m. Spektakuläre Ausblicke ergeben sich, gegenüber lockt der höchste Berg der gesamten Region, die Cima d'Asta, 2847 m. Der Weiterweg zwischen der Forcella Litegosa und der Forcella di Lagorai verläuft im steten Auf und Ab fast ausschließlich parallel der alten Stellungen. Stacheldraht, verfallene Baracken und feuchte Höhlen geben Zeugnis von einem erbärmlichen Teil der europäischen Geschichte. Der am Ende dieses Abschnitts zu bewältigende Abstieg vom Plateau des Monte Laste de le Sute ist nochmal steil und erfordert volle Konzentration. Schließlich gelangen wir zur **Forcella di Lagorai (16)**, 2372 m, wo wir uns entscheiden müssen: Zelten oder biwakieren kann man zum Beispiel an den unterhalb der Scharte gelegenen **Laghetti di Lagorai (17)**, eine feste Bleibe bietet einzig die rund 1.30 Std. und 500 Höhenmeter unterhalb gelegene Malga Lagorai, 1876 m, am Lago Lagorai (Weg Nr. 316). Eine Übernachtung dort ist allerdings mit dem Nachteil verbunden, am nächsten Morgen auf demselben Weg zur Forcella di Lagorai zurückkehren zu müssen. Weitere Zeltmöglichkeiten bestehen an den rund eine Stunde von der Forcella di Lagorai entfernten Seen Lago delle Stellune und Lago de Buse Basse.

▸ *Oberhalb der Forcella Sadole.*

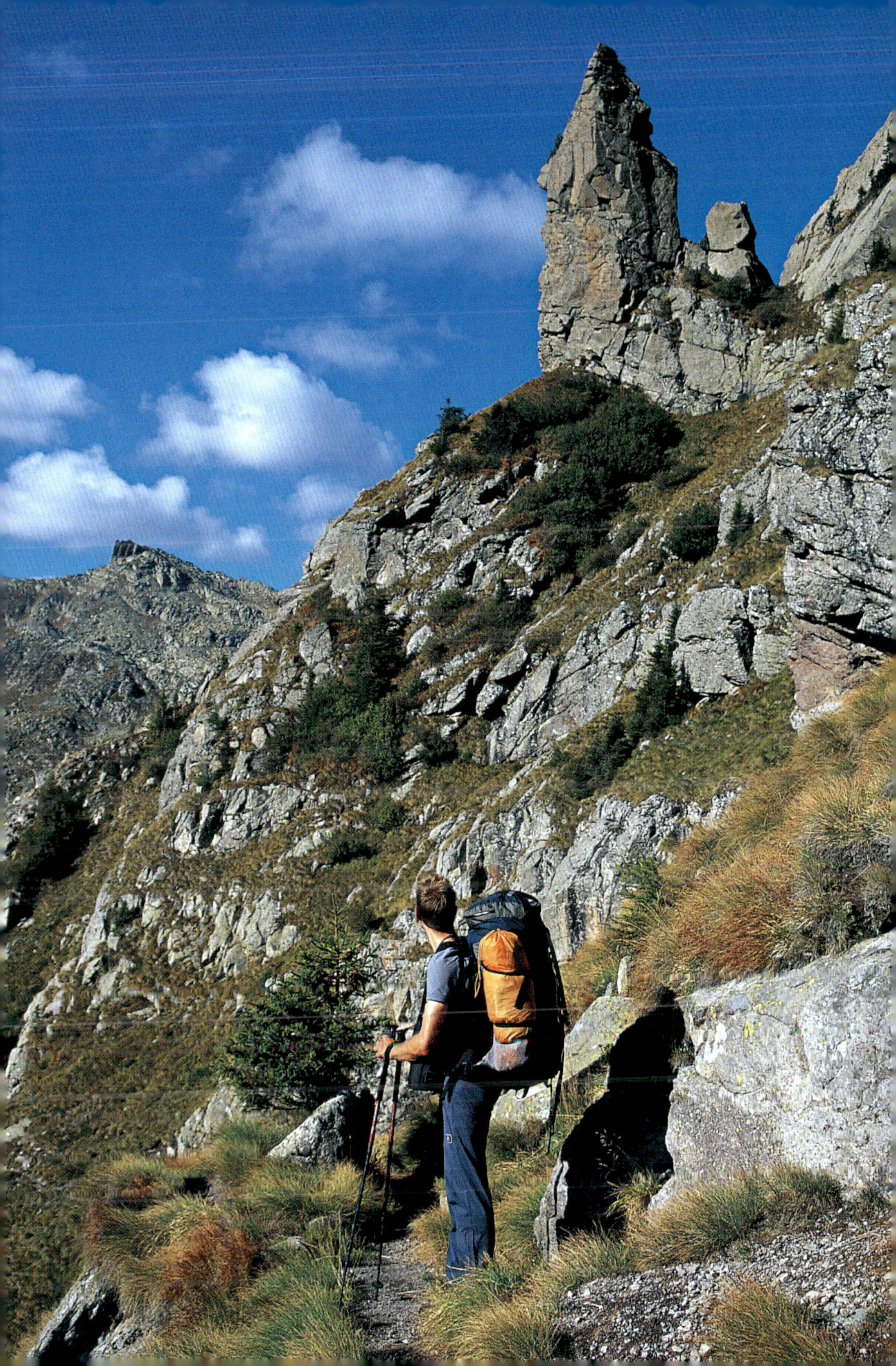

## 5. Tag: Laghetti di Lagorai, 2270 m – Passo del Manghen, 2047 m

5.45 Std., 250 m↑, 470 m↓

Von den **Laghetti di Lagorai (17)** geht es am nächsten Tag zunächst wieder hinauf zur **Forcella di Lagorai (16)**. Dort folgen wir weiter dem Weg Nr. 321 in die Forcella Buse dell'Oro oberhalb der beiden Seen, 2468 m. Dann verlieren wir nach Westen absteigend rund 100 Höhenmeter und biegen links ab. Ausgesetzt und auf schmalem Pfad erreichen wir so eine Scharte östlich eines beeindruckenden Klotzes, der Cima delle Stellune. Nun durchqueren wir deren Nordabstürze zur Forcella di Val Moena, 2294 m, ein Abschnitt, der ein wenig an die Klettersteige der Brenta erinnert und zum Teil mit Drahtseilen versichert ist. Großartig! Von der Forcella di Val Moena wandern wir auf Weg Nr. 317 mit

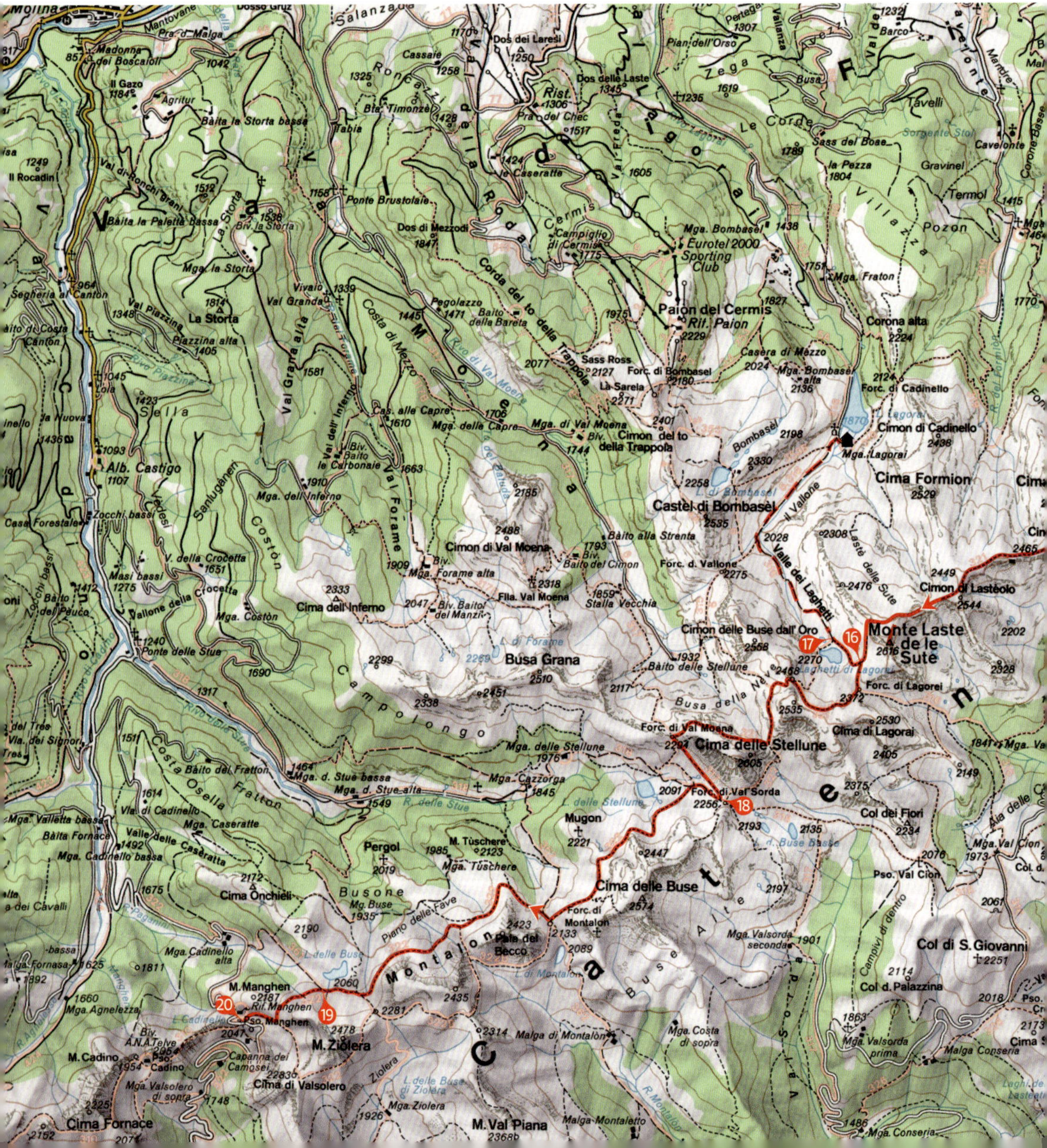

Blick auf den unter uns liegenden Lago delle Stellune zur **Forcella di Val Sorda (18)**. Hier beginnt Weg Nr. 322, der uns bis zum Passo Manghen leiten wird. Ohne große Höhenunterschiede gelangen wir dabei zunächst zur Forcella di Montalon, 2133 m, und anschließend zum **Lago delle Buse (19)**, 2054 m. Spätestens hier macht sich die Straße über den Passo Manghen bemerkbar, denn plötzlich stößt man auf Publikum. Der am Schluss rutschige und unangenehme Weg führt an einigen uralten Zirben vorbei, dann erreichen wir das für seine hervorragenden Fleischgerichte mit gegrillter Polenta bekannte Rifugio Manghen. Leider hat sich Letzteres auch bei deutschen Motorradclubs herumgesprochen, das Gedröhn der Motoren ist schlichtweg schmerzhaft. Willkommen in der Zivilisation am **Passo del Manghen (20)**!

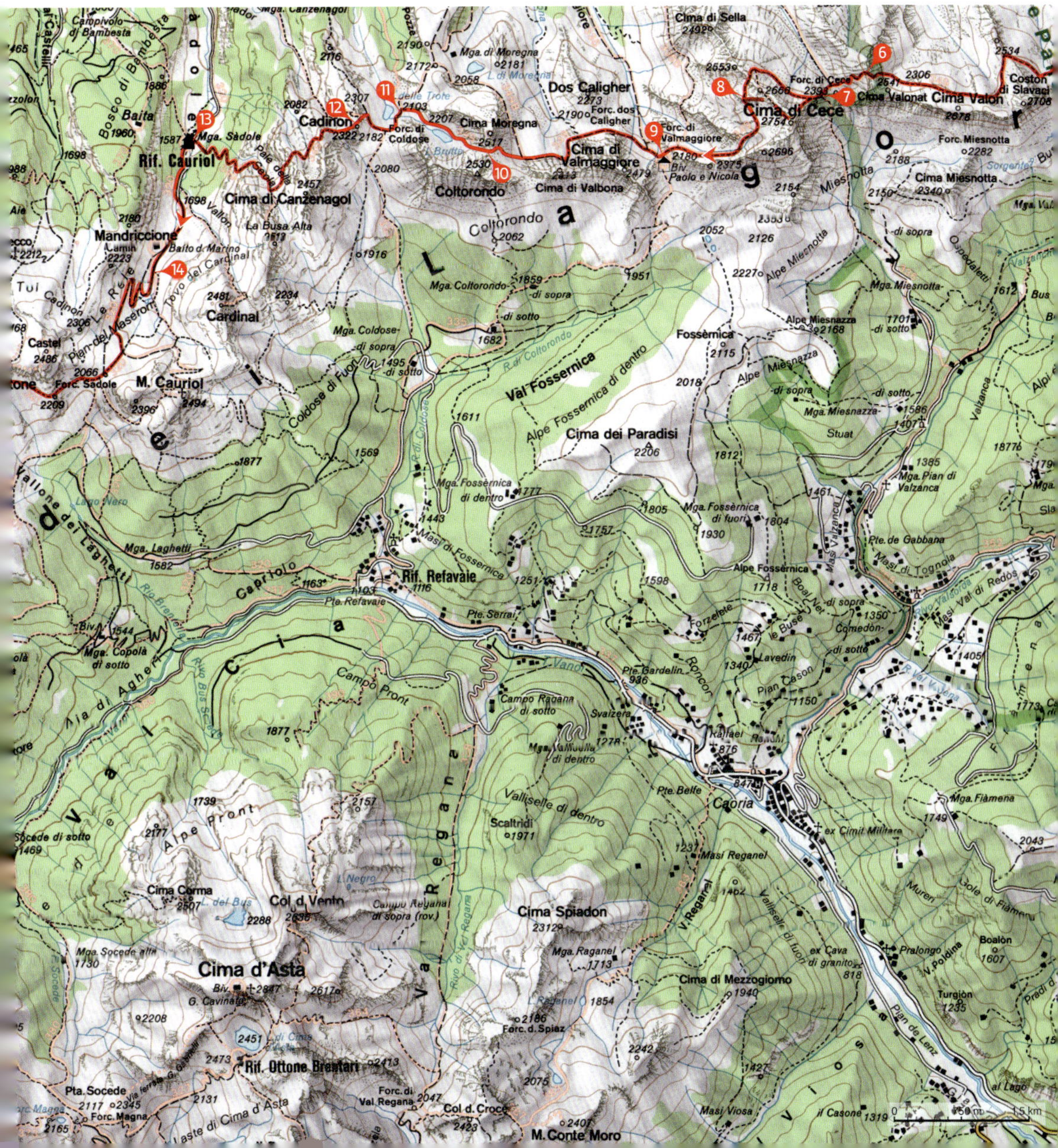

# 24 Rosengarten-Runde

## In den westlichen Dolomiten

3 Tage

leicht

### König Laurins verzaubertes Felsenreich

Die bekannteste Sage der Dolomiten ist die vom Zwergenkönig Laurin und seinem wunderschönen Rosengarten. Dieser lag der Legende nach im Gartl, einer Senke unterhalb der Vajolettürme. Damals begab es sich, dass der König unten im Tal seine schöne Tochter Similde vermählen wollte. Alle Adeligen der Umgebung wurden zu einer Maifahrt eingeladen, nur König Laurin nicht. Daraufhin beschloss dieser, mit Hilfe seiner Tarnkappe als unsichtbarer Gast teilzunehmen. Als er Similde sah, verliebte er sich sofort in sie, setzte sie auf sein Pferd und preschte mit ihr davon. Sofort zogen die Ritter, geführt von Dietrich von Bern und seinem Waffenmeister Hildebrand, aus, um Similde zu befreien, und standen kurz darauf vor dem Rosengarten. König Laurin band sich einen Wundergürtel um, der ihm die Kraft von zwölf Männern verlieh und stellte sich dem Kampf. Als er aber sah, dass er trotz allem verlor, zog er sich die Tarnkappe über und sprang, unsichtbar, wie er nun zu sein glaubte, im Rosengarten hin und her. Die Ritter aber erkannten an den Bewegungen der Rosen, wo sich der Zwergenkönig verbarg. Sie packten ihn, zerstörten den Zaubergürtel und führten den König in Gefangenschaft. Laurin aber drehte sich um und belegte den Rosengarten, der ihn verraten hatte, mit einem Fluch: Weder bei Tag noch bei Nacht sollte diesen jemals mehr ein Menschenauge sehen. Laurin hatte aber die Dämmerung vergessen, und so kommt es, dass der Rosengarten bei Sonnenuntergang blüht. Eine der schönsten Möglichkeiten, ihn von allen Seiten kennenzulernen, bietet die vorgeschlagene Rundwanderung.

▾ *Rotwandhütte und im Hintergrund die markante Mugoni-Spitze.*

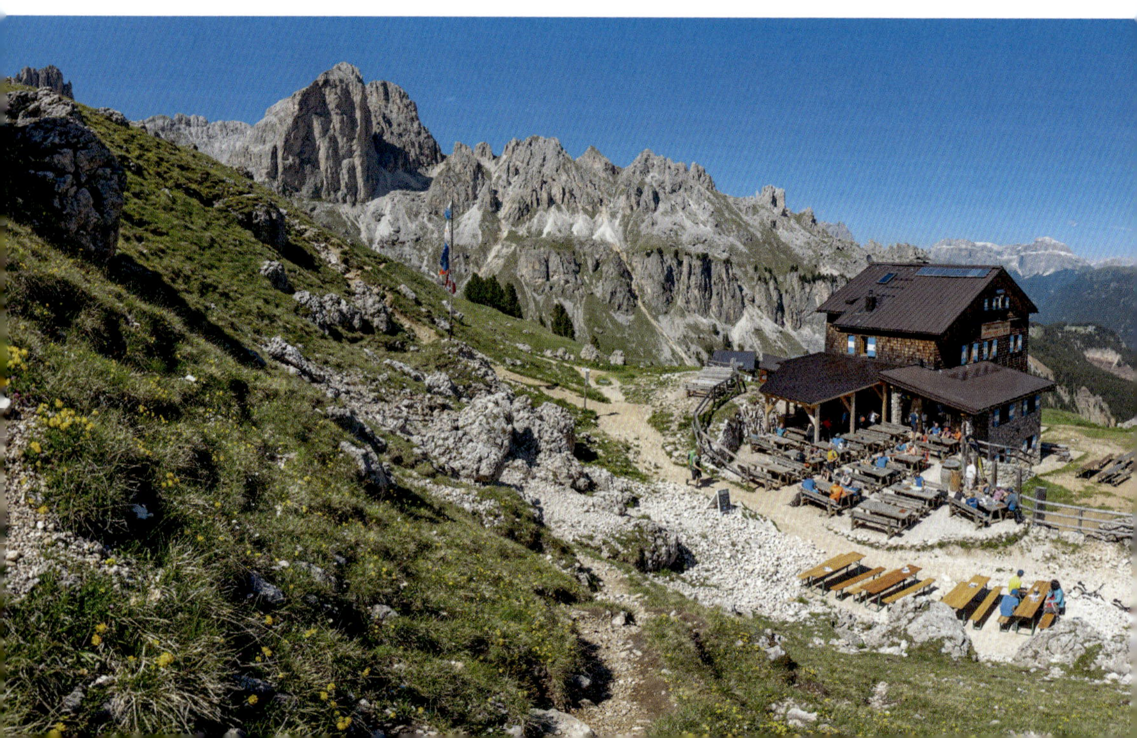

## TOURENINFO

**Ausgangs- und Endpunkt:** Tiers/St. Zyprian, 1071 m, bzw. der Parkplatz Frommeralm, 1721 m, direkt bei der Talstation der König-Laurin-Bergbahn, Bushaltestelle »Frommer«. Mit der Bahn bis Bozen, von dort mit dem Bus über Tiers/St. Zyprian (nur werktags) zur Frommeralm. Mit dem Auto von Bozen über Völser Aicha nach Tiers/St. Zyprian.
**Anforderungen:** Leichte Bergwanderung. Etwas Geröll beim Abstieg vom Grasleitenpass.
**Höhenunterschied:** 860 m im Aufstieg, 2120 m im Abstieg (ca. 11 Std.).
**Information:** Tourismusverein Tiers am Rosengarten, St.-Georg-Straße 79, I-39050 Tiers, Sa, So und Feiertage geschlossen, Tel. +39 0471 642127, seiseralm.it.
**Karte:** Tabacco Wanderkarte, Blatt 029 Rosengarten (Maßstab 1:25.000).

## GIPFELMÖGLICHKEITEN

▲ **Rotwand,** 2806 m: lohnenswerter Gipfel, von der Rotwandhütte, 2 Std. Aufstieg, 1 Std. Abstieg, mittelschwerer Klettersteig (Via ferrata Masaré, Schwierigkeit C).
▲ **Kesselkogel,** 3004 m: einziger Dreitausender der Rosengartengruppe, von der Grasleitenpasshütte, 2.00 Std. Aufstieg, 1.15 Std. Abstieg, mäßig schwieriger Klettersteig, Schwierigkeit B und Stellen I.

## 1. Tag: Frommeralm, 1721 m – Rotwandhütte, 2280 m

2 Std., 150 m↑, 200 m↓

Von Tiers/St. Zyprian, 1071 m, fährt man am besten mit dem Bus zum Ausgangspunkt der Tour an der **Frommeralm (1)**, 1721 m. Von dort geht es bequem mit der König-Laurin-Kabinenbahn zur **Rosengartenhütte (2)**, der ehemaligen Kölner Hütte, auf 2339 m hinauf (ohne Bergbahn vom Nigerpass in rund 2 Std.). Dort wenden wir uns nach Süden und wandern auf breitem Weg, dem sogenannten Hirzlweg, Richtung Karerpass. Fast hangparallel erreichen wir nach etwas mehr als einer Stunde das Christomannos-Denkmal (etwa 2,7 m großer Bronzeadler) oberhalb des Passes. Der Weg biegt allmählich nach Norden, und das Panorama erweitert sich zunächst um die Gipfel und Zinnen der Palagruppe und dann um die Marmolada. Schließlich stehen wir vor der schön gelegenen **Rotwandhütte (3)**. Klettersteigliebhaber werden noch die Via ferrata Masaré auf die Rotwand, 2806 m, gehen wollen, zum Abend hin ein rosiges Unterfangen.

## UNTERKÜNFTE

- **Rosengartenhütte (Rif. Aleardo Fronza alle Coronelle, Kölner Hütte),** 2339 m, CAI, Ende Juni bis Anfang Okt. bewirtschaftet, ca. 60 Schlafplätze, Tel. +39 0471 612033, rifugiofronza.com.
- **Rotwandhütte (Rifugio Roda di Vael),** 2280 m, CAI, Mitte Juni bis Anfang Okt. bewirtschaftet, ca. 60 Schlafplätze, Tel. +39 0462 764450 und +39 335 6750325, rodadivael.it.
- **Rifugio Negritella,** 1986 m, privat, Tel. +39 0462 760276, rifugionegritella.it.
- **Rifugio Ciampedie,** 1998 m, CAI-SAT, Mitte Juni bis Ende Sept., ca. 25 Schlafplätze, Tel. +39 0462 764432 oder +39 347 6066080, rifugiociampedie.com.
- **Rifugio Catinaccio,** 1950 m, geschlossen.
- **Rifugio Gardeccia,** 1949 m, privat, Mitte Juni bis Anfang Okt. bewirtschaftet, ca. 40 Betten, Tel. +39 0462 763152, +39 335 7432677 und +39 335 7432676, gardeccia.it bzw. dolomitenschutzhuette.it.
- **Rifugio Stella Alpina Spiz Piaz,** etwa 1950 m, privat, renoviert, ca. 50 Schlafplätze, Tel. +39 331 1413648, rifugiostellaalpinaspizpiaz.it.
- **Rifugio Vajolet,** 2243 m, CAI-SAT, Mitte Juni bis Anfang Okt. bewirtschaftet, ca. 130 Schlafplätze, Tel. +39 0462 763292 und +39 335 7073258, rifugiovajolet.com.
- **Grasleitenpasshütte,** 2601 m, privat, Ende Mai bis Mitte Okt. bewirtschaftet, 25 Schlafplätze, Tel. +39 339 4327101, Reservierung per E-Mail an principe.rosi@gmail.com, grasleitenpasshuette.com.
- **Grasleitenhütte (Rifugio Bergamo),** 2134 m, CAI, Anfang Juni bis Anfang Okt. bewirtschaftet, ca. 70 Schlafplätze, Tel. +39 0471 1632320, +39 347 0894997 und +39 348 4115891, grasleitenhuette.com.

## 2. Tag: Rotwandhütte, 2280 m – Rifugio Vajolet, 2243 m

3.30 Std., 360 m↑, 400 m↓

Der Weiterweg am nächsten Morgen führt uns von der **Rotwandhütte (3)** über den »Fassaner Höhenweg« zunächst hinab zur **Malga Vael (4)** und dann hinüber zum **Rifugio Negritella (5)**. Nur wenige Meter westlich von dieser Hütte befinden sich das Rifugio Ciampedie, das Rifugio Baita Checco und die Bergstation der Seilbahn aus dem Fassatal. Und so kann es speziell im August selbst auf den relativ breiten Wegen in diesem Bereich etwas eng werden. Wir steigen von hier Richtung Nordwesten hinab zum geschlossenen **Rifugio Catinaccio (6)**. Kurz danach erreichen wir am Ende der Fahrstraße durch das Vajolettal das **Rifugio Gardeccia (7)** und das Rifugio Stella Alpina. Von hier steigen wir in einer knappen Stunde auf einem breiten, in zahlreichen Kehren angelegten Fahrweg hinauf zum **Rifugio Vajolet (8)** und der direkt benachbarten Preusshütte. Die himmelhoch über uns aufragenden und beeindruckenden Vajolettürme entschädigen dabei etwas für den langweiligen Aufstieg auf dem geschotterten Weg.

Wie an der Rotwandhütte empfiehlt sich auch hier, die Abendstimmung oberhalb der Hütte zu genießen. Der schönste Platz dafür ist das Gartl bzw. der Santnerpass, 2741 m, der mit einem Traumblick auf die Vajolettürme aufwarten kann. Mindestens zwei Stunden sind für diesen Ausflug jedoch einzuplanen.

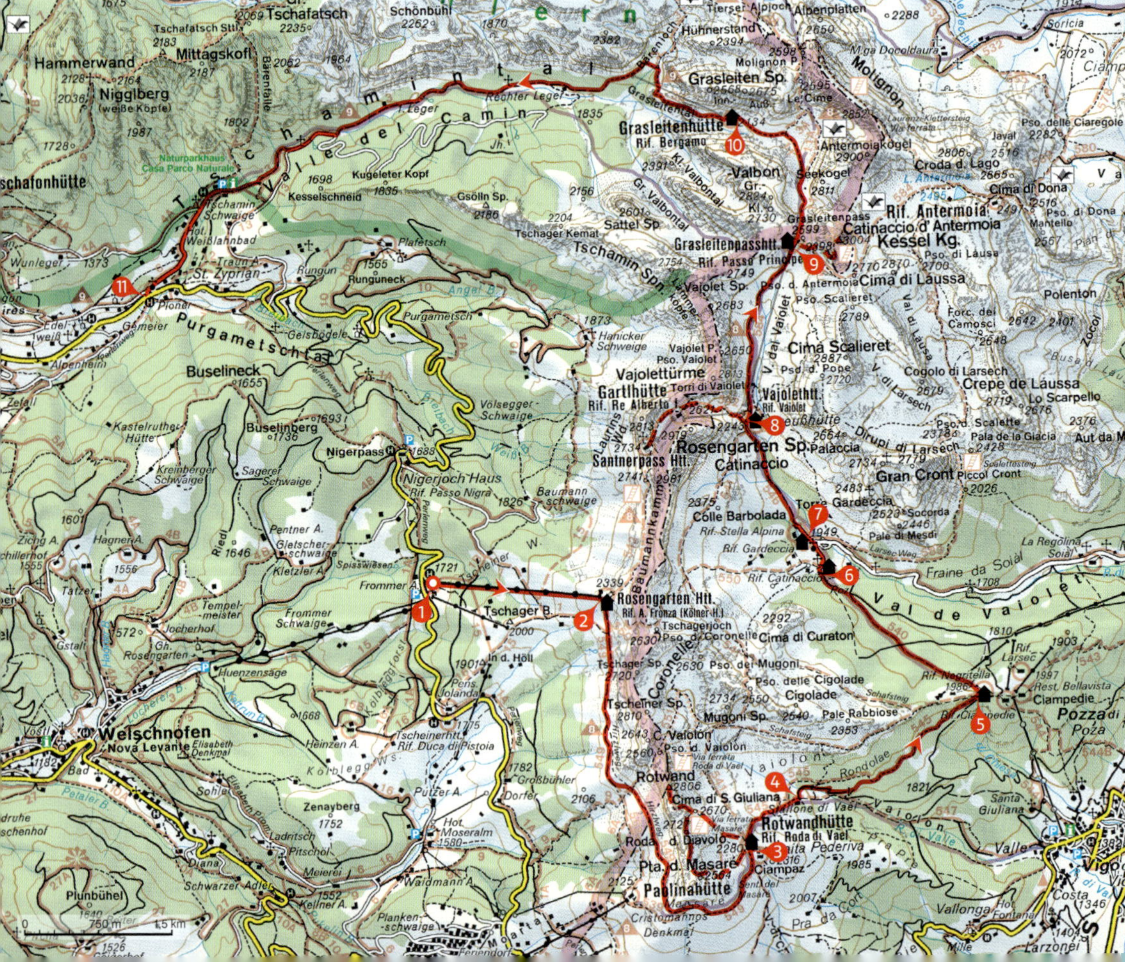

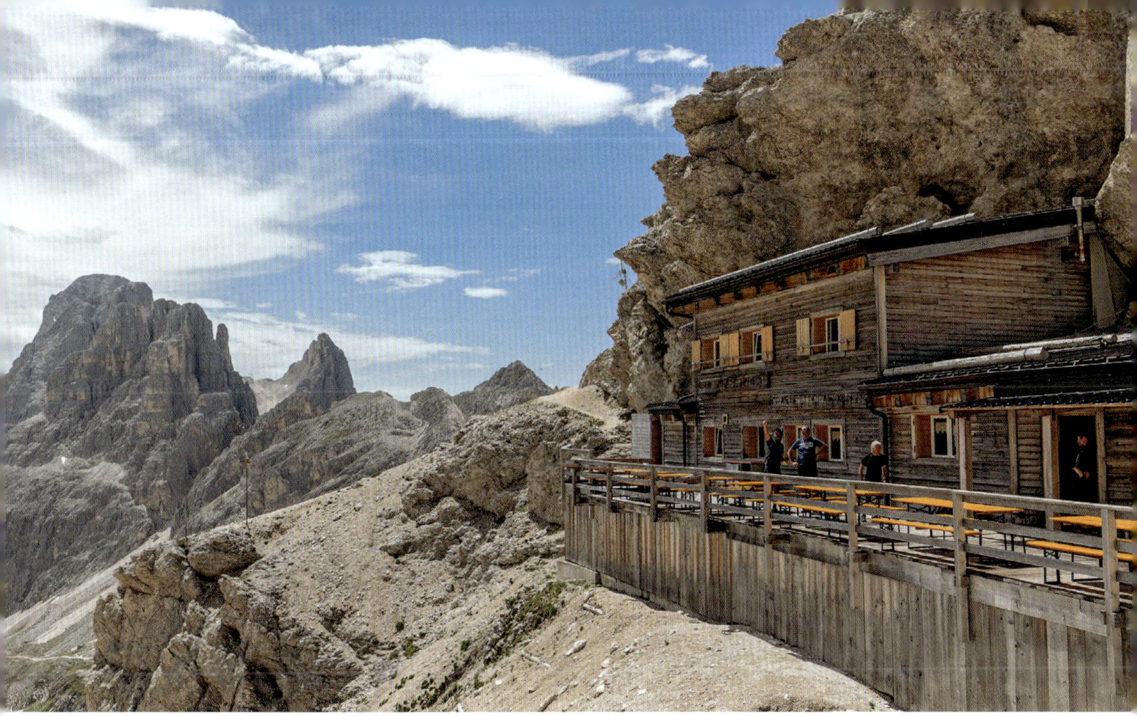

▲ *Grasleitenpasshütte mit Blick zu den Vajolettürmen und der Santnerpasshütte.*

## 3. Tag: Rifugio Vajolet, 2243 m – St. Zyprian, 1071 m

5.15 Std., 350 m↑, 1520 m↓

Vom **Rifugio Vajolet (8)** wandern wir zunächst Richtung Norden zur kleinen, wie ein Schwalbennest am Fels klebenden **Grasleitenpasshütte (9)** hinauf. Die Hütte ist Ausgangspunkt zur Besteigung des Kesselkogels, 3004 m, über dessen Westflanke – eine Tour (einfacher Klettersteig), die man bei schönem Wetter nicht verpassen sollte. Zurück an der Grasleitenpasshütte bzw. am Grasleitenpass geht es auf der anderen Seite hinab in einen mit viel Schotter gefüllten Kessel. In dessen Grund wenden wir uns nach Nordwesten und erreichen in einem Linksbogen die unterhalb der Grasleitenspitze gelegene **Grasleitenhütte (10)**. Wer auf dem Kesselkogel war, wird hier wahrscheinlich übernachten. Nun geht es nur noch bergab. Durch das wunderschöne Tschamintal, vorbei an der Malga Ciamin, gelangen wir zurück nach **St. Zyprian (11)**. Die Bushaltestelle befindet sich bei der Kapelle an der Hauptstraße.

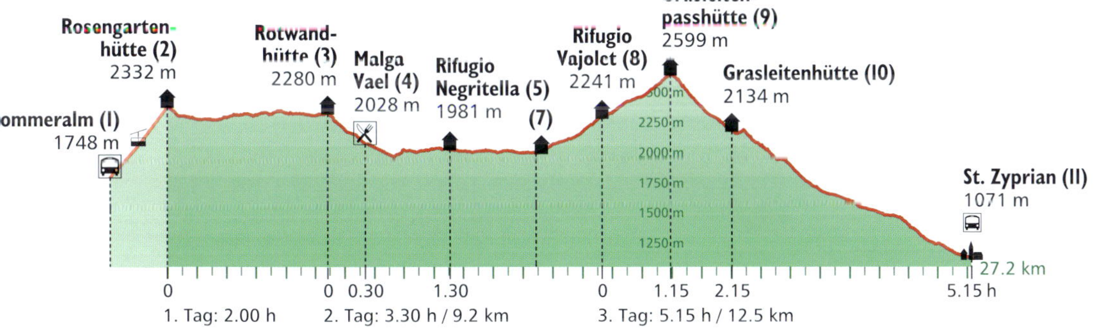

# 25 Naturpark Puez-Geisler

## Rund um die Geislerspitzen

4 Tage

mittel

### Familienfreundliche Dolomitenrunde

Mehrtagestouren mit der Familie im Gebirge sollten einerseits nicht zu schwer bzw. zu lang sein, müssen andererseits aber interessant, abwechslungsreich und am besten voller Überraschungen durch die Berge führen. Eine Tour die all diese Eigenschaften nahezu optimal verbindet, ist die hier vorgeschlagene Runde rund um die Geislerspitzen. Die Etappen sind nicht zu lang, die Schwierigkeiten moderat und trotzdem ist der Weg nicht langweilig, warten doch an jeder Ecke neue Überraschungen. Und wenn ein Elternteil noch nicht ausgelastet sein sollte, kann es ja auf einen der umliegenden Gipfel steigen. Am besten zu Sonnenaufgang, dann ist der Rest der Familie wahrscheinlich noch im Bett. Die am Weg liegenden Hütten sind mit Ausnahme der Puezhütte bestens auf Kinder eingestellt, an der Schlüterhütte gibt es sogar einen Spielplatz. Und landschaftlich gehört der Naturpark Puez/Geisler zum Besten was die Dolomiten zu bieten haben: Klotzartige Felsenburgen über grünen Almen und verspielt wirkende Almhütten in einer von der Sonne verwöhnten Märklin-Landschaft. Einmalig in der Puez-Gruppe ist zu dem noch die eigenartige Hochfläche der Gardenaccia, ein riesiges Karstplateau, dessen kalkweiße Felsen nahezu den Einsatz einer Gletscherbrille erfordern.

▼ *Am Bronsoijoch.*

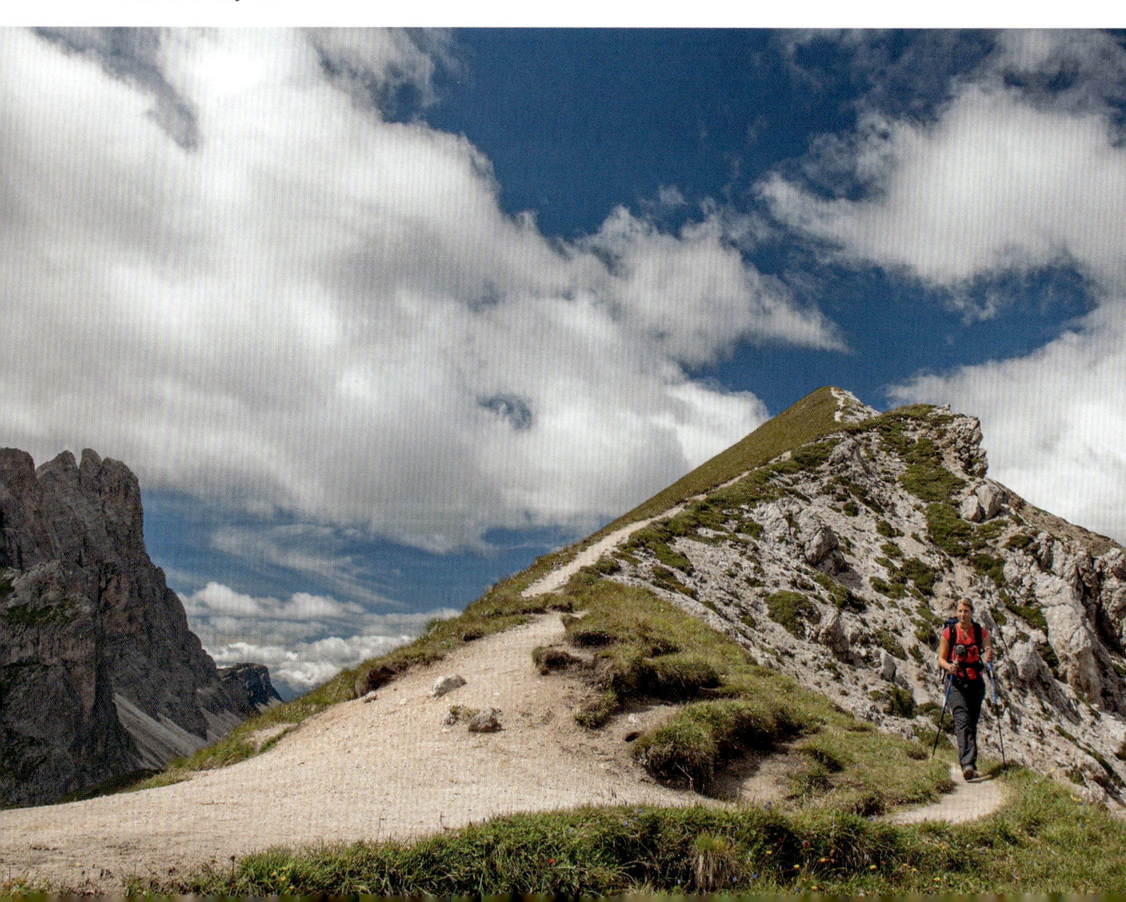

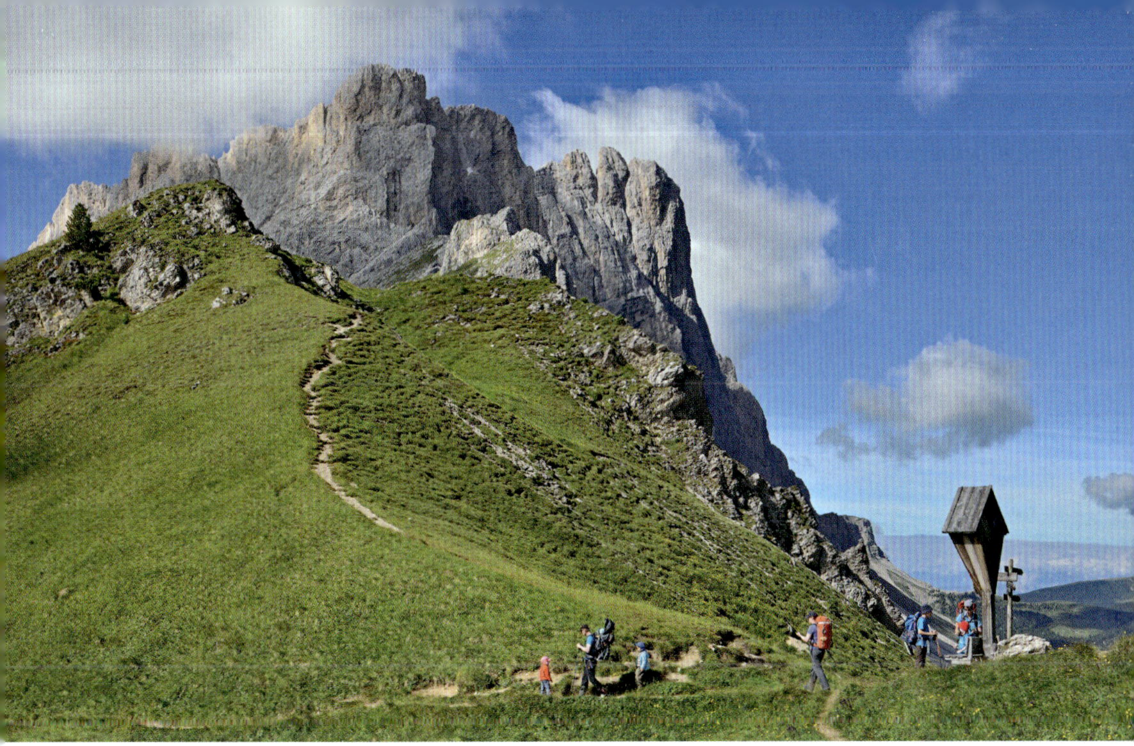

▲ *Am Kreuzkofeljoch.*

## TOURENINFO

**Ausgangs- und Endpunkt:** St. Christina, 1428 m, im Grödnertal. Öffentlich mit dem Bus von Bozen oder Brixen zu erreichen. Mit dem Kfz verlässt man die Brennerautobahn bei der Abfahrt Klausen/Grödnertal und fährt über letzteres nach St. Christina. Ausgangspunkt ist der Parkplatz an der Talstation der Seilbahn zum Col Raiser (am Ende des Ortes, gut ausgeschildert).
**Anforderungen:** Familienfreundliche Rundtour auf guten Wegen. Etwas Klettersteigerfahrung erfordert die Begehung des Peitlerkofels und der Nivesscharte unterhalb des Piz Duleda. Alle Wege sind ausreichend rot-weiß markiert und zusätzlich beschildert.
**Höhenunterschied:** 2440 m im Aufstieg, 1560 m im Abstieg (18.30 Std.).
**Information:** Tourismusverein St. Christina, Str. Chemun 9, Tel. +39 0471 777800, I-39047 St. Christina, valgardena.it.
**Karte:** Tabacco Wanderkarte, Blatt 05 »Val Gardena« (Maßstab 1:25.000).

## UNTERKÜNFTE

- **Almhotel Col Raiser,** 2107 m, privat, nahezu ganzjährig geöffnet, Tel. +39 0471 796302 und +39 0471 797021, colraiser.com.
- **Brogleshütte,** 2045 m, privat, ca. Juli bis Okt. bewirtschaftet, ca. 30 Schlafplätze, Tel. +39 0471 655642 und +39 338 4600101.
- **Schlüterhütte,** 2301 m, Autonome Provinz Bozen – Südtirol, ca. Mitte Juni bis Mitte Okt. bewirtschaftet, ca. 90 Schlafplätze, Tel. +39 0472 670072, schlueterhuette.com.
- **Puezhütte,** 2475 m, CAI, ca. Ende Juni bis Ende Sept. bewirtschaftet, ca. 80 Schlafplätze, Tel. +39 0474 646427, rifugiopuez.it.

## GIPFELMÖGLICHKEITEN

▲ **Peitlerkofel,** 2875 m: DER Aussichtsgipfel im Nordwesten der Dolomiten. Von der Schlüterhütte in rund 2 Std. auf leichtem Klettersteig zu besteigen.

▲ **Piz Duleda,** 2909 m: Oberhalb der Forc. Roa gelegener Gipfel mit eindrucksvoller Nordwand. Liegt praktisch am Weg zwischen Schlüter- und Puezhütte und sollte bei gutem Wetter auf jeden Fall bestiegen werden. Von der Nives-Scharte in rund 0.20 Std. über den Südgrat unschwierig zu erreichen.

▲ **Puezkofel,** 2725 m: Direkt hinter der Puezhütte führen gut erkennbare Steigspuren in rund 1 Std zum Gipfel. Abstieg wie Aufstieg. Das Panorama ist grandios.

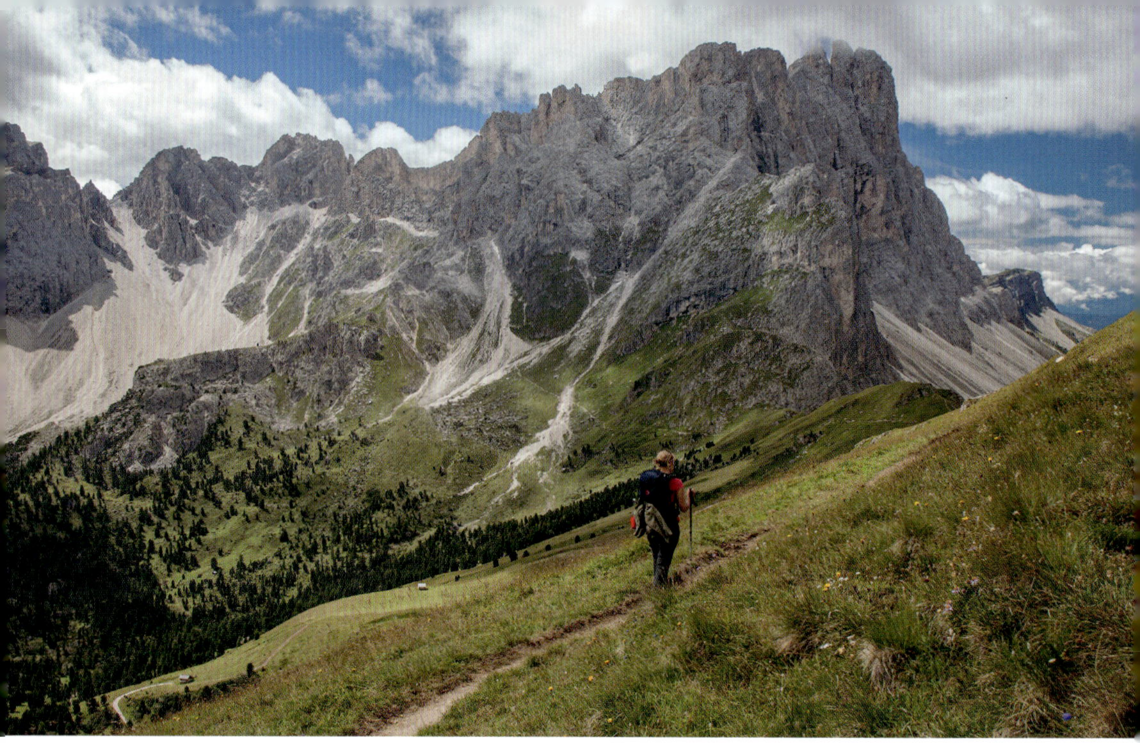

▲ *Kurz hinter dem Bronsoijoch mit Blick auf die Geislergruppe.*

## 1. Tag: St. Christina, 1570 m – Brogleshütte, 2045 m

3.30 Std., 950 m↑, 150 m↓

Von **St. Christina (1)** geht es mit der Seilbahn hinauf zum luxuriösen Almhotel **Col Raiser (2)**. Unsere Wanderung beginnt auf breitem Weg und führt Richtung Secëda (Schilder). Nach ca. 500 m biegt man erst rechts und kurz danach links ab, die Panascharte ist ebenfalls bereits ausgeschildert. Man passiert einen rechter Hand liegenden kleinen See und erreicht die Troierhütte, die Kinder mit einem Streichelzoo und Erwachsene mit Strandliegen begeistert. Von dort führt in mehreren Kehren ein gut ausgebauter Pfad zur **Panascharte (3)**, 2447 m, hinauf. Der Weg Nr. 6 hinunter zur Brogleshütte ist seit 2020 bis auf Weiteres gesperrt. Stattdessen gehen wir links auf dem Kamm entlang zum **Restaurant Secëda (4)**, von wo wir mit der Seilbahn zur **Mittelstation Furnes (5)** abfahren. Von dort geht es auf Weg Nr. 5 durch das Cuecena-Tal zur Bilderbuchalm der **Brogleshütte (6)**. Während tagsüber hier sehr viel Betrieb herrscht, wird es zum Abend hin deutlich ruhiger.

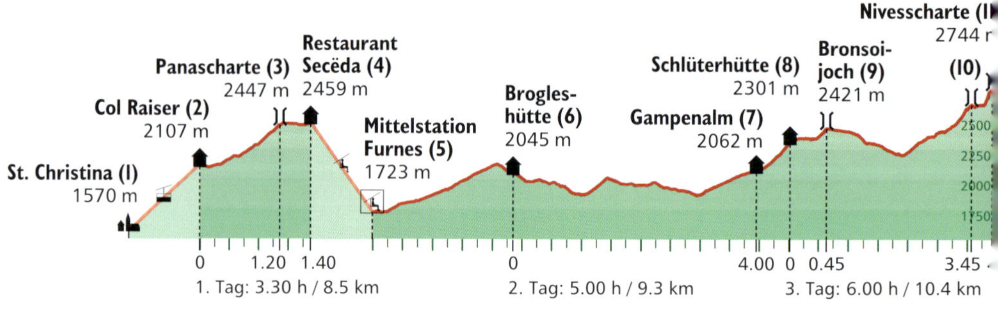

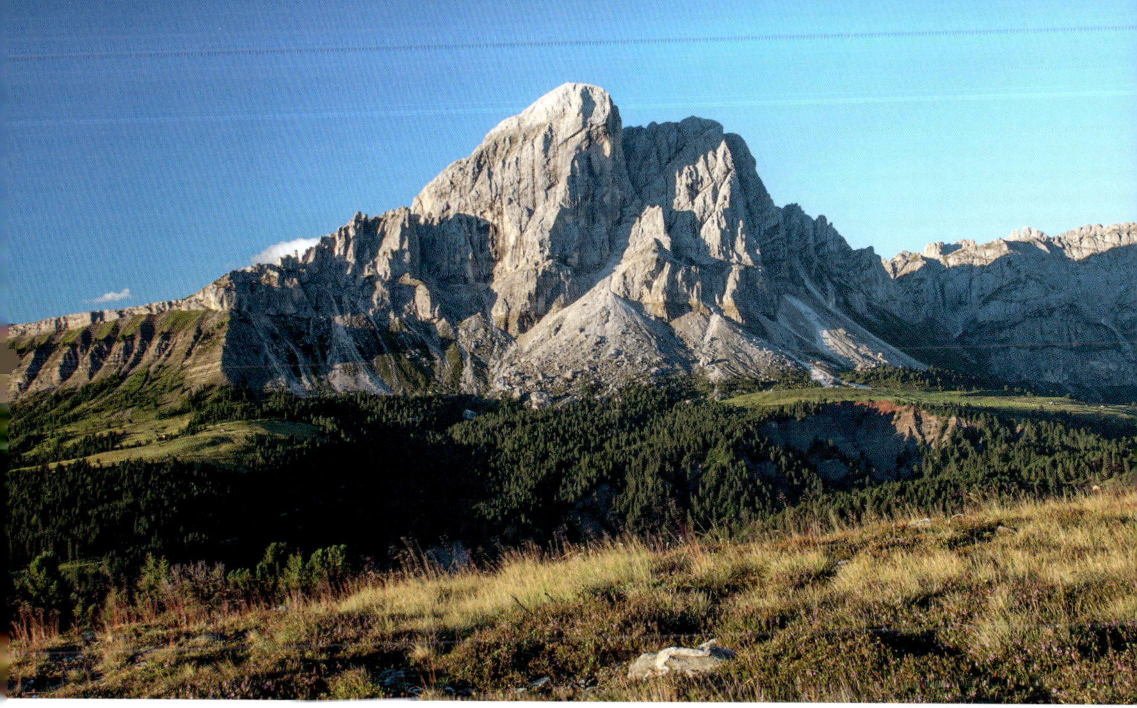

▲ *Morgens am Peitlerkofel.*

## 2. Tag: Brogleshütte, 2045 m – Schlüterhütte, 2301 m

5 Std., 600 m↑, 350 m↓

Am zweiten Tag gibt der Adolf-Munkel-Weg (Nr. 35) die Route vor. Der gute Mann bekam seinen Vornamen zu einer Zeit als man mit einem solchen noch nicht zusammenzuckte: Er war Gründer und Vorsitzender der Sektion Dresden des Deutschen Alpenverein und nach ihm wurde 1905 einer der schönsten Höhenwege der Dolomiten benannt. Von der **Brogleshütte (6)** geht es zunächst ein Stück über das Zufahrtssträßchen bergab. Nach ca. 10 Minuten biegt der Adolf-Munkel-Weg rechts in den Wald hinein ab. Der Beschilderung folgend wandern wir nun Mal leicht ansteigend, mal leicht absteigend unterhalb der Nordabstürze der Geislerspitzen in ostnordöstliche Richtung. Nach ca. 1.30 Std. zweigt nach links ein Steig zur nur wenige Minuten entfernten Gschnagenhardt- bzw. Geisleralm ab, nach ca. 2.30 Std. führt ein Weg zur Glatschalm. Auf all diesen Almen besteht die Möglichkeit einzukehren. Unterhalb der Tschantschenon-Alm (keine Einkehrmöglichkeit) trifft man auf einen Fahrweg, der steil zur **Gampenalm (7)**, 2062 m, leitet (Spielplatz und Restaurant). Von dort geht es noch einmal steil hinauf zur **Schlüterhütte (8)**. Der linke Weg ist zwar etwas steiler aber angenehmer zu gehen.

Von der Schlüterhütte besteht die Möglichkeit, den Peitlerkofel zu besteigen. Den eigentlichen Dolomiten vorgelagert ist er einer der besten Aussichtsgipfel Südtirols. Insbesondere zu Sonnenaufgang lohnt der insgesamt zweistündige Aufstieg.

(12)
m
Forces de Sieles (13)
2508 m
Regensburger Hütte (14)
2007 m
Col Raiser (2)
2107 m
St. Christina (1)
1570 m
36.9 km
2.00
3.30
4.00 h
g: 4.00 h / 8.6 km

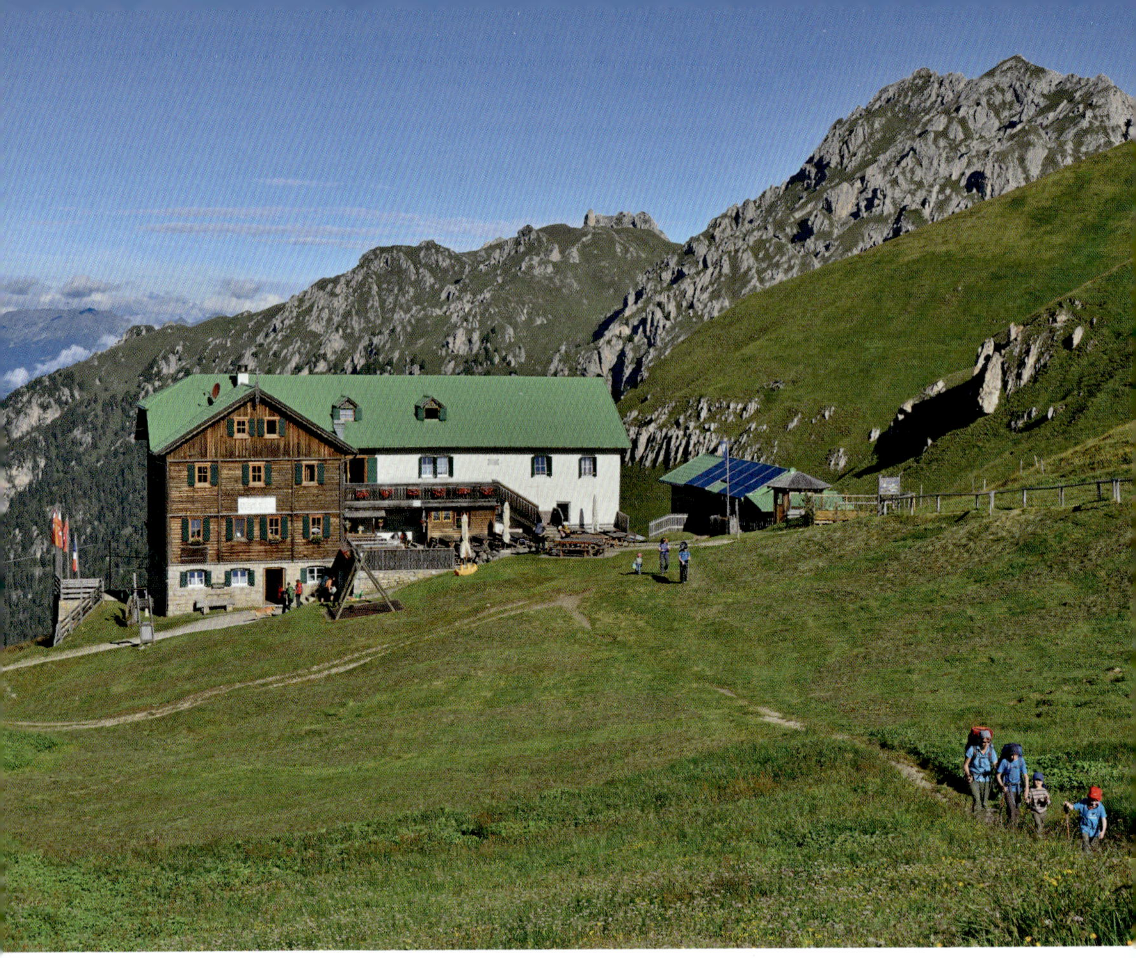

▲ *Morgendlicher Start an der Schlüterhütte.*

### 3. Tag: Schlüterhütte, 2301 m – Puezhütte, 2475 m

6 Std., 640 m↑, 460 m↓

Die Königsetappe dieser Rundtour! Von der sympathisch geführten **Schlüterhütte (8)** wandern wir zunächst hinauf zum Kreuzkofeljoch. Dort biegen wir rechts ab und folgen dem mit Nr. 2 bezeichneten Pfad in Richtung Süden zum **Bronsoijoch (9)**. Von dort aus geht es weiter Richtung Südwesten zum Kreuzjoch, wo die Möglichkeit besteht, ins Tal abzusteigen. Wir jedoch folgen weiter Weg Nr. 3, der uns durch die steilen Flanken des Wasserkofels leitet. Nach einer weiteren Stunde biegt rechts Weg Nr. 13 zur Wasserscharte ab – einfach ignorieren – unser Ziel ist die bereits gut einzusehende **Forcella della Roa (10)** unterhalb der steilen Wände des Piz Duleda. Der Weg wird nun zunehmend schotteriger und führt zum Schluss richtig steil in Serpentinen eine Rinne zum 2616 m hohen Pass hinauf. Gerade das letzte Stück ist mühsam und führt im Frühsommer noch über Altschneefelder. Direkt am Pass biegt Weg Nr. 2A zur Nivesscharte ab. An dieser Stelle nicht bange machen lassen: Der kleine Steig hoch zur Scharte sieht zwar steil und gefährlich aus, löst sich aber prima auf. Unser vierjähriger Sohn ist hier auf jeden Fall mit Begeisterung hochgestiegen und sagte hinterher, dass es für ihn der schönste Teil der Rundwanderung war (alternativ kann man auch über den geradeaus herunterführenden Weg Nr. 3 und die Forces de Sieles zur Puezhütte gelangen. Schöner und schneller ist jedoch die hier vorgeschlagene Möglichkeit …). Wir folgen also Weg Nr. 2A und gelangen ohne Höhenverlust zum Beginn des leichten Klettersteigs. Sich im Wesentlichen an

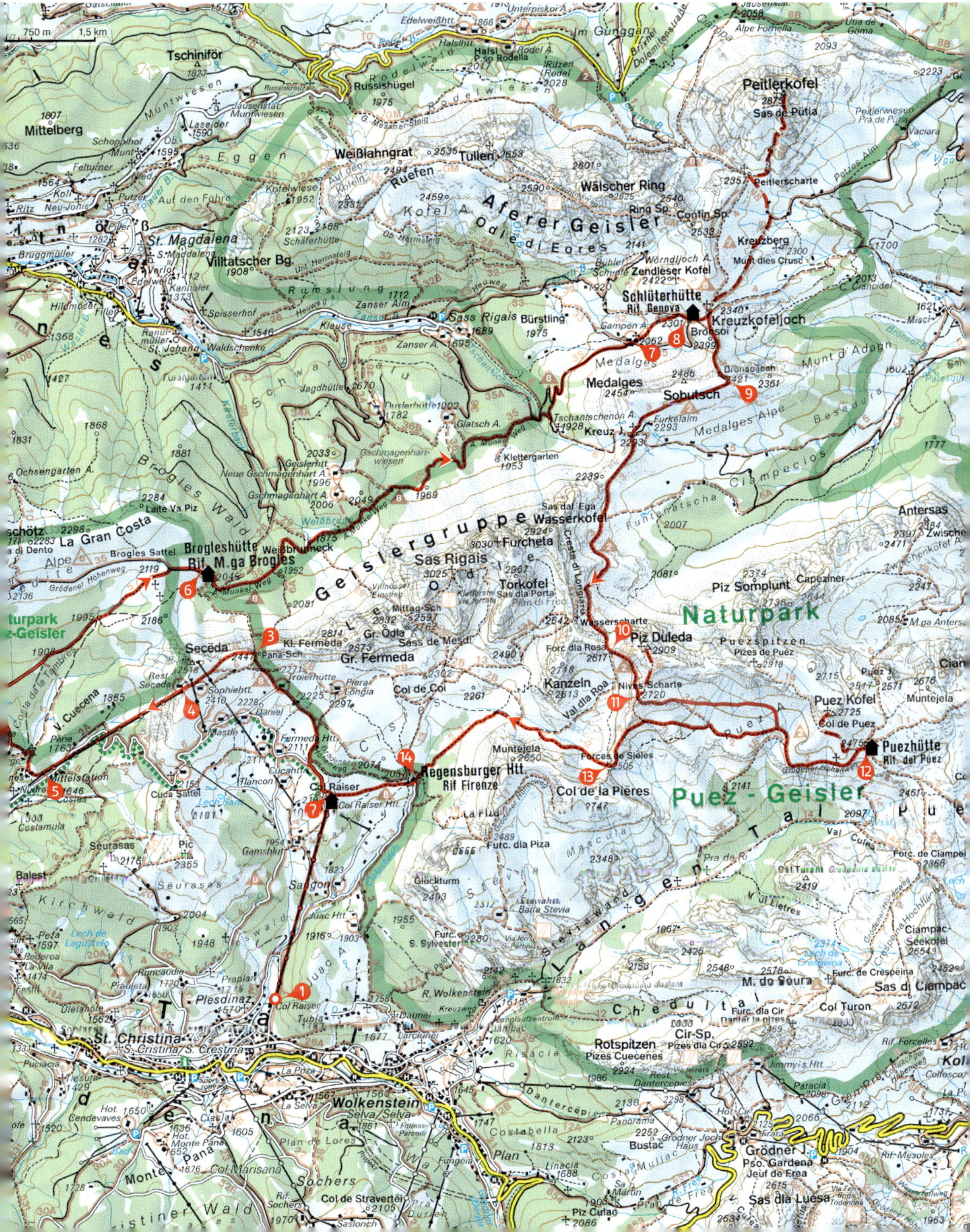

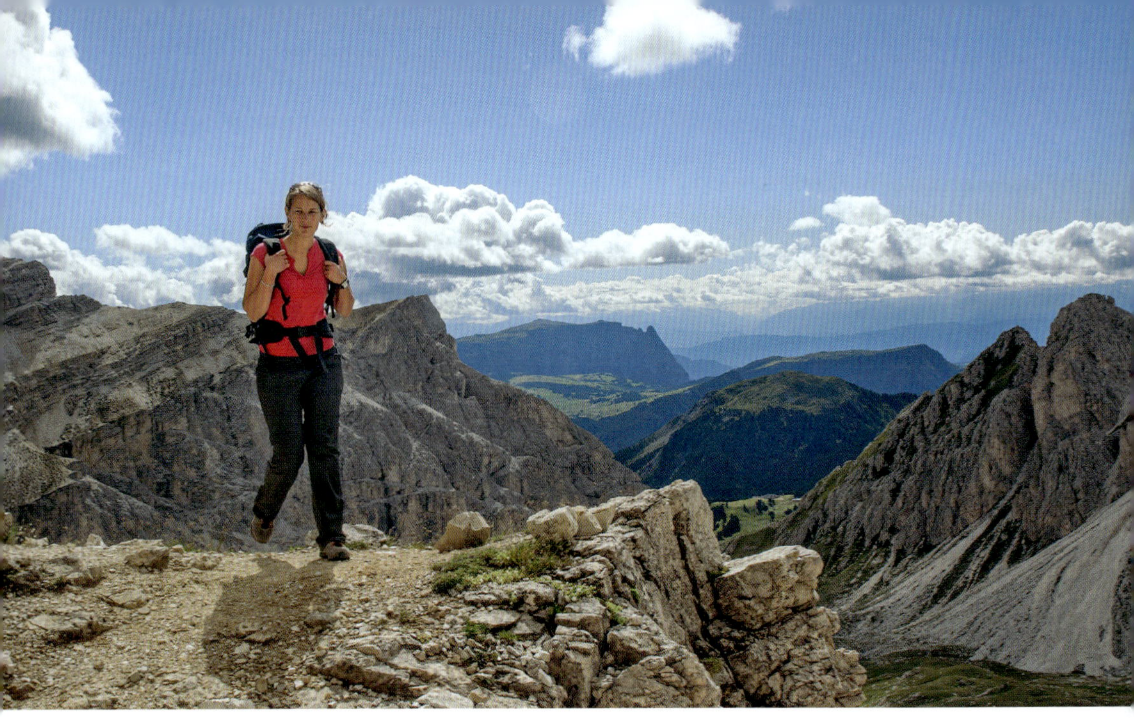

▲ *Weitblick bei der Nivesscharte durch das Langtal bis hin zum Schlern.*
▶ *Morgenstimmung über dem Langtal – der Langkofel im ersten Licht.*

einer großen schrägen Rinne orientierend klettern wir drahtseilgesichert (und über eine Leiter) die kurze Wand zur **Nivesscharte (11)**, 2740 m, empor. Oben angekommen besteht die Möglichkeit den Gipfel des Piz Duleda zu erklimmen, ein markierter Pfad über den Südgrat führt in knapp einer halben Stunde hinauf: Ein Erlebnis – die steilen Wände auf der Nordseite sollten noch gut im Gedächtnis sein – das man sich eigentlich nicht entgehen lassen sollte. Um zur Puezhütte zu gelangen, halten wir uns von der Nivesscharte nach Osten. Absteigend wandert man über die Puezalm (Murmeltiere) und gelangt zu einer Kreuzung (Pfad zur Forces de Sieles, kurz darauf Weg hinunter ins Langtal). Mit prachtvoller Aussicht in das canyonförmige Langtal wandert man um den Puezkofel herum zur **Puezhütte (12)**. Dieses liegt an der Westseite des riesigen Karrenplateaus der Gadenaccia, einer nur grob geformten Urlandschaft mit eigenartig herbem Charme.

### 4. Tag: Puezhütte, 2475 m – Col Raiser, 2107 m

4 Std., 250 m↑, 600 m↓

Zunächst wandern wir auf gleichen Weg zurück. Wir passieren den Abzweiger hinunter ins Langtal und gelangen dann zur Weggabelung zwischen den Pfaden hinauf zur Nivesscharte bzw. der Forces de Sieles. Dieses Mal bleiben wir unten (Weg Nr. 2) und folgen dem flachen Weg über die eigenartige Hochfläche der Puezalm in Richtung Westen. Nach einer letzten Hangmulde steilt sich der Weg auf und leitet zu einem Felskamm. Den Felsen folgend erreichen wir den höchsten Punkt und traversieren anschließend an Drahtseilen gesichert hinunter zur **Forces de Sieles (13)**. Von dort geht es auf immer breiter werdenden Wegen hinunter zur **Regensburger Hütte (14)**. Entweder steigen wir von dort aus direkt hinunter nach **St. Christina (1)** oder wir wandern noch mal zum **Almhotel Col Raiser (15)**, um von dort mit dem Lift hinunter zum Parkplatz zu schweben.

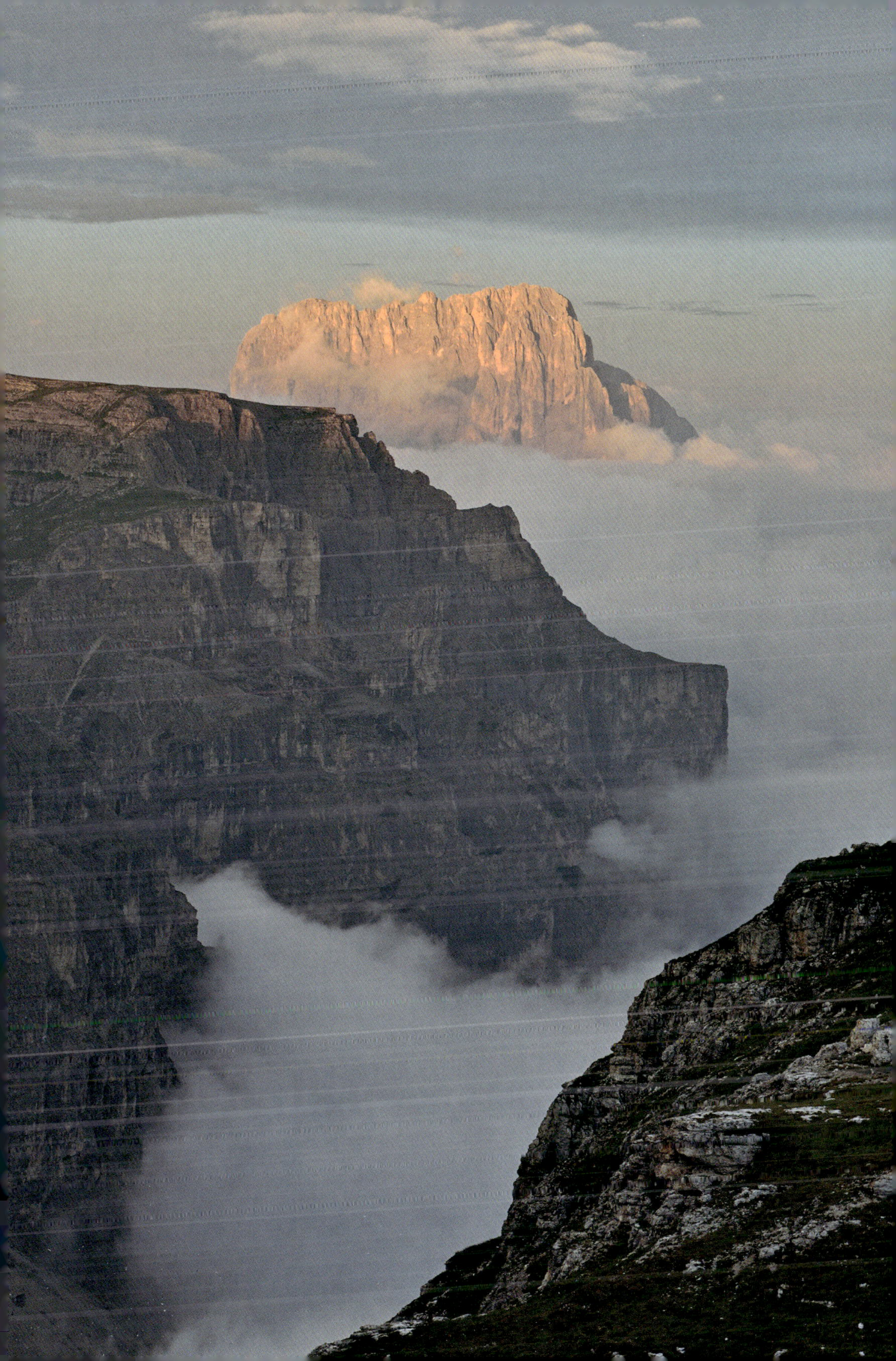

# 26 Dolomiten-Höhenweg Nr. 1

## Klassiker zwischen Pragser Wildsee und Belluno

9 bis 12 Tage

leicht

### Eine der schönsten Trekkingtouren der Welt

Die Dolomiten sind in ihrer Art einzigartig, eine bizarre Wunderwelt bleicher Berge über grünen Almen. In diesem Märchenreich aus Felstürmen und Zinnen, mal filigran verspielt, mal wuchtig und klotzig, scheinen die Gesetze der Schwerkraft nicht zu gelten. Keine Figur ist der Natur hier zu gewagt, keine Wand nach oben begrenzt. Die schönste Art, die Dolomiten in all ihrem Formenreichtum kennenzulernen, ist die komplette Begehung des Höhenwegs Nr. 1 (Alta Via 1). Er wurde Ende der 60er-Jahre des letzten Jahrhunderts kreiert. Der Startpunkt dieser rund 150 km langen Tour ist im Norden der Pragser Wildsee, das Ziel, das man nach 8 bis 14 Tagen erreicht, ist Belluno. Dazwischen liegt mit der eigentümlichen Hochfläche der Fanes, den himmelstürmenden Felsburgen der Civetta und des Pelmo sowie den blumenreichen Matten der Tàmergruppe so ziemlich alles, was die Dolomiten so einzigartig macht. Und wenn man, wie hier vorgeschlagen, statt über die Schiaragruppe über das Val Vescova nach Belluno absteigt, lässt sich der Weg von jedem halbwegs trainierten Wanderer mit kleiner Ausrüstung begehen.

#### TOURENINFO

**Ausgangspunkt:** Pragser Wildsee, 1494 m, in einem Seitental vom Pustertal. Das Fahrzeug kann man auf dem gebührenpflichtigen Parkplatz am Hotel Pragser Wildsee, nach Rücksprache mit dem Personal auch für längere Zeit, stehen lassen. Mit der Bahn über den Brenner bis nach Franzensfeste (Fortezza), von dort mit Bus oder Bahn nach Toblach. Von Toblach fährt mehrmals täglich ein Bus hinauf zum Pragser Wildsee.

**Endpunkt:** La Muda/Val Cordevole, 480 m. Die Bushaltestelle befindet sich ca. 1 km nördlich der Stelle, wo der Weg auf die Straße trifft. Von dort fährt ein Bus nach Belluno. Von Belluno gibt es eine Busverbindung über Cortina d'Ampezzo und Toblach zurück zum Pragser Wildsee. Die Abfahrtzeiten sind auf den Hütten vor Belluno angeschlagen. Wahrscheinlich muss man sich auf eine Übernachtung in Belluno einstellen, da die Busse relativ früh fahren. Wer nicht zurück zum Pragser Wildsee muss, sollte mit dem Bus direkt nach Bozen fahren.

**Anforderungen:** In der vorgeschlagenen Form ohne Überschreitung der Schiara ein insgesamt leichter Weg, der gerade für den Trekkingneuling hervorragend geeignet ist. Durch die vielen Hütten (zumindest im Norden) lassen sich die einzelnen Etappen in ihrer Länge variieren. Die südlichen Dolomiten sind deutlich einsamer und wilder, die Anforderungen insgesamt etwas höher. Wichtig ist, jeweils zu Beginn des Tages die Wasservorräte aufzufüllen, da die Bäche unterwegs meistens kein Wasser führen.

**Höhenunterschied:** 6460 m im Aufstieg, 7550 m im Abstieg (ca. 50 Std.).

**Information:** Südtirol Information, Südtiroler Straße 60, I-39100 Bozen, Tel. +39 0471 999999, suedtirol.info.

**Literatur:** Franz Hauleitner »Dolomiten-Höhenwege 1–3«, Rother Bergverlag, München.

**Karten:** Tabacco Wanderkarten (Maßstab 1:25.000), Blätter 03, 024, 025 und 031 (davon zwingend erforderlich lediglich 03 und 025).

#### GIPFELMÖGLICHKEITEN

▲ **Seekofel,** 2810 m: grandioser Tiefblick zum Pragser Wildsee, von der Seekofelhütte, 1 Std. Aufstieg, 0.40 Std. Abstieg, markierter, an schwierigen Stellen versicherter Steig.

▲ **Kleiner Lagazuoi,** 2778 m: Aussichtsgipfel mit Gedenkstätte, knapp 10 Minuten vom Rifugio Lagazuoi. Der Rundumblick zählt zu den besten der gesamten Dolomiten. Dementsprechend, und weil auch die Seilbahn nicht weit ist, äußerst populär.

▲ **Gusela,** 2595 m: vom Rifugio Nuvolau, 0.30 Std. Aufstieg, 0.20 Std. Abstieg, kurzer und einfacher Klettersteig.

▲ **Col Rean,** 2281 m: Aussichtskanzel allerersten Ranges ca. 5 Minuten oberhalb vom Rifugio Tissi.

## UNTERKÜNFTE

- **Seekofelhütte (Rifugio Biella alla Croda del Becco),** 2327 m, Gemeinde Cortina d'Ampezzo, ca. Mitte Juni bis Anfang Okt. bewirtschaftet, ca. 40 Schlafplätze, Tel. +39 349 2890550 und +39 335 1431251, rifugiobiella.it.
- **Senneshütte,** 2126 m, privat, ca. Anfang Juni bis Mitte Okt. bewirtschaftet, ca. 60 Schlafplätze, Tel. +39 0474 646355, +39 0474 501837 und +39 328 7945579, sennes.com.
- **Faneshütte (Rifugio Fanes),** 2060 m, privat, ca. Anfang Juni bis Anfang Okt. bewirtschaftet, ca. 90 Schlafplätze, Tel. +39 0474 453001, rifugiofanes.com.
- **Lavarellahütte,** 2042 m, privat, ca. Mitte Juni bis Mitte Okt. bewirtschaftet, ca. 40 Schlafplätze, Tel. +39 0474 501079 und +39 0474 501094, lavarella.it.
- **Rifugio Lagazuoi,** 2752 m, privat, ca. Mitte Juni bis Ende Sept. bewirtschaftet, ca. 80 Schlafplätze, Tel. +39 0436 867303 und +39 340 7195306, rifugiolagazuoi.com.
- **Rifugio Averau,** 2416 m, privat, ca. Mitte Juni bis Anfang Okt. bewirtschaftet, ca. 40 Schlafplätze, Tel. +39 0436 4660 und +39 335 6868066, rifugioaverau.it.
- **Rifugio Nuvolau,** 2575 m, CAI, ca. Mitte Juni bis Ende Sept. bewirtschaftet, ca. 30 Schlafplätze, Tel. +39 0436 867938, nuvolau.com.
- **Rifugio Cinque Torri,** 2137 m, privat, ca. Mitte Juni bis Ende Sept. bewirtschaftet, ca. 20 Schlafplätze, Tel. +39 0436 866853, rifugio5torri.it.
- **Rifugio Croda da Lago (Rifugio Palmieri Gianni),** 2046 m, CAI, ca. Mitte Juni bis Ende Sept. bewirtschaftet, ca. 40 Schlafplätze, Tel. +39 0436 862085, crodadalago.it.
- **Rifugio Città di Fiume,** 1950 m, CAI, ca. Mitte Juni bis Anfang Okt. bewirtschaftet, ca. 40 Schlafplätze, Tel. +39 0437 720268, und +39 320 0377432, rifugiocittadifiume.it.
- **Rifugio A. Sonino al Coldai,** 2132 m, CAI, ca. Mitte Juni bis Ende Sept. bewirtschaftet, ca. 100 Schlafplätze, Tel. +39 0437 789160, rifugiocoldai.com.
- **Rifugio Tissi,** 2262 m, CAI, ca. Mitte Juni bis Mitte Sept., ca. 80 Schlafplätze, Tel. +39 0437 721644, rifugiotissi.com.

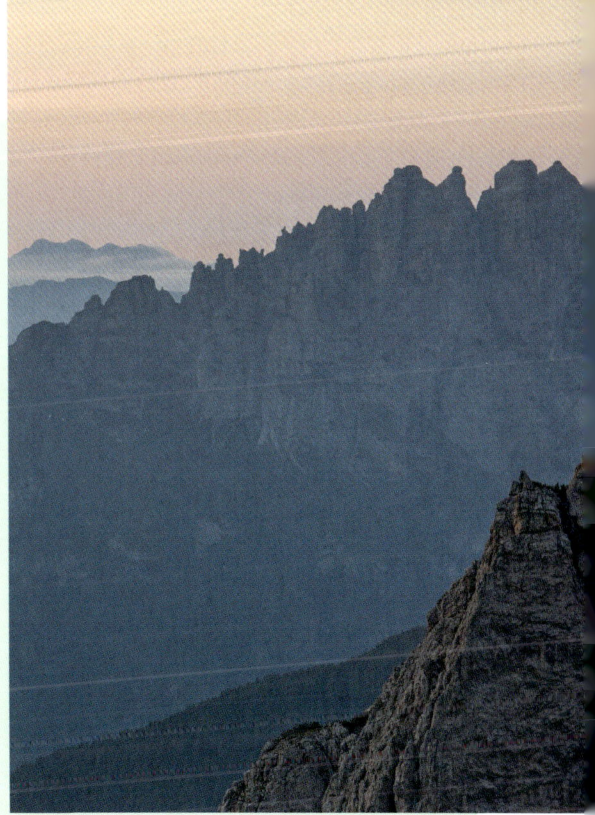

▲ *Sonnenaufgang vom Coldai-Joch.*

- **Rifugio Vazzoler,** 1714 m, CAI, ca. Anfang Juni bis Ende Sept. bewirtschaftet, ca. 90 Schlafplätze, Tel. +39 0437 1956619, rifugiovazzoler.com.
- **Rifugio Bruto Carestiato,** 1834 m, CAI, ca. Mitte Juni bis Ende Sept. bewirtschaftet, ca. 40 Schlafplätze, Tel. +39 0437 62949, rifugiocarestiato.com.
- **Rifugio C. Tome,** 1601 m, privat, ca. Anfang Juni bis Ende Sept. bewirtschaftet, ca. 30 Schlafplätze, Tel. +39 349 6848307, rifugiopassoduran.it.
- **Rifugio Sommariva al Pramperèt,** 1857 m, CAI, ca. Mitte Juni bis Ende Sept. bewirtschaftet, ca. 30 Schlafplätze, Tel. +39 0437 1956153, rifugiosommarivaalpramperet.it.
- **Rifugio Pian de Fontana,** 1632 m, CAI, ca. Mitte Juni bis Ende Sept. bewirtschaftet, ca. 50 Schlafplätze, Tel. +39 0437 1956135 und +39 335 6096819, piandefontana.it.
- **Rifugio Furio Bianchet,** 1245 m, CAI, ca. Anfang Juni bis Ende Sept. bewirtschaftet, ca. 40 Schlafplätze, Tel. +39 0437 669226.

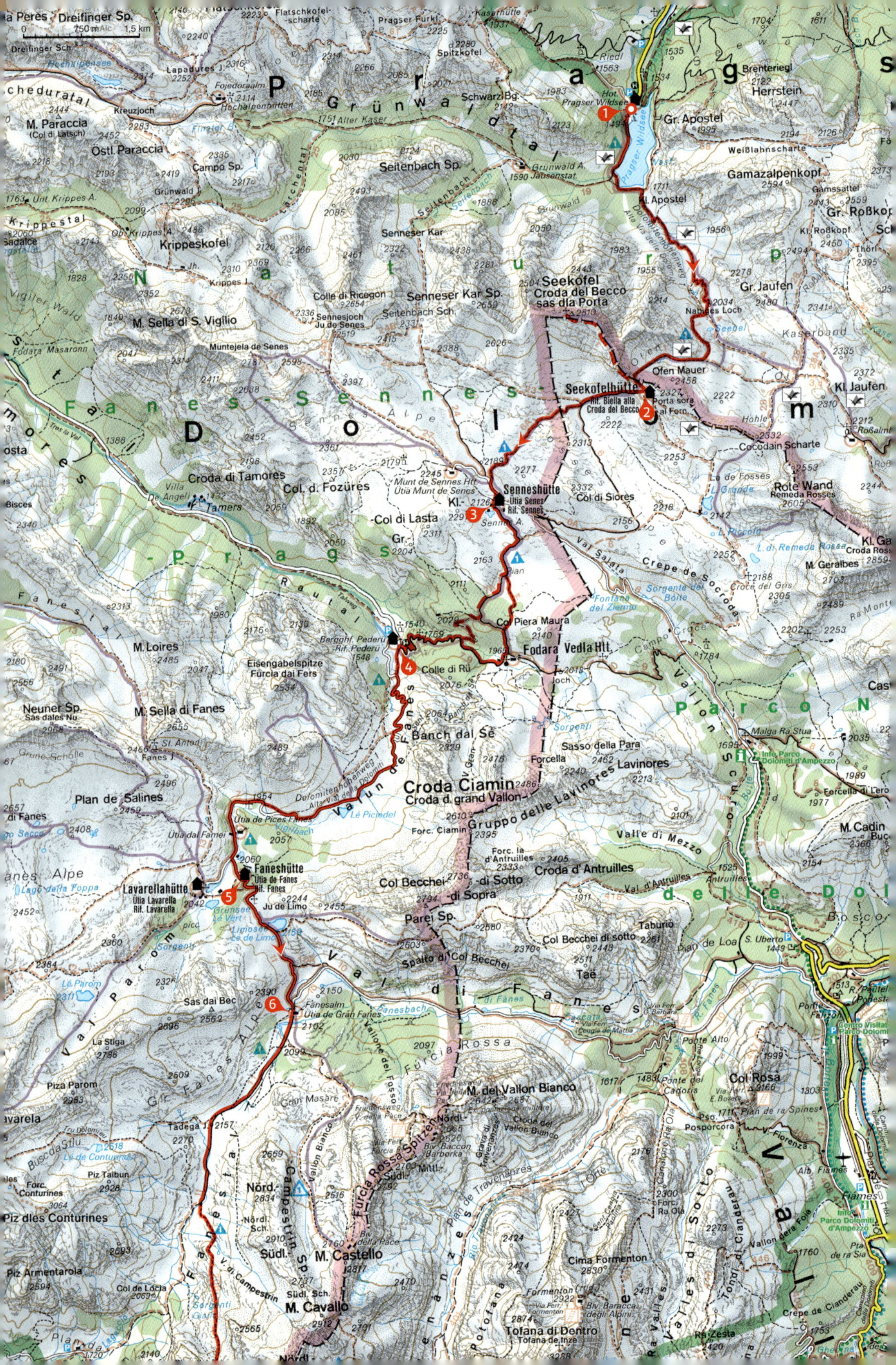

Dreifinger Sp.
Flatschkofelscharte
Prager Furkl
Spitzkofel
Lapadures J.
Fojedoragim
Hochalpenhütten
Grünwaldtal
Alter Kaser
Schwarzl Bg.
Riedl
Hotel Pragser Wildsee
Pragser Wildsee
Gr. Apostel
Brenteriegl
Herrstein
Weißlahnscharte
Gamazalpenkopf
Gamssattel
Gr. Roßkopf
Kl. Roßkopf
M. Paraccia
Ostl. Paraccia
Campo Sp.
Grünwald
Unt. Krippes A.
Krippestal
Ob. Krippes A.
Krippeskofel
Seitenbach Sp.
Grünwald A.
Jausenstat.
Seitenbachtal
Senneser Kar
Kl. Apostel
Dolomitenhöhenweg
Gr. Jaufen
Nabiges Loch
Seekofel
Croda del Becco
sas dla Porta
Colle di Ricegon
Senneser Kar Sp.
Sennesjoch
Ju do Senes
Seitenbach Sch.
M. Sella di S. Viglio
Vigiler Wald
Fodara Masaronn
Muntejela de Senes
Seebel
Kaserband
Ofen Mauer
Ofen
Seekofelhütte
Rif. Biella alla Croda del Becco
Porta sora al Forn
Höhle
Kl. Jaufen
Fanes-Sennes
Senner Alpe
Dolomiten
Naturpark
Cocodain Scharte
Tres la Val
Croda di Tamores
Col. d. Fozüres
Munt de Sennes Htt.
Utia Munt de Senes
Senneshütte
Utia Senes
Rif. Sennes
Col di Siores
Le de Fosses
L. Grande
Rote Wand
Remeda Rosses
Kl. Ga
Croda Ross
Villa de Angel
Tamers
Col di Lasta
Senner A.
L. Piccolo
L. di Remeda Rossa
Prags
Rautal
Val Salata
Crepe de Socroda
M. Geralbes
Sorgente del Boite
Croce del Gris
Fanestal
Col Piera Maura
Fontana del Ziermo
Campo Croce
Ra Monte
M. Loires
Berggh. Pederü
Rif. Pederü
Fodara Vedla Htt.
Eisengabelspitze
Furcia dai Fers
Colle di Rü
Neuner Sp.
Sas dales Nu
M. Sella di Fanes
Banch dal Sè
Sorgenti
Parco Naturale
Malga Ra Stua
Info Parco Dolomiti d'Ampezzo
St. Antoni
Fanes
Grüne Schölle
Forcella
Sasso della Para
Lavinores
Croda Ciamin
Croda d. grand Vallon
Gruppo delle Lavinores
Plan de Salines
Dolomitenhöhenweg
Alta Via Dolomiti
Val de Fanes
Lé Picodel
Forcella di Lero
Utia de Pices Fanes
Vigilbach
Utia dal Famei
Forc. Ciamin
Valle di Mezzo
M. Cadin
Fanes Alpe
Lago della Foppa
Faneshütte
Utia de Fanes
Rif. Fanes
Forc. la di Antruilles
Croda d'Antruilles
Val. d'Antruilles
Lavarellahütte
Utia Lavarella
Rif. Lavarella
Ju de Limo
Col Becchei di Sopra
delle Dolomiti
Limosee
Lé de Limo
Parei Sp.
Taburlo
Bosco
Col Becchei di sotto
Pian de Loa
S. Uberto
Sorgenti
Spalto di Col Becchei
Taè
Val Parom
Lé Parom
Sas dai Bec
Val di Fanes
Fanesalm
Utia de Gran Fanes
Fanesbach
Centro Visitat. Parco Dolomiti
La Stiga
Furcia Rossa
Vallone del Fosso
Ponte Alto
Col Rosa
Piza Parom
Gr. Fanes Alpe
Grant Masarè
M. del Vallon Bianco
Ponte dei Cadoris
Plan de ra Spines
Posporcora
Fiorenza
Tadega
Vallon Bianco
Val di Travenanzes
Busc da Stlu
Lé de Conturines
Piz Taibun
Forc. Conturines
Piz dles Conturines
Nörd.
Nördl. Sch.
Südl.
Campestrin Sp.
V. di Campestrin
M. Castello
Südl. Sch.
M. Cavallo
Cima Formenton
Forc. Ra Ola
Biv. Baracca degli Alpini
Formenton
Tofana di Dentro
Tofana de Inze
Ra Valles
Crepe de Cianderau
Alb. Fiames
Fiames
Info Parco Dolomiti d'Ampezzo
Piz Armentarola
Col de Locia
Sorgenti
Plan de Salines
Ra Zesta
1
2
3
4
5
6
0
750 m
1,5 km

## 1. Tag: Pragser Wildsee, 1494 m – Seekofelhütte, 2327 m

4 Std., 900 m↑, 70 m↓

Der Blick vom **Hotel Pragser Wildsee (1)** auf den Seekofel ist schon unglaublich, sofern man die Menschenmassen ausblendet. Noch unglaublicher ist jedoch die Tatsache, dass man bereits 5 Stunden später auf dem Gipfel dieses Klotzes stehen kann. Aber davor haben die Götter den Schweiß gesetzt, und dieser fließt gerade auf der ersten Etappe des Höhenweges (mit Nr. 1 gekennzeichnet) reichlich. Vorbei am Hotel umwandern wir den See auf seiner Westseite, wenden uns am Südwestende nach links (Osten) und erreichen nach wenigen Minuten eine unauffällige Abzweigung. Hier biegen wir nach rechts ab und verlassen damit den Pragser Wildsee, um ins Hochgebirge einzutauchen. Schwer schleppen wir die Kehren hinauf an unserem Gepäck, bis es nach rund 2 Stunden etwas flacher wird und wir das sogenannte Nabige Loch, 2034 m, erreichen. An einer Weggabelung halten wir uns rechts. Der Weg wird wieder steiler und wir steigen um den felsigen Ostsporn des Seekofels herum. Wir gelangen in ein Hochtal, den sogenannten Ofen. Durch dieses etwas trostlos wirkende Kar erreichen wir die Porta Sora al Forn, 2388 m, den höchsten Punkt für heute. Jenseits des Passes geht es auf gutem Weg hinunter zur wundervoll gelegenen **Seekofelhütte**

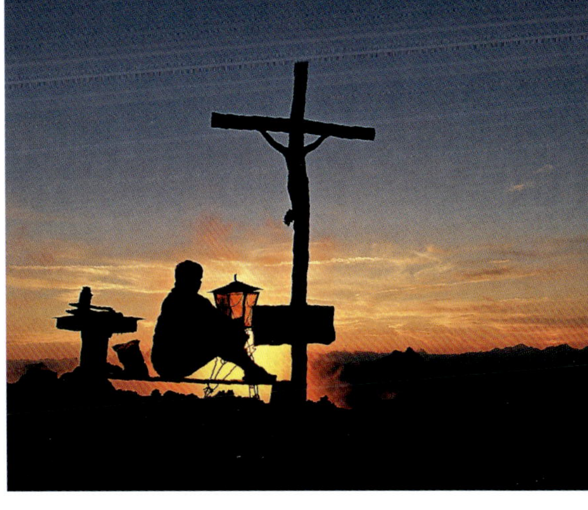

▲ *Friede über allen Gipfeln!*

**(2)**. Wer noch genügend Energie hat, dem sei der Aufstieg über den Ostgrat auf den oberhalb des Rifugiums gelegenen Seekofel, 2810 m, empfohlen.

## 2. Tag: Seekofelhütte, 2327 m – Faneshütte, 2060 m

5 Std., 510 m↑, 780 m↓

Um es gleich vorweg zu sagen, diese Etappe kann man an mehreren Stellen unterbrechen, da auf dem Weg zur Faneshütte gleich drei verschiedene Schutzhäuser passiert werden. Zunächst geht es ein kurzes Stück auf einem Fahrweg (Nr. 6) nach Westen. Nach 15 Minuten biegt Weg Nr. 6 rechts ab. Wir folgen ihm und gelangen über sanft gewellte Hügelkuppen in rund einer Stunde zur **Senneshütte (3)**, 2126 m. Diese verlassen wir wiederum über eine kleine Straße (Nr. 7) in Richtung Süden. Für etwa 600 m ver-

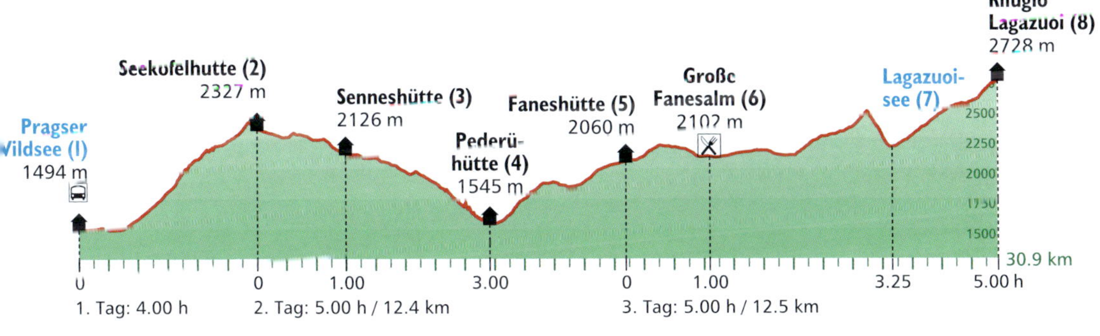

läuft Weg Nr. 7 parallel des Schottersträßchens, führt dann aber wieder auf dieses zurück. Während Weg Nr. 7 nun nach rechts direkt zur **Pederühütte (4)** absteigt, erreichen wir der Straße folgend geradeaus in wenigen Minuten das Rifugio Fodara Vedla, 1965 m. Leider wiederum nur auf einer Straße (Nr. 9; Nr. 7 kommt später hinzu) geht es nun steil hinunter in das tief unten liegende Rautal. Im Talgrund liegt das große Berggasthaus Pederü, sowohl Endpunkt der ins Rautal führenden Straße (und damit auch mit dem Bus zu erreichen) als auch Ausgangspunkt eines Jeeptaxi-Services zur Fanes- bzw. Lavarellahütte. Wer also nicht mehr laufen mag, kann sich auch fahren lassen. Schöner (und günstiger) ist es natürlich, über Weg Nr. 7 in rund 2 Stunden zur **Faneshütte (5)** auf 2060 m Höhe aufzusteigen. Diese liegt, wie auch die in Sichtweite gelegene Lavarellahütte, im Zentrum der eigenwillig zu einer riesigen Schüssel geformten Hochfläche der Fanesalpe.

## 3. Tag: Faneshütte, 2060 m – Rifugio Lagazuoi, 2752 m

5 Std., 1100 m↑, 480 m↓

Die heutige Etappe ist vergleichsweise lang, landschaftlich jedoch großartig. Von der Faneshütte steigen wir auf einem schmalen Natursträßchen (Nr. 10/11) empor zum Limojoch, 2172 m, und dann wieder hinunter, am Limosee vorbei, zur Jausenstation der **Großen Fanesalm (6)**, 2102 m. Von dort aus geht es nahezu eben über das Tadegajoch, 2157 m, bis zu einer deutlich ausgeschilderten Wegkreuzung inmitten des breiten Val Sarés. Hier biegt Weg Nr. 20b links ab, auf dem wir über die Seescharte (Forcella del Lago), 2486 m, zum **Lagazuoisee (7)**, 2182 m, hinüberqueren. Der Lagazuoisee liegt pittoresk unterhalb des turmförmigen Torre di Lago bzw. der Cima Scotoni, ein grandioser Lagerplatz mit Bademöglichkeit. Das folgende Teilstück hinauf zur Seil-

▼ *Kurz unterhalb des Rifugio Nuvolau.*

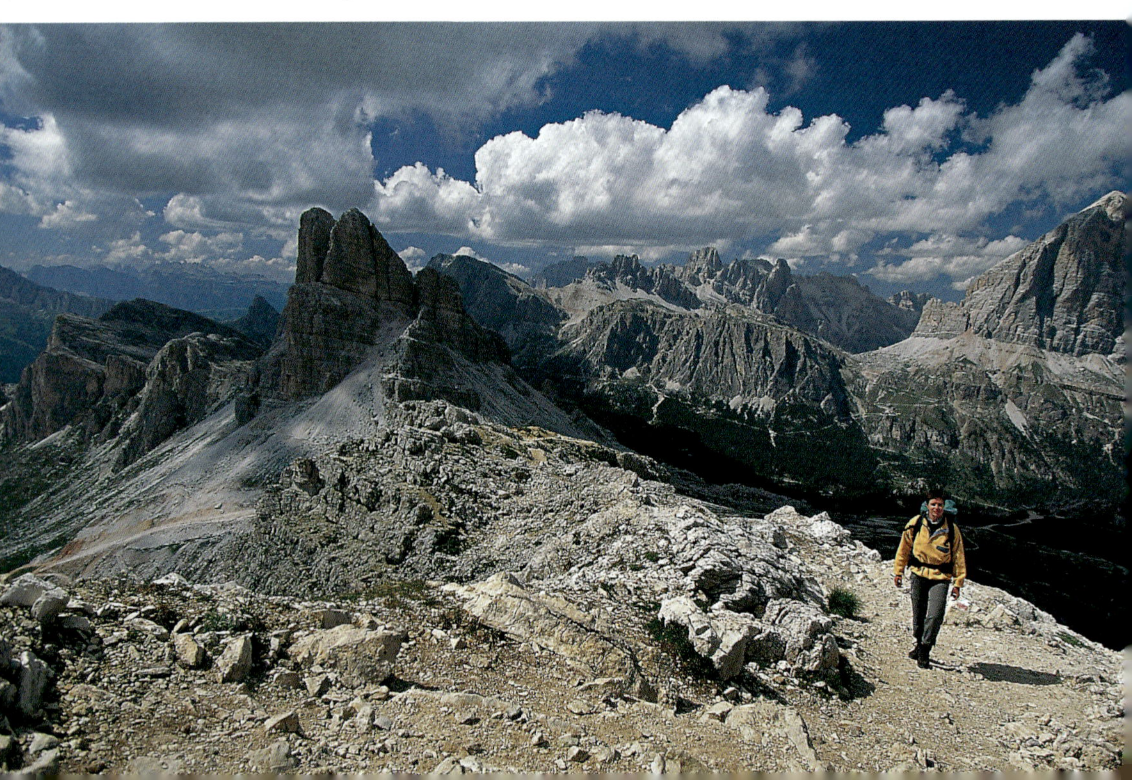

bahnstation des Kleinen Lagazuoi ist zwar immer noch pittoresk, hat aber, bedingt durch die Überreste der Stellungen aus dem Ersten Weltkrieg, einen eher bedrückenden Charakter. Hinter dem See biegen wir links ab (rechts geht es in einer halben Stunde hinunter zum Rifugio Scotoni, ebenfalls eine gute Übernachtungsmöglichkeit) und steigen auf Weg Nr. 20 zwischen den Wänden der Fanesgruppe und alten Kriegsstollen hinauf zur Seilbahnstation am Kleinen Lagazuoi. Dahinter befindet sich das riesige, an ein Schnellrestaurant erinnernde **Rifugio Lagazuoi (8)**. Die Gipfelschau vom nahen Kleinen Lagazuoi gehört jedoch zu den besten der gesamten Dolomiten.

### 4. Tag: Rifugio Lagazuoi, 2752 m – Rifugio Nuvolau, 2575 m

3.15 Std., 490 m↑, 670 m↓

Frevel, oh Frevel – wir empfehlen es an dieser Stelle trotzdem! Statt mühsam und kniefressend über Weg Nr. 402 zum **Passo Falzarego (9)** abzusteigen, setzt man sich besser in die Seilbahn und schwebt in ca. 10 Minuten hinunter. Hinter dem riesigen Parkplatz (und meistens ebensolchen Menschenmassen) beginnt Weg Nr. 441b. Über diesen erreichen wir leicht ansteigend und zum Schluss mit einer kleinen Kletterstelle gewürzt die inmitten der Averaugruppe gelegene Forcella Gallina, 2435 m. Jenseits der Scharte wandern wir direkt unterhalb steiler Wände zu dem in der Forcella Nuvolau gelegenen **Rifugio Averau (10)**, 2413 m, Endpunkt einer Seilbahn von der Giaupass-Straße. Der Weiterweg (Nr. 436) wird etwas steiler und nach einer halben Stunde mit Schweißperlen auf der Stirn gelangen wir zum **Rifugio Nuvolau (11)**. Knapp 30 Minuten entfernt liegt auf dem gleichen Kamm der Gipfel der Gusela. Ein Traumplatz!

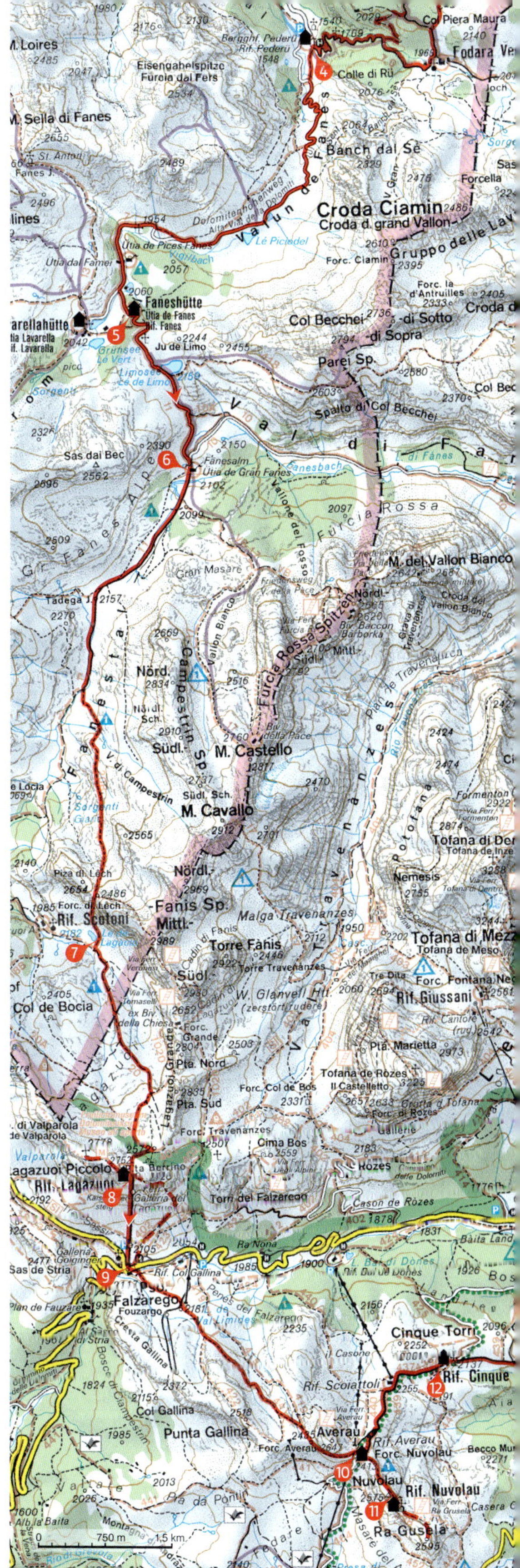

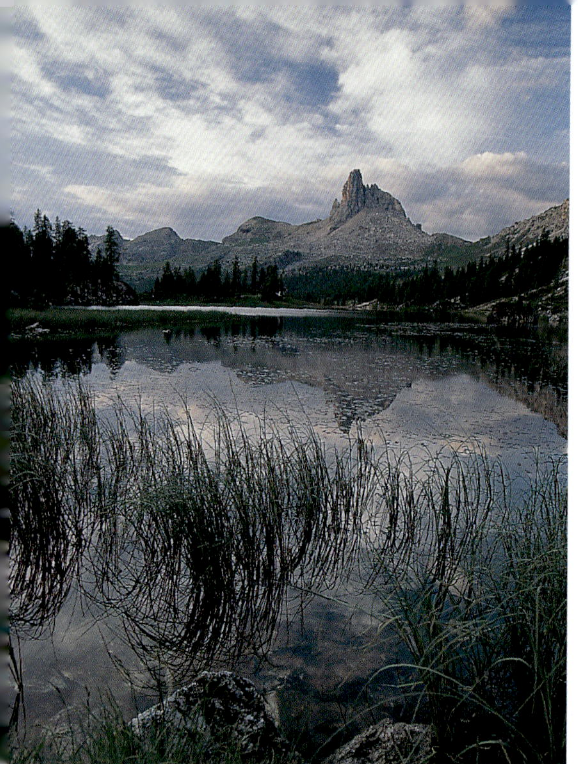

▲ *Morgens am Lago Federa.*

## 5. Tag: Rifugio Nuvolau, 2575 m – Rifugio Croda da Lago, 2046 m

4 Std., 390 m↑, 910 m↓

Durch das Herz der östlichen Dolomiten, so könnte man diese Etappe überschreiben. Leider hat die Gegend durch die vielen Seilbahnen und Zufahrtsstraßen viel von ihrer Ursprünglichkeit verloren. Vom **Rifugio Nuvolau (11)** geht es zunächst auf demselben Weg zurück bis zu einer Wegkreuzung oberhalb des Passes. Hier biegen wir nach rechts ab (Weg Nr. 439) und steigen zunächst zur privaten Schutzhütte Rif. Scoiatolli (= Eichhörnchen, einer der berühmtesten Kletterclubs der Welt) und dann weiter zum **Rifugio Cinque Torri (12)**, 2137 m, ab. Auch wenn einer der fünf Türme im Juni 2004 zusammengebrochen ist, das sich öffnende Landschaftsbild mit dem Torre Grande und der rot-gelben Südwand der Tofana di Rozes ist einmalig (siehe Seite 19).

Der Weiterweg führt ein kleines Stück auf der asphaltierten Zufahrtsstraße nach Osten, dann biegen wir nach rechts auf einen kleinen Fahrweg ab, der mit der Nr. 437 gekennzeichnet ist. Nach rund einer Dreiviertelstunde durch den Wald hinunter erreichen wir die Straße zum Passo Giau. Weg Nr. 437 findet auf der anderen Seite seine Fortsetzung. Über zwei kleine Bäche (Brücken) und durch wunderschönen Wald gelangen wir in das Valle Formin, wo sich unterhalb einer Wegkreuzung der idealee Rastplatz **Cason de Formin (13)**, 1885 m, mit frischem Quellwasser und Blick auf die zerrissenen Türme der Croda da Lago befindet. An der Wegkreuzung selbst halten wir uns geradeaus (Weg Nr. 434) und steigen nun über eine steile, bewaldete Flanke zur Nordschulter des Croda-da-Lago-Kamms empor. Hier wendet sich der Weg nach Süden und wir gelangen leicht absteigend zu dem am Federasee gelegenen **Rifugio Croda da Lago (14)**, 2046 m. Kitschiger wird es nicht mehr, nur ist es hier eben echt!

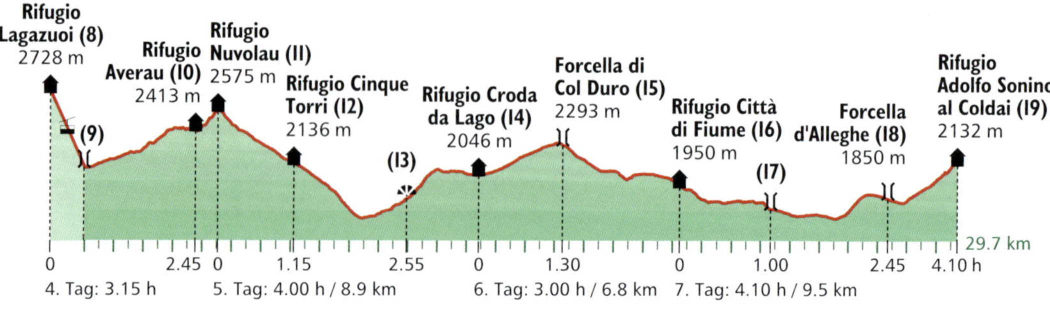

## 6. Tag: Rifugio Croda da Lago, 2046 m – Rifugio Città di Fiume, 1950 m

3 Std., 300 m↑, 400 m↓

Ein geruhsamer Tag, der einen direkt an den Fuß des klotzigsten aller Dolomitenklötze führt, des Monte Pelmo. Vom **Rifugio Croda da Lago (14)** überqueren wir den Abfluss des Sees und wenden uns anschließend gleich nach links (Süden). Über Weg Nr. 434 wandern wir hinauf zur schotterigen Forcella da Lago (auch Forcella d'Ambrizolla genannt), 2486 m. Hier nicht geradeaus absteigen, sondern links haltend auf Weg Nr. 436 zur **Forcella Col Duro (15)**, 2293 m. Über grasige Rücken und vorbei an mehreren Almen erreichen wir in rund 2 Stunden (Weg Nr. 436 und später 467) das **Rifugio Città di Fiume (16)**.

## 7. Tag: Rifugio Città di Fiume, 1950 m – Rifugio Sonino al Coldai, 2132 m

4.10 Std., 500 m↑, 310 m↓

Etwas unterhalb des **Rifugio Città di Fiume (16)** zweigt in einer Rechtskurve der Zufahrtsstraße Weg Nr. 472 ab. Auf diesem wandern wir zunächst durch einen schönen Bergwald hinunter bis zum Beginn der Schotterfelder unterhalb der über 1000 m hohen Nordwand des Monte Pelmo. Anschließend queren wir durch dichtes Latschendickicht die Schuttreissen unterhalb des Berges und erreichen nach rund einer Stunde eine bewaldete Schulter oberhalb des Passo Staulanza. Nun nicht geradeaus dem Weg Nr. 472 folgen, sondern rechts abbiegen und über Kehren steil hinunter zu dem am **Passo Staulanza (17)** gele-

▼ Eine der schönstgelegenen Hütten der Alpen: das Rifugio Nuvolau.

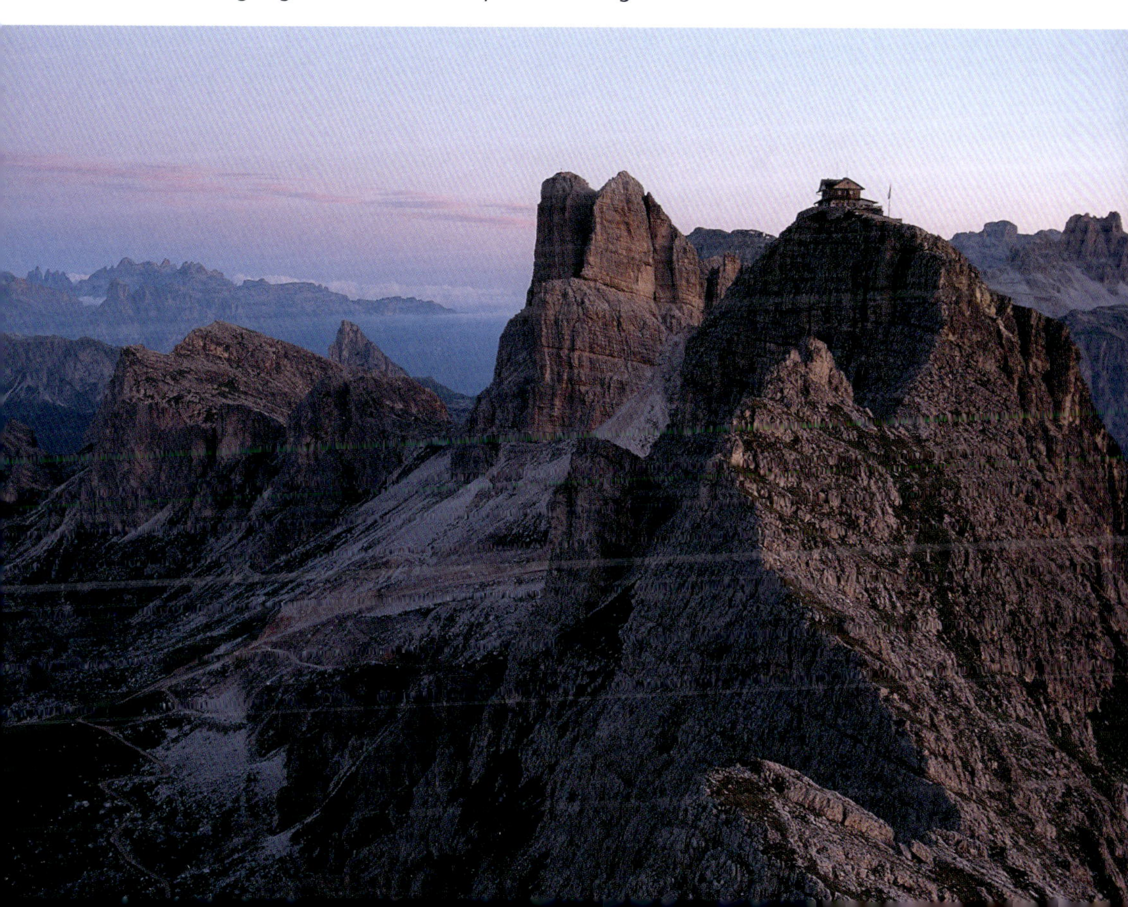

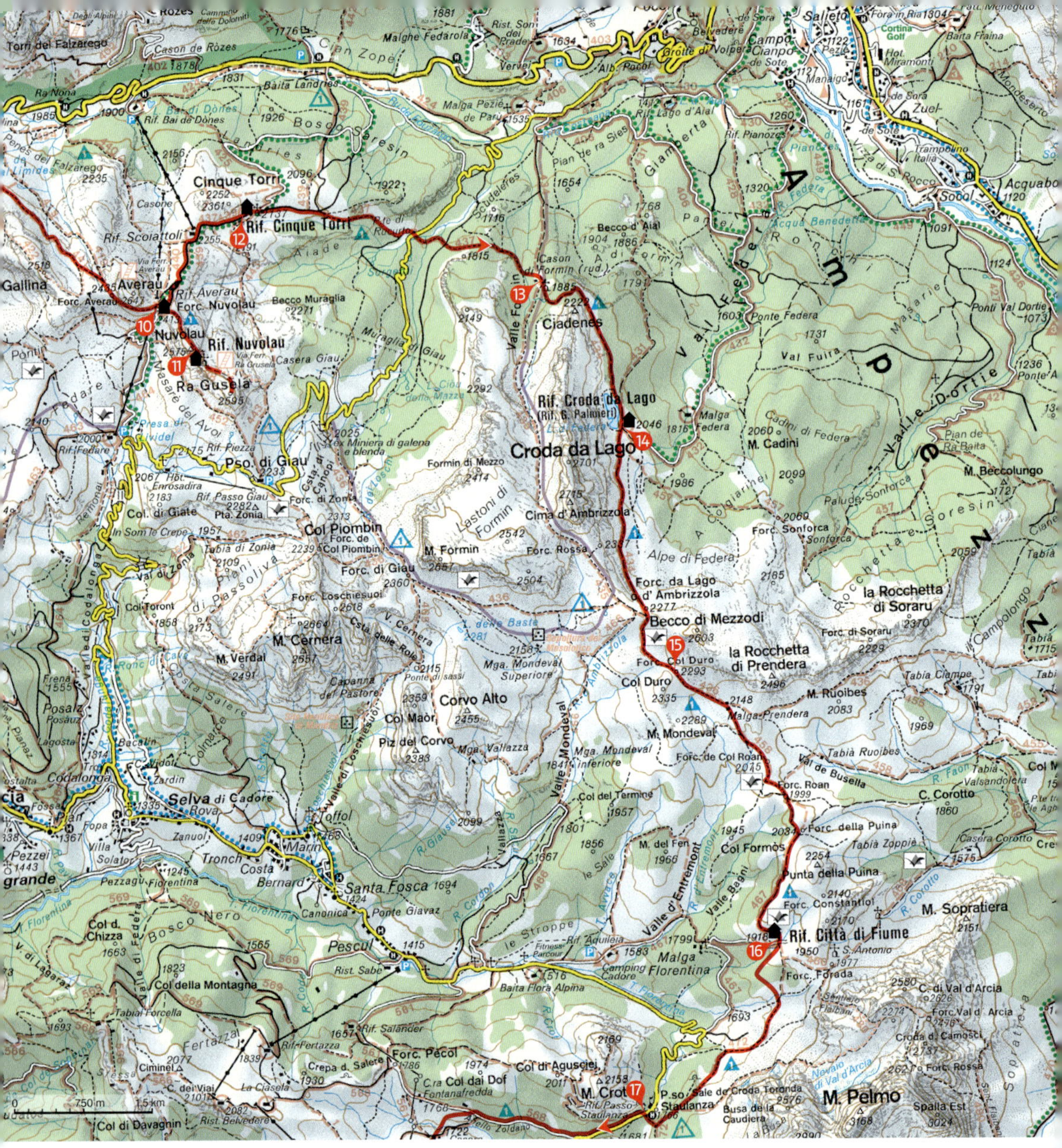


genen Rifugio Staulanza, 1766 m. Von diesem folgen wir ca. 1 km der asphaltierten Straße, dann zweigt in der ersten Linkskehre ein geschotterter Fahrweg ab. Der mit Nr. 568 markierte Weg führt zu einer Gabelung, wo wir nach links zur Malga Vescovà, 1722 m, abbiegen. Hinter der Alm, wo der Traumblick zum Monte Pelmo umsonst, frische Milch, Butter und Käse jedoch nur gegen gute Euros erhältlich sind, beginnt Weg Nr. 561. Auf diesem wandern wir zunächst steil hinauf, dann auf der Westseite der Roa Bianca nach Süden. 1.30 Stunden nach der Malga Vescovà erreichen wir die **Forcella d'Alleghe (18)**, 1816 m, und damit den Nordrand der Civetta. Hier befindet sich die Malga Pioda, ebenfalls bewirtschaftet und von Pucol leider mit dem PKW zu erreichen. Das letzte Stück der heutigen Etappe führt auf breitem Weg und in weiten Kehren hinauf zum **Rifugio Sonino al Coldai (19)**.

## 8. Tag: Rifugio Sonino al Coldai, 2132 m – Rifugio Vazzoler, 1714 m

4 Std., 410 m↑, 830 m↓

Heute steht uns die vielleicht spektakulärste Tagesetappe dieses an landschaftlichen Höhepunkten reichen Weges bevor. Vom **Rifugio Sonino al Coldai (19)** gehen wir auf einem breiten Weg (Nr. 560) in rund 10 Minuten hinauf zur Forcella Coldai, 2191 m. Nach kurzem Abstieg stehen wir am Lago Coldai, einem der schönsten Dolomitenseen überhaupt. Nach Süden zieht sich die Riesenmauer der Civetta, gegenüber im Westen schaut man auf die Schmalseite der Marmolada. Der Weiterweg führt am Nordufer des Sees entlang und nochmal wenige Meter hinauf zur **Forcella di Col Negro (20)**, 2203 m. Das folgende Teilstück zum Rifugio Tissi kann einem schon den Atem verschlagen. Wie auf einer gigantischen Terrasse wandert man hinüber zum Col Rean, den Blick entweder in die rund 1000 m hohe Riesenorgel der Civetta oder zum knapp 1000 m tiefer gelegenen Val Cordevole gerichtet. »Achtet auf die Füße!«, möchte man da rufen. Kurz vor der Forcella di Col Rean müssen wir uns dann entscheiden: Entweder startet man geradeaus durch in Richtung Rifugio Vazzoler oder man biegt rechts ab und geht den kurzen Umweg zum Rifugio Tissi. Das **Rifugio Tissi (21)**, 2262 m, ist jeden Umweg wert, es liegt direkt gegenüber der Nordwestwand der Civetta. Von der Hütte steigen wir dann direkt ab zur Forcella di Col Rean, 2107 m. Hier treffen wir wieder auf den Hauptweg (Nr. 560), der uns parallel zum Hauptkamm der Civettagruppe nach Südwesten führt. Nach einem Abstieg in ein breites Hochtal folgen wir diesem leicht ansteigend zur Sella di Pelsa, 1954 m. Mit Blick auf den wuchtigen Eckpfeiler des Pelsakamms der Civetta, dem Torre Venezia, wandern wir durch Latschen und lichten Baumbestand hin-

▼ *Ein Highlight: der Lago Coldai.*

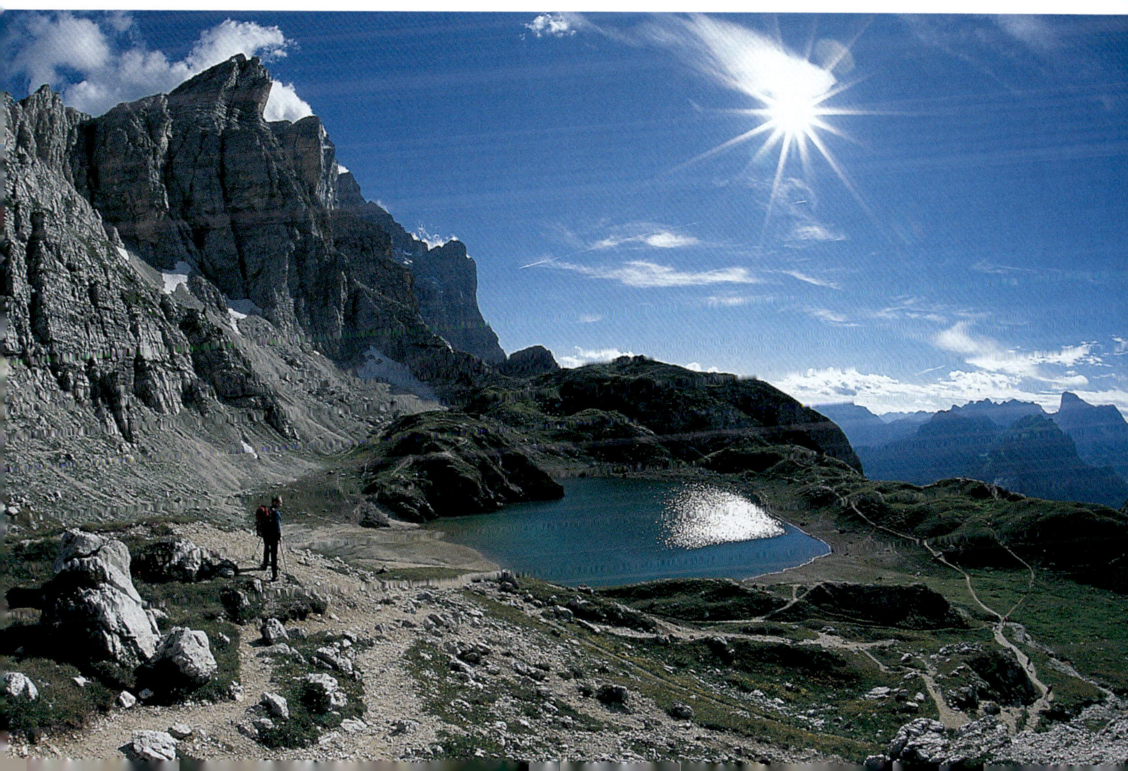

unter zu einer kleinen Fahrstraße. Dieser folgen wir nach links. Rund eine halbe Stunde später stehen wir auf der Terrasse des **Rifugio Vazzoler (22)**, direkt gegenüber die Cima della Busazza mit dem vorgelagerten Torre Trieste. Dessen 700 Meter hohe Südwand gehört zu den bedeutendsten Kletterzielen in den Dolomiten.

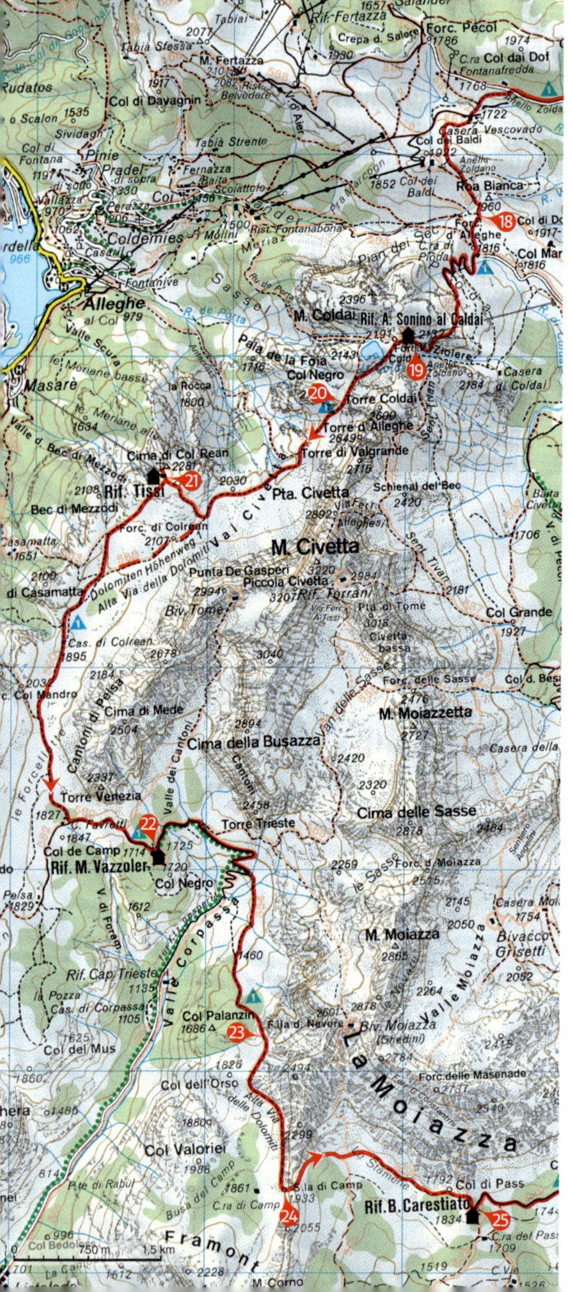


## 9. Tag: Rifugio Vazzoler, 1714 m – Rifugio Bruto Carestiato, 1834 m

4.30 Std., 560 m↑, 440 m↓

Vom **Rifugio Vazzoler (22)** steigen wir auf der Zufahrtsstraße in Richtung des Val Corpassa ab. Auf dem Weg zweigt in der dritten Kehre links ein Pfad (Nr. 554) ab. Auf diesem queren wir unterhalb der West- und Südwände des Moiazzamassivs zum Rifugio Bruto Carestiato. Dabei werden drei kleine Scharten passiert, die **Forcella Col Palanzin (23)**, die drahtseilgesicherte Forcella Col dell'Orso und die **Forcella del Camp (24)**. Wenn das **Rifugio Bruto Carestiato (25)** überfüllt sein sollte, kann man auf die Hütten am **Passo Duran (26)** ausweichen.

## 10. Tag: Rifugio Bruno Carestiato, 1834 m – Rifugio Sommariva al Pramperèt, 1857 m

5.30 Std., 540 m↑, 520 m↓

Ab der heutigen Etappe wird es einsamer, und wir tauchen ein in die schon von einem Hauch des Mittelmeers gestreifte Bergwelt der Belluneser Dolomiten. Vom **Rifugio Bruto Carestiato (25)** wandern wir mehr oder weniger hangparallel auf einer Naturstraße bis zu einer Schulter oberhalb des Passo Duran (Weg Nr. 549). Hier zweigt nach rechts ein Pfad ab, dem wir über schöne Lärchenwiesen mäßig steil hinunter zum **Passo Duran (26)**, 1601 m, folgen. In den am Pass gelegenen Rifugi Cesare Tomé bzw. San Sebastiano kann man ebenfalls übernachten, eine gute Alternative zum relativ kleinen Rifugio Carestiato. Ein Cappuccino ist auf jeden Fall eine Pause wert. Vom Passo Duran muss man leider für etwa 20 Minuten auf der Asphaltstraße nach Agordo bleiben, dann zweigt in einer großen Rechtskurve (große Hinweistafel) Weg Nr. 543 ab. Auf diesem geht es steil den Wald hinauf zur **Forcella Dagarei (27)**,

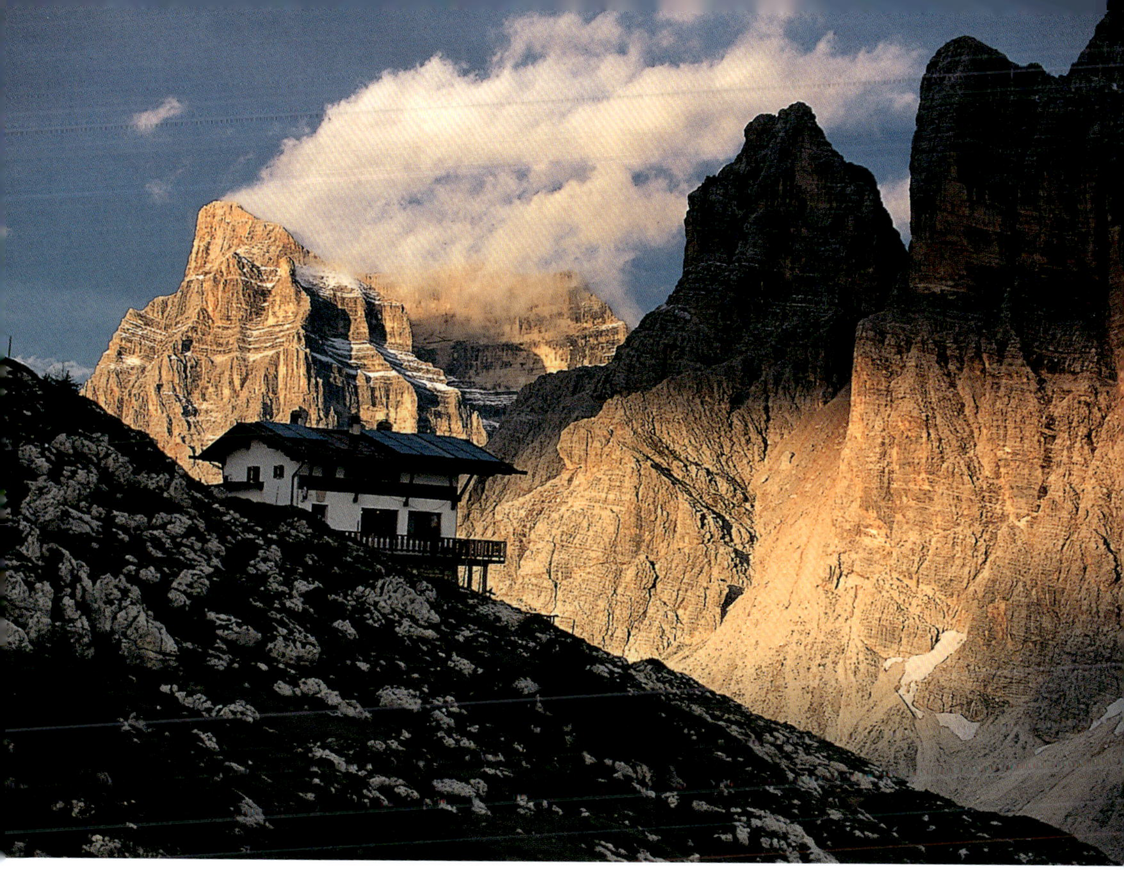

▲ *Das Rifugio Tissi vor der imposanten Kulisse des Monte Pelmo.*

1620 m, wo sich der Blick nach Osten öffnet. Warm wird es auf dem nun folgenden Wegabschnitt bis zur Almhütte Casera Moschesin, da der Weg nahezu ungeschützt durch die Schutthänge des Monte Tamer und des Monte Castello führt. Erst beim Aufstieg zur Alm spenden wieder einige Bäume etwas Schatten, eine Quelle bietet erfrischendes Wasser. Von der **Casera Moschesin (28)** geht es steil hinauf zur Forcella Moschesin, 1940 m, einem Pass zwischen der Tamergruppe links und der Talvenagruppe rechts. Hier nicht, wie auf den meisten Karten eingezeichnet, in das (zugegebenermaßen wunderschöne) Val Prampèr absteigen, sondern weiter nach Osten (als Weg Nr. 543 »Variante Panoramica« gekennzeichnet) und dann unterhalb der Nordseite der Cima di Balanzol hinüber zum **Rifugio Sommariva al Pramperèt (29)** queren.

## 11. Tag: Rifugio Sommariva al Pramperèt, 1857 m – Rifugio Pian de Fontana, 1632 m

3 Std., 540 m↑, 770 m↓

Blumenliebhaber werden auf den nächsten zwei Tagesetappen ins Schwärmen geraten, manchmal ist vor lauter Edelweiß, Feuerlilien usw. kaum der Weg zu erkennen. Vom gemütlichen **Rifugio Sommariva al Pramperèt (29)** geht es wenige hundert Meter zurück, dann zweigt links Weg Nr. 514 und damit die Fortsetzung des Höhenwegs nach Süden ab. Durch Latschen wandern wir hinauf zur Portèla Piazedèl, 2097 m, wo wir das weite Karren- und Geröllkar »I Piazediai« betreten. Von der Scharte wenden wir uns nach links und steigen über große Karrenplatten und viel Geröll zu einer namenlosen Scharte im Kamm der Cime

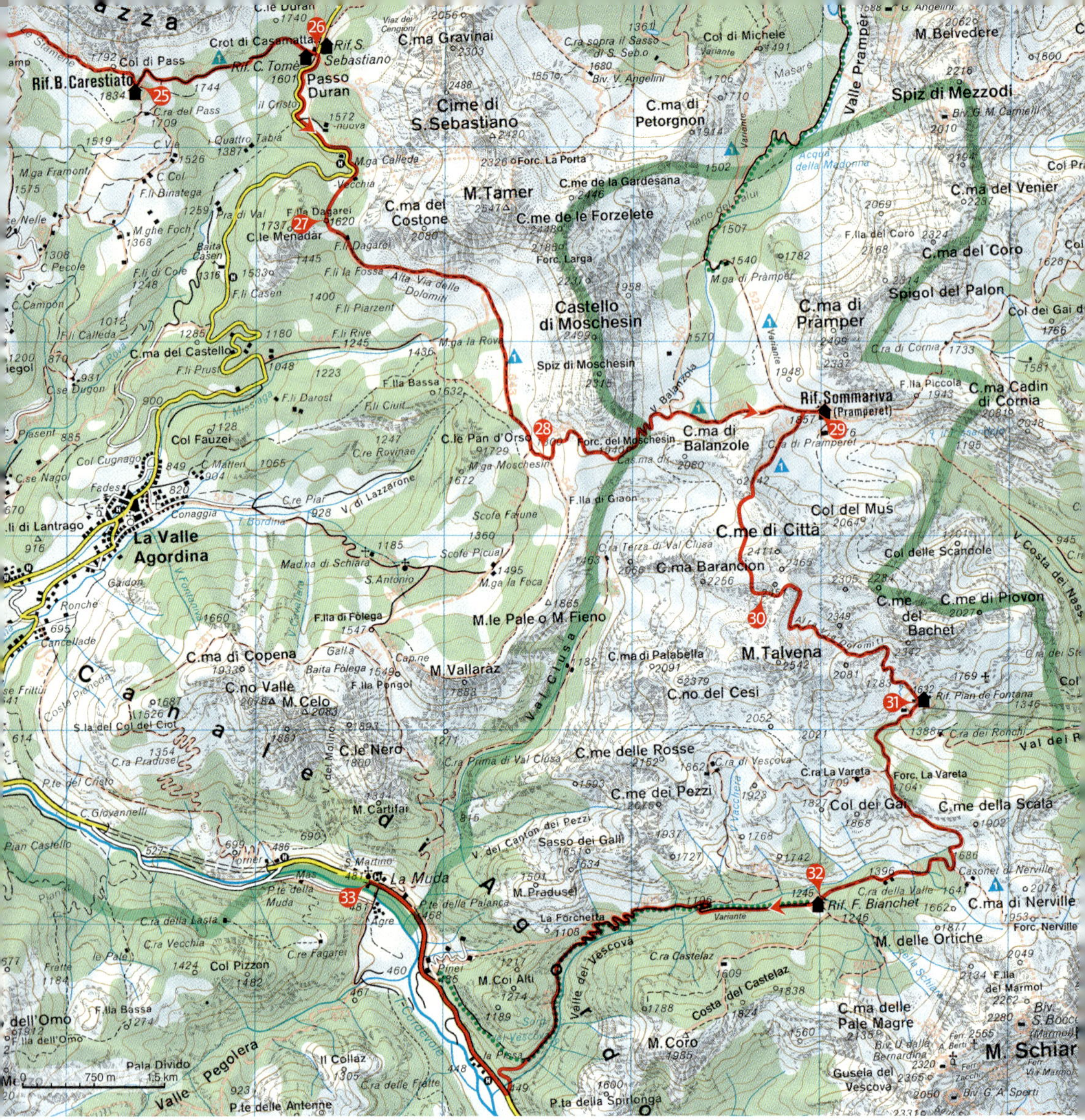

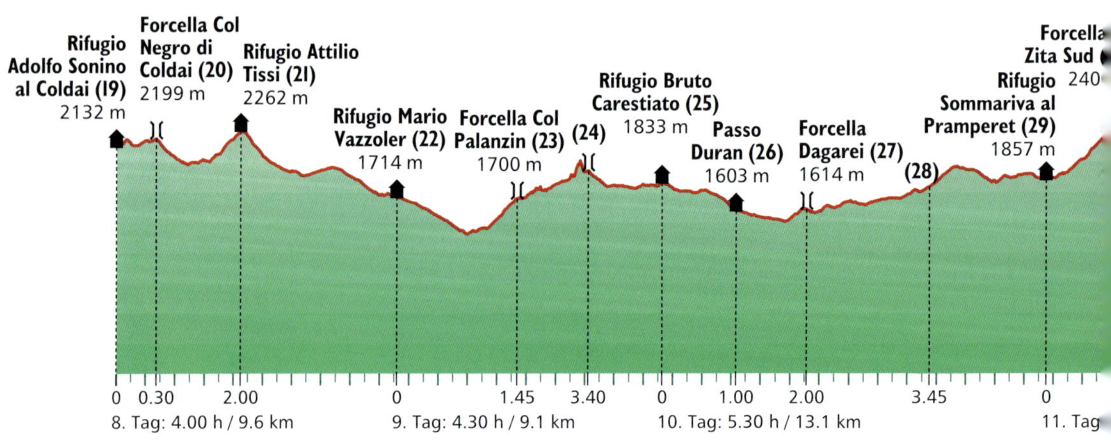

Rifugio Adolfo Sonino al Coldai (19)
2132 m
Forcella Col Negro di Coldai (20)
2199 m
Rifugio Attilio Tissi (21)
2262 m
Rifugio Mario Vazzoler (22)
1714 m
Forcella Col Palanzin (23)
1700 m
(24)
Rifugio Bruto Carestiato (25)
1833 m
Passo Duran (26)
1603 m
Forcella Dagarei (27)
1614 m
(28)
Rifugio Sommariva al Pramperet (29)
1857 m
Forcella Zita Sud
240
0
0.30
2.00
0
1.45
3.40
0
1.00
2.00
3.45
0
8. Tag: 4.00 h / 9.6 km
9. Tag: 4.30 h / 9.1 km
10. Tag: 5.30 h / 13.1 km
11. Tag

del Baranciòn. Nun nicht absteigen, sondern nach links über ausgesetzte Bänder weiter hinauf zur **Forcella de Zita Sud (30)**, ca. 2400 m, einer Scharte zwischen der Cima Città di Mezzo und der Cima Città Sud. Von hier geht es zunächst hinunter in ein wunderschönes Hochtal und später steil durch grasige Hänge zu dem auf einem Wiesenabsatz gelegenen **Rifugio Pian de Fontana (31)**.

### 12. Tag: Rifugio Pian de Fontana, 1632 m – La Muda/Val Cordevole, 480 m

6.20 Std., 220 m↑, 1370 m↓

Vom **Rifugio Pian de Fontana (31)** sieht man bereits die als nächstes zu erreichende Scharte, die Forcella di Lavaretta, 1704 m. Umso ärgerlicher ist es, dass man zunächst etwa 150 m absteigen muss, nur um diese (und ein wenig mehr) ein paar Minuten später wieder mühsam der Schwerkraft abzutrotzen. Etwa 45 Minuten benötigen wir auf Weg Nr. 514 zum Pass, dann wenden wir uns nach Süden, wo der Pfad vor lauter Blumen manchmal kaum zu erkennen ist. Ca. 1.30 Stunden nach der Hütte kommt die Abzweigung zum Rifugio Furio Bianchet. Hier scheiden sich die Geister: entweder mit Klettersteigausrüstung und

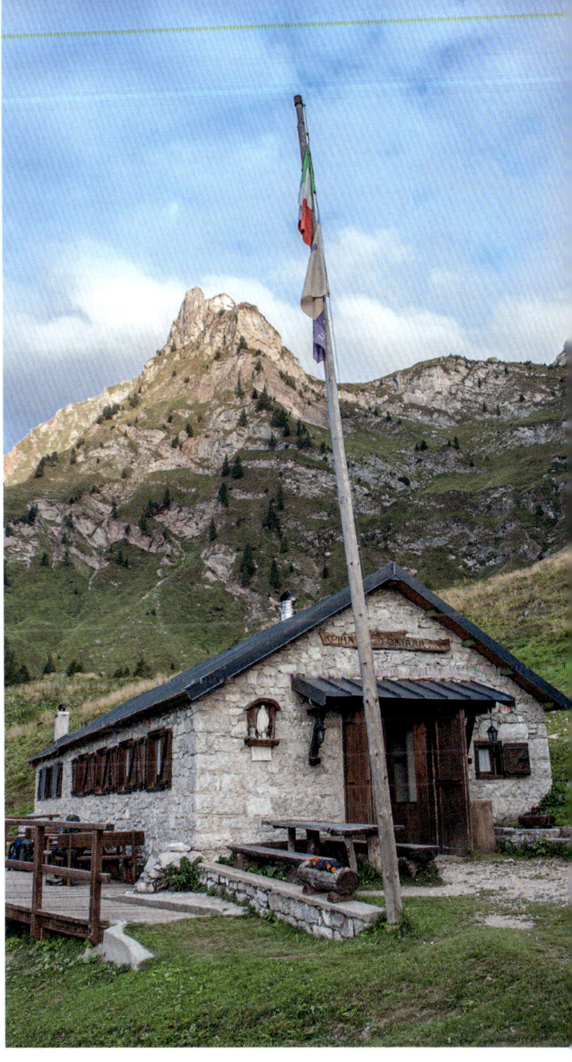

▲ *Übernachtung auf der urgemütlichen, ehemaligen Senneralm, dem Rifugio Pian de Fontana.*

…ugio Pian de …ntana (31) …32 m

Rifugio Furio Bianchet (32) 1245 m

La Muda (33) 480 m

2.40 — 6.20 h — 52.6 km

…. Tag: 6.20 h / 14.7 km

Helm über das Rifugio 7°Alpini nach Belluno (der offizielle Hohenweg Nr. 1) oder, wie hier vorgeschlagen (da es dem Charakter des bisherigen Weges entspricht), Abstieg durch das Valle del Vescovà zum **Rifugio Furio Bianchet (32)** und weiter bis zur Bushaltestelle im Val Cordevole. Der Weg selbst ist nicht zu verfehlen. Die Bushaltestelle **La Muda (33)** befindet sich ca. 1 km nördlich von der Stelle, wo der Weg auf die Straße trifft.

# 27 Im Banne der Drei Zinnen

## Von Sexten nach Misurina

4 Tage

mittel

**»Steinerne Flammen« – Höhepunkte der nordöstlichen Dolomiten**

Es spielt keine Rolle, wie viele Postkarten man vielleicht schon gesehen hat. Wer das erste Mal am Paternsattel steht oder aufsteigend von Norden die Dreizinnenhütte erreicht, wird von diesem Anblick gepackt sein. Über 500 Meter ragen die Nordwände von Großer und Westlicher Zinne in den Himmel, steinerne Flammen, deren Architektur mit dem Verstand nicht zu fassen ist. Während des Ersten Weltkriegs gehörte das Plateau rund um die Drei Zinnen zu den am härtesten umkämpften Gebieten. Überall begegnen uns daher verfallene Stellungen, Schützengräben und Stacheldraht. Schutt aus vergangenen Kriegszeiten, gesprengt aus einer Landschaft, deren heiterem Charakter nun der düstere Beigeschmack von Tausenden von Toten anhaftet. Das kann auch heute noch zu Beklemmungen führen.

### TOURENINFO

**Ausgangspunkt:** Sexten, 1337 m. Mit der Bahn über den Brenner bis nach Franzensfeste (Fortezza) und von dort mit Bus oder Bahn nach Innichen. Von Innichen fährt werktags mehrmals täglich ein Bus nach Sexten.

**Endpunkt:** Misurina, 1757 m. Von Misurina mit dem Bus nach Cortina d'Ampezzo. Dort umsteigen und zurück nach Sexten (über Toblach/Innichen) oder in Richtung Heimat.

**Anforderungen:** Mittelschwere Wanderung auf gut ausgebauten Wegen. Der Weg zur Elferscharte kann je nach Zustand sehr mühsam sein. Zur Sicherheit ist auf den Abschnitten »Alpini-Steig« bzw. »Sentiero Bonacossa« ein Klettersteigset hilfreich.

**Höhenunterschied:** 1960 m im Aufstieg, 2070 m im Abstieg (ca. 18 Std.).

**Information:** Tourismusverein Sexten, Via Dolomiti 45, I-39030 Sesto, Tel. +39 0474 710310, sexten.it.

**Karte:** Tabacco Wanderkarte 1:25.000, Blatt 010 »Sextener Dolomiten/Dolomiti di Sesto«, Kompass Nr. 58 »Sextner Dolomiten« (1:50.000)

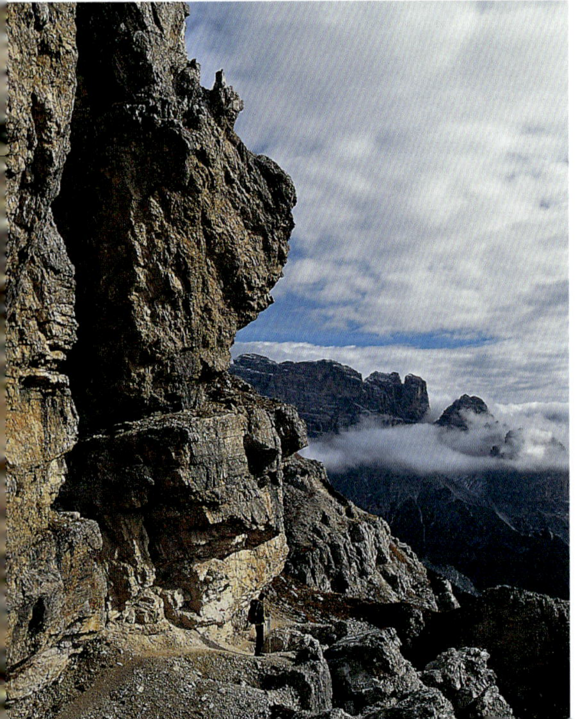

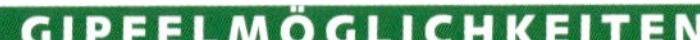

### GIPFELMÖGLICHKEITEN

▲ **Oberbachernspitze,** 2675 m: kurzer, lohnender Abstecher vom Oberbachernjoch auf deutlich ausgetretenem Steig, ca. 0.40 Std. Aufstieg, 0.20 Std. Abstieg.

▲ **Toblinger Knoten,** 2617 m: aussichtsreicher Felszahn oberhalb des Zinnenplateaus, von der Dreizinnenhütte, 0.30 Std. Aufstieg, 0.20 Std. Abstieg, zwei harmlose Klettersteige führen hinauf.

▲ **Schusterplatte,** 2957 m: Aussichtsberg oberhalb der Dreizinnenhütte, 2.30 Std. Aufstieg, 2 Std. Abstieg, vorbei an alten Stellungen, teilweise mit Drahtseilen gesichert, ggf. Klettersteigset mitnehmen.

▲ **Paternkofel,** 2744 m: umkämpfter Gipfel, der über alte Kriegsstollen und Tunnel (Taschenlampe und Klettersteigset erforderlich) bestiegen werden kann (Innerkoflersteig), 1.30 Std. Aufstieg, 1 Std. Abstieg.

◂ *Auf dem Sentiero Bonacossa.*

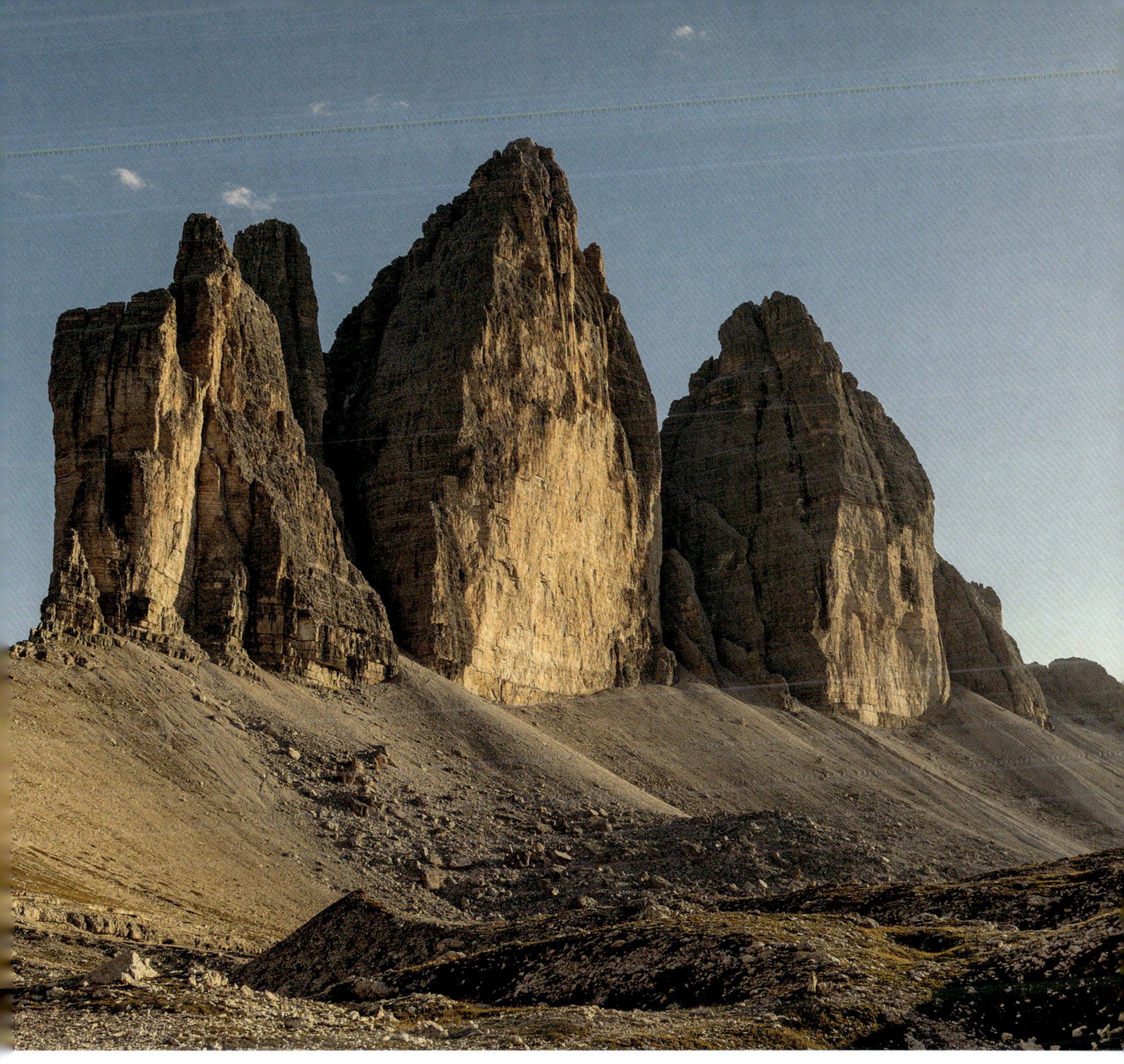

▲ *Die mächtigen Nordwände der Drei Zinnen im Abendlicht.*

**UNTERKÜNFTE**

- **Talschlusshütte (Rifugio Fondo Valle),** 1526 m, privat, ca. Mitte Mai bis Mitte Okt. bewirtschaftet, ca. 30 Schlafplätze, Tel. +39 0474 710606, talschlusshuette.com.
- **Zsigmondyhütte (Rifugio Zsigmondy-Còmici),** 2235 m, Autonome Provinz Bozen – Südtirol, ca. Mitte Juni bis Ende Sept. bewirtschaftet, ca. 80 Schlafplätze, Tel. +39 0474 710358, zsigmondyhuette.com.
- **Büllelejochhütte (Rifugio Pian di Cengia),** 2528 m, privat, ca. Ende Juni bis Ende Sept. bewirtschaftet, ca. 10 Schlafplätze, Tel. +39 337 451517, rifugiopiandicengia.it.
- **Dreizinnenhütte (Rifugio Locatelli alle Tre Cime di Lavaredo),** 2405 m, CAI, ca. Ende Juni bis Ende Sept. bewirtschaftet, ca. 150 Schlafplätze, Tel. +39 0474 972002, Reservierung nur über die Homepage, dreizinnenhuette.com.
- **Rifugio Auronzo,** 2320 m, CAI, ca. Mitte Juni bis Mitte Okt. bewirtschaftet, ca. 100 Schlafplätze, Tel. +39 0435 39002, rifugioauronzo.it.
- **Rifugio Fonda Savio,** 2367 m, CAI, ca. Ende Juni bis Ende Sept. bewirtschaftet, ca. 40 Schlafplätze, Tel. +39 0435 39036, fonda-savio.it.
- **Rifugio Col de Varda,** 2130 m, privat, ca. Anfang Juni bis Ende Sept. bewirtschaftet, ca. 20 Schlafplätze, Tel. +39 0435 39041, rifugiocoldevarda.it.

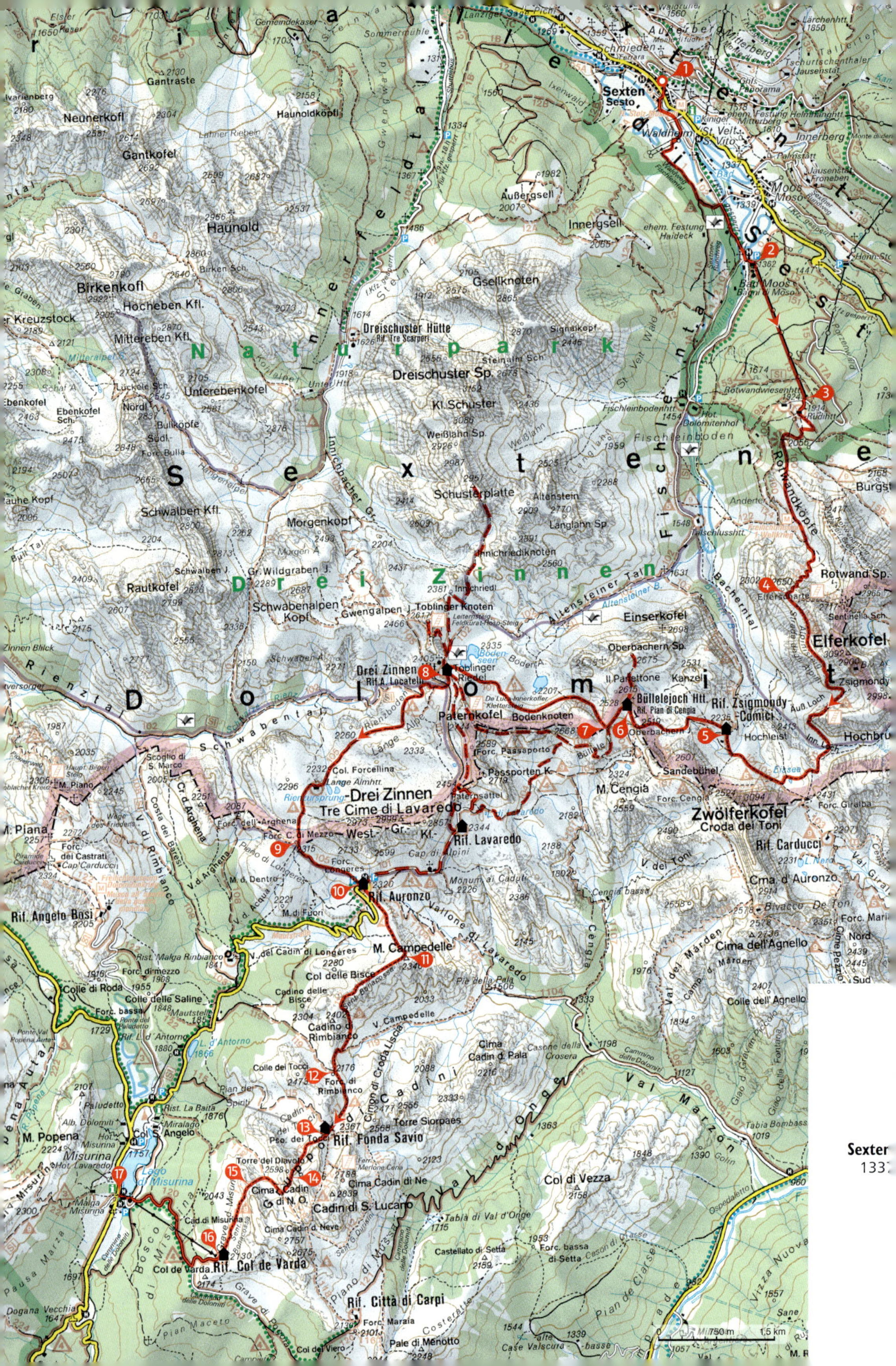

Sexten
Sesto
Schmieden
Außerberg
Mitterberg
Waldheim
St. Veit
S. Vito
Innerberg
Moos
Moso
Bad Moos
Bagni di Moso
Außergsell
Innergsell
Haunold
Haunoldköpfl
Gantraste
Neunerkofl
Gantkofel
Birkenkofl
Hocheben Kfl.
Mittereben Kfl.
Unterebenkofel
Kreuzstock
Ebenkofel
Bulkköpfe
Schwalben Kfl.
Rautkofel
Morgenkopf
Schwabenalpen Kopf
Gwengalpen
Dreischuster Hütte
Rif. Tre Scarperi
Gsellknoten
Dreischuster Sp.
Kl. Schuster
Weißlahn Sp.
Schusterplatte
Altenstein
Langlahn Sp.
Innichriedlknoten
Toblinger Knoten
Drei Zinnen
Rif. A. Locatelli
Paternkofel
Bodenknoten
Passportenkofel
Forc. Passaporto
Paternsattel
Rif. Lavaredo
Drei Zinnen
Tre Cime di Lavaredo
Col. Forcellina
Forc. dell' Arghena
Rif. Auronzo
M. Campedelle
Col delle Bisce
Cadini di Misurina
Forc. di Rimbianco
Rif. Fonda Savio
Torre del Diavolo
Cima Cadin di N.O.
Cadin di S. Lucano
Cima Cadin d. Neve
Rif. Col de Varda
Col de Varda
Rif. Città di Carpi
Col di Vezza
Lago di Misurina
Misurina
M. Popena
Rif. Angelo Bosi
M. Piana
Colle di Roda
Colle delle Saline
Rif. L' Antorno
Rist. Malga Rimbianco
Cima Cadin d. Pala
Torre Siorpaes
Val Marzon
Val d' Onge
Einserkofel
Oberbachern Sp.
Büllelejoch Htt.
Rif. Pian di Cengia
Rif. Zsigmondy-Comici
Hochleist
Sandebühel
M. Cengia
Zwölferkofel
Croda dei Toni
Rif. Carducci
Cima d' Auronzo
Bivacco De Toni
Cima dell' Agnello
Colle dell' Agnello
Elferkofel
Zsigmondy
Rotwand Sp.
Rotwandköpfe
Rotwandwiesenhütte
Rudihütte
Fischleinbodenhütte
Dolomitenhof
Fischleinboden
Fischleintal
Bacherntal
Altensteiner Tal
Innerfeldtal
Rienztal
Schwabental
Naturpark Sextner Dolomiten
Drei Zinnen
Dolomiti
Burgstall
Hochbrunner
750 m
1,5 km

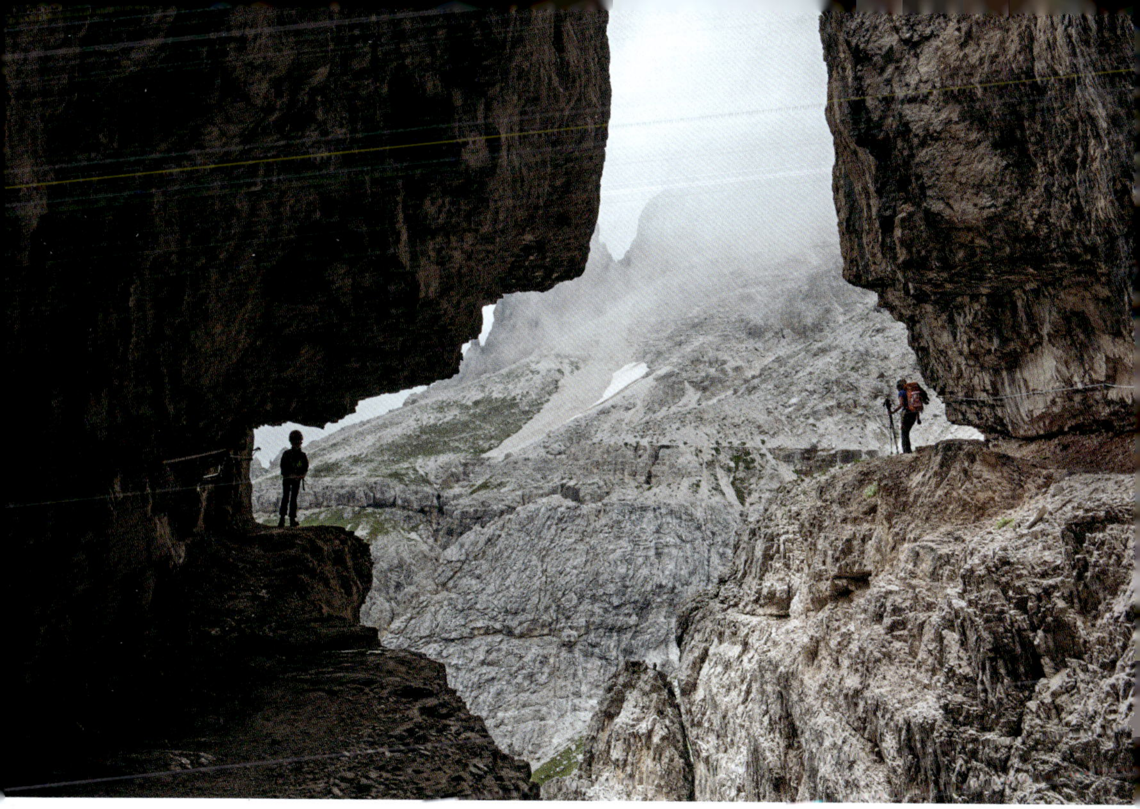

▲ *Schlüsselstelle: Blick aus einem Felsenfenster des Alpinisteigs auf Höhe der Hochbrunnerschneide.*

## 1. Tag: Sexten, 1337 m – Zsigmondyhütte, 2235 m

6.45 Std., 1050 m↑, 700 m↓

Die Kirche von **Sexten (1)** mit ihrem sehens- und gedenkenswerten Friedhof ist Ausgangspunkt unserer viertägigen Streckenwanderung. Unterhalb der Kirche führt eine kleine Brücke über den Sextenbach, auf der anderen Seite wendet man sich nach links und stößt auf den Beginn des Dolomiten-Höhenwegs Nr. 5 bzw. zum »Waldweg Fischleintal«. Wir folgen dem Weg bis zur nächsten Abzweigung und halten uns dort links. Man gelangt so auf einen für KFZ gesperrten Fahrweg und erreicht bald den großen Parkplatz an der **Talstation der Rotwandbahn (2)**. Alternativ kann man bis hierher auch mit dem Auto fahren. Nun beginnt die eigentliche Tour. Mit dem Lift fahren wir hinauf zur Bergstation bzw. der dahinter gelegenen **Rotwandwiesenhütte (3)**. Am Spiel-

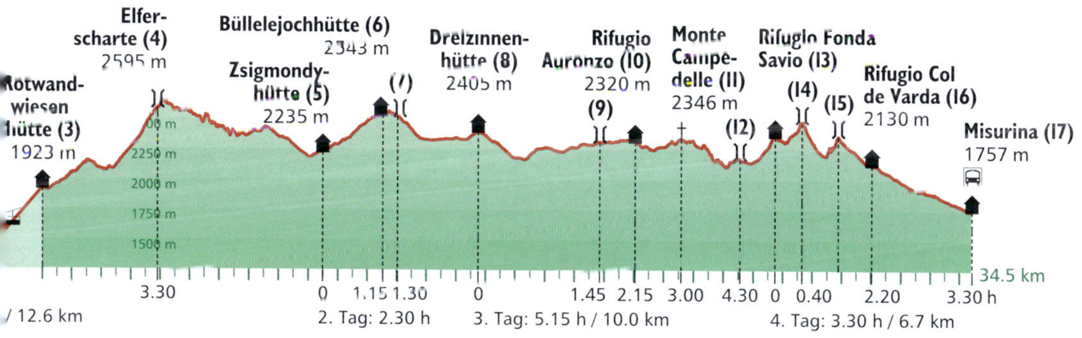

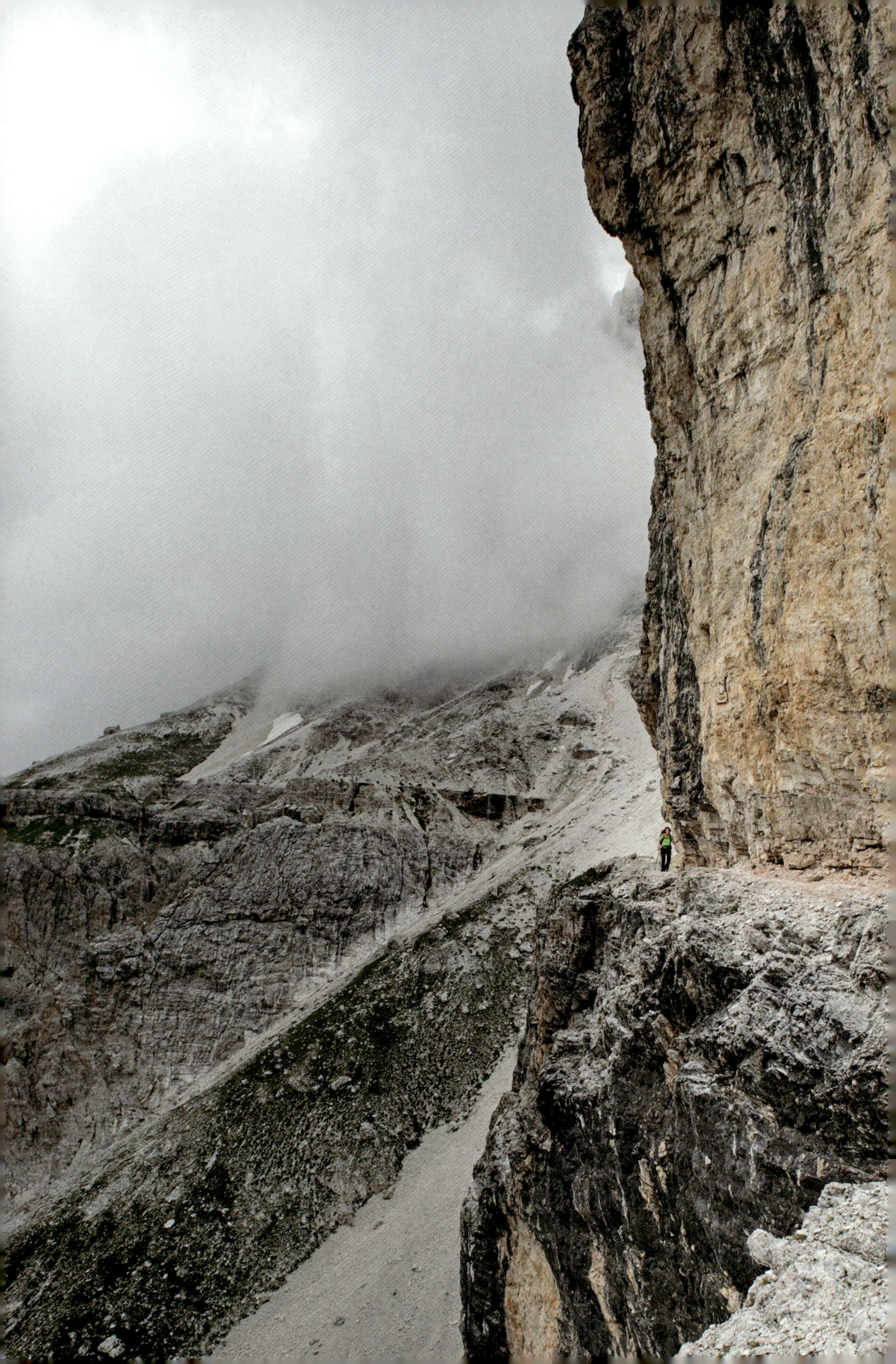

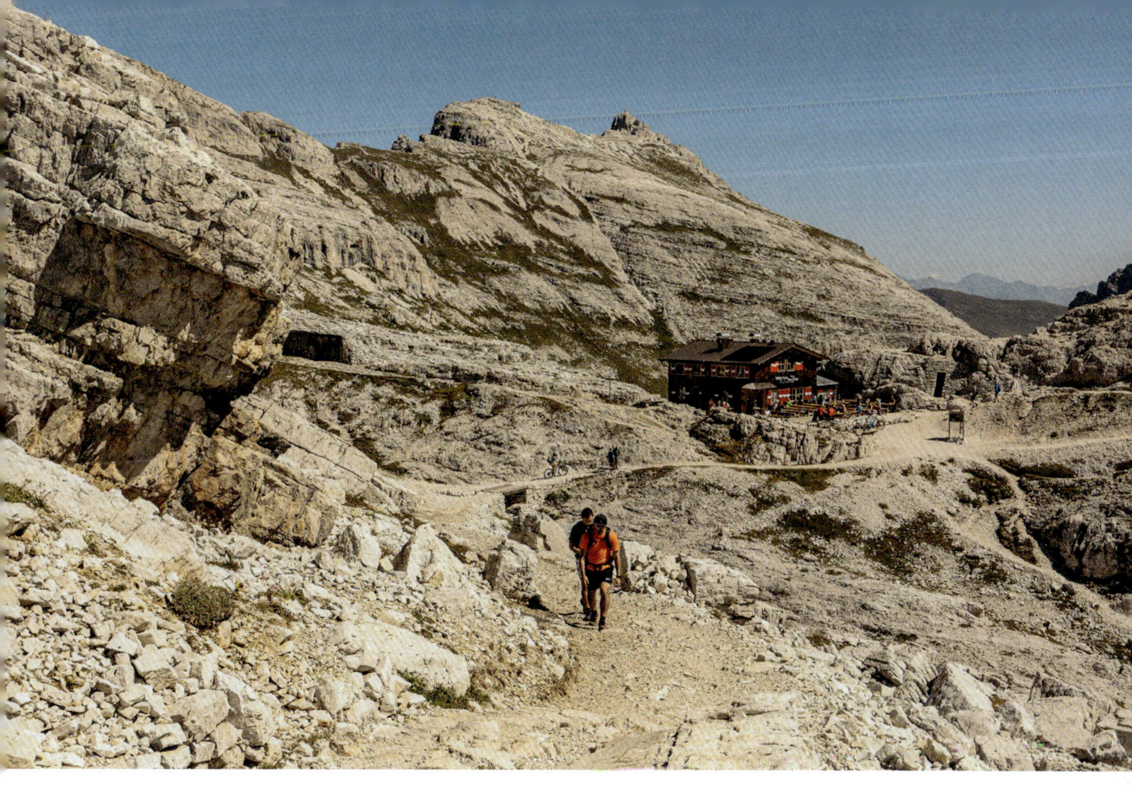

▲ Büllelejochhütte mit der Oberbachernspitze (links über der Hütte) als Gipfelmöglichkeit.

platz vorbei durchqueren wir eine Wiesenmulde und steigen gegenüber auf breitem Weg bis zu einer Wegkreuzung am Waldrand. Hier biegen wir rechts ab (Schilder Richtung Alpini-Steig, Weg Nr. 100) und steigen in einer großen Schleife zu einem Aussichtspunkt. Diesen rechts liegend lassend geht es auf einem felsigen Grat weiter bergan bis zu einer Höhe von ca. 2150 Metern. Leicht an Höhe verlierend gelangt man in ein Hochtal unterhalb der Rotwandspitze. Wir treffen auf den von der Talschlusshütte im Fischleintal aufsteigenden Weg (hier letzte Gelegenheit, zumindest im Frühsommer, die Wasserflaschen aufzufüllen). Es folgt der anstrengende Anstieg zur Elferscharte. Rund 600 Höhenmeter wollen bewältigt werden, nach starken Regenfällen und dem damit einhergehenden Verfall der Wegbefestigungen kann das eine mühsame Angelegenheit werden.

An der **Elferscharte (4)** angekommen sieht man erstmals die Zsigmondyhütte – weit, weit weg und noch auf der anderen Seite des Tals. Nach einigen weiteren Metern bergauf teilt sich der Weg: Links geht es hinauf zur Sentinella Scharte und damit auch zur Rotwand, geradeaus über den Alpinisteig zur Zsigmondyhütte – unser Weg. Auf felsigen Bändern durchqueren wir nun langsam an Höhe verlierend die Westseite des Elferkofels. Man gelangt in das sogenannte Äußere Loch, im Allgemeinen die Schlüsselstelle des Weges, da hier Altschneereste das Vorwärtskommen erschweren. Häufig hängen hier Fixseile im Eis. Danach umwandert man spektakulär auf Felsbändern (Drahtseile) einen Felsausläufer der Hochbrunnerschneid und gelangt in das innere Loch. Der schwierige Teil ist geschafft. Nach kurzem Aufstieg auf ein Felsplateau geht es hinunter zum sogenannten Eissee. Hier

◀ Auf dem Alpinisteig.

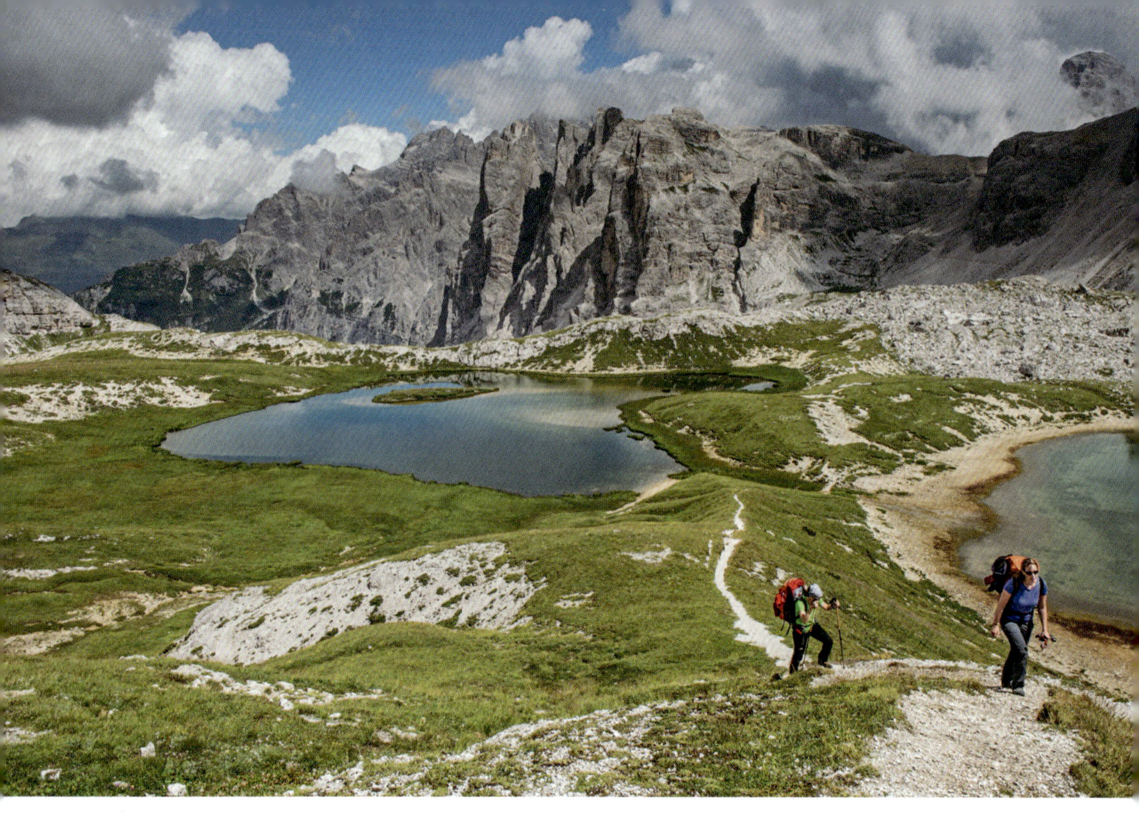

▲ *Unterhalb der Dreizinnenhütte – oberhalb der Bödenseen.*

trifft man auf den von der Forcella Giralba herabführenden Weg und gelangt in knapp 30 Minuten zur **Zsigmondyhütte (5)**. Bei schlechtem Wetter und ohne Klettersteigerfahrung kann man übrigens von Sexten aus auch direkt durch das Fischleintal zur Zsigmondyhütte gelangen. Ebenfalls ein spektakulärer Weg, aber im Vergleich …

## 2. Tag: Zsigmondyhütte, 2235 m – Dreizinnenhütte, 2405 m

2.30 Std., 380 m↑, 200 m↓

Theoretisch ein kurzer Tag. Praktisch hält die Gegend rund um die Drei Zinnen aber so viele Wandermöglichkeiten bereit, dass man hier gerne nur kurz das Hauptgepäck bis zur Dreizinnenhütte trägt und von dort aus einen der umliegenden Gipfel ersteigt. Und sicher sollte man auch von der Büllelejoch Hütte auf die Oberbachernspitze steigen, einem Aussichtsgipfel der Extraklasse.

Die **Zsigmondyhütte (5)** verlassend geht es durch offenes Alm- und Karrengelände hinauf zum Oberbachernjoch und dann flach am Kamm entlang zur kleinen **Büllelejochhütte (6)**, 2528 m. Wer zur Oberbachernspitze, 2675 m, möchte, lässt sein Gepäck hier und wandert in rund einer halben Stunde zu diesem steil nach Norden abfallenden Aussichtsberg. Von der Büllelejochhütte ist es nicht weit zum **Büllelejoch (7)**, 2528 m, einem Pass, von dem drei Wege zur **Dreizinnenhütte (8)** führen:

a) Nur für Klettersteigliebhaber und Besitzer einer Taschenlampe geeignet, der direkte Weg über den Paternkofel.

b) Südlich des Paternkofels über Weg 104 und 101 – ab dem Paternsattel eine Massenveranstaltung.

c) Man folgt Weg 101 hinunter zu den Bödenseen und anschließend wieder hinauf zur Dreizinnenhütte.

Alle drei Möglichkeiten sind landschaftlich fantastisch, man steht also vor der

Qual der Wahl. Am schnellsten und landschaftlich sehr attraktiv ist Möglichkeit C. Und auf den Paternkofel kann man ja dann noch am Nachmittag steigen, wenn der Besucherstrom schon etwas abgeebbt ist. Stirnlampe nicht vergessen!

### 3. Tag: Dreizinnenhütte, 2405 m – Rifugio Fonda Savio, 2367 m

5.15 Std., 350 m↑, 380 m↓

Gipfelmöglichkeiten gibt es von der Dreizinnenhütte diverse. Besonders empfehlenswert ist der direkt hinter der Hütte aufragende Toblinger Knoten, 2617 m, auf den zwei gesicherte Routen, der ausgesetzte Leiternsteig und der Hospsteig, führen. Beide haben ihren Urspung im Ersten Weltkrieg und vermitteln eine bedrückende Vorstellung über den Stellungskrieg von 1915 bis 1918. Der vielleicht beste Aussichtsberg der Sextener Dolomiten ist die rund zwei Stunden von der Dreizinnenhütte entfernte Schusterplatte, 2957 m. Ein Sonnenaufgang dort oben lässt viel Raum zum Schauen und Genießen.

Ohne Gipfel führt die heutige Tagesetappe zunächst um die Drei Zinnen herum zum Rifugio Auronzo. Wie herum man geht, ob über den Paternsattel oder über die **Forcella Col di Mezzo (9)**, 2315 m, ist letztendlich egal. Empfehlenswerter ist aus unserer Sicht der Weg Nr. 105 westlich um das berühmteste Postkartenmotiv der Dolomiten, da man hier doch etwas ruhiger die in der Tat einmalige Szenerie genießen kann. Vom **Rifugio Auronzo (10)** orientiert man sich nach Süden und folgt den Schildern »Sentiero Bonacossa«. Nach rund einer halben Stunde steht man auf dem **Monte Campedelle (11)**, 2346 m, wo sich die Südwände der Drei Zinnen von ihrer besten Seite zeigen. Dann wird der Weg schmaler. Durch die Ostflanke der Cima Cadin di Rimbianco windet sich der zum

▼ *Dreizinnenhütte mit dem Paternsattel, 2454 m, direkt links von den Drei Zinnen.*

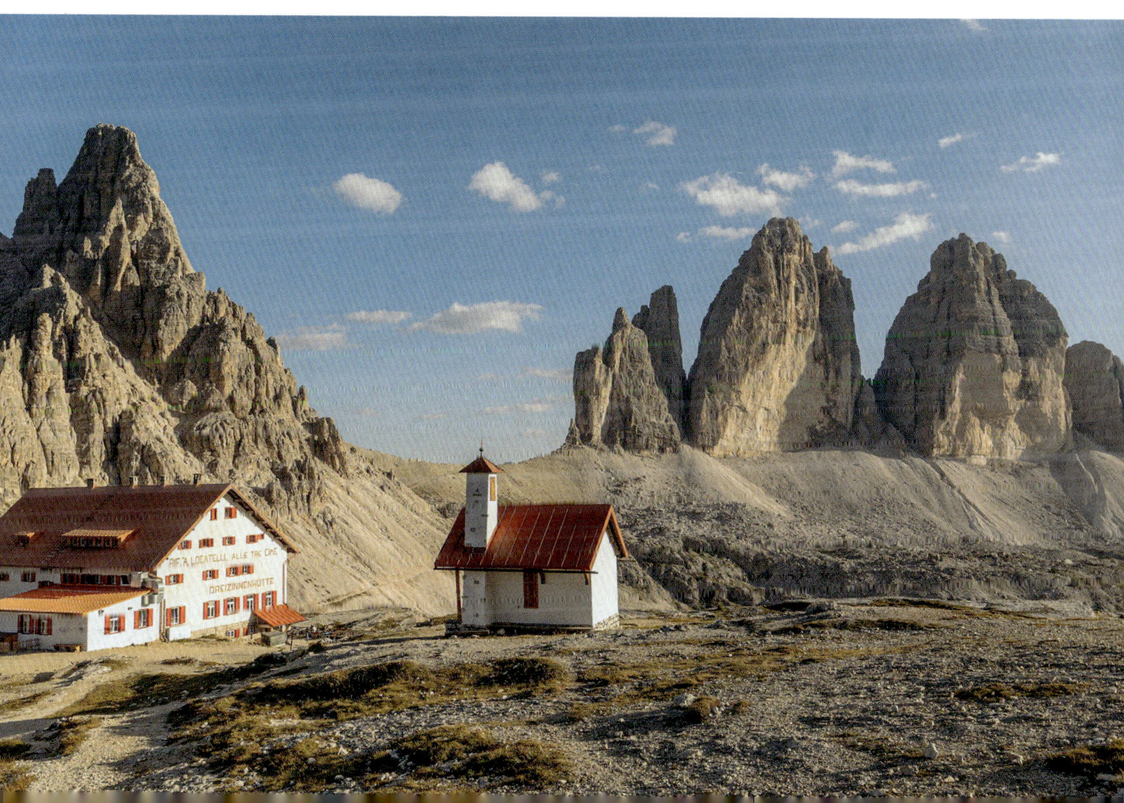

Teil mit Drahtseilen gesicherte Steig hinunter zur **Forcella di Rimbianco (12)**, 2176 m. Wir bleiben auf der Ostseite der Cadinigruppe und steigen nun hinauf zu dem fantastisch unterhalb des Torre Wundt gelegenen **Rifugio Fonda Savio (13)**. Hier befinden wir uns im Herzen der Cadinigruppe, die trotz ihrer relativ kleinen Ausdehnung ein würdevolles Gegenstück zu den Sextener Dolomiten darstellt. Auf engstem Raum drängen sich hier zahllose Türme und Türmchen, filigrane Meisterwerke der Natur.

### 4. Tag: Rifugio Fonda Savio, 2367 m – Misurina, 1757 m

3.30 Std., 180 m↑, 790 m↓

Der Abstieg zum Misurinasee ist zunächst gar kein Abstieg, denn es gilt erst noch zwei zum Teil unangenehm schotterige Scharten zu überwinden. Vom **Rifugio Fonda Savio (13)** folgen wir Weg Nr. 117, weiterhin als »Sentiero Bonacossa« ausgeschildert. Wir gelangen über Schotter in einen von senkrechten Wänden umgebenen Kessel,

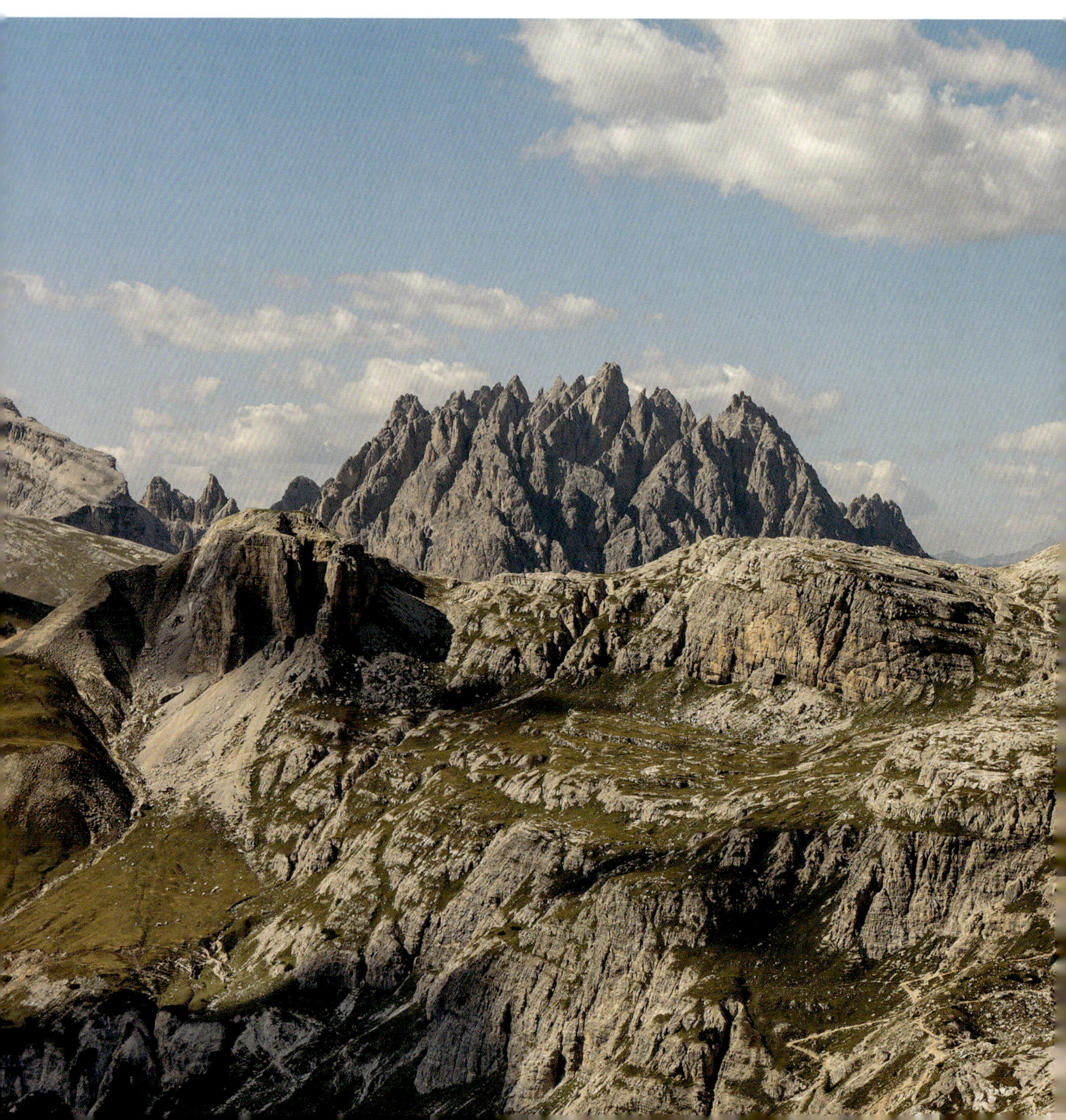

von dem wir zur **Forcella del Diavolo (14)**, 2480 m, aufsteigen. Der oberhalb der Scharte aufragende Torre del Diabolo, 2598 m, wurde übrigens per Seilwurf erstbestiegen.

Auf der anderen Seite der Scharte geht es steil und zum Teil auf Leitern hinunter in ein weiteres Schotterkar, in dessen Grund wir uns schräg rechts halten. Nachdem wir Weg Nr. 118 gekreuzt haben, steigen wir hinauf zur **Forcella di Misurina (15)**, 2370 m. Auch hier ist der Abstieg zunächst wieder mit Drahtseilen gesichert, anschließend führt der Weg relativ gemütlich hinunter zum **Rifugio Col de Varda (16)**, 2130 m. Von dort geht es über die Zugangsstraße der Hütte hinunter nach **Misurina (17)** am gleichnamigen See, ein weiteres großartiges Postkartenmotiv mit entsprechender Hotellerie und Parkplätzen.

▼ *Blick vom Paternsattel zur Dreizinnenhütte und zum Toblinger Knoten (Felszahn links von der Hütte).*

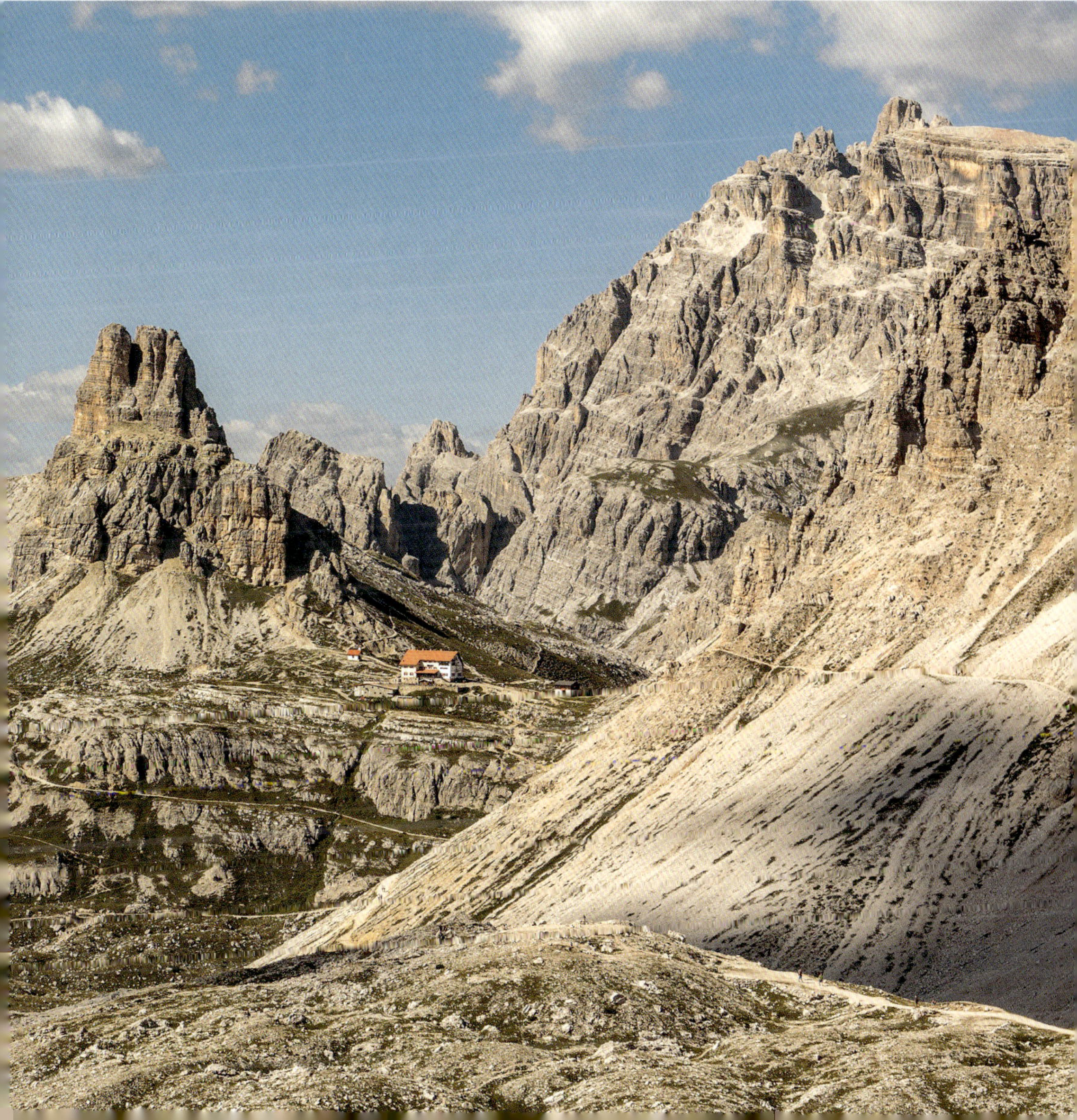

# 28 Karnischer Höhenweg

## Am Karnischen Hauptkamm entlang

7 Tage

mittel

### Großartiger Höhenweg mit fantastischer Aussicht

Der Karnische Höhenweg zählt mittlerweile zu den Klassikern unter den alpinen Weitwanderwegen. Die Tour verläuft stets auf oder parallel des Hauptkamms der Karnischen Alpen und damit entlang der tektonischen Plattengrenze zwischen Afrika und Europa. 500 Millionen Jahre Erdgeschichte offenbaren sich dem Geologen wie im Bilderbuch. Aufschlussreich sind die eigens angelegten Geo-Trails, die auch dem Laien einen verständlichen Einblick in die komplexe Entstehung und Entwicklung der Karnischen Alpen bieten. Aber auch in Bezug auf die Zeitgeschichte veranlasst der lange Höhenweg zum Nachdenken. Wie in vielen anderen Teilen der Alpen zwischen Ortler und Adria zeugen verfallene Schützengräben, Geschützstellungen, Baracken, Bunker, Soldatenfriedhöfe und breit angelegte Versorgungswege von den Grauen des Ersten Weltkrieges, komprimiert anzusehen im Museum in Kötschach-Mauthen bzw. im Freilichtmuseum am Plöckenpass. Zur Erinnerung an den Krieg und als Ermahnung zum Frieden entstand ab 1974 der Karnische Höhenweg, auch Friedensweg genannt. Alte Versorgungswege wurden wieder instand gesetzt und mit erhalten gebliebenen Pfaden und Steigen zu einem Gesamtweg verbunden. So entstand ein Höhenweg, der uns Wanderer zwischen Erdgeschichte und Zeitgeschichte sieben Tage lang durch eine grandiose Berglandschaft führt. Einziges Manko ist, dass der Höhenweg durch zahlreiche Veröffentlichungen an Bekanntheit gewonnen hat. Auf den Hütten kann es daher schon recht voll bis überfüllt sein. Wer nicht so lange Zeit hat, sollte den Weg am Plöckenpass enden lassen.

### TOURENINFO

**Ausgangspunkt:** Sillian, 1080 m. Zugverbindung von Franzensfeste (Fortezza) und Lienz. Vom Bahnhof geht man in 3 Stunden zu Fuß bis zur Leckfeldalm oder man fährt mit dem Hüttentaxi (Hüttenshuttle siehe Homepage Leckfeldalm, Tel. +43 664 3412813) bzw. dem eigenen Auto hinauf. Die Anfahrt mit dem Auto zur Hütte erfolgt über Bruneck und Toblach nach Sillian und von dort den Schildern folgend. Bei Begehung des Höhenweges kann das Auto an der Hütte abgestellt werden. Rückfahrt vom Plöckenhaus zur Leckfeldalm mit Hüttentaxi möglich.

**Endpunkt:** Hermagor, 590 m, Bahnhof. Wer die Tour am Plöckenpass, 1215 m, beendet, fährt mit dem Taxi, per Autostopp oder dem Wanderbus (Mitte Juli bis Anfang September täglich, im Mai, Juni, Anfang Juli und der zweiten Septemberhälfte an den Wochenenden) nach Kötschach-Mauthen. Von dort mit dem Bus zurück nach Sillian. Infos beim Tourismusbüro Kötschach-Mauthen, Tel. +43 4715 8516 und +43 428 225225. Es werden auch Taxi-Dienste direkt zurück nach Sillian angeboten (nähre Informationen auf den entsprechenden Hütten).

**Anforderungen:** Aufgrund der langen Tagesetappen ist eine gute Kondition erforderlich. Einige kurze, ausgesetzte Passagen sind mit Drahtseil gesichert. Insgesamt ein sehr angenehm zu gehender Höhenweg.

**Höhenunterschied:** 6130 m im Aufstieg, 7440 m im Abstieg (ca. 53.30 Std.).

**Information:** Tourismusinformation Sillian, Gemeindehaus 86, A-9920 Sillian, Tel. +43 50 212300, osttirol.com.

**Karten:** Freytag & Berndt WK 182 »Lienzer Dolomiten – Lesachtal« und WK 223 »Karnische Alpen – Gailtal – Gitschtal« (Maßstab 1:50.000).

### GIPFELMÖGLICHKEITEN

▲ **Hollbrucker Spitze,** 2581 m: Abstecher auf der 1. Etappe, von der Abzweigung 0.10 Std. Aufstieg, 0.10 Std. Abstieg, leicht.

▲ **Eisenreich,** 2665 m: wird auf der 1. Etappe überschritten.

▲ **Gatterspitze,** 2430 m: von der Obstanserseehütte, 2 Std. Aufstieg, 1.30 Std. Abstieg, keine Schwierigkeit.

▲ **Pfannspitze (Cima Vanscuro),** 2678 m: wird auf der 2. Etappe überschritten.

▲ **Großer Kinigat,** 2689 m: sehr guter Aussichtsberg, kann auf der 2. Etappe bestiegen werden, 0.40 Std. Aufstieg, 0.30 Std. Abstieg, gesicherter Steig, mäßig schwierig, stellenweise ausgesetzt.

▲ **Porze (Cima Palombino),** 2599 m: von der Porzehütte, 2.45 Std. Aufstieg, 2 Std. Abstieg, leichter Klettersteig.

▲ **Steinkarspitze,** 2524 m: wird auf der 3. Etappe überschritten.

▲ **Hochweißstein (Monte Peralba),** 2694 m: vom Hochweißsteinhaus, 3.45 Std. im Aufstieg, 2.45 Std. im Abstieg, Klettersteig, teilweise stahlseilgesichert.

▲ **Rauchkofel,** 2460 m: von der Wolayerseehütte, 1.30 Std. Aufstieg, 1 Std. Abstieg, keine Schwierigkeit.

▲ **Polinik,** 2331 m: Abstecher auf der 5. Etappe, 1 Std. im Aufstieg, 0.45 Std. im Abstieg, im letzten Teil zum Gipfel Trittsicherheit nötig.

▲ **Köderkopf,** 2176 m: wird auf der 5. Etappe überschritten.

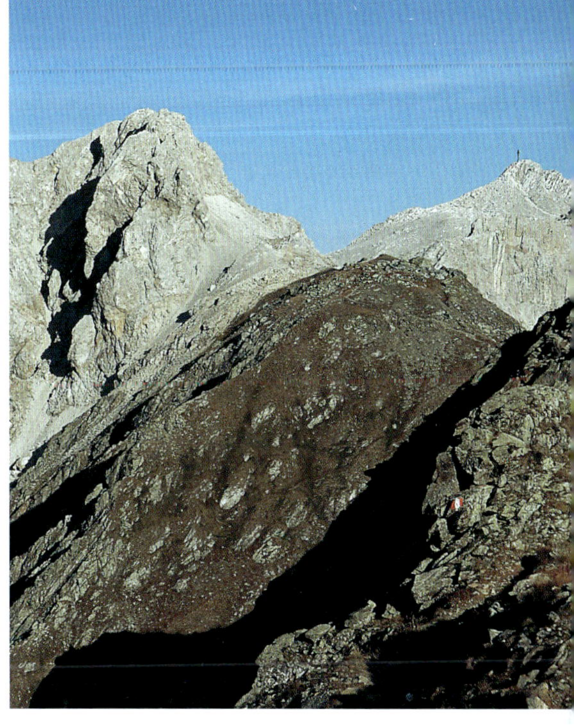

▲ *Kleiner und Großer Kinigat.*

## UNTERKÜNFTE

- **Leckfeldalm,** 1900 m, privat, Anfang Juni bis Mitte Okt. bewirtschaftet, 13 Schlafplätze, Tel. +43 664 3412813, leckfeldalm.at.
- **Sillianer Hütte,** 2447 m, ÖAV, Anfang Juni bis Anfang Okt. bewirtschaftet, ca. 70 Schlafplätze, Tel. +43 664 5323802, sillianerhuette.at, Reservierung über DAV-Reservierungssystem.
- **Obstanserseehütte,** 2304 m, ÖAV, Mitte Juni bis Ende Sept. bewirtschaftet, ca. 60 Schlafplätze, Tel. +43 4848 5422, alpenverein.de (Hüttensuche), Reservierung über DAV-Reservierungssystem.
- **Filmoor-Standschützenhütte,** 2350 m, ÖAV, Mitte Juni bis Ende Sept. bewirtschaftet, 14 Schlafplätze, Tel. +43 664 1127153, filmoorhuette.com, Reservierung über DAV-Reservierungssystem.
- **Neue Porzehütte,** 1942 m, ÖAV, Mitte Juni bis Ende Sept. bewirtschaftet, ca. 65 Schlafplätze, Tel. +43 664 3256452, alpenverein.de (Hüttensuche), Reservierung über DAV-Reservierungssystem.
- **Mitterkarbiwak,** 1973 m, 6 Schlafplätze, nicht versperrt, kein Wasser.
- **Hochweißsteinhaus,** 1867 m, ÖAV, Mitte Juni bis Ende Sept. bewirtschaftet, ca. 50 Schlafplätze, Tel. +43 676 7462886, alpenverein.de (Hüttensuche), Reservierung über DAV-Reservierungssystem.
- **Wolayerseehütte,** 1959 m, ÖAV, Mitte Juni bis Anfang Okt. bewirtschaftet, 64 Schlafplätze, Tel. +43 720 346141, wolayerseehuette-lesachtal.at, Reservierung über DAV-Reservierungssystem.
- **Almgasthof Valentinalm,** 1205 m, privat, Anfang Mai bis Mitte Okt. bewirtschaftet, 55 Schlafplätze, Tel. +43 660 8419950 und +43 650 4163253, valentinalm.at.
- **Zollnerseehütte,** ehemals Dr.-Steinwender-Hütte, 1750 m, ÖAV, Anfang Juni bis Ende Okt. bewirtschaftet, 34 Schlafplätze, Tel. +43 676 9602209, zollnerseehuette.oeav-obergailtal.at, Reservierung über DAV-Reservierungssystem.
- **Straniger Alm,** 1479 m, privat, Anfang Juni bis Ende Sept. bewirtschaftet, 25 Schlafplätze, Tel. +43 650 3726174 und +43 428 421001, straniger-alm.at.
- **Biwak Ernesto Lomasti,** 1945 m, CAI, 12 Schlafplätze.
- **Alpenhotel Plattner,** 1600 m, ÖAV Vertragshaus, Anfang Juni bis Anfang Okt. bewirtschaftet, 45 Schlafplätze, Tel. +43 4285 8285, plattner.at.

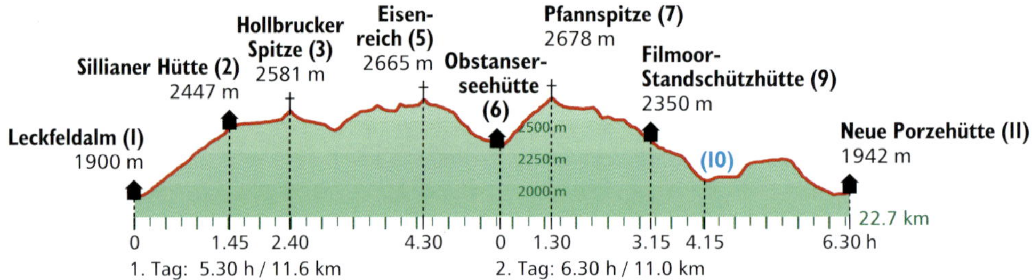


## 1. Tag: Leckfeldalm, 1900 m – Obstanserseehütte, 2304 m

5.30 Std., 840 m↑, 430 m↓

Von der **Leckfeldalm (1)** steigen wir über die Versorgungsstraße in Richtung Sillianer Hütte auf. Die Hütte schon im Blick, steuern wir genau auf den Kamm zu, bis wie aus dem Nichts die Sextener Dolomiten vor uns auftauchen. Was für ein Panorama! Glücklich beschließen wir, uns auf der Terrasse der **Sillianer Hütte (2)**, 2447 m, ein zweites Frühstück zu genehmigen. Anschließend wandern wir an alten Unterständen vorbei in Richtung Hollbrucker Spitze. Der Weg ist, wie fast auf der gesamten Wanderung, mit der Nr. 403 gekennzeichnet. Der Gipfel der **Hollbrucker Spitze (3)**, 2581 m, liegt praktisch in Wurfweite und ist ohne großen zusätzlichen Zeitaufwand einfach zu besteigen. Nach der Gipfelbesteigung oder -umgehung geht es dann weiter auf dem breiten Kamm zum **Hochgräntenjoch (4)** mit dem gleichnamigen See. Eine Gedenkstätte und ein Soldatenfriedhof befinden sich in unmittelbarer Nähe. Vom Joch steigen wir zum Demut auf, wo uns das Panorama wieder an die schönen Seiten des Lebens erinnert. Die Sextener Dolomiten und die Hohen Tauern liegen wie auf dem Präsentierteller vor uns. Über die Schöntalhöhe queren wir nun hinüber zum **Eisenreich (5)**, 2665 m, dem höchsten Punkt für heute. Dann gelangen wir absteigend zum Obstanser Sattel, verlassen den Kamm und erreichen die am Obstanser See liegende **Obstanserseehütte (6)**. Hier bietet sich der Aufstieg zur Gatterspitze an (siehe Gipfelmöglichkeiten).

## 2. Tag: Obstanserseehütte, 2304 m – Neue Porzehütte, 1942 m

6.30 Std., 510 m↑, 870 m↓

Zwei Varianten stehen zwischen der Obstansersee- und der Standschützenhütte zur Auswahl. Die untere führt

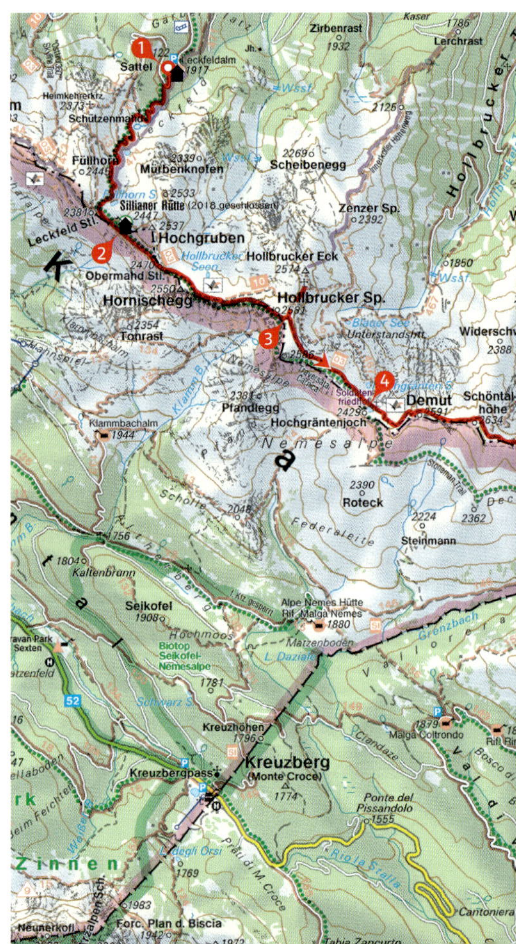

über Roßkopftörl, Tscharrhütte und Mittersattel zum Ziel. Landschaftlich wesentlich reizvoller ist der obere, hier empfohlene Weg. Von der **Obstanserseehütte (6)** folgen wir dazu ein kurzes Stück dem Weg in Richtung Roßkopftörl, dann biegen wir rechts ab und kehren ansteigend auf den Kamm zurück. Dieser führt uns als erstes zur **Pfannspitze (7)**, 2678 m, und anschließend über den Kleinen bis kurz unterhalb des Großen Kinigat. Wer den Großen Kinigat (siehe Gipfelmöglichkeiten) besteigen möchte, es lohnt sich: Ein kurzer, mit Stahlseilen gesicherter Weg führt hinauf, und vom sogenannten Europakreuz an seinem Gipfel genießt man ein exquisites Panorama. An der Abzweigung zum Kinigat verlässt der Karnische Höhenweg den Kamm nach Süden, und wir queren durch Schutthalden in den

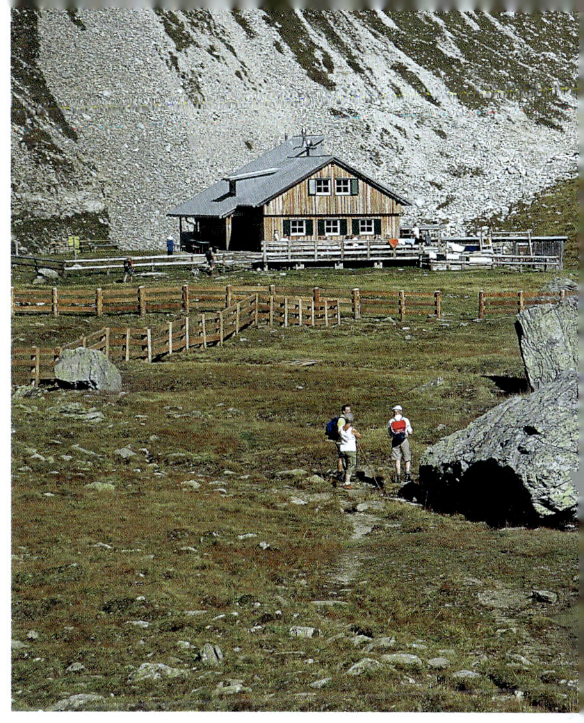

▲ *Die Obstanserseehütte.*

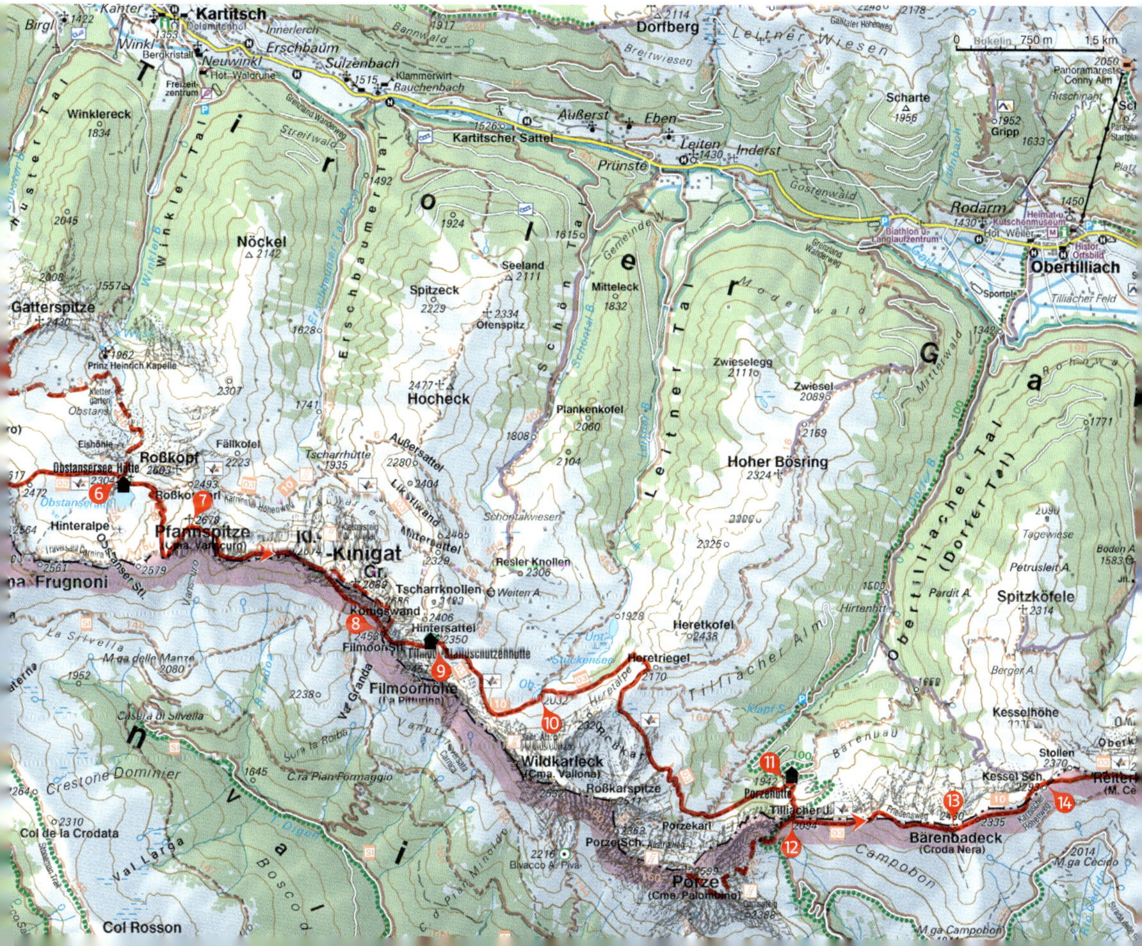

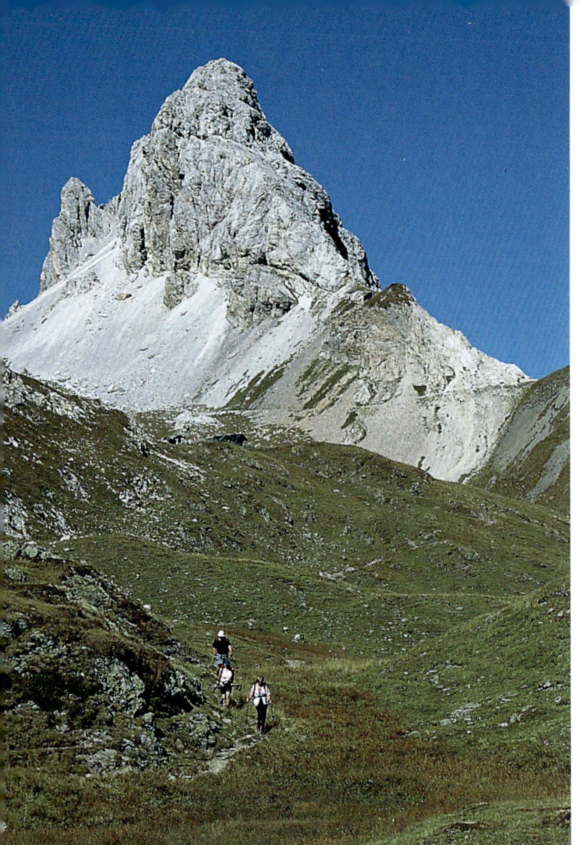

▲ *Die Königswand am Großen Kinigat.*

**Filmoorsattel (8)**, 2459 m. Die **Filmoor-Standschützenhütte (9)** liegt etwas nördlich des Sattels und ist in wenigen Minuten erreicht. Zeit für eine Brotzeit, die Hälfte ist geschafft. Und die Leckereien aus einheimischer Produktion sind auch nicht zu verachten.

Der Weiterweg führt durch das Leitner Tal zum **Oberen Stuckensee (10)** hinab. Am Ende des Sees gelangen wir an eine Wegteilung, wo wir rechts abbiegen und zum Heretriegel aufsteigen. Erneut teilt sich der Weg. Wir folgen der Nr. 403 nach Süden, die uns nun durch das Roßkar und weiter, mit einer drahtseilgesicherten Stelle, in das Porzekar am Fuß der Nordwand des Porze führt. Leicht absteigend erreichen wir von dort in wenigen Minuten die **Neue Porzehütte (11)**. Von der Hütte kann optional der Porze bestiegen werden (siehe Gipfelmöglichkeiten).

## 3. Tag: Neue Porzehütte, 1942 m – Hochweißsteinhaus, 1867 m

10 Std., 910 m↑, 980 m↓

Ein langer Wandertag steht uns bevor (genügend Wasser mitnehmen!). Als Notunterkunft gibt es ungefähr auf halber Strecke zwar das Mitterkarbiwak, das man vom Hochspitzjoch der Beschilderung folgend erreichen kann, aber da es nur über sechs Lagerplätze verfügt, muss man damit rechnen, dass es belegt ist. Drei Varianten stehen heute zur Auswahl: eine österreichische mit vielen Auf- und Abstiegen, eine italienische (Weg Nr. 403 A) und der Kammweg, der zwar nicht ganz leicht ist, aber am kürzesten und schnellsten. Wir entscheiden uns für den Kammweg.

Wir brechen früh von der **Neuen Porzehütte (11)** auf in Richtung Süden und erreichen so das **Tillacher Joch (12)**, 2094 m. An dem ehemals bedeutenden Pass biegen wir links ab und folgen dem lang gezogenen Anstieg auf das **Bärenbadeck (13)**, 2430 m.

Der weitere Weg ist durch ein ständiges Auf und Ab gekennzeichnet. Dabei überblicken wir bereits den gesamten grünen Kamm bis zum Hochweißstein 2694 m, der sich als mächtiger Felsklotz im Hintergrund aufbaut. Wir überschreiten, und zwar in dieser Reihen-

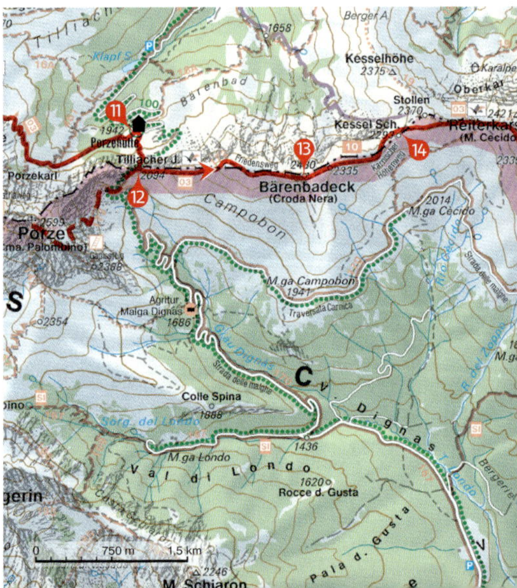

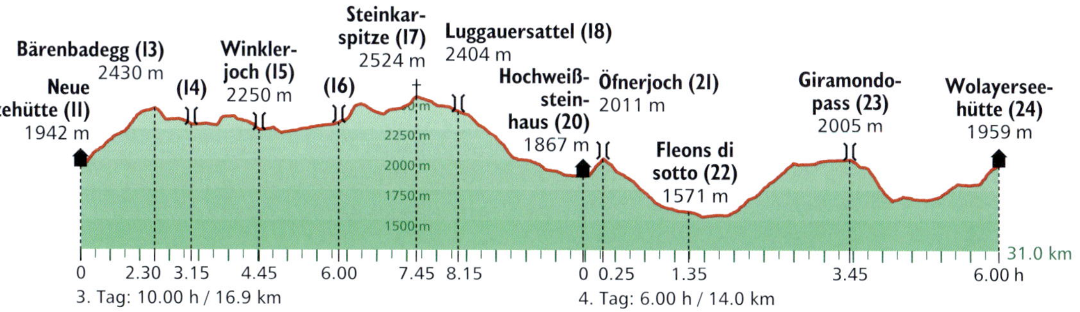


folge, die **Kesselscharte (14)**, 2293 m, die **Reiterkarspitze (15)**, 2421 m, das **Winklerjoch (15)**, 2250 m, und das **Hochspitzjoch (16)**, 2314 m. Dort müssen wir dem steilen Westgrat des Hochspitz ausweichen und diesen auf seiner Südseite umwandern. Steil geht es daher in einen breiten Sattel unterhalb des Gipfels, dann wandern wir unschwierig, vorbei am Abzweig zum Mitterkarbiwak, weiter zur **Steinkarspitze (17)**, 2524 m. Dort wechseln wir auf die österreichische Seite des Kamms und folgen dem traumhaft angelegten Wegabschnitt in den **Luggauer Sattel (18)**, 2232 m, zwischen Zwölferspitz und Torkarspitze. Wir steigen, vorbei am **Luggauer Törl (19)**, noch rund 400 Höhenmeter ab und erreichen das **Hochweißsteinhaus (20).** Von der Hütte lässt sich der Hochweißstein (Monte Peralba) besteigen (siehe Gipfelmöglichkeiten).

Hinweis: Schon seit mehreren Jahren ist der Wegabschnitt zwischen Luggauer Törl und Hochweißsteinhaus gesperrt und nicht begehbar. Ist dieser Abschnitt weiterhin gesperrt, ist der ausgeschilderte Weg über die Ingridhütte nördlich des Frohnbaches eine gut begehbare Alternative, um das Hochweißsteinhaus zu erreichen. Bei dieser Alternative ist mit zusätzlichen 200 Höhenmetern im Ab- und Aufstieg zu rechnen.

### 4. Tag: Hochweißsteinhaus, 1867 m – Wolayerseehütte, 1959 m

6 Std., 780 m↑, 680 m↓

Vom **Hochweißsteinhaus (20)** steigen wir zum **Öfnerjoch (21)** auf und überschreiten damit ein weiteres Mal die Staatsgrenze nach Italien. Steil absteigend gelangen wir dann über einen Fahrweg zur Alm **Fleons di sotto**

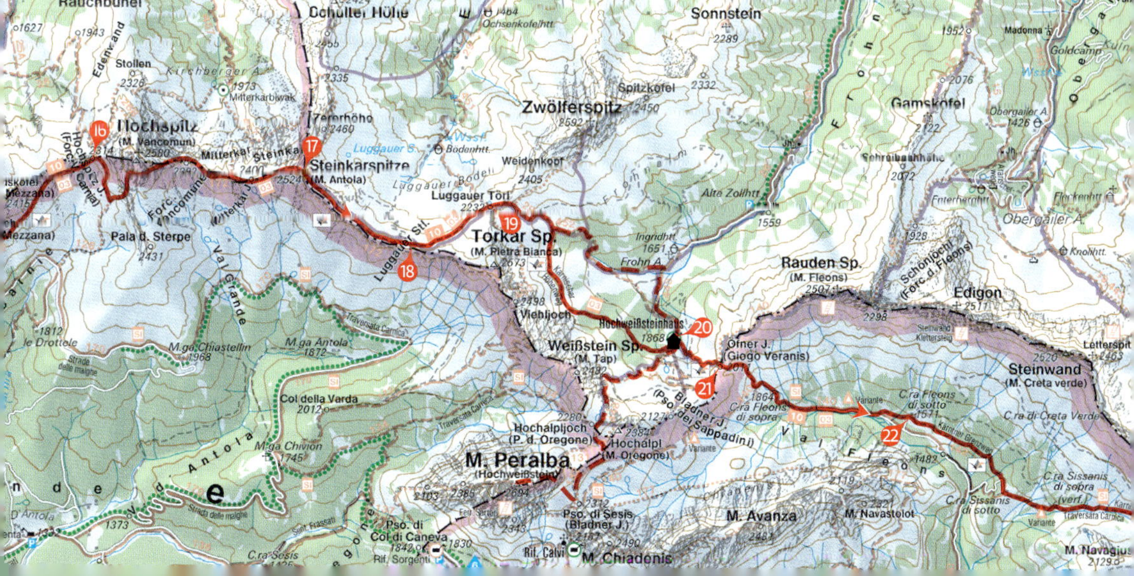

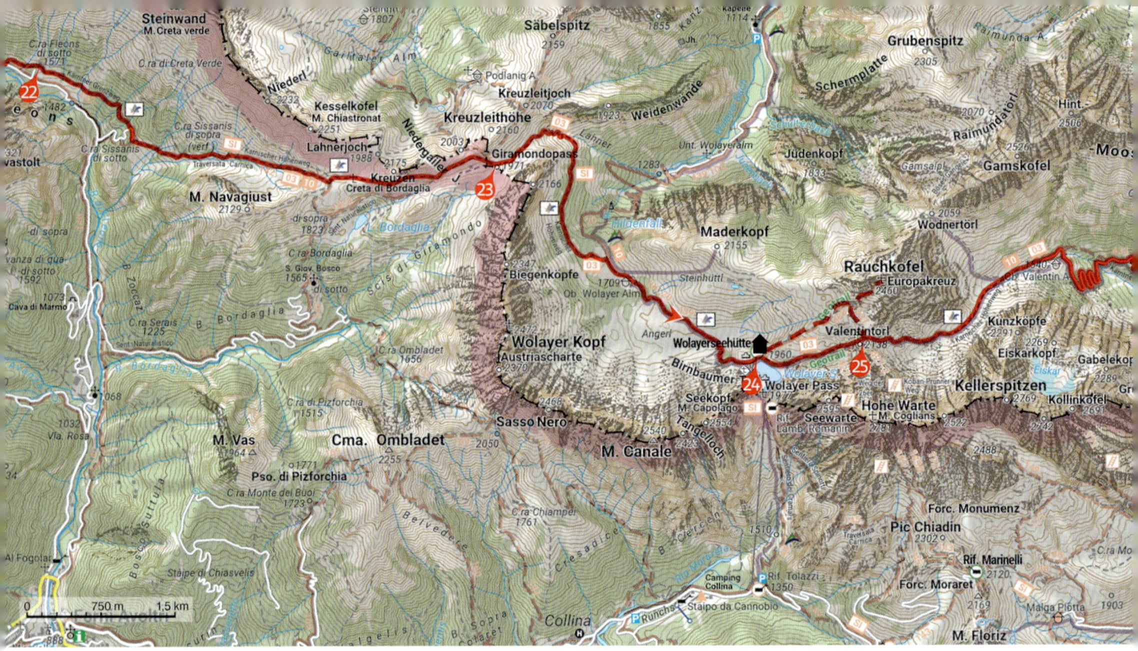

(22). Von der Alm leitet ein Fußweg weiter durch einen Wald. Dann gelangen wir wieder auf einen Fahrweg, der zur Alm Sissanis di Sopra führt. Weiter ansteigend erreichen wir eine Einsattelung, von der wir unterhalb des Kreuzen zum **Giramondopass (23)**, 1971 m, wandern. Jetzt geht es steil in das Wolayer Tal hinunter. Am Ende des Abstieges queren wir einen mit Latschen und Kiefern bewachsenen Hang zur Oberen Wolayeralm, etwa 1720 m. Schließlich treffen wir auf die Versorgungsstraße der Wolayerseehütte, halten uns rechts und erreichen auf der Straße gehend die am gleichnamigen See gelegene **Wolayerseehütte (24)**. Von der Hütte genießen wir den imposanten Blick über den Wolayer See auf die Seewarte und die dahinter liegende Hohe Warte. Zudem kann auch der Rauchkopf bestiegen werden (siehe Gipfelmöglichkeiten). Sehr ausdauernde Wanderer können auch am nächsten Morgen zunächst zum Rauchkopf aufsteigen und von hier den Abstieg direkt zum Valentintörl wählen.

## 5. Tag: Wolayerseehütte, 1959 m – Zollnerseehütte, 1738 m

10.30 Std., 1750 m↑, 1970 m↓

Von der **Wolayerseehütte (24)** steigen wir direkt zum **Valentintörl (25)**, 2138 m, auf. Wieder absteigend gelangen wir durch die steilen Südhänge des Rauchkofels zu den Wiesen der Oberen Valentinalm, 1540 m. Nun folgen wir der Versorgungsstraße der Alm ein

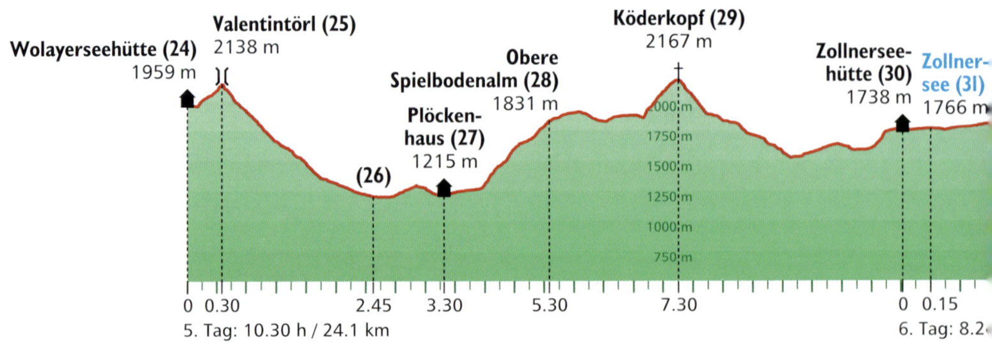

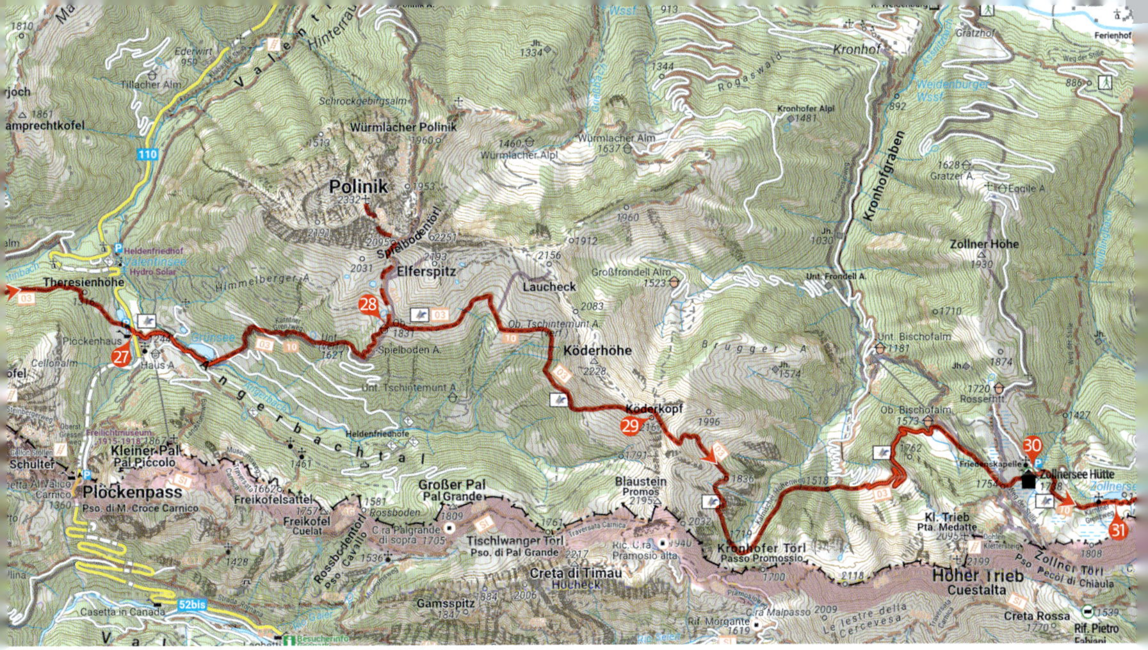

Stück, verlassen diese aber gleich in der ersten Kehre wieder: Ein Wanderweg führt schneller und direkter zur **Unteren Valentinalm (26)**, 1205 m. Dort teilt sich der Weg: Geradeaus kommt man direkt zur Straße, rechts haltend führt unser Weg zu einer Brücke über den Valentinbach. Hinter dieser steigen wir durch einen bewaldeten Hang auf die Theresienhöhe, 1315 m, und gelangen von dort nach kurzem Abstieg zum **Plöckenhaus (27)**, 1215 m, am Plöckenpass (Bushaltestelle). Hier endet für die meisten Wanderer der Karnische Höhenweg.

Wir gehen jedoch weiter, überschreiten am Plöckenhaus die Passstraße und gelangen auf einen Parkplatz an der Straße. Dort folgen wir der Beschilderung weiter auf dem Weg Nr. 403. Über einen Fahrweg kommen wir auf den Kärntner Grenzweg, der an dem hübsch gelegenen Grünsee vorbeileitet. Die Landschaft ist geprägt von lichtem Wald und Almwiesen. Ca. 15 Minuten nach dem Grünsee weist uns ein Schild darauf hin, dass der Karnische Höhenweg nicht mehr über die Untere Tschintemuntalm verläuft und dieser Weg gesperrt ist. Die Route führt nun links am Schild vorbei über die Obere Spielbodenalm zur Oberen Tschintemuntalm. Von dort geht es wie bisher weiter zur Köderhöhe. Das neue Routenstück verkürzt die Gehzeit um bis zu 30 Minuten und ist bequemer. Bevor wir die Obere Spielbodenalm erreichen, queren wir eine Almwiese. Wir gelangen in den Wald

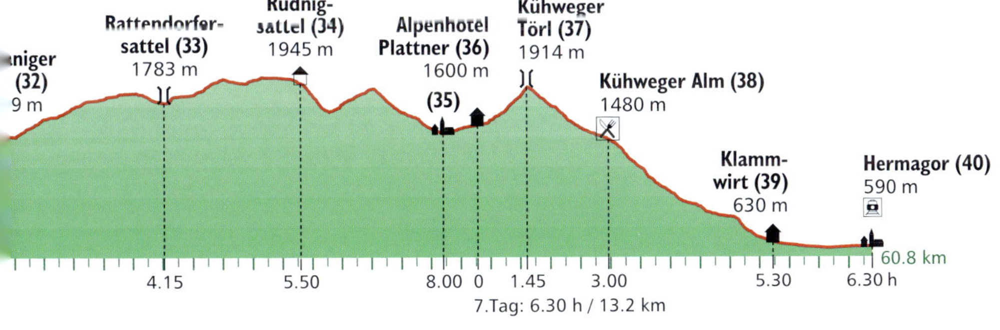

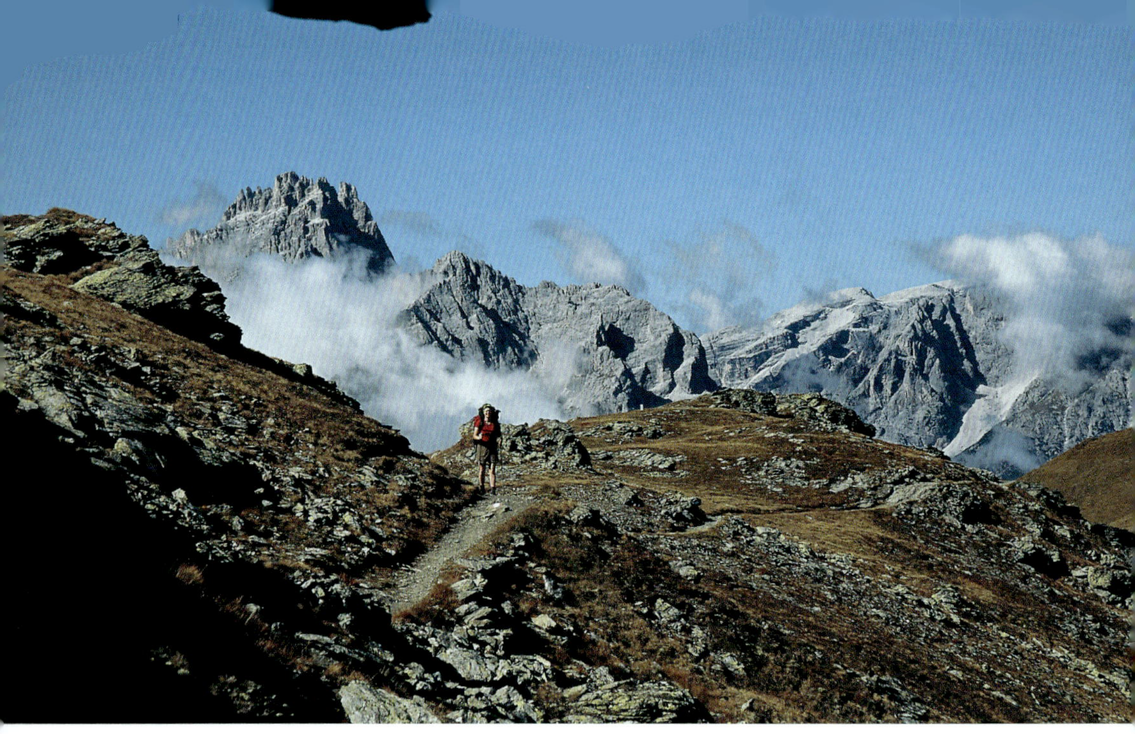

▲ *Auftakt nach Maß mit Dreischusterspitze im Hintergrund.*

und es geht steil hinauf bis auf 1621 m, wo die verfallene Untere Spielbodenalm steht. Von hier sehen wir den 2194 m hohen Blaustein, den wir nun im Visier behalten. Wir steigen schließlich noch etwa 200 m bergauf und gelangen so zur **Oberen Spielbodenalm (28)**. Die winzige Hütte steht idyllisch auf einer großen Almwiese mit vielen Kühen. Wer noch Zeit und Muße hat, kann von der Alm aus in einer Stunde den 2331 m hohen Polinik (siehe Gipfelmöglichkeiten) besteigen. Wieder den Blaustein im Blick wandern wir weiter an der verfallene Oberen Tschintemuntalm, 1812 m, vorbei. Wir queren südseitig leicht ansteigend die Köderhöhe und gelangen auf der Nordseite vom Blaustein auf den **Köderkopf (29)**, 2176 m, den höchsten Punkt für heute, wenn man die Gipfel ausgelassen hat. Von hier geht es ca. 1 Stunde abwärts bis auf 1518 m. Dann steigen wir wieder gemütlich an und erreichen über die Obere Bischofalm die **Zollnerseehütte (30)**, ehemals Dr.-Steinwender-Haus.

## 6. Tag: Zollnerseehütte, 1738 m – Alpenhotel Plattner, 1600 m

8.20 Std., 1020 m↑, 1180 m↓

Heute geht es Richtung Naßfeld zum Alpenhof Plattner. Es wird ein langer Tag mit 8.20 Stunden Gehzeit. Wer es ruhiger angehen möchte, hat an zwei anderen Stellen vorher die Möglichkeit zu übernachten: auf der Straniger Alm und in der Biwakschachtel Lomasti.

Von der **Zollnerseehütte (30)** wandern wir zunächst ohne großen Höhenunterschied am **Zollnersee (31)** vorbei zum Nölbling Punkt, 1817 m, und weiter zur **Straniger Alm (32)**, 1479 m. Ab hier wandern wir auf Fahrwegen immer der Beschilderung folgend bis zur Kleinen Kordinalm. Die Berglandschaft wird zunehmend sanfter und weniger alpin. Es geht weiter hinauf und wir wechseln über eine Einsattelung zwischen dem Straniger, 1840 m, und dem Hochwipfel, 2185 m, nach Italien auf den Kärntner Grenzweg. Ein Abstecher am **Rattendorfersattel (33)**, 1783 m, nach

Österreich würde dabei zur Rattendorfer Alm führen, wo man auch übernachten könnte.
Wir wandern weiter auf dem Grenzweg an der Südseite des Trogkofels entlang zum **Rudrigsattel (34)**, 1945 m. Nur wenige Meter westlich des Sattels befindet sich das Biwak Lomasti, das wunderschön auf einem kleinen Plateau unterhalb des Monte Cavallo steht. Es lohnt sich, dort zu verweilen, die Ruhe und den Blick ins Val Pontebbana genießen, denn mit der Ruhe und Einsamkeit ist es nun bald vorbei. Unausweichlich sieht man aus der Entfernung die ersten Skilifte auf der Sonnenalpe von Naßfeld. Je näher wir der Sonnenalpe kommen, um so größer wird der Trubel. Eine Sommerrodel bahn, künstliche kleine Seen für die Beschneiungsanlagen der Skipisten, Gondelbahnen, Mountainbiker und Massen von Menschen. Und vor lauter Wegen, Abzweigungen und Trampelpfaden sehen wir den Weg nicht mehr, der uns nach Naßfeld bringen soll. Wie durch ein Wunder kommen wir trotzdem genau an der Grenze zwischen Österreich und Italien in **Naßfeld (35)** an. Nun wird es schwieriger. Da es keine vernünftige Beschilderung gibt, hilft nur, nach dem Weg zu fragen. Direkt an der Grenze steht das Hotel Berghof. Rechts vom Hotel führt eine asphaltierte Straße vorbei. Auf dieser Straße (Watschiger Alpweg) gehen wir 25 Minuten und gelangen so zum **Alpenhotel Plattner (36)**. Hier gibt es auch wieder die sehr gute Beschilderung wie sonst auf dem Karnischen Höhenweg.

### 7. Tag: Alpenhof Plattner, 1600 m – Hermagor, 580 m

6.30 Std., 320 m↑, 1330 m↓

Die Entscheidung fällt schwer: Folgen wir dem Originalweg Nr. 403 südlich am Gartnerkofel entlang weiter zur Eg-

▾ *Abendsonne am Bivacco Lomasti.*

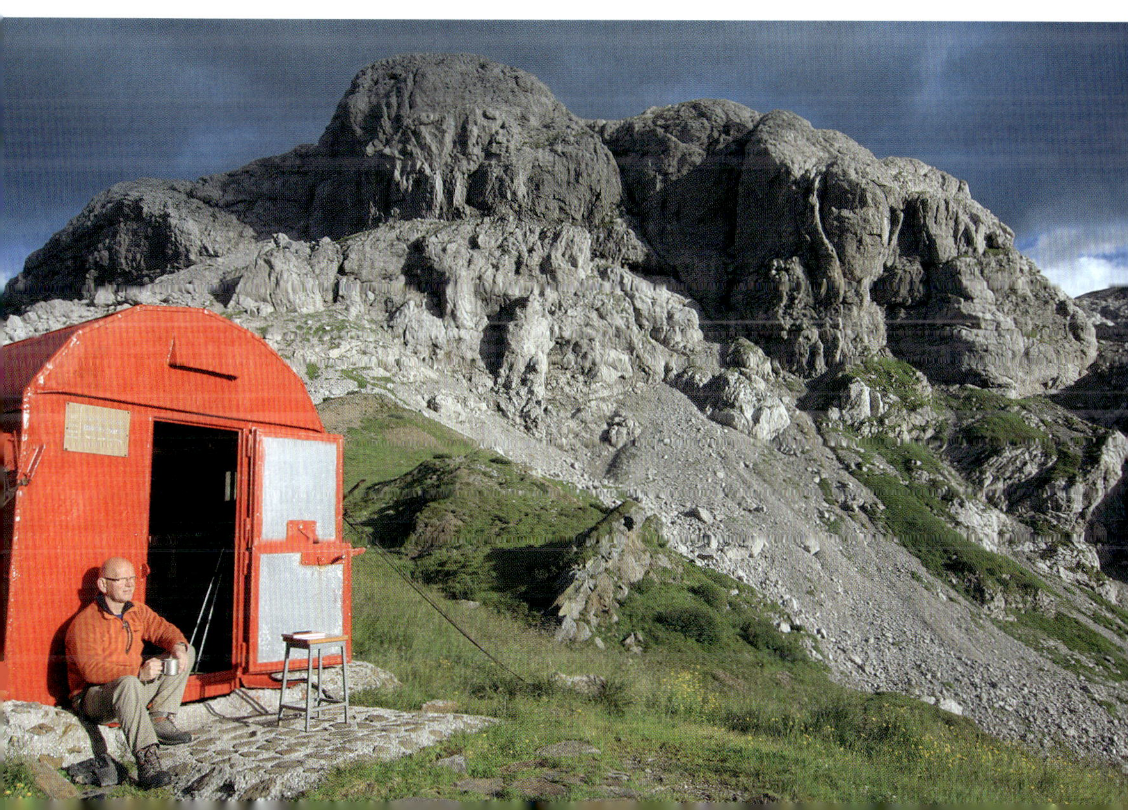

geralm und von dort hinunter nach Hermagor, unserem Endpunkt, oder wandern wir auf Weg Nr. 410 westlich am Gartnerkofel vorbei über das Kühweger Törl und durch die Garnitzenklamm. Wir entschließen uns für die schönste Klamm Kärntens.

Dazu marschieren wir vom **Alpenhotel Plattner (36)** über die Watschiger Alm 300 m hinauf zum **Kühweger Törl (37)**, 1914 m. Von hier blicken wir zum letzten Mal auf den karnischen Höhenzug. Ab jetzt geht es fast 1400 m nur noch abwärts. Steil steigen wir ein kurzes Stück hinab, gelangen auf Almwiesen mit lichtem Waldbestand und treffen nach einer Stunde auf die **Kühweger Alm (38)**. Hier verlassen wir den Weg Nr. 410 und zweigen nach rechts ab auf den Weg Nr. 409 Richtung Garnitzenklamm. Der Weg verschwindet in einem dichten Buchenwald. Nach einer halben Stunde treffen wir auf den Garnitzenbach, der uns zur Klamm führt. 6 km wandern wir durch eine beeindruckende Landschaft mit abwechslungsreichen Schauspielen kleinerer und größerer tosender Wasserfälle. Es gibt einige anspruchsvollere Abschnitte mit ausgesetzten Stellen, die alle sehr gut mit Ketten und Stahlseilen abgesichert sind. Bei schlechtem Wetter ist von dieser Strecke abzuraten und man nimmt besser den Originalweg Nr. 403 über die Eggeralm. Die Garnitzenklamm bildet einen würdigen, wilden Abschluss und Abschied vom Karnischen Höhenweg. Am Klammende gelangen wir zu einem Parkplatz und zum **Klammwirt (39)** direkt an der Straße. Am Ende unserer Tour müssen wir leider etwa 3,5 km auf dieser Straße zum Bahnhof von **Hermagor (40)** absolvieren.

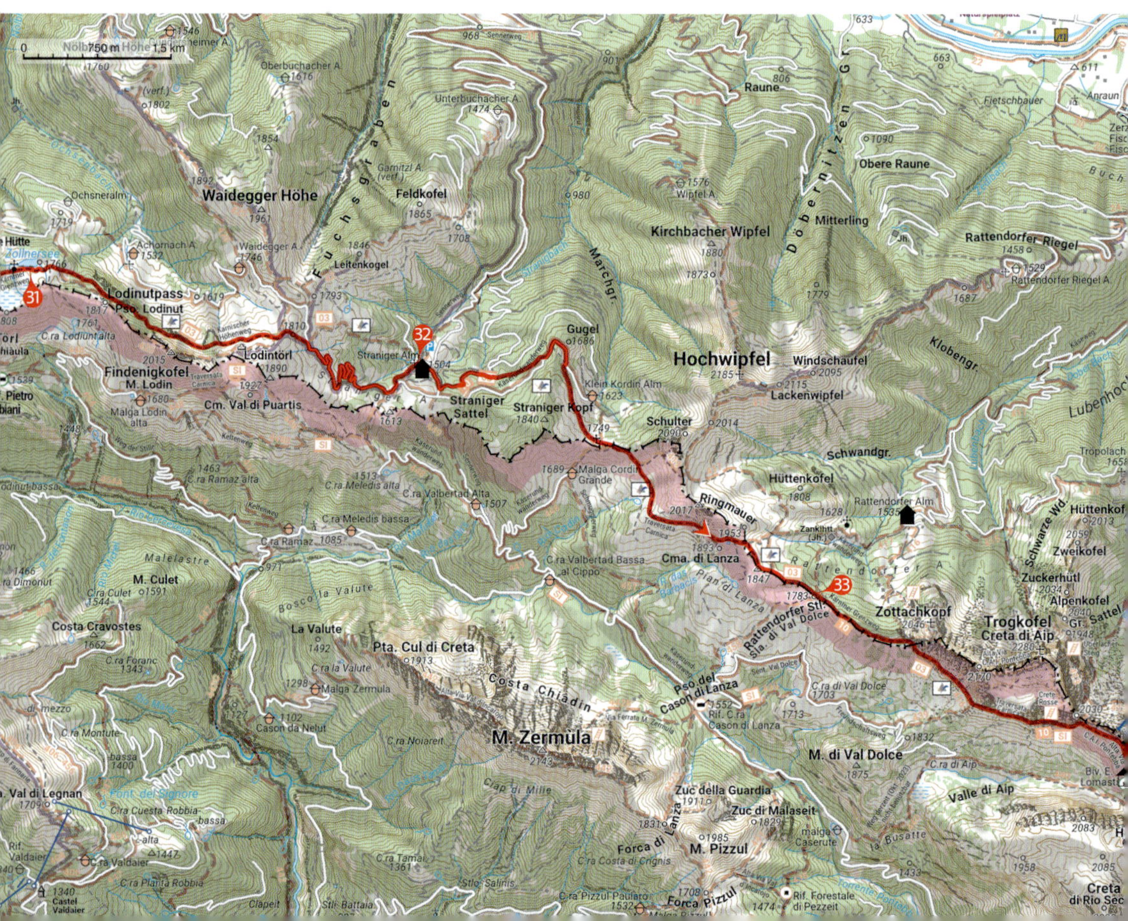

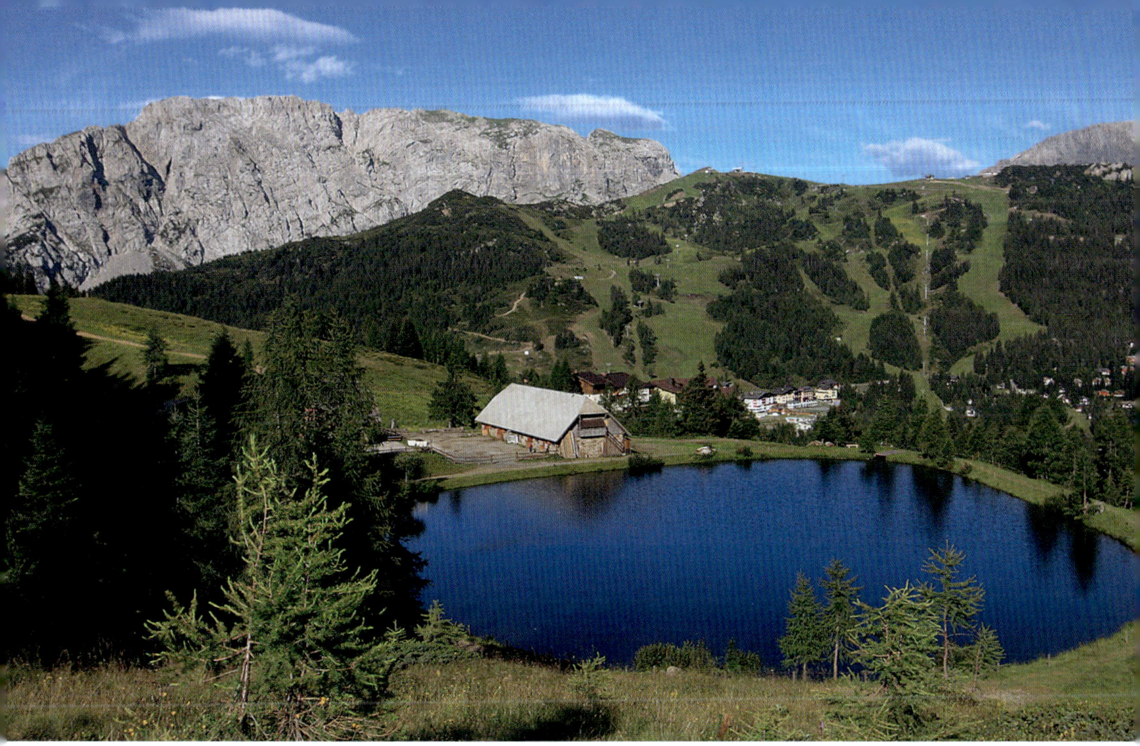

▲ *Jausenstation Watschiger Alm.*

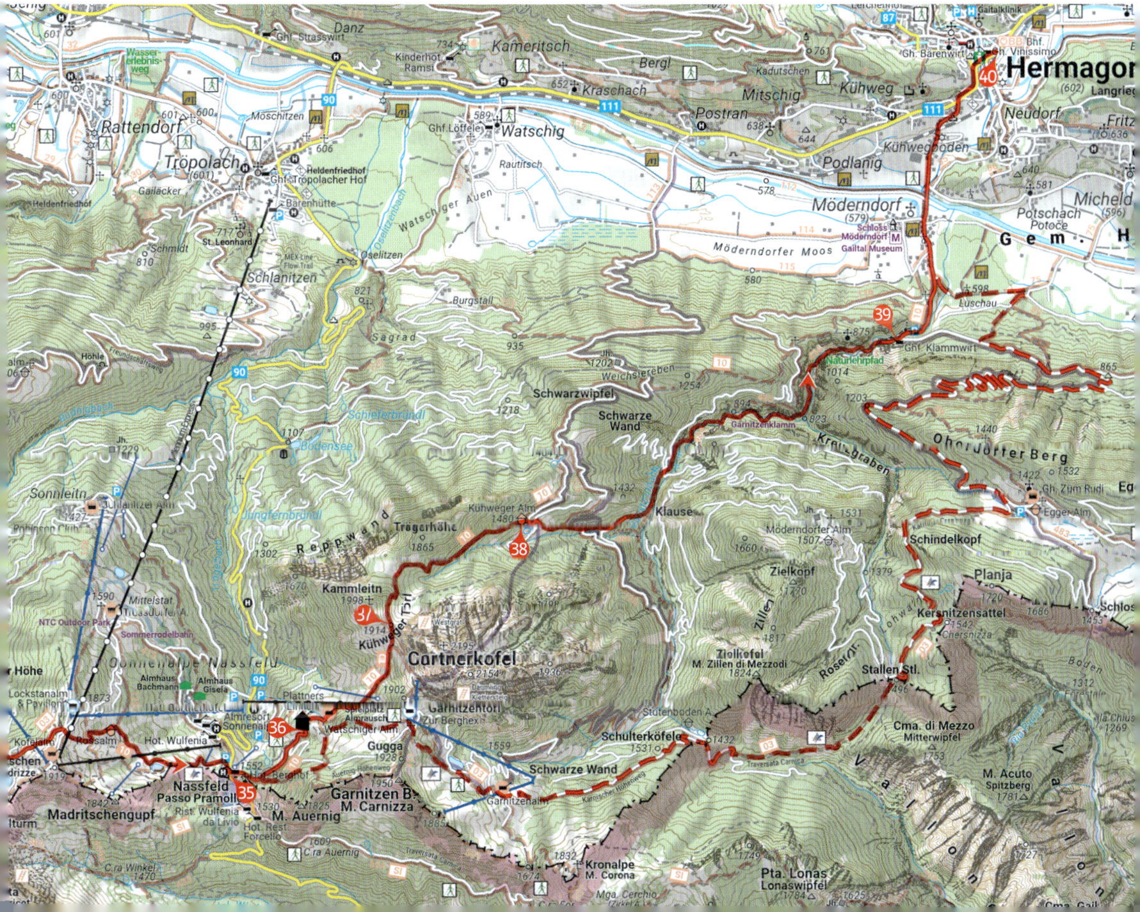

# 29 Durch die Kreuzeckgruppe

## Einsame Gipfel über dem Drautal

3 Tage

mittel

### Durch eine vom Tourismus vergessene Landschaft

Gebirge waren und sind Rückzugsräume für Völker, die anderswo den »Zug der Zeit« nicht überlebt hätten. Aufgrund der Abgeschiedenheit von manchen Tälern und Regionen konnten sich in den Bergen der Welt vielerorts Sprachen und Traditionen sonst längst vergessener Kulturen erhalten. Beispiele gibt es dafür auch in den Alpen genug. Man denke nur an die Ladiner im Bereich des Sellastocks in den Dolomiten oder die Walser im Wallis. Die Kreuzeckgruppe ist zwar nicht Rückzugsraum einer fast vergessenen Kultur, trotzdem hat man das Gefühl, als sei hier die Zeit stehen geblieben. Die Hugo-Gerbers-Hütte zum Beispiel ist eine Gebirgsunterkunft ohne Strom und fließendes Wasser. Oder der Besuch in einer der zahlreichen kleinen Almhütten, wo neben einem Gläschen selbst gebranntem Schnaps ein Schwätzchen über das Wetter zur Selbstverständlichkeit gehört. Angeheitert wandert man anschließend über die Berge und muss aufpassen, dass man auf Passagen, die in den populäreren Gebieten der Alpen längst mit Drahtseil versichert wären, nicht vor lauter Übermut am »falschen Griff« zieht. Die Schwerkraft wirkt auch in der Kreuzeckgruppe wie eh und je.

▸ *Die Hugo-Gerbers-Hütte.*
▾ *»Guten Morgen, liebe Sonne«: an den Zwei Seen.*

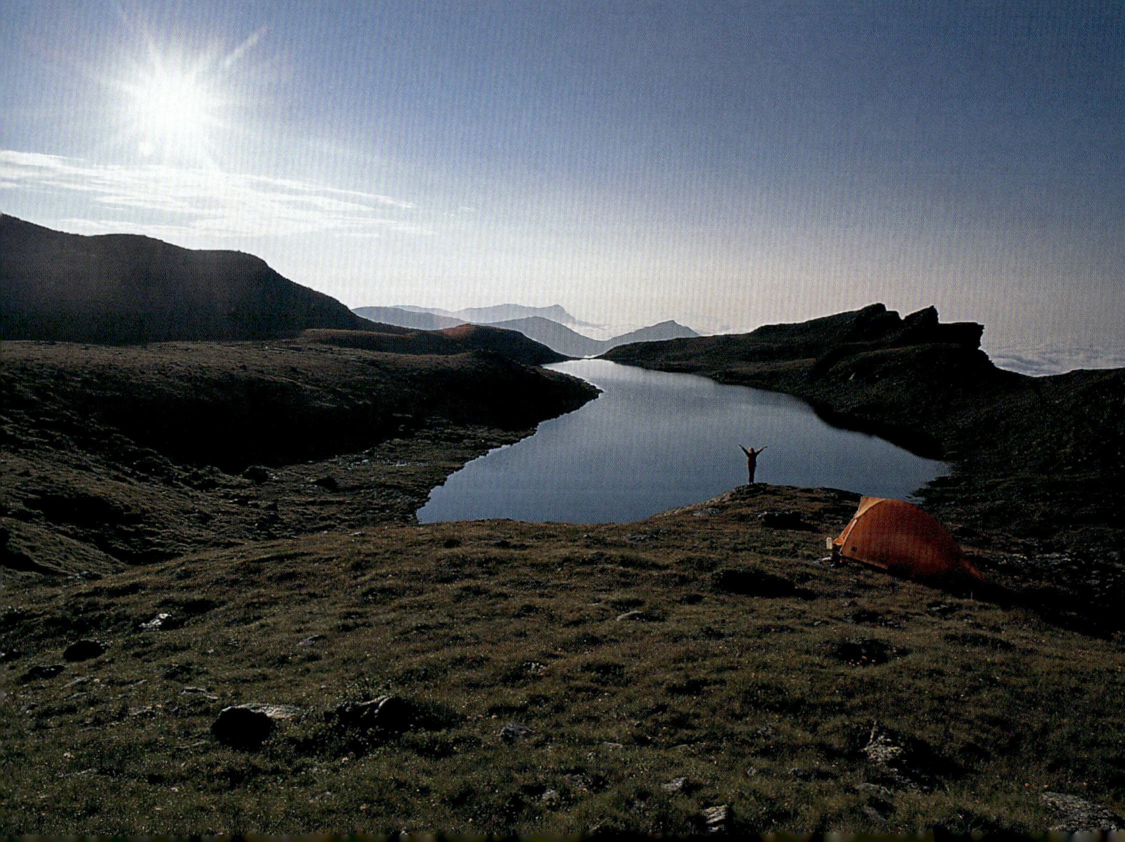

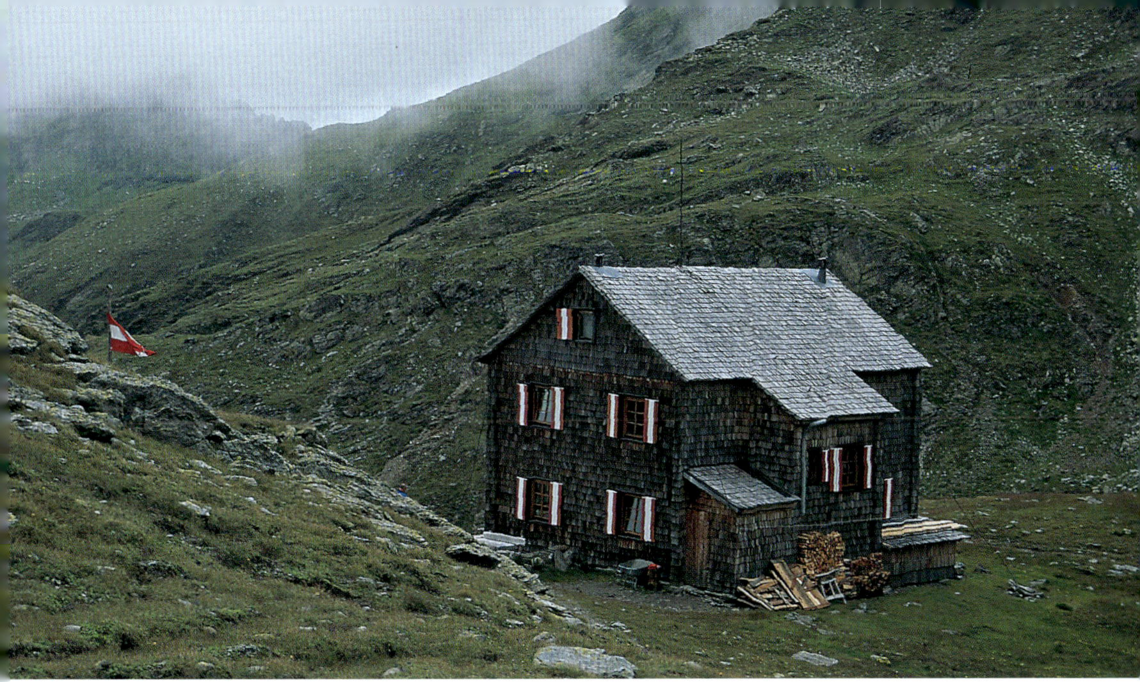

## TOURENINFO

**Ausgangspunkt:** Bahnhof Irschen, 613 m, an der Bahnlinie von Lienz nach Spittal am Millstätter See. Von Irschen mit dem Taxi zum Gasthof »Bergheimat« an der Leppener Alm, 1581 m. Mit dem Auto durch das Drautal Richtung Klagenfurt. Bei Irschen biegt man zum Gasthof »Bergheimat« ab.
**Endpunkt:** Emberger Alm (Sattlegger's Alpenhof), 1755 m. Von dort mit dem Taxi zum Bahnhof Greifenburg. Greifenburg liegt ebenfalls an der Bahnlinie von Lienz nach Spittal am Millstätter See.
**Höhenunterschied:** 2180 m im Aufstieg, 2010 m im Abstieg (ca. 15 Std.).
**Anforderungen:** Trittsicherheit erfordernde Gratwanderung auf schmalen, selten begangenen Wegen. Keine technischen Schwierigkeiten.
**Information:** Fremdenverkehrsverein Irschen, Irschen 41, A-9773 Irschen, Tel. +43 4710 23772, kraeuterdorf.at.
**Karte:** Freytag & Berndt WK 225 »Mölltal – Kreuzeckgruppe – Drautal« (Maßstab 1:50.000).

## GIPFELMÖGLICHKEITEN

▲ **Scharnik,** 2657 m: Statt von der Leppener Alm über die Weneberger Alm zur Hugo-Gerbers-Hütte aufzusteigen, kann man vom Gasthof »Bergheimat« auch über den Scharnik gehen (Weg Nr. 315). Der Pfad führt anfangs über Almen, später über den steinigen Südwestgrat steil zum Gipfel. Geniales Panorama! Zur Hütte geht es hinunter zum Sursgentörl etwas nördlich des Gipfels und weiter über Weg Nr. 315. Insgesamt 5 bis 6 Std.

▲ **Hochkreuz,** 2709 m: Der zweithöchste Berg der Kreuzeckgruppe wird auf der 2. Etappe überschritten.

▲ **Kreuzeck,** 2701 m: Im Zentrum der Kreuzeckgruppe, Abstecher auf der 2. Etappe, von der Abzweigung 1 Std. Aufstieg, 0.40 Std. Abstieg, markierter Steig.

▲ **Hochtristen,** 2536 m: Alternative Möglichkeit, vom Zweiseetörl zur Emberger Alm zu wandern, schmaler und Trittsicherheit erfordernder Steig, schöne Aussicht, ca. 2 Std. extra.

## UNTERKÜNFTE

- **Hugo-Gerbers-Hütte,** 2347 m, ÖAV, Mitte Juni bis Ende Sept. bewirtschaftet, ca. 25 Schlafplätze, , Tel. +43 660 2332167, Reservierung per Telefon oder E-Mail an michael.palka@gebirgsverein.at.
- **Feldnerhütte,** 2182 m, ÖAV, Mitte Juni bis Mitte Sept. bewirtschaftet, ca. 40 Schlafplätze, Tel. +43 676 7481172, Reservierung per Telefon oder WhatsApp.
- **Sattlegger's Alpenhof,** 1755 m, privat, ganzjährig bewirtschaftetes Hotel mit eigener Sternwarte, 32 Zimmer mit Dusche und WC, Tel. +43 4712 796, alpsat.at.

### 1. Tag: Leppener Alm, 1581 m – Hugo-Gerbers-Hütte, 2347 m

3 Std., 820 m↑, 50 m↓

Es gibt zwei Wege von der **Leppener Alm (1)** zur Hugo-Gerbers-Hütte, einen oberen mit Besteigung des Scharnik und vorbei am Lamnitzsee (siehe Gipfelmöglichkeiten) und einen unteren, bequemeren und trotzdem landschaftlich herausragenden. Für den unteren starten wir am Parkplatz vor dem Gasthof »Bergheimat« (dessen »Rührei mit Speck« sensationell lecker ist) in Richtung Weneberger Alm. Schräg aufwärts wandern wir über eine Wiese auf ein weiteres Haus zu. Hier wird der Weg eindeutiger und leitet uns nun parallel eines Zauns in den Wald. Wenige Höhenmeter geht es bergauf, dann knickt der Pfad nach Norden um. Über diverse Zauntritte folgen wir, stets auf schmalem Pfad, den roten Wegmarkierungen, die uns über Wiesen und lockeren Baumbestand zur Jausenstation **Unteralm (2)** führen.

Von der Unteralm steigen wir den Fahrweg nach Osten hoch. Nach wenigen 100 Metern gelangen wir an eine Wegkreuzung und biegen links ab (Schilder). Fünf Minuten später kommen wir an die nächste Gabelung. Rechts abbiegend kann man über den oberen Weg am Lamnitzsee vorbei zur Hütte gelangen. Der einfachere Weg führt geradeaus. Ohne große Höhenunterschiede wandern wir nun auf dem wunderschön angelegten Steig bis in das Tal des Mokarbachs. Nachdem wir diesen überquert haben, erwartet uns eine Bank, »Phillip's Rast«. Von da an geht es steil hoch zu der wie ein Schwalbennest über dem Tal thronenden **Hugo-Gerbers-Hütte (3)**.

▼ *Während des Aufstiegs zum Hochkreuz.*

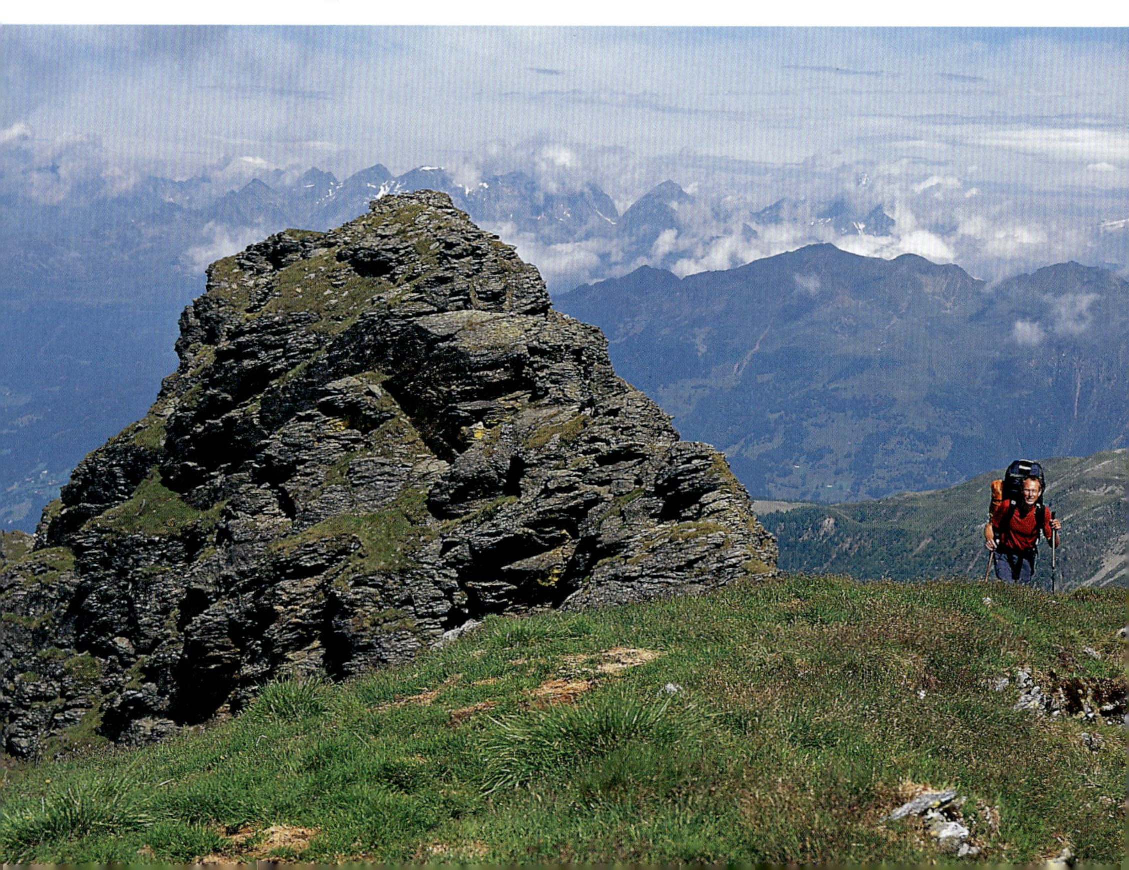

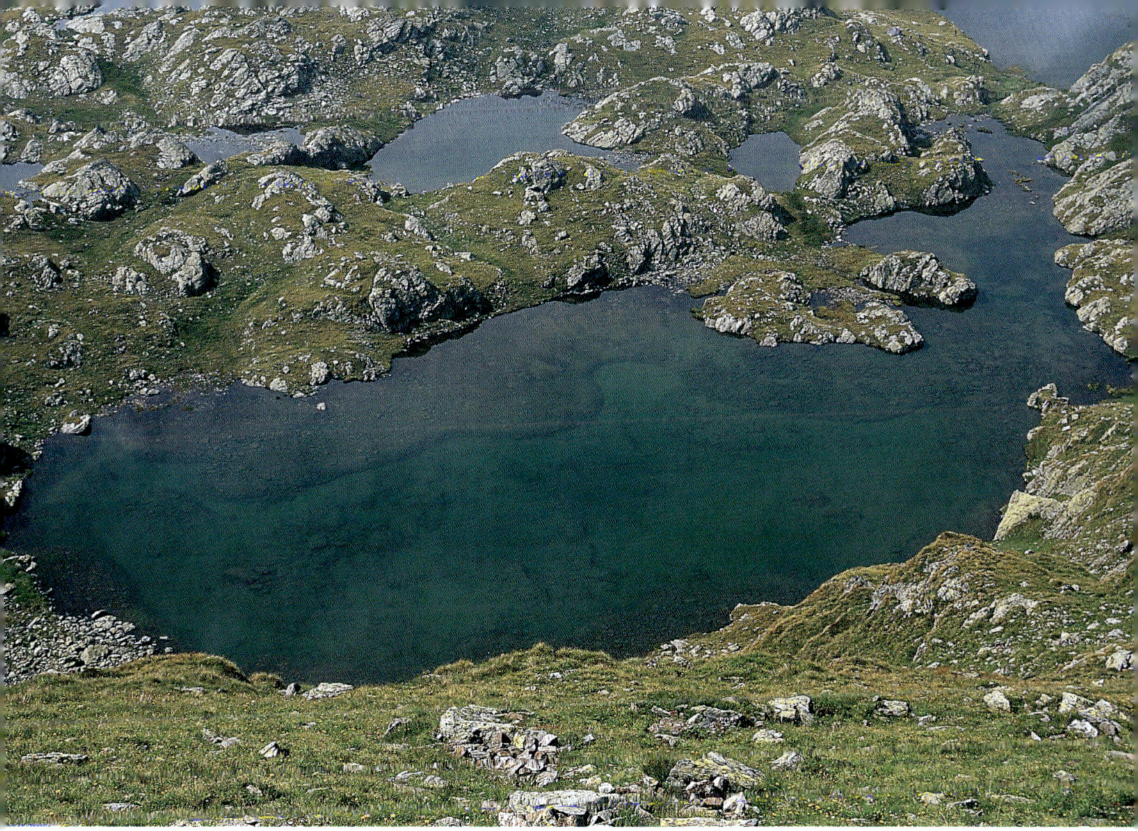

▲ *Nachzählen sinnlos: vierzehn Seen.*

## 2. Tag: Hugo-Gerbers-Hütte, 2347 m – Feldnerhütte, 2182 m

6.20 Std., 870 m↑, 1040 m↓

Ein Kammweg der Extraklasse, von dem man allerdings bei starker Gewitterneigung die Finger lassen sollte, erwartet uns. Wir verlassen die kleine, aber äußerst gemütliche **Hugo-Gerbers-Hütte (3)** und queren hinein in das Kar unterhalb der Kreuzelhöhe. Hier biegen wir links ab zur Kreuzelscharte, in der sich ein kleiner See befindet. Diesen würden wir allerdings nur über einen kleinen Umweg erreichen, denn kurz zuvor teilt sich der Weg. Während es über die Scharte hinweg nach Lamnitz geht, wandern wir geradeaus in Richtung Feldnerhütte und Hochkreuz. Der weitere Verlauf des Weges zum **Hochkreuz (4)**, 2709 m, ist durch den Grat vorgegeben. Mal links, mal rechts des Hauptkamms (und manchmal auch mitten darauf) führt er atemberaubend

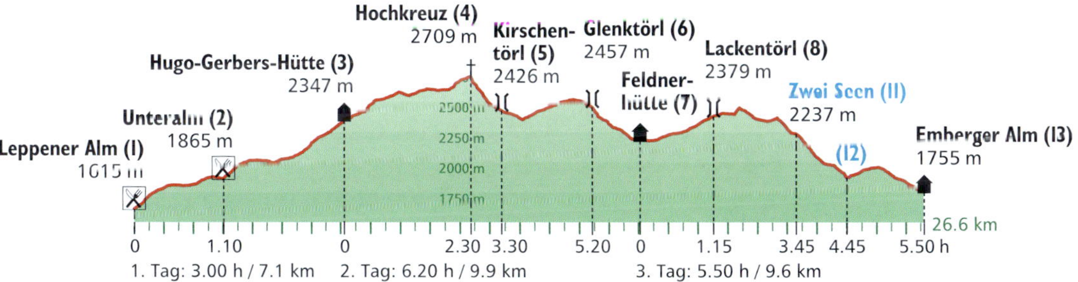

schön auf den zweithöchsten Gipfel der gesamten Gruppe. Die Aussicht ist, sofern man etwas sieht, vortrefflich. Im Norden präsentieren sich die gesamten Hohen Tauern, dominierend der Großglockner, dessen namengebende Form von hier gesehen keiner weiteren Erklärung bedarf. Im Süden reicht die Sicht bis zum Triglav in den Julischen Alpen. Wir verlassen das Hochkreuz über den Ostgrat und rutschen anschließend steil über Schotter zu der von zahlreichen Seeaugen geprägten Ebene des **Kirschentörls (5)**, 2300 m, die ideal ist für eine Brotzeit, zumal es hier auch fließendes Wasser gibt. Kurz darauf

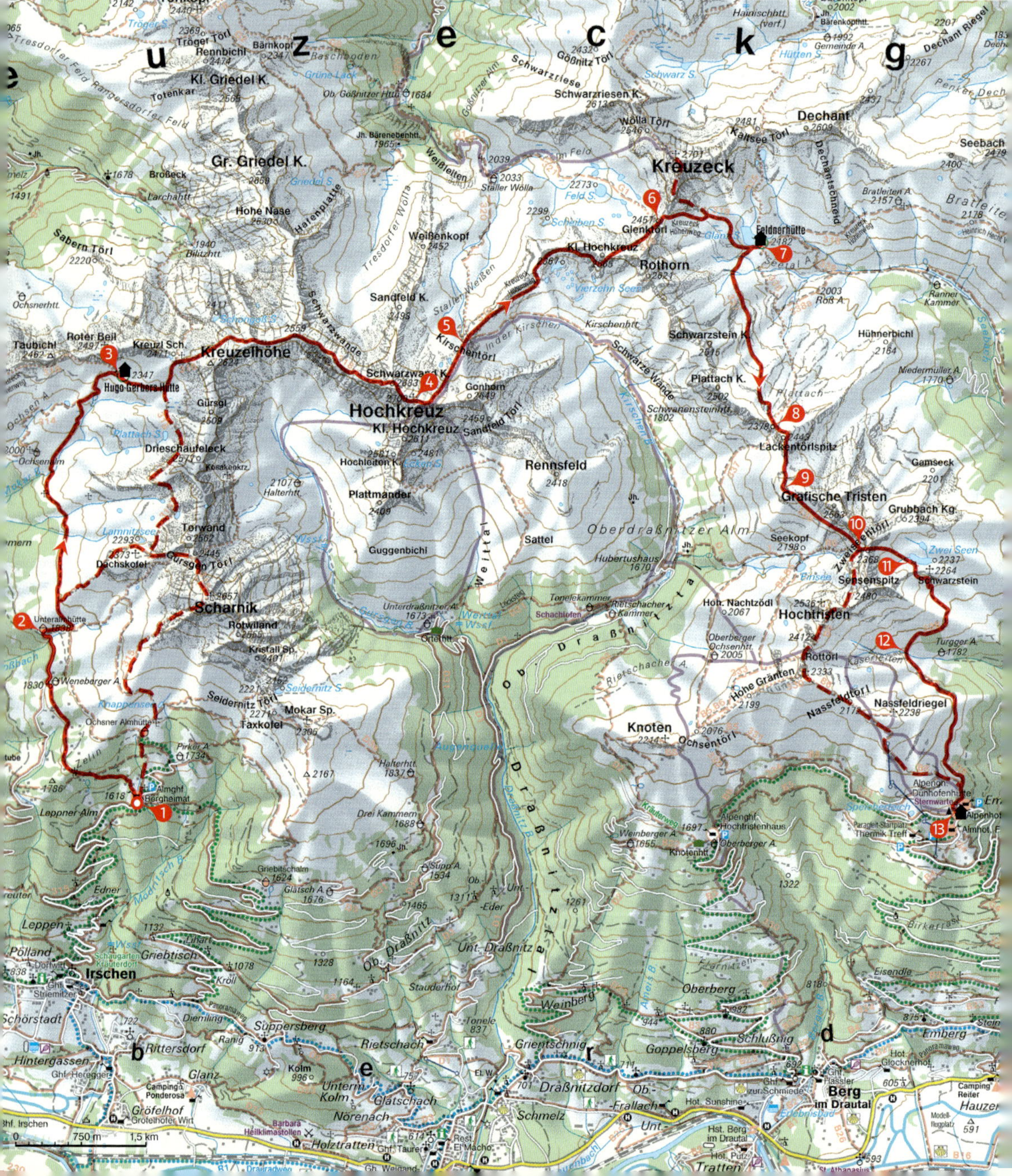

erreichen wir eine Wegkreuzung, von der es links und rechts jeweils ins Tal hinuntergeht. Wir folgen weiter dem Grat auf Weg Nr. 318. Dieser führt auf der Ostseite des Bergkammes mit Aussichten wie aus dem Flugzeug zunächst flach, später steil ansteigend zu einem Pass zwischen Kleinem Hochkreuz und Rothorn. Eine interessante Passage ist dabei ein kleiner Gendarm, an dem man sich drahtseilgesichert vorbeiquetschen muss. Es folgt eine kurze Querung hinüber zum **Glenktörl (6)**, 2457 m, dann können wir zur **Feldnerhütte (7)** absteigen. Diese liegt wildromantisch am Glanzsee und ist im Inneren urgemütlich.

## 3. Tag: Feldnerhütte, 2182 m – Emberger Alm, 1755 m

5.50 Std., 490 m↑, 920 m↓

Schmal und unangenehm (steile Stufen, kleine Tritte) ist der erste Teil des Weges zum Lackentörl, bequemer, aber mit deutlich mehr Höhenmetern verbunden, wäre der Pfad über die Roßalm. Wir verlassen die **Feldnerhütte (7)** und gehen zurück zum Glanzsee. Dort teilt sich der Weg. Wir nehmen die linke Abzweigung (richtungsweisend sind die rostigen Rohre der hütteneigenen Wasserleitung) und steigen nun über den mehr durch die Markierungen als durch Wegspuren auffallenden Steig zum Lackentörl hinauf. Etwas unterhalb des Passes treffen wir auf die von der Roßalm heraufführende Variante. Vom **Lackentörl (8)**, 2379 m, umwandern wir die Lackentörlspitze auf ihrer Ostseite und navigieren anschließend über einen breiten blockigen Grat auf die schotterige Nordseite des Grafischen Tristen zu. Hier geht es kurz steil hinauf und wir gelangen auf den **Westgrat (9)** des Berges. Durch die steile, von Schutt und Schotter beherrschte Flanke queren wir hinüber zum **Zweiseentörl (10)**, 2368 m.

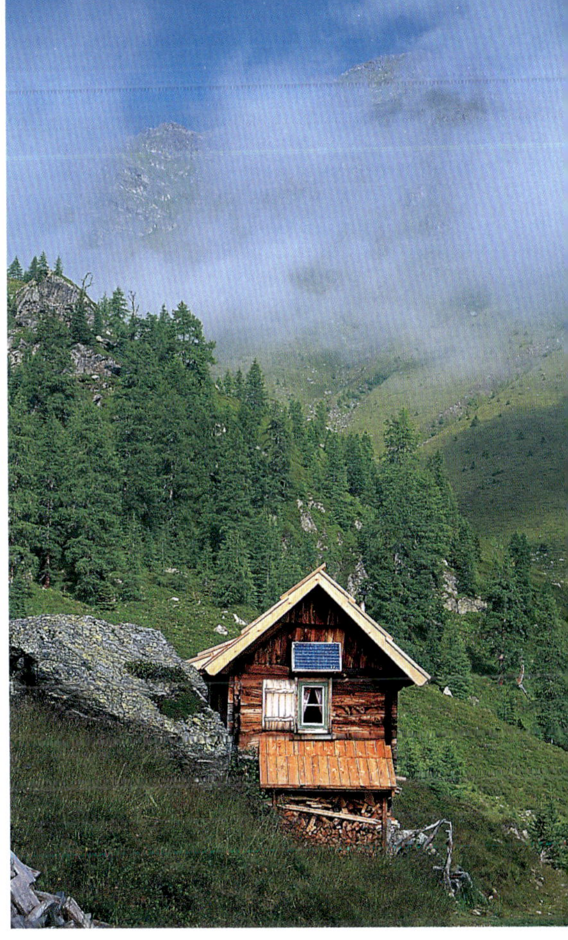

▲ *Roßbergalm.*

Vom Wegekreuz am Pass bestehen zwei Möglichkeiten, zur Emberger Alm zu gelangen: Entweder hochalpin über den Hochtristen, 2536 m, und den Naßfeldriegel, 2238 m, oder romantisch und über grüne Almmatten an den **Zwei Seen (11)** vorbei. Wir entscheiden uns für die untere Variante. Der Weg führt dabei zunächst zum unteren der beiden traumhaft gelegenen Seen. Dass man seinen Müll auch wieder mit ins Tal nimmt, scheint, wenn man so durch das glasklare Wasser des Sees schaut, wohl leider keine Selbstverständlichkeit zu sein. Wir erreichen, nach steilem Abstieg den **Turggerbach (12)**. Von hier zunächst etwas ansteigend und schließlich hinab zum Hotelkomplex an der **Emberger Alm (13)**.

# 30 Durch die Ankogelgruppe

## Rund um Mallnitz

5 Tage

■ schwierig

### Im Angesicht der Tauernkönigin

Ganz im Osten erheben sich die Hohen Tauern noch einmal zu ganzer Pracht. Ankogel und Hochalmspitze bilden ein würdiges Pendant zum Großglockner und bieten zahlreiche reizvolle Anstiege für Bergsteiger und Kletterer. Aber auch als geübter Klettersteiggeher mit ein wenig Eiserfahrung schafft man es, sich den mit großen Kreuzen geschmückten Gipfeln zu nähern – sicherlich die (optionalen) Höhepunkte dieser Tour. Ohne die beiden Dreitausender folgt die Route großteils wundervoll angelegten Höhenwegen, die ohne allzuviel Auf und Ab durch die seenreiche Tauernlandschaft führen. Etwas Gleichgewichtssinn kann dabei nicht schaden, denn bedingt durch den Gletscherrückzug ist das eine oder andere Blockfeld zu überwinden. Eine Besonderheit bilden die beiden unbewirtschafteten Hütten am Wegesrand, die Celler und die Mindener Hütte. Sie wurden liebevoll gepflegt und befinden sich in einem sehr guten Zustand. Es wäre schade, wenn nachfolgende Begeher dieser Tour vom Gegenteil berichten müssten.

▼ *Die Tauernkönigin stets im Blickfeld – Wanderin vor der Hochalmspitze.*

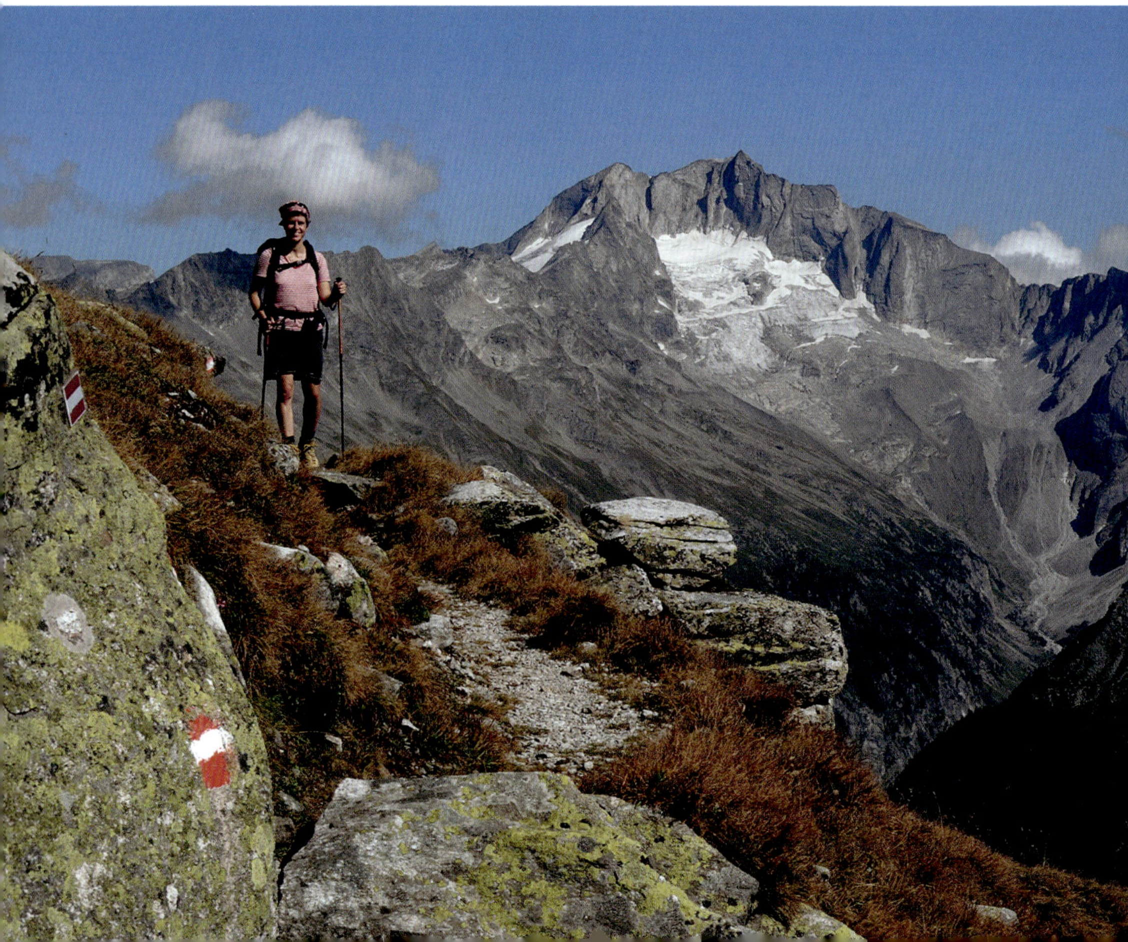

## TOURENINFO

**Ausgangspunkt:** Dösener Tal, 1448 m, Wanderparkplatz am Straßenrand. Von Mallnitz mit dem Wandertaxi (Mo, Mi und Sa) oder dem regulären Taxi der HPV – Herbert Peitler Verkehrsbetriebe (Buchung der Taxidienste bis 17 Uhr des Vortages unter Tel. +43 664 1278579, auch über das Info & Buchungscenter Mallnitz, s.u.). Nach Mallnitz mit der Bahn.

**Endpunkt:** Parkplatz, 1680 m, unterhalb Gasthof Jamnigalm im Tauerntal. Zurück nach Mallnitz mit dem Wanderbus (mallnitz.at/wanderbus-mallnitz-ort-berge, Tel. +43 4824 270040) oder dem Taxi (s. o.).

**Anforderungen:** Höhenweg mit einigen anspruchsvollen und ausgesetzten Passagen mit Klettersteigcharakter. Abhängig von der Jahreszeit und den Bedingungen können auch Steigeisen und Pickel hilfreich bzw. notwendig sein. Zudem sollte man sicher auf großen Blöcken gehen. Da zwei der Hütten unbewirtschaftet sind, muss ein schwererer Rucksack getragen werden.

**Höhenunterschied:** 2920 m im Aufstieg, 2700 m im Abstieg (23.15 Std.).

**Information:** Info & Buchungscenter Mallnitz, A-9822 Mallnitz 11, Tel. +43 4784 290 und +43 4824 270040, mallnitz.at.

**Karte:** Freytag & Berndt WK 225 »Mölltal – Kreuzeckgruppe – Drautal« (Maßstab 1:50.000).

## GIPFELMÖGLICHKEITEN

▲ **Säuleck,** 3086 m, schöner Gipfel oberhalb des Arthur-von-Schmid-Hauses, auf Weg Nr. 534, 2.30 Std. Aufstieg, 1.30 Std. Abstieg, Trittsicherheit Voraussetzung. Vom Säuleck ist auch der Übergang zur Lassacher Winkelscharte möglich, der erste Teil des Detmolder Steiges (versicherter Steig und Kletterpassagen bis UIAA II).

▲ **Hochalmspitze,** 3360 m, hervorragend markierter Abstecher auf der 3. Etappe von der Lassacher Winkelscharte über den Detmolder Grat, ca. 2 Std. Aufstieg, 1.30 Std. Abstieg, Kletterei UIAA II–III, Eis bis 40°, Pickel und Steigeisen erforderlich, Seil normalerweise nicht.

▲ **Ankogel,** 3252 m, großartiger Gipfel, Tagestour vom Hannoverhaus, von der Abzweigung rund 3 Std. Aufstieg, 2.15 Std. Abstieg. Eine kurze Stelle ist mit UIAA II bewertet, Ungeübte sollten ein Seil mitnehmen, normalerweise reichen Pickel und Steigeisen.

▶ *Am Gipfel der Hochalmspitze.*

## UNTERKÜNFTE

- **Arthur-von-Schmid-Haus,** 2275 m, ÖAV, Mitte Juni bis Anfang Okt. bewirtschaftet, ca. 90 Schlafplätze, Tel. +43 664 2501981, Reservierung per E-Mail an bernd@fuchsloch.de, arthurvonschmidhaus.at.
- **Gießener Hütte,** 2215 m, DAV, Anfang Juli bis Ende Sept. bewirtschaftet, ca. 60 Schlafplätze, Tel. +43 644 4221389, giessener-huette.de, Reservierung über DAV-Reservierungssystem.
- **Celler Hütte,** 2237 m, DAV, unbewirtschaftete Selbstversorgerhütte, Ende Juni bis Anfang Okt. offen, 8 Schlafplätze, dav-celle.de, Wasserquelle in der Nähe der Hütte.
- **Hannoverhaus,** 2566 m, DAV, ca. 60 Schlafplätze, Anfang Juli bis Mitte Sept. und Mitte Dezember bis Ostern, Tel. +43 4784 21345 und +43 664 99256153, alpenverein.de/Huetten-Wege-Touren/Huetten-des-Bundesverbands/Hannoverhaus/.
- **Mindener Hütte,** 2431 m, DAV, unbewirtschaftete Selbstversorgerhütte, 12 Schlafplätze, ganzjährig geöffnet, Mitte Juni bis Mitte Okt. bewartet, dav-minden.de.
- **Hagener Hütte,** 2446 m, DAV, Ende Juni bis Ende Sept. bewirtschaftet, ca. 40 Schlafplätze, Tel. +43 664 4036697, dav-hagen.de oder alpenverein.de (Hüttensuche).

▲ **Vorderer Geiselkopf,** 2974 m, schöner Aussichtsgipfel, von der Hagener Hütte auf Weg Nr. 135, rund 2 Std. Aufstieg, 1.15 Std. Abstieg, einige Stellen Kletterei UIAA II.

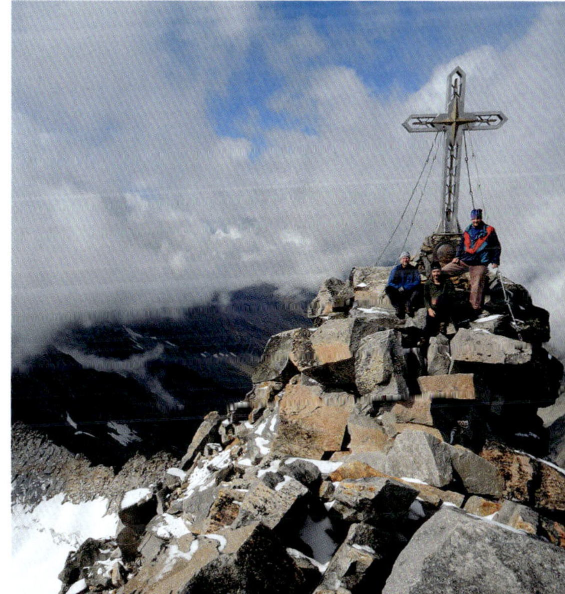

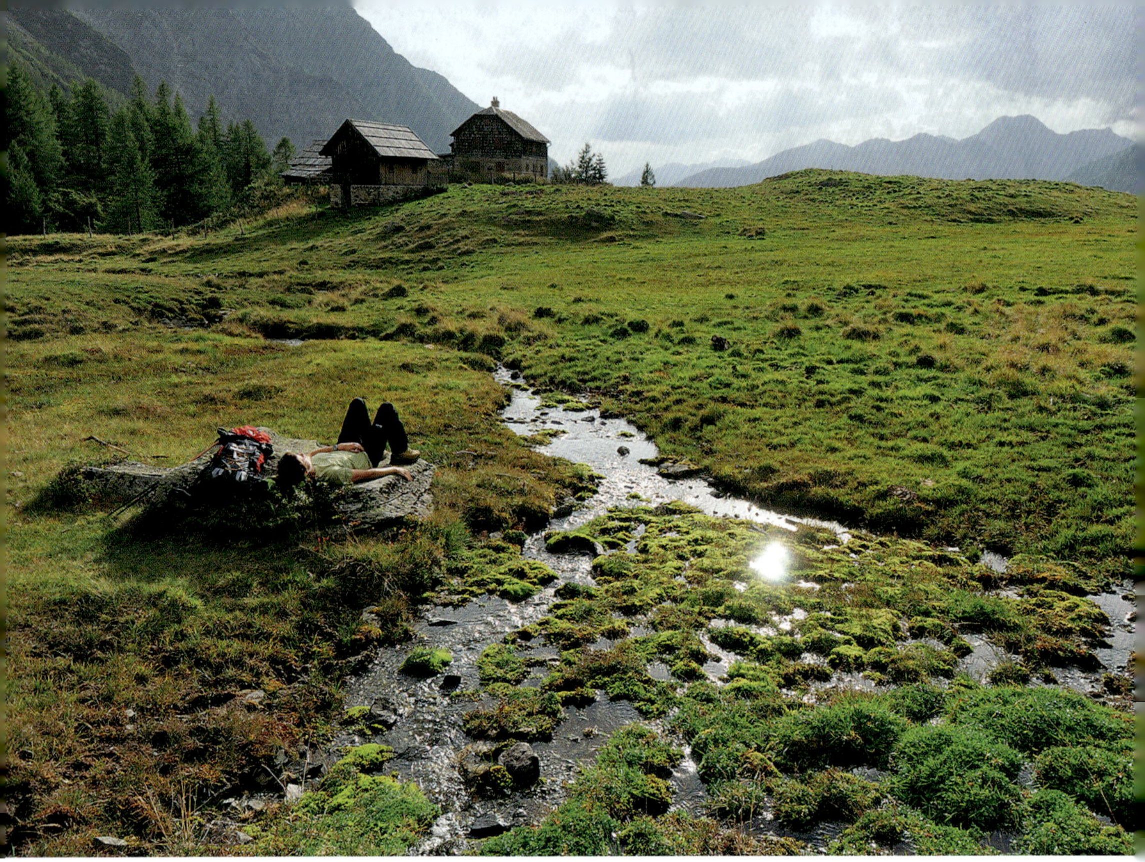

▲ *Feuchte Wiesen und ein trockener Block während des Aufstiegs zum Arthur-von-Schmid-Haus.*

### 1. Tag: Dösener Tal, 1450 m – Arthur-von-Schmid-Haus, 2275 m

3 Std., 840 m↑

Von Mallnitz leisten wir uns den Wanderbus, um uns zum Ausgangspunkt der Tour, einem Parkplatz im **Dösener Tal (1)** in der Nähe der östlichsten Kehre der Straße zur Wolliger Hütte, bringen zu lassen. Wer mit dem Taxi fährt, hat vielleicht das Glück, gleich noch weiter bis zur **Konradhütte (2)**, 1616 m, gebracht zu werden. Das erspart rund eine halbe Stunde auf einem nur mäßig interessanten Fahrweg. Hinter der Konradhütte, die an der im Sommer regelmäßig austrocknenden Konradlacke liegt,

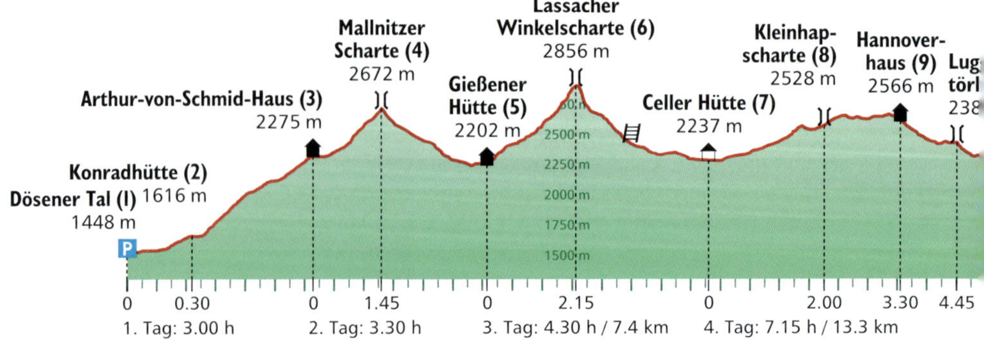

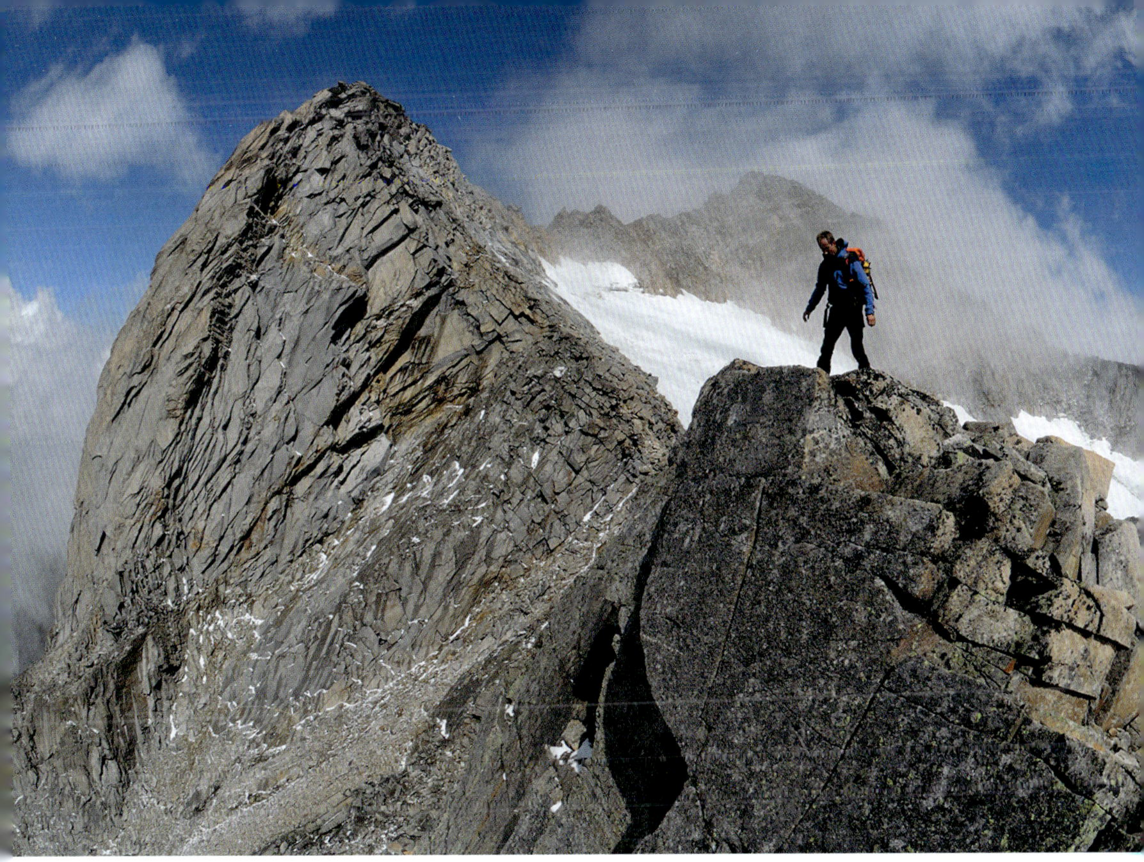

▲ *Ausgesetzt! Während des Anstiegs über den Detmolder Steig auf die Hochalmspitze.*

geht es Richtung Osten steil den Wald hinauf. Wir erreichen die Dösner Hütten, eine wunderschöne Hochalm, auf der man eine Verschnaufpause einlegen sollte. Fehlt nur noch der Schlussanstieg über eine letzte Steilstufe, dann ist das **Arthur-von-Schmidt-Haus (3)** direkt am Dösner See erreicht. Sowohl innen als auch außen gibt es Klettermöglichkeiten. Von der Hütte kann das Säuleck bestiegen werden (siehe Gipfelmöglichkeiten).

ndener Hütte (11)
31 m
Hagener Hütte (12)
2446 m
Parkplatz
Jamnigalm (14)
1680 m
46.5 km
3.00
5.00 h
Tag: 5.00 h / 13.6 km

### 2. Tag: Arthur-von-Schmid-Haus, 2275 m – Gießener Hütte, 2202 m

3.30 Std., 420 m↑, 500 m↓

Wie bereits eine Schautafel beim am Dösner See liegenden **Arthur-von-Schmid-Haus (3)** erklärt, zieht ein Blockgletscher von der Mallnitzer Scharte in Richtung Dösner See. Und genau über diesen Gletscher führt auch der Weg zur Scharte, ein »blockiges Vergnügen«! Wir wandern von der Hütte am südlichen Seeufer entlang und genießen sowohl den festen Untergrund als auch den fotogenen Rückblick zu der hinter dem See gelegenen Hütte. Danach beginnt der steile Aufstieg zur

Scharte, der zwar hervorragend markiert ist, aber mehr als einmal die Zuhilfenahme der Hände erfordert. Nach der verdienten Pause an der **Mallnitzer Scharte (4)**, 2672 m, geht es auf der anderen Seite wieder bergab. Der Abstieg ist ähnlich wie der Aufstieg. Nach einem kurzen Schlenker nach Süden geht es über viel loses Geröll in ein von Schutt geprägtes Tal hinunter. An dessen Ausgang wird der Weg wieder angenehmer. Über gestuften Fels gelangen wir in das Hohe Gößkar. Gegenüber ist bereits das Tagesziel erkennbar. In rund einer weiteren Stunde haben wir dann schließlich die **Gießener Hütte (5)** erreicht.

### 3. Tag: Gießener Hütte, 2202 m – Celler Hütte, 2237 m

4.30 Std., 710 m↑, 670 m↓

Vor dem heutigen Tag sollte man sich unbedingt beim kompetenten Hüttenteam der Gießener Hütte über den Zustand der Klettersteige auf der Westseite der Lassacher Winkelscharte und ggf. auch auf die Hochalmspitze erkundigen! Durch die Klimaerwärmung ist hier so manches in Bewegung geraten.
Wir starten vom Dach der **Gießener Hütte (5)**! Von dort folgen wir den Schildern in Richtung Lassacher Winkelscharte (Weg Nr. 519). Nach rund fünf Minuten zweigt rechts der Weg zum

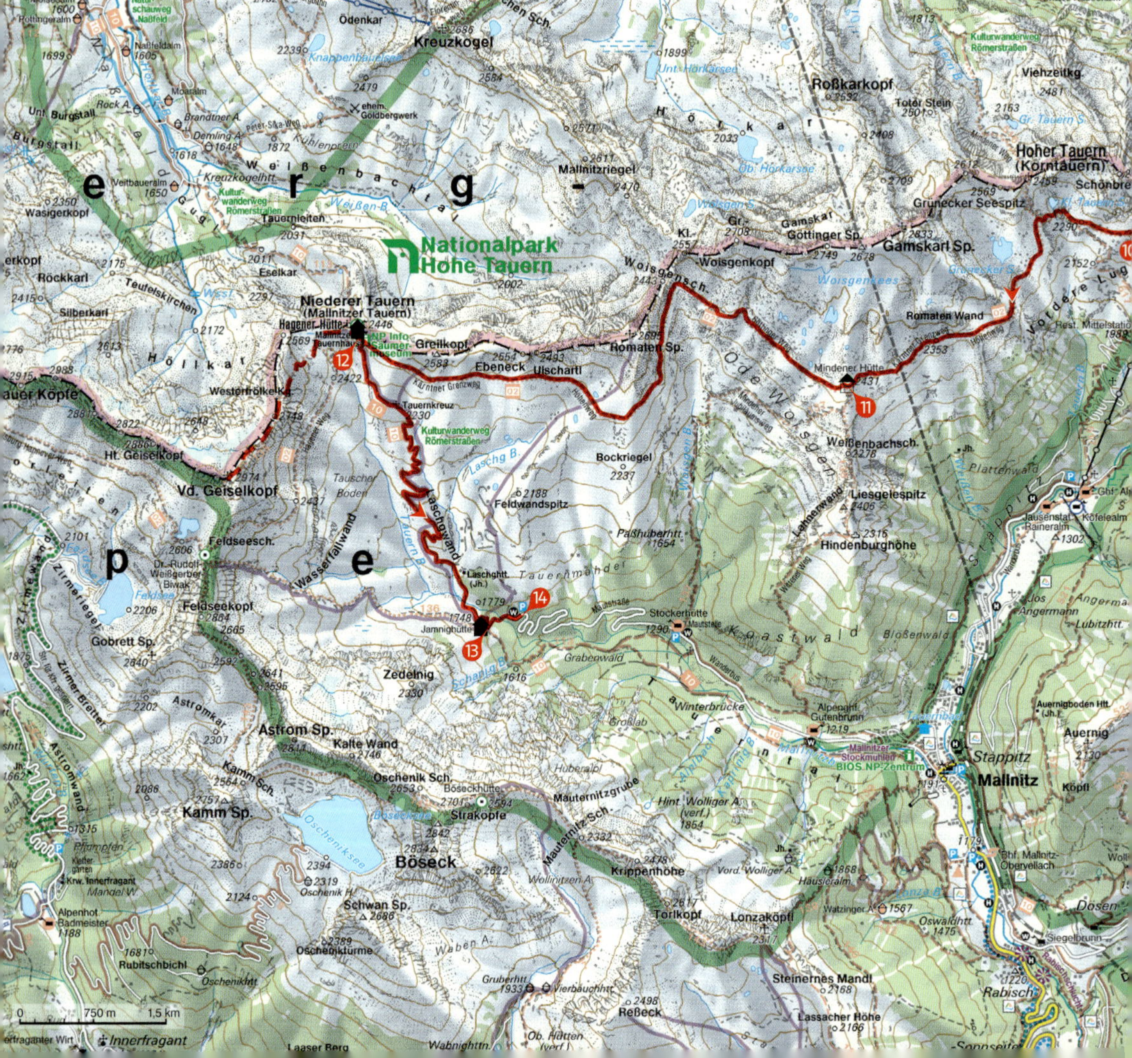

Winterleiten, 2518 m, ab, ein schöner Aussichtspunkt oberhalb der Hütte. Weitere zehn Minuten später gabelt sich der Weg: Rechts führt der Normalweg zur Hochalmspitze, wir bleiben links auf dem auch Schwarzenburgerweg genannten Pfad. Schräg hinauf queren wir ein gewaltiges Kar bis Punkt 2662 m. Hier gabelt sich der Weg erneut, wir halten uns dieses Mal rechts. Nach insgesamt rund zwei Stunden erreichen wir die **Lassacher Winkelscharte (6)**, 2856 m, wo wir uns entscheiden müssen, ob wir den Abstecher auf die Hochalmspitze (siehe Gipfelmöglichkeiten) unternehmen möchten. Wenn ja, lohnt es sich, einen Teil des Gepäcks in der Scharte zu deponieren. Der Anstieg zur Hochalmspitze führt zunächst auf einen felsigen Vorbau bis unterhalb der Winkelspitze. Hier steigen wir wenige Meter nach rechts ab und queren auf den Gletscher hinauf. Parallel zum Bergschrund halten wir uns nach Norden und erreichen den Beginn des Klettersteigs über den Detmolder Grat. Dieser führt unmissverständlich auf den höchsten Gipfel der östlichen Tauern, nicht unverdient auch Tauernkönigin genannt. Der Rückweg zur Lassacher Winkelscharte ist identisch mit dem Aufstiegsweg.
Der Abstieg von der Scharte nach Westen ist nicht ohne, vor allen Dingen wenn sich noch andere Wanderer auf

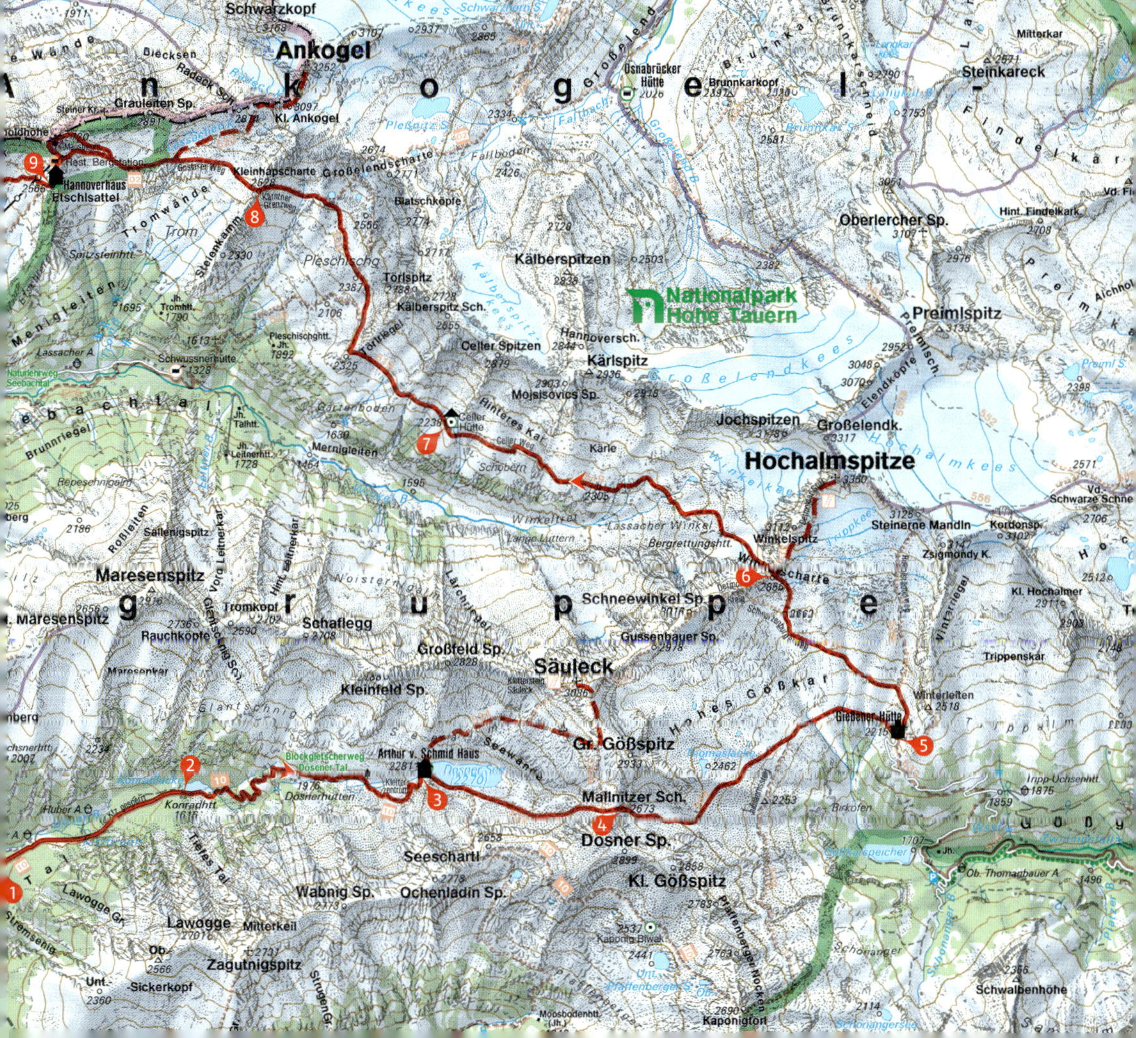

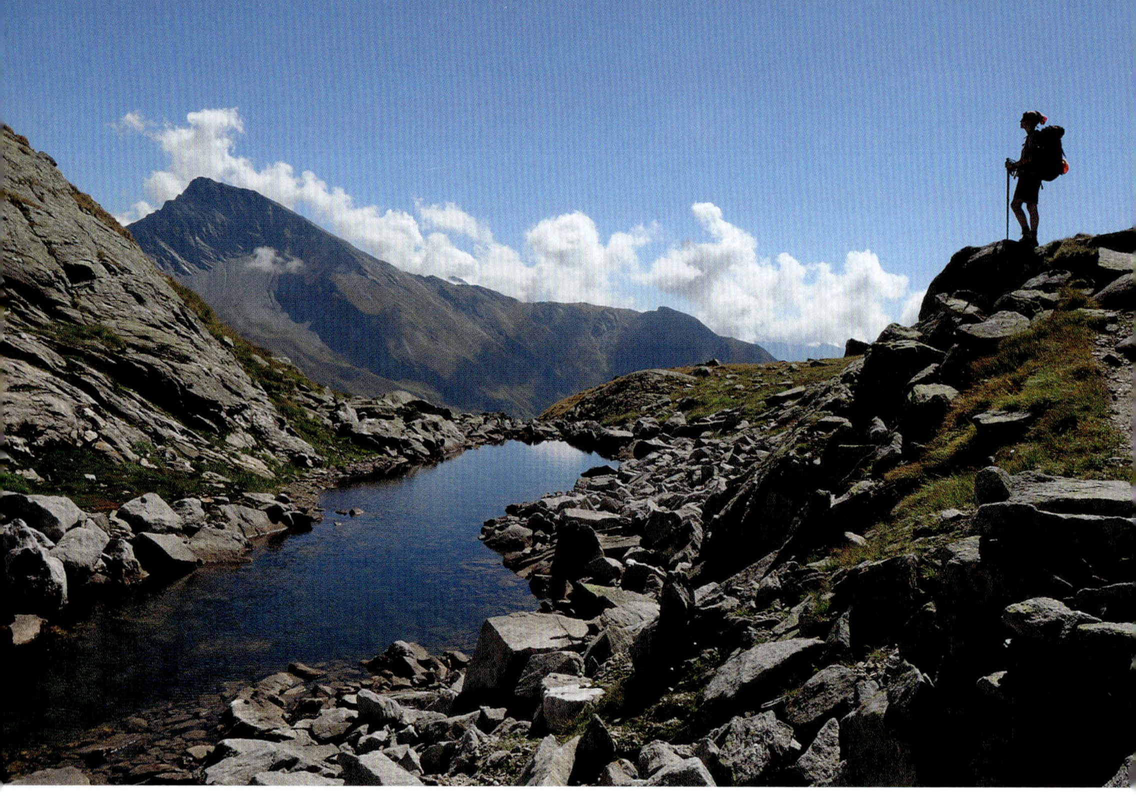

▲ *Seeauge zwischen Hannoverhaus und Mindener Hütte.*

demselben Weg befinden. Also bitte Vorsicht mit losem Geröll! Generell halten wir uns links im Couloir und erreichen so den Schuttkegel am Fuß der Scharte. Von dort geht es rechts haltend zur gut sichtbaren Hütte der Bergrettung. Anschließend ist der Weg wieder deutlich weniger nervenaufreibend und führt unmissverständlich zur urgemütlichen **Celler Hütte (7)**. Am nächsten Tag in der Selbstversorgerhütte aufzuräumen und zu bezahlen, sollte selbstverständlich sein.

### 4. Tag: Celler Hütte, 2237 m – Mindener Hütte, 2431 m

7.15 Std., 770 m↑, 580 m↓

Von der **Celler Hütte (7)** gibt es nur einen Weg nach Westen – unseren! Von der üppigen Vegetation fast verdeckt schlängelt er sich von Kar zu Kar, mal etwas absteigend, generell aber leicht ansteigend. Wir erreichen den Törlriegel direkt beim Törlkopf, kurz danach gabelt sich der Pfad. Links geht es ins Tal hinunter, wir bleiben oben auf Weg Nr. 519. Zehn Minuten später wiederholt sich das an einer Wegkreuzung: Das Hannoverhaus bzw. Weg Nr. 519 bleiben für uns zunächst richtungsweisend. Das ändert sich an der nächsten Wegverzweigung, denn jetzt folgen wir der Nr. 502. Auf deutlich stärker frequentiertem Weg wandern wir zur **Kleinschapscharte (8)** und dann weiter an der Bergstation der Ankogelseilbahn vorbei zu dem im Etschsattel gelegenen **Hannoverhaus (9)**.

Wer auf den Ankogel (siehe Gipfelmöglichkeiten) steigen möchte, sollte hier nächtigen. Der Abzweig zum Gipfel befindet sich etwa in der Mitte zwischen Kleinschapscharte und Hannoverhaus.

Das Hannoverhaus wurde 2013 fertiggestellt und bietet dem müden Wanderer eigene Zimmer mit Duschen. Ansonsten geht es weiter auf Weg Nr. 502

in Richtung Mindener Hütte, zunächst in ein deutlich vom Skitourismus gezeichnetes Kar. Nach kurzem Anstieg zum **Luggentörl (10)** wird es wieder ursprünglicher und wir erreichen – erneut an Höhe verlierend – einige kleine Seeaugen unterhalb des Korntauernpasses. Sämtliche Abzweigungen ignorierend bleiben wir Weg Nr. 502 treu und erreichen stets leicht ansteigend die wunderschön gelegene **Mindener Hütte (11)**.

### 5. Tag: Mindener Hütte, 2431 m – Parkplatz Tauerntal, 1680 m

5 Std., 180 m↑, 950 m↓

Ob wir am heutigen Tag bereits absteigen oder auf der Hagener Hütte übernachten, hängt davon ab, ob wir für die Besteigung des Vorderen Geiselkopfs, eines weiteren Aussichtsbergs der Extraklasse, einen zusätzlichen Tag einplanen möchten. Die **Mindener Hütte (11)** verlassend halten wir uns an der Weggabelung etwas südwestlich der Hütte rechts und folgen weiter dem Höhenweg, nun mit der Nr. 102 markiert. Wie die Tage zuvor geht es mal leicht ansteigend, mal etwas an Höhe verlierend, mal durch unangenehmes Geröll, mal durch Wiesen zu der in einem breiten Sattel gelegenen **Hagener Hütte (12)**. Am Nachmittag (oder zum Sonnenaufgang) lohnt der Aufstieg Vorderen Geiselkopf (siehe Gipfelmöglichkeiten). Teilweise wird der Gipfel auch Gesselkopf genannt.

Der Abstieg von der Hagener Hütte zur **Jamnigalm (13)** erfolgt am schnellsten und bequemsten über das Hüttensträßchen, das sich gut an der einen oder anderen Stelle abkürzen lässt. Von der Alm steigen wir noch ein paar Minuten bergab zum **Parkplatz Jamnigalm (14)** direkt nach der Brücke über den Mallnitzbach.

▼ *Genuss! Ein Abend auf der Mindener Hütte, den Ankogel im Hintergrund.*

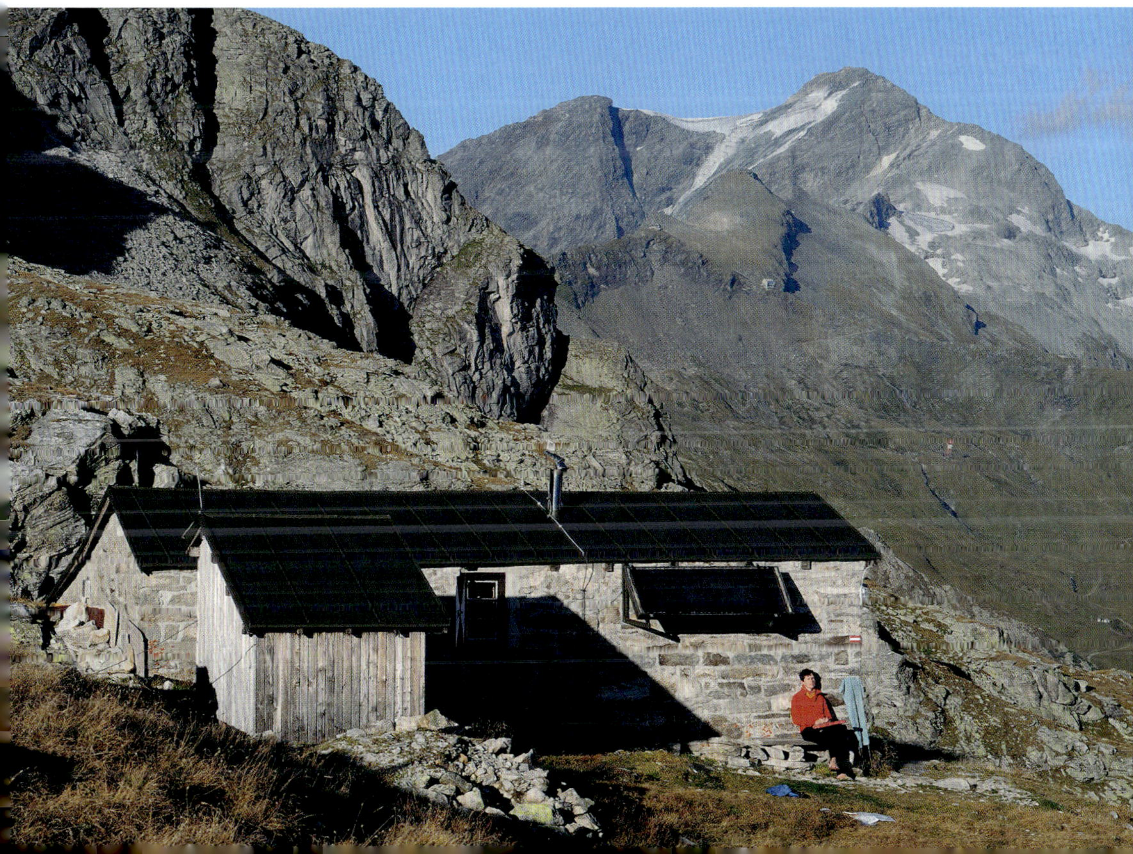

# 31 Durch die Julischen Alpen

## Über den Triglav ins Sieben-Seen-Tal

3 Tage

mittel

**»Sloweniens schöne Seele«**

So titelte das Berge-Heft 6/2004 über die Julischen Alpen. Südlich der Karawanken, ungefähr im Dreiländereck Italien/Österreich/Slowenien, liegen die Julischen Alpen. Bei uns nahezu unbekannt, gehört zumindest der Triglav, der höchste Berg im weiten Umkreis, in Slowenien zum Pflichtprogamm einer jeden Schulklasse. Einsamkeit pur sollte man daher auf der vorgeschlagenen Streckenwanderung von Mojstrana zum Wocheiner See nicht erwarten. Allerdings gehen die Menschen hier auf uns freundlich, ja sogar zuvorkommend zu, ein Umstand, an den wir uns erst gewöhnen müssen. Landschaftlich gehören die Julischen Alpen zum Feinsten, was die südlichen Kalkalpen zu bieten haben. Auf engstem Raum reicht die Palette von lieblich bis herb. Prunkstück ist sicherlich die Nordwand des Triglav, dessen Name so viel wie »der Dreiköpfige« (ein Begriff aus der slawischen Mythologie) bedeutet. 1200 m ist sie hoch, wuchtig erhebt sie sich über dem Vrata-Tal, ein scheinbar von gigantischen Pfeilern getragener Monumentalbau. Im Kontrast dazu steht das Sieben-Seen-Tal am Südende der Wanderung, uns allen dank Winnetou ein Begriff. So lass' uns starten, Bruderherz …

▼ *Julisches Alpenglühen.*

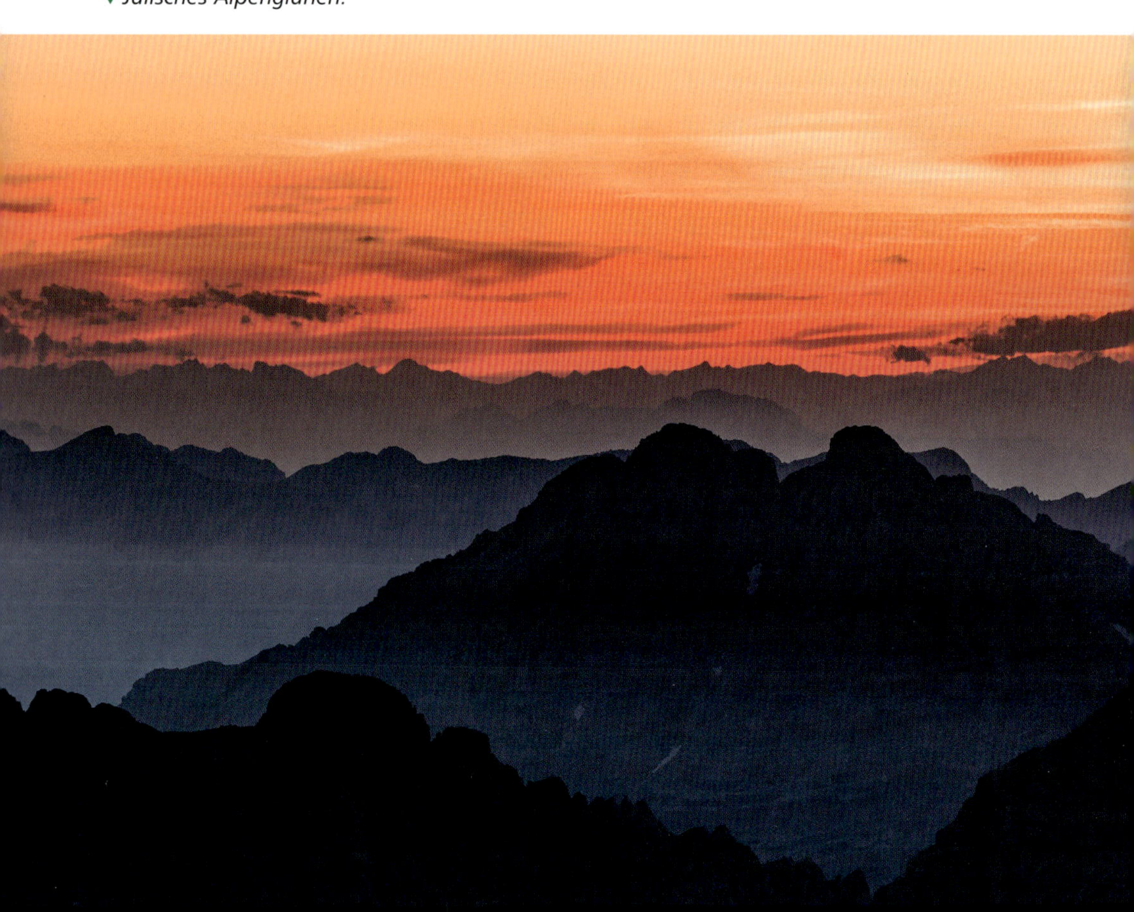

## TOURENINFO

**Ausgangspunkt:** Mojstrana, Aljažev dom, 1015 m. Die Hütte liegt 12 km südwestlich des Ortes. Es gibt dorthin keine Busverbindung, man muss also laufen, trampen oder mit dem Taxi fahren. Mojstrana erreicht man von Jesenice (nächstgelegener Bahnhof) mit dem Bus, mit dem Auto über die Tauernautobahn und den Wurzenpass. Besucherparkplatz an der Hütte.

**Endpunkt:** Ukanc am Wocheiner See, 560 m. Gegenüber dem Sporthotel ist eine Bushaltestelle. Von dort fährt ein Bus (einmal umsteigen) Richtung Mojstrana oder nach Bled zum nächsten Bahnhof.

**Anforderungen:** Auf den ersten beiden Etappen sind Trittsicherheit und Schwindelfreiheit Voraussetzung. Der schwierigste Teil ist dabei die Überschreitung des Triglav. Die Mitnahme eines Klettersteigsets ist vorteilhaft, für sichere Geher aber nicht unbedingt notwendig.

**Höhenunterschied:** 2290 m im Aufstieg, 2750 m im Abstieg (16.30 Std.).

**Information:** Turistično informacijski center, Kolodvorska ul. 1c, SLO-4280 Kranjska Gora, Tel. +386 4 5809440, kranjska-gora.si.

**Karte:** Freytag & Berndt WK 141 »Julische Alpen« (Maßstab 1:50.000).

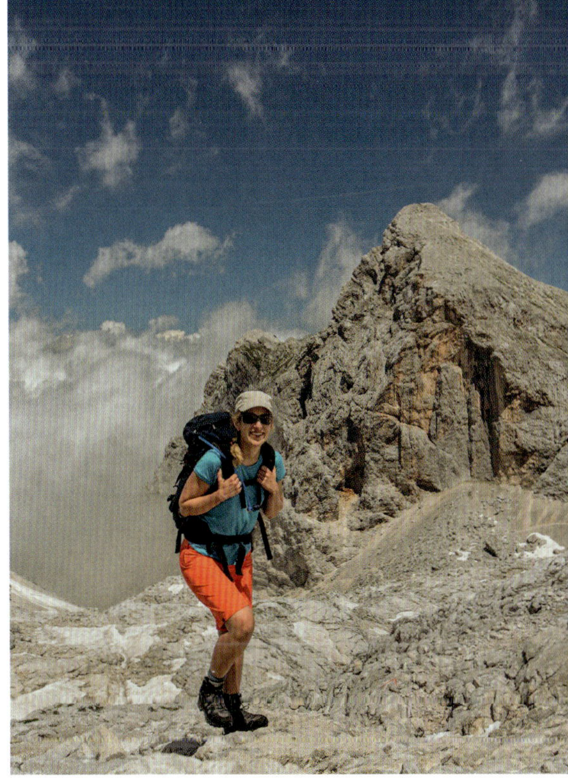

▲ *Wild und karg zeigen sich die Kalkfelsformationen auf dem Weg zum Triglav-Haus.*

## GIPFELMÖGLICHKEITEN

▲ **Cmir,** 2393 m: von Dom Valentina Staniča, 2 Std. Aufstieg, 1.30 Std. Abstieg, gesicherter Steig.

▲ **Rjavina,** 2532 m: von Dom Valentina Staniča, 2 Std. Aufstieg, 1.30 Std. Abstieg, unschwierig.

▲ **Triglav,** 2864 m: höchster Berg der Julischen Alpen, Überschreitung auf der 2. Etappe.

▲ **Kanjavec,** 2568 m: schöner Aussichtsberg, Abstecher auf der 2. Etappe, von der Abzweigung 0.30 Std. Aufstieg, 0.20 Std. Abstieg, keine Schwierigkeiten.

▲ **Veliko Spicie,** 2389 m: Abstecher auf der 2. Etappe, von der Abzweigung 2 Std. Aufstieg, 1.30 Std. Abstieg, keine Schwierigkeiten.

▲ **Mala Tičarica,** 2071 m: von der Koča pri Triglavskih jezerih, 1 Std. Aufstieg, 0.45 Std. Abstieg, keine Schwierigkeiten.

## UNTERKÜNFTE

- **Aljažev dom,** 1015 m, ca. Anfang April bis Ende Sept. bewirtschaftet, ca. 50 Schlafplätze, Tel. +386 51 665738.
- **Dom Valentina Staniča,** 2332 m, ca. Anfang Juli bis Ende Aug. bewirtschaftet, ca. 100 Schlafplätze, Tel. +386 41 584 666, +386 51 345 806 und +386 4 8280300.
- **Triglavski dom,** 2515 m, ca. Anfang Juni bis Ende Sept. bewirtschaftet, ca. 340 Schlafplätze, Tel. +386 4 5312864 und +386 40 620781.
- **Dom Planika,** 2401 m, ca. Anfang Juni bis Ende Aug. bewirtschaftet, ca. 140 Schlafplätze, Tel. +386 51 614773.
- **Tržaška koča (Koča na Doliču),** 2151 m, ca. Anfang Juni bis Ende Aug. bewirtschaftet, ca. 70 Schlafplätze, Tel. +386 51 614780.
- **Zasavska koča,** 2071 m, ca. Anfang Juni bis Ende Aug. bewirtschaftet, ca. 60 Schlafplätze, Tel. +386 51 614781.
- **Koča pri Triglavskih jezerih,** 1685 m, ca. Anfang Juni bis Ende Aug. bewirtschaftet, ca. 220 Schlafplätze, Tel. +386 4 8280309 und +386 40 620783.
- **Koča pri Savici,** 653 m, ca. Anfang Mai bis Ende Aug. bewirtschaftet, ca. 30 Schlafplätze, Tel. +386 40 695787.

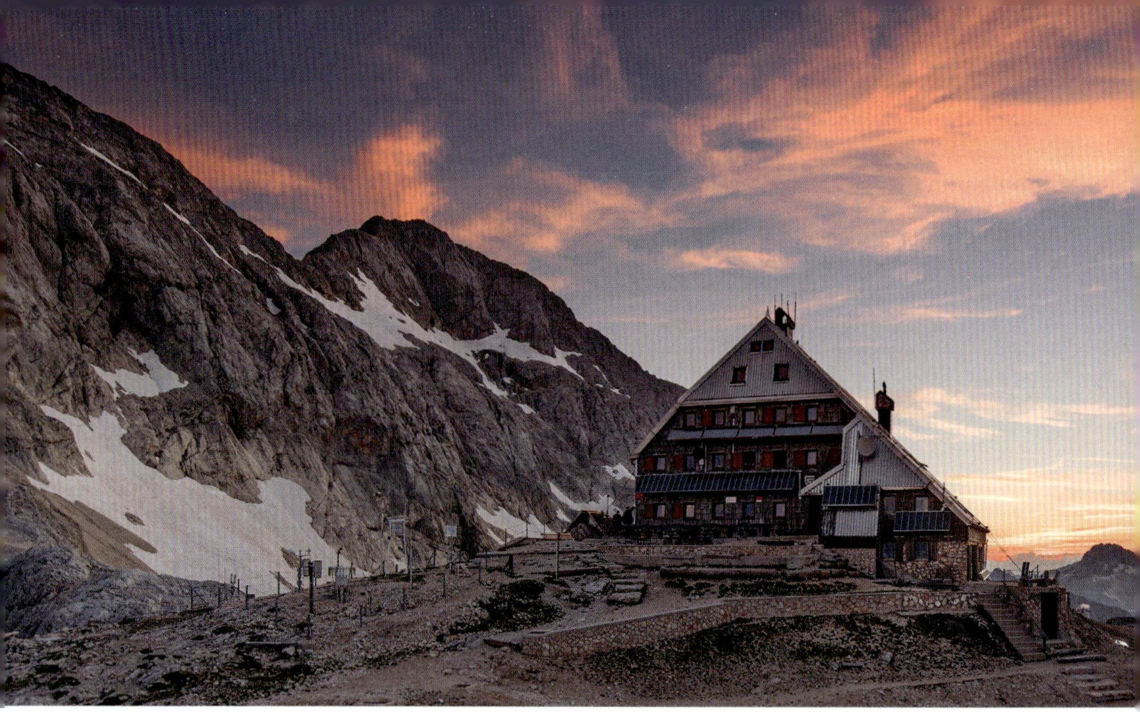

▲ *Mit Abendleuchten über dem Triglav-Haus endet die erste Tagesetappe.*

## 1. Tag: Aljažev dom, 1015 m – Triglavski dom, 2515 m

6 Std., 1730 m↑, 230 m↓

Von der **Aljažev dom (1)** schauen wir direkt in die Nordwand des Triglav. Was für ein Klotz! Wir verlassen die Hütte und wandern auf breitem Weg an einem Partisanendenkmal vorbei in das obere Vratatal. Der übermächtigen Wand immer näher kommend gelangen wir an einen großen Felsblock, an dem sich der Weg teilt. Wir biegen links ab und folgen dem gut markierten Pragweg steil bergauf. Mal durch Schotter, mal über steile, mit Drahtseilen und Stahlstiften abgesicherte Felspassagen fällt so mancher Schweißtropfen, bis wir die 1300 m Aufstieg auf das Karstplateau unterhalb des Triglavgipfels überwunden haben. Auf einer Höhe von 2200 m kündigt ein Wegweiser an, dass es noch eine halbe Stunde bis zur **Dom Valentina Staniča (2)** ist. Diese ist schnell

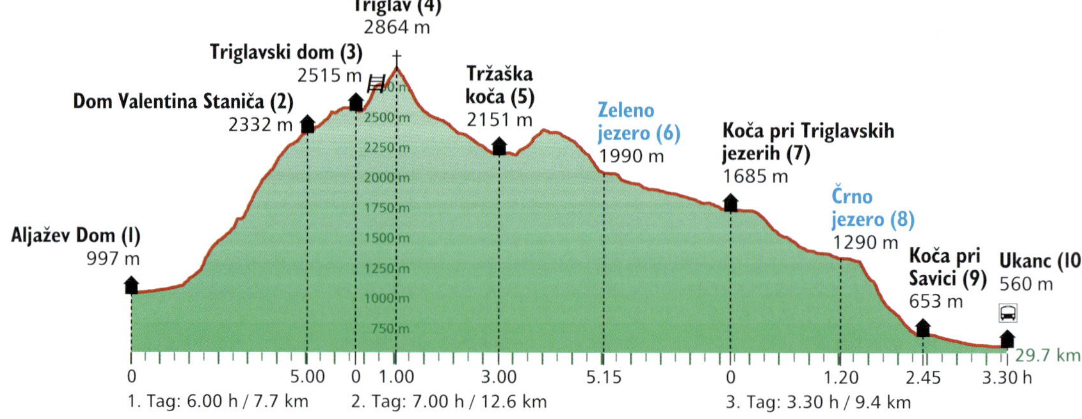

geschafft, schließlich lockt heißer Mokka. Nach der Pause wandern wir weiter zur Triglavski dom. Zwei Routen bieten sich dafür an: Zum einen geht es in einer Stunde auf einem gesicherten Steig über den Gipfel des Kredarica, 2541 m, zur Hütte, zum anderen auf einem etwas leichteren und längeren Weg. Dieser führt südseitig in knapp zwei Stunden um den Kredarica herum. Dabei steigen wir bis auf 2100 m ab und anschließend, den Schildern folgend, zur **Triglavski dom (3)** wieder auf. Die Hütte ist für die Höhe relativ unorthodox eingerichtet, in der Bar flimmert sogar ein Großbildfernseher.

## 2. Tag: Triglavski dom, 2515 m – Triglav, 2864 m – Koča pri Triglavskih jezerih, 1685 m

7 Std., 560 m↑, 1390 m↓

Der Triglav ist für die Slowenen eine Art Nationalheiligtum, ungefähr das, was für die Deutschen der Watzmann oder für die Briten der Ben Nevis ist. Wenn man in Slowenien geboren wurde, hat man ihn einfach gemacht.
Der Beginn des gesicherten Steigs an einem großen rot-weißen Punkt ist bereits von der **Triglavski dom (3)** gut zu erkennen. Der Weg über den Grat ist aufwendig gesichert, mit Klettersteigset kann man sich am Start einklinken und in einer Stunde bis zum Gipfel steigen. Das markante Gipfelzeichen am **Triglav (4)** wirkt wie eine überdimensionale Silvesterrakete aus Stahl. Der Zylinder wurde 1895 auf Initiative des bergbegeisterten Pfarrers von Dovje, Jakob Aljaz, als Notunterkunft aufgestellt. Wir verlassen den Triglav über den sogenannten Bambergweg nach Süden. Dieser leitet uns, ebenfalls gesichert, durch schotterige Felsflanken in eine breite Scharte zwischen Triglav und Rjavec. Dort knickt der Steig nach Westen, und wir steigen durch eine gut gesicherte Felsrinne zum Wandfuß ab. Ein gigantisches Karstplateau breitet sich vor uns aus. Mitten darin gelangen wir an eine Wegverzweigung, wo wir den Markierungen nach links zur **Tržaška koča (5)** folgen. Wieder steht eine Tasse Mokka auf dem Programm. Hinter der Hütte zeigen Schilder den Weiterweg Richtung Sieben-Seen-Tal an. Wir folgen den rot-weißen Kreisen zu einer Passhöhe, 2358 m, zwischen Mišeljski konec und Kanjavec, 2568 m. Letzterer ist ein guter Aussichtsgipfel und relativ leicht vom Pass aus zu erreichen. Über eine große, einer chaotischen Trümmerwüste gleichende Karstfläche, die Hribarice, geht es weiter, und wir erreichen den Abstieg ins Sieben-Seen-Tal (Dolina Triglavskih Jezer). Wir wandern hinunter und treffen am dritten See, dem **Zeleno jezero (6)**, auf eine Wegkreuzung, an der es rechts hinauf zur Zasavska koča na Prehodavcih und zum Gipfelabstecher auf den Veliko Špičje, 2389 m,

▼ *Mitten im Stachelschwein, so wird der mit viel Stahl versicherte Grat auf den Triglav genannt.*

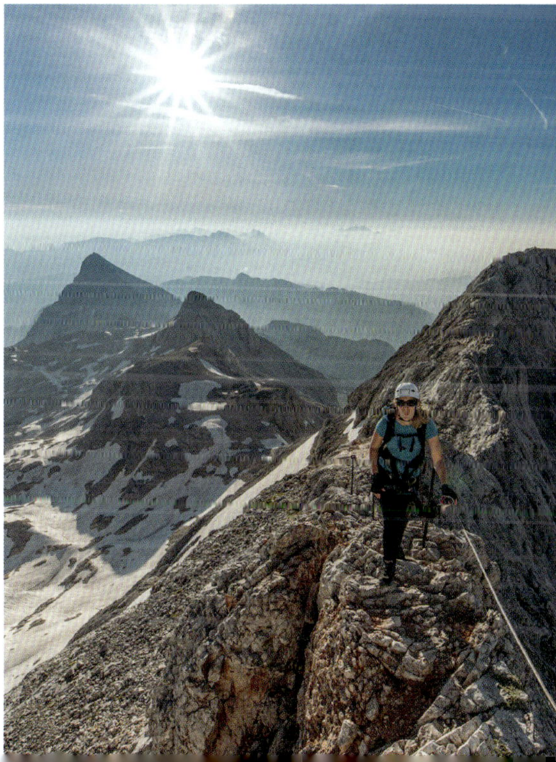

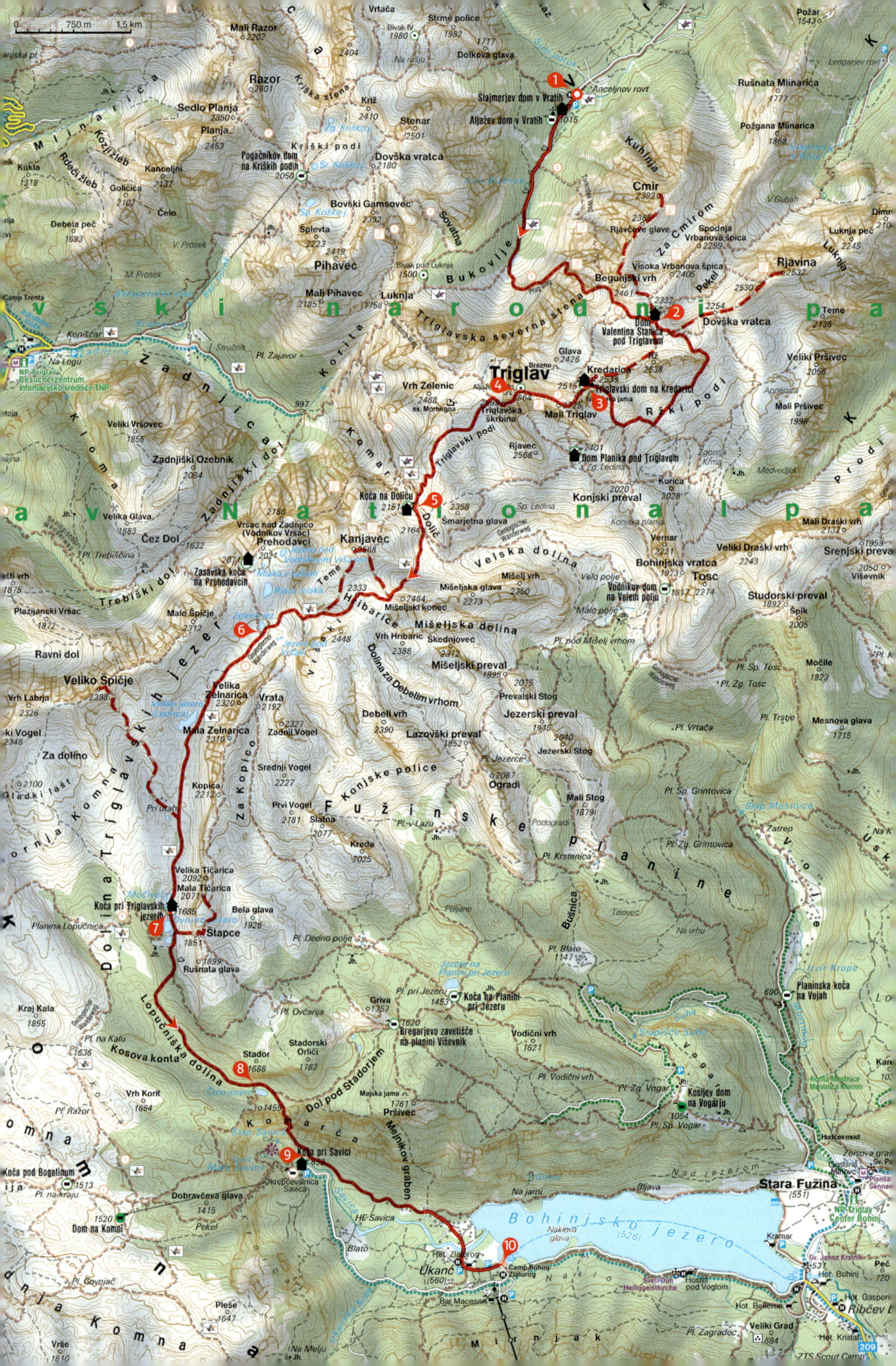

750 m
1,5 km
Triglav
Šlajmerjev dom v Vratih
Aljažev dom v Vratih
Dom Valentina Staniča pod Triglavom
Triglavski dom na Kredarici
Dom Planika pod Triglavom
Koča na Doliču
Koča pri Triglavskih jezerih
Koča pri Savici
Bohinjsko jezero
Stara Fužina
Ukanc
Vodnikov dom na Velem polju
Zasavska koča na Prehodavcih
Pogačnikov dom na Kriških podih
Bregarjevo zavetišče na planini Viševnik
Koča na Planini pri Jezeru
Planinska koča na Vojah
Kosijev dom na Vogarju
Dom na Komni
Koča pod Bogatinom
Triglavska severna stena
Velska dolina
Mišeljska dolina
Lopučniška dolina
Dolina Triglavskih jezer
Fužinske planine
Kanjavec
Prehodavci
Cmir
Begunjski vrh
Rjavina
Kredarica
Mali Triglav
Stapce
Rušnata glava
Stador
Komarča

ginge. Geradeaus führt unser Weg nun durch das gesamte lang gestreckte Tal zur **Koča pri Triglavskih jezerih (7)** (auf Deutsch: Sieben-Seen-Hütte). Die stark frequentierte Hütte ist idyllisch zwischen zwei Seen eingebettet.

### 3. Tag: Koča pri Triglavskih jezerih, 1685 m – Wocheiner See, 560 m

3.30 Std., 1130 m↓

Die letzte Etappe ist kurz und verläuft fast nur bergab. Wir umwandern den unteren Doppelsee auf seiner Ostseite und gelangen an eine Gabelung. Hier biegen wir rechts ab und steigen durch Wald hinab zum **Črno jezero (8)**, dem siebten See im Tal, schattig in einer Mulde unterhalb der Stador-Wand gelegen. Nach dem See dauert es nur wenige Minuten, dann beginnt der anstrengende Abstieg durch die Komarča-Wand, der uns, teilweise gesichert, sehr steil 600 Höhenmeter hinunterführt. Im Tal angekommen, biegen wir vor der **Koča pri Savici (9)** links ab und folgen nun einem Fahrweg zum **Wocheiner See** (Bohinjsko jezero). Bei **Ukanc (10)** erreichen wir ein Sporthotel. Davor befindet sich die Bushaltestelle, von der ein Bus Richtung Mojstrana fährt.

▲ *Idylle pur: die Triglav-Seen-Hütte am malerischen Doppelsee.*

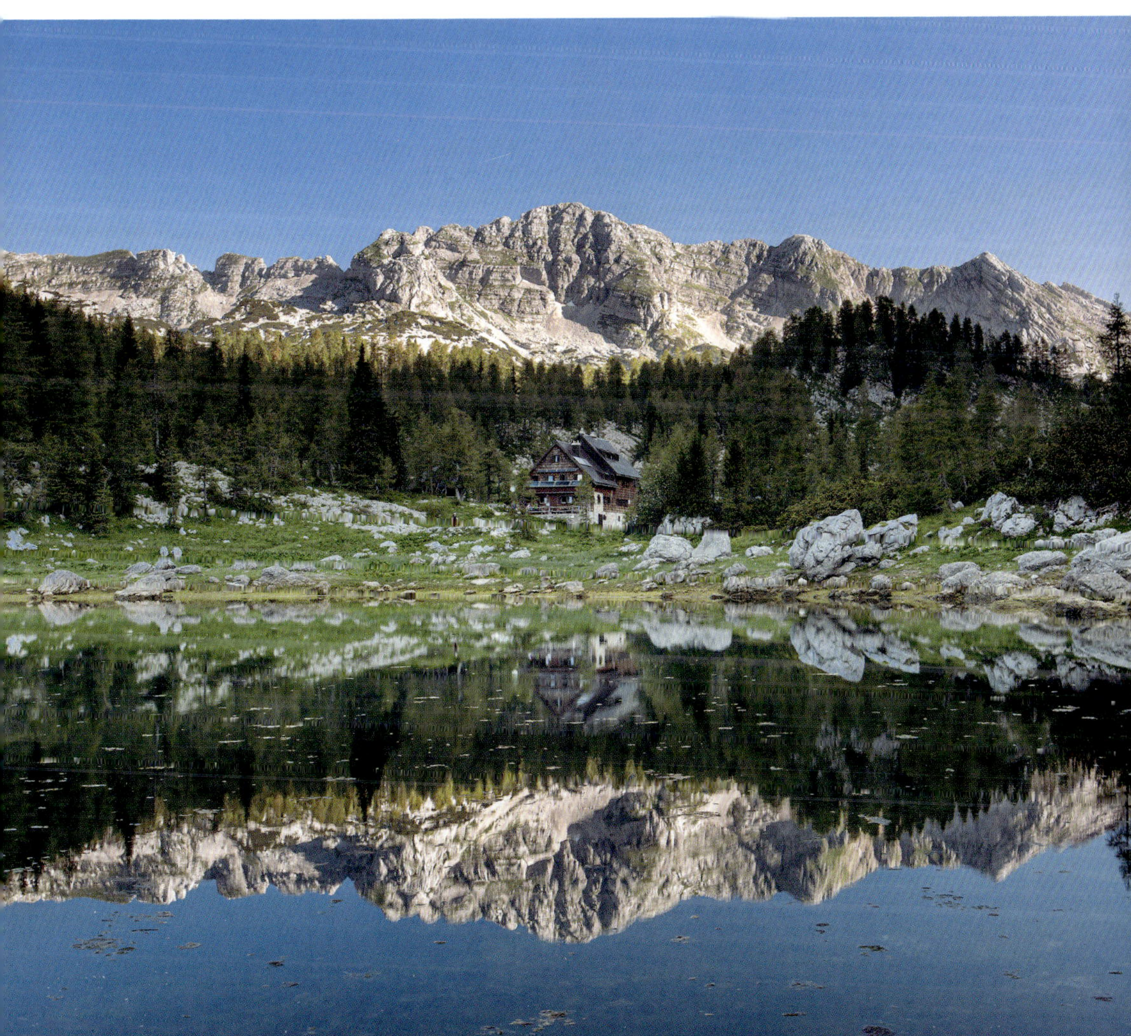

# 32 Durch die Steiner Alpen

## Dem Balkan ganz nah

3 bis 4 Tage

■ schwierig

### Gratwanderung am Südostende der Alpen

Hinter den Kärntner Badeseen sind die Alpen zu Ende. Das war bis vor kurzem auch unsere Meinung. Stimmt aber nicht! An der Schwelle zum Balkan richten sich die Kalkalpen noch ein letztes Mal zu alpinen Höhen auf. Es ist die Wucht der unvermutet aus dem Nichts hervorschießenden Berge, die uns so in ihren Bann zieht. Dementsprechend reicht der Blick von den Gipfeln bis an den Horizont in die Ebenen des Ostens und des Südens. Die Steiner Alpen sind durch ein dichtes, sehr gut markiertes Netz von Wanderwegen erschlossen. Die nicht weit auseinanderliegenden Hütten haben sich noch einen ganz eigenen, an historische Zeiten erinnernden Charme erhalten, meilenweit entfernt von der Großkantinenatmosphäre manch bekannter Alpenvereinshütten. Die von uns beschriebene, durchhaus anspruchsvolle Rundtour, die durch den Schlenker über die Kocbekov dom gut verlängert werden kann, gibt einen spannenden und schönen Einblick in die Steiner Alpen.

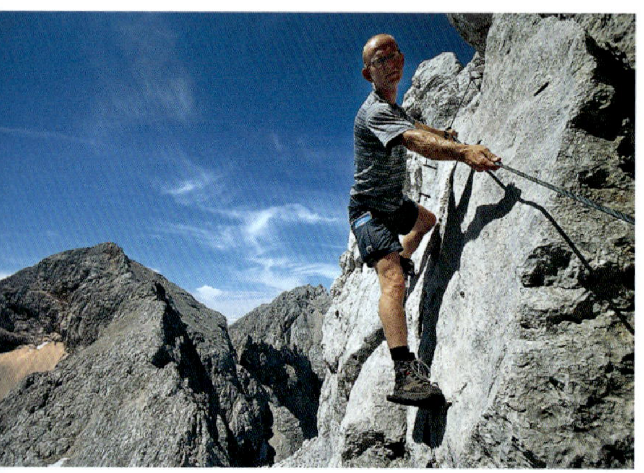

▲ *Drahtseilsicherung auf dem Weg zum Dolgi hrbet.*

**GIPFELMÖGLICHKEITEN**

▲ **Grintovec,** 2558 m: höchster Gipfel in den Steiner Alpen, Überschreitung auf der 2. Etappe.

▲ **Dolgi hrbet,** 2473 m: Überschreitung auf der 2. Etappe.

▲ **Skuta,** 2532 m: Überschreitung auf der 2. Etappe.

▲ **Turska gora,** 2251 m: Überschreitung auf der 2. Etappe.

▲ **Brana,** 2252 m: schöner Aussichtsberg, Abstecher auf der 2. Etappe, ab der Abzweigung 0.30 Std. Aufstieg, 0.20 Std. Abstieg, keine Schwierigkeiten.

▲ **Planjava,** 2394 m: von der Kamniška Koča, 2 Std. Aufstieg, 1.30 Std. Abstieg, nicht schwierig.

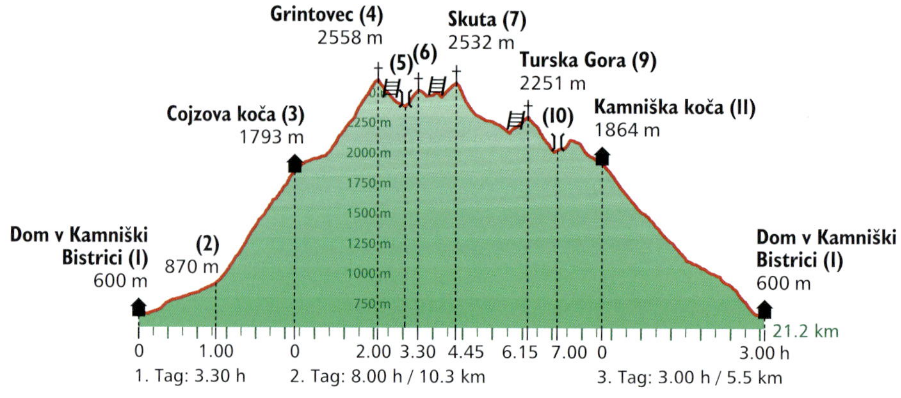

## TOURENINFO

**Ausgangs- und Endpunkt:** Dom v Kamniški Bistrici, 600 m. Mit dem Zug über Ljubljana nach Kamnik, von dort Busverbindung. Mit dem Auto von Villach über die Autobahn E 61 bis Kranj. Dort abfahren und weiter Richtung Kamnik und Stranje. Von Stranje ist die Dom v Kamniški Bistrici ausgeschildert.

**Anforderungen:** Konditionell fordernde Rundtour, auf der insgesamt vier Gipfel überschritten werden. Manche der mit Drahtseilen abgesicherten schwierigen Passagen sind extrem ausgesetzt.

**Höhenunterschied:** Je 2300 m im Auf- und Abstieg (14.30 Std.).

**Information:** Tourist Information Centre, Glavni trg 2, SLO-1240 Kamnik, Tel. +386 1 8318250, visitkamnik.com.

**Karte:** Izletniska karta Nr. 6 »Zgornja Savinjska dolina« (Maßstab 1:50.000) ), Kompass Nr. 2801 »Julische Alpen, Steiner Alpen« (Maßstab 1:75.000).

## UNTERKÜNFTE

- **Dom v Kamniški Bistrici,** 600 m, Anfang April bis Ende Sept. bewirtschaftet, ca. 45 Schlafplätze, Tel. +386 1 8325544, Reservierung über Telefon.
- **Cojzova koča,** 1793 m, Anfang Juni bis Ende Sept. bewirtschaftet, ca. 95 Schlafplätze, Tel. +386 8 1615115, Reservierung über Telefon oder Slowenischen Alpenverein en.pzs.si.
- **Kranjska koča,** 1700 m, Mitte Juni bis Ende Sept. bewirtschaftet, ca. 45 Schlafplätze, Tel. +386 31 309600, Reservierung über Telefon.
- **Kamniška koča,** 1864 m, Anfang Juni bis Ende Sept. bewirtschaftet, ca. 70 Schlafplätze, Tel. +386 8 1614989, kamniska-koca.si.
- **Kocbekov dom,** 1808 m, Anfang Juli bis Ende Sept. bewirtschaftet, ca. 16 Schlafplätze, Tel. +386 3 8393555. Die Hütte ist 2017 komplett niedergebrannt und noch nicht wieder aufgebaut worden. Schlafplätze in einem aufgestellten Container (vorher erkundigen, ob Plätze frei sind).

▼ *Die Cojzova koča am Fuße des Grintovec.*

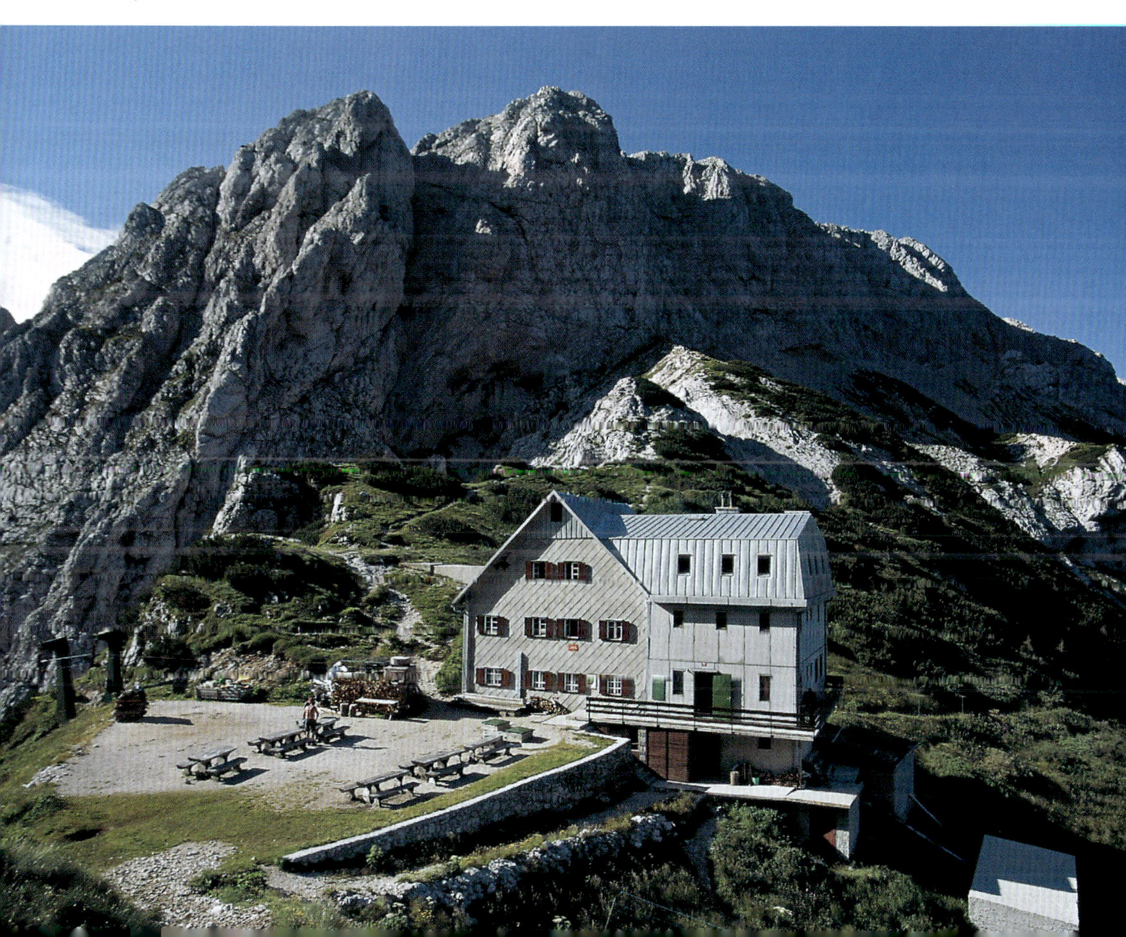

## 1. Tag: Dom v Kamniški Bistrici, 600 m – Cojzova koča, 1793 m

3.30 Std., 1200 m↑

1200 Höhenmeter Aufstieg sind für den Anfang nicht übel – sie zeigen, wie steil sich die Steiner Alpen nicht allzu weit weg von der slowenischen Hauptstadt Ljubljana erheben. Wir starten an der **Dom v Kamniški Bistrici (1)** und erreichen über gut ausgeschilderte Wanderwege und Forststraßen durch schattigen Wald leicht ansteigend den **Materiallift (2)** der Cojzova koča. Links hinter der Liftanlage steigt unser Weg immer steiler werdend zur Hütte hoch. Dabei verlassen wir bald den Wald, in der Mittagszeit kann dieser Abschnitt des Weges unangenehm heiß sein. Über uns taucht der Kokrsko sedlo (= Scharte), 1793 m, auf, der Pass, hinter dem sich die **Cojzova koča (3)** verbirgt. Über Schutt und Schotter wandern wir nun schweißtreibend steil aufwärts, bis wir vor der liebevoll bewirtschafteten Hütte stehen. Ein kühles Bier haben wir uns jetzt verdient.

## 2. Tag: Cojzova koča, 1793 m – Kamniška koča, 1864 m

8 Std., 1100 m↑, 1030 m↓

Von Süden betrachtet erscheint der Grintovec, mit 2558 m der höchste Berg der Steiner Alpen, harmlos. Und das ist er auch. Problemlos folgen wir dem gut markierten Weg zwei Stunden lang auf den flachen Gipfelkopf des **Grintovec (4)** hinauf. Westlich von uns baut sich die Wand der Jezerska Kočna auf, hinter der wir einen alten Bekannten, den Triglav, erkennen. Vom Gipfel führt unser Weg nach Osten über den Hauptkamm der Steiner Alpen weiter, ab jetzt alles andere als harmlos. Über einen drahtseilgesicherten Steig klettern wir hinunter zum **Mlinarsko sedlo (5)**, 2334 m, einem Pass, von dem man links und rechts ins Tal absteigen kann. Wir jedoch folgen in luftiger Turnerei dem Kamm, erst über den **Dolgi hrbet (6)**, 2473 m, dann über die **Skuta (7)**, 2532 m. Östlich der Skuta verlassen wir den Kamm und steigen in ein Hochkar ab. Mitten darin kann man den Kamm sowohl nach Norden

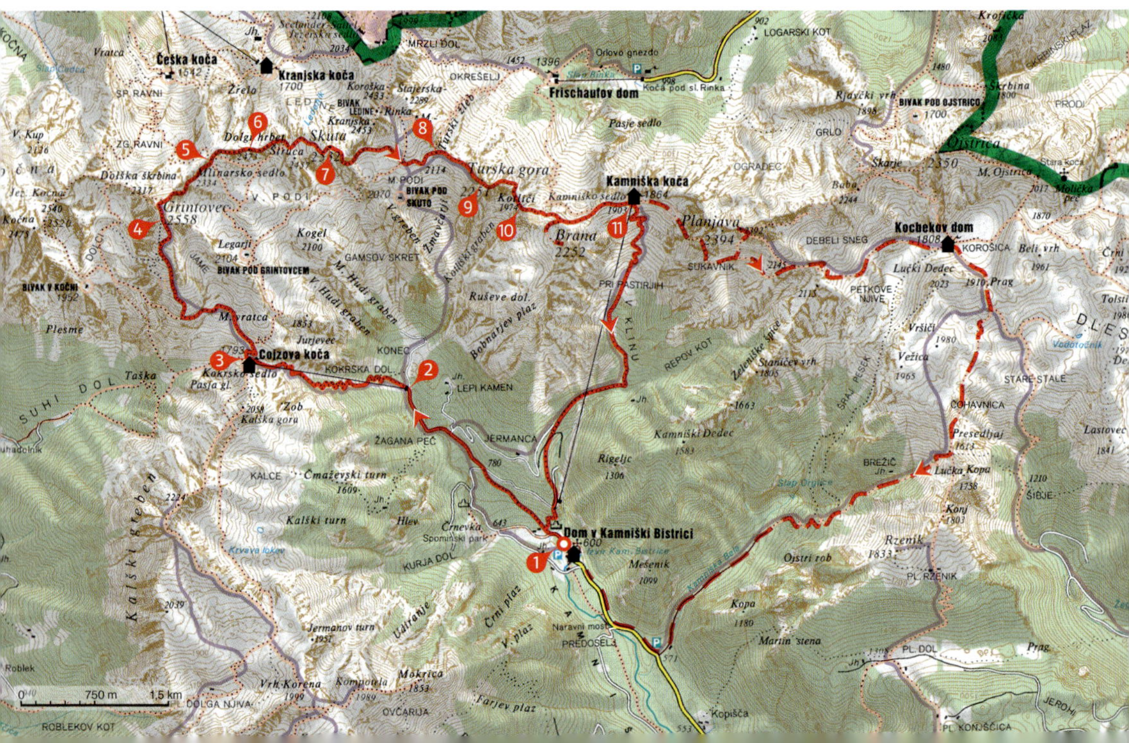

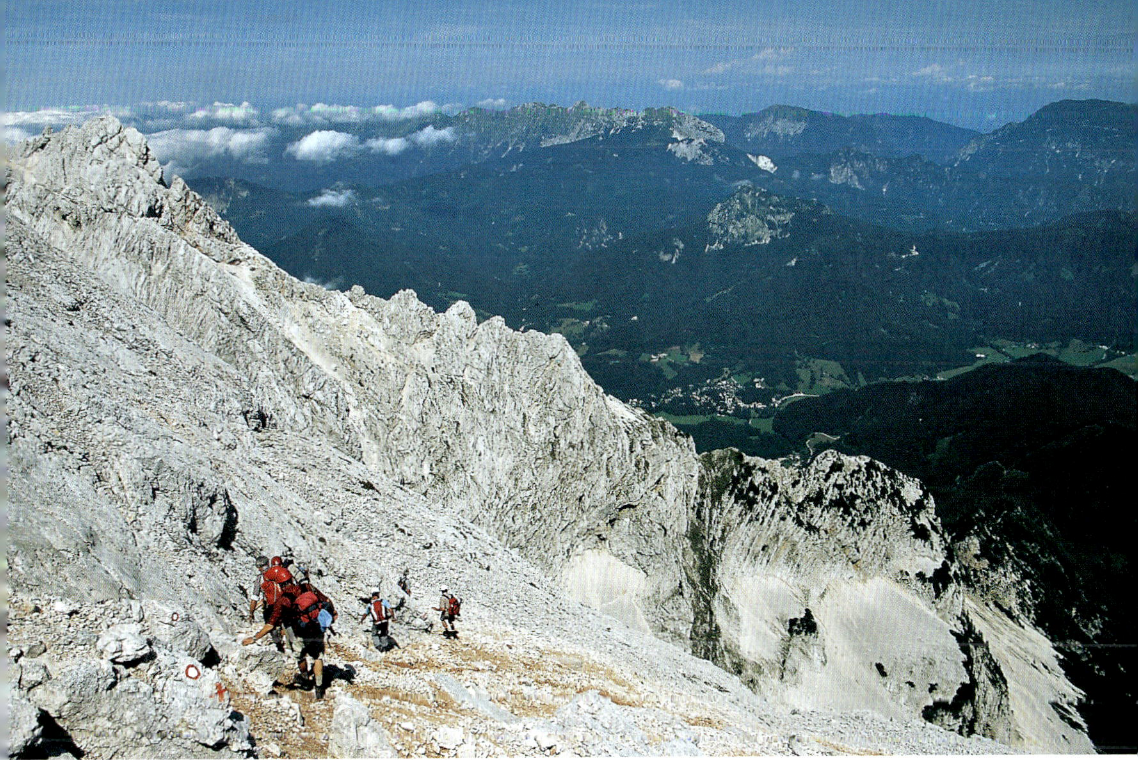

▲ *Freie Sicht auf grünes Land: zwischen Grintovec und Mlinarsko Sedlo.*

(zur Kranjska koča) als auch nach Süden (zur Cojzova koča) verlassen, bei Schlechtwetter oder Gewitterneigung eine dringende Empfehlung. Kurz danach gelangen wir zum Beginn (besser Ende) der Rinne **Turski zleb (8)**, einer beeindruckenden Schlucht. Durch diese kann man zur Frischaufov dom absteigen, 700 Höhenmeter im Direktflug.
Unser Weg allerdings führt uns zurück zum Kamm auf die **Turska gora (9)**, 2251 m. Von dort klettern wir drahtseilgesichert hinunter zur Scharte **Kotliči (10)**, 1974 m. Jetzt wieder auf einem Weg wandern wir ohne Drahtseil in Richtung des Brana, 2252 m. Dieser Aussichtsberg liegt nur wenige Minuten südlich des Hauptweges und sollte daher, wenn das Wetter mitspielt, mitgenommen werden. Am nächsten Pass, dem Kamniško sedlo, steht unsere Hütte, die **Kamniška koča (11)**. Hier, mit dem beeindruckenden Planjava, 2394 m, im Hintergrund, wollen wir unsere Nacht verbringen.

### 3. Tag: Kamniška koča, 1864 m – Dom v Kamniški Bistrici, 600 m

3 Std., 1270 m↓

Unser Abstieg, 1260 Höhenmeter, geht in die Knie. Eine Kehre nach der anderen wandern wir steil abwärts, hinein in ein malerisches Hochgebirgskar zwischen Brana und Planjava. Über eine große Wiese kommen wir schließlich in einen Wald, durch den wir steil weiter bis zur **Dom v Kamniški Bistrici (1)** absteigen. Je nach Tempo erreichen wir unser Ziel in 2 bis 3 Stunden. Wer noch einen Tag länger Zeit hat, sollte von der Kamniška koča hinüber zur Kocbekov dom gehen und dort übernachten. Auf dieser Zusatzetappe kann der Planjava, 2394 m, bestiegen werden. Von dort hat man nochmal einen wunderschönen Blick auf den Grintovec und seine Nachbarn. Am nächsten Tag steigt man dann über das Bela-Tal zur Dom v Kamniški Bistrici ab.

# STICHWORTVERZEICHNIS

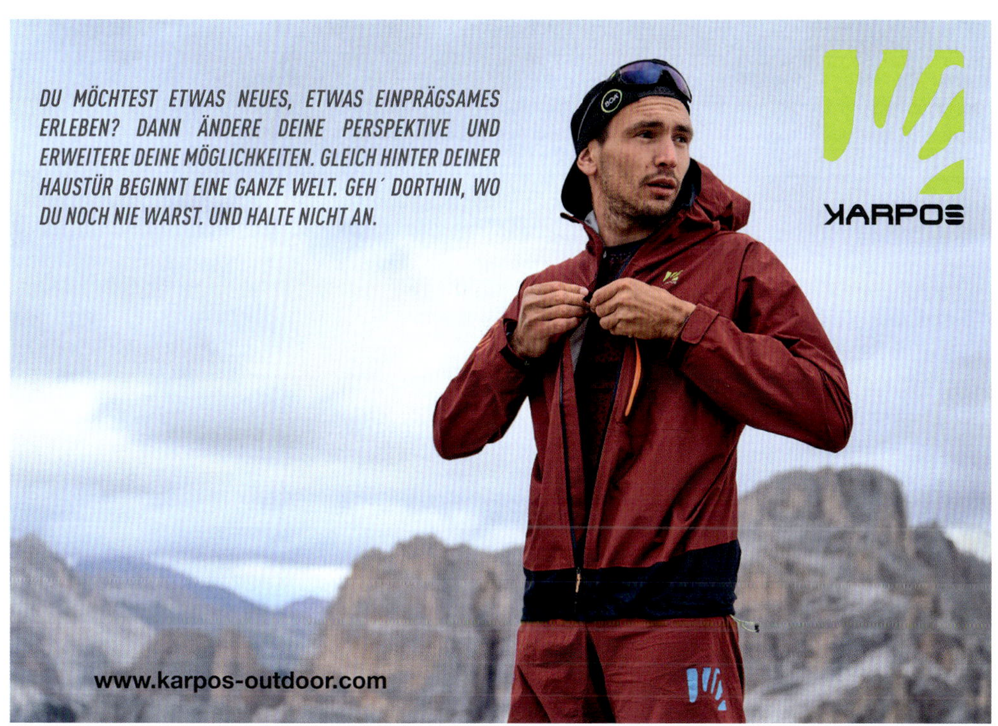
DU MÖCHTEST ETWAS NEUES, ETWAS EINPRÄGSAMES ERLEBEN? DANN ÄNDERE DEINE PERSPEKTIVE UND ERWEITERE DEINE MÖGLICHKEITEN. GLEICH HINTER DEINER HAUSTÜR BEGINNT EINE GANZE WELT. GEH´ DORTHIN, WO DU NOCH NIE WARST. UND HALTE NICHT AN.
KARPOS
www.karpos-outdoor.com

Umschlagbild: Die Berliner Hütte im Zillertal ist eine der größten und prächtigsten Schutzhütten im Alpenraum (Tour 12). (Foto: Dirk Steuerwald)
Bild Seite 2/3: Beim Aufstieg zum Schwarzsee (Tour 12). (Foto: Ralf Gantzhorn)
Bild Seite 4: Start am Arthur-von-Schmid-Haus (Tour 30). (Foto: Ralf Gantzhorn)
Bild Umschlagrückseite: Rotwandhütte mit der Mugonispitze im Hintergrund (Tour 24). (Foto: Stephan Baur)

Bildnachweis:
Sebastian Baur: Seite 21, 22, 23, 41, 43, 44 und 45
Stephan Baur: Seite 10, 33, 37 oben, 37 unten, 46, 47, 48, 50, 51, 54, 55, 57, 58, 59, 178, 181, 205, 209, 211 und 212/213
Ralf Gantzhorn: Seite 8, 9, 12, 15, 18/19, 20, 26, 27, 29, 31, 40, 46, 47, 48, 72, 73, 77,78, 79, 82, 83, 84, 85, 87, 88, 90, 91, 96, 102, 103, 104, 105, 106, 109, 110, 111, 112, 113, 114, 115, 118, 119, 120, 121, 123, 130, 131, 142, 143, 144, 162, 171, 172 oben, 172 unten, 175, 186, 189, 193, 194, 196, 197, 199, 201, 202, 204, 207, 208, 210, 226, 227, 228, 229, 231, 232, 233, 234, 235, 238, 239
Sandra Schaeff: Seite 66, 67, 68 und 69
Andreas Seeger: Seite 17, 37 oben, 37 unten, 38, 60, 61, 62, 63, 65, 125, 126, 128, 129 oben, 129 unten, 134, 135, 136, 139, 149, 150, 151, 153, 154, 155, 157, 158, 161, 163, 168, 215, 217, 218, 221, 222, 223, 246, 247 und 249
Dirk Steuerwald: Seite 11, 92, 93, 94, 95, 97, 98, 99, 145, 147, 162, 165, 167, 169, 182, 184, 185, 188, 191, 203, 240, 241, 242, 243 und 245

Kartografie:
Alle Wanderkarten im Maßstab 1:75.000
Touren 1 bis 16, 20 und 22 bis 32 © Freytag & Berndt, Wien
Touren 17, 18, 19 und 21 © Bergverlag Rother GmbH, München
(gezeichnet von Barbara Häring und Heinz Muggenthaler)
Übersichtskarte © Freytag & Berndt, Wien

Werk-Nr.: 3007

Lektorat: Sandra Schaeff
Umschlaggestaltung und Layout: Edwin Schmitt



8., vollständig überarbeitete Auflage 2024

ISBN 978-3-7633-3429-2

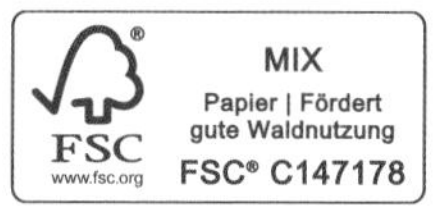